Domaine skiable Praz-de-Lys-Sommand.

QUAND Y ALLER

JANVIER

ANNECY

-3° / 5°

CHAMBÉRY

-1° / 7°

LES MONGOLFIADES INTERNATIONALES DE PRAZ-SUR-ARLY
(PRAZ-SUR-ARLY)
Une manifestation internationale d'aérostats, renouvelée chaque année depuis plus de 30 ans ! Démonstrations et ateliers pour tous !

LA GRANDE ODYSSÉE SAVOIE MONT-BLANC
(VAL-CENIS)
La plus grande et la plus belle des courses de chiens de traîneau qui traverse les montagnes de Savoie et Haute-Savoie.

CONCOURS INTERNATIONAL DE SCULPTURE SUR NEIGE ET GLACE
(VALLOIRE)
Un moment unique à ne pas rater pour qui aime la glace et la sculpture ! Des réalisations artistiques éphémères bien étonnantes !

FÉVRIER

ANNECY

-3° / 7°

CHAMBÉRY

-1° / 8°

LES NUITS DE LA ROULOTTE
(CHAMBÉRY)
Ambiance de solidarité, de convivialité et de fête collective pour ce festival qui fait honneur aux cultures tsiganes et nomades !

LES POINTES BLANCHES
(PRAZ-DE-LYS-- SOMMAND)
Affrontez les sommets enneigés avec cette course de ski alpinisme : deux parcours, avec 1 400 m et 2 500 m de dénivelé positif.

CHAMPIONNAT DU MONDE DE SOMMAND DE FONDUE
(PRAZ-DE-LYS-- SOMMAND)

© MARGOUILLATPHOTOS - ISTOCKPHOTO.COM

La fondue a tout d'un véritable sport, avec ce championnat local. Un événement insolite et convivial autour de cette spécialité.

MARS

ANNECY

0° / 11°

CHAMBÉRY

2° / 13°

CARNAVAL VÉNITIEN
(ANNECY)
Une atmosphère mystérieuse, envoûtante et bien sympathique qui séduit tout le monde, participants, spectateurs, petits et grands !

PIERRA MENTA
(BEAUFORT)
L'épreuve reine du ski alpinisme. Et si vous n'êtes pas un athlète, soyez spectateur de cette course de légende au sommet.

TRAVERSÉE DE LA RAMAZ
(PRAZ-DE-LYS-- SOMMAND)
Un challenge convivial qui emmène les participants au fameux col de la Ramaz. A l'arrivée, soupe ou vin chaud pour tous !

Savoie Mont-Blanc

NATURELLEMENT BELLE, TOUT SIMPLEMENT

La Savoie Mont-Blanc est l'un des endroits les plus beaux de France où il n'est pas rare de rester bouche bée, tant le spectacle est magnifique. Ici, les promenades et les rencontres imprévues sont le lot quotidien des habitants et des aventuriers en herbe. Des rencontres étonnantes se tissent au détour de sentiers balisés ou lors de balades plus intenses et plus sauvages. En hiver, on admire les montagnes drapées d'un superbe manteau blanc, une invitation chaque année à glisser sur leurs replis majestueux, que ce soit à skis, en snowboard ou en luge. En été, c'est une tout autre ambiance. On s'amuse à gambader de longues heures entre amis ou en solitaire sur de jolis chemins parsemés de fleurs aux incroyables couleurs printanières et à l'odeur de l'herbe fraîchement poussée. Dans les alpages, les tarines nous regardent l'air hagard. En les traversant, on constate que le temps s'est manifestement arrêté. Au loin, des cyclistes prennent le défi de monter les cols bien connus comme celui de la Forclaz ou de l'Iseran. Comme toutes les activités sont possibles en Savoie Mont-Blanc, on s'étonne de trouver un autre endroit en France aussi majestueux. D'ailleurs, quel autre endroit vous offrirait sur un plateau quatre grands lacs aux pieds des montagnes, créant ainsi un environnement exceptionnel pour une découverte lacustre inoubliable ? Que vous soyez un sportif ou un contemplatif, que vous préfériez les activités nautiques ou une simple rêverie, les lacs d'Aiguebelette, d'Annecy, du Bourget et Léman vous offriront une multitude d'activités en pleine nature. Enfin, pour ceux qui souhaitent plonger dans la région d'une tout autre manière, la fondation Facim peut vous aider à étancher votre soif de découverte culturelle. Une chose est sûre ici, vous n'aurez jamais fini de vous émerveiller par tant de beauté, car, comme on dit, ici c'est le paradis.

PEFC™
10-31-1895
Certifié PEFC
Ce produit est issu de forêts gérées durablement et de sources contrôlées.
pefc-france.org

Retrouvez cette offre en page 70

SOMMAIRE

Lac de Roy, Praz de Lys. © GILLES PIEL

6 INSPIRER

Une petite mise en bouche sur le territoire avec quelques aspects pratiques pour bien commencer le voyage et prendre connaissance des incontournables.

27 DÉCOUVRIR

Des dossiers dans différents domaines pour en savoir un peu plus sur ce qui constitue la richesse de la région de Savoie Mont-Blanc d'hier et d'aujourd'hui.

Barrage de Tigne

71 SAVOIE

Sublimes vallées, domaines skiables, sports nautiques sur les grands lacs, randonnées estivales et hivernales, découvertes culinaires... : la Savoie n'a pas fini de vous surprendre !

205 HAUTE-SAVOIE

La Haute-Savoie est un territoire aux multiples facettes qui s'étend des grands lacs au plus haut sommet de l'Europe. Toute une palette d'activités à vivre !

369 ORGANISER SON SÉJOUR

Astuces et infos pour préparer au mieux votre voyage en toutes saisons au pays des grands lacs, des sommets, des villes et petits villages-pépites.

Savoie Mont-Blanc se pare de festivités selon les saisons : en hiver, les montagnes enfilent leur manteau de poudreuse et les villages font le plein d'activités pour le plaisir des grands et des petits. L'été, lorsque les fleurs alpines recouvrent les alpages et que les marmottes sont de retour, on profite des nombreux événements qui fleurissent eux aussi. Chaque saison est bel et bien l'occasion d'une belle découverte culturelle et artistique locale.

AVRIL

ANNECY

6° / 16°

CHAMBÉRY

7° / 17°

MARATHON DU LAC D'ANNECY
(ANNECY)

© ANNECY HAUTE-SAVOIE ATHLÉTISME

Un événement à ne pas manquer, aussi bien en tant que participant ou juste pour se balader et encourager les valeureux !

LA GRANDE BRADERIE
(ALBERTVILLE)
Deux dates dans l'année pour cette grande fête dans tout le centre-ville : en avril et en octobre. Venez y dénicher la perle rare.

$

MAI

ANNECY

10° / 19°

CHAMBÉRY

12° / 20°

NUIT EUROPÉENNE DES MUSÉES
(ANNECY)
L'occasion idéale chaque année pour se balader et visiter un tas de lieux emblématiques et historiques sans dépenser de sous.

$$

JUIN

ANNECY

15° / 23°

CHAMBÉRY

16° / 25°

FESTIVAL DU FILM D'ANIMATION D'ANNECY
(ANNECY)
Annecy, une des plus belles villes des Alpes, est une ville de festivals. Le plus incontournable est consacré au film d'animation.

TRAIL LA COMBLORANE
(COMBLOUX)
Une course, plusieurs formats accessibles à tous sur tout un week-end. Avec une vue sur le mont Blanc qui motivera les sportifs !

$$

QUAND Y ALLER

JUILLET

ANNECY

17° / 26°

CHAMBÉRY

18° / 27°

ROCK'N POCHE
(HABÈRE-POCHE)
Un festival qui fait du bien ! Gouvernance démocratique, projet social autofinancé à 88%, restauration en circuit court, etc.

MUSILAC
(AIX-LES-BAINS)
Sur les rives du lac du Bourget, la musique ne suspend pas son vol en été. 4 jours pour l'un des plus grands festivals de rock.

ESTIVALES DE SAVOIE
(CHAMBÉRY)
Surtout ne pas se priver d'un festival gratuit en plein cœur de Chambéry ! Longue vie à la culture gratuite pour tous !

$$$

AOÛT

ANNECY

15° / 26°

CHAMBÉRY

17° / 27°

ULTRA-TRAIL DU MONT-BLANC
(CHAMONIX-MONT-BLANC)
Le rendez-vous annuel des trailers de l'extrême et des inconditionnels du Mont-Blanc. 21 heures de course pour les meilleurs !

AU BONHEUR DES MÔMES
(LE GRAND-BORNAND)
Ambiance familiale pour ce chouette festival qui propose des représentations, des ateliers, des expositions et des animations !

FÊTE DU LAC
(ANNECY)

© AIMERIC - SHUTTERSTOCK.COM

Un des plus grands spectacles pyrotechniques d'Europe avec pour cadre le majestueux lac d'Annecy. Fabuleuse soirée à partager.

$$$

SEPTEMBRE

ANNECY

10° / 22°

CHAMBÉRY

11° / 23°

NUITS ROMANTIQUES
(AIX-LES-BAINS)
En 2022, Richard Strauss est à l'honneur. On y entendra entre autres R. Capuçon, M. Coppey, T. Varon, A. Giorgi, le Quatuor Wassily !

FOIRE DE SAVOIE
(CHAMBÉRY)
Une foire qui plaira aux petits et aux grands, dans une ambiance propice aux affaires et à la fête avec tout un programme d'animations !

ANNECY CINÉMA ITALIEN
(ANNECY)
Le cinéma italien est à l'honneur pendant toute une semaine ! Avec projections en VO, hommages, rétrospectives et expositions…

$$

OCTOBRE	NOVEMBRE	DÉCEMBRE
ANNECY 5° / 17°	**ANNECY** 2° / 11°	**ANNECY** -1° / 7°
CHAMBÉRY 7° / 18°	**CHAMBÉRY** 4° / 12°	**CHAMBÉRY** 0° / 8°

OCTOBRE

LE GRAND BIVOUAC
(ALBERTVILLE)
Un festival sous le signe du voyage et de la découverte. Projection, rencontres d'auteurs, concerts... Un beau programme !

FOIRE D'AUTOMNE
(MIEUSSY)
Un grand vide-grenier populaire dans la région : avis aux chineurs ! Dégustez aussi de bons produits et profitez des animations.

NOVEMBRE

FOIRE DE LA SAINT-MARTIN
(BONNEVILLE)
Une foire au goût d'antan où il fait bon chiner, flâner, se balader et déguster quelques spécialités locales sur le pouce.

DÉCEMBRE

TROPHEE ANDROS
(LES BELLEVILLE)
Tout simplement la plus grande compétition automobile sur glace au monde, parfait pour les fans d'automobile et de vitesse.

LES ARCS FILM FESTIVAL
(LES ARCS)
Projections exclusives de plus de 120 films européens, souvent en avant-première. Un événement culturel majeur au cœur des Alpes !

LES BONNES RAISONS D'Y ALLER

© PRAZ DE LYS SOMMAND TOURISME

PRENDRE DE LA HAUTEUR

Durant l'été à pied ou l'hiver en ski de randonnée, partez à la conquête des sommets !

ÊTRE DANS LA NATURE...

... et se rendre compte que l'on a besoin de si peu !

© PRAZ DE LYS SOMMAND TOURISME

© SANDERSTOCK - ISTOCKPHOTO.COM

VIVRE L'INSTANT PRÉSENT

On n'a pas besoin de voyager à l'autre bout du monde pour se sentir dépaysé !

© PAGE FREDERIQUE - SHUTTERSTOCK.COM

LE ROYAUME DU FROMAGE

Beaufort, Reblochon, Tome des Bauges, Moelleux du Revard... la liste est si longue !

© ADRIEN BAUD - STOCK.ADOBE.COM

UNE MYRIADE DE LACS

Quoi de mieux que des lacs bleu azur avec vue sur la montagne ?

© DAVID - STOCK.ADOBE.COM

UN ROYAUME DE FLEURS

Touchez-les avec les yeux et devenez le maître des fleurs !

© GILLES PIEL

VIVRE DES SENSATIONS FORTES

Canyoning, parachute, cascade de glace, via ferrata, il y en a pour tous les goûts !

LES BONNES RAISONS D'Y ALLER

VILLES D'ART ET D'HISTOIRE

Annecy, Aix-les-Bains, Albertville, Chambéry... Un patrimoine remarquable.

© KEITMA - STOCK.ADOBE.COM

© GILLES PIEL

LA PLAISIR DE LA GLISSE

Partez à la découverte du paradis blanc et vivez des sensations extrêmes !

© GALAM - STOCK.ADOBE.COM

ÇA ROULE MA POULE !

Partez à la conquête des cols mythiques ou faites des balades en VTT.

LES 12 MOTS-CLÉS

#ALPINISME

L'alpinisme est à la Savoie Mont-Blanc ce que le surf est à la côte basque ! Avec des massifs comme le Mont-Blanc et la Vanoise, véritables terrains de jeu pour cette pratique, amateurs comme professionnels trouveront de quoi assouvir leur passion et se gonfler d'adrénaline. Les guides de haute montagne vous feront découvrir ce monde épatant !

#COL ROUTIER

Les cols routiers permettent le passage d'une vallée à une autre de la fin du printemps jusqu'aux premières neiges. Ces routes d'altitude, parfois vertigineuses aux points de vue époustouflants, cheminent entre les villages et les alpages, jusqu'à des altitudes élevées, comme le col de l'Iseran à 2 764 m, le plus haut col routier d'Europe.

© PIERRE ANTOINE LAINE - STOCK.ADOBE.COM

#FROMAGE

Qui dit montagne et alpages dit éleveurs, bergers et agropastoralisme, en vue notamment de produire de bons fromages. À base de lait de vache, de brebis, et chèvre, à pâte pressée et à pâte molle, nature ou agrémentés d'herbes locales, vous n'aurez que l'embarras du choix ! Entre coopératives laitières et petits producteurs, régalez-vous !

#GASTRONOMIE

Savoie Mont-Blanc possède une gastronomie de type alpine avec des recettes anciennes, la plupart du temps élaborées à partir de produits simples comme le fromage, la pomme de terre, la viande de porc et les oignons... des plats pensés pour tenir au corps. La cuisine savoyarde a un bel avenir devant elle et se renouvelle grâce aux restaurateurs.

#GÉNÉPI

Cette plante emblématique des sommets des Alpes que l'on déguste en liqueur est désormais une espèce menacée. Sa cueillette est aujourd'hui limitée et selon les endroits, comme dans le Parc national de la Vanoise, complètement interdite. Longue vie à l'Artemisia qui pousse au début de l'été dans les Alpes à plus de 2 500 m d'altitude.

#GLACIERS

Toile de fond des paysages de haute montagne, les glaciers se regardent de loin ou se parcourent bien équipé de crampons, piolet, baudrier et avec guide afin de voir au plus près les moraines, les séracs et les crevasses. Ils sont les témoins du réchauffement climatique et en subissent directement les conséquences en reculant inexorablement.

#LAC

Entourés de montagnes majestueuses, les lacs de Savoie et de Haute-Savoie offrent de nombreuses activités comme la pratique de la voile, du kayak ou tout simplement baignade et farniente l'été. Les lacs permettent de se rafraîchir mais aussi de déconnecter. Près des villes ou en haute montagne, c'est un émerveillement sans cesse renouvelé.

© PRANEE MANKT - ISTOCKPHOTO.COM

#OPINEL

Ce petit couteau savoyard inventé en 1890 est aujourd'hui un objet de notre quotidien, décliné en plusieurs gammes. Pour la randonnée, c'est un couteau idéal à glisser dans le sac : léger et tranchant, il sera votre compagnon ! La lame en inox peut s'avérer plus pratique que celle en carbone car elle demande moins de soin. À vous de voir !

LES 12 MOTS-CLÉS

#PATRIMOINE

Savoie Mont-Blanc est une région ancienne qui contient un patrimoine remarquable fait de villes pétries d'art et d'histoire, de musées et monuments historiques, d'espaces naturels, de faune et de flore, de paysages remarquables. Son patrimoine baroque religieux exceptionnel se visite en ville et jusque dans les petites chapelles de montagne.

#RANDONNÉE

Quelle que soit la saison, la marche à pied est l'activité par excellence que l'on peut pratiquer en toute sécurité dans les massifs alpins pour saisir la beauté des montagnes, de la flore et de la faune. Des sentiers balisés et entretenus pour appréhender des paysages superbes, sauvages et majestueux. Pensez à prendre des jumelles !

#SKI

Avec des stations comme Val Thorens, Courchevel, Avoriaz, Les Arcs, Megève... la réputation des domaines skiables de Savoie et de Haute-Savoie comme l'un des paradis mondiaux du ski n'est plus à faire. Des milliers de kilomètres de pistes, d'infrastructures modernes et de déclivités les plus variées pour les amateurs d'adrénaline.

#VIA FERRATA

Les vias ferratas sont d'origine italienne. Pendant la Grande Guerre, ces passages escarpés étaient aménagés dans la montagne par les militaires dans le but de se déplacer rapidement. Aujourd'hui, ce sont des parcours d'escalade de différents niveaux de difficulté. Il faut partir équipé et des guides peuvent vous accompagner.

VOUS ÊTES D'ICI, SI...

- Vous savez que les chaînes à neige se mettent à l'avant.
- Même après toutes ces années, vous n'êtes toujours pas lassé de la raclette et de la fondue.
- Vous n'avez pas pour habitude de faire la bise et n'êtes pas particulièrement fortiche pour exprimer vos sentiments.
- Vous ne concevez pas un hiver sans profiter de la neige qui vous invite à chausser les skis dès les premiers flocons tombés. Cela dit, vous en avez parfois assez du blanc.
- Vous faites des km en voiture, et conduisez vite sur les routes que vous connaissez.
- Se baigner dans les lacs d'altitude ne vous fait pas peur. Mais vous ne le faites pas, pourquoi faire ?
- Vous vous éclatez dans 50 de puff.
- Vous savez prendre le temps de regarder la nature qui vous entoure.
- Vous mettez des « y » partout. Oui OK, j'vais y faire !
- Vous savez différencier le drapeau suisse du drapeau savoyard.
- Vous trouvez que vos montagnes sont le plus bel endroit au monde et vous n'habiteriez nulle part ailleurs.

INTERVIEW

MA SAVOIE

AVEC NICOLAS GASPARDEL, AUTEUR

Qu'est-ce qui vous a mené en Savoie ?

Il y a quelques années, vers février 2020, j'ai pris la décision de quitter la capitale après y avoir vécu pendant près d'une décennie, ayant ressenti le besoin d'avoir plus d'espace. J'étais déjà parti dans la région plusieurs fois, ce qui m'a pas mal aidé à me décider. En fin de compte, les événements qui ont suivi ce mois-là m'ont donné raison. Depuis, je n'envisage plus de retourner vivre dans une grande ville. J'ai retrouvé la beauté, l'aventure et la simplicité de la vie, des choses qui s'étaient éloignées de moi lorsque j'étais entouré de tours en béton.

Qu'avez-vous trouvé en Savoie ?

Pas mal d'avantages évidents comme celui lié à l'espace et à la qualité de vie, mais l'essentiel se trouve dans la reconnexion à la nature. Cela m'a permis d'élargir mon champ de vision et de découvrir un tout nouveau monde. J'ai également pris pas mal de recul sur certaines choses.

Quels sont vos endroits préférés ?

La réponse va être simple ! Ce que je préfère, c'est me balader dans la montagne l'été, et si possible, dans des endroits que je ne connais pas ! Pour ce qui est des lieux bien connus, je dirais Chamonix, Val d'Isère et Pralognan !

S'il ne fallait en retenir qu'une seule, quelle serait LA chose à retenir en Savoie ?

Outre les aventures extraordinaires à faire ici, je dirais que le sport est ancré dans les veines locales pour une seule et unique raison : pouvoir abuser de la gastronomie locale sans aucun remord !

TOP 10

SE RESTAURER

Lorsque l'on regarde du côté de l'étymologie (du latin *restaurare*), il apparaît clairement que se restaurer ne s'apparente pas uniquement à l'action de manger ni à celle de faire plaisir à ses papilles, mais également au fait de reprendre des forces, de se réparer. C'est sans doute la raison pour laquelle nous vous avons concocté ce top 10 avec des adresses gourmandes et réparatrices, des lieux où l'on mange sainement et où il fait bon passer un moment. Si raclette et fondues sont souvent au menu, tradition et demande obligent, vous serez surpris par certaines cartes qui ne manquent pas d'audace.

LA CLEF DES CHAMPS

Saint-Blaise
Adresse gourmande avec terrasse et véranda réalisant une cuisine gastronomique aux meilleurs produits frais de saison.

AUBERGE LAMARTINE

Bourdeau
Table romantique en terrasse élaborant une cuisine classique revisitée, des poissons, des produits locaux et de saison.

CANAILLES

Chamonix-Mont-Blanc
Restaurant à l'ambiance chaleureuse où le chef réalise des plats aux bons produits de saison et de circuits courts.

LE CLOCHER

Annecy
Cuisine à base de produits de qualité par Benjamin Schwab dans un restaurant à terrasse ombragée.

FERME DE LA CHARBONNIERE

Menthon-Saint-Bernard
Amateurs de fromages, cette table est pour vous ! Le restaurant se trouve juste au-dessus de l'étable, pour un cadre atypique.

© EGI – STOCK.ADOBE.COM

238

© GILLES BERTRAND

330

L'ÔTREMENT

SCIEZ
Le chef Cédric Plassat cuisine avec talent des poissons pêchés uniquement dans le lac Léman, à deux encablures de son restaurant.

LES TABLES DE L'ETANG

Montagny Les Lanches
Cadre verdoyant, un étang, une belle maison, salle chaleureuse, accueil et service adorables par Valérie et Eva, cuisine du chef Vincent au rythme des produits de saison. Belles assiettes savoureuses avec de jolis « twists ». Associations mets et vins réussies. Animations estivales à la Terrasse du Lac attenante. De la nature à l'assiette… Coup de coeur !

© VALÉRIE PÉTROD

231

LA R'MIZE

Les Gets
Restaurant accueillant prisé pour ses spécialités savoyardes avec lesquelles le chef travaille les produits locaux.

© EGI – STOCK.ADOBE.COM

84

ONZE GRANDES ET TROIS PETITES

Chambéry
Une cuisine gastronomique de saison et une belle carte des vins. Situé à deux pas des Halles, vous passerez un moment convivial.

© LARMIZE

360

© AURELIE

229

RESTAURANT GAUTARD

Fillière
Authentique cuisine faite maison dans un restaurant avec terrasse et vue sur un site exceptionnel.

TOP 10

SE LOGER

La région regorge de logements qui pourront vous recevoir pour une nuit, un week-end ou un plus long séjour. Amoureux de la nature, les refuges de montagne, les campings et les logements atypiques sont faits pour vous ! Si vous aimez un peu plus de confort, ciblez plutôt les gîtes et les chambres d'hôte ou bien sûr les hôtels. Savoie Mont-Blanc regorge d'hébergements grâce auxquels vos nuits seront féérie et sommeil réparateur. Ce top 10 de nos meilleurs bons plans logement vous propose un échantillon varié de l'hôtel 5 étoiles près des lacs au refuge de montagne propice aux randonnées matinales !

© ALPES-BIVOUAC PASCAL GAUTHEROT

235

ALPES BIVOUAC

Annecy
Retour à votre vraie nature ! Passez vos plus belles nuits dans des hébergements au cœur de la nature, grâce à ces professionnels.

© HILTON EVIAN

337

HILTON EVIAN-LES-BAINS****

Evian-les-Bains
Hôtel idéalement situé sur les rives du lac Léman et au pied des Alpes françaises disposant de chambres agréables et spacieuses.

CHALET-HÔTEL CRYCHAR****

Les Gets
Le Chalet-Hôtel qui comblera tous vos désirs. Accueil adorable, service au top par des passionnés de l'hôtellerie-restauration.

© MOJOCOM

358

© L'HÔTEL SAINT-GERVAIS

291

LE SAINT-GERVAIS HOTEL & SPA****

Saint-Gervais-les-Bains
Pour un séjour somptueux avec vue sur les montagnes. Tout est parfait : bien-être au spa, détente au bar et au restaurant.

© ANNE MOSCATELLO

SHANA HOTEL 113

Chanaz
Hôtel à la déco épurée et design qui sert un petit-déjeuner buffet.

CHEZ MAMIE ANNA

Bessans
Profitez de la montagne au sein de cette chambre d'hôtes typiquement savoyarde. Des chambres tout confort, calmes et lumineuses.

REFUGE D'AMBIN 197

Val-Cenis
Refuge perché à 2 270 mètres d'altitude dans une ambiance montagnarde à Val-Cenis.

REFUGE LE ROC DE LA PÊCHE 161

Pralognan-la-Vanoise
Refuge au cœur de la Vallée de Chavière. Après une randonnée tranquille, c'est l'endroit idéal pour recharger ses batteries.

SUITES DE LA TOUR 144

Grésy-sur-Isère
Pour un séjour romantique à souhait, c'est l'adresse qu'il vous faut ! Un cadre enchanteur, des chambres grand luxe, une piscine...

EN PHOTO

RIVAGE HOTEL & SPA**** 220

Annecy
Entre ville, lac et montagne, cet hôtel 4-étoiles offre un cadre d'exception afin de profiter pleinement de la *dolce vita* locale.

TOP 10

ACTIVITÉS

Choisir des activités pour votre séjour en Savoie Mont-Blanc ressemble à un casse-tête ? Puisqu'il nous a bien fallu choisir pour vous proposer ce top 10 de propositions qui valent particulièrement le détour, à votre tour maintenant ! Et puisque choisir c'est renoncer, dites-vous bien qu'il vaut mieux vivre pleinement une expérience plutôt que chercher à tout faire. Toute l'année, Savoie Mont-Blanc propose des activités nature, sportives ou non, en montagne ou au bord des grands lacs, mais aussi des lieux culturels de qualité. De quoi se dépenser, reprendre des forces, rêver et s'émerveiller !

© SAVOIELEYSSE - STOCK.ADOBE.COM

163

BARRAGE DE TIGNES

Tignes

L'un des barrages les plus hauts du monde sur lequel est peinte une fresque gigantesque, faisant pleinement partie du paysage.

© 357680 ANDRE CUZEL - STOCK.ADOBE.COM

316

CASCADE DU ROUGET

Sixt-Fer-à-Cheval

Cascade du Rouget avec un saut de près de 70 m à Sixt-Fer-à-Cheval ayant une marmite creusée dans la roche à son étage supérieur.

BONNEVAL ALPIN CENTER

Bonneval-sur-Arc

Ces guides de haute montagne vous proposent des activités toute l'année pour tous les niveaux. Bonne humeur au rendez-vous !

© AGUSTAVOP - ISTOCKPHOTO.COM

204

© WILLIAM MOLINIER - STOCK.ADOBE.COM

166

COL DE L'ISERAN

Val-d'Isère

Perché à 2 764 m d'altitude, le col de l'Iseran est le plus haut des cols mauriennais et c'est aussi un haut lieu du cyclisme.

LE FARTO

Thônes
Affineur passionné et authentique de fromages des alpages (reblochon fermier, chevrotin, tomme, abondance...) de grande qualité.

© FARTODETHONES.

© LES GORGES DU PONT DU DIABLE

LES GORGES DU PONT DU DIABLE

La Vernaz
Une curiosité naturelle et un spectacle époustouflant, une Dranse qui coule à près de 50 m sous les pieds au fond d'une fissure.

© RÉGIS BRUGERE

FROMAGERIE COOPÉRATIVE DE LA VALLÉE DES ARVES

Saint-Sorlin-d'Arves
Le lieu idéal pour remplir ses valises de bons fromages et produits de Savoie. On recommande aussi la visite gratuite des caves.

LES GORGES DU FIER

Lovagny
Des gorges étroites et rugissantes, site prodigieux, féerique et effrayant à la fois, où l'on avance sur une passerelle de bois.

© EGI – STOCK.ADOBE.COM

MALRAUX SCÈNE NATIONALE CHAMBÉRY SAVOIE

Chambéry
Un théâtre public dans lequel on se rend pour voir un spectacle, créer, manger, voir un film, danser, pratiquer un atelier...

© LANSARD

© ALBAN – STOCK.ADOBE.COM

VIA FERRATA DU DIABLE

Aussois
Dans un décor à couper le souffle, une via ferrata d'un niveau allant de difficile à extrêmement difficile. Sensations fortes !

IDÉES DE SÉJOUR

Niché au cœur des montagnes majestueuses, la Savoie Mont-Blanc est un véritable havre de paix, regorgeant de trésors à explorer. Il n'est pas nécessaire de vous précipiter pour tout visiter d'un coup, prenez le temps de découvrir les lieux qui vous captivent le plus. Les longues journées d'été sont idéales pour profiter à fond de la belle nature verdoyante, tandis que les hivers offrent sports de glisse et moments de détente. Assurez-vous d'être en pleine forme avant de partir pour profiter pleinement de chaque moment. Préparez-vous à être séduit par une myriade d'activités, comme les randonnées pédestres, les balades à vélo autour des lacs, les séjours dans des stations thermales ou encore l'apprentissage du patinage et du ski de randonnée. Nous avons élaboré pour vous des itinéraires de plusieurs jours afin que vous puissiez savourer les plaisirs de la randonnée et partir à la découverte de villes et de sites enchanteurs.

ANNECY ET SES ENVIRONS

Pour changer d'air et se ressourcer tout en restant dans un périmètre relativement restreint afin de ne pas faire trop de route, nous vous proposons de passer quelques jours autour du lac d'**Annecy** ★★★ (p.210) et dans les hauteurs du **Grand-Bornand** ★★ (p.246).

› Jour 1 - Les incontournables

Arrivée à **Annecy** ★★★ (p.210). Visite de la vieille ville, des Jardins de l'Europe, passage sur le Pont des Amours, musées (château, palais de l'isle ou musée du film d'animation), balade sur les bords de lac et baignade dans l'eau quasi transparente, l'une des plus pures d'Europe.

› Jour 2 - Promenade autour du lac

Tour du lac à vélo (option la plus simple : aller-retour jusqu'à **Duingt** (p.241) à vélo), pauses détente sur des plages et au niveau des réserves naturelles (Roc de Chère et Bout du Lac). Retour à Annecy, douche, dîner, nuit à Annecy.

› Jour 3 - Randonnée en montagne

Balade en montagne, direction **le Grand-Bornand** ★★ (p.246). Randonnée sur place sur des itinéraires variés entre alpages et haute montagne.

Prenez vos jumelles pour observer les chamois, les bouquetins, les marmottes et le gypaète, plus grand rapace d'Europe ! Choisissez les randonnées en fonction de votre niveau et du temps de marche indiqué. Visite de la cascade mystérieuse. Nuit au Grand-Bornand, à **Saint-Jean-de-Sixt** (p.246) ou à **la Clusaz** ★★ (p.250).

Le Lac d'Annecy.

Yvoire.

› Jour 4 - Travail du bois et fromages

Visite de l'écomusée du bois et de la Forêt à côté de **Thônes** (p.243). Achat de fromages au Farto de Thônes sur le retour, puis direction le lac d'Annecy à nouveau pour une dernière baignade ou un tour de bateau près de **Menthon-Saint-Bernard** ★ (p.237).

LAC LÉMAN, ROUTE DES FROMAGES ET PAYSAGES

Le séjour débute sur les rives du lac Léman situé entre la France et la Suisse. La route des fromages, c'est plus de 72 agriculteurs, coopératives, fromagers, affineurs, alpagistes qui ont tous signé une charte qui vous garantit un accueil et des prestations de qualité.

Répartis sur tout le territoire de Savoie et de Haute-Savoie, les fermes, GAEC, fromageries et fruitières sont des points de visites qui peuvent agréablement ponctuer votre séjour. Ces sites sont par ailleurs propices aux randonnées alentour.

› Jour 1 - Thonons-les-Bains

Arrivée à **Thonon-les-Bains** ★★ (p.324), visite du château de Ripaille, possibilité de prendre le funiculaire ou de louer un bateau. Promenade le long des rives du lac, visite de la ville.

Le soir, spectacle à la Maison des Arts du Léman. Nuit à Thonon-les-Bains, dans hôtel ou au camping Saint Disdille idéalement situé juste au bord de l'eau.

› Jour 2 - En direction d'Evian-les-Bains

Départ pour la GAEC Savoie-Gascogne pour goûter les fromages I.G.P. Emmental de Savoie, I.G.P. Tomme de Savoie et I.G.P. Raclette de Savoie. Depuis Thonon, prendre le contournement de Thonon, direction **Evian** ★★★ (p.334). Au rond-point, direction Publier / Plateau de Gavot, traverser le pont et à droite, direction Marin. A Marin, prendre à droite après la carrosserie Mudry, puis à gauche, suivre les panneaux jusqu'à Cornallaz. Visite guidée avec ateliers pédagogiques et dégustation. Les contacter au préalable. Nuit à Evian.

› Jour 3 - D'Evian à Yvoire

Visite de la Ferme des Chalets d'Oche pour goûter l'A.O.P. Abondance. L'après-midi, possibilité d'effectuer une randonnée accessible à tous au cœur des pâturages et de la forêt. Superbes panoramas sur les Mémises et le lac Léman. Balade découverte les plantes comestibles avec guide, demander à l'OT. Retour près du lac, nuit dans le superbe village médiéval d'**Yvoire** ★★★ (p.345), les pieds dans l'eau.

› Jour 4 - Autour d'Yvoire

Aller-retour en bateau pour aller passer une bonne partie de la journée à Chens-sur-Léman. Farniente avec un bouquin sur la plage, balade, visite du château Nernier. Retour à Yvoire et possibilité de terminer la journée avec la visite de la Ferme La Bornandine (A.O.P. Reblochon) à Ballaison, Chezabois d'en bas, Route des Fournées. Retour à Yvoire, ne manquez pas le labyrinthe végétal « le Jardin des Cinq Sens ». Nuit à Yvoire, village classé parmi les Plus Beaux Villages de France.

APOLLINE MATIN
Apolline matin
Le journal de 8h
PODCASTS
LES CHRONIQUES D'ARNAUD DEMANCHE
FACE À FACE
GRANDES GUEULES
Estelle MIDI
SUPER MOSCATO SHOW
ROTHEN S'ENFLAMME
AFTER FOOT
la Matinale Week-end
RMC
EN PODCAST
SUR L'APPLICATION
ET LES PLATEFORMES D'ÉCOUTE*
Écoutez les podcasts
RMC
INFO TALK SPORT
* Apple Podcast - Spotify - Deezer

Bonneval-sur-Arc.

CHAMBÉRY, LA HAUTE-MAURIENNE ET LE LAC DU BOURGET

Cet itinéraire plutôt estival est proposé toutefois avec quelques alternatives pour un séjour hivernal. Les passages des cols seront cependant impossibles lorsque la neige s'immisce sur les hauteurs, autrement dit presque 6 mois par an !

› Jour 1 - Chambéry

Arrivée à **Chambéry** ★★ (p.76), installation, balade dans les ruelles piétonnes, visite du musée savoisien, et le soir un spectacle à l'Espace Malraux, scène nationale. Nuit à Chambéry.

› Jour 2 - De Chambéry à Bonneval-sur-Arc

Continuer la visite de Chambéry et promenade près de la maison de Jean-Jacques Rousseau. Pourquoi ne pas y faire une cueillette d'ail des ours sauvage si c'est la saison ? Départ pour la Haute-Maurienne, visite en route du Musée Opinel à **Saint-Jean-de-Maurienne** (p.178). Arrivée, installation et nuit à **Bonneval-sur-Arc** ★★ (p.202).

› Jour 3 - Haute-Maurienne

En été : promenade dans la vallée d'Avérole, la Goulaz, les Vincendières, puis retour à Bonneval. En hiver : ski de fond à **Bessans** ★ (p.200) ou randonnée en raquettes vers le rocher du château. Achat de fromage à la chèvrerie Louise Anselmet. Le soir si c'est l'hiver, sortie cascade de glace à Bessans ! Nuit à Bonneval-sur-Arc.

› Jour 4 - Randonnée autour de Bonneval-sur-Arc

Randonnée vers le refuge des Evettes (prévoir 3h aller-retour de l'**Ecot** (p.202)) ou le lac du Grand Méan pour les bons marcheurs (prévoir 5h aller-retour de l'Ecot). Alternative plus soft : balade vers l'Ecot par le sentier en partant de Bonneval-sur-Arc. Si visite l'hiver : journée ski de randonnée/de piste/de fond/raquettes. Nuit au refuge des Evettes (pensez à réserver !).

› Jour 5 - De Bonneval à Beaufort

Retour à Bonneval-sur-Arc et départ direction **Beaufort** ★ (p.127) en passant par le col de l'Iseran (fermé l'hiver). Arrêt au col et ensuite au barrage de Tignes puis direction Beaufort par le Cormet de Roselend. Arrivée à Beaufort et visite de la Coopérative laitière où est fabriqué le célèbre beaufort.

› Jour 6 - D'Albertville à Aix-les-Bains

Direction **Albertville** ★ (p.138), visite de la Maison de Jeux olympiques puis direction le lac du Bourget pour un moment baignade et sports nautiques ou farniente sur les rives du lac du côté d'**Aix-les-Bains** ★★★ (p.98). On pourra visiter l'abbaye de Hautecombe située de l'autre côté du lac. Déambulation dans les rues animées d'Aix-les-Bains, dîner et nuit sur place.

› Jour 7 - Aix-les-Bains

Avant de reprendre la route pour rentrer chez vous, nous vous proposons une dernière activité sympa à Aix-les-Bains : un petit tour en bateau et une baignade sur le lac du Bourget pour profiter des paysages à couper le souffle ou une promenade dans le site naturel des gorges du Sierroz (commune de Grésy-sur-Aix) qui ont rouvert au public en 2021 après 40 ans de fermeture.

DÉCOUVRIR

La Savoie Mont-Blanc offre un paysage varié et surprenant qui comprend des alpages immenses, des lacs d'altitude, des hauts sommets et des glaciers, ainsi que des villes et villages pittoresques qui attirent les visiteurs tout au long de l'année, grâce à leur histoire et aux événements organisés. Les amateurs de sports peuvent profiter de nombreuses activités, comme la randonnée, les sports d'hiver dans de charmantes stations-villages, le patin à glace et le vélo sur les routes de montagne. Les animaux, la flore et les habitants s'adaptent aux différents climats de la région, parfois rigoureux en altitude et plus doux dans les plaines et près des grands lacs. Explorez cette région aux reliefs étonnants et au riche patrimoine, imprégnée d'histoire, d'art et de traditions ancestrales, en consultant plusieurs dossiers. Ne manquez pas de déguster la gastronomie locale, car la Savoie Mont-Blanc ne se découvre pas seulement avec les yeux !

L'OR BLEU DE SAVOIE-MONT-BLANC

En Savoie Mont-Blanc, l'eau est omniprésente sous tous ses aspects : rivières, torrents, cascades, lacs, neige, glace… On la trouve du sommet du Mont-Blanc jusqu'aux grands lacs. Au fil du temps, l'eau a façonné les paysages, malmenés par l'érosion, les crues, les mouvements des glaciers et les grands travaux des barrages liés à l'hydroélectricité, comme à Tignes ou au Mont-Cenis. L'été, il fait bon faire du bateau ou se rafraîchir dans l'eau du lac d'Annecy ou du Bourget, ou encore pratiquer tous les sports aquatiques de montagne. L'eau est un élément indispensable à tout l'écosystème, une ressource essentielle pour la biodiversité. Aujourd'hui, elle est évidemment un enjeu majeur pour toute la planète, et Savoie Mont-Blanc ne fait pas exception, car il faut jongler entre disponibilité et besoins en eau potable, pour l'agriculture, l'industrie, la production d'énergie et de neige, les lacs de baignade et de navigation.

Les lacs d'altitude

Les lacs sont dits « d'altitude » lorsqu'ils se situent à partir de 1 500 mètres d'altitude. Les Alpes françaises comptent plus de 600 lacs d'altitude. Ces lacs sont soumis à des conditions climatiques extrêmes et sont des écosystèmes sensibles et fragiles. C'est pourquoi, malgré leur isolement dans des espaces d'apparence préservée, ils subissent de plein fouet les effets du réchauffement climatique et de la pollution. La plupart de ces lacs ont été formés lors du retrait des glaciers pendant la dernière période glaciaire (de 120 000 à 10 000 av. J.-C.). Concernant leur formation, ils sont de deux types : les lacs de verrou et les lacs de moraine. Les lacs de verrou se forment lorsqu'un glacier se déplace et rencontre une roche plus dure qu'il contourne afin de pouvoir poursuivre sa route. Cette roche plus dure s'appelle le verrou. Plus tard, lorsque le glacier se retire, ce verrou obstrue la vallée, ce qui peut donner naissance à un lac. Les lacs de moraine sont quant à eux formés par les fragments de roche arrachés par le glacier. Ces débris forment la moraine de fond, les moraines latérales et la moraine terminale (ou frontale) qui peut faire office de barrage et ainsi donner naissance à un lac.

- **les lacs polaires :** haute altitude, absence de matière organique, aspect laiteux. Température maximale 5 °C l'été. Présence de glace pendant 10 mois minimum.
- **les lacs froids :** Température maximale en été de 9 °C. Glace pendant 8 mois.
- **les lacs de pelouse :** minéralisation plus importante. Environ 12 °C en été. Présence de végétation aquatique.
- **les lacs verts :** 15 °C en été en moyenne. Plus de vie et de chaleur. Matière organique en suspension.
- **les grands lacs (d'altitude) :** grande taille, niveaux changeants, catégorie marginale.

Parmi les lacs d'altitude en Savoie Mont-Blanc que vous pourrez observer, ne manquez pas le lac des Evettes, le lac de Chasseforêt, le lac supérieur du Merlet ou encore le lac du Plan du lac (il fallait l'inventer !).

Les grands lacs

Le territoire de Savoie Mont-Blanc offre quatre grands lacs situés au pied des montagnes, dans un environnement exceptionnel, propice aux vacances sportives aussi bien qu'aux séjours contemplatifs. Voici quelques précisions sur chacun d'entre eux :

Le lac d'Aiguebelette

Dans l'avant-pays savoyard, niché entre le massif de la Chartreuse et la montagne de l'Épine, se trouve le plus petit des 4 lacs de Savoie Mont-Blanc, mais aussi le plus confidentiel ! Le lac d'Aiguebelette est classé réserve naturelle régionale et les bateaux à moteur y sont interdits. En été, son eau turquoise peut monter jusqu'à 28 °C, de quoi passer de bons moments ! Réputé pour ses eaux très calmes, la pratique de l'aviron y est particulièrement développée et les championnats du monde d'aviron y ont d'ailleurs eu lieu en 2015.

Le lac Léman

Situé en Suisse et en France, il s'agit du plus grand des 4 lacs alpins de Savoie Mont-Blanc et du plus grand lac d'Europe occidentale. Il mesure 72,8 km de long pour une largeur maximale de 14 km. La rive côté français, longue de 53 km, s'étend le long du Bas-Chablais et des villes thermales de Thonon-les-Bains et Évian-les-Bains. Le lac Léman est principalement alimenté par le Rhône.

© SYLVAIN FELTEN - SHUTTERSTOCK.COM

Paddle sur le lac d'Aiguebelette.

Le lac du Bourget

Plus grand lac naturel de France avec ses 18 km de long, le lac du Bourget a été formé il y a environ 19 000 ans après le retrait de grands glaciers. Véritable havre de paix pour de nombreuses espèces végétales et de poissons, il présente un intérêt écologique majeur. Il est entouré par le massif de l'Épine, le mont du Chat, la Chambotte, le mont Revard et les Bauges. L'été, il fait bon s'y baigner, même pour les plus frileux, car l'eau peut atteindre les 26 °C. Les plaisirs nautiques peuvent s'y pratiquer en toute saison. Sauvage et romantique, le lac du Bourget est une belle destination accessible à tous.

Le lac d'Annecy

Il s'agit du deuxième plus grand lac d'origine glacière de France. On y pratique des sports nautiques toute l'année, dans une eau considérée comme l'une des plus pures de France.

Un chantier considérable a vu le jour en 2020 et s'est achevé en 2022 : « la boucle d'eau ». Sur le principe de la géothermie, cela permettra d'utiliser la température constante des eaux profondes du lac. Depuis l'été 2022, plusieurs bâtiments sont alimentés par l'eau froide du lac. La mise en service de la partie chaude a été réalisé en ce début d'année 2023. Ce système produira de l'ordre de 12-13 GWh et permettra de chauffer ou rafraîchir les bâtiments des Trésums (environ 600 logements, l'hôtel et la résidence seniors) et des Marquisats (centre nautique). Ce projet de 5,7 millions d'euros est soutenu à hauteur de 30 % par l'Agence de l'environnement et de la maîtrise de l'énergie (Ademe). Au passage, quelques écosystèmes fragiles ont été détruits, comme les herbiers. Mais dans la balance, d'énormes économies de CO_2 pour ce projet d'énergie verte. Des mesures de réaménagement du fond permettraient apparemment de rétablir ces espaces naturels d'ici quelques années... Essayons de croire que la nature reprendra effectivement ses droits !

Beauté fragile des glaciers

Les glaciers constituent de formidables châteaux d'eau sous forme de glace. L'eau de fonte des glaciers alimente torrents et rivières et a la particularité d'être très peu minéralisée car sa rencontre avec la roche est éphémère. Le massif du Mont-Blanc abrite une quantité importante de glaciers.

Liste non exhaustive des glaciers du territoire : Glacier des Bossons (Chamonix-Mont-Blanc), Glacier de Taconnaz (Chamonix-Mont-Blanc), Glacier de l'Argentière, La Mer de Glace (Chamonix), Glacier de la Grande Motte (Tignes), Glacier du Vallonet (Haute-Maurienne), Glacier des Evettes (Haute-Maurienne), Glacier des Sources de l'Arc (Haute-Maurienne), Glacier des Sources de l'Isère, Glacier de la Vanoise, Glacier des Aiguilles Rouges.

Les glaciers sont les témoins du changement climatique ainsi que les éléments du milieu naturel les plus sensibles aux variations de températures. Leur fonte et leur recul se sont accélérés de manière importante ces 50 dernières années avec les effets antagonistes des précipitations neigeuses hivernales et des températures estivales.

Les risques de crue

L'encaissement des vallées conjugué à de fortes précipitations ont de tout temps engendré des crues dévastatrices. La particularité des crues de montagne réside dans l'intensité et la force du courant, et sont exacerbées par les pentes et l'étroitesse du passage de l'eau. Focus sur la crue spectaculaire de juin 1957 en Maurienne. Cette crue a touché la vallée de la Maurienne de Bonneval-sur-Arc jusqu'en aval de Saint-Jean-de-Maurienne. Elle est survenue après des mois froids et une vague de froid dans toute la France.

De violentes précipitations orageuses se sont formées alors sur la zone frontalière. La température est montée de façon vertigineuse en moins de 24 heures, passant de 5 à 18 °C sur les crêtes frontalières. Le vent chaud apporté par la Lombarde (vent venu d'Italie) a provoqué une fonte rapide de la neige. Les précipitations ont atteint alors 400 mm/24h. L'Arc est entré en crue, causant des dégâts considérables dans la vallée, comme la destruction de l'usine d'aluminium de la Saussaz, plusieurs scieries, 15 km de voies ferrées emportées, 14 km de routes détruites, 14 ponts emportés, la circulation interrompue sur 80 km (de Pontamafrey à Bonneval-sur-Arc), plus de 100 maisons d'habitation détruites, une centaine de bâtiments disparus et des milliers de sinistrés.

Si le réchauffement climatique annonce des pluies plus intenses, et notamment aux environs de la frontière italienne, les infrastructures et la technologie permettent d'anticiper les chutes de pluie importantes et de réguler les débits grâce aux barrages et retenues d'eau. L'application mobile Vigicrues téléchargeable gratuitement informe les usagers des risques de crues sur les principaux cours d'eau en France et permet en plus de recevoir des notifications sur son téléphone pour être averti de la publication d'un nouveau bulletin d'informations, de l'évolution de la couleur de vigilance à l'échelle d'un territoire, d'un département ou d'un tronçon de cours d'eau, ou encore du franchissement de hauteurs d'eau présélectionnées à une station hydrométrique.

L'eau comme source d'énergie

Si l'eau peut présenter des risques, l'homme a su aussi en tirer profit. Le territoire de Savoie Mont-Blanc a ainsi beaucoup développé le secteur de l'hydroélectricité, une énergie renouvelable qui se sert de l'eau. Les barrages de Plan d'Amont et Plan d'Aval à Aussois ont été construits juste après la Seconde Guerre mondiale. Ensuite, les barrages du Mont-Cenis, de Tignes et de Roselend ont été construits dans le cadre du programme hydroélectrique français des années 1960. Parmi les 26 barrages que compte le territoire, le plus spectaculaire est celui de Tignes qui s'élève à 180 mètres de haut. Question capacité, le barrage du Mont-Cenis permet de stocker pas moins de 314 millions de m^3 d'eau. Le patrimoine hydroélectrique est l'un des plus importants de la région Auvergne-Rhône-Alpes. EDF exploite sur ce territoire pas moins de 70 centrales hydroélectriques qui produisent l'équivalent de la consommation de plus de 3,5 millions d'habitants par an ! Les prises d'eau et autres galeries souterraines nécessaires à l'industrie hydroélectrique apportent aux stations de ski une eau propre à basse température qui permet une production de neige de culture.

Petit rappel sur le fonctionnement d'une centrale électrique :

À la sortie de la conduite, dans la centrale, la force de l'eau fait tourner une turbine qui fait à son tour fonctionner un alternateur. Grâce à l'énergie fournie par la turbine, l'alternateur produit un courant électrique alternatif.

Les avantages de l'hydroélectricité sont son caractère renouvelable, son faible coût d'exploitation et ses faibles émissions de gaz à effet de serre. Les inconvénients sont environnementaux : modification des écosystèmes aquatiques et terrestres, déplacements de population, inondations de terres arables, etc. Au fil des années, ces sites se sont globalement parfaitement intégrés au paysage et sont même devenus des lieux de visite à part entière. La fondation FACIM a d'ailleurs développé un itinéraire de découverte dédié aux barrages et aux centrales hydroélectriques : Les Chemins de l'hydroélectricité®.

Cultiver la neige ou le Snow Farming

Ce procédé consiste en fin d'hiver à recouvrir la neige restante de sciure de bois afin de l'isoler de l'air et du soleil. Cette technique venue de Scandinavie est efficace tout en étant respectueuse de l'environnement. La station de ski nordique de Bessans en Haute-Maurienne utilise par exemple ce procédé qui lui permet d'ouvrir une boucle de 2,5 km de ski de fond dès le mois de novembre grâce à environ 10 000 m^3 de neige qui sont conservés et réutilisés d'une année sur l'autre. La neige utilisée pour le Snow Farming est principalement de la neige de culture car il est nécessaire qu'elle soit sans impuretés pour une meilleure conservation.

Source de multiples loisirs

Les lacs, rivières et torrents de Savoie Mont-Blanc offrent un formidable terrain de jeu pour la pratique de toutes sortes d'activités aquatiques.

Dans les torrents et rivières où l'eau est très très fraîche : le canyoning, le rafting, l'hydrospeed et le kayak. Renseignez-vous bien si vous pratiquez une de ces activités par vos propres moyens puisque certains lieux peuvent être réglementés en raison d'une dangerosité possible : les barrages et les prises d'eau peuvent en effet faire fluctuer le débit de manière importante et imprévisible.

Sur les grands lacs où l'eau est bien plus chaude, avoisinant parfois les 28 °C l'été : kayak, aviron, voile, paddle, ski nautique, plongée, sans oublier le fabuleux pédalo !

Ces activités se pratiquent bien entendu en période estivale. On pourrait toutefois citer la plongée sous glace, nouvelle discipline aquatique à la mode qui se pratique en période hivernale, avis aux amateurs ! Le territoire de Savoie et de Haute-Savoie n'est donc pas en reste lorsqu'il s'agit de boire la tasse !

GÉOGRAPHIE

Les montagnes dominent les reliefs de Savoie Mont-Blanc : la chaîne des Préalpes et des Alpes constitue une grande partie de son territoire, de la Chartreuse jusqu'au massif du Mont-Blanc, plus haut sommet d'Europe qui culmine maintenant à 4 808 m. La géographie de ces deux départements est également constituée de vallées profondes et de grandes plaines qui accueillent les grands lacs. Ces paysages présentent une grande diversité de climats, des plus extrêmes en haute montagne aux plus doux dans les plaines. Cette variété de reliefs permet aux visiteurs de trouver des terrains de jeux quel que soit leur pratique et leur niveau : navigation toute l'année, ski en saison, randonnée dans les alpages, les parcs nationaux et les réserves naturelles, balades en forêt, etc. Le réchauffement climatique promet d'impacter un territoire fragile dans sa globalité, autant les glaciers que la faune, la flore et les habitudes humaines.

Veuillez décliner votre identité

Savoie Mont-Blanc est divisée en deux départements, la Savoie (73) et la Haute-Savoie (74).

Haute-Savoie. Avec une superficie de 4 388 km^2, la Haute-Savoie est divisée en 17 cantons et 279 communes. Sa population est de 850 125 habitants en 2022 (Insee) pour une densité de 188 hab./km^2. Elle fait partie de la région Auvergne-Rhône-Alpes. Son chef-lieu est Annecy et ses sous-préfectures sont Bonneville, Saint-Julien-en-Genevois et Thonon-les-Bains. Ce département est traversé par le 46e parallèle de latitude Nord et par le quatrième méridien de longitude Est. Il est frontalier avec la Suisse au nord, l'Italie à l'est, la Savoie au sud et le département de l'Ain à l'ouest. D'ouest en est on peut distinguer trois grandes régions : l'avant-pays savoyard, d'une altitude moyenne, est principalement composé de chaînons calcaires et de plateaux molassiques ou morainiques (Albanais, Bassin des Usses, plaine de Saint-Julien, Bas-Faucigny, Bas-Chablais) ; les Préalpes, d'une altitude moyenne de 1 200 mètres (le Chablais, le massif entre l'Arve et le Giffre, le Massif des Bornes, le Massif des Bauges) ; et enfin les grandes Alpes avec le Mont-Blanc, plus haut sommet d'Europe (4 807 mètres si on exclut le mont Elbrouz dans le Caucase), l'Aiguille Verte, les Grandes Jorasses, l'Aiguille du Midi, le mont Maudit et tant d'autres… De nombreux glaciers recouvrent le massif du Mont-Blanc.

La Grande Casse dans le massif de la Vanoise.

Alpage dans le massif de la Chartreuse.

Savoie. Avec une superficie de 6 028 km^2, la Savoie est divisée en 19 cantons et 273 communes. Sa population est de 442 054 habitants en 2022 (Insee) pour une densité de 72 hab./km^2. Elle fait également partie de la région Auvergne-Rhône-Alpes. Son chef-lieu est Chambéry et ses sous-préfectures sont Albertville et Saint-Jean-de-Maurienne. Ce département est frontalier avec la Haute-Savoie au nord, l'Italie à l'est, l'Ain et l'Isère à l'ouest et les Hautes-Alpes au sud.

Près de 90 % de son territoire est situé en zone de montagne dans le massif des Alpes et aussi une partie du massif du Jura à l'ouest. Son point culminant se situe à 3 855 mètres d'altitude au sommet de la Grande Casse dans le massif de la Vanoise. On pourra notamment citer comme sommets importants la pointe de Charbonnel (3 752 m), la pointe de Ronce (3 612 m), l'Albaron (3 637 m), la Grande Casse, le mont Pourri, la Dent Parrachée, etc. Côté glaciers, la Savoie en compte également plusieurs, notamment dans le massif de la Vanoise.

La vallée de la Tarentaise est parcourue par l'Isère qui, comme son nom l'indique, prend sa source près du col de l'Iseran, tandis que la vallée de la Maurienne est creusée par l'Arc. La Savoie compte environ 2 000 km de cours d'eau ainsi que la plus importante réserve d'eau douce de France qu'est le lac du Bourget. Les massifs calcaires, notamment dans les Préalpes, sont particulièrement propices au creusement des roches par les rivières souterraines, formant ainsi des grottes et des gouffres en grand nombre, dont certains sont ouverts à la spéléologie.

Alpages

Les alpages ont été façonnés et entretenus au fil des siècles par les éleveurs et leurs bêtes. Les vallées de Savoie Mont-Blanc sont fortement marquées par l'agriculture de montagne et le pastoralisme. Les alpages se situent au-dessus de la limite des forêts, à partir de 1 500 m d'altitude environ et jusqu'à 2 500 m pour les plus hauts. Constitués de prairies pour le pâturage et de prés de fauche, les alpages sont une véritable mine de biodiversité. Ils sont constitués d'un biotope particulier que l'on ne retrouve nulle part ailleurs en raison du climat et de l'altitude qui favorisent une flore plutôt rase. Avec le réchauffement climatique, la flore des alpages a tendance à monter en altitude pour chercher la fraîcheur. Lorsque vous vous rendez en alpages, prévoyez un équipement de randonnée. La fondation FACIM, le Syndicat de défense du beaufort et la Société d'Economie Alpestre proposent des moment de découverte en compagnie des éleveurs et des producteurs. Il est ainsi possible d'aller à la découverte des alpages de Savoie et de leurs produits à travers un circuit touristique d'activités et d'ateliers de fabrication de beaufort par exemple (programme réédité chaque année et disponible en office de tourisme).

Climat

Le climat en Savoie Mont-Blanc est montagnard, en grande partie régi par la diversité des reliefs et les influences océaniques dans les Préalpes, continentales dans les Préalpes et Alpes du Nord et méditerranéennes dans les Préalpes et Alpes du Sud.

Influence océanique pour l'Avant-Pays savoyard et pour les Préalpes, cet ensemble de massifs montagneux de moyenne altitude qui forment la partie occidentale des Alpes. Les Préalpes de Savoie sont constituées par les massifs de Bornes-Aravis, des Bauges, de la Chartreuse et du Chablais-Haut-Giffre-aiguilles-Rouges. Le climat des Préalpes se caractérise principalement par l'abondance des précipitations (généralement 1 500 à 2 500 mm par an), des vents assez forts et des orages estivaux.

Influence continentale qui se caractérise par une forte amplitude thermique annuelle, froid et sec en hiver, chaud en été. Les températures les plus basses peuvent atteindre en hiver les -20 °C tandis que le mercure peut monter à 40 °C en été dans les bassins d'Annecy et de Chambéry notamment. Les villes proches des grands lacs (Annecy, le Bourget, Léman) bénéficient d'un microclimat qui a tendance à tempérer les extrêmes. Pour rappel, la température diminue avec l'altitude d'environ 1 °C pour 100 m. L'isotherme annuel 0 °C se situe entre 2 800 et 3 000 mètres d'altitude.

Influence méditerranéenne caractérisée en été par des vagues de chaleur et de la sécheresse.

Le retour d'Est

Phénomène météorologique rare et localisé (Haute-Maurienne et est du Queyras), le retour d'Est est une dépression (zone où les valeurs de pression sont inférieures à 1 015 hectopascals) au cours de laquelle de l'air doux remonte de Méditerranée (chargé en humidité) puis rencontre les sommets alpins élevés du Piémont italien. Pour résumer, c'est le contraste entre l'air doux méditerranéen et l'air froid alpin qui, en augmentant le potentiel humide de la perturbation, apporte d'importantes précipitations sous forme de chutes de neige impressionnantes, sous réserve que la température soit assez basse, ce qui ne va pas aller en s'améliorant. Ce phénomène se produit en moyenne deux à trois fois par an avec entre 50 cm et 1 mètre de neige qui tombe en peu de temps. On pourrait citer comme exemple historique et récent janvier 2018 à Bonneval-sur-Arc où près de 2 mètres de neige tombent en 24h, entraînant une coulée de neige de 200 mètres de long et de 7 mètres de haut qui coupa la route entre Bonneval et Bessans pendant quelques jours !

Réchauffement climatique

Les Alpes et Savoie Mont-Blanc sont très impactées par le réchauffement climatique dû aux émissions de gaz à effet de serre qui continuent de grimper en flèche. L'enneigement diminue sous les 1 800 m d'altitude, les glaciers fondent, les précipitations augmentent en hiver (sous forme de pluie en raison de la hausse des températures) et diminuent en été. Il faut bien se rendre compte que l'augmentation des températures globales moyennes dans les décennies à venir aura des conséquences socio-économiques et naturelles majeures, nécessitant des adaptations importantes de la part de tout l'écosystème.

Les paysages et la biodiversité seront modifiés, une partie de la faune et de la flore se déplacera en altitude pour retrouver les mêmes conditions d'habitat et l'homme fera quant à lui face à des enjeux agricoles (agropastoralisme, foresterie, élevage) et économiques (urbanisation, industrie, tourisme, etc.).

Forêts

La surface de forêt en Savoie Mont-Blanc s'étend sur une superficie d'environ 400 000 ha, ce qui représente environ 40 % du territoire. La majeure partie de la forêt savoyarde est composée de résineux, parmi lesquels une majorité d'épicéas, de sapins et de mélèzes qui sont situés sur les étages montagnard et subalpin. Les feuillus (dominance de hêtres) sont quant à eux présents sur l'étage collinéen, c'est-à-dire plus bas dans les vallées. Certaines forêts sont soumises à une gestion durable et possèdent la certification européenne PEFC (Programme de reconnaissance des certifications forestières). En montagne, sur des pentes parfois très raides, les arbres jouent un rôle de protection très important contre les avalanches, mais aussi contre l'érosion, les glissements de terrain, et les éboulements. Les forêts sont par ailleurs une zone de grande biodiversité, un patrimoine écologique précieux, un écosystème qui accueille de nombreuses espèces animales qui y trouvent refuge et nourriture. Le Conseil Savoie Mont-Blanc investit pour soutenir la filière dans l'accompagnement de la mobilisation des bois, dans le soutien à la forêt privée, dans l'aide aux entreprises de travaux forestiers, et dans l'aide aux projets d'investissement facilitant l'exploitation forestière. On peut évidemment rappeler que Savoie Mont-Blanc compte 1 parc national, 2 parcs naturels régionaux, 2 géoparks ainsi que 18 réserves naturelles, ce qui fait de ce territoire l'un des plus riches et des plus diversifiés de France. On pourrait citer le bois Vidal à Aix-les-Bains, la forêt de Mélan à Taninges, la forêt ivre à Vailly, la forêt du Haut-Chablais à La Chapelle-d'Abondance, le bois de buis à Sciez, le parc des Esserts à Cluses, la châtaigneraie de Saint-Gingolph, la forêt de la Dent du Villard à Courchevel, la forêt de Corsuet à Brison-Saint-Innocent ou encore l'Arboretum de Villars-sur-Doron.

Le territoire de la Savoie et de la Haute-Savoie possède une nature riche et sauvage grâce à ses reliefs peu accessibles qui le préservent. Le Parc national de la Vanoise, les parcs régionaux des Bauges et de la Chartreuse et la réserve naturelle des Aiguilles Rouges ont permis de créer des zones de protection. Ce territoire exceptionnel abrite des animaux remarquables comme le chamois, le bouquetin des Alpes, l'aigle royal, le gypaète barbu, le lièvre variable et le lagopède alpin. Les espèces vivantes varient énormément en fonction de leur environnement, de l'altitude et du climat. Un peu de patience et d'observation vous permettra de savoir quelles espèces chercher des yeux, pensez aux jumelles ! La nature de Savoie Mont-Blanc est à découvrir avec sagesse et prudence afin de ne pas bouleverser un écosystème fragile. Une multitude de sentiers vous permettra d'accéder à des espaces sauvages où la nature est reine.

Du côté de la flore

La flore alpine se caractérise notamment par les facultés d'adaptation qu'elle a su développer pour résister au vent, au gel, à la neige, au rayonnement solaire intense, aux périodes de végétation réduite mais également à la pauvreté du substrat de certains milieux. Savoie Mont-Blanc compte des vallées aux orientations et expositions variées, ce qui entraine inévitablement une diversité de la végétation. Les vents proviennent de plusieurs endroits : Europe centrale, plateaux suisses, bassin méditerranéen et parfois même les vents du Sahara chargés de sable ocre laissant parfois des traces sur la neige et dans les strates glacières. Ces variations de conditions climatiques ont notamment pour effet que les vallées possèdent une biodiversité très riche. Les arbres en montagne sont principalement des sapins, épicéas et mélèzes, tandis que dans les vallées on trouvera plusieurs espèces de feuillus. Du côté de la flore, Savoie Mont-Blanc se distingue tout particulièrement par sa variété de fleurs de montagne qui s'adaptent à leur habitat (rochers, éboulis, alpages, moraines, près des cours d'eau, plaines, bois, marais, etc.) comme par exemple la belle linaigrette à feuilles étroites (*Eriophorum angustifolium*) avec sa touffe de longues soies blanches, qui a autrefois servi de coton pour les hommes. L'edelweiss est l'une des reines de cet écosystème fragile, tout comme le sublime lys martagon qui enivre avec son odeur bien marquée. Parmi les plantes d'alpages, les gentianes printanières (3-10 cm) et acaule (8-12 cm), l'arnica, la benoîte rampante, et tant d'autres aux noms fabuleux qui sont emblématiques du territoire. Également typiques des Alpes, les délicates androsaces et les jolies saxifrages sont des plantes de rochers bien répandues. Sur les plus hautes cimes, seules pousseront les renoncules des glaciers, les joubarbes et quelques androsaces. Rien que dans le massif du Mont Cenis, 250 espèces de fleurs différentes ont été répertoriées ! Comme vous vous en doutez, de nombreuses fleurs et plantes sont protégées car menacées, alors avant de vous précipiter, prenez le temps de vérifier le statut de protection de ladite espèce.

Soyez aussi vigilant, certaines plantes se ressemblent étrangement mais n'ont pas les mêmes vertus. C'est le cas par exemple de la gentiane jaune et de la vératre. Ces deux plantes se ressemblent comme deux gouttes d'eau, surtout lorsque ce sont de jeunes pousses. Pourtant, la gentiane est réputée bonne pour les liqueurs, quand la vératre est extrêmement toxique et peut entraîner la mort. Pour les reconnaitre, les feuilles sont opposées chez la gentiane jaune, alors qu'elles sont alternées l'une

Edelweiss.

© LUC BIANCO - STOCK.ADOBE.COM

Le bouquetin, animal emblématique des Alpes.

au-dessus de l'autre chez la vératre. Faites-vous aider par un guide !

Du côté des animaux

La faune sauvage est abondante et bien protégée en Savoie Mont-Blanc. On retrouve notamment les grands mammifères typiques des Alpes, dont certains menacés il fut un temps mais qui prospèrent à nouveau suite à leur protection et leur réintroduction depuis quelques décennies. En ce qui concerne les herbivores, on trouve les emblématiques bouquetins, chamois, mouflons qui vivent en altitude (étages subalpin et alpin), tandis que cerfs et chevreuils, mais aussi belettes, sangliers et renards peuplent volontiers les étages montagnard et collinéen où règnent en majorité forêts et prairies. Chez les grands carnivores, le loup et le lynx sont présents sur le territoire. Il faut enfin mentionner l'abondance des rongeurs, et notamment la célèbre marmotte ! Il va sans dire que tous ces animaux doivent faire face et s'adapter aux hivers longs et rigoureux, apprendre à braver le froid et trouver parfois leur nourriture sous la neige. Certains ont même développé des capacités d'adaptation formidables, comme le lièvre variable, l'hermine et le lagopède des Alpes qui blanchissent pour se fondre dans l'environnement et échapper à leurs prédateurs. Savoie Mont-Blanc abrite également de nombreuses espèces d'oiseaux, dont les plus typiques sont sans aucun doute l'aigle royal, l'accenteur alpin, le gypaète barbu, le vautour fauve ou encore le grand-duc d'Europe. Bien entendu cette petite liste n'est pas exhaustive car la faune alpine est incroyablement riche et multiple.

Mini point loup

Présent au XVIIIe siècle sur 90% du territoire français, le loup est petit à petit éradiqué jusqu'à son extinction totale dans les années 1930. Il réapparaît en 1992 après avoir traversé les Alpes depuis l'Italie. Depuis, la cohabitation entre le loup et les éleveurs est malheureusement la plupart du temps problématique et chaque année des loups trouvent la mort de façon non accidentelle. Si les défenseurs du loup se réjouissent de son retour pour la biodiversité (par exemple en tuant les cerfs, la croissance des jeunes arbres est favorisée), les éleveurs en ont de leur côté assez de perdre des bêtes et leur activité est essentielle à l'entretien de la montagne (agropastoralisme). Le dispositif d'aide de l'État à la protection des troupeaux pour assurer le maintien de l'activité pastorale ovine et caprine finance des équipements de protection sur la base d'un taux d'aide publique de 80% du montant des dépenses éligibles. Pour donner quelques chiffres, en Haute-Savoie, en sortie d'hiver 2019-2020, le bilan provisoire du suivi départemental confirmait l'existence de 3 zones de présence permanente : Bornes-Glières, Aravis, Chablais. L'effectif total est bien plus grand que prévu et est estimé à une centaine d'individus. Rappelons que le loup est strictement protégé au niveau français et européen par la directive européenne Habitat, faune et flore de 1992 et la convention de Berne de 1979. L'État a cependant mis en place depuis 2004 des dérogations (tirs de « défense », de « défense renforcée », ou « prélèvements »). L'homme n'est décidément pas seulement un loup pour l'homme... !

© LUC BIANCO - STOCK.ADOBE.COM

Le lac des vaches dans le parc national de la Vanoise.

L'étagement de la végétation

Le monde vivant s'adapte à son environnement et c'est pourquoi on ne retrouve pas les mêmes espèces partout. L'étagement de la végétation est principalement fonction de la hauteur des montagnes et du climat. De bas en haut, on trouve les étages suivants : étage collinéen, étage montagnard (petite montagne), étage subalpin (moyenne montagne et alpages), étage alpin (haute montagne, entre 1 800 et 3 000 mètres) et enfin étage nival (cimes au-dessus de 3 000 m). Ces étages signifient concrètement deux choses : d'une part que l'on ne retrouvera pas les mêmes espèces selon l'étage dans lequel on se trouve, autrement dit que les jolies fleurs des fonds de vallées ne seront pas les mêmes que celles que vous verrez sur les alpages, ni que celles qui cherchent à atteindre les sommets. D'autre part les étages, et donc les espèces vivantes, faune et flore, varient pour une même altitude selon la zone dans laquelle on se situe. Dans les Préalpes du Nord, l'étage subalpin correspond par exemple à une altitude comprise entre 1 200 et 1 900 m, alors qu'il s'étend de 1 400 à 2 100 m dans les Alpes centrales.

Le Parc national de la Vanoise

Créé en 1963 au départ pour sauvegarder le bouquetin des Alpes, il est le premier des 11 parcs nationaux français. Il se situe en Savoie, entre les hautes vallées de la Maurienne et de la Tarentaise. Son but : sauvegarder ses paysages, la diversité de ses espèces végétales et animales ainsi que son patrimoine culturel. Le parc a une faune et une flore très diversifiées avec plus de 2 000 variétés de fleurs, dont certaines ne se trouvent nulle part ailleurs. Une réglementation spécifique s'applique dans le cœur du parc, qui est matérialisé par des panneaux situés le long des principaux sentiers et également par des balises colorées. Quelques-unes de ces règles : ne pas amener de chien même en laisse, ne pas cueillir ou prélever de fleurs, de fruits, d'insectes ou minéraux. Remporter tous vos détritus (comme partout ailleurs !). Ne pas camper ou bivouaquer, sauf à proximité de certains refuges. Ne pas faire de feu. Rester sur les sentiers et éviter de couper les lacets à la descente. Pas de vélo tout-terrain, sauf sur les chemins carrossables. Pêche règlementée. Ne pas troubler la tranquillité de la faune : de nombreux grands mammifères y vivent à l'année ainsi qu'une centaine d'espèces d'oiseaux.

La réserve naturelle des Aiguilles Rouges

La réserve se situe dans le massif du Mont-Blanc sur une partie du massif des Aiguilles Rouges et s'étend de 1 100 à 3 000 mètres d'altitude. Formées essentiellement de roches siliceuses et cristallines, les Aiguilles Rouges constituent un observatoire privilégié face aux glaciers et aux sommets du massif du Mont-Blanc. Marmottes, chamois et bouquetins occupent la moitié occidentale de la réserve. Au-dessus de 2 000 mètres, l'aigle royal, le lagopède ou encore le chocard colonisent ce milieu alpin. La réserve naturelle des Aiguilles Rouges offre un belvédère époustouflant sur le massif du Mont-Blanc.

TOP 10

FLORE

La cueillette des baies, des champignons et des fleurs sauvages pour usage personnel est autorisée, mais pensez à récolter avec parcimonie, à ne prélever qu'une petite quantité et jamais tout au même endroit. Ainsi, les espèces pourront se renouveler plus facilement d'elles-mêmes. Quel bonheur de se faire sa propre tisane ou salade en rentrant de randonnée ! Vérifiez le statut de protection de chaque plante et dans un parc national, ni cueillette ni prélèvement !

EGLANTIER

Les fruits, appelés cynorrhodons, se cueillent bien rouges et se mangent crus. Pulpe en infusion.

© SARAH BIESINGER - ISTOCKPHOTO.COM

SERPOLET

Utilisé sec ou frais en sauces et infusions. Voies respiratoires, toux, digestion, diurétique.

© HSVRS - ISTOCKPHOTO.COM

CHÉNOPODE BON-HENRI

Les feuilles du *Chenopodium bonus-henricus* se dégustent bien en soupes, en pesto et en gratin.

© SEVEN75 - ISTOCKPHOTO.COM

MYRTILLE

Se ramasse dans les sous-bois vers le mois d'Août. Elle contient plus d'Omega 3 que le saumon !

© DIMUSE - ISTOCKPHOTO.COM

ACHILÉE MILLEFEUILLE

Fleurs, feuilles comestibles en aromatique et infusions (digestion, règles) + macérât huileux.

© ALASDAIRJAMES - ISTOCKPHOTO.COM

PISSENLIT

Tout se mange dans les jeunes pousses de pissenlit (*Taraxacum officinale*). Diurétique et digestive.

© JAN ROZEHNAL - ISTOCKPHOTO.COM

ORTIES

Riches en nutriments, les orties se cuisinent en soupe, en pesto, dans les smoothies ou en omelettes.

© MAGDASMITH - ISTOCKPHOTO.COM

REINE DES PRÉS

Tanins (feuille+tige) et flavonoïdes (fleur). La *Filipendula ulmaria* s'utilise sèche ou fraîche.

© ALASDAIRJAMES - ISTOCKPHOTO.COM

TUSSILAGE

Au printemps, fleurs ou jeunes feuilles en salade ou séchées en infusion contre la toux.

© MANTONATURE - ISTOCKPHOTO.COM

RUMEX DES ALPES

Les jeunes feuilles se font bien en gratin, les pétioles comme la rhubarbe en tarte par exemple.

© SEVEN75 - ISTOCKPHOTO.COM

HISTOIRE

Traversée par les vallées et les sommets des Alpes, la Savoie est un territoire peuplé depuis la Préhistoire comme en attestent les traces retrouvées par les archéologues. Et qui dit homme dit désir d'appropriation de territoire à un moment ou à un autre. Les vallées alpines ont été de tout temps appréciées comme axes commerciaux et de déplacement entre ce qui est aujourd'hui l'Italie, la Suisse et la France, et de là, vers des contrées plus lointaines. Le découpage territorial se fait petit à petit, au gré des peuples, des familles, des mariages et… des guerres ! Annexé à la France sous le Second Empire en 1860, le Duché de Savoie intègre la France puis se voit divisé en deux départements, la Savoie et la Haute-Savoie. Un territoire façonné par les luttes de pouvoir, les désirs d'indépendance et d'alliances, mais aussi par l'exploitation des ressources et ce en dépit des reliefs et des conditions climatiques parfois bien rudes.

15 000 AV. J.-C.

Premiers peuplements

Si de nombreuses traces des civilisations ont été effacées au fur et à mesure des crues et décrues glaciaires qui ont eu lieu au cours du Quaternaire, on suppose que la présence humaine de populations de chasseurs-cueilleurs remonte à la Préhistoire. Des fouilles archéologiques effectuées à Saint-Tibaud-de-Couz et à Saint-Christophe ont par exemple permis de montrer que l'homme était déjà sur ce territoire. Lorsque le glacier du Rhône a disparu et que le lac Léman est apparu, soit à la fin de la dernière glaciation (18 000-15 000 av. J.-C.), les hommes ont en effet pu peupler plus volontiers cette zone où il y avait désormais de l'eau et de la vie. Au Néolithique, les peuples commencent à se sédentariser. Ils profitent des plaines et des vallées qui, bien qu'arides en hiver, offrent le reste de l'année des ressources suffisantes de nourriture et de matériaux : grand et petit gibier, eau, bois, végétation, terres fertiles. Il est d'ailleurs aujourd'hui possible d'aller voir certains vestiges (l'été !), notamment sur le plateau de Pisselerand (la Pierre aux Pieds, 2 750 m d'altitude), en Haute-Maurienne à Lanslevillard (Pierre de Chantelouve, 2 100 m) et entre Bessans et Bonneval-sur-Arc (Rocher du Château) ou encore à Villarenger (la Pierre Chevetta). Des vestiges palafittiques (qui proviennent possiblement d'une construction sur pilotis) datant de plusieurs milliers d'années ont par ailleurs été retrouvés dans le lac d'Aiguebelette. Des points de comparaison avec les thèmes des vallées italiennes voisines (contacts presque permanents avec les civilisations des vallées italiennes par les cols alpins) dont la chronologie est bien établie, ont permis d'avancer l'hypothèse que l'iconographie des vallées savoyardes s'inscrit dans une période comprise entre le Néolithique et le Moyen Âge. A Saint-Pierre-d'Albigny et en Maurienne, les archéologues ont retrouvé des haches plates en cuivre datées au carbone 14 à plus de 4 500 ans, soit 2 500 av. J.-C. Le cuivre est exploité en Haute-Tarentaise et des petits objets (haches, épingles) sont également importés du Valais, les vallées alpines étant un axe commercial avéré même si le passage des cols n'était pas forcément toujours chose aisée. A partir du Ier millénaire av. J.-C., le métal est travaillé sur les bords des lacs. Le travail du métal et de la terre (poteries) étant une activité qui nécessite du feu, il fallait s'approvisionner en combustible. Pour rendre la tâche plus facile, le bois était souvent déplacé sur l'eau, ce qui explique que les lieux de fabrication étaient souvent proches des rives des lacs. De nombreux vestiges sur le lac du Bourget sont ainsi exposés au Musée savoisien de Chambéry.

IVᴱ SIÈCLE AV. J.-C. - Vᴱ SIÈCLE AP. J.-C.

Antiquité

Les peuples gaulois (en particulier les Allobroges) colonisent petit à petit le territoire malgré la présence d'autres peuples comme les Ceutrons, les Méduses et les Graiocèles. Les Romains qui tentent de prendre toujours plus de territoire ont du mal à conquérir l'Allobrogie car les Allobroges sont un peuple de guerriers venus du Nord, habitués aux paysages escarpés et au climat pas toujours clément. Entre 122 et 60 av. J.-C., Rome s'empare néanmoins petit à petit de ce territoire qui présente de nombreux avantages stratégiques (axe propice au commerce, reliefs qui créent une frontière naturelle).

Vᴱ-XVᴱ SIÈCLE

Montée en puissance de la Maison de Savoie

Au cours du Vᵉ siècle, deux peuples germaniques (les Allemands et les Burgondes) tentent de se réinstaller sur ce territoire romain. S'il n'existait alors pas d'unité territoriale à l'époque, le nom de Saboïa, ou Sapaudia (Savoie), apparaissait pourtant pour la première fois et désignait un espace allant grosso modo de Genève à Grenoble, en passant par Lyon, Vienne et Suze. Tout au long du XIᵉ siècle, le peuple des Burgondes impose une organisation sociale basée sur l'aristocratie de sang. En 1011, le roi Rodolphe III épouse une proche de son conseiller Humbert (dit « Humbert aux mains blanches »). Il donne à ce dernier le titre de comte de Maurienne ainsi que des terres en Savoie. Humbert se nomme désormais Humbert Iᵉʳ et n'est autre que le fondateur de la Maison de Savoie. Les terres sont évidemment objet de convoitise. Les comtes cherchent en effet à se faire le moins d'ennemis possible et à trouver des hommes pour les protéger, raison pour laquelle ils donnent aux seigneurs locaux des terres. Ce système féodal permet en outre aux comtes de la Maison de Savoie d'accumuler ressources et richesses. La Maison de Savoie acquiert les cols du Petit-Saint-Bernard et du Mont-Cenis au milieu du XIᵉ siècle, puis se lance à la conquête des plaines savoyardes, niçoises et piémontaises. En partie rachetée en 1232 par le comte Thomas Iᵉʳ de Savoie, la cité de Chambéry devient la capitale du comté de Savoie. Entre l'acquisition de Nice en 1388 (par Amédée VII) et celle de la Ligurie en 1815, la Maison de Savoie règne sur un État alpin qui tend à s'ouvrir sur la mer. Nice devient ainsi le centre économique de la Savoie médiévale alors que la Méditerranée s'affirme comme espace géostratégique.

XVᴱ-XVIIIᴱ SIÈCLE

Convoitises territoriales

En 1416, l'empereur Sigismond donne le titre de duc à Amédée VIII de Savoie qui était jusqu'alors comte (il avait déjà acquis la baronnie de Vaud en 1359 et le comté de Genève en 1402). C'est par cet acte que le comté de Savoie devient le duché de Savoie. La Maison de Savoie est toujours très puissante, compte de nombreuses branches et exerce alors son pouvoir du Valais à la Méditerranée.

Le territoire de la Savoie étant très vaste, il est difficile pour les souverains de rester à l'abri des conflits entre les grandes puissances. Le comté de Genève se soulève contre la Maison de Savoie et le roi de France François Iᵉʳ profite de ce conflit pour envahir le duché de Savoie. En 1536, les troupes françaises entrent en Savoie. En 1559 cependant, le traité du Cateau-Cambrésis permet au duc Emmanuel-Philibert (qui se marie au passage avec la fille de François Iᵉʳ) de recouvrer les provinces occupées par la France depuis 1536. En 1718, le duc Victor-Amédée II de Savoie acquiert la Sardaigne et cède la Sicile. Après 1720, les États de Savoie sont appelés les « États sardes ». On parlait aussi de « royaume savoisien de Sardaigne » d'après la traduction de l'italien « regno sabaudo-sardo ». Turin remplace Chambéry en tant que capitale de la Savoie. La Savoie et le Piémont entretiennent une histoire commune que l'on retrouve aujourd'hui notamment à travers la culture et certains dialectes.

Annexion de la Savoie à la France

Trois ans seulement après la Révolution, la jeune République française tente d'annexer la Savoie à la France, ce qui n'aura finalement lieu qu'en 1860. En juillet 1859, plusieurs personnalités savoyardes se réunissent pour demander au roi Victor-Emmanuel II de Savoie de statuer sur l'avenir de la Savoie. Des groupes annexionnistes et anti-annexionnistes s'opposent, certains préférant l'idée de se rattacher à la France, d'autres à la Suisse, et d'autres encore à l'Italie. Finalement, sous le Second Empire de Napoléon III, le duché de Savoie est annexé à la France. Par le Traité de Turin signé en 1860, la partie nord de la Savoie devient un département à part entière qui s'appellera désormais la Haute-Savoie. Article premier du Traité de Turin : « Sa Majesté le Roi de Sardaigne consent à la *réunion*

1860 de la Savoie et de l'arrondissement de Nice ». Ce terme de « réunion » est sujet à de nombreuses discussions. La plupart des historiens spécialistes de la Savoie préfèrent utiliser le terme d'annexion ou de rattachement. Le Traité de Turin était accompagné d'une consultation populaire. Le résultat officiel, conforme aux souhaits de l'empereur napoléon III, annonce que le peuple savoyard est favorable au rattachement à la France, et ce à une majorité étonnamment écrasante (élection truquée). Le duché de Savoie intègre l'Empire français le 14 juin 1860 et dès le lendemain deux départements sont créés : la Savoie et la Haute-Savoie sont nées administrativement. Un régime d'infanterie spécialement entraîné pour les reliefs et le climat alpins est mis en place sous la IIIe République, il s'agit des chasseurs alpins. La France et l'Italie entretiennent des relations étroites, facilitées par le tunnel ferroviaire du Mont Cenis (dont la construction s'achève en 1871), le tunnel routier du Mont-Blanc (1965) et enfin celui du Fréjus (1982).

Entre guerre et début du tourisme

Dès le début du XXe siècle, les touristes fortunés sont séduits par la beauté des paysages, la nature et l'air pur, mais également par les stations thermales qui ont vu le jour, comme à Aix-les-Bains, Évian ou encore Saint-Gervais-les-Bains. Lorsque la Première Guerre mondiale éclate, les Savoyards participent aux com-

DÉBUT XXe SIÈCLE bats dans différents bataillons. Si la Savoie ne subit pas d'invasion et si aucune destruction majeure n'est à déplorer (zone neutre), environ 20 000 hommes partis combattre trouvèrent tout de même la mort. L'industrie savoyarde a quant à elle commencé à prospérer. Les militaires et le Club alpin français (CAF) développent l'alpinisme et le ski, qui devient peu à peu une activité de loisirs et plus seulement un moyen de déplacement. Les premiers Jeux olympiques d'hiver se tiennent à Chamonix en 1924. Dans les années 1930, les premières remontées mécaniques voient le jour grâce à l'ingénieur mécanicien Jean Pomagalski qui imagine le premier téléski qui sera installé à l'Alpe-d'Huez.

Seconde Guerre mondiale

La Seconde Guerre mondiale marquera fortement ce territoire qui voit disparaître beaucoup de jeunes hommes partis au front. La Résistance était particu-

1939-1944 lièrement active en Haute-Savoie. Le Plateau des Glières fut choisi par les Alliés comme terrain de parachutage pour recevoir les armes destinées à la Résistance haut-savoyarde dès janvier 1944. 129 maquisards trouvèrent la mort en mars 1944, suite aux attaques répétées des soldats de la Wehrmacht et de la Milice française de Vichy. En août 1944, la Haute-Savoie devient le premier territoire français à s'être entièrement libéré par la force de ses résistants.

Reconstruction

ANNÉES 50-60

Après-guerre, les zones rurales se dépeuplent peu à peu et les industries se concentrent dans le bas des vallées et près des villes. Les zones reculées vivent principalement de l'agriculture lorsque la construction des barrages et l'énergie hydroélectrique font leur apparition. C'est surtout avec l'essor important du tourisme et du ski que les fonds de vallées trouvent une dynamique nouvelle, des sources de revenus différentes et une diversification des métiers. Le tourisme de masse vers l'or blanc est alors encouragé par l'État, avec notamment le plan Neige dans les années 1960.

1963

Création du premier Parc national français, celui de la Vanoise.

1992

Les Jeux olympiques d'hiver d'Albertville continuent de renforcer l'attractivité de la région.

DE NOS JOURS

Aujourd'hui, les territoires de Savoie et de Haute-Savoie sont plutôt prospères grâce au tourisme toujours, mais aussi aux pôles d'attractivité urbains et aux bonnes liaisons routières et ferroviaires. Un rapprochement des deux départements est envisagé pour peut-être un jour les réunir en une seule entité administrative. Côté tourisme, si les activités hivernales sont menacées par le réchauffement climatique, elles constituent encore une manne économique. Le tourisme d'été se renforce d'année en année car les vacanciers apprécient de plus en plus les événements culturels estivaux, les grands lacs et la montagne l'été.

ARCHITECTURE

Le patrimoine architectural de Savoie Mont-Blanc a connu des influences multiples au cours des siècles. Les frontières de ce territoire situé historiquement à cheval entre la France, la Suisse et l'Italie ont été modifiées à plusieurs reprises par les hommes, laissant des traces bien visibles de son passé mouvementé. Son patrimoine architectural est constitué de nombreux monuments protégés et d'une architecture traditionnelle : vestiges et musées, châteaux et maisons fortes, édifices religieux, dont de multiples chapelles et oratoires, maisons de pays et fermes montagnardes, sans oublier les chalets d'alpages : tous doivent s'adapter aux contraintes imposées par la nature. Savoie Mont-Blanc s'explore petit à petit afin de redonner aux détails de l'importance. Les journées européennes du patrimoine qui ont lieu chaque année en septembre sont un moment privilégié pour découvrir de nombreux monuments en accès libre.

L'influence baroque alpine

Lorsque Turin devient capitale du duché de Savoie en 1562, elle devient en même temps, après Rome bien sûr, la principale ville d'art baroque du XVIIe siècle. Les influences de l'art baroque savoyard sont complexes et proviennent en grande partie des flux migratoires de l'époque, entre mixité et pluralité. A cette période, les vallées de Maurienne, de Tarentaise et du Faucigny connaissent des vagues successives de migrations de personnes venues des vallées de l'Italie voisine : Valsesia, Val de Suse, Val d'Aoste...

Et parmi eux de nombreux artisans et artistes qualifiés. En Savoie du Nord (l'actuelle Haute-Savoie), Samoëns devient par exemple un foyer très actif de maîtres maçons et de tailleurs de pierre (ils monteront d'ailleurs leur propre école de dessin). De 1650 à 1770, on agrandit et on superpose aux édifices existants des détails baroques en architecture et en peinture : coupoles, voûtes, arêtes, clochers, retables, fresques, etc. Les murs sont enduits d'une couche de stuc, les nefs s'habillent de fausses voûtes, les colonnades deviennent des décors, et les retables sont monumentaux. En Savoie, cet art religieux a pris une couleur locale et multiforme. Les monuments austères se parent de couleurs vives que tranchent le blanc du stuc et les retables de bois polychrome de dorés angelots joufflus.

En Haute-Maurienne par exemple, Jean Clappier faisait déjà parler de lui avec des œuvres religieuses en bois sculpté que l'on peut encore voir aujourd'hui à Termignon (autel de la Vierge), à Bessans (chapelle de la Goulaz) ou à Lanslevillard. C'est à Saint-Nicolas-de-Véroce, à Cordon et aux Contamines-Montjoie que l'on trouve le plus bel exemple d'art baroque en Savoie du Nord.

Les chalets

Sans forcément y être déjà allé, on se représente bien les paysages typiques et pittoresques de Savoie Mont-Blanc qui ornent les cartes postales et servent de décor pour tant de films. Un élément qui revient avec une constance certaine : le chalet ! Les vallées et les alpages du territoire sont parsemés de ces si jolies maisonnettes qui sont inscrites dans l'imaginaire commun comme des emblèmes de cette région alpine. Le terme chalet nous vient de Suisse et désigne à l'origine les chalets d'alpages qui étaient – et sont toujours – utilisés l'été : lorsque les troupeaux sont en montagne, il est très pratique pour les éleveurs et les bergers d'avoir une habitation sur place qui évite de redescendre dans la vallée chaque jour. Aujourd'hui, les chalets d'alpages sont transmis de génération en génération et font fréquemment office de résidence secondaire estivale. Les soubassements du chalet savoyard sont en pierre, les étages sont quant à eux soit en bois, soit en pierre, chaque région ayant ses particularités. En Haute-Maurienne, les chalets d'alpages sont par exemple entièrement en pierre, sans étage et avec une couverture en lauzes, tandis qu'en Haute-Savoie le soubassement est en pierre, l'étage en bois et la toiture recouverte de tavaillons (tuiles en bois). Les pierres de construction provenaient à l'origine des environs : éboulis, torrents et rivières. Le bois utilisé est la plupart du temps de l'épicéa ou du mélèze qui sont des essences locales. Le toit est à deux pans, très couvrant, avec un pan cassé sur le pignon. Sa pente est faible et il est recouvert de tavaillons ou d'ardoises (lauzes de schiste gris locales ou aujourd'hui importées d'Italie) pour supporter le lourd fardeau du manteau neigeux. Sur la façade se trouvent des galeries extérieures en bois (pour entreposer le bois

© SUNFREEZ - ISTOCKPHOTO.COM

Le château de Duingt sur le lac d'Annecy.

et le grebon, le fumier de brebis) qui servent aujourd'hui de balcons. Il fait souvent sombre dans les chalets anciens car les ouvertures sont étroites pour limiter la perte de chaleur en hiver. Au fil des années, le chalet est devenu l'habitat traditionnel des montagnes pour les locaux comme les touristes et, aujourd'hui, le terme chalet désigne aussi bien une habitation rustique et isolée qu'une construction contemporaine avec tout le confort que l'on puisse imaginer. Il faut savoir que les chalets d'alpages traditionnels et familiaux sont pour la plupart construits par les propriétaires eux-mêmes aidés de quelques copains quand il faut… Chapeau bas les artistes !

Les châteaux

En Savoie Mont-Blanc, sont désignés par le terme « châteaux » aussi bien des édifices médiévaux que des maisons fortes ou des châteaux de défense (ou d'agrément) de toutes les époques. Certaines de ces constructions font aujourd'hui partie du patrimoine public tandis que d'autres sont restées privées. Les maisons fortes sont édifiées par la petite noblesse dès le XIIIe siècle et cherchent à ressembler à de petits châteaux, raison pour laquelle elles se composent généralement d'un corps de logis flanqué de tours. Voici une petite liste non exhaustive des châteaux qui valent le coup d'œil : les ruines du château de Montbel (Saint-Pierre-d'Entremont), le château de Thomas II et son marais (Bourget-du-Lac), le château de Miolans (Saint-Pierre-d'Albigny), le château de Montfleury (Avressieux), le château des Sires de Faucigny (Bonneville), la Tour Sarrasine de Conflans (Albertville). On pourra aussi citer Saint-Michel-d'Avully, Châtillon, Faucigny et Chaumont, mais aussi Faverges, La Roche, Thorens, Sallenôve et Menthon qui dominent des panoramas incroyables. Certains châteaux sont naturellement défendus par les eaux, comme celui de Duingt s'avançant en presqu'île sur le lac d'Annecy et celui d'Yvoire, partiellement protégé par le lac Léman. On ne manquera évidemment pas le château des Ducs de Savoie à Chambéry, ni le château d'Annecy qui se dresse sur la dernière barre rocheuse du Semnoz et domine le lac. Bon nombre de ces châteaux sont inscrits ou classés aux Monuments historiques.

L'architecture religieuse

Le patrimoine religieux savoyard abrite des trésors de l'art baroque, que l'on retrouve inscrits dans l'architecture et les ornements des chapelles, des églises, des abbayes et des basiliques. Un itinéraire spécifique vous entraine sur plus de 90 sites remarquables où l'imagerie religieuse est omniprésente à travers les anges, les dorures, et les sculptures sur bois. On pourra citer l'abbaye de La Rochette (Belmont Tramonet), l'abbaye de Hautecombe (Saint-Pierre-de-Curtille), l'abbaye Notre-Dame de Tamié (Plancherine), l'abbaye de Boscodon, les chartreuses de Saint-Hugon (Arvillard) et d'Aillon (Bauges). On ne manquera pas non plus les innombrables croix, les oratoires, les calvaires ainsi que les chemins de pèlerinage. Dans un style plus contemporain, on notera entre autres l'église Notre-Dame-de-Toute-Grâce (plateau de Passy) conçue par Maurice Novarina entre 1937 et 1946. Outre sa flèche de 28 mètres, cette église a la particularité d'être ornée d'œuvres des plus grands artistes de l'époque : Chagall, Matisse, Lurçat, Braque, Bazaine !

© DAMIEN - STOCK.ADOBE.COM

Les Forts de l'Esseillon.

L'architecture militaire

Situé à la croisée des chemins entre le Rhône et l'Italie, le territoire savoyard a connu au fil des siècles de nombreuses invasions et attaques, ce qui explique la multitude de vestiges et d'édifices à vocation militaire. Avec la Maison de Savoie puis le duché de Savoie, les châteaux forts et forteresses se développent pour protéger les routes des cols alpins en cas d'attaque. Il est possible de visiter bon nombre de ces constructions, notamment à travers les visites organisées par la Fondation FACIM (circuit-itinéraire Pierres-fortes de Savoie®) qui permettent d'admirer les plus belles places fortes de Savoie Mont-Blanc, des forteresses surplombant les vallées aux châteaux de ville. Naturellement, les reliefs ont déterminé les emplacements stratégiques des constructions militaires, comme le verrou glaciaire de l'Esseillon, barrière rocheuse naturelle qui a servi à l'implantation de cette forteresse. Cette place militaire construite au XIXe siècle n'a pas été le lieu de combats mais elle n'en reste pas moins chargée d'histoire et est classée Monument historique. Aujourd'hui, des projets innovants sont pensés pour mettre en valeur le patrimoine fortifié et militaire de la Savoie. Si les restaurations sont plutôt traditionnelles, de type ouverture saisonnière au public avec des visites par le biais des guides des Villes d'art et d'histoire, il existe des propositions originales comme l'escape game proposé dans la Redoute Marie-Thérèse qui fait justement partie du site fortifié de l'Esseillon. Quelques constructions militaires en Savoie et Haute-Savoie : Fort du Télégraphe, Tour de Berold, Fort Charles Albert, Fort Victor-Emmanuel, Château de Miolans, Fort de la Platte, Château des Ducs de Savoie, Fort Charles-Félix, Fort de Tamié, Fort Marie-Christine, Fort de Ronce, château de Chantemerle.

Barrages et tunnels, les ouvrages d'art des Alpes

Les ouvrages d'art sont des constructions gigantesques permettant soit de franchir un obstacle (ponts, viaducs, tunnels, écluses), soit de protéger contre l'action de la terre ou de l'eau (barrages, digues, jetées), soit de passer d'un mode de transport à un autre (ports, quais). La barrière naturelle difficilement franchissable des Alpes appelle à la construction de tels ouvrages. Ainsi, les deux plus grands tunnels de France se situent dans les Alpes : Tunnel du Fréjus (12,87 km) et Tunnel du Mont-Blanc (11,60 km). Si l'on excepte le Tunnel sous la Manche, le Tunnel ferroviaire du Fréjus entre Modane et Bardonnechia est le plus long de France, alors que le tunnel du col de Tende se classe au troisième rang. Autre record détenu par les Alpes, celui du plus haut barrage de France avec le barrage du Chevril (barrage de Tignes) qui culmine à 180 m de hauteur. Bien d'autres barrages des Alpes dépassant les 100 m (Grand'Maison et Monteynard en Isère, Roselend en Savoie...).

Savoie Mont-Blanc regorge d'artistes locaux émus par leur environnement, qui ont envie et besoin de transmettre des choses qui les habitent. Le territoire attire également depuis des siècles des artistes simplement de passage ou qui sont venus se fabriquer de nouvelles racines dans la région, grisés par la lumière si particulière tout autant que par la beauté et la diversité de la faune et de la flore. Ils et elles sont peintres, illustrateurs, photographes, sculpteurs, graveurs, réalisateurs, street artistes… Villes et villages savent les mettre à l'honneur dans les musées avec des expositions permanentes ou temporaires, mais aussi dans un nombre incalculable de chouettes lieux plus ou moins secrets qui organisent des expositions toute l'année. Renseignez-vous auprès des offices de tourisme, sur le web mais aussi directement chez les commerçants de quartier, les locaux et les galeristes.

Peinture et dessin

A la fin du XVIIIe siècle, un nouveau lieu attire les artistes français ainsi que les amis étrangers avec l'École genevoise du paysage. Le territoire de Savoie Mont-Blanc devient peu à peu une zone privilégiée qui donne aux artistes l'occasion de peindre sous une lumière différente de nouveaux paysages faits de sommets, de vallées et de lacs, loin de leurs ateliers habituels. La rive de Talloires accueillera ainsi ces peintres de l'école de Genève et le château de Duingt sera l'un des lieux les plus prisés. C'est d'ailleurs à cette période que Prosper Dunant (1790-1878) produira ses plus belles œuvres. Par la suite, Firmin Salabert (1811-1895), alors élève d'Ingres, le rejoindra au bord du lac et deviendra non seulement son élève mais également son gendre. Toujours depuis ces mêmes rives, Cézanne peint *Le Lac bleu* durant l'été 1896. A la même époque, les peintres anglais J.M.W. Turner et John Ruskin dessinent et peignent le Mont-Blanc depuis Chamonix. Il faut savoir que le Mont-Blanc figure parmi les sujets les plus représentés depuis le XVIIIe siècle en Savoie ! Samivel (Paul Gayet-Tancrède, 1907-1992), savoyard d'adoption, illustre avec lyrisme et délicatesse les superbes sommets du massif du Mont-Blanc, et avec humour les alpinistes escaladant le massif de Tré-la-Tête aux Contamines-Montjoie. On pourra aussi regarder à nouveau les toiles du peintre et graveur turinois Enrico Vegetti, des paysages de Nernier au Mont-Blanc vu du lac de Montriond.

En 1896, Paul Cézanne séjourne à l'abbaye de Talloires pendant tout l'été. Il découvre le lac d'Annecy qui lui inspire une vingtaine d'aquarelles et une toile célèbre. Ce tableau du lac d'Annecy représente le château de Duingt vu depuis Talloires. Ce tableau reprend les codes de l'impressionnisme mais l'on aperçoit déjà les prémisses du cubisme et de l'abstraction. Le même lac sera peint par la suite par Henri Le Fauconnier en 1911, Paul Signac ou encore Oskar Kokoschka.

Photographie de montagne

L'histoire de la photographie de montagne remonte en fait quasiment à l'invention de la photographie elle-même. En 1839 lorsque Louis-Jacques-Mandé Daguerre (1787-1851), décorateur de théâtre parisien, divulgua le premier procédé photographique qu'il était parvenu à mettre au point avec son associé : le « daguerréotype », qui consiste à fixer l'image positive obtenue dans la *camera obscura* sur une plaque de cuivre enduite d'une émulsion d'argent et développée aux vapeurs d'iode. Des améliorations techniques arrivent rapidement et, en 1844 déjà, le gouvernement français envoie deux personnes à Chamonix, Bravais et Martens, afin d'enquêter sur la possibilité de photographier en milieu hostile. Les premières photographies des Alpes sont donc des daguerréotypes.

Paul Cézanne a séjourné à l'abbaye de Talloires.

Daguerre.

Joseph-Philibert Girault de Pranget (1804-1892) et John Ruskin (1819-1900) pensent avoir pris la première photographie du Cervin en août 1849. Au début des années 1850, Frédéric Martens expose à Paris et à Londres des vues panoramiques du massif du Mont-Rose puis du Mont-Blanc… Le grand public est conquis ! La montagne n'était alors pas une mince affaire à photographier : des mulets et des hommes étaient indispensables pour porter tout le matériel et les négatifs devaient absolument être développés directement sur place. De plus, les temps de pose étaient longs, ce qui pouvait poser problème dans un milieu changeant comme la montagne. Charles Soulier réussit à prendre la première photographie depuis le sommet du Mont-Blanc en 1859 et Auguste-Rosalie Bisson (accompagné de son frère) réussissent à faire de même en 1861. Si les premières photographies de montagne sont plutôt scientifiques, le développement de l'alpinisme a ensuite favorisé l'essor de la photographie alpine à des fins touristes et artistiques. La photographie amateure se développe dans les années 1880, notamment avec l'invention de l'instantané et la commercialisation de l'appareil Kodak en 1888 qui révolutionne la photographie de montagne. Les premiers essais de photographie couleur furent effectués dans les années 1840, mais la pellicule couleur fait son apparition une centaine d'années plus tard, dans les années 1930, avec le Kodachrome.

Liste non exhaustive de quelques pionniers de la photographie alpine : Joseph-Philibert Girault de Pranget (1804-1892), Adolphe Braun (1812-1877), John Ruskin (1819-1900), Aimé Civiale (1821-1893), les frères Bisson, Louis-Auguste (1814-1876) et Auguste-Rosalie (1826-1900), Gustave Dardel (1824-1899), Jules Beck (1825-1904), Charles Soulier (1840-1875), Vittorio Sella (1859-1943), Jules Jacot-Guillarmod (1868-1925).

Avis aux photographes amateurs, des concours photo à thème sont organisés de temps à autre sur le territoire, comme le concours photo ski d'alpinisme/de randonnée organisé en 2022 à Val Cenis avec pour 1er prix une paire de skis de rando ou encore le concours spécial Polaroid organisé par Chambéry en 2022 avec pour 1er prix un Polaroid… Alors, gardez l'œil ouvert !

Pour les amateurs de procédés anciens, rendez-vous aux Rencontres Photographiques Argentiques qui ont lieu chaque année depuis 14 ans fin mars-début avril à la Ferme de Bressieux à Bassens. Ces Rencontres sont organisées par le collectif Art'Gentik 73 en partenariat avec la Ferme de Bressieux dans le cadre de sa programmation culturelle portée par la commune de Bassens.

Allez donc aussi jeter un œil sur le site Internet de la Maison Tairraz, spécialiste de la photographie alpine, qui propose de superbes clichés, anciens comme récents, noir et blanc ou couleur, et même des posters. On pourra d'ailleurs rappeler l'importance des affiches publicitaires destinées à attirer les touristes à partir de la seconde moitié du XIXe siècle lorsque est construite la ligne de chemin de fer communément appelée PLM (Paris-Lyon-Méditerranée). Les lithographies d'Hugo Alesi fin XIXe puis début XXe, celles d'Axel Faivre sur Chamonix, d'Henry Ganier sur Evian et Brides-les-Bains, et dans les années 1920 celles de Roger Broders sur le Mont-Blanc et Saint-Gervais-les-Bains sont considérées comme de véritables œuvres d'art. Ces affiches sont aujourd'hui très rares et très chères, mais heureusement il existe pléthore de reproductions.

Septième art

Savoie Mont-Blanc est régulièrement choisie par les équipes de tournage autant pour des téléfilms que pour des longs métrages destinés au grand écran. On pourra notamment citer *Premier de cordée*, réalisé par Louis Daquin et tourné en 1944 sur le massif du Mont-Blanc ; *Les Rivières pourpres*, de Mathieu Kassovitz, tourné entre autres sur les glaciers du Tour et d'Argentière, à la chartreuse de Mélan, au château de Bonneville, à Albertville et à Avrieux en Haute-Maurienne ; *Malabar Princesse* tourné en 2004 au pied du Mont-Blanc. En 1970 déjà,

Eric Rohmer avait choisi Talloires au bord au lac d'Annecy pour tourner *Le Genou de Claire*, le cinquième volet du cycle de ses *Six contes moraux*. Plus récemment, les nouveaux opus de *Belle et Sébastien* ont quant à eux été tournés principalement dans la vallée de la Haute-Maurienne, entre le village de Bonneval-sur-Arc et le hameau de l'Ecot, notamment la fameuse scène près du pont de la lame et de l'Arc qui coule paisiblement. Il y en a tant d'autres à mentionner… Impossible toutefois de clore ce paragraphe sur le cinéma sans parler de ce film dont nous avons presque tous en tête la fameuse scène du télésiège : *Les Bronzés font du ski*, tourné à Val d'Isère en 1979 par Patrice Leconte ! Pour la petite histoire, dans la séquence où Jean-Claude Duss (Michel Blanc) reste coincé sur son télésiège, Patrice Leconte souhaitait au départ lui faire chanter *Etoile des neiges*. Il se rend finalement compte que la chanson n'était pas tombée dans le domaine public comme il le croyait et les droits étaient trop élevés… Il décide alors de changer les paroles et commande à Pierre Bachelet et Raymond Gimenès le refrain aujourd'hui devenu culte ! Côté films d'animation, le Festival International du Film d'Animation qui a lieu chaque année en juin à Annecy est à la fois l'occasion de profiter de cette belle ville et d'assister à l'un des plus grands événements dédiés à l'animation. Annecy abrite d'ailleurs la Cité de l'Image en Mouvement (CITIA).

Street art

Si vous passez dans la vallée de la Tarentaise il faut absolument vous arrêter à Moûtiers, une ville qui a choisi de mettre en valeur les street artistes, un pari entièrement réussi ! Près d'une trentaine de fresques monumentales (parmi les artistes Sonac, Kalouf, Ruce, Rêveur, Rino et Cofee) sont disséminées dans toute la ville et l'itinéraire est balisé. Créée en 2017, l'association à but non lucratif Les Eternelles Crapules a pour but de promouvoir l'art urbain et organise le festival de Street Art à Moûtiers. Une belle initiative qui valorise une ville, permet de diffuser des messages qui ont du sens et offre aux habitants de la couleur au quotidien ! La ville d'Annecy (Haute-Savoie) se met également au street art et met en place avec le collectif Art By Friends un parcours artistique piéton.

Focus sur deux aquarellistes contemporains

Julie Wintz-Litty. Voici la fée savoyarde de l'aquarelle animalière et de montagne ! Des aquarelles sublimes, précises et vivantes, empreintes à la fois de douceur, d'humour et de magie. Elle expose assez souvent et publie de très chouette livres : *La Compagnie des bêtes* (éditions la Fontaine de Siloé), *La Vérité vraie sur le Dahut*… On peut voir son travail dans son atelier d'Aix-les-Bains et même (s')offrir un stage d'une journée à Aix-les-Bains ou sur trois jours un peu partout en France.

Philippe Mussatto. Magnifiques aquarelles de haute montagne : sa superbe série *Montagnes Indigos* traduit l'œil affûté d'un grimpeur chevronné, amoureux des montagnes, professeur d'arts plastiques passé maître dans l'utilisation de l'aquarelle sur papier froissé.

Le glacier d'Argentière qui a servi de décor pour le film de Mathieu Kassovitz, Les Rivières Pourpres.

MUSIQUES ET SCÈNES

En Savoie Mont-Blanc, la musique et la danse ont toujours occupé une place importante pendant les fêtes de villages car elles ont un rôle profondément social et font partie de l'héritage culturel d'un peuple. Avant l'arrivée de la radio et du disque vinyle, la musique était essentiellement une affaire de famille. Les principaux instruments étaient les cordes vocales, l'accordéon, le violon et le cor. Si vous souhaitez assister à un événement traditionnel, le mieux reste encore de vous renseigner pour la période souhaitée soit sur Internet soit en téléphonant à l'office de tourisme de votre destination. Aujourd'hui, de nombreux festivals et concerts mettent également les musiques actuelles à l'honneur pendant la saison estivale avec des événements de plein air en montagne ou au bord des lacs. Et les réjouissances ne s'arrêtent pas là car théâtre, cirque, contes et autres spectacles sont très souvent programmés, ouvrez l'œil !

Chants traditionnels

La tradition du chant est encore bien vivante et il n'est pas rare d'entendre les locaux pousser la chansonnette en patois, en français ou en italien. Les chansons traditionnelles savoyardes ont la plupart du temps pour thèmes l'environnement naturel des montagnes et des vallées, la faune, la flore ainsi que la vie quotidienne et bien évidemment… l'amour ! Quelques chants savoyards fréquemment remis à l'honneur : *La Bessanaise*, *Le Compagnon savoyard*, le *Chant des partisans*, *Ne m'oublie pas vieux chalet*, *Le Joli nom de Ninon*, *Bella Ciao*… Quant à *Étoile des neiges*, il ne s'agit en réalité pas du tout d'une chanson traditionnelle savoyarde, car elle a été composée en 1944 par l'Autrichien Franz Winkler.

Voici le refrain d'un chant savoyard bien connu, La Cascade :

Qu'elle est belle la cascade
Quand elle saute les rochers
Elle chante et puis s'évade
Jusqu'en bas dans la vallée
Au cours de mon escapade
Elle emporte mon cœur brisé
Car c'est là près de la cascade
Qu'un jour notre amour est né

Apprenez-le par cœur et vous êtes quasiment assuré de vous faire des copains lors d'une soirée avec les anciens !

Il faut aussi bien sûr citer l'hymne savoyard *Les Allobroges*. Il s'agit de l'hymne de la Savoie qui est encore chanté aujourd'hui. Les Allobroges, c'est le nom de l'ancien peuple celte qui vivait sur les territoires de Savoie vers le IIIe siècle avant J.-C. Cette chanson écrite par Joseph Dessaix vers 1856 a pour thème la liberté (autre nom donné à ce chant). En voici le premier couplet et le refrain :

(Premier couplet)

Je te salue, ô terre hospitalière
Où le malheur trouva protection
D'un peuple libre arborant la bannière
Je vins fêter la constitution
Proscrite hélas ! J'ai dû quitter la France
Pour m'abriter sous un climat plus doux
Mais au foyer a relui l'espérance
En attendant en attendant je m'arrête chez vous.

(Refrain)

Allobroges vaillants ! Dans vos vertes campagnes
Accordez-moi toujours asile et sûreté
Car j'aime à respirer l'air pur de vos montagnes :
Je suis la Liberté ! La Liberté !

Le cor des Alpes

Le cor des Alpes est un instrument de musique à vent, en bois, qui appartient à la famille des cuivres. Il est apparu au XIVe siècle et permettait jadis de rassembler le bétail, car il pouvait s'entendre à 10 km à la ronde grâce au vent ! C'est souvent le berger qui fabriquait cet instrument à partir d'un tronc d'arbre naturellement recourbé d'environ 3 mètres de long. Une fois fini, il peut peser jusqu'à 5 kg ! Au début du XXe siècle la pratique du cor était en voie de disparition mais heureusement de nombreux groupes de musique lui ont redonné vie et se produisent lors des fêtes traditionnelles comme celle de la transhumance.

Danses traditionnelles

Elles sont de type folklorique, comme les rondes, les quadrilles, les rigaudons, les scottishs, les polkas et les montfarines. À l'époque, on dansait habillé du costume traditionnel au son de l'accordéon, du violon, de la clarinette et du chant. Les fêtes locales étaient l'occasion de se retrouver, de s'amuser et de rencontrer son ou sa dulciné(e). Le costume féminin est composé d'une robe en drap de laine, d'une chemise, d'un châle, d'un bonnet et d'un tablier. Le costume masculin se compose quant à lui d'un

Cors des Alpes.

pantalon, d'une blouse, d'une veste en laine et d'un chapeau en feutre. Les costumes diffèrent en fonction de chaque territoire et ces différences se manifestent principalement dans la coiffe et les broderies.

Musique mécanique

Comme son nom l'indique, il s'agit d'une musique composée grâce à des instruments capables de jouer une musique de façon autonome ou assistée, comme l'orgue de Barbarie qui lit des bandes perforées que l'on fait défiler en tournant simplement une manivelle. Les premiers instruments de musique mécanique sont inventés au IXe siècle en Irak (une flûte mue par picots), puis arrivent en Europe au XVIIe siècle et connaissent leur essor au XIXe siècle. Ces instruments permettaient d'organiser des bals populaires et des événements festifs sans avoir à embaucher un orchestre. Si vous passez par la station des Gets en Haute-Savoie et que ce sujet vous intéresse, ne manquez pas le Musée de la Mécanique qui regroupe une collection de plus de 900 instruments mécaniques : carillons, pendules, boîtes à musique, orchestrions, pianos mécaniques, instruments à cordes, orgues de Barbarie, limonaires, automates, phonographes...

Quelques scènes musicales et festivals d'arts vivants à ne pas manquer

Le territoire de Savoie Mont-Blanc est très dynamique culturellement et la musique ne fait pas exception ! Les villes proposent toute l'année des événements tandis que dans les stations les festivités se passent plutôt pendant les saisons touristiques hivernale et estivale. Comme fêtes traditionnelles qui rythment les saisons depuis bien longtemps, on pourrait notamment citer les montées et descentes d'alpages. Savoie Mont-Blanc offre hiver comme été une multitude de festivals et manifestations de renommée internationale comme le festival des Nuits Romantiques à Aix-les-Bains (musique classique), les festivals de musique baroque de Tarentaise et de Valloire, mécanique (Les Gets), ou contemporaine et actuelle : Musilac à Aix-les-Bains ou le Rock'n'Poche d'Habère-Poche, Guitare en Scène à Saint-Julien-en-Genévois, Cosmojazz à Chamonix, les Nuits d'Eté... Le Festival Lez'Arts en Scènes propose quant à lui, au mois d'août, des concerts, du cirque, de la magie, des interventions clownesques, du spectacle de rue et ce en plein cœur du massif des Bauges ! Quelques scènes permanentes qui sont des valeurs sûres : Château Rouge à Annemasse (Haute-Savoie), la maison des Arts du Léman (Thonon-les-Bains), le Dôme Théâtre (Albertville), le Théâtre des Collines (Annecy), Bonlieu à Annecy et l'Espace Malraux à Chambéry. Pensez à regarder la programmation en avance et réservez vos places.

Accès à la culture

Lorsqu'on habite loin des villes, comme partout ailleurs il faut faire l'effort de se déplacer pour voir un spectacle vivant, ou un spectacle tout court d'ailleurs ! Si l'accès à la culture est limité dans les zones rurales et les territoires éloignés, des dispositifs sont toutefois mis en place pour tenter d'élargir le champ des possibles pour des populations dont les yeux et les oreilles n'ont pas facilement la possibilité d'être titillés par des propositions artistiques. On pourra citer notamment le Plan Fanfare qui a été reconduit et amplifié en 2023, le dispositif Savoie en Scènes mis en place par le département et bien sûr les initiatives de délocalisation des scènes et des associations culturelles.

LITTÉRATURE

Des hommes et des femmes de lettres du territoire ou d'ailleurs ont depuis bien longtemps été inspirés par cette belle région et ont su lui rendre hommage. Imprimeurs, linguistes, écrivains, hommes de foi ont laissé leur empreinte dans le paysage littéraire savoyard. On trouvera des évocations de Savoie Mont-Blanc à travers la littérature chez des écrivains comme Jean-Jacques Rousseau, le poète Alphonse de Lamartine, Roger Frison-Roche, Gaston Rebuffat et même John Berger, Mary W. Shelley ou Michel Butor pour n'en citer que quelques-uns. La littérature de montagne est un genre populaire à part entière qui apparait selon Michel Ballerini au XVIIIe siècle avec Oberman de Senancourt puis au XIXe siècle avec *Tartarin sur les Alpes* d'Alphonse Daudet. Le roman de montagne s'affirme sans doute réellement avec Roger Frison-Roche qui écrit *Premier de cordée* dans les années 1940, suivi de nombreux autres livres sur les montagnes.

Contes savoyards

Les contes et les légendes font partie du patrimoine littéraire du territoire, portés et racontés par des générations. Sans surprise, les contes savoyards ont souvent pour thème l'environnement direct, à savoir les montagnes, l'eau, la faune et la flore, des personnages qui se déplacent et doivent braver des conditions parfois difficiles. Et comme souvent dans les contes et légendes, des personnages extraordinaires et surnaturels font leur apparition, fruits d'une imagination débordante qui cherche à dépasser le réel. Parmi les contes et légendes anciens savoyards, citons *Le Noyer de Ripaille*, *La Légende de la Dent du Chat*, *Le Pont du diable*, *L'Or des fées*… La littérature jeunesse contemporaine n'est pas en reste, avec des auteurs comme David Gautier, Laurent Dufreney, Elodie Balandras qui sont tous trois publiés aux Editions Boule de Neige, une maison d'édition basée à Chambéry.

Sauvegarder le patois savoyard

Le franco-provençal est la principale source d'influence du parler savoyard moderne. Le savoyard est lui-même subdivisé en de nombreux sous-dialectes dans presque toutes les grandes vallées. Lors de l'annexion de la Savoie à la France en 1860, le patois savoyard voit son nombre de locuteurs diminuer de façon drastique car il devient notamment interdit de le parler à l'école. Assez rapidement, au cours du XXe siècle, le nombre de locuteurs passe de la quasi-totalité de la population de Savoie à quelques dizaines de milliers seulement ! Mais dans les années 1980, plusieurs associations se créent un peu partout en France dans le but de sauvegarder le franco-provençal. L'Institut de Langue Savoyarde (ILS) voit quant à lui le jour en 2005 et s'attache depuis à préserver et promouvoir la langue savoyarde. L'ILS donne des cours de langue, met à disposition du public gratuitement une bibliothèque de près de 200 ouvrages écrits en savoyard et édite des romans, des poèmes et d'autres publications contemporaines en savoyard. L'ILS organise tous les quatre ans un concours et l'ensemble des textes écrits fait l'objet de publications sous les titres : *Quand les Savoyards écrivent leur patois* et *Découvrir les parlers de Savoie.*

Savoie Mont-Blanc, source d'inspiration

Voici un focus sur quelques amoureux littéraires de Savoie Mont-Blanc.

Lamartine (1790-1869)

Le poème *Le Lac* publié en 1820 dans le recueil *Les Méditations poétiques* fut inspiré à Lamartine par la liaison amoureuse qu'il eut en 1816-1817 avec Julie Charles. Malheureusement atteinte d'un mal incurable, elle s'éteignit en 1817. Lamartine revient seul revoir les lieux, comme le lac du Bourget, qu'il a visités autrefois avec elle. *Le Lac* de Lamartine est devenu le poème immortel de l'inquiétude devant le destin, de l'élan vers le bonheur et de l'amour éphémère qui aspire à l'éternité.

« *Ô temps ! suspends ton vol, et vous, heures propices !*
Suspendez votre cours :
Laissez-nous savourer les rapides délices
Des plus beaux de nos jours !
(…)
Ô lac ! rochers muets ! grottes ! forêt obscure !
Vous, que le temps épargne ou qu'il peut rajeunir,
Gardez de cette nuit, gardez, belle nature,
Au moins le souvenir !

Qu'il soit dans ton repos, qu'il soit dans tes orages,
Beau lac, et dans l'aspect de tes riants coteaux,
Et dans ces noirs sapins, et dans ces rocs sauvages
Qui pendent sur tes eaux. »

Jean-Jacques Rousseau (1712-1778)

Dans les *Confessions*, Jean-Jacques Rousseau évoque sa rencontre avec Madame de Warens à Annecy ainsi que son séjour près de Chambéry. Si vous passez dans cette ville, ne manquez pas l'agréable balade près de l'ancienne résidence d'été de Madame de Warens et de Jean-Jacques Rousseau perchée sur les hauteurs de Chambéry. Cette maison où il habita une dizaine d'années est aujourd'hui un musée intégralement dédié au philosophe et écrivain des Lumières. Une promenade de 6,5 km dans le vallon des Charmettes avec vue panoramique offrira un joli moment de rêverie en solitaire... ou en bonne compagnie ! Des écrivains comme Arthur Young, Stendhal, George Sand et Alphonse de Lamartine ont déjà foulé ce sol de leurs pieds.

Mary W. Shelley (1797-1851)

Dans son célèbre livre *Frankenstein* publié anonymement en 1818, Mary W. Shelley situe plusieurs des actions en Haute-Savoie : lorsqu'il perd de vue la créature abominable qu'il a créée, Frankenstein part se promener vers le Mont-Blanc, dans un état de désespoir total. C'est aussi dans la région, à Evian sur les bords du Léman plus précisément, que la créature tuera des années plus tard la future épouse de Frankenstein.

Michel Butor (1926-2016)

Figure du Nouveau Roman (changement des conventions romanesques héritées du réalisme), notamment avec son livre *La Modification* publié en 1957, Michel Butor se retire à partir de 1986 dans un village de Haute-Savoie proche de Genève (Lucinges). Sa maison est aujourd'hui transformée en musée que l'on peut visiter depuis 2020. Cette demeure se veut également ouverte aux écrivains d'aujourd'hui car elle a pour mission d'accueillir des résidences d'auteurs ainsi que des rendez-vous culturels.

Gaston Rebuffat (1921-1985)

Le massif du Mont-Blanc est l'un des terrains de jeu favoris de cet alpiniste et grimpeur marseillais. En plus de ses activités d'alpinisme, Rebuffat est guide de montagne, et est devenu écrivain et cinéaste. Il a écrit entre autres *La Montagne est mon domaine* et *Le Massif du Mont-Blanc*.

Roger Frison-Roche (1906-1999)

Guide de haute montagne, journaliste, moniteur de ski, explorateur et écrivain... : une personnalité hors du commun qui a écrit entre autres le fameux *Premier de cordée* qui parait en 1941 puis sera adapté au cinéma en 1943.

Jean-Jacques Rousseau.

Des rendez-vous littéraires à ne pas manquer

Quelques rendez-vous littéraires qui valent le coup en Savoie Mont-Blanc :

- Le **Festival international de la bande dessinée de Chambéry** qui a lieu tous les ans fin septembre-début octobre.
- Le Festival écoresponsable **Livres en Marches** à Porte-en-Savoie se déroulera les 30 septembre et 1er octobre 2023 à la salle Montgrabelle, Les Marches, avec des débats, rencontres, dédicaces et une bourse aux livres d'occasion. Parmi les invités de l'édition de 2022, on a pu croiser Pascal Bruckner, Clara Arnaud, Laurent Guillaume, Yves Mathelin, Marine Calmet, Catherine Destivelle, Gilles Leblais, Vincent Djinda, Fred Paronuzzi, Violette Vaisse et bien d'autres !
- **Lir Ô Lac** : 3e édition de ce nouveau festival du 30 septembre au 1er octobre qui se tient à Talloires-Montmin (Haute-Savoie). Un moment privilégié de rencontres entre une vingtaine d'auteurs
- **Des Montagnes et des Bulles** : festival BD du 28 au 29 octobre 2023 à Sciez en Haute-Savoie.
- **Salon international du Livre de Montagne** de Passy (Haute-Savoie) du 11 au 13 août 2023.
- **Le Grand Bivouac**, festival du film documentaire et du livre du 16 au 22 octobre 2023 à Albertville (Savoie).

QUE RAPPORTER ?

Le territoire savoyard regorge de merveilles qui se voient, se vivent et se goûtent. Ce que l'on rapporte d'un voyage est si personnel et subjectif qu'il serait évidemment vain de proposer ici une liste exhaustive de souvenirs à rapporter. Sont modestement présentés quelques items emblématiques de la Savoie et de la Haute-Savoie, plutôt petits et légers afin de pouvoir les glisser facilement dans ses bagages. Des objets de fabrication artisanale pour soutenir l'économie locale et ne pas se retrouver avec un porte-clé Edelweiss taillé dans un bois d'on ne sait où et sculpté par une machine à des milliers de kilomètres de là. Des bons fromages pour refaire une fondue avec les copains au retour, agrémentée d'un verre de génépi, quelques fleurs séchées (non protégées !) glissées dans votre livre, un plaid en laine tissé en Tarentaise ou encore une paire de skis en bois qui vous rappellera toujours les belles pistes enneigées… : à vous de voir !

Un vêtement ou accessoire en laine made in France

La filature Arpin s'implante en Savoie dès 1817 et équipe des générations de montagnards, de militaires et d'aventuriers en tous genres. En 1903, la fabrique acquiert une turbine afin de produire son électricité et devient ainsi le premier lieu électrifié de Haute-Tarentaise. Arpin est classée Entreprise du Patrimoine Vivant (EPV), une distinction qui valorise les entreprises françaises aux savoir-faire artisanaux et industriels d'excellence. La maison travaille directement avec les éleveurs et les tondeurs pour obtenir une laine propre, valorisée au bon prix tout en prenant soin de l'animal. Aujourd'hui, Arpin s'est adapté à la demande et produit aussi bien des couvertures que des collections de vêtements hommes et femmes ou encore des coussins pour la maison.

Du vin local

Au Ier siècle après J.-C., Pline l'Ancien et Columelle faisaient déjà l'éloge des vignes d'Allobrogie, ancêtres des vins de Savoie ! La Savoie compte plus de 400 producteurs répartis sur le territoire. Avec une majorité de vins blancs (70%) et une vingtaine de cépages différents, les vins de Savoie offrent de belles palettes gustatives qui en étonneront plus d'un. Les cépages de Savoie ont la particularité de s'adapter aux reliefs et aux microclimats, entre plaine et montagne, avec des hivers froids et des étés relativement chauds. La roussanne compose par exemple l'un des meilleurs crus de la région, le Chignin (blanc). La jacquère est le cépage des crus d'Apremont et d'Abymes, tandis que le gamay et la mondeuse, cultivée sur les pentes de Montmélian et d'Arbin, forment les crus de Chautagne. Il y a aujourd'hui une volonté d'insuffler une dynamique nouvelle aux vins de Savoie, notamment par la réimplantation de cépages savoyards anciens, par l'obtention d'appellations de qualité et par la réduction des traitements phytosanitaires néfastes pour tout l'écosystème.

Un Opinel

Inventé par Joseph Opinel en 1890, l'Opinel est aujourd'hui un objet incontournable de notre quotidien. Il a même été élevé au rang d'icône du design mondial en 1985, lorsqu'il entre au Victoria and Albert Museum parmi les cent objets les mieux dessinés du monde à côté de la Porsche 911 et de la montre Rolex. En 1989, il fait son apparition dans le dictionnaire Larousse, et devient un nom commun au même titre que les marques Bic, Frigidaire ou Solex. En 2006, le couteau de poche est consacré comme l'un des 999 designs les plus aboutis de tous les temps dans le *Phaidon Design Classics*. Il est aujourd'hui décliné en de nombreuses gammes spécifiques : cuisine, jardinage, cueillette de champignons et même avec sifflet intégré ! Si on en trouve dans presque tous les pays du monde, la boutique officielle Opinel se trouve à Annecy en Haute-Savoie. Le musée est quant à lui situé à Saint-Jean-de-Maurienne et se visite en entrée libre toute l'année.

Dans la chanson *Message in a Bottle* du groupe The Police, qu'entend une oreille francophone lorsque le fabuleux Sting chante « More loneliness, than any man could bear » ? Allez-y, réécoutez-la… Alors ? « Mon Opinel a dû mal couper… » ! Quelle que soit cette hallucination auditive, peu de chances que vous soyez déçu car les Opinels sont d'une robustesse, d'une précision et d'une longévité assez incroyables dont la réputation n'est plus à faire.

Du fromage des montagnes

Avis aux amateurs de fromages car comme toute région montagnarde qui se respecte, la Savoie et la Haute-Savoie comptent de nombreux éleveurs et producteurs de fromages.

petit futé
Alexa, lance Petit Futé !
Des idées week-end
et vacances
pour partir en France
et dans le monde !
petit futé
Essayez, «Alexa, je veux partir en juillet ?»
avec les
podcasts
tourisme
SUD
RADIO
Amazon, Alexa, Echo, et toutes marques associées
sont des marques d'Amazon.com, Inc. ou de ses sociétés affiliées.
© ROLF E. STAERK - SHUTTERSTOCK.COM

© BARMALINI - STOCK.ADOBE.COM

Tomme de Savoie.

Parmi les spécialités locales, on peut nommer le reblochon bien sûr, mais aussi le beaufort, la tomme, l'abondance, le moelleux du Revard, le bleu de Bonneval, la raclette… : de quoi régaler vos amis à votre retour ! Un petit conseil, évitez la plupart des marchés touristiques de plein air car le fromage a bien souvent passé des jours et des nuits entières dans le camion de transport à des températures très variables. Coopératives laitières et petits producteurs proposent en revanche de délicieux produits à (s')offrir sans modération.

Sculpture sur bois

La sculpture sur bois et la réalisation d'objets en bois sont l'un des piliers importants de l'art et de l'artisanat baroques savoyards. De nombreux artisans perpétuent aujourd'hui la tradition et mêlent créativité contemporaine et réalisations traditionnelles, souvent à partir d'essences locales, comme l'épicéa, le mélèze ou plus rarement le pin cembro. La liste des sculpteurs et sculptrices serait fort heureusement bien longue. On pourrait notamment citer l'atelier de Marie-Agnès Douchez à Barby près de Chambéry, qui propose des stages en plus de ses magnifiques réalisations (comme ses animaux sauvages et fleurs sculptés sur des manches d'Opinel !). Si vous passez en Haute-Maurienne, ne manquez pas le village de Bessans. Au XVIIe siècle, Jean Clappier y faisait déjà parler de lui avec des œuvres religieuses que l'on peut encore voir aujourd'hui à Termignon (autel de la Vierge), à Bessans (chapelle de la Goulaz) ou à Lanslevillard. La tradition du diable de Bessans remonte quant à elle au XIXe siècle et à Etienne Vincendet. Suite à une altercation avec son curé, il sculpte un diable enfourchant un curé et le pose sur la fenêtre du presbytère. Le curé le rapporte immédiatement sur la fenêtre du chantre et la statue voyage ainsi pendant plusieurs semaines. De guerre lasse, Etienne le laisse sur sa fenêtre lorsqu'un touriste lui propose de le lui acheter. Lui qui sculptait de nombreux saints se mit alors à sculpter des diables et à les vendre. En 1993, Georges Personnaz ouvre sa galerie d'art Au Chapoteur, aujourd'hui reprise par son fils Fabrice Personnaz qui perpétue la tradition avec ses diables de Bessans, poules à sel, statues de saints et autres créations personnelles sculptés dans le bois. Côté Haute-Savoie, il faut bien sûr citer les colombes sculptées, véritables symboles de l'artisanat ancestral de la vallée d'Abondance. Durant les longues soirées d'hiver, bergers et paysans sculptaient à l'époque cet oiseau symbole de paix, de protection et d'amitié. Les colombes sont entièrement sculptées dans le bois au moyen d'un Opinel, en général n° 7 ou 8. Le bois d'épicéa, fin et tendre, doit séjourner dans l'eau pour être prêt à être travaillé. Aucune colle n'entre en jeu dans la fabrication des véritables colombes d'Abondance, il s'agit d'un travail très minutieux où les plumes sont faites par d'ingénieuses encoches, fendues en fines lamelles déployées en éventail puis bloquées pour séchage.

De la poterie

La poterie est un artisanat traditionnel et certains motifs sont emblématiques, comme les pois unis sur fond uni ou les jaspages, procédé qui ressemble à la marbrure. Vous trouverez de la vaisselle de toute sorte : des petits formats faciles à transporter comme les bols, tasses ou verres à digestif, mais aussi des modèles plus grands comme les plats à tarte, assiettes, saladiers. Parfait pour vous souvenir de votre périple chaque matin au petit-déjeuner ! Vous trouverez des artisans potiers dans de nombreux endroits, voici quelques adresses qui nous ont plu : la poterie du Murger en Tarentaise, celle de Murielle Anselmet dans son pittoresque atelier et restaurant niché dans le village de l'Ecot en Haute-Maurienne, la boutique Caractères à Chambéry, ArtGilles à Aix-les-Bains.

SPORTS ET LOISIRS

Savoie Mont-Blanc a plus d'un tour dans son sac lorsqu'il s'agit d'activités sportives et de loisirs. Si les sports d'hiver avec le ski alpin, de rando et nordique sont représentatifs du territoire, le tourisme estival gagne du terrain au fur et à mesure des années et du mercure qui monte. L'été, la montagne et les lacs du territoire ont tout à offrir aux randonneurs de niveaux variés et aux amateurs de sports à sensation comme le canyoning, le trail, le parapente, la via ferrata, le VTT ou le rafting. Si les activités sportives viennent vite à l'esprit lorsque l'on pense à Savoie Mont-Blanc, il ne faut pas oublier toutes les autres activités culturelles et de loisirs qui vous feront passer un excellent séjour diversifié et enrichissant. Des loisirs plus tranquilles comme la découverte de sentiers botaniques ou des ateliers artistiques en tous genres sont ainsi tout à fait envisageables, parfois même couplés, comme la rando-aquarelle !

En hiver, les joies de la poudreuse

Randonnée en raquette. Pas besoin de s'élancer à tout vitesse sur des pistes de ski pour profiter de la montagne ! Faire de la raquette, c'est prendre le temps de regarder les paysages changer au fil des pas, c'est écouter les bruits autour de soi, c'est repérer des traces dans la neige et trouver quel animal les a laissées, c'est prendre plaisir à déguster son sandwich sur une vieille pierre près d'un arbre qui a sans doute tant à raconter… Bref, raquette et tout simplement marche dans la neige, c'est le top !

Ski. C'est souvent au ski alpin que l'on pense en premier lorsque l'on évoque les Alpes savoyardes, avec ses grandes stations, ses compétitions de haut vol et la pléiade de champions que la région a fournie, à l'image de Jean-Claude Killy et des sœurs Goitschel. Mais avec ses nombreuses vallées toutes différentes, Savoie Mont-Blanc a une géographie qui permet une pratique variée de la glisse. Ski de fond et de télémark sont pendant longtemps restés un mode de déplacement avant de finalement devenir une pratique sportive. La technique du ski alpin a été développée au cours des deux dernières guerres mondiales comme moyen de déplacement rapide en montagne. Pour se donner une idée, les premières remontées mécaniques ne datent que du début du XXe siècle. Aujourd'hui, les skis ont évidemment bien changé : skis alpins en matériaux composites, renouveau du ski en bois par de jeunes designers, snowboard, ski Télémark, ski de randonnée, ski de randonnée nordique, ski de fond skating et alternatif… Amateurs de poudreuse et de freeride, Savoie Mont-Blanc est aussi faite pour vous ! Une multitude de spots vous attendent (partez toujours équipé et prévenez quelqu'un) ainsi que des concours freeride organisés sur tout le territoire durant la saison d'hiver.

Le ski de randonnée. Aussi appelé le ski-alpinisme, le ski de randonnée (ou ski de rando) est l'une des nouvelles disciplines à la mode. Cette pratique consiste à monter les pentes avec des skis de type alpin équipés de peaux de phoque afin de pouvoir monter sans glisser en arrière. Une fois arrivé en haut, on enlève les peaux et on fixe sa chaussure et son ski en mode « descente ». Le système de peaux de phoque a été au départ développé par les militaires pour se déplacer rapidement et plus facilement en montagne l'hiver. Le ski de rando a longtemps été appelé ski de printemps car il se pratiquait à partir du mois de mars car les conditions avalancheuses sont alors plus favorables. C'est un sport dangereux car on est en pleine nature, sur des pentes parfois très raides, et donc jamais vraiment à l'abri d'une avalanche.

Si vous débutez, il est impératif de partir avec un guide et le matériel adéquat qui peut vous sauver en cas d'avalanche : DVA, pelle, sonde, airbag. Ne partez pas seul à l'aventure sans au préalable avoir prévenu où vous alliez, et vous être renseigné sur les conditions météorologiques et le risque d'avalanche. Le ski d'alpinisme fera son entrée pour la première fois aux Jeux olympiques de 2026 qui auront lieu à Milan-Cortina. Cette discipline comptera cinq épreuves : sprints femmes et hommes, courses individuelles femmes et hommes, et relais mixte. En bonne place pour remporter une médaille, on peut notamment citer les Français Axelle Gachet-Mollaret qui a remporté le Grand Globe 2021 et Thibault Anselmet, originaire de Bonneval-sur-Arc, 2e au classement général de la Coupe du monde chez les hommes. Le ski de rando s'est aujourd'hui démocratisé et se pratique aussi de plus en plus sur les pistes de ski alpin. La période de Covid-19 a largement participé à faire grimper en flèche le nombre d'adeptes de ski de rando car les remontées mécaniques étaient fermées.

Domaine skiable Praz-de-Lys--Sommand.

© PIERRE GUILBAUD

Les animaux sont quant à eux un peu moins fans, car qui dit ski de rando dit déranger les animaux sauvages dans leur zone d'habitat naturel, ce qui peut aller jusqu'à les faire fuir ou interrompre une couvée par exemple, alors un minimum de vigilance s'impose. Heureusement, pour ce qui est des JO, cette discipline ne nécessitera pas d'infrastructures nouvelles pour son déroulement !

Cascade de glace. Vous faites un peu d'escalade ou avez toujours rêvé d'essayer ? La glace est un élément qui vous plait et vous êtes curieux et avide de nouvelles sensations ? La cascade de glace est alors une activité faite pour vous ! Équipé de deux piolets, de crampons et d'un baudrier, il vous faudra essayer de grimper sur une partie de glace en vous aidant de vos 4 points d'appui. Il y en a pour tous les niveaux et tous les âges, dès lors que l'équipement est à la bonne taille (voir avec votre guide). Le plus : cette activité est souvent proposée également la nuit, auquel cas la paroi est éclairée par des spots et par sa propre lampe frontale. L'effet est alors des plus merveilleux : la glace bleutée et translucide ressort dans la nuit, laissant l'esprit s'engouffrer dans un monde magique !

En été, une autre approche de la montage

Randonnée pédestre. Quel bonheur de se lever le matin et de marcher jusqu'au soir ! Une autre approche des paysages et du temps qui passe, propice à l'observation de la faune et de la flore, surtout si l'on a pensé à prendre une bonne paire de jumelles ! Voici des sentiers de Grande Randonnée (GR) qui passent en Savoie Mont-Blanc : GRTMB (Tour du Mont-Blanc), GR5, GR 55, GR 9, GR 96, GR 65. Avis aux amateurs de trail aussi !

Vélo. Savoie Mont-Blanc propose sur tout le territoire de nombreux parcours VTT mais aussi de nombreux itinéraires de vélo de route. Plusieurs cols sont très appréciés des cyclistes comme le plus haut col routier d'Europe, le col de l'Iseran (2 764 m). Dans le parc de la Vanoise par exemple, pas moins de 29 parcours VTT pour environ 325 km de bonheur.

Canyoning. Vêtu d'une combinaison, d'un casque et d'un baudrier, il s'agit de descendre une rivière… à pied ! Cela implique évidemment des glissages parfois spectaculaires et des sauts allants de 1 à 10 mètres de haut ! Comme de nombreuses activités sportives en montagne, celle-ci demande quelques capacités sportives et un peu de courage pour se lancer au départ, surtout si vous êtes un peu sujet au vertige ! L'Arc qui coule en Haute-Maurienne est un super spot, et pour cause, le décor est tout simplement grandiose ! Départ de la descente au pont de l'Ecot, arrivée après le pont de la lame. Il est bon d'avoir un guide pour les quelques passages impressionnants et techniques, comme lorsqu'il faut descendre encordé. Si vous en avez l'opportunité, demandez donc à y aller avec Yannick, l'un des deux guides de montagne de Bonneval. Après la descente, retour au village pour un déjeuner bien mérité à La Cabane ou au Glacier des Evettes par exemple.

A l'eau sur les grands lacs. Savoie Mont-Blanc, ce n'est pas que montagnes et sommets escarpés ! Le lac d'Annecy, celui du Bourget ou encore celui d'Aiguebelette sont autant de lieux magiques où passer des moments inoubliables près de l'eau et au frais pendant la saison estivale. Plusieurs compagnies proposent des embarcations (planche à voile, bateau à voile, pédalo, kayak, paddle, etc.) à la location pour quelques heures ou une journée entière, de quoi allier vacances et activité sportive. Le farniente au bord de l'eau avec un bon bouquin est évidemment une autre option tout à fait acceptable et même parfois nécessaire !

Hors saison

Dans les villes, la plupart des activités sont proposées à l'année lorsque les conditions le permettent, mais sachez en revanche qu'en montagne, en hors saison (c'est-à-dire à l'automne et au printemps), de nombreux restaurants, magasins, lignes de transport en commun seront fermés. Cela n'empêche pour autant pas de visiter les vallées par vos propres moyens, mais gardez en tête qu'il vous faudra être plus autonome. Le hors saison, c'est aussi l'occasion idéale de découvrir des coins magnifiques avec très peu de vacanciers. L'autre avantage, c'est que vous trouverez sans peine à vous loger, et ce au tarif basse saison !

Si les activités sportives viennent naturellement à l'esprit en premier lorsque l'on pense aux territoires de Savoie Mont-Blanc, il ne faut pas oublier toutes les autres activités culturelles et de loisirs qui existent et qui vous feront passer un excellent séjour diversifié et enrichissant.

Autres idées de loisirs

La Route des vins de Savoie. Pour celles et ceux qui aiment faire de la route tout en réjouissant leurs papilles, il est possible de sillonner les routes touristiques entre lacs et montagnes pour découvrir la diversité et la noblesse des vins de Savoie. Trois routes des vignobles jalonnent ainsi le territoire. L'une d'elles se situe au nord du lac du Bourget et permet de découvrir la Chautagne et Jongieux. La route de la cluse de Chambéry et de la combe de Savoie vous amène entre Chambéry et Montmélian, tandis qu'en Haute-Savoie la troisième route permet de découvrir le lac Léman et la vallée de l'Arve. Arrêtez-vous en chemin au musée de la Vigne et du vin de Savoie situé dans le centre historique de Montmélian !

© PASCAL - STOCK.ADOBE.COM

Vignoble près du Lac du Bourget, sur la route des Vins.

Ateliers de loisirs créatifs. Dans toutes les grandes villes mais aussi dans de nombreux villages (même isolés en montagne !), artisans et créateurs proposent des ateliers de découverte ou de perfectionnement en tout genre : céramique, bijouterie, peinture et dessin, fabrication de savons, tricot, crochet et couture, teinture végétale, etc. Sur une journée ou une semaine, offrez-vous un moment d'apprentissage et de détente !

Sentiers botaniques. Ces balades encadrées de durées variables permettent de se familiariser avec les noms des plantes et notamment les plantes et fleurs comestibles. Très instructif et génial pour apprendre à aller se chercher de quoi faire une bonne salade ou un pesto non loin de chez soi !

Un jeu ancestral : la Mourra. À l'heure où l'on vit dans un monde de plus en plus connecté (ordinateurs, tablettes, smartphones, consoles...), la Mourra est un jeu tout simple (en apparence !) où il suffit d'utiliser ses deux mains. Voici les règles du jeu : la Mourra est un jeu de doigts. La Mourra se joue à deux ou plus et ne nécessite aucun instrument, autre que les mains. Les deux joueurs se tiennent face à face. Chaque joueur doit, en même temps que son adversaire, ouvrir spontanément l'une de ses mains et lever autant de doigts qu'il le désire, tout en énonçant un nombre de 0 à 10. Celui qui énoncera un nombre égal au total des doigts montrés par l'un et par l'autre des deux joueurs marquera un point. Si, par exemple, le joueur A montre 2 doigts en disant « cinq », pendant que le joueur B montre 3 doigts en énonçant le nombre « six », c'est le joueur A qui marque un point puisque le nombre des doigts levés est : 3 + 2 = 5. Si les deux joueurs ne trouvent pas le résultat exact ou si, au contraire, ils réalisent mutuellement le chiffre annoncé, le jeu continue. On peut donc le pratiquer partout, assis à une table, mais aussi debout. La Mourra est pratiquée dans le Piémont, en Maurienne, en Corse, en Italie, en Sardaigne, dans le Pays Niçois, en Catalogne... Autrement dit, c'est un jeu lié historiquement aux échanges commerciaux et aux déplacements. La langue utilisée mélange français, italien, patois et s'amuse avec les mots. Ainsi par exemple, pour le chiffre 8, on pourra dire « automobile » (avec l'accent italien), pour 6 on dira « sssss... », pour 5 « inc », pour 10 « tutto ». Des tournois de Mourra ont lieu assez souvent dans de nombreux endroits.

Le Championnat du Monde de la Mourra (prononcé « mourre »..!) a eu lieu en juin 2022 à Bessans en Haute-Maurienne. Avis aux amateurs pour les prochaines éditions, tout le monde peut s'inscrire. Pour cela, il faudra venir en équipe de 2 déjà constituée et... savoir jouer, autrement, vous serez éliminés en quelques minutes ! Si ce jeu parait simple, méfiez-vous, il n'en est rien !

GASTRONOMIE

La nourriture savoyarde est à l'origine celle des pays pauvres au climat rude, à savoir frugale, simple, solide, consistante, calorique si possible, utilisant ce que le paysan a obtenu par un dur labeur. Il fallait que les recettes puissent aussi se conserver facilement, en prévision des hivers rigoureux de disette. Les plats typiques sont la plupart du temps à base de farine (seigle, sarrasin, maïs), de légumes simples comme les pommes de terre, les choux, les raves et les poireaux, les viandes de porc et de mouton, le gibier, les œufs, les fruits, et surtout les laitages incomparables qui font la renommée ancestrale de la région. L'assaisonnement est avant tout à base d'oignon, d'ail et d'épices et de plantes trouvées dans la nature, comme l'ail des ours, la baie de genièvre ou encore le serpolet. Portée par les producteurs et les restaurateurs, la gastronomie savoyarde a un bel avenir devant elle !

Des plats typiques et leurs recettes

Les spécialités locales ont tendance à bien tenir au corps, climat et activité physique obligent.

Diôts et polenta. Les incontournables diôts savoyards (saucisses) se déclinent nature, fumés, au chou, au beaufort et sont traditionnellement cuits au vin banc avec des oignons et souvent accompagnés de succulente polenta (à prononcer « polinthe »).

Tartiflette. Des pommes de terre dorées à la poêle, idem pour les oignons (ou sans, selon les goûts !), un reblochon coupé en deux sur le dessus, puis le tout passé au four. Variante avec ou sans lard. La tartiflette est un dérivé du plat traditionnel appelé *pela*, qui se fait dans une poêle.

Croziflette. C'est un gratin de pâtes onctueux garni de crème et de reblochon, un plat qui se fait donc également au four. Il faut d'abord précuire les fameux crozets de blé ou de sarrasin puis les mettre dans un plat à gratin avec du jambon cru coupé en fines lanières (ou sans pour les végétariens !), le reblochon en dés et des oignons préalablement revenus à la poêle. Enfourner le tout au four à 180 °C environ 5 minutes, pas plus !

Raclette et fondue. Bien qu'originaires des Alpes suisses, la fondue et la raclette font désormais partie intégrante de la gastronomie savoyarde. Si tout le monde sait comment faire une raclette (essayez avec de la raclette fumée, au chèvre, à l'ail des ours et à la truffe !), la recette de la fondue semble parfois quelque peu obscure. La voici donc en quelques mots. Couper les différents fromages en cubes puis réserver. Frotter le caquelon à fondue avec une gousse d'ail épluchée et coupée en deux. Verser la moitié du vin blanc sec dans le caquelon pendant 5 minutes à feu fort, puis remettre sur feu doux et plonger au fur et à mesure les dés de fromage dans le caquelon tout en remuant avec une cuillère en bois en faisant des mouvements de huit jusqu'à ce que la fondue devienne lisse et homogène. Des bouts de pain que l'on trempe dedans, de la salade à côté, un verre de vin blanc Roussette, Chignon Bergeron (surtout pas d'eau !)... Que demander de mieux ?

Viande et poisson

Si l'élevage bovin sert principalement à la production de fromages, de lait et de produits laitiers, l'élevage ovin sert quant à lui en grande partie à la production de viande. Les cochons (les caïons) sont pour leur part transformés en diôts, en pormoniers (saucisse réalisée avec le maigre du porc auquel on ajoute des légumes verts comme les blettes, les poireaux, les épinards), en saucissons nature ou agrémentés de fromage, myrtilles, noix, épices... Les chèvres sont élevées pour la fabrication fromage et moins pour leur lait, comme elles en produisent peu.

Côté poissons, plus vous vous rapprocherez des grands lacs (Annecy, Bourget), plus vous aurez de chances de voir du poisson frais à la carte des restaurants (féra, lotte, perche, brochet, lavaret, etc.). Avec ses nombreux torrents et ses lacs d'altitude, Savoie-Mont Blanc est une zone riche en salmonidés (truite fario, omble-chevalier, truite arc-en-ciel...).

De l'eau, du vin et des spiritueux

Sans alcool. Les eaux minérales en bouteille sont connues mondialement, à l'instar par exemple d'Evian (source de rachat), de Thonon-les-Bains (source sur le plateau de Versoie) et d'Aix-les-Bains.

Il existe également de nombreux producteurs de jus de fruits qui proposent une large sélection (principalement jus de pomme, de raisin, et de poire) que vous retrouverez un peu partout sur le territoire. A consommer sans modération, tout comme les sirops maison.

Tartiflette.

Fromage d'Abondance.

Avec alcool. Toutes les occasions sont bonnes pour boire un coup en pays savoyard et le choix est vaste ! Si les vins de Savoie ont longtemps été dénigrés, ils sont aujourd'hui reconnus et appréciés. Plusieurs cépages autochtones comme la roussette, l'altesse et la mondeuse font la spécificité du vignoble savoyard. Les amateurs de bière ne seront pas déçus non plus puisque les microbrasseries sont en plein essor. Le cidre est également très populaire. Côté eaux-de-vie et liqueurs, on citera évidemment le génépi, la chartreuse, le marc de Savoie, et toutes les liqueurs faites à partir de plantes locales comme la gentiane, la genièvre…

Savoie Mont-Blanc sur un plateau

Les fromages participent pleinement à la réputation du territoire de Savoie Mont-Blanc. Ceux-ci ont aussi été créés dans le but de conserver pendant l'hiver des produits réalisés à la belle saison. Voici donc quelques fromages emblématiques qui sont pour la plupart protégés par des appellations : Appellation d'Origine Protégée (AOP) ou Indication Géographique Protégée (IGP).

Reblochon. Fromage à pâte pressée non cuite, au lait cru entier (45% de matière grasse) provenant de vaches de race tarine ou abondance. Il existe deux variétés de reblochon : le reblochon fermier et le reblochon laitier. Le fermier est élaboré à partir d'un lait provenant d'un seul et même troupeau. Il est fabriqué avec le lait encore chaud, tout juste récupéré de la traite des vaches, une opération effectuée matin et soir. L'élaboration s'effectue entièrement à la main, c'est-à-dire qu'aucun procédé mécanique n'est utilisé. Cette variété de reblochon est identifiée par une pastille de caséine de couleur verte et de la mention "fermier" présente sur son emballage. Le reblochon laitier (aussi appelé fruitier, car la "fruitière" est le nom donné aux fromageries) est quant à lui élaboré à partir d'un lait provenant de plusieurs fermes. Sa fabrication s'effectue une fois par jour et le procédé peut être mécanisé, réalisé dans une coopérative ou dans une fromagerie. Il est reconnaissable grâce à sa pastille rouge. Bon à savoir, il est en général plus savoureux l'été car les vaches mangent de l'herbe et des fleurs toute la journée dans les alpages et le lait a donc bien plus de saveurs.

Beaufort. Le beaufort est un fromage à pâte pressée cuite, au lait cru et entier, réputé pour son goût incomparable. Sa texture est ferme à l'attaque en bouche, puis fondante et dévoile de subtils arômes. Le beaufort est reconnu AOP (Appellation d'Origine Protégée) depuis 1968. Les vaches tarines et abondances paissent en montagne dans les vallées du Beaufortain et une partie du Val d'Arly, de la Tarentaise et de la Maurienne. Une meule pèse en moyenne 40 kg et a un diamètre d'environ 50 cm. L'affinage minimum est de 5 mois. Le beaufort d'été est plus doux que celui d'hiver à cause de l'alimentation qui varie selon la saison. Le Beaufort Chalet d'Alpage représente quant à lui une petite partie de la production estivale. Il doit être fabriqué au-dessus de 1 500 mètres d'altitude, deux fois par jour, avec le lait chaud de la traite qui doit provenir d'un seul et même troupeau. Dans une coopérative ou chez un producteur, vous pourrez assister à une fabrication ou visiter une cave d'affinage.

© JÉRÔME ROMMÉ - STOCK.ADOBE.COM

Gâteau de Savoie.

Abondance. Fabriquée à partir de lait cru entier, la pâte souple et fondante de l'abondance, de couleur ivoire à jaune pâle, offre une saveur fruitée. Il faut en moyenne 10 litres de lait cru pour obtenir 1 kg d'abondance. Une meule pèse en moyenne 10 kg. A l'origine, ce sont les moines de l'abbaye d'Abondance dans le Chablais qui ont sélectionné la race bovine éponyme. Fort de son succès, l'abbaye devint fournisseur officiel de ce fromage pour le pape Clément VII. Aujourd'hui, le lait des races tarine et montbéliarde est également utilisé.

Bleu de Termignon. Les bleus de Savoie prennent en général le nom de leur lieu de fabrication, comme le bleu de Tignes, de Sainte-Foy ou encore de Bonneval. Celui de Termignon est fabriqué en très petite quantité et recherché par les amateurs. A partir de lait de vaches qui paissent dans les alpages de Termignon, sa spécificité est d'être naturellement persillé contrairement aux autres bleus qui sont ensemencés en pénicillium. Pour cela, il doit être percé régulièrement pour faire pénétrer l'air et permettre son oxydation.

Tome des Bauges. Attention, un seul « m » à cette tome, distinction orthographique qui est purement issue du fruit d'une volonté de différenciation de « tomme » de la part de ses producteurs. Comme l'indique son nom, elle est fabriquée sur le territoire du massif des Bauges, c'est-à-dire à cheval entre Savoie et Haute-Savoie. Sur la croûte grise peuvent se développer des fleurs de couleurs jaune, rouge, rose ou blanche. Exclusivement au lait cru issu des races abondance, montbéliarde ou tarentaise.

Tomme de Savoie. Que ce soit avec un ou deux « m », son étymologie vient de « toma » en patois savoyard qui signifie « fromage fabriqué dans les alpages ». Fabriquée à partir de lait cru de vache, il s'agit d'un fromage à pâte pressée non cuite qui s'affine pendant environ 10 semaines.

La liste serait longue car il existe bien sûr une myriade d'autres fromages, comme par exemple le vacherin des Bauges, les persillés de Savoie, le bleu de Bonneval, le chevrotin, le Moelleux du Revard, les brebis, les chèvres… Alors maintenant, à vous de jouer, rendez-vous chez un petit producteur ou dans une coopérative laitière pour vous fabriquer LE plateau de dégustation qui vous fait envie !

Les douceurs savoyardes

Les rissoles. Ces petits chaussons de pâte feuilletée sont frits et servis chaud, souvent garnis de compote de fruit ou d'une préparation salée.

Le matafan. Cette préparation mi-crêpe mi-beignet fourrée aux pommes mate décidément la faim !

Le gâteau de Savoie. Aussi appelé le biscuit de Savoie, la recette de ce gâteau sec remonte au XVIe siècle. Malgré son apparence, il est assez léger et en général délicatement relevé par un zeste de citron.

La tarte aux myrtilles. Si la plupart des myrtilles utilisées par les restaurateurs proviennent d'Europe de l'Est, il reste encore quelques endroits où elles ont été ramassées l'été dans les montagnes avec patience pour finir dans votre assiette. Vous pouvez vous aussi partir à la cueillette de myrtilles au mois d'août. Prenez simplement bien garde de ne pas abîmer les myrtilles qui sont très fragiles.

Et quelques autres desserts bien connus : les bugnes, le sabayon (qui vient d'Italie), le gâteau de Saint-Genix…

Pour finir, quelques noms en vrac de plats d'antan que l'on n'entend guère souvent, glanés ici et là. Côté salé : les G'niffes (Pralognan), les rabolets… Côté sucré : les crottes d'âne (Termignon), les cressets à la pélée, les chinchournes (Chamonix), les mulets… Bonne découverte !

AGENDA

Savoie Mont-Blanc est un territoire à la fois pétri de traditions ancestrales liées à la culture montagnarde et ancré dans son temps. Des événements festifs se succèdent au fil des saisons pour le plaisir de tous. Saison d'été et saison d'hiver sont autant attendues l'une que l'autre pour faire le plein de réjouissances. Dès que les beaux jours arrivent, de nombreuses festivités ont lieu en plein air. Un peu partout on trouvera des marchés, des concerts et des festivals sur des thèmes particuliers et avec des artistes nationaux et internationaux. Chaque événement est un moment privilégié pour se détendre entre amis ou en famille, découvrir de nouvelles choses mais aussi rencontrer des locaux. On trouvera presque toujours de quoi se restaurer sur place. Musique classique, jazz, rock, danse, théâtre, concours ski freeride... : à chaque saison sa spécificité ! N'hésitez pas à prévoir vos événements en avance.

CONCOURS INTERNATIONAL DE SCULPTURE SUR NEIGE ET GLACE

Avenue de la Vallée d'Or - **VALLOIRE**
✆ 04 79 59 03 96
www.valloire.net
En janvier.

Magnifique événement que ces Concours internationaux de sculpture sur neige et sur glace qui réserveront encore de belles émotions. Ces manifestations uniques en leur genre ont valu à Valloire le fier sobriquet de « station d'art des neiges ». La petite ville montagnarde se distingue à travers une grande manifestation qui a su conquérir le cœur du public et des sculpteurs du monde entier. Une vingtaine d'artistes et autant d'œuvres éphémères sculptées à partir de la neige du Galibier.

LA GRANDE ODYSSÉE SAVOIE MONT-BLANC

VAL-CENIS
www.grandeodyssee.com
Du 13 au 25 janvier 2024.

La 20e édition de La Grande Odyssée Savoie Mont-Blanc se déroulera, comme chaque année, entre Haute-Savoie et Savoie (de Samoëns à Val Cenis en passant par Megève). Il s'agit d'une course internationale de chiens de traîneaux qui offre aux spectateurs un grand moment festif plein d'émotions. Des animations accompagnent les étapes et c'est aussi une occasion spéciale pour voir de très près le travail des mushers avec leurs chiens, qui sont eux aussi de grands athlètes.

LES MONGOLFIADES INTERNATIONALES DE PRAZ-SUR-ARLY

PRAZ-SUR-ARLY
www.prazsurarly.com
13 et 14 janvier 2024.

Un meeting de montgolfières à Praz-sur-Arly depuis 1990 ! Une manifestation internationale d'aérostats, renouvelée chaque année depuis plus de 30 ans dans une commune à l'aérologie idéale. Une vingtaine de montgolfières s'envole et anime le ciel au pays du Mont-Blanc ! Au programme : vols (statiques ou non) et baptêmes, ateliers de construction d'aéronefs pour les enfants, démonstration de mini ballons radiocommandés... Le rendez-vous des meilleurs pilotes mondiaux !

CHAMPIONNAT DU « MONDE DE SOMMAND » DE FONDUE

PRAZ-DE-LYS--SOMMAND
✆ 04 50 34 25 05
https://www.prazdelys-sommand.com/
En février (sur le front de neige de Sommand). Animations.

Un événement festif et décalé, organisé par l'office de tourisme de Praz-de-Lys-Sommand. Sur le front de neige, après une belle journée de ski ou de promenade dans la poudreuse, venez partager un moment convivial et participer à l'élection des « champions du monde de Sommand » de fondue savoyarde ! Le championnat se déroule par équipes, sous l'œil averti du jury et sous les encouragements du public, qui pourra ensuite savourer les fameuses fondues. Musique savoyarde en fond sonore !

LES POINTES BLANCHES

PRAZ-DE-LYS--SOMMAND

✆ 06 32 72 12 37

https://prazdelysommandskialpi.club

En février, se renseigner. À partir de 35 € par personne. Course de ski alpinisme. 2 parcours.

Sportif n'ayant pas froid aux yeux ? Affrontez les sommets enneigés de Praz-de-Lys-Sommand, avec la course de ski alpinisme Les Pointes Blanches. Deux parcours s'offrent à vous, en solo ou en équipe, avec 1 400 m de dénivelé positif et 13 km, ou 2 500 m de dénivelé avec 22 km, pour les plus en forme. Le parcours vous emmène sur l'époustouflant site de Natura 2000 du Roc d'Enfer, un espace sauvage qui vous séduira, mais qui vous demandera aussi quelques efforts... Restauration à la salle des fêtes de Mieussy, avec remise des prix.

TRAVERSÉE DE LA RAMAZ

PRAZ-DE-LYS--SOMMAND

✆ 04 50 43 02 72

http://traverseedelaramaz.fr

En mars. À partir de 25 € par personne pour les parcours de 15 et 35 km. Départ de Sommand.

La Traversée de la Ramaz est une course de ski de fond, organisée chaque année depuis 1983, à la station de Praz-de-Lys-Sommand. C'est un challenge populaire, sportif, et qui se veut convivial. Il vous emmène au fameux Col de la Ramaz, que vous franchirez deux fois. Pour les moins entraînés, d'autres courses, plus courtes et non chronométrées, vous attendent, pour tout autant de sensations. Premier, en partant du haut de la liste, ou du bas... une bonne soupe traditionnelle vous redonnera des forces à l'arrivée ! À moins que vous n'optiez pour le vin chaud.

PIERRA MENTA

BEAUFORT

www.pierramenta.com

Du 13 au 16 mars 2024.

La plus belle et l'une des plus populaires courses de ski alpinisme. Une course internationale qui se déroule chaque année au mois de mars depuis 1986 sur les pentes exigeantes du Grand-Mont. Elle rassemble environ 200 équipes de 2 skieurs constituées des meilleurs sportifs de leur discipline pour une course de 4 étapes. Une course de légende. La plus longue, avec un dénivelé positif de 10 000 mètres et 4 jours de course. La plus populaire avec des milliers de spectateurs pour encourager les athlètes, y compris à 2 686 mètres d'altitude, au sommet du Grand Mont.

LA GRANDE BRADERIE

ALBERTVILLE

✆ 04 79 10 45 81

Deuxième dimanche d'octobre et premier dimanche d'avril. De 8h30 à 17h30. Coût exposant : 13 €.

La grande braderie d'Albertville est un évènement dans tout le centre-ville où plus de 300 à 500 exposants viennent déballer et vendre leurs trésors. Cette grande fête se passe généralement début avril ainsi que la deuxième semaine d'octobre. Sur place vous trouverez commerçants, brocanteurs, professionnels, et particuliers vendant divers objets. C'est l'endroit idéal pour flâner dans la ville à la recherche d'un objet précis. Il n'est pas rare que nos amis collectionneurs viennent tôt le matin lors de l'installation des stands pour dénicher la perle rare.

MARATHON DU LAC D'ANNECY

1, rue Pierre-de-Coubertin - **ANNECY**

✆ 04 50 46 92 87

www.marathondulac-annecy.com

En avril.

Le marathon d'Annecy est une course d'exception puisqu'il compte parmi les plus « anciens » de France. Créé en 1980 juste après celui de Paris, il est considéré comme l'un des plus beaux de l'Hexagone avec son parcours serpentant entre lac et montagnes. Dans un décor exceptionnel le long de la rive ouest du lac d'Annecy, avec un « petit » dénivelé d'une centaine de mètres, des milliers de coureurs s'élancent pour un 42,195 km complet, un semi-marathon ou le 10 km. Un événement à ne pas manquer, l'essentiel étant de participer, même pour encourager les coureurs.

FESTIVAL DU FILM D'ANIMATION D'ANNECY

18, avenue du Trésum

ANNECY

✆ 04 50 10 09 00

www.annecyfestival.com

En juin.

Que la Force soit toujours avec le plus grand Festival organisé à Annecy. Que la fête soit belle avec une programmation riche en événements, de la soirée d'ouverture et ses surprises à la remise des nombreux prix qui viendront célébrer cette 61e édition d'un festival où le Mexique sera à l'honneur. Réservez vos places pour ne rien manquer. En parallèle se tient le Mifa pour les professionnels et les étudiants intéressés par ce secteur de l'animation.

ADOPTE UN COL

MIEUSSY
✆ 04 50 34 25 05
www.prazdelys-sommand.com
Le 30 juillet 2023 à 8h. Gratuit. Départ de Mieussy. Animation musicale au col.

Place à la mobilité douce ! Le temps d'une matinée, la fameuse route du col de la Ramaz, variante de la route des Grandes Alpes et mythique col du Tour de France, se réserve aux pratiques non motorisées. Cyclistes, randonneurs, skieurs à roulettes... : partagez au départ de Mieussy une montée du col conviviale. Vous aurez tout le temps d'observer le panorama exceptionnel de la région. Le Pic Marcelly, le Haut Fleury, le Roc d'Enfer et bien d'autres. Ravitaillements au départ et à l'arrivée offerts par l'office de tourisme, sous quelques notes de musique.

ESTIVALES DE SAVOIE

Château des Ducs de Savoie
CHAMBÉRY
✆ 04 79 70 63 68
www.estivalesensavoie.fr
Début de l'été de juin à juillet. Gratuit.

Festivités de début d'été qui se déroulent la première quinzaine de juillet depuis 2003. Les Estivales, c'est une bonne dizaine de concerts gratuits en plein air, proposés et organisés par le département de la Savoie pour le plaisir de tous. À l'affiche des artistes de renommée nationale et au-delà. Plus de 20 000 spectateurs sont attendus pour ce rendez-vous estival. Cour d'honneur du château, Sainte-Chapelle, connue pour avoir abrité le Saint Suaire au XVe siècle. Patrimoine et arts vivants s'associent pour un festival musical d'envergure.

MUSILAC

AIX-LES-BAINS
✆ 04 79 88 09 99
www.musilac.com
Du 13 au 16 juillet 2023. Restauration.

Créé en 2002, il y a plus de 20 ans, le festival Musilac se déroule pendant 4 jours pendant lesquels des centaines de milliers de festivaliers prennent une grande cure de rock sur les bords du lac du Bourget (tous à la plage après les concerts !). Un festival pop-rock devenu l'un des plus importants de France et d'Europe avec toujours plus de grands noms dont on attend qu'ils « tombent » avec impatience et des découvertes. Incontournable. À noter que ce festival d'exception a un « petit frère » qui se tient en avril : Musilac Mont-Blanc.

ROCK'N POCHE

Rue des Alpages
HABÈRE-POCHE
www.rocknpoche.com
Fin juillet 2023.

« Le plus grand festival de rock de Haute-Savoie du monde ! » Une maxime humoristique et démesurée qui donne le ton de ce festival alternatif de musiques actuelles. Un événement musical majeur qui offre une quinzaine de groupes de la scène française. Des pointures et des révélations se succèdent sur la Grande Scène, mais aussi de groupes prometteurs sur la Scène Régionale. Un festival en pleine nature, un village sympathique et convivial, une restauration de produits locaux... Tous les ingrédients pour passer un week-end en musique au cœur de la Vallée Verte !

AU BONHEUR DES MÔMES

Centre du village - **LE GRAND-BORNAND**
✆ 04 50 02 78 00
www.aubonheurdesmomes.com
En août. Entrée : 5 € (la journée ; 20 € la semaine). - de 4 ans. Restauration. Spectacles, jeux, ateliers.

Fin août, le village accueille compagnies, créations et festivaliers. Créé il y a une trentaine d'années au Grand-Bornand, ce festival qui a choisi la vache comme animal totémique est devenu le plus grand festival international européen de spectacle vivant jeune public. Les spectacles ont lieu sous chapiteau ou à l'extérieur. Dès l'âge de 6 mois, avec les spectacles Mini-Mômes ou la Maison des tout-petits jusqu'à deux ans. Tous les soirs, concert gratuit sur la place où le festival enchanté clôture sa dernière soirée par un grand bal public !

LA JACQUEMARDE

TANINGES ✆ 04 50 34 25 05
www.prazdelys-sommand.com
Le 6 août 2023 de 9h à 17h. Exposition plein air l'après-midi, bourse aux pièces automobiles, animation musicale.

La Jacquemarde, c'est une grande concentration de voitures anciennes, réunies dans les rues de Taninges, le temps d'une après-midi. Venez admirer les voitures de collection et faire briller les yeux des enfants, comme des « grands enfants »... Pour les heureux propriétaires de voitures anciennes, deux circuits sont organisés le matin, pour une petite balade champêtre. Toute la journée, on profite de l'animation musicale et de la bourse aux pièces, pour faire de belles trouvailles. Repas servi le midi, sur réservation uniquement, auprès de l'office de tourisme.

ULTRA-TRAIL DU MONT-BLANC

CHAMONIX-MONT-BLANC
✆ 04 50 53 47 51
www.ultratrailmb.com
Août 2023.

Le rendez-vous annuel des trailers de l'extrême et des inconditionnels du Mont-Blanc. L'UTMB est tout sauf une promenade de santé ; il s'adresse à l'élite du trail mondial. 2 300 coureurs, 170 km et 10 000 m de dénivelé positif à des altitudes dépassant les 2 500 m, à la lueur de la lampe frontale. Les meilleurs le parcourent en 21 heures… quand il faut normalement une semaine aux randonneurs confirmés. Une course mythique, une aventure extraordinaire au cœur du Massif du Mont-Blanc !

ANNECY CINÉMA ITALIEN

1, rue Jean-Jaurès
ANNECY
✆ 04 50 33 44 00
www.annecycinemaitalien.com
Fin septembre.

Pendant toute une semaine, le meilleur de la production cinématographique italienne contemporaine sélectionné pour un festival exceptionnel ! Depuis 1983, Annecy accueille chaque automne une des plus grandes manifestations européennes en l'honneur de ce pays transalpin dont la culture cinématographique est riche d'œuvres et de personnalités hors du commun. De la compétition avec plusieurs catégories, mais surtout du plaisir à partager. Un cinéma qui s'illustre également à travers des hommages et des rétrospectives, expositions. Et toujours de nombreux invités.

FÊTE DU LAC

ANNECY
www.lac-annecy.com
Premier samedi du mois d'août.

C'est la date à ne pas manquer pour s'émerveiller devant l'un des plus beaux et des plus impressionnants feux d'artifice - on parle plutôt de « spectacle pyrotechnique » - d'Europe, donné dans le cadre féerique de la baie d'Albigny, au-dessus des eaux du lac d'Annecy. Installés dans les tribunes ou sur les pelouses (places payantes) et ailleurs autour du lac (gratuit), 200 000 spectateurs profitent d'un moment unique mis en lumière et en musique. Plus d'une heure de spectacle non-stop selon un thème revu tous les ans par un artificier mondialement réputé.

FOIRE DE SAVOIE

Parc des Expositions
CHAMBÉRY
✆ 04 79 62 22 80
www.foiredesavoie.com
En septembre. Parking. Restauration.

La Foire de Savoie est une foire commerciale qui existe depuis 1923, réunissant largement les acteurs économiques de la région. Elle se déroule en septembre. Un vaste espace d'exposition intérieur et extérieur permet d'accueillir toutes sortes d'exposants (ameublement, décoration, équipements ménagers, construction, jardin, shopping et services). Démonstrations, animations, dégustations sont proposées, comme le pôle aventure, le Pôle écomobilité ou encore le pôle high-tech. Des thématiques variées pour 40 000 m^2 de découverte.

FÊTE DE L'ALPAGE

MIEUSSY
✆ 04 50 34 25 05
www.prazdelys-sommand.com
En août. Restauration. Animations.

Les alpages sont en fête début août à Praz-de-Lys-Sommand ! Lors d'une belle journée ludique, en pleine nature, venez découvrir l'artisanat, les produits locaux et la vie de l'alpage. Au programme, toute la journée, des démonstrations avec chiens de troupeau et moutons, un grand rassemblement de cors des Alpes (franco-suisses), et un barbecue géant pour nourrir toute la famille ! L'occasion également de se dégourdir les jambes et de découvrir ou redécouvrir les sentiers GR alentour et de profiter du panorama exceptionnel de la région.

NUITS ROMANTIQUES

AIX-LES-BAINS
✆ 04 79 88 09 99
www.nuitsromantiques.com
Du 23 septembre au 1er octobre 2023.

Le Festival des Nuits romantiques organise chaque année en automne une dizaine de concerts entre le dernier week-end de septembre et le 1er d'octobre. Dmitri Chostakovitch, Heitor Villa-Lobos, Richard Wagner, Edvard Grieg, Camille Saint-Saëns : la musique classique y est présentée au public en proposant une mise en lumière d'un grand compositeur. Des artistes de talent interprètent des œuvres à découvrir ou à réentendre. Et parfois le festival se délocalise entre lac et montagnes au théâtre du Casino Grand Cercle, à la Grange Batelière de l'abbaye d'Hautecombe.

FESTIVAL INTERNATIONAL DE BANDE-DESSINÉE DE CHAMBÉRY

331, rue de la République - **CHAMBÉRY**
✆ 04 79 33 95 89
www.chamberybd.fr
En octobre.

Créé en 1975, le Festival international de la BD de Chambéry est le 2e plus ancien festival du genre en France après celui d'Angoulême. 20 000 visiteurs, 60 auteurs et trois jours de fête...Il accueille des artistes de grande notoriété, révèle aussi des talents et fait le bonheur d'un public qui se presse pour rencontrer dessinateurs et scénaristes et faire des emplettes. L'éléphant, symbole de la ville, figure toujours sur l'affiche confiée chaque année à un dessinateur différent.

LE GRAND BIVOUAC

✆ 04 79 32 48 64
www.grandbivouac.com
Octobre 2023.

Le Grand Bivouac, festival du film documentaire et du livre qui se déroule depuis 2002 à Albertville, offre un événement unique autour du voyage et de la découverte. Projections, conférences, expositions sont propices à faire ici se croiser des mondes différents, des expériences de voyage. Problématiques d'actualité et interrogations diverses sur le monde, l'environnement... Pendant toute une semaine de festival, une cinquantaine de films documentaires du monde entier, des rencontres d'auteurs, des conférences avec de grands témoins, des débats, expos, concerts.

RETOUR DES ALPAGES

ANNECY
http://annecytraditions.free.fr
Le 14 octobre 2023.

Une belle tradition que l'on retrouve dans différentes villes des Alpes. À la fin de l'été, les troupeaux redescendent de l'estive où ils ont passé les beaux jours pour rester au chaud dans la vallée. C'est ce retour automnal que l'on fête depuis le Moyen Âge. Le 2e samedi du mois d'octobre, les rues d'Annecy sont envahies par des troupeaux. Artisans, vieux métiers, groupes folkloriques, chanteurs, producteurs de la région permettent de découvrir l'artisanat et les traditions savoyardes. C'est aussi un rendez-vous incontournable pour les habitants de la région qui fêtent à leur manière l'arrivée des saisons froides. En cela la fête reste complètement authentique et conviviale !

FOIRE DE LA SAINT-MARTIN

BONNEVILLE
Le 11 novembre.

Le 11 novembre, ce n'est pas que la célébration de l'Armistice de 1918 à Bonneville. Depuis 750 ans, c'est aussi la Foire de la Saint-Martin. Un événement incontournable, une véritable institution dont les origines remontent au Moyen Âge, à la Charte de franchise octroyée par Beatrix de Faucigny en 1290 ! Une foire qui était autrefois agricole, mais qui s'est largement diversifiée au fil du temps. Une journée conviviale où les gens de la vallée se retrouvent, pendant que les visiteurs sont accueillis avec plaisir pour faire de bonnes affaires.

FOIRE D'AUTOMNE

941, route de la Montagne
MIEUSSY
✆ 04 50 34 25 05
www.prazdelys-sommand.com
DU 21 au 22 Octobre 2023 (8h-18h). Gratuit. Animations.

La Foire de Mieussy, c'est le plus ancien et le plus grand vide-grenier de la région ! Tous les automnes, tout le village se transforme en brocante et vide-grenier géant. Un événement incontournable qui attire de nombreux exposants, professionnels ou particuliers, avec des animations et spectacles de rue pendant deux jours. Dégustez les produits locaux et les châtaignes grillées, flânez dans les ruelles de ce petit village de montagne et trouvez votre bonne affaire. Avec les centaines d'exposants, vous y trouverez certainement votre bonheur !

LES ARCS FILM FESTIVAL

LES ARCS
✆ 01 82 28 50 10
www.lesarcs-filmfest.com
En décembre.

Un festival qui se déroule juste avant les vacances de Noël. Plus de 20 000 festivaliers se pressent généralement pour assister aux projections exclusives de plus de 120 films européens, d'avant-premières et de soirées où de nombreux réalisateurs sont présents. Inutile de préciser qu'il vaut mieux réserver sa place en amont. La station se met en fête pour l'occasion et dans le cadre de l'événement ont aussi lieu des concerts. On en oublierait presque le ski !

SAVOIE

Toutes les Alpes se retrouvent en Savoie. Avec sa capitale historique Chambéry, la Savoie ne cesse de nous surprendre à chaque visite. Maurienne et Tarentaise attisent les convoitises des skieurs qui se pressent dans les nombreuses stations reliées. Car la Savoie est la spécialiste des stations connectées avec d'immenses domaines, parmi les plus grands au monde, qui s'appellent : Les Trois Vallées, Paradiski, Les Sybelles, Espace Killy. De grands espaces qui n'empiètent pas sur le domaine de la vie sauvage préservée dans le premier parc naturel de France, le Parc de la Vanoise. Beauté des villages de montagne comme Pralognan-la-Vanoise ou Bonneval-sur-Arc, gourmandise des incontournables fromages de Savoie, comme le beaufort, et d'un vignoble rempli de pépites, farniente au bord du lac du Bourget et détente dans un centre thermal à Aix-les-Bains. La Savoie offre le plus attendu des Alpes, mais réserve aussi bien des surprises...

D3
Anglefort
Vallières
ANNECY ★★★
Seynod
Rumilly
Vieugy
E712
Béon
Lac d'Annecy
D54
CHANAZ ★
ALPES-DE-HAUTE-PROVENCE
Albens
SAINT-PIERRE-DE-CURTILLE
A41
La Biolle
Lac du Bourget
E712
BELLECOMBE-EN-BAUGES
Brison-Saint-Innocent
Arith
LESCHERAINES
YENNE
LE CHÂTELARD
AIX-LES-BAINS ★★★
MERCURY
BOURDEAU
D59
JARSY
PLANCHERINE
LE BOURGET-DU-LAC
ÉCOLE
Méry
Voglans
P.N.R. du Massif des Bauges
Mont
AILLON-LE-JEUNE
D911
GRÉSY-SUR-ISÈRE
La Motte-Servolex
Bassens
D916
SAINT-PIERRE-D'ALBIGNY
CHAMBÉRY ★★
D1006
CHALLES-LES-EAUX ★
AIGUEBELETTE-LE-LAC
SAINT-GEORGES-DES-HURTIÈRES
Saint-Baldoph
CHIGNIN
MONTMÉLIAN
APREMONT ★★
LES MARCHES
LA ROCHETTE
D1006
ENTREMONT-LE-VIEUX
LES ÉCHELLES
SAINT-PIERRE-D'ENTREMONT
CORBEL
Saint-Rémy-de-Maurienne
A43
Saint-Laurent-du-Pont
LA CHAMBRE
Saint-Étienne-de-Cuines
La Terrasse
E70
P.N.R. de Chartreuse
Lumbin
E712
Froges
LA TOUSSUIRE
SAINT-SORLIN-D'ARVES
SAINT-JEAN-D'ARVES
GRENOBLE ★★
ISÈRE
Allemond
72
ALPE ★★★ D'HUEZ
Parc National des Écrins

Savoie
A CLUSAZ
Vers SALLANCHES
COMBLOUX
SAINT-GERVAIS-LES-BAINS
CHAMONIX-MONT-BLANC
LA GIETTAZ
MEGÈVE
E25
PRAZ-SUR-ARLY
FLUMET
NOTRE-DAME-DE-BELLECOMBE
LES CONTAMINES-MONTJOIE
HAUTELUCE
UGINE
LES SAISIES
BEAUFORT
ITALIE
VILLE
D902
Tours-en-Savoie
BOURG-SAINT-MAURICE
SÉEZ
MONTVALEZAN
D119
SAINTE-FOY-TARENTAISE
LES ARCS
D1090
AIME-LA-PLAGNE
LA PLAGNE TARENTAISE
PEISEY-NANCROIX
LA LÉCHÈRE
GRAND-AIGUEBLANCHE
ecombe
ueblanche
MOÛTIERS
TIGNES
BRIDES-LES-BAINS
La Daille
LA TANIA
BOZEL
CHAMPAGNY-EN-VANOISE
VAL-D'ISÈRE
COURCHEVEL
Parc National de la Vanoise
D915
LLEVILLE
MÉRIBEL
Saint-Martin-de-Belleville
D902
PRALOGNAN-LA-VANOISE
BONNEVAL-SUR-ARC
LES MÉNUIRES
BESSANS
VAL THORENS
Lanslebourg-Mont-Cenis
Lanslevillard
VAL-CENIS
Termignon
ER-ALBANNE
D1006
AUSSOIS
D1006
E70
SAINT-MICHEL-DE-MAURIENNE
Bramans
Avrieux
MODANE
LA NORMA
VALMEINIER
Fourneaux
VALLOIRE
20 KM

PAGES

SAVOIE

CHAMBÉRY ★★

Riche d'une histoire remontant au Néolithique, la cité des ducs est une ville d'art et d'histoire située au carrefour des grands axes économiques européens. Parmi ceux qui l'ont façonnée figure l'incontournable philosophe des Lumières, Jean-Jacques Rousseau. Depuis 1975, la ville accueille le Festival international de la bande dessinée d'automne et de nombreux autres événements. C'est très agréable de se balader dans le grand centre piétonnier pour découvrir traboules, places colorées à l'italienne et monuments. Les « Quatre sans cul », fontaine ornée de quatre imposants pachydermes construite en 1838, sont un symbole visuel fort de la ville.

Tourisme

Proche du lac du Bourget, de deux massifs montagneux et des parcs naturels respectifs des Bauges et de la Chartreuse, la rivière alpine la Leysse traverse la ville. C'est une ville sportive, tournée vers la montagne et le cyclisme, qui est aussi historiquement et émotionnellement italienne (depuis 1957, elle est jumelée avec la ville de Turin). Carrefour de jolis endroits à visiter, il est de bon augure de prendre son temps pour contempler toute la richesse que la ville a à offrir. Il est à noter que les communes de l'agglomération de Chambéry ont fusionné avec celles du cœur des Bauges en 2017, ce qui a donné naissance au Grand Chambéry actuellement composé de 38 communes et 137 000 habitants.

LES CHARMETTES - MAISON DE JEAN-JACQUES ROUSSEAU

890, chemin des Charmettes ✆ 04 79 33 39 44
musees.chambery.fr

Ouvert du mardi au dimanche de 10h à 18h. Audioguide 1 €. Gratuit. Jardins en accès libre. Visite guidée (sur demande).

Près de Chambéry, les Charmettes, c'est un joli musée hommage à Jean-Jacques Rousseau : il séjourna dans ce domaine durant six ans au milieu du XVIIIe siècle. Le site des Charmettes est classé Monument historique en 1905, il possède aussi un site naturel préservé ainsi qu'un jardin botanique. Ce lieu paisible et inspirant est un endroit important pour les écrivains contemporains et la littérature en général. La pensée des Lumières imprègne le domaine et inspire ses visiteurs.

LES CHEMINS DU BAROQUE®

✆ 04 79 60 59 00
www.fondation-facim.fr

Visites et rencontres tout au long de l'année.

Les Chemins du Baroque®, créés par la Facim (Fondation pour l'action culturelle internationale en montagne), mettent en lumière églises et chapelles remarquables de Savoie. 80 édifices ont été répertoriés autour de l'art baroque. En accès libre ou guidé, on découvre la foi des habitants de jadis. Dorures, angelots, couleurs vives, décorations et ornements se retrouvent sur les retables, les murs, les sculptures des édifices religieux, y compris parfois dans de petites chapelles d'altitude... Maurienne et Tarentaise sont les vallées du baroque par excellence.

CATHÉDRALE SAINT-FRANCOIS-DE-SALES ★

Place de la Métropole
✆ 04 79 33 42 47
www.chambery-tourisme.com

Déc-mai, lundi-samedi 9h-12h/14h-17h. Dimanche 9h-12h/15h-20h. Juin-nov, lundi-samedi 10h-12h/14h-18h. Dimanche 15h-19h.

Construite par l'ordre religieux de saint François d'Assise au XVe siècle, elle est en 1779 devenue cathédrale suite à la création de l'évêché de Chambéry. D'apparence gothique et sobre à l'extérieur, c'est à l'intérieur que vous découvrirez ses trésors. La cathédrale possède près de 6 000 m² de peintures en trompe-l'œil, ainsi qu'un magnifique orgue classé Monument historique. De temps en temps, le jardin intérieur accueille des évènements culturels.

ÉGLISE NOTRE-DAME

Rue Saint-Antoine
✆ 04 79 75 05 15
www.chambery-tourisme.com

Ouvert du mardi au samedi de 15h à 19h. Gratuit.

L'église Notre-Dame est située en centre-ville. Édifiée en 1598 sur le sol marécageux sur lequel tout le centre-ville historique est bâti, il s'agit d'un monument classé. Ce lieu chargé d'histoire possède plusieurs éléments remarquables : sa façade et sa coupole notamment. Elle est tout ce qui reste du vaste couvent des Jésuites jadis installé là. Style baroque, essentiellement visible une fois que l'on a franchi le seuil pour pénétrer dans l'édifice. On note le retable de marbre et bois doré du XVIIe siècle, l'orgue du XIXe siècle et la Vierge du Rosaire.

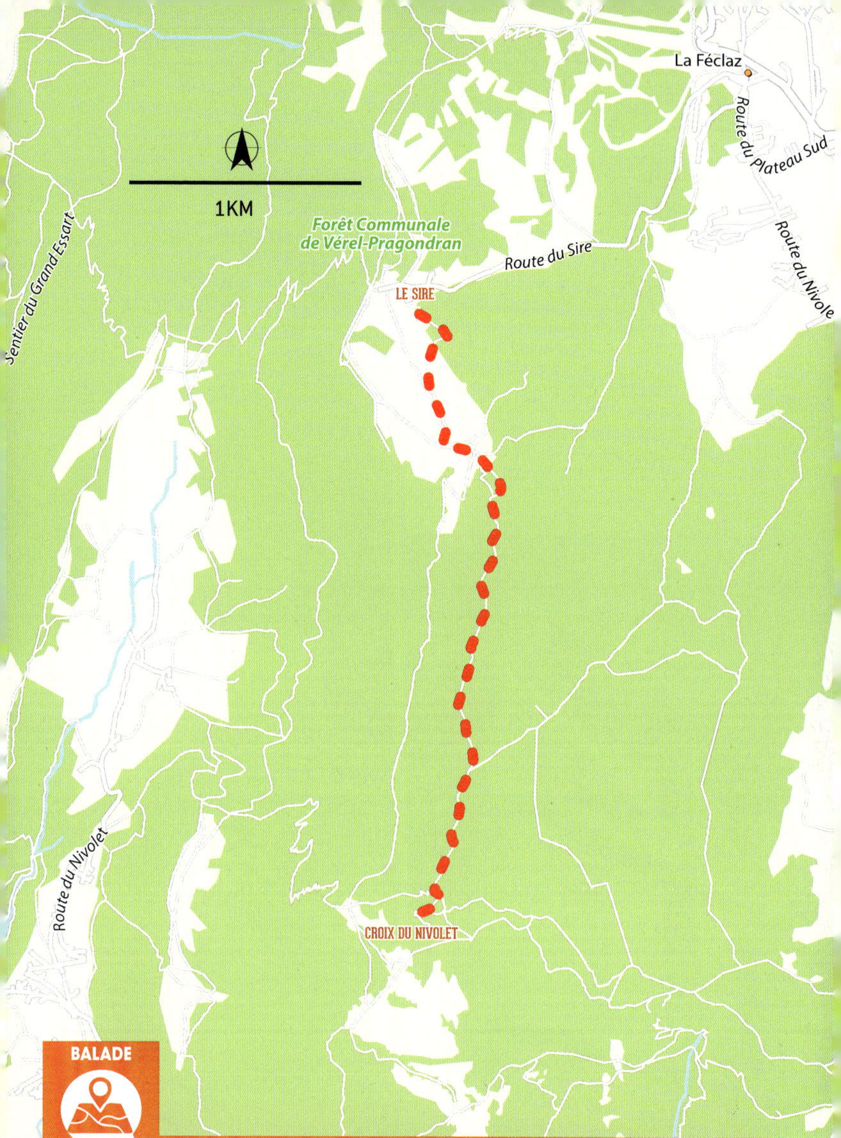

BALADE

RANDONNÉE CROIX DU NIVOLET

Surplombant Chambéry et le lac du Bourget, l'immense croix ornant le Nivolet est un emblème de la région. Cette randonnée facile, familiale, offre une vue imprenable sur la vallée et les montagnes avoisinantes (dont le Mont-Blanc et surtout le Granier). Après avoir rejoint le parking du Sire prenez le temps de rejoindre le point de vue, derrière le restaurant, avec d'entamer votre randonnée. Comptez environ 1h15 pour rejoindre la Croix depuis le chalet du Sire. La marche débute à gauche de la remontée mécanique. Au sommet de celle-ci, il est fréquent d'assister au décollage des parapentes. En hiver, l'itinéraire est aisément praticable en raquettes. Une balade agréable en été, bien ombragée, et magnifique en hiver lorsque la neige recouvre les arbres. S'il y a une randonnée incontournable autour de Chambéry, c'est sans conteste celle-ci.

LA FONTAINE DES ÉLÉPHANTS ★

Place des Éléphants

Toute l'année.

Au cœur de Chambéry. Érigé en 1838, probablement le monument le plus apprécié pour les selfies, les « Quatre sans cul », quatre éléphants imposants se tournant le dos en formant une croix, supportent une haute colonne sur laquelle trône la statue du général comte de Boigne, bienfaiteur de la cité, qui peut de là scruter le château portant son nom et qui se trouve tout au bout de l'avenue. Les éléphants font référence à ses campagnes militaires menées en Inde.

HÔTEL DE CORDON - CIAP

71, rue Saint-Réal
✆ 04 79 70 15 94
Ouvert mercredi, vendredi, samedi de 14h à 18h.

À Chambéry, ville classée d'Art et d'Histoire depuis 1985, c'est dans l'hôtel Cordon, construit au XVIe siècle par le marquis de Challes, que le centre d'interprétation de l'architecture et du patrimoine (CIAP) est installé. Situé entre la rue de Boigne et la place Métropole, il s'agit ici de découvrir sur 600 m² et à travers une muséographie visuelle, auditive et tactile, l'habitat chambérien du Moyen Age et lors de la restauration au XVIIIe siècle. Le CIAP a pour objectif la sensibilisation et la formation de tous les publics à l'architecture et au patrimoine.

MUSÉE DES BEAUX-ARTS ★★

Place du Palais de Justice
✆ 04 79 33 75 03
www.chambery.fr/88-les-musees.htm
Ouvert toute l'année. Du mardi au dimanche de 10h à 18h. Gratuit -26 ans. Adulte : 3 €. Boutique. Artothèque.

La grande façade claire du musée des Beaux-Arts de Chambéry, faisant face au palais de justice, s'impose au cœur de la ville. L'ancienne halle aux grains abrite un espace d'exposition permanente riche de l'une des plus importantes collections de peintures italiennes du Trecento, du Quattrocento, du maniérisme et du baroque, ainsi qu'une série de portraits remarquables. Le musée possède aussi une collection de peintures françaises et des œuvres de peintres savoyards. L'espace d'exposition temporaire offre de belles découvertes supplémentaires.

MUSEUM D'HISTOIRE NATURELLE

208, avenue de Lyon
✆ 04 79 62 18 68
Toute l'année du mardi au samedi, de 14h à 18h sauf jours fériés. Enfants (-18 ans) : 3 €. Adultes : 5 €. Visite guidée.

Entièrement géré par des bénévoles, ce musée qui a plus de 150 ans se trouve en contrebas du château des Ducs de Savoie, installé dans l'ancienne maison des jardiniers. 120 000 spécimens d'animaux, mammifères, mollusques, oiseaux et autres insectes, mais aussi fossiles et minéraux. Papillons, lynx, choucas, genettes, circaètes, loups gris : tous semblent en dire long sur l'histoire naturelle et ses richesses, avec des espèces des Alpes et d'ailleurs.

PARC NATIONAL DE LA VANOISE

✆ 04 79 62 30 54
www.vanoise-parcnational.fr/fr
Animations en saison touristique.

Créé en 1963, le Parc national de la Vanoise était le premier parc national français. Il continuait ainsi le Gran Paradiso italien, situé de l'autre côté de la frontière. Un Parc national ayant pour vocation de protéger le patrimoine naturel, le milieu, il prend en compte aujourd'hui le patrimoine culturel et les paysages. 28 communes adhérent au Parc et sa superficie est de plus de 145 000 hectares. Il possède 14 kilomètres communs avec le Parc national du Gran Paradiso avec lequel il est jumelé depuis 1972. Le Parc national de la Vanoise est situé entre les hautes vallées de Maurienne et de Tarentaise. Avec ses sommets élevés (plus de 3 000 m d'altitude), il possède encore de nombreux glaciers, qui rétrécissent néanmoins à vue d'œil. Le Parc englobe 70 % de Pralognan-la-Vanoise.

Ce Parc est né de la constatation de la disparition progressive du bouquetin des Alpes et du chamois. Aujourd'hui, ces deux animaux ont de nouveau colonisé les pentes abruptes et les éboulis de la Vanoise. Pour les bouquetins, c'est la plus grande colonie française. Vous pourrez les apercevoir en étant attentifs, silencieux et en les respectant, notamment quand ils ruminent. Ils doivent faire beaucoup de graisse rapidement pour passer les rudes hivers dans la neige. Le chamois plus craintif s'enfuie à notre approche à l'inverse du bouquetin des Alpes.

D'autres animaux à observer comme les marmottes, lièvres variables, renards, hermines, blaireaux… 120 espèces d'oiseaux nichent en Vanoise, comme des chauves-souris, des gypaètes barbus (3 couples reproducteurs), des aigles royaux (une vingtaine de couples), tétras-lyre et une centaine d'espèces d'insectes.

Côté flore, 1 200 espèces végétales recensées dont 200 remarquables ou endémiques et certaines protégées comme l'ancolie des Alpes, la laîche bicolore, le chardon bleu…

Le Parc national de la Vanoise propose de nombreuses activités libres ou encadrées. Pensez à prendre vos jumelles ainsi qu'une carte ou un topo-guide avec une échelle de 1/25 000. Comptez 300 m à l'heure de montée, 500 m à l'heure en descente. Nombreux refuges accessibles été comme hiver, certains seulement l'été, dans tous les cas appelez avant pour réserver votre nuitée. Vêtements chauds, sac léger, bonnes chaussures, et faites demi-tour si besoin ! Nous vous rappelons la réglementation spécifique d'un Parc national : pas de chien, respecter les sentiers, pas de camping, pas de feux, pas de cueillette de végétations ou minéraux, pas de VTT hors sites indiqués…

SAVOIE

ROTONDE FERROVIAIRE

731, chemin de la Rotonde
✆ 04 79 33 42 47
www.chambery-tourisme.com
Réservation obligatoire. Visite interdite aux moins de 8 ans (durée 1h15 environ). Adulte 6 € (tarif réduit 4,50 €).

Il faut prévoir d'être bien chaussé. Couverte d'une charpente métallique articulée de type Eiffel à grande portée, les dimensions sont impressionnantes et il faut la voir pour en prendre la réelle mesure. Une coupole de 55 m de diamètre, une hauteur totale du bâtiment de 34 m, elle pouvait contenir 72 locomotives… Au-delà des chiffres et des prouesses architecturales et techniques, il y a un usage qui les justifie : il s'agissait ici de faciliter les manœuvres et l'entretien des locomotives, grâce à un espace adapté. Une belle visite.

CHÂTEAU DES DUCS DE SAVOIE

✆ 04 79 33 42 47
www.chambery-tourisme.com
Entrée libre uniquement aux salles de la Chambre des comptes. Visite guidée (max. 18 pers.) 6 €. Durée : 1h30.

© UOLIR - FOTOLIA

S'il est un emblème du pouvoir des comtes et ducs de Savoie, le château de Chambéry ferait bonne figure pour le représenter. Les princes qui ont gouverné les États de Savoie pendant près de neuf siècles ont laissé derrière eux ce lieu chargé d'histoire. Dans l'aile médiévale, vous trouverez une exposition retraçant l'histoire du domaine et de la dynastie de la Maison de Savoie. Cet espace est accessible librement, mais le château, lui, ne l'est qu'en visites guidées.

LE CINQ - HÔTEL**** €€

22, faubourg Reclus
✆ 04 79 33 51 18
www.hotel-chambery.com
Ouvert toute l'année. 51 chambres (dont 1 suite et 6 chambres communicantes). Chambre double de 75 € à 229 €. Sauna.

Idéalement situé en plein cœur de la ville, à proximité de la gare et du centre historique, le luxe d'un 4 étoiles en toute simplicité et le service attentif aux clients en font une bonne adresse pour une halte confort dans la cité des Ducs de Savoie. Climatisation, insonorisation, cocooning et larges baies vitrées se conjuguent avec raffinement et services. L'accès à l'espace bien-être est un vrai plus pour se détendre, c'est rare de trouver une piscine intérieure dans un hôtel à Chambéry. Ambiance feutrée de la bibliothèque. Une adresse à retenir !

HÔTEL DES PRINCES*** €€

4, rue de Boigne
✆ 04 79 33 45 36
www.hoteldesprinces.com
45 chambres, double dès 71 €. Petit déjeuner 14,40 €. Wifi gratuit. Hammam, bain bouillonnant, sauna. Borne Tesla.

Situé à quelques pas seulement de la fameuse Fontaine des Eléphants, dans la plus belle avenue du cœur de la ville historique, l'Hôtel des Princes est installé dans un ancien couvent rénové et transformé en hôtel de charme. Il propose des chambres confortables et joliment décorées qui se déclinent sous différents thèmes et plusieurs catégories. Le cadre est chaleureux et un spa ainsi qu'un institut de massage sont à disposition pour se relaxer. L'hôtel ne possède pas de restaurant mais de nombreux établissements se trouvent à proximité.

HÔTEL KYRIAD CHAMBÉRY CENTRE*** €€

371, rue de la République
✆ 04 79 36 13 64
149 chambres. Chambre double à partir de 79 €. Wifi gratuit.

C'est tout proche du Centre des Congrès de Chambéry, dit le Manège, un lieu chargé d'histoire où se déroulent régulièrement de nombreux événements. À proximité immédiate du centre-ville et des sites touristiques, à commencer par la Galerie Euréka, ou la Scène nationale André Malraux, cet hôtel présente de nombreuses commodités, dont des chambres équipées de kitchenette pour plus d'autonomie. Wifi gratuit dans tout l'établissement. Un point d'arrivée pour rayonner…

LA MAISON ROUGE*** €€

61, rue de la République - **BARBERAZ**

✆ 04 79 60 05 00

www.chambery-hotel.fr

Chambre double à partir de 90 €. Petit déjeuner 13 €. Parking (gratuit). Animaux acceptés. Wifi gratuit. Restauration.

Hôtel, restaurant, spa : la Maison Rouge « Made in Savoie » se trouve à la sortie de Chambéry, à Barberaz, pas très loin de la voie rapide, d'accès facile. Autant dire que pour une halte avant de poursuivre sa route vers les sommets, l'établissement est idéalement situé et permet ainsi de ne pas perdre trop de temps à faire un détour. C'est donc au pied des montagnes que vous pourrez vous remettre d'un long trajet dans une chambre confortable (suites pour familles) au cadre cosy en ayant un avant-goût des spécialités savoyardes, ou en profitant de l'espace détente.

CHÂTEAU DE CANDIE**** €€€

533, rue du Bois de Candie

✆ 04 79 96 63 00

www.chateaudecandie.com

Chambre double de 200 € à 300 € ; suite à partir de 435 €. Petit déjeuner inclus.

Niché dans la verdure, le château de Candie est un havre de paix. Transformée en hôtel en 1990, cette maison forte savoyarde du XIVe siècle offre le maximum de confort entre cachet de l'ancien et modernité du confort et des prestations. Chambres somptueuses et grandes, meubles anciens, touches contemporaines, décor raffiné et élégant pour un séjour de luxe. Les vignes à l'entrée de la propriété, les magnifiques arbres centenaires, le parc de 6 hectares où des écureuils se promènent donnent l'ambiance. Restaurant gastronomique. La vue est splendide.

PETIT HOTEL CONFIDENTIEL***** €€€

10, rue de La Trésorerie ✆ 04 79 26 24 17

www.petithotelconfidentiel.com

Ouvert toute l'année. 18 chambres (chambres et suites de luxe). Chambre double à partir de 250 €. Hammam, sauna.

Petit Hôtel Confidentiel, c'est un hébergement différent. Cinq suites dispersées dans Chambéry. En voici une : au cœur du vieux Chambéry, dans un hôtel particulier du XIXe siècle, une chambre d'hôtel raffinée aux tonalités contemporaines. 35 m² pour prendre ses aises entre la chambre avec un lit majestueux et un salon avec cheminée moderne. La salle de bains est signée Philippe Starck. L'accueil est personnalisé et très attentif à vos besoins. Adresse intime pour voyager autrement.

LE BISTROT DU VERGER €

Place Pierre de Coubertin

✆ 04 79 69 03 97

www.bistrotduverger.fr

Ouvert du lundi au vendredi le midi ; du mercredi au vendredi le soir. Formule du midi : 20 €. Plat du jour : 12 €.

Ce joli restaurant se veut convivial et très attaché à la saisonnalité des produits. Le Bistrot du Verger joue avec les épices et nous plonge dans la nostalgie liée à l'enfance. Ici, les maîtres mots sont le partage, la simplicité et la générosité. Voyages, rencontres et expériences dressent un tableau insolite de ce lieu chargé d'anecdotes et aux multiples identités. Tantôt troquet parisien, tantôt bouchons lyonnais, tantôt italien, le Bistrot du Verger manie l'art de la table pour nous faire voyager et rêver. Immanquable et délicieux

BOULANGERIE VINCENT €

600, route du Bourget du Lac

VOGLANS

✆ 04 79 54 41 74

Ouvert du mardi au samedi, de 7h à 19h.

Sandwich au diot de Savoie (saucisse de porc), dans du bon pain frais : voilà le programme. Simple efficace. On vient de loin pour faire sa pause déjeuner Chez Vincent, car ce boulanger, auprès duquel on peut aussi acheter son pain tout simplement est une véritable institution ! C'est l'incontournable du snacking savoyard. Il y a de la place mais la réservation est vivement conseillée. Simplicité, bonne franquette et culte d'une association bon pain-saucisse savoyarde pour une addition light : une formule qui peut facilement devenir addictive.

CAFÉ CHABERT €

41, rue Basse-du-Château ✆ 04 79 33 20 35

www.cafe-chabert.com

Du lundi au samedi de 9h à 17h. Réservation recommandée. Menu enfant : 8 €. Formule du midi : 13,60 €.

Ce petit restaurant, bien connu des Chambériens, est aussi le plus ancien café de la ville ! Niché dans une maison mythique du XVe siècle, c'est maintenant Christine qui vous accueille, mais avec toujours aux fourneaux le fameux chef Matthieu. Ici on sert des plats élaborés à partir de légumes locaux et de saison mais aussi des spécialités savoyardes généreuses. Matthieu maîtrise ses sauces et ses cuissons et vous fera découvrir ses arancini, mixant cuisines sicilienne et savoyarde. En hiver, le jeudi midi est le rendez-vous des spécialités plus traditionnelles.

LA CAROTTE ROTIE €

18, rue Sainte Barbe

✆ 04 79 96 27 02

www.la-carotte-rotie.fr

Tous les midis du lundi au vendredi et jeudi et vendredi soir. Comptez environ 22 € pour un plat.

Non loin du château des Ducs de Savoie, il fait bon faire une pause à la Carotte Rôtie. Petite salle pleine de couleurs et de vitalité à l'image d'Ananda et d'Emmanuelle qui proposent une cuisine maison, fraîche et gourmande. Salade de carottes à l'ail, cacahuètes et coriandre, suggestion de saison du chef, grande salade de falafels ou bavette Simmental et frites maison. Il vaut mieux réserver si l'on veut se glisser parmi les habitués, dans ce lieu tranquille. Une cuisine savoureuse où la cheffe met en valeur les produits de saison et du terroir.

CHEZ LES POULETTES €

28, rue Juiverie

✆ 04 79 65 81 80

Mardi, mercredi et samedi de 7h à 18h. Jeudi et vendredi de 7h à 22h. Petit déjeuner, repas le midi.

Une cuisine locale et conviviale, voilà leur credo, et ça marche ! Ce lieu, ouvert en plein second confinement, propose des menus qui varient chaque semaine. À la carte, 2 plats et 2 desserts au choix, cuisinés à partir de produits frais et locaux, pour un tarif abordable. C'est efficace et surtout très bon ! On recommande aussi le délicieux thé chaï. L'été, on profite des horaires élargis sur la terrasse et des nombreuses animations comme des concerts intimistes. Déco vintage, grand canapé confortable à l'intérieur, expos temporaires... Un bel endroit !

DA ANNA MARIA €

27, Place Monge

✆ 04 79 33 24 42

Ouvert toute l'année. Pizzas sur place ou à emporter.

Ce petit établissement est une institution à Chambéry, et ses pizzas sont souvent considérées comme « les meilleures pizzas de la ville ». Le Da Anna Maria est connu de tous, ou presque. Très peu de tables, il faut s'y prendre bien à l'avance pour pouvoir y manger... Si vous avez une petite faim, là, maintenant, tout de suite, pas de panique ! L'établissement propose aussi ses superbes pizzas à emporter, et à un prix très raisonnable. Savourez une part d'Italie au cœur de Chambéry, après tout, il y a encore peu de temps, c'était le Piémont ici !

L'ATELIER €€

59, rue de la République

✆ 04 79 70 62 39

www.atelier-chambery.com

Ouvert du mardi au samedi midi, et du mercredi au samedi le soir. Menus de 16 € à 35 €. Formule midi 22 €.

L'Atelier tire son nom d'un ancien établissement qui fabriquait des bâches. Il en reste un lieu intimiste muni de grandes verrières et de vieilles pierres. Grande terrasse estivale. En cuisine le chef Gilles Hérard, passé par les plus grandes tables étoilées. Le midi, menu unique avec déclinaison de 3 plats. Le soir, une carte plus consistante. À noter la belle carte des vins. À l'heure de l'apéritif, le bar à vin propose de grignoter des tapas froides et chaudes. L'accueil et le service sont spontanés et chaleureux, à l'image du patron.

LA FORGE DES HALLES €

19, rue Bonnivard

✆ 04 79 68 48 38

www.laforgedeshalles.com

Ouvert les mardis et mercredis de 9h à 19h ; les jeudis, vendredis et samedis de 9h à 22h.

Construite au XVIIIe siècle, cette annexe de l'hôtel d'Allinges fut consacrée au XXe siècle à la fabrication d'instruments de pesage. C'est dans cet espace de « la Forge » que s'est installée Murielle et son concept store autour du recyclage, de la récupération et de la valorisation. Une adresse pleine de sens, de liens et de chaleur où vous trouverez des objets uniques de créateurs. L'espace cantine, animé par le chef Erwan Guillerm, propose une cuisine maison simple, végétarienne et goûteuse à base de produits locaux et de saison.

LA BANCHE €€

10, place de l'Hôtel de Ville

✆ 04 79 85 36 10

www.la-banche.fr

Ouvert du mardi au samedi de 8h30 à 22h30. Carte 25 €. Menu enfant 10 €. Terrasse.

La Banche se situe en plein cœur de Chambéry face à la mairie. Les assiettes sont généreuses et à prix doux. La cuisine se fait avec des produits locaux que ce soit des fromages, des vins ou de la charcuterie. Cet endroit est chargé d'histoire ; en effet, son existence remonte à 1580, ce qui en fait le restaurant le plus vieux de Chambéry. Côté valeurs, David et son équipe veulent incarner passion, engagement et estime, ce qui se retrouve parfaitement entre les murs de ce lieu antique. Le service est parfait et le lieu vaut le détour. Bonne découverte.

LE BISTROT €€

6, rue du Théâtre
✆ 09 82 32 10 78
www.restaurant-lebistrot.com
Ouvert du mardi au samedi le midi et le soir. Menus de 35 € à 43 €. Menu enfant : 16 €. Traiteur.

Une belle adresse remarquée par tous les critiques gastronomiques, saluant ainsi la cuisine de qualité proposée par le chef Sylvain Bailly. A bonne école auprès d'Alain Ducasse et de Benoît Witz, il affirme sa personnalité. Le cadre du Bistrot, situé au cœur de la vieille ville de Chambéry, offre un écrin unique. En salle, ambiance Années Folles à la manière des bistrots parisiens et terrasse ombragée. Simple et bon… Les saveurs des produits frais de saison, de préférence régionaux, travaillés avec soin, se retrouvent magnifiés dans l'assiette. Quel plaisir !

BRASSERIE LE LOCAL €€

135, rue Pierre et Marie Curie
LA RAVOIRE
✆ 04 79 36 99 89
Ouvert du lundi au samedi, midi et soir. Carte 25 €. Formule midi 16,90 €. Terrasse.

Ce jeune établissement, à l'accueil sympathique de Benjamin et de toute son équipe, vous propose une cuisine de brasserie généreuse et gourmande. Le locavorisme y est la règle. Les producteurs sont en lien direct avec le restaurant. Le menu de midi est plus que correct. Le jour de notre visite c'était aumônière aux pommes de la Motte, bleu de chartreuse et noix du Gresivaudan en entrée, sauté de charolaise accompagné de polenta aux épices puis crème brûlée aux pralines de Saint-Genix. La carte variée n'est pas en reste de bonnes surprises.

CARRÉ DES SENS €€

32, place Monge
✆ 04 79 65 98 07
carre-des-sens.eatbu.com
Du mardi au samedi midi et soir. Menus 36 €-56 €. Formule midi 20 €. Accessible en fauteuil roulant avec aide. Terrasse.

En plein centre de Chambéry, à deux pas du Centre des Congrès et des rues piétonnes, l'accueil, l'ambiance, la mise en assiette et la saveur des plats sont au rendez-vous au Carré des Sens du chef Jean-Bernard Verjus. Un Carré qui tourne rond, mettant les yeux en joie, les papilles en émoi, l'odorat en éveil... Le chef, à suivre, travaille des produits frais, de qualité et de saison. Il réalise une cuisine qui respecte les traditions, tout en innovant, en explorant les goûts et les saveurs. Des propositions renouvelées chaque jour qui ont enchanté nos sens !

FERME DE RAMÉE €€

500, chemin de Ramée
SAINT-JEOIRE-PRIEURE
✆ 04 79 28 03 05
www.restaurant-lafermederamee.com
Ouvert du mercredi au dimanche midi ainsi que vendredi et samedi soir. A partir de 24 €.

À seulement dix minutes de Chambéry et proche des parcs naturels, une auberge campagnarde vous accueille dans un cadre charmant. Venez découvrir les animaux de la ferme et savourer la cuisine savoyarde traditionnelle offerte par la famille Rolland. Dans une ambiance chaleureuse, avec une cheminée et des nappes rouges et blanches, profitez d'un cadre idéal pour apprécier des spécialités régionales telles que la tartiflette, la fondue savoyarde, les diots et polenta et la fricassée de porc. N'oubliez pas de déguster leurs glaces, sorbets et biscuits faits maison.

LES GOURMANDS DISENT €€

43, rue de la République
✆ 04 79 33 57 05
Fermé dimanche, lundi, et mercredi soir. Le midi de 12h à 13h30, le soir de 19h30 à 22h. Réservation. Menu 35 €.

Une adresse qui fait l'unanimité. À la barre, Antoine et Stéphane : le premier fait partager sa passion du vin et le second œuvre en cuisine avec talent et inspiration. C'est assurément du domaine de la gastronomie. A la carte : gros raviolis de bœuf confit au vin rouge, fricassée forestière crème de champignons et noisettes torréfiées ; paleron de veau confit à la bière et morilles, coco de Paimpol au chorizo ; pour terminer avec un moelleux chocolat extra bitter et sa petite verrine de mousse chocolat au lait. Belle carte des vins. Passion et convivialité.

LES HALLES €€

15, rue Bonivard
✆ 06 19 91 81 21
www.restaurant-les-halles-chambery.com
Ouvert du mardi au samedi le midi et le soir. Menus de 26 € à 36 €. Formule du midi 14 €. Chèque Restaurant. Jardin.

Des tonalités cérusées et brunes pour ces Halles aux belles voûtes et vieilles portes situé dans une ancienne bâtisse du vieux Chambéry. En arrière-cour, la terrasse abritée des regards est un paradis en été. Le menu du jour est un bon rapport qualité-prix et délicieux. Sur la carte, un fondant risotto au parmesan, tomates et basilic au jambon de parme, un suprême de poulet farci aux diots et beaufort. Nous avons aimé le sablé cannelle, pommes fondantes et glace caramel au beurre salé, une tatin revisitée de façon originale. Les serveurs sont agréables.

Ô PERVENCHES €€

600, chemin des Charmettes
✆ 04 79 33 34 26
www.opervenches73.fr

Ouvert du mardi soir au dimanche midi. Menus de 27 € à 48 €. Formule midi : 19 €. Terrasse.

Il faut monter jusqu'aux Charmettes pour rejoindre la maison de Jean-Jacques Rousseau située à 200 m d'Ô Pervenches. Cet écrin de verdure est un véritable havre de paix pour une pause gourmande. Pauline et Jérôme vous proposent une belle carte de saison pour composer, dans différents budgets, le menu de votre choix. La formule brasserie du midi est très appréciée des habitués. Des produits frais, une cuisine simple et bonne qui met en relief les saveurs avec de belles présentations. La carte des vins de près de 110 références. Belle découverte.

LE SAVOYARD €€

35, place Monge
✆ 04 79 33 36 55
www.restaurant-le-savoyard.com

Ouvert du lundi au samedi le midi et le soir. Réservation recommandée. Menus de 26 à 31,50 €.

Depuis plus de 50 ans, le Savoyard est installé place Monge. Une institution qui a connu une rénovation complète, lui donnant un air plus contemporain et une ambiance chaleureuse. Belle terrasse estivale. Cuisine maison de qualité avec un marbré de foie gras, beaufort et bœuf séché, une cocotte de diots confits à la bière, pommes de terre rattes confites ou une pêche du moment et risotto au blé vert. Spécialités savoyardes : tartiflette, berthoud, raclette de Savoie et fondue savoyarde. On apprécie l'accueil et la belle carte des vins consacrée à des producteurs.

ONZE GRANDES ET TROIS PETITES €€

16, rue Jean Pierre Veyrat
✆ 04 79 62 66 74
www.onzegrandes.fr

Ouvert du mardi au samedi le midi et le soir. Plat de la semaine : 19 €. Parking Q-park Chambéry château à proximité.

À deux pas des Halles de Chambéry, ce restaurant propose une cuisine française traditionnelle de qualité. L'accueil est très agréable, et le cadre chaleureux. Entre le salon avec son bar et trois belles salles au caractère bien différent, le restaurant vous invite à un moment de partage et de convivialité. Une cuisine gastronomique de saison, à l'assiette travaillée et respectueuse du produit. Carte des vins avec 200 références. Superbe adresse !

MADEMOISELLE FOLIE

8, Rue de la Trésorerie
✆ 04 85 86 03 65
mademoisellefolie.com

Bar à cocktails et salon de thé, affilié au petit hôtel confidentiel, un lieu unique à Chambéry.

Affilié au Petit Hotel Confidentiel*****, Mademoiselle Folie est un bar à thé et cocktail de haut standing. Dans une ambiance type prohibition, années folles, vous y serez accueilli royalement pour venir déguster un fabuleux cocktail. Si les cocktails classiques sont très bons, nous vous conseillons de vous laisser tenter par les cocktails maison, tous plus originaux et savoureux les uns que les autres. Certainement les meilleurs cocktails de la ville, et l'ambiance la plus cosy. Un établissement qu'il est difficile de quitter tant l'on s'y sent bien.

LES PLAISIRS GOURMANDS €€

44, rue Pierre Lanfray
✆ 04 79 44 21 20

Ouvert du lundi au samedi le midi, jeudi au samedi le soir aussi. Réservation recommandée. Formule midi 17,50 €.

En plein cœur de Chambéry, les Plaisirs Gourmands raviront vos papilles ! C'est en faisant le marché chaque jour que le chef trouve l'inspiration pour réaliser ses plats avec des produits de saison. Le cadre est moderne et la cuisine originale. Royale de foie gras, crémeux de courges aux quatre épices, vinaigrette châtaignes, suivie d'un jarret de veau braisé au vin rouge et romarin, risotto de crozets aux cèpes truffe, desserts maison. De quoi bousculer un peu ses habitudes et le tout servi avec un dressage soigné et un bon accueil.

PINSON RESTAURANT €€€

22, place Monge
✆ 04 79 70 96 40
www.restaurant-pinson.fr

Ouvert du mardi au samedi le midi, vendredi et samedi le soir. Carte 40 €. Jardin. Terrasse.

Si le pinson est souvent présenté comme un oiseau commun de nos jardins, à Chambéry c'est au contraire une adresse peu commune. Un restaurant où Maud et Adrien proposent, dans un cadre chaleureux et convivial, une cuisine à leur image : authentique, fine et riche de saveurs. Au Pinson, pas de carte à rallonge, mais une proposition régulièrement renouvelée de 3 entrées, 3 plats, 3 desserts, accompagnée de vins « coup de cœur ». Une cuisine maison, de saison qui met en avant le produit et le bon goût. Une adresse un peu secrète à partager.

BROCK ART CAFÉ

Carré Curial
✆ 04 79 65 98 35
Ouvert du lundi au samedi de 16h30 à 1h30. Parking. Accueil international. Terrasse. Concerts.

Brock Art propose des ambiances dignes de son nom en toutes occasions. D'abord un espace idéal pour se retrouver entre amis et goûter une bière locale. Cocktails et charcuteries des montagnes… il y en a pour tous les gourmands. Ensuite qui dit Rock dit musique, et des concerts divers et variés s'invitent régulièrement sur la scène. Enfin avec Art, outre les haltes musicales et étapes de festivals qui trouvent ici de quoi faire le bonheur des convives. D'une fois sur l'autre, ambiance sympathique garantie et aucune chance de s'ennuyer.

L'ARBRE A BIÈRES

144, rue Dessaix
✆ 04 79 69 46 51
www.arbreabieres.fr
Ouvert du lundi au samedi de 17h30 à 0h30. Terrasse. Animations.

Plus bar à bière que restaurant, L'Arbre à Bières est depuis 2007 l'incontournable rendez-vous des noctambules ayant envie de partager une bonne mousse entre amis, accompagnée d'une flammekueche… Le choix des bières artisanales produites dans la région est énorme, mais on peut aussi opter pour des breuvages venus de contrées plus éloignées comme la Belgique, pays de référence avec une belle sélection. L'ambiance est très bonne et l'équipe de choc toujours prête à en dire plus sur les produits proposés. À noter aussi : un beau choix de bières à la pression.

CEDRIC PERNOT

15 rue de Boigne
✆ 04 79 70 22 62
www.cedric-pernot.fr
Du mardi au vendredi : 8h30-19h. Samedi : 8h-19h. Dimanche : 9h-12h30.

Dans cette boutique historique (la plus ancienne de Chambéry !), le pâtissier chocolatier Cédric Pernot prend plaisir à vous faire plaisir ! L'esthétique et le goût sont les deux maîtres mots. Le décor est ici au service du gâteau. Essayez donc les fameuses sucettes qui se vendent comme des petits pains, vous comprendrez pourquoi ! Ce jeune pâtissier discret et passionné a récemment été intronisé dans la prestigieuse association Relais Desserts, une association qui regroupe une centaine de pâtissiers et chocolatiers pour promouvoir la pâtisserie française !

LABELLE BIÈRE

267, rue Sébastien Charléty - **LA RAVOIRE**
✆ 04 79 84 01 62
www.labellebiere.fr
Le lundi 11h-15h ; le mardi et le mercredi 11h-21h ; le jeudi et le vendredi 11h-22h ; le samedi 11h-20h.

Labelle Bière est une cave à bières de plus de 200 références avec une offre à la pression régulièrement renouvelée et un bar où Justine et Antoine vous accueillent pour partager un moment de convivialité avec une bonne mousse accompagnée de saucissons artisanaux ou d'une planche apéro. Blondes, brunes, blanches, ambrées, aux fruits, vous trouverez dans le choix proposé et le conseil de ces cavistes de quoi éveiller vos papilles et celles de vos amis… Labelle Bière, c'est aussi Labelle Cantine et sa cuisine maison. Evénements et concerts.

SAVOIE

L'ÉPICURIAL CAFÉ

209, Carré Curial
✆ 09 81 90 74 74
www.epicurial-cafe.fr/accueil.html
Ouvert du lundi au samedi de 17h à 1h30.

Le bar est situé à l'intérieur du Carré Curial, à proximité de la scène nationale André Malraux et médiathèque… Ambiance musicale, « Happy hour » et soirées conviviales entre amis… L'Epicurial Café, autrefois restaurant, s'est recentré sur une activité plutôt dédiée aux noctambules avec une proposition toujours musicale, mais désormais sous forme de bar à tapas-concerts live. Le lieu vibre aussi à la faveur d'expositions temporaires qui prennent place dans ce lieu vivant. Une adresse à noter pour passer un agréable moment en soirée.

PASTEL BAR PATISSIER

26, place Monge
✆ 04 79 96 90 18
www.pastel-patisserie.fr
Bar à vin et pâtisserie. Mardi 16h-20h, mercredi 13h-19h, jeudi 13h-20h, vendredi 13h-20h, samedi 10h-18h.

Une production limitée confectionnée chaque jour par les soins de Marie Pastel, 29 ans, chambérienne depuis toujours. Design soigné et épuré pour ce nouveau lieu qui a ouvert ses portes en 2022. De délicieuses pâtisseries fabriquées à partir de produits bruts, locaux et de saison. Le Paris-Brest est si délicieux que l'on serait même tenté d'en prendre un deuxième ! Côté boisson, la carte des vin est très chouette. On vous recommande aussi d'essayer le cocktail Spritz blanc, avec du prosecco, du sirop de sureau et de l'eau pétillante, un vrai délice !

LE PETIT PHARE

1, rue de la Trésorerie
✆ 06 41 97 17 82
https://le-petit-phare.fr
Ouvert du mercredi au dimanche de 11h à 18h en continu.

Un joli coffee-shop indépendant comme on les aime ! Crêperie à moitié bretonne, terrasse sympathique, gourmandises maison, et le tout avec le sourire. Service continu à emporter. Espresso, cappuccino, mocaccino... mais aussi galettes salées et crêpes sucrées. Les galettes sont servies avec de la salade, des classiques aux inspirations du jour. Supplément chantilly maison fortement recommandé ! Côté boissons, le choix est vaste, des milk-shakes et smoothies aux jus de fruits pressés et bières locales. Une adresse sympa, style vintage bobo chic en plein centre !

ARCHIMALT

95, rue de Bolliet - **SAINT-ALBAN-LEYSSE**
✆ 04 79 65 91 90
www.archimalt.fr
Ouvert du lundi au jeudi de 11h à 14h30 et de 17h à 22h ; le vendredi de 11h à 14h30 et de 17h à 23h, et samedi soir.

Cette microbrasserie en périphérie de Chambéry élabore des bières artisanales originales selon la saison. D'ailleurs, on peut observer la salle de brassage depuis le bar à bières où l'on pourra déguster une blanche « Iceberg », une exotique « L'Amer poule », une triple « Trou de l'enfer » et autre brune « Bout du monde » en pression ou/et en bouteille... Mais le lieu se veut plus qu'une brasserie, on peut tout aussi bien se caler un petit creux ou assister à un concert. La salle, en « déco-récup », ou la terrasse qui s'apprécie aux beaux jours invitent à la convivialité.

BRASSERIE DU MONT BLANC

128, avenue René Cassin - **LA MOTTE-SERVOLEX**
✆ 04 79 62 23 99
www.brasserie-montblanc.com
Ouvert du lundi au vendredi 9h-midi et 14h-17h. Le bar est ouvert jusqu'à minuit le vendredi. Boutique. Bar, concerts.

Créée en 1999 à La Motte-Servolex, à la périphérie de Chambéry, la Brasserie du Mont-Blanc produit les « bières du Mont-Blanc », brassées à l'eau des glaciers du Mont-Blanc, et ce même si elle n'est pas installée tout à fait au pied du Mont-Blanc. Depuis plusieurs années les distinctions pleuvent, si bien que la brasserie savoyarde est à ce jour 5 fois championne du monde. La rousse (ambrée), la blonde, la blanche... Le trio aux couleurs des montagnes : la verte au génépi, la violette, la bleue aux myrtilles et toutes les autres bières telles que la Cristal.

CONFISERIE CHOCOLATERIE MAZET

2, place Porte-Reine
✆ 04 79 33 07 35
www.chocolateriemazet.com
Ouvert le lundi de 14h à 18h30 ; du mardi au samedi de 8h30 à 12h30 et de 14h à 19h. En juillet et août, fermé le lundi.

Toute l'histoire du duché de Savoie à travers le chocolat et des bonbons aux extraits naturels de fruits. Voilà ce que propose Mazet dans sa boutique à l'ancienne. La maison a été fondée en 1820, sur la place Porte Reine. On salive d'avance devant toutes ces douceurs du maître chocolatier confiseur, Stéphane Bozonnet. Il utilise des chocolats grand crus pur beurre de cacao pour ses réalisations et fabrications de pièces sur mesure faites sur commande.

LA COOPÉRATIVE DU TREMBLAY

615, route de l'Ecole du Tremblay
LA MOTTE-SERVOLEX ✆ 04 79 25 00 62
www.cooptremblay.fr
Ouvert du lundi au samedi de 9h à 12h et de 14h à 18h30. Commandes à effectuer à J + 1. Parking.

Créée en 1946 et ne vendant alors que les cerises localement produites, aujourd'hui, la coopérative regroupe 25 producteurs locaux adhérents, élargissant du même coup la gamme des produits du terroir vendus au magasin ou à mettre dans le panier : fruits et légumes, miel, jus, soupe, œufs, glace, vin, escargots, champignon, volailles et bien sûr l'incontournable ronde des fromages. Toute une gamme bio est désormais proposée. De plus, le pain du Gaec du Bon Pain est livré !

LA FROMAGERIE

19, rue Jean Pierre Veyrat
✆ 04 57 12 91 10
www.la-fromagerie.fr
Ouvert du mardi au vendredi 8h-12h30 et 15h30-19h30 ; le samedi 8h-19h30 ; le dimanche 9h-12h30. Chèque Restaurant.

Tenue par un couple de passionnés, au parcours riche de belles adresses de la restauration et de rencontres inspirantes, vous y trouverez un bon accueil. Fromages en arrivage direct de petits producteurs, souvent inscrits en agriculture biologique. L'affinage y est optimisé et le conseil avisé. Un tour de France des saveurs, avec les 160 références que compte la Fromagerie, parmi lesquelles le vacherin du Beaufortain au lait de chèvre, le laguiole du grand Aubrac, la cervelle de canut, les fromages de Savoie, sans oublier la panna cotta et les yaourts maison.

FROMAGERIE DE CHAMBÉRY

926, avenue de la Houille Blanche
✆ 04 79 26 44 50
www.fromageriedechambery.com
Du lundi au samedi de 9h à 19h. Fermé le dimanche. Ce commerce accepte les éléfs (la monnaie locale).

La Fromagerie de Chambéry permet de découvrir une très large palette de fromages du terroir et de charcuteries artisanales de la région. Ici sont affinés de nombreux fromages. Pâtes cuites de Savoie (beaufort, margeriaz…), incontournables tommes (de Savoie avec deux « m » ou des Bauges avec un seul « m »), des bleus : de Termignon, persillé de Tignes, bleu des Bauges, bleu de Bonneval, chèvre ou brebis. Pour compléter, des produits frais sont aussi disponibles tels que des yaourts fermiers au lait de montagne, faisselles, lait cru entier, beurre, crème.

MAISON DOLIN

1138, avenue du Grand Arietaz
✆ 04 79 69 59 09
www.dolin.fr
Du lundi au vendredi de 8h à midi et de 13h30 à 17h30.

Depuis 1821 et implantée au cœur des Alpes, la Maison Dolin est l'inventeur du vermouth de Chambéry. C'est dans cette maison fondée en 1821, réputée pour l'excellence de ses esprits fins répondant aux noms pleins de promesses comme Elixir d'Amour, Parfait Amour, Plaisir des Dames, qu'est né le vermouth de Chambéry. Frais, léger, subtil, la saveur de ce vermouth est admirable. Son créateur, Joseph Chavasse ajouta des plantes aromatiques au vermouth d'origine turinoise. Au vin blanc sec, un jacquère de Savoie, s'ajoute une trentaine de plantes dont la gentiane, l'absinthe, la camomille romaine, hysope, genièvre… Le vermouth de Chambéry est aujourd'hui Appellation d'Origine. Les jurys des plus grandes manifestations internationales lui ont décerné de belles récompenses : médaille d'or au Salon de Philadelphie, médaille d'argent à l'Exposition Universelle de Paris. Mélange subtil d'arômes d'absinthes délicatement associés aux senteurs d'écorce d'orange et de roses pales du Maroc, le vermouth Dolin à la belle amertume éveille les papilles. Avec de la liqueur de fraise, il est devenu Chambéryzette, boisson emblématique. Dolin fabrique aussi de nombreux sirops sous l'appellation Marie Dolin. Dernier apéritif chambérien, le Bonal, dû à Hippolyte Bonal, moine chartreux. Une boisson alcoolisée au fort goût de gentiane et de quinquina. Aujourd'hui l'usine n'est plus ouverte au public pour des visites, mais il est aisé de se procurer les breuvages Dolin chez les vendeurs d'alcools et dans les grandes surfaces de la région.

LA PISTE VERTE

172, rue de la Croix-d'Or ✆ 04 79 33 57 31
www.lapisteverte.fr
Lundi 13h30-19h15, mardi, mercredi, vendredi, samedi 9h30-12h30/13h30-19h15, jeudi 9h30-12h30/14h30-19h15.

En ce pays du couteau, la Piste Verte est un royaume pour les amateurs de fines lames de Savoie ou d'ailleurs. Des couteaux pour tous les budgets. Vous y trouvez des cartes géographiques, des posters, des topos de randonnée, des objets insolites autour de la nature et les sublimes aquarelles de Julie Wintz-Litty ! La Piste Verte, c'est aussi du petit matériel pour la randonnée, boussole, bâton, jumelles… Pour revenir au couteau, ce magasin est le relais officiel d'Opinel. Un accueil très sympathique et personnalisé pour une piste verte écolo ! Service affûtage.

TERROIRS DES ALPES

872, rue de la Martinière - **BASSENS**
✆ 04 79 27 36 75
www.terroirsdesalpes.fr
Ouvert du lundi au vendredi de 9h à 12h30 et de 14h30 à 19h30, le samedi en continu de 9h à 19h30.

L'artisanat des métiers de bouche en pays de Savoie est mis en avant à travers les points de vente de la marque Terroirs des Alpes : boucherie, charcuterie, fromagerie, épicerie, alcool et jus de fruits… Nous avons testé les pâtes de Savoie artisanales fabriquées par La Lune « Gentiane des Alpes » à Saint-Jean de Maurienne, avec emballage 100 % compostable, les « Crottes de marmottes » (meringuettes au cacao) fabriquées à Mésinges et meringues au beurre salé, biscuits des Alpes citron-framboise, idéals pour un « tea time » délicat.

ALPES IN BIKE

740, Fabourg Montmélian ✆ 06 26 18 79 38
www.alpesinbike.fr
Locations de VTT à assistance électrique, à la demi-journée ou pour plusieurs jours. A partir de 29 €.

Quoi de mieux pour sillonner les sentiers savoyards que de le faire au guidon d'un VTT à assistance électrique ? Partez à l'aventure grâce à Alpes In Bike, qui vous propose à la location de magnifiques VTTAE qui vous permettront de crapahuter sur les chemins escarpés des montagnes avoisinantes. Disponibles à la demi-journée ou pour plusieurs jours consécutifs, pensez à réserver un petit peu à l'avance, l'équipe d'Alpes In Bike vous livrera les vélos où vous le souhaitez ! Assurément le meilleur moyen de découvrir la région et ses secrets les mieux gardés.

BREAK OUT ESCAPE GAME CHAMBÉRY

715, rue de belle eau ✆ 09 84 32 43 03
www.break-out-game.fr
Ouvert tous les jours avec horaires variables. De 19 à 35 €/pers selon la taille de l'équipe. De 2 à 8 joueurs. Bar.

Se triturer les méninges afin de venir à bout d'une série d'énigmes en équipe voilà le principe de l'escape game. Break Out vous propose plusieurs expériences immersives, dans des univers variés, Londres 1929, Médiéval, etc. Mais aussi des missions en réalité virtuelle, dans des univers encore plus fantastiques et plus vastes, pour découvrir le monde d'Alice au pays des merveilles, un complexe pénitentiaire, ou encore ce qui n'était alors qu'une petite ville ukrainienne, Tchernobyl.

EMBASSY OF GAME

177, avenue du Grand Verger
✆ 09 66 82 36 56
https://embassy-of-game.com/
Ouvert en semaine de 10h à 22h, samedi de 10h à minuit et dimanche de 10h à 20h. A partir de 20 €/pers.

Un escape game en plein cœur de la ville ! Voici une excellente façon de découvrir Chambéry et ses mystères. Embassy of Game vous propose deux missions immersives dans Chambéry ainsi que trois salles différentes au sein de ses locaux, d'une durée d'une heure et de niveau facile à difficile. Également, vous pouvez désormais réaliser des escape games à domicile grâce aux missions inédites, créées par les équipes, et qui vous permettront d'en profiter tranquillement, dans votre canapé et entre amis. Idéal pour animer vos soirées.

VIA FERRATA DE LA DORIA

Parking de la Doria
SAINT-JEAN-D'ARVEY
Ouvert toute l'année, fortement déconseillé en hiver

L'une des via ferrata les plus difficiles de France, réservée aux initiés ! Après une marche d'approche agréable dans le sous-bois, vous arriverez à une patte d'oie. De là, vous pouvez aller voir la cascade de la Doria, avec son petit pont enchanteur. Revenez ensuite sur vos pas, et prenez la direction de la grotte à Carret. Cette maison troglodyte est aujourd'hui abandonnée, mais elle est à la fois l'entrée d'une immense grotte et le point de départ de la via ferrata. L'ascension comporte notamment un dévers. Un chemin vous permettra de rejoindre le parking.

MALRAUX SCÈNE NATIONALE CHAMBÉRY SAVOIE

67, place François Mitterrand
✆ 04 79 85 55 43
www.malrauxchambery.fr
Salle de 950 places, cinéma « Art et Essai », centre d'exposition, tiers-lieu, conférences, spectacles divers.

La scène nationale Malraux est un théâtre public dans lequel on se rend pour voir des spectacles, vivre, créer, penser, manger, voir des films, danser, jouer, pratiquer un atelier... La programmation est d'excellente qualité et les tarifs sont tout à fait raisonnables. Tarifs réduits et gratuité selon situation. Située dans l'espace Malraux, La Base est un lieu d'échanges et de rencontres autour de la culture pour se retrouver en journée ou en soirée et partager de chouettes moments.

SAINT-GENIX-LES-VILLAGES

Saint-Genix-les-Villages fait partie de ces nouvelles communes, créée en janvier 2019, elle est issue de la fusion de trois anciens villages. Gresin où se trouvent la croix de Sasseigne, l'église du village datant du XIXe siècle, les ruines du château de Mauchamps, des fermes fortifiées... Saint-Genix-sur-Guiers, où se trouve notamment la chapelle de Pigneux qui fait partie de l'itinéraire du chemin de Saint-Jacques-de-Compostelle. Enfin, la commune de Saint-Maurice-de-Rotherens qui abrite le Radio-Musée Galletti. Sur ce territoire, aux portes de la Savoie, Rhône et Guiers se rencontrent. Ici on se trouve aussi à la frontière de l'Isère et de l'Ain.

CHÂTEAU DE MONTFLEURY

335, allée du Château - **AVRESSIEUX**
✆ 04 76 32 92 71
www.pays-lac-aiguebelette.com
Du 01/04 au 31/10. Ouvert 7j/7 en juillet et août 14h-18h. Hors saison se renseigner. Gratuit -6 ans. Adulte 7,50 €.

Ici se trouve une collection archéologique militaire remarquable qui en fait l'un des plus importants, à l'échelle des musées privés, d'Europe. Le château de Montfleury, de nombreuses fois remanié au fil du temps, est lui aussi un lieu chargé d'histoire et d'éléments architecturaux ou décoratifs insolites. Ce château est donc intéressant à découvrir à plus d'un titre ! Fossiles, céramiques, outils agricoles... : on découvre même des vélocipèdes de 1820 à 1920 réunis par le collectionneur et passionné qu'est le propriétaire des lieux !

RADIO-MUSÉE GALLETTI

95, route de Galletti ✆ 04 76 31 76 38
www.radio-musee-galletti.com

De juin à septembre tous les jours (sauf lundi) 11h-18h. Mars, avril, mai, oct, nov, mercredi et samedi 13h-17h.

Le musée rend hommage au travail de Roberto Clemens Galletti di Cadilhac qui fut un pionnier de la télégraphie sans fil. En 1912, cet Italien construisit à Champagneux une station radio si puissante qu'il fut possible de communiquer avec la station de Tuckerton aux USA ! Les guerres et les événements ont vite fait oublier cet épisode de l'histoire que le musée explique et remet en lumière. On trouve au Radio-musée Galletti une collection d'anciens postes radiophoniques, de téléphones, d'affiches et de documents qui retracent l'histoire des radiocommunications.

PÂTISSERIE LABULLY

135, rue des Jardins
✆ 04 76 31 63 02

Ouvert du mardi au dimanche de 7h30 à 12h30 et de 14h à 19h. Le dimanche fermeture à 17h30.

En 1848, Françoise Guilloud se marie avec Pierre Labully, aubergiste. Cette « Française » épouse un Savoyard, Saint-Genix faisait alors partie du Duché de Piémont-Sardaigne. Elle amène la recette de cette brioche parfumée à la fleur d'oranger. Pierre Labully incorpore plusieurs pralines à la recette originale et dépose le nom Gâteau Labully et non l'appellation « Saint-Genix », si bien qu'aujourd'hui il y a beaucoup de brioches peu fidèles à la version originale. En 1979, Alain Bavuz, dernier apprenti de Paul Labully, sans descendance, rachète la pâtisserie.

LE REPAIRE DE MANDRIN

47, route de Pont de Beauvoisin
✆ 04 76 31 63 16
www.repaire-mandrin.fr

A l'année, mardi au samedi 10h-12h30/14h-18h. Vacances scolaires, lundi au samedi 10h-12h30/14h-18h, dimanche 14h-18h.

Louis Mandrin est un peu le Robin des Bois des montagnes. Célèbre contrebandier du XVIIIe siècle, il est la mascotte d'un espace de découverte du territoire et du terroir, sur 180 m^2. Film, carte aux trésors, et visite ludique et pédagogique à faire en famille. L'auberge, la forêt et sa cabane, les passages des Echelles sont des décors pleins de couleurs et il y a désormais de nouvelles salles. L'une propose une immersion dans l'ambiance de rue du XVIIIe siècle, l'autre une prison mettant Mandrin lui-même en scène et enfin une toute nouvelle bibliothèque.

FRUITIERE DE LA VALLEE DU GUIERS

150, route de Saint-Genix-sur-Guiers - **AVRESSIEUX**
✆ 04 76 37 00 36
www.fruitieres-chabert.com

Ouvert du lundi au samedi 9h-12h et 15h-19h. Fermé dimanche et jours fériés. Visites guidées obligatoire sur demande.

La Fruitière de la Vallée du Guiers est un lieu où les fromages produits par la coopérative sont directement vendus aux consommateurs. Un circuit court en prise directe avec un savoir-faire montagnard et une qualité de produit revendiquée par les professionnels savoyards. Vin, jus de fruits, charcuterie, miel, confitures côtoient l'Emmental, la Raclette et autres fromages... Des galeries de visite en accès libre permettent d'en apprendre plus sur la fabrication de ces fromages.

AUBERGE CAMPAGNARDE AILLOUD €

1170, route Joudin ✆ 04 76 31 80 19
www.auberge-ailloud.fr

Lundi, jeudi et vendredi de 11h45 à 14h et de 19h30 à 21h. Mardi, mercredi et dimanche de 11h45 à 14h. Fermé le samedi.

C'est dans un cadre champêtre dans l'avant-pays savoyard que l'auberge campagnarde Ailloud se trouve. Cette grande ferme d'époque propose un restaurant de qualité et familial. Depuis plus de 30 ans, la spécialité du chef est la langue de bœuf. On se délecte aussi d'un saumon fumé maison ou d'un tablier de sapeur aux champignons. Les fromages viennent de la laiterie d'Avressieux, le vin du viticulteur voisin, la demeure Pinet. Et un millefeuille fait avec de la vraie pâte feuilletée.

AIGUEBELETTE-LE-LAC

Le lac d'Aiguebelette est naturel. Il est niché dans un écrin de verdure et protégé du vent par la montagne de l'Épine, si bien qu'il est aussi l'un des plus chauds pour la baignade en été. C'est un joyau du territoire, non seulement parce que sa couleur vert émeraude et sa forme triangulaire lui donnent des airs de pierre précieuse, mais aussi parce qu'il est situé sur un site préservé et protégé. Aucun bateau à moteur n'est autorisé, ce qui n'empêche pas la pratique de sports nautiques depuis les plages. La zone de baignade est réglementée, sur ses berges il est interdit de faire du feu pour des barbecues et les animaux sont aussi interdits.

MUSÉE LAC ET NATURE

996, route des Plages - **NOVALAISE**
07 81 82 27 50
www.fapla.fr
Ouvert toute l'année. Du mercredi au samedi 10h-13h et 14h-17h. Gratuit -16 ans. Adulte 2 €. Visite environ 45 minutes.

L'équilibre fragile d'un écosystème, et celui du lac en particulier, est ici expliqué de manière ludique. Observer la nature et mieux la connaître est sans doute la meilleure clé pour l'appréhender, la respecter, la préserver et la considérer comme un précieux trésor. Une collection d'oiseaux et de mammifères naturalisés, dont 75 espèces protégées, apporte au visiteur l'occasion de visualiser certains spécimens. Géologie, histoire, archéologie lacustre : de nombreuses notions s'ajoutent à l'observation et à la connaissance de la faune.

RÉSERVE NATURELLE RÉGIONALE LAC D'AIGUEBELETTE

572, route d'Aiguebelette
NANCES
04 79 28 78 64
www.ccla.fr
Ouvert toute l'année.

Depuis 2015, le lac d'Aiguebelette - troisième plus grand lac naturel de France - et une partie du massif forestier de l'Epine sont classés « Réserve naturelle régionale » sur 844 hectares. Les bateaux à moteur y sont depuis longtemps interdits. La richesse de ses zones humides, son versant forestier et ses vestiges archéologiques constituent un patrimoine riche qui a motivé la protection de cette zone qui représente l'un des plus importants pôles de biodiversité de Savoie.

LA BAGEATIÈRE €€

Chef-lieu - **LÉPIN-LE-LAC**
07 69 18 94 17
www.labageatiere.com
Chambre à partir de 128 € ; suite à partir de 262 € ; gîte à partir de 145 €. Petit-déjeuner inclus. Table d'hôtes 38 €.

Cette maison est une ancienne ferme dauphinoise du XVIe siècle rénovée. L'ancien four à pain communal est situé dans le parc, véritable havre de paix bordé par un ruisseau, où se trouve aussi la piscine chauffée pour un moment de relaxation. Nicolas est aux fourneaux, il utilise des produits locaux et de saison ainsi que les légumes du potager et met beaucoup d'amour dans sa cuisine. Les chambres, comme l'ensemble de la maison et la terrasse, sont décorées avec beaucoup d'élégance. Le lac d'Aiguebelette est à quelques encablures.

CAMPING HUTTOPIA LAC D'AIGUEBELETTE**** €€

231, route du Sougey
SAINT-ALBAN-DE-MONTBEL
04 79 36 01 44
https://europe.huttopia.com
Ouvert de début avril à fin octobre. Réservation impérative.

Repris par la franchise Huttopia, le Sougey est un camping haut gamme. Idéalement situé sur la rive ouest du lac, détente sur l'herbe ou sur la plage de sable qui longe le lac. Les emplacements pour tentes et caravanes sont spacieux, les sanitaires propores. Chalets vue sur le lac. Base de loisirs où l'on peut pratiquer naturellement les sports nautiques (kayak, paddle, barque pour la pêche...), mais il y a aussi des terrains de beach-volley, de boules...

© MARIELLE VISINI

Lac d'Aiguebelette.

SAVOIE

LE GRAND VERNEY*** €€

1063, Route du Neyret - **NOVALAISE**
✆ 04 79 36 02 54
www.camping-legrandverney.info
Ouvert du 1er avril au 31 octobre. Emplacement + véhicule à partir de 6,60 €. Mobil-homes. Animaux acceptés. Wifi.

En pleine nature dans un lieu reposant et calme à quelques minutes à pied du lac, le terrain se prête agréablement au camping, le sol est en herbe et le relief est bien plat pour dormir tranquille. Sinon, si vous préférez louer un mobil-home, plusieurs tailles sont possibles, dont certains sont réservés pour les personnes à mobilité réduite. Les activités dans le camping ne manquent pas avec bassins et espace ludique pour les enfants ainsi qu'à l'extérieur avec randonnée, pêche et découverte de la région. Un bon point de chute.

AUBERGE DE MANDRIN €€

54, route de la Mairie - **DULLIN**
✆ 04 79 36 76 98
www.mandrin.org
Ouvert toute l'année. Du mercredi au lundi midi et soir. Réservation recommandée. Terrasse. Animations. Chambres.

Sur la commune de Dullin à proximité du lac d'Aiguebelette, allez à la rencontre du célèbre contrebandier Mandrin. L'Auberge dispose de 13 chambres avec salle d'eau privative, d'un bar où l'on propose une bière artisanale locale, la Mandrin, et bien d'autres boissons, d'une salle de restaurant où convivialité et amusement sont de rigueur. Au menu, crudités, charcuterie de pays, poulet rôti avec ses pommes de terre, un beau plateau de fromages du terroir et des desserts à volonté. Une agréable adresse campagnarde à l'accueil fort sympathique et efficace.

LE BEAU RIVAGE €€

Le Port
✆ 04 79 36 05 91
www.beau-rivage-restaurant.fr
Ouvert mars à nov. Réservation recommandée. Menus 32-45 €, enfant 13 €. Jardin. Terrasse. Vente à emporter. Parking.

Au milieu d'un cadre préservé et authentique, à quelques mètres de la plage communale d'Aiguebelette, l'établissement propose une cuisine régionale classique mais aussi revisitée. C'est une pause toute en saveur qui s'ouvre à vous. Des spécialités savoyardes avec gratin de ravioles aux cèpes, hamburger savoyard, des viandes ainsi que quelques poissons du lac selon l'arrivage. En dessert, soufflé glacé au genépi et tarte maison. Durant la période estivale il aussi possible de commander des pizzas à manger sur place ou à emporter.

LES BELLES RIVES €€

Le Port
✆ 04 79 36 05 03
www.lesbellesrives-aiguebelette.fr
Ouvert d'avril à octobre tous les jours le midi et le soir. Menus 28,50-35 €. Menu enfant. Formule midi. Terrasse.

Terrasse sur pilotis ouverte sur le lac. Dans un magnifique cadre reposant, les pieds dans l'eau. Manger en contemplant le paysage, voilà ce que propose le restaurant les Belles Rives. On vient pour déguster du poisson du lac selon l'arrivage, de belles salades sont aussi présentes à la carte, de la viande comme cet onglet de bœuf ou travers de porc caramélisé. En dessert, le cygne des belles rives façon vacherin vous rafraîchira. Le soir, suivant la saison et si vous aimez la nature ou êtes romantique, vous pourrez profiter d'un magnifique coucher de soleil.

LES ROSELIÈRES €€

391, route des Plages
NOVALAISE
✆ 04 79 71 64 61
https://novalaise-plage.com
Menus de 35 € à 56 €. A la carte. Formule enfant 13 €. Hôtel et restaurant.

Une carte de haute voltige pour ce restaurant idéalement situé sur les bords du lac d'Aiguebelette. Vue absolument sublime, service irréprochable. La cuisine, à base de produits frais et locaux, est semi-gastro alors que les prix sont tout à fait abordables. La grande classe ! Parmi les produits phares travaillés par le Chef du restaurant Les Roselières à Novalaise, on trouve les ris de veau, le Lavaret, la friture de petits poissons, les cannellonis aux écrevisses. Pas moins de 70 références sur la carte des vins, dont beaucoup de la région Savoie-Rhône.

LA VILLA GINETTE €€

La Combe
✆ 04 79 84 82 21
www.villa-ginette.fr
Ouvert tous les jours de mai à octobre, sauf le lundi soir, et mardi toute la journée. Menus de 19 à 39 €. Terrasse.

Ce restaurant bistronomique, installé dans une bâtisse plus que centenaire, a pour atout majeur sa situation géographique. Il est niché au bord du lac d'Aiguebelette et offre, de sa terrasse ombragée ou de sa salle, une vue imprenable sur ses eaux. On y découvre des plats traditionnels élaborés à partir de produits frais, locaux pour la majeure partie, et cuisinés à la minute. La carte des vins y est particulièrement riche avec une belle offre de vins certifiés bio. En étant au bord du lac, il pourrait être assez opportun de profiter de la pêche du jour !

PARCOURS DANS LES ARBRES - ACCRO'LAC AIGUEBELETTE

Base du Loisirs Sougey
SAINT-ALBAN-DE-MONTBEL ✆ 06 79 98 70 83
www.accrolac-aiguebelette.com
Ouverture hors saison : les mercredis, samedis, dimanches et jours fériés de 14h à 19h. Vacances de printemps et d'automne : tous les jours de 14h à 19h. Juillet et Août : tous les jours de 10h à 19h30. Tarif de 9 € à 22 €

S'élancer d'un arbre à l'autre et sur l'eau et survoler la plage du Sougey, c'est possible ! Et pour cela, il faut se rendre (à la belle saison), au lac d'Aiguebelette. Les montagnes tout autour, la couleur des eaux du lac en toile de fond... Un parcours de 1,6 km se déclinant selon les âges et envies en 7 formules possibles... Au total sur ce site se trouvent 90 ateliers et 17 tyroliennes. Les premiers parcours sont accessibles dès 3 ans sous la surveillance des parents.

PLAGE D'AIGUEBELETTE-LE-LAC

Le Port
✆ 06 13 05 38 57
www.pays-lac-aiguebelette.com
Ouvert de fin avril à mi-juin. En septembre, selon conditions météo. Adulte 2,50 €, enfant 1 €. En accès libre hors été.

La plage d'Aiguebelette-le-Lac, située non loin du port de plaisance, est une belle petite plage surveillée durant l'été avec un espace pique-nique. Sur place, on peut louer du matériel nautique et des embarcations : bateaux à pédales, stand-up paddle, kayaks... La plage est ouverte dès fin avril par beau temps, ce qui permet d'avoir un avant-goût d'été et de profiter du paysage. Le lac d'Aiguebelette a une couleur toute particulière, un bleu turquoise qui fait du bien.

RANDONNÉE MONT GRELLE

Parking du Cimetière
ATTIGNAT-ONCIN
Ouverte toute l'année.

Attention, cette randonnée est réservée aux randonneurs chevronnés. En effet, l'itinéraire de 14 km vous demandera près de 6 heures de marche. Alors pourquoi se lancer dans cette quête herculéenne ? Tout simplement pour avoir le privilège d'accéder au seul belvédère offrant une vue simultanée sur le lac d'Aiguebelette et sur le lac du Bourget ! Rien que ça ! Depuis le cimetière d'Attignat-Oncin, se diriger vers le hameau de La Fauchère, puis suivre le sentier. Aucun point d'eau n'est présent sur le trajet, il est donc nécessaire de prendre ses précautions.

SAINT ALBAN PLAGE

15, route du Lac - **SAINT-ALBAN-DE-MONTBEL**
✆ 06 19 55 70 87
www.plage-lac-aiguebelette.com
Ouvert de mi-mai à mi-septembre. Plage payante surveillée. Location de kayaks, pédalos, jeux, volley. Bar, glacier. WC.

Cette plage est particulièrement adaptée aux familles : château gonflable (à partir de 80 cm), pelouse ombragée et solarium, parc aquatique avec jeux d'eau (Aquaparc accessible à partir de 1 mètre) sont installés en saison. On peut louer des parasols et transats pour plus de confort, mais aussi du matériel nautique : bateaux à pédales avec toboggan, canoë, kayaks, stand-up paddle, beach volley, autres jeux, etc. Restauration rapide sur place avec boissons avec et sans alcool. Et bien sûr, il y a la vue sur le lac et la montagne !

VERTES SENSATIONS

405, route d'Aiguebelette - **NANCES**
✆ 04 79 28 77 08
www.vertes-sensations.com
Ouvert d'avril à nov. Tarifs détaillés en ligne. Parking bar et restauration. Prestations pour tout type de groupes.

Idéalement situé, proche de la sortie de l'autoroute à proximité du lac d'Aiguebelette vous ne pouvez pas louper « Vertes Sensations » qui nous propose une offre d'activité en plein air que l'on peut pratiquer seul ou en groupe dans la région. Explorez le lac sur votre planche, dans votre kayak, canoë, bateau. Si vous souhaitez plus de sensations essayez la via ferrata, le canyoning dans le canyon du Grenand, parapente et autres. Des formules et abonnements sont proposés pour découvrir plusieurs activités sur une journée. Personnel accueillant et professionnel.

YENNE

Le bourg médiéval de Yenne présente les nombreux vestiges de son passé : imposantes maisons autrefois protégées par des remparts, église classée, portes en ogives, fenêtres à meneaux... La Méline, ruisseau sympathique, laisse une onde de fraîcheur dans cette ville. Le Rhône qui lèche la ville serpente en lacets et petits rapides. Yenne est la patrie de Charles Dullin, comédien, metteur en scène du théâtre du Vieux Colombier et de l'Atelier qui a révolutionné le spectacle vivant. À noter, les berges du Rhône à Yenne qui permettent de se promener, de pêcher ou de suivre le sentier d'interprétation, accessible aux personnes à mobilité réduite.

LA MAISON DE LA DENT DU CHAT

1, chemin du Port ✆ 04 79 36 71 54
www.dentduchat.com

Pour consulter les horaires d'ouverture, voir site web. Accès libre. Parking gratuit. Boutique. Jeux. Visite guidée.

Ici le chat est roi ! Il donne son nom à la montagne qui domine le lac. La Maison de la Dent du Chat aborde le territoire et ses nombreuses facettes en proposant une déambulation ludique et interactive. Le félin légendaire veillera à ce que l'histoire, la nature, la gastronomie de son pays n'aient plus de secrets pour vous ! Pour aller plus loin dans l'amusement, plusieurs jeux sont disponibles (mais payants cette fois)… Au choix, pour les sportifs, les aventuriers ou les détectives…

AU VÉRITABLE GÂTEAU DE SAVOIE

Rue des Prêtres
✆ 04 79 36 70 02

Ouvert du mardi au dimanche de 9h à 12h et de 15h à 19h. Fermeture 18h le dimanche.

Un artisan chocolatier-pâtissier qui perpétue la tradition du véritable et authentique gâteau de Savoie, léger et savoureux. Pour la petite histoire, le gâteau de Savoie date de 1348, la recette vient de Pierre d'Yenne. Du côté des gâteaux, des pâtisseries anciennes comme la conversation, le national (un gâteau de Savoie aux amandes), la tomme de Yenne (une meringue avec une crème au beurre nature). Un accueil professionnel et un personnel souriant.

LE FER A CHEVAL** €€

Rue des Prêtres
✆ 04 79 36 70 33
www.hotel-restaurant-leferacheval.com

Ouvert toute l'année. Chambre double à partir de 65 €. Animaux acceptés. Wifi gratuit. Restauration. Parking. Terrasse.

Une grande bâtisse rouge au pied de l'ancienne porte du Rhône, ancien passage dans les murailles fortifiées qui subsista jusqu'en 1842. Plusieurs raisons vous permettent de choisir cet hôtel-restaurant. Vous êtes pèlerin ou randonneur sur le GR9, vous musardez sur la route des vins ou vous êtes amateur de sports de nature. Les chambres sont accueillantes et confortables. Le restaurant propose une cuisine familiale très appréciée avec une carte qui évolue dans la saison. Un déjeuner ou dîner à prendre en terrasse aux beaux jours.

COOPÉRATIVE LAITIÈRE DE YENNE

84, Route de Chatelard ✆ 04 79 36 71 57
www.coop-de-yenne.com

Ouvert du lundi au jeudi 8h30-12h, vendredi 8h30-12h/15h-18h30, samedi 8h30-12h. Visite possible.

La Coopérative laitière de Yenne Porte des Savoie a été créée en 1962. On trouve ici un gruyère extra doux, de la tomme de montagne, de la tomme de Savoie IGP et la tomme de Yenne... mais aussi le petit montagnard, la tommette et le fromage de Savoie issu de l'agriculture biologique. Il est aussi possible de faire ses achats en ligne, mais dans ce cas on se prive des odeurs de fromages qui émanent des étals ! Chaque année en été, la coopérative organise la Fête des fromages !

LE MONTAPLAN €€

Landrecin
✆ 04 79 28 79 15

Ouvert à l'année tous les jours le midi, du mercredi au samedi le soir. Carte 25 € environ. Parking gratuit. wifi. Bar.

Le restaurant Le Montaplan propose une cuisine locale. Le cadre est plaisant avec sa grande terrasse. Au menu : grande ou petite salade, viandes, poissons ainsi que des fromages de la Coopérative de Yenne. Le chef travaille principalement des produits frais. Vous pourrez déguster le tartare du Montaplan, poêlé avec une crème de Petit Montagnard, un fromage de vache local. La formule du jour est d'un rapport qualité-prix très correct. Les desserts sont réalisés par le chef qui est aussi pâtissier de métier, goûtez sa tarte chocolat-abricot !

LES ECHELLES

Le nom de la ville vient du passage des Échelles, une gorge étroite et escarpée très ancienne. La descente se faisait par des échelles, gradins taillés dans la roche qui furent ensuite nivelés pour former une route, celle que l'on appellera la Voie Sarde, construite en 1670 par Charles-Emmanuel II. Dernière étape de l'amélioration de cette route fort fréquentée, le tunnel des Échelles est inauguré en 1820. Château du Menuet, ancienne commanderie devenue mairie, église et bien sûr les grottes... Stendhal posséda une maison aux Échelles et le célèbre Robin des Bois savoyard, Louis Mandrin, est connu pour avoir fait de la contrebande dans le secteur.

SAVOIE

GORGES DE CHAILLES

Gorges de Chailles

Accès tout l'année.

Les gorges de Chailles, site classé, ont été modelées par le Guiers, une rivière qui tire sa puissance de l'union du Guiers Vif et du Guiers Mort, les deux plus gros torrents de Chartreuse. Il s'est creusé un chemin au fil des millénaires pour rejoindre le Rhône. Connu pour être particulièrement dangereux, on peut néanmoins y pratiquer le canoë-kayak et le canyoning à condition d'être bien encadré, équipé et en bonne condition physique. Jean-Jacques Rousseau décrivit cette rivière qui « court et bouillonne dans des gouffres affreux » (*Les Confessions*).

GROTTES DE SAINT CHRISTOPHE ★

3796, route de Chambéry - **SAINT-CHRISTOPHE**

✆ 04 79 65 75 08

www.grottes-saint-christophe.com

Ouvert de début avril à fin novembre. Adulte : 9 €. Enfant : 6 €. Visite guidée. Restauration. Boutique. Animations.

La visite guidée des grottes de Saint-Christophe (seul moyen de visiter le site) dure environ une heure et demie. Les grottes dévoilent des roches calcaires millénaires sculptées par le ruissellement de l'eau. Un spectacle de toute beauté. Une balade aux alentours sur la Voie Sarde permet la découverte de vestiges historiques et un espace muséographique complète la visite. À proximité, allez découvrir la nouvelle base de loisirs des Echelles : Rivièr'Alp, étang de baignade écologique.

CAFÉ DÉNAT €

Le Replat

SAINT-JEAN-DE-COUZ

✆ 04 79 28 99 37

Ouvert du mardi au dimanche le midi. Vendredi et samedi soir. Réservation recommandée. Menu complet 17 €.

Ce petit café traditionnel nous donne l'impression fortement agréable de venir manger chez l'habitant. Et c'est finalement exactement le cas. La cuisine est 100 % maison, le choix est donc limité, en fonction des produits de saison et du marché du jour. Dans une ambiance campagnarde, traditionnelle et simple, le Café Dénat vous accueille chaleureusement pour vous faire passer un bon moment, et vous sustenter gustativement. Menu complet, entrée, plat et dessert à moins de 17 €, vous en sortirez repu et fort d'une belle expérience.

HÔTEL AUBERGE DU MORGE €€

3601, route de Lyon

✆ 04 79 36 62 76

www.aubergedumorge.com

Ouvert de février à novembre. Menus 29 à 45 €. Menu enfant. Chambre double à partir de 72 €. Accueil motards. Terrasse.

Dans un écrin de verdure et sur une terre d'exception – celle de la Chartreuse –, Yolande et Gil Bouvier tiennent depuis plus de quarante ans une auberge de caractère auprès de laquelle, cascades et rivières à truites s'écoulent au calme. 7 chambres personnalisées et cosy procurent tranquillité et confort. Au restaurant, la cheminée s'apprécie au cœur de l'hiver autant que la terrasse verdoyante l'été, autour d'une cuisine inspirée et des produits de saison. L'accueil est chaleureux, y compris pour les motos qui seront à l'abri sous un porche pour la nuit.

LE RELAIS DES ÉCUREUILS €€

3369, Route de Bande

SAINT-PIERRE-DE-GENEBROZ ✆ 04 79 36 64 05

http://relaisdesecureuils.free.fr

Ouvert à l'année. Du mardi au dimanche le midi, ainsi que vendredi et samedi soir. Menu 25-29 €, Menu enfant. Terrasse.

Pour y parvenir, empruntez la route des Echelles, montez en direction de Saint-Pierre-de-Genebroz et suivre la direction du point de vue de l'Ecolu. Une belle maison vous attend avec sa fontaine et son beau toit en écailles. Intérieur chaleureux, ambiance auberge avec une flambée dans la cheminée. Prévoyez un bon appétit, car les plats sont généreux ! D'entrée de jeu, la cuisine est faite maison avec des bons produits. L'accueil est charmant, le service rapide, une atmosphère décontractée où l'on se sent bien. Une bonne adresse que *Futé* vous recommande !

ESCAPE GAME DES GROTTES DE SAINT-CHRISTOPHE

3796, route de Chambéry - **SAINT-CHRISTOPHE**

✆ 04 79 65 75 08

Ouvert en soirée en haute saison. Réservation par e-mail. Tarifs : de 24 à 48 € selon le nombre de joueurs.

L'escape game des Grottes de Saint-Christophe propose un spectacle à énigmes intitulé « L'Initiation occulte ». Une manière ludique de s'approprier l'histoire de ce site magique. Le décor naturel de la grotte, la présence d'un membre de la confrérie gardée secrète : tout est fait pour se laisser prendre au jeu à travers un scénario prenant. Le but n'est pas de s'échapper, mais de mener à bien sa mission du mieux possible en affrontant des forces démoniaques. Frissons garantis !

SAINT-PIERRE-D'ENTREMONT

Saint-Pierre-d'Entremont, mais lequel ? L'isérois ou le savoyard ? Attention de préciser lorsque vous y donnez rendez-vous ou que vous programmez votre GPS ! Les deux villages sont côte à côte, chacun avec sa mairie, son patrimoine et son église, reliés par un pont, car ils sont séparés par le Guiers, rivière qui se jettera ensuite dans le Rhône et délimite ici les deux départements. Entre singularité et homonymie, les falaises calcaires toutes proches et le magnifique cirque de Saint-Même constituent certains des attraits et atouts du village savoyard.

CIRQUE DE SAINT-MÊME

Cirque de Saint-Même
✆ 04 79 65 81 90
www.chartreuse-tourisme.com
Parking payant en été.

Situé à 900 mètres d'altitude, le Cirque de Saint-Même est protégé, mais il est aussi d'une rare beauté, ce qui lui vaut un succès parfois trop important. Sur place, selon que l'on est en famille, ou plus ou moins sportif, plusieurs options : pique-nique dans la prairie auprès du ruisseau pour prendre le frais, ou randonnée facile pour aller voir sur une boucle de 30 min, la cascade « la Pisse du Guiers » ou la rando plus costaud où il faudra s'accrocher aux barres pour atteindre les grottes en passant à proximité de belles cascades rafraîchissantes.

HÔTEL LE GRAND SOM €€

Le Bourg
✆ 04 79 26 25 50
Fermé mercredi et dimanche soir. Fermeture mi-novembre/mi-décembre. Chambre double à partir de 70€. Restaurant/Traiteur.

L'Hôtel-restaurant Le Grand Som est situé au cœur du Parc naturel régional de Chartreuse. Les chambres, simples et confortables, sont dotées d'une literie qui fait passer une bonne nuit. Côté restauration, la cuisine est ici familiale et traditionnelle. C'est le patron qui œuvre en cuisine à partir de produits locaux, frais et de saison autant que possible. Les sentiers de randonnée et les espaces skiables de Chartreuse sont à votre portée lorsque vous décidez de faire halte ici. Et le pays est propice à de belles découvertes.

LA FLAMBÉE €€

Le Bourg
✆ 04 79 65 85 01
Ouvert du mardi au vendredi de 10h à 21h, et le samedi de 10h à 17h. Menus 23 € environ. Terrasse. Parking.

A La Flambée, on fait des galettes et des crêpes, sans oublier les spécialités savoyardes qui nous réchauffent en toutes saisons. Même les galettes prennent des saveurs locales avec la Montagnarde. Côté régional, les gourmands retrouvent les traditionnelles tartiflette, croziflette, reblochonnade, une raclette et des fondues, dont une savoyarde, servies à partir de 2 personnes. Filet de bœuf charolais élevé en Chartreuse et sa fricassée de cèpes. L'accueil est sympathique, la maison sérieuse dans un cadre agréable entre terrasse ou cheminée.

Le village de Saint-Pierre d'Entremont.

CORBEL

Ce petit village perché à 840 m d'altitude fait face à la Roche Veyrand. Situé sous la Dent du Thimelet, il offre une vue magnifique sur la Chartreuse, sur le Pas du Frou et les gorges du Guiers Vif. Trois cours d'eau sillonnent ses terres : le Gringalet, l'Hyères et le Guiers Vif. Ici, des pépites à découvrir, telles que l'église du chef-lieu datant du XIIIe siècle et dont les vitraux du XXe siècle sont signés de l'artiste Arcabas. Pour ceux qui aiment randonner (à pied, raquettes…), les sentiers conduisant sur les hauteurs de Corbel n'attendent qu'eux, offrant une vue sur le Petit Som, le Grand Som, la Ruchère ou encore les crêtes des Éparres.

ENTREMONT-LE-VIEUX

Le village d'Entremont-le-Vieux est situé sur les contreforts du mont Granier, au cœur du Parc naturel régional de Chartreuse. Véritable paradis pour les amateurs de vacances sportives avec les nombreux sentiers de randonnée, les itinéraires pour vélos (comme la fameuse route du col du Granier) ou encore les pistes de ski alpin et de fond sur le domaine du Désert d'Entremont : il y en a pour tous les goûts. Les amateurs de fromage ne seront pas déçus grâce à la coopérative laitière du village où l'on pourra déguster les spécialités fromagères locales. Le plus : ce village n'est qu'à 20 km de Chambéry, ce qui permet une escapade à la journée.

ÉGLISE DE CORBEL

✆ 04 79 65 73 05
https://apveca.jimdo.com
Tous les jours de 10h à 18h.

Le village de Corbel, perché à 845 m d'altitude, est situé sur le versant est du Thimelet. Au Moyen Age, l'église paroissiale de Corbel dépend de l'archiprêtré de Savoie. L'église de Corbel est la plus ancienne des Entremonts et, si elle est remarquable, c'est en particulier pour ses vitraux magnifiques, signés du peintre Jean-Marie Pirot, *alias* Arcabas. Ces vitraux sont non figuratifs et évoquent le parcours de saint Jean-Baptiste à qui l'église est dédiée. Plus récemment, la porte a été remplacée par une nouvelle, elle aussi conçue par le même artiste.

MUSÉE DE L'OURS DES CAVERNES ★

Epernay ✆ 04 79 26 29 87
www.musee-ours-cavernes.com
Haute saison ouvert tous les jours de 10h à 12h30 et de 14h à 18h. Adulte : 5,50 €. Enfant de 6 à 18 ans : 3,50 €.

Vous serez accueilli par la mascotte du musée, le squelette reconstitué de Collombine, réalisé à partir d'os authentiques. Toucher, regarder, manipuler : la muséographie est interactive. Vous pourrez visionner le film en 3D permettant de suivre comme si l'on y était la vie de l'ours, impressionnante créature pouvant atteindre jusqu'à 3,50 mètres dressée sur ses pattes arrière et au grognement amplifié par la résonance de la cavité. Le musée est en travaux jusqu'en juin 2023.

RANDONNÉE LA POINTE DE LA COCHETTE

Parking Auberge Du Praz.

Perchée à 1 618 mètres d'altitude, la pointe de la Cochette, ornée de sa croix en fer, est un lieu idéal pour admirer les massifs de la Chartreuse et ses nombreux trésors. Randonnée facile, d'un peu moins de 3 heures aller-retour. Vous traverserez une magnifique petite forêt de chênes et de hêtres, qui vous protégera du soleil les jours de canicule. Vous croiserez des vaches qui ont rejoint les pâturages après la transhumance. Une très belle randonnée à faire en famille, qui vous offrira une vue à 360 degrés sur la Chartreuse.

CAMPING L'OURSON €€

Epernay
✆ 04 79 26 05 63
campingourson.com
Ouvert toute l'année. Emplacements, bungalows, camping-cars, chalets. Animaux acceptés. Wifi. Restauration. Aire de jeux.

Installé au pied des falaises de calcaire à 830 m d'altitude, le Camping de l'Ourson est en pleine montagne. Idéal pour une envie d'évasion, d'altitude et de fraîcheur ! D'ailleurs, c'est un peu l'esprit « refuge » qui domine en ces lieux ! Les familles apprécieront le lieu et notamment toute la panoplie d'équipements possibles pour les enfants en bas âge (à préciser au moment de la réservation), cela évite de transporter certains accessoires encombrants. Les Da'Huttes, chalets en bois du massif de style contemporain, sont à essayer en famille ou entre amis !

CHALET BRASSERIE DU COL DU GRANIER €

D912 ✆ 04 79 65 81 02

Ouverts du mercredi au dimanche de 10h à 18h30.

Ce restaurant est à 20 min de Chambéry et pourtant, on a l'impression d'être très loin. On apprécie la vue incroyable sur le Mont-Blanc et Belledonnes depuis la terrasse. Les spécialités maison sont réalisées à partir de produits frais et locaux, et au maximum bio. On apprécie les spécialités savoyardes, viandes et salaisons locales, tarte aux myrtilles et crêpes... Et puis déguster une bière artisanale au génépi de la brasserie du Mont Blanc avec un tel panorama, c'est un peu magique.

LA COOPÉRATIVE « ICI EN CHARTREUSE »

Le Pellet

✆ 04 79 26 20 55

www.ici-en-chartreuse.fr

Ouvert tous les jours toute l'année 9h-12h30 et 14h30-19h. Visite guidée pour les groupes.

Construite en 1935, la coopérative devenue fruitière en 1985 est une structure à taille humaine qui œuvre autour d'une charte qualité. Le seul lait accepté ici est celui des 3 vaches suivantes : tarentaise, abondance et montbéliarde. Les visites de la fromagerie sont possibles afin de découvrir les secrets de la fabrication du fromage dans les locaux même de la coopérative : entrée libre aux horaires du magasin.

LA FERME DE L'OURS €

Hameau de La Plagne

✆ 04 79 26 20 46

www.lafermedelours.fr

Gîte d'étape et équestre. Menus de 12,50 à 20 €, Demi-pension 40 €/pers. Chèque Vacances. Accueil des groupes. Terrasse.

Une adresse pour sentir l'âme de la montagne et plus particulièrement de la Chartreuse. Un gîte d'étape et équestre mais aussi un restaurant aux produits du terroir. Il faudra s'aventurer au hameau de la Plagne, à gauche après la station du Granier. Un village où l'on peut faire de nombreuses randonnées et/ou raquettes. Des jeux de société, de la lecture, un télescope pour observer les chamois. Menu avec la viande que Daniel élève lui-même. Ambiance conviviale à prolonger en réservant une des cinq chambres. En été, une belle terrasse et des jeux d'enfants.

RANDONNÉE MONT GRANIER

Lieu dit La Plagne

Ouvert toute l'année, déconseillé lorsque la neige est présente.

Le mont Granier, ou simplement « Le Granier » pour les intimes. Quelle merveille ! Montagne iconique du massif de la Chartreuse, sa falaise de 900 m de hauteur, qui fait suite à l'écroulement en 1248 de sa paroi rocheuse, la rend reconnaissable parmi toutes. Du sommet vous aurez une vue incomparable sur la vallée de Chartreuse, le lac du Bourget et le Mont-Blanc. Cette randonnée difficile, un passage nécessite de franchir de petites échelles, vous coupera du monde durant près de 3h de montée. Attention, l'itinéraire est déconseillé lorsque la neige est présente.

L'ESCALE DU DÉSERT €€

Espace Nordique des Entremonts

✆ 06 14 71 04 27

www.gite-chartreuse.fr

Bar-restaurant ouvert 7j/7 11h-18h pdt la période d'ouverture de l'espace nordique et vacances scolaires. Gîte 3 épis.

C'est en toute simplicité, mais avec de la qualité, que la cuisine est élaborée et servie dans l'ancien foyer de ski de fond réhabilité en bar-restaurant gîte d'étape. Belle terrasse donnant sur l'espace montagnard qui devient pistes de ski de fond en hiver. Il y fait bon faire une pause avant ou après une randonnée ou une boucle en skating en savourant une solide tartine savoyarde ou des assiettes du terroir avec de la bonne charcuterie de Savoie. Ici, l'on cultive un esprit gestion écoresponsable et ça nous plaît vraiment bien !

STATION DE SKI DES ENTREMONTS-EN-CHARTREUSE

Le Désert d'Entremont ✆ 04 79 65 81 90

www.chartreuse-tourisme.com

Station hiver/été. Prix en fonction des activités.

L'Espace nordique des Entremonts, le Désert d'Entremont et le Granier-en-Chartreuse sont les domaines skiables, non reliés constituant la Station de ski des Entremonts-en-Chartreuse. Elle s'étend de 1 200 m à 1 450 m. 11 pistes d'alpin et 10 pistes de fond. L'Espace nordique des Entremonts permet de pratiquer le skating et classique, mais aussi la raquette. Ski alpin au Désert d'Entremont et au Granier-en-Chartreuse (4 pistes : vertes, bleue et rouge) avec le même forfait.

SAVOIE

AIX-LES-BAINS ★★★

Aix-les-Bains est une ville thermale où il fait bon vivre, ici les vacances en bordure de la Riviera des Alpes sont parfaites pour le farniente et la détente. Aix-les-Bains a non seulement les pieds dans le lac du Bourget, mais aussi une solide réputation de curatrice grâce à ses atouts liés à la qualité de ses eaux souterraines, et ce, depuis l'Antiquité. Par ailleurs, elle est considérée comme étant la première station thermale de l'Hexagone. Ici se trouve le plus grand port de plaisance d'eau douce de France composé de 1 500 anneaux. Ses eaux, gorgées de sulfure, traitent aussi bien les rhumatismes que les soucis respiratoires, attirant de fait de nombreux curistes. Entre lac et montagnes, on peut dire que les atouts touristiques et sportifs de la ville sont nombreux et très convoités au fil des saisons. Côté culture et monuments, la ville n'est pas en reste avec l'organisation d'événements et mise en avant du patrimoine de la ville avec l'Aquarium, le musée Faure, les thermes, l'hippodrome, le château de la Roche du Roi, le golf. Enfin, cette station balnéaire et thermale fait partie des destinations considérées comme les plus romantiques d'Europe, un bel hommage au poète et dramaturge romantique Alphonse de Lamartine, qui a façonné la ville de sa jolie plume au XIXe siècle. La ville est aussi parsemée de restaurants travaillant main dans la main avec les producteurs locaux. Les concerts et autres soirées festives se déroulent dans un cadre rare et privilégié. Aix-les-Bains est un doux poème dont Lamartine n'a eu de cesse de rendre hommage tout au long de son œuvre.

BELVÉDÈRE DU REVARD ★★★

Le Revard
✆ 04 79 25 80 49
www.savoiegrandrevard.com
Accessible au public toute l'année. Accessible en fauteuil roulant avec aide. Gratuit. Restauration. Boutique.

Le Belvédère du Revard est l'un des sites les plus visités en Savoie. Plusieurs bonnes raisons à cela : le site est facilement accessible - toute l'année, hiver comme été, en voiture ou en bus - ; il est entièrement gratuit (sauf le restaurant panoramique bien sûr) ; la beauté naturelle d'un site qui nous offre un panorama exceptionnel à 360° sur les montagnes environnantes, mais aussi sur le lac du Bourget et les d'Aix-les-Bains et Chambéry. Depuis 2013, trois passerelles installées au-dessus du vide offrent des sensations fortes en plus du panorama s'ouvrant sur quatre vallées qui se succèdent et le lac du Bourget qui se déploie au premier plan. L'une des plateformes est vitrée et donne ainsi l'impression de marcher dans le vide. Attention, le parking est très réduit. Les belles journées d'été, il est souvent plein. La passerelle vitrée est fermée l'hiver. Une table d'orientation vitrée permet une lecture des sommets des Alpes à 360°. Un restaurant se trouve sur place, lui aussi doté d'une terrasse avec vue panoramique. Profitez des installations de la station du Revard en toute saison avec de nombreuses activités outdoor : la luge, les chiens de traîneau, le biathlon, le VTT et le Fatbike, le parapente ou la randonnée. A partir du Belvédère du Revard, partez en randonnée d'environ 1h sur un sentier en direction du Jardin d'altitude et du Golet de la Pierre. Belle balade accessible en famille à travers la forêt (attention aux racines...) qui propose de superbes points de vue pour contempler les paysages des Alpes

CASINO GRAND CERCLE ★

200, rue du Casino
✆ 04 79 35 16 16
www.casinograndcercle.com
Du dimanche au jeudi 21h-3h, vendredi jusqu'à 4h, samedi jusqu'à 4h30. + 18 ans. Restauration. Boutique. Parking.

Le Casino Grand Cercle a été inauguré par le roi Victor-Emmanuel II de Savoie, en 1850, dans le but de renforcer l'aspect ludique de la cité thermale et d'attirer la haute société et les artistes européens. Il fut agrandi trente ans plus tard et doté en 1899 d'un théâtre à l'italienne. Aujourd'hui, le lieu est propice à diverses activités entre jeux de hasard, programmation culturelle et de spectacles, expositions artistiques, bar L'insolite ou Brasserie du Casino. Un vitrail et des décorations et peintures sont à découvrir dès que l'on pénètre dans le casino.

LES GORGES DU SIERROZ

165-167, route des Bauges
GRÉSY-SUR-AIX
Promenade en accès libre et gratuit. Accessible PMR et poussettes. Durée : environ 1h30 (aller et retour).

Les gorges du Sierroz se trouvent en Savoie, à Grésy-sur-Aix, à proximité du lac du Bourget, plus grand lac naturel de France et aux portes de la ville d'Aix-les-Bains. Haut lieu du tourisme alpin du XIXe siècle au XXe siècle, le site a été réaménagé en 2021 par la communauté d'agglomération du Lac du Bourget, Grand Lac. Les visiteurs peuvent à nouveau se promener au cœur de ce site exceptionnel ! Artistes, dessinateurs, peintres et poètes ont immortalisé la beauté romantique de ces gorges. Premier site naturel classé patrimoine national en Savoie.

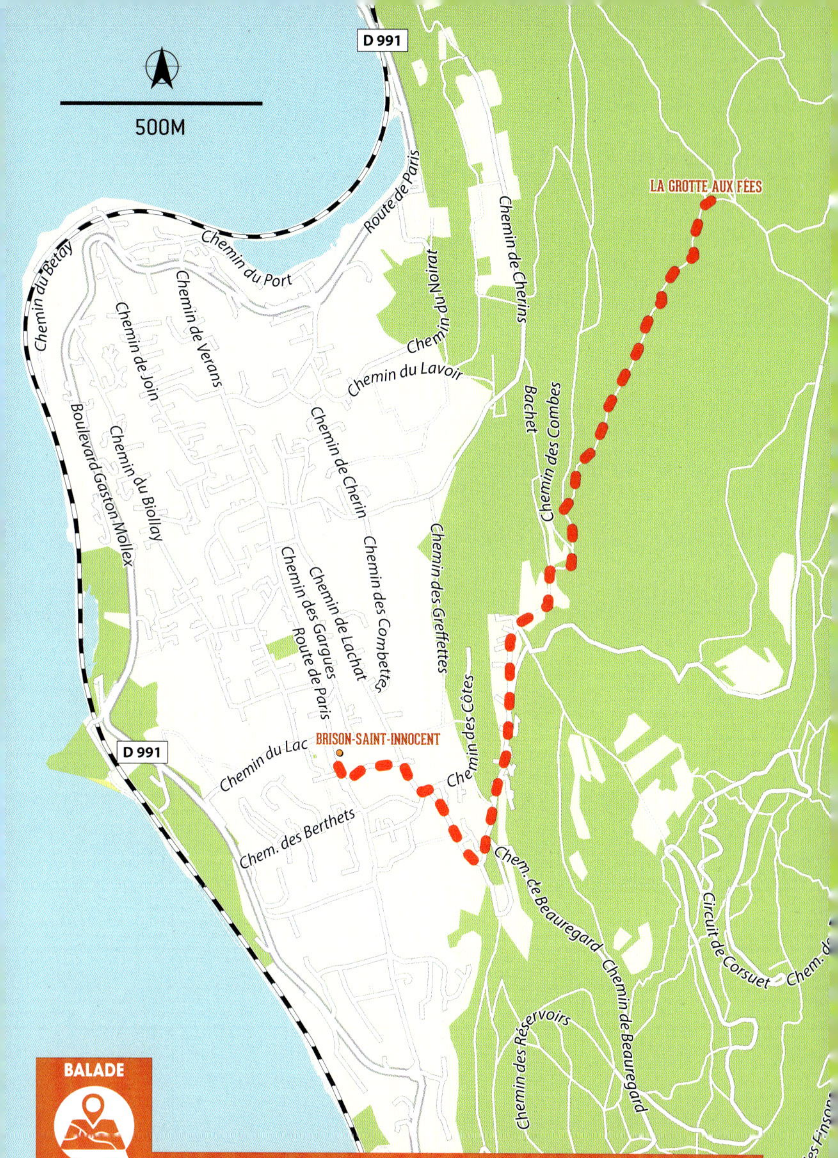

BALADE

RANDONNÉE LA GROTTE AUX FÉES

Cette petite randonnée familiale vous permettra de découvrir un magnifique point de vue sur le lac du Bourget, mais aussi... la grotte aux Fées. Après un long sentier à travers la forêt et une montée progressive d'environ 40 minutes, vous arriverez à un petit croisement, indiquant sur votre gauche la direction du belvédère et aussi de la fameuse grotte. Sa forme onduleuse, avec ses parois lisses, en font un lieu enchanteur qui porte merveilleusement bien son nom. Engouffrez-vous, à l'aide d'une petite lampe, et découvrez les méandres de ce lieu magique. Il vous faudra toutefois reprendre vos esprits et faire demi-tour, la grotte ne se traverse pas et se réduit fortement sur ses derniers mètres, attention à la tête, vous risqueriez de voir des étoiles.

MUSÉE FAURE ★

10, Boulevard des Côtes
✆ 04 79 61 06 57
www.aixlesbains.fr
Ouvert toute l'année, mer-lun 10h-12h30/14h-18h. Fermé les 01/05, Adulte 5 €.

Le musée Faure est un joyau niché à Aix-les-Bains. Fondé en 1949, il s'agit du deuxième musée français consacré à Rodin, après celui de Paris. On y retrouve les différentes périodes de l'artiste. Les collections permanentes, legs du docteur Jean Faure, sont constituées d'œuvres des impressionnistes et des artistes proches de ce mouvement : tableaux, sculptures de Corot, Fantin-Latour, Jongkind, Sisley, Cézanne, Pissarro, Degas, Bonnard, Vuillard. De splendides et rares expositions temporaires complètent les propositions artistiques du musée. Jardin en libre accès.

AQUALIS - L'EXPÉRIENCE LAC

52, esplanade Jean Murguet ✆ 04 79 70 64 69
www.aqualis-lacdubourget.fr
Ouvert 7j/7 pendant les vacances scolaires et les mercredis, samedis, dimanches et jours fériés d'avril à octobre.

Aqualis propose une découverte du lac du Bourget au sein d'un bâtiment historique qui abritait précédemment une station d'études hydrobiologiques et un aquarium. La visite, commentée, offre les clés de compréhension de cet écosystème lacustre unique. La scénographie mêle des dispositifs ludiques à des manipulations variées, accessible à tous. Tout l'univers est dédié au lac, visiter Aqualis s'apparente à une plongée qui peut être complétée par les activités pédagogiques proposées.

MUSÉE LAPIDAIRE ET ARCHÉOLOGIQUE

Place Maurice Mollard
✆ 04 79 88 68 00
www.aixlesbains-rivieradesalpes.com
Visite guidée : 8 € par personne et sur inscription à l'office de tourisme.

Le musée lapidaire d'Aix-les-Bains se situe dans un sanctuaire antique. Ce temple de Diane est l'un des trois temples conservés intégralement en France. Il doit son nom au fait qu'au Moyen Âge, la tradition voulait que l'on donne le nom de la « déesse au bain » à des monuments païens en rapport avec les eaux. Il est possible que ce temple ait été dédié à Mercure, ou à Borvo, le dieu celte des sources chaudes. Une belle collection d'objets archéologiques est à découvrir dans ce musée.

LAC DU BOURGET ★★★

✆ 04 79 88 68 00
www.aixlesbains-rivieradesalpes.com

Merveille naturelle des Alpes, le lac du Bourget est le plus grand lac naturel d'origine glaciaire en France. Il s'étire sur 18 km et peut atteindre jusqu'à 3,5 km de large par endroits, pour une profondeur pouvant aller jusqu'à 145 mètres. Il est cerné de montagnes - massif de l'Epine, le mont du Chat, la Chambotte, le mont Revard et le massif des Bauges - propices à de belles randonnées offrant des panoramas magnifiques. Son écosystème a été bien préservé et on y observe de nombreux oiseaux, on y protège certaines espèces telles que la tortue cistude, notamment au sud, à travers sa vaste roselière. Les sportifs se promènent tout autour, les activités nautiques et touristiques animent sa surface. Depuis une vingtaine d'années, Aix-les-Bains fait partie des communes ayant obtenu le label France Station Nautique. Sur les eaux plus ou moins paisibles, attention aux vents et aux courants, du lac du Bourget, on peut pratique la voile, l'aviron, le canoë-kayak, le paddle, le ski nautique, le wakeboard, mais aussi la plongée ou la pêche avec une trentaine d'espèces de poissons, dont les plus réputées sont le lavaret et l'omble chevalier à retrouver dans les assiettes des nombreux restaurants. Idéal pour la baignade, le lac possède également 14 ports et plus de 2 600 anneaux de plaisance ! Les bases de loisirs et les plages postées çà et là, les pistes cyclables et les promenades, ou encore les croisières sur le lac, permettent d'en profiter à la belle saison. Le cyclo et le VTT se pratiquent tout autour du lac, d'ailleurs il est possible de faire le tour complet du lac à vélo ou VAE. De nombreux chemins, de nombreux cols pour les sportifs, 180 km de pistes VTT sur le plateau du Revard à proximité et une voie verte reliant le Bourget-du-Lac à Chambéry. L'abbaye de Hautecombe ainsi que quelques châteaux dominent sur ses hauteurs. Pour faire connaissance avec les poissons et l'environnement de ce lac d'exception, il suffit d'aller à Aqualis. D'autres préféreront savourer dans leur assiette une friture fraîchement pêchée. Dans les airs, les amateurs de vol libre colorent le ciel alentour et les avions en approche le survolent avant d'atterrir à l'aéroport de Chambéry-Aix. Autre activité qui permet d'avoir une vue unique sur toute l'étendue du lac, un vol en parapente depuis le col du Sapenay. Nature et culture avec la visite de la majestueuse abbaye d'Hautecombe ou des vignobles de Chautagne. Détente et bien-être sur les rives d'un lac comme une véritable mer intérieure qui invite toute l'année à la douceur de bien vivre au cœur des Alpes.

SOCIÉTÉ DES EAUX MINÉRALES D'AIX-LES-BAINS

275, rue Boucher de la Rupelle
GRÉSY-SUR-AIX ✆ 04 79 88 80 14

Bien connue des curistes pour la qualité de ses eaux thermales, la ville d'Aix-les-Bains abrite aussi la source minérale naturelle Raphy Saint-Simon dont SEAB, société des eaux d'Aix-les-Bains, assure le captage, le conditionnement et la commercialisation. L'eau minérale naturelle d'Aix-les-Bains prend sa source dans le massif de la Chambotte et transite durant au moins 70 ans avant d'être puisée à 500 m de profondeur. Elle conserve un débit faible mais bénéficie d'une grande stabilité. Naturellement saine et équilibrée, elle est faiblement minéralisée et sans nitrate. Elle favorise le fonctionnement du corps au quotidien. Cette eau minérale sans traitement se consomme sans modération. De nombreux partenariats locaux ont été tissés, notamment avec le Conservatoire du Littoral (Délégation Rivages Lacs) et le Conservatoire des Espaces Naturels de Savoie, pour préserver le territoire de l'impluvium. Aujourd'hui, les eaux minérales d'Aix-les-Bains poursuivent cet engagement au travers d'une amélioration de leur packaging et de leur conditionnement : 100% en PET recyclé, bouchon solidaire,... De nouvelles bouteilles en PET, moins gourmandes en énergie grise, avec une base triangulaire à destination des restaurateurs, sont distribuées. Vous les retrouverez sur la carte des boissons de nombreux restaurants aixois et des alentours. Aix-les-Bains est aussi disponible en vaporisateur pour vous rafraîchir et vous apporter ses bienfaits tout au long des journées d'été.

COMPAGNIE DES BATEAUX RIVIERA DES ALPES

Le Grand Port
✆ 04 79 63 45 00
www.bateaux-aixlesbains.com

Ouvert toute l'année. Été en continu. Croisière découverte (1h) 15 €. Croisières déjeuner et dîner possibles.

En version promenade ou en version restaurant, les croisières sur le lac du Bourget, le canal de Savières et le Haut-Rhône peuvent se faire toute l'année. D'une heure à une journée et parfois avec une thématique, voilà une manière différente de découvrir le paysage. Des côtes sauvages du lac aux perspectives offertes par les constructions et montagnes qui le surplombent, la végétation et la faune, il y a plus qu'on ne l'imagine à découvrir au fil de la croisière.

MIKIA - CHIENS DE TRAÎNEAUX - LE REVARD €

Le Revard
✆ 06 03 67 44 84
www.mikia.org

Gîte de la Gaillarde (avec petit-déjeuner, restauration ou demi-pension). Pour 15 personnes. À partir de 25 € la nuit.

Sandra Ferrari et son équipe accueillent les visiteurs dans une ambiance Grand Nord. Le chien est au cœur de toutes les activités puisque le chenil jouxte le gîte. A côté de lui, l'école de traîneau s'affaire en haute saison. Les pistes de ski de fond passent à proximité et les itinéraires rando, VTT ou raquettes à neige sont à portée de pied. Un séjour nature et sport qui ne peut que séduire. L'initiation à la conduite de chiens de traîneaux reste l'expérience à tenter.

LE COLIBRI** €€

20, avenue Victoria
✆ 04 79 35 04 12
www.hotel-lecolibri.fr

Ouvert toute l'année. 18 chambres. Chambre double à partir de 60 €. Wifi gratuit.

Le Colibri Hôtel vous accueille en plein cœur d'Aix-les-Bains. À quelques pas du casino, de la gare, d'un parking municipal, des restaurants et à 10 min à pied des thermes Chevalley. Toutes les chambres sont dotées de doubles vitrage permettant ainsi de vous ressourcer dans des chambres sobres et fonctionnelles. Certaines possèdent un balcon d'où l'on aperçoit les montagnes et d'autres pour plus de tranquillité donnent sur la cour intérieure. Les propriétaires sont accueillants et disponibles. Le plus, le bar avec terrasse pour profiter de la douceur locale.

GRAND HOTEL DU PARC*** €€

28, rue de Chambéry
✆ 04 79 61 29 11
www.grand-hotel-du-parc.fr

Chambre double à partir de 90 €. Package week-end avec soins, excursions... Wifi gratuit. Restauration.

À l'intérieur de cette grande bâtisse qui date de l'apogée d'Aix-les-Bains au XIXe siècle, l'hôtel a su allier le charme de l'ancien et le confort du moderne. Véritable havre de paix à quelques pas du parc de verdure et du centre-ville, l'équipe accorde une attention particulière à l'accueil de sa clientèle. En 2019, la nouvelle propriétaire des lieux, mme Aitis, a fait rénover le restaurant rebaptisé Léo Paul. Rénovation complète en 2021, réouverture du restaurant en juin 2022 avec le chef Gilles Blonay et son équipe. Réouverture de l'hôtel en mai 2023.

AIX LES BAINS
EAU MINÉRALE NATURELLE
- BOUTEILLES -
100% PET RECYCLÉ
CONTRIBUE À RÉDUIRE
L'IMPACT ENVIRONNEMENTAL
-AVEC BOUCHON SOLIDAIRE-
100% recyclable
Trions plus
BOUTEILLES FABRIQUÉES AVEC 100% DE PLASTIQUE RECYCLÉ
AIX LES BAINS
EAU MINÉRALE NATURELLE
PRODUCTEURS & COMMERCANTS
Embouteillé à Gresy sur Aix (73)
Bouteilles fabriquées avec 100% de PLASTIQUE RECYCLÉ
SAVOIE MONT-BLANC SÉLECTION
6x0,5L
6x1L
6x1,5L
EAU MINÉRALE
NATURELLE
Convient aux régimes
pauvres en sodium.
SEAB : Société des Eaux d'Aix-les-Bains
275, rue Boucher de la Ruppelle - 73100 Grésy-sur-Aix
www.morganecommunication.com

HÔTEL BELLEVUE €€

695, route du Revard
TRÉVIGNIN
✆ 04 79 61 48 32
www.hotelaixlesbains.com
Chambre double à partir de 79 €, petit déjeuner buffet 12 €. Possibilité de demi-pension.

Le Bellevue, c'est un hôtel tout confort mais également un restaurant où le chef propose une cuisine traditionnelle, délicate et créative, avec des plats savoureux et pas hors de prix, comme ce feuilleté de Saint-Jacques aux poireaux pour 20 €. Une terrasse bucolique pour prendre les repas les pieds dans l'herbe à la belle saison, près de la fontaine. Piscine extérieure chauffée à la belle saison. Parking privé fermé. Jeu de boules. Billard. Dans un esprit moderne, les chambres sont équipées d'un bureau, du wifi, de la télévision et d'une penderie.

HÔTEL DES BAINS** €€

2, rue Georges 1er
✆ 04 79 61 40 66
https://hoteldesbains-aixlesbains.com/
20 chambres. Chambre double à partir de 63 €. Wifi gratuit. Restauration (la Table d'Ami, réservée aux résidents).

Situé en face du Parc de Verdure d'Aix-les-Bains, cet hôtel de charme au style rétro géré par Michel Leroy et son épouse est calme, propre et familial, tout en étant idéalement placé. À 10 min à pied des Thermes Chevalley et à proximité du centre de la ville où casino, rues commerçantes, centre des congrès et autres lieux ou services se retrouvent à portée de vos envies. La cuisine proposée à la Table d'Ami est familiale et variée. Les petits-déjeuners sont excellents et servis sous forme de buffet. Une adresse authentique à retenir.

HÔTEL L'IROKO*** €€

239, avenue du Grand Port
✆ 04 79 63 40 95
www.hotel-iroko.com
23 chambres. Chambre double à partir de 75 €. Parking inclus. Stationnement vélos et motos couvert et sécurisé.

Venez faire un tour à l'hôtel du Grand Port d'Aix-les-Bains Riviera des Alpes. Il est judicieusement situé au bord du lac pour profiter d'une vue magnifique tant le matin au lever du soleil qu'à son coucher. Cet hôtel 3-étoiles vous permettra de partir à la découverte de la région entre montagne et lac. Sérénité, calme et beauté seront les maîtres mots de ce lieu délicat à l'atmosphère paisible. Les chambres sont climatisées et la literie utilisée est haut de gamme. Dommage que les nuits soient si courtes. Petit plus pour le délicieux déjeuner en buffet.

IBIS STYLES AIX-LES-BAINS - DOMAINE D'AIX MARLIOZ €€

111, avenue de Marlioz ✆ 04 79 61 77 77
http://domainedemarlioz.com
100 chambres. Chambre double de 79 € à 169 €. Offres avec tarif préférentiel spa, soin esthétique. Restauration.

Un hôtel confortable au cœur du domaine de Marlioz qui accueille aussi l'hôtel Mercure, un spa et les thermes de Marlioz. On adore le parc de 10 ha où l'on pourra se promener et se relaxer. Cet espace de verdure qui donne sur l'hippodrome vous invite à la détente. Le décor est acidulé et le personnel très sympathique. Les chambres sont confortables avec grand lit et couette. Des forfaits de long séjour à tarifs avantageux sont disponibles incluant des soins au spa.

LA JUMENT VERTE €€

180, rue de l'Église - **TRÉVIGNIN**
✆ 04 79 34 95 12
www.la-jument-verte.com
Quatre chambres d'hôtes, une roulotte : de 80 à 125 €/nuit avec petit-déjeuner. 2 gîtes : 665 à 850 € la semaine.

Ce havre de paix est reconnu depuis presque 20 ans ! Cette ferme du XVIIe siècle dispose d'une piscine naturelle pour se laisser aller au repos. On apprécie l'accueil d'une maison tournée également vers l'art contemporain, avec expos d'artistes, mais aussi vers l'art de vivre avec une table d'hôtes exceptionnelle. Chaque chambre porte le nom d'un écrivain ayant côtoyé jadis les berges du lac. Deux gîtes et une roulotte vous attendent, douillets et confortables. Côté cuisine, produits locaux, légumes du jardin et volaille maison vous feront découvrir la Savoie !

CHATEAU BRACHET**** €€€

48, impasse des Couduriers
GRÉSY-SUR-AIX
✆ 04 58 62 01 04
www.chateaubrachet.com
Ouvert toute l'année. Chambre double à partir de 190 €. Wifi gratuit. Restauration.

Un lieu magnifique, à deux pas du lac du Bourget, qui revit dans un esprit contemporain inscrit dans le respect de l'environnement (rénovation écoresponsable). Un château 4 étoiles qui multiplient les plaisirs avec des chambres totalement uniques dans leur style, de la Classique à la Signature, véritable écrin pour amoureux. Autre merveille de lieux, la table. Salle à manger splendide, verrière Belle Epoque et terrasse pour savourer la cuisine de l'excellent Bertrand Jeanson. Cuisine gastronomique à partir de produits locaux et de saison. Nouveauté remarquable.

HÔTEL MARINA ADELPHIA**** €€€

215, boulevard Robert Barrier ✆ 04 79 88 72 72
www.adelphia.fr

Ouvert à l'année. Chambre double 115-250 €. Parking. Restauration. Hammam, sauna. Bornes recharge véhicules électriques.

Hôtel, restaurant, centre de balnéothérapie et spa, installé au bord du lac du Bourget, au pied du mont Revard, l'Hôtel Adelphia possède de nombreux atouts pour nous séduire le temps d'un séjour touristique, d'une journée ou d'une demi-journée bien-être... Les chambres disposent toutes d'un balcon, de quoi apprécier la vue et les bains de soleil. Le centre de bien-être est particulièrement complet, avec une trentaine de cabines et une large gamme de soins, des espaces aquatiques...

HOTEL URBAN*** €€€

1, avenue de Marlioz
✆ 04 79 34 20 20
www.urban-hotel.fr

Ouvert toute l'année. 62 chambres. Chambre double à partir de 79 €. Séminaires. Wifi. Restauration. Tv, Hammam, sauna.

En même temps qu'il a changé de nom, anciennement Hôtel Agora, l'Urban a changé de décor en prenant une sérieuse cure de jouvence. Comme l'annonce l'enseigne de cet hôtel 3 étoiles, le style est résolument urbain, coloré, tout en gardant une belle chaleur. Au cœur de la ville, un lieu agréable à vivre, d'autant plus qu'il propose des prestations haut de gamme avec sa piscine intérieure chauffée, son espace bien-être avec hammam et sauna. Les chambres, confortables, peuvent accueillir jusqu'à 5 personnes. Un hôtel à (re) découvrir.

MONSIEUR MADAME €€

10, place Georges Clemenceau ✆ 09 81 09 30 91
www.burgergourmand.com

Ouvert mardi au samedi de 12h à 14h et de 19h à 21h. Accessible en fauteuil roulant en autonomie. Terrasse. Parking.

Chez Monsieur Madame - Cantine Gourmande, restauration rapide ne veut pas dire que l'on néglige la qualité, bien au contraire ! Tout est simple et fait maison à partir de produits de saison et en faisant au maximum appel aux producteurs locaux. Locavorisme aussi pour les boissons, comme c'est le cas avec la bière Ours brassée chez Caquot à Albens. Du côté des burgers, le pain est maison et pour les soupes hivernales, les légumes viennent de la région. On commande au comptoir et on est ensuite servi à table. Et ce qui nous a plu : l'option « steak végétarien ».

LE 4.21 €€

400, rue de Genève
✆ 04 79 35 10 64

Ouvert toute l'année. Du lundi au samedi le midi et le soir. Formule du midi 20 €. Terrasse. 3 salles et une terrasse.

Une adresse à retenir ! L'ambiance (parfois musicale les soirs de « dîner-concert »), l'accueil chaleureux, ses propositions à la carte très très nombreuses, et la grande terrasse qui aux beaux jours s'apprécie énormément : voilà les atouts de cette adresse idéalement située en plein cœur du centre-ville d'Aix-les-Bains. Il est préférable de réserver étant donné le succès du concept. On mange copieusement, les serveurs sont à l'écoute du client. Bon rapport qualité-prix et options végétariennes qui font plaisir. Bien joué le 4.21.

L'AQUARIUM €€

1250, boulevard Robert Barrier
✆ 04 79 53 26 22
www.brasserielaquarium.com

Ouvert du mardi au samedi le soir, du mardi au dimanche midi. Menu 39 €. Formule midi 26 €. Terrasse. Animations. Bar.

Le panorama est à n'en pas douter l'atout majeur de cet Aquarium ouvert sur le lac. La marque de fabrique de l'établissement est aussi de proposer des produits frais et des fruits de mer à déguster sur place ou à emporter. Une ambiance années 1930 qui fait écho aux bâtiments de la ville thermale et des atmosphères différentes selon que l'on vienne manger, boire un verre ou prendre une glace. Cuisine traditionnelle du chef Julien Diffe réalisée avec des produits régionaux issus de circuits courts. L'écailler Mickael Ambrico est une référence pour les fruits de mer.

L'ARBRE À PALABRES €€

12, place du Revard ✆ 04 79 88 39 37
www.restaurant-arbre-palabres.fr

Ouvert tous les jours de 8h à 23h, et le samedi jusqu'à 23h30. Menu enfant. Formule midi. Terrasse.

Ce bar-restaurant-pizzeria propose une cuisine traditionnelle et savoyarde (même les pizzas prennent ici des saveurs savoyardes !). A l'intérieur, déco contemporaine avec des troncs-sculptures modernes rappelant son nom d'inspiration africaine d'arbre à palabres. Mais c'est surtout du côté de sa grande, de son immense terrasse, sous des grands arbres, que l'on peut apprécier de prendre un verre ou déjeuner à la belle saison. L'établissement est situé au cœur de la ville, entre le Casino Grand Cercle, l'office de tourisme logé dans les anciens thermes et le parc.

LA BALANÇOIRE €€

9, place Carnot
✆ 04 79 54 59 56
Ouvert le lundi et du mercredi au vendredi de 7h30 à 18h ; le samedi de 8h à 18h ; le dimanche de 8h à 14h.

Vous allez adorer La Balançoire d'Aix-les-Bains ! C'est le même concept (la même maison) que la Bicyclette Rose d'Annecy : petit-déjeuner, brunch, déjeuner et tea time avec des produits frais, de saison et locaux (car le circuit court, c'est important, et le savoir-faire local aussi !). Du coup, la carte change selon les saisons bien sûr et les formules varient en fonction du marché. Cerise sur le gâteau : les ingrédients sont bio autant que possible, c'est le cas des œufs, et les prix sont très raisonnables. Service impeccable.

L'EVASION €€

12, rue des Bains
✆ 04 79 61 38 16
levasion-aix-les-bains.eatbu.com
Ouvert du jeudi au mardi le midi, le lundi, le vendredi et le samedi le soir. Carte 25 € environ. Menu enfant. Terrasse.

Par les temps qui courent, nous avons tous besoin d'Evasion ! Apprécié pour la qualité de son assiette, Thomas Coutin propose une cuisine traditionnelle de saison à base de produits frais qui met en avant le produit et le goût. Ici pas de carte à rallonge mais des propositions qui se renouvellent tout naturellement : terrine de foie gras à la vanille, risotto à l'étivaz et chips de gorion, filet de canette aux myrtilles ou poêlée de Saint-Jacques et sa crème de corail. Un menu raisonnable, un accueil agréable, bref une adresse à découvrir.

CRÊPERIE DES ALPES €€

4, rue Albert 1er ✆ 04 79 61 36 85
www.lacreperiedesalpes.fr
Ouvert du mardi au samedi 12h-14 et 19h-22h. Fermé dimanche et lundi. Galettes et crêpes de 3,50 € à 15 €. Terrasse.

La meilleure crêperie d'Aix-les-Bains, c'est la Crêperie des Alpes. Elle offre une ambiance cosy en prenant soin de ses visiteurs. En ouvrant cet établissement au cœur de la ville thermale, il n'était pas question de faire comme tout le monde ! Amoureux des bonnes choses, le chef veille à la qualité des produits et déniche quelques merveilles qu'il partage...Une chantilly végétale extra sur ses crêpes délicieuses, du bio (farines, œufs, thé, café...), du haut de gamme et du circuit court autant que possible. Un excellent rapport qualité-prix, une bonne ambiance !

LE RIVA €€

39, chemin des Bateliers ✆ 04 79 35 95 39
www.restaurant-leriva.com
Ouvert du mardi au samedi midi et soir, dimanche midi. Menus 22 à 32 €. Menu enfant. Pizza à partir de 10 €.

Fraîcheur des produits, cuisine maison et produits locaux... le restaurant Le Riva est non seulement bien situé près du lac du Bourget, en retrait et au calme par rapport au Grand port, mais il propose aussi un service tardif à 23h qui permet de prolonger une soirée cinéma ou théâtre. Ambiance bistro vénitien, un large choix de pizzas généreusement garnies, des plats au choix à l'italienne pour ceux qui préfèrent : gambas en persillade flambées au pastis et risotto, tartilienne ou osso buco... Un tiramisu excellent et un accueil souriant, que demander de mieux ?

L'ESTRADE €€

1, avenue Marlioz ✆ 04 79 34 20 20
https://restaurant-aix-les-bains.com
Ouvert mardi à samedi le midi, mardi, mercredi, vendredi et samedi le soir. Menus 42-49 €. Formule midi 23,50 €.

A deux pas du centre-ville, le restaurant l'Estrade vous propose une cuisine gourmande. Dans un cadre cosy aux touches doucement colorées, accueil adorable d'Annelise qui vous présente la cuisine raffinée préparée par le chef Pierre Antoine Paille. Une cuisine créative à base de produits frais, locaux et de saison. De belles propositions vous seront faites au déjeuner : céleri confit et petits légumes, mousseline de topinambours ou un rouget barbet, marinière de coquillages. Les menus de marché rendent cette cuisine de qualité abordable dans un cadre élégant.

LE 59 €€€

59, rue du Casino
✆ 06 78 01 45 47
www.restaurant-le59.fr
Ouvert du jeudi au dimanche le midi et le soir. Réservation recommandée. Menus de 48 à 58 €. Formule du midi 30 €.

Le 59 fait partie des valeurs sûres pour un repas de qualité à Aix-les-Bains. Une reconnaissance qui salue le travail en cuisine de Cédric Campanella. Une cuisine gastronomique réalisée à base de produits de saison sélectionnés pour leur qualité. Ils sont la base de plats modernes, raffinés, faisant la part belle à la créativité du chef. De jolies assiettes, un restaurant gastronomique agréable et convivial, en plein centre-ville. Un restaurant à la décoration chaleureuse et au service impeccable... Un rapport qualité-prix des plus intéressants.

LE CAFÉ DES BAINS

9, rue des Bains
✆ 04 79 34 89 36
www.cafedesbainsaix.fr
Ouvert du mardi au samedi de 8h à 19h. Chèque Restaurant. Terrasse. Restauration. Animations.

Dans la rue piétonne, découvrez ce lieu incontournable qui date de l'empire victorien. Ah ! si les murs pouvaient parler, ils vous raconteraient les discussions qu'il y a dû avoir dans ce café au milieu des érudits, des comédiens, des gens de lettres au temps du thermalisme à Aix-les-Bains. Le Café des Bains, qui date de 1881, est le plus vieux bistrot de la ville. Un café le matin, une petite restauration le midi avec frites maison et un plat du jour différent chaque jour... Et le goûter avec un gâteau au chocolat Valrhona sans gluten du chef !

BIZOLON

6, square Jean Moulin
✆ 04 79 35 00 37
Ouvert du lundi au samedi de 7h30 à 19h.

Cette chocolaterie est une adresse de référence. Une histoire de famille qui, depuis 1933, a vu se succéder quatre générations d'artisans chocolatiers apportant, tour à tour, leurs recettes pour satisfaire et surprendre la clientèle fidèle du lieu. Une histoire de chocolats rivalisant de finesse, de délicatesse et de savoir-faire, primés, en 2018, au salon du chocolat d'Aix-les-Bains, puis au concours de la Chambre des métiers de 2019. Les noms sont évocateurs et invitent vos papilles à la découverte ! Bahamas, Kyoto, Mojito, Julius, Théobroma...

CAKAO CHOCOLATIER

4bis, rue Claude de Seyssel
✆ 04 79 88 31 73
www.cakao.fr
Ouvert du mardi au samedi de 9h à 12h et de 14h30 à 18h30.

Au sein de cette chocolaterie artisanale, on trouve une spécialité brevetée : « la Dent du Chat » en chocolat et praliné croustillant. Marie-Aurore Pilet et Axel Bachelot sont deux maîtres chocolatiers reconnus pour faire la paire et créer des douceurs qui aboutissent à de nombreuses et régulières reconnaissances, la dernière en date étant une médaille d'argent à l'International Chocolat Award 2017. Il faut dire que Marie-Aurore et Axel sont des artistes, sculptant le chocolat jusqu'à créer des barres de Lego chocolatées qui font le bonheur des enfants !

CHOCOLATERIE SÉBASTIEN FAUTRELLE

4, place des Thermes
✆ 04 79 35 03 48
Ouvert lundi 8h30 à 12h et 14h à 18h30, du mardi au samedi 8h30 à 18h30. Ouvert le dimanche en période de fêtes.

Chocolats, gourmandises sucrées et macarons...Sébastien Fautrelle s'est fait un nom dans la région et son incontournable chocolaterie est un voyage sensoriel à elle seule. Dès que l'on pousse la porte, les senteurs chocolatées invitent à la gourmandise, les formes et les couleurs viennent stimuler les sens. Le plaisir du chocolat trouve sa voie dans un univers qui lui est ici dédié. Il sera difficile de faire un choix parmi les bonbons, chocolats, macarons, biscuiterie et confiserie.

CRÈMERIE FROMAGERIE GUIBERT

8, square Jean Moulin
✆ 04 79 88 48 86
www.cremerie-fromagerie-guibert.com
Ouvert du mardi au vendredi de 8h30 à 12h30 et de 14h30 à 19h ; le samedi de 8h30 à 19h.

Le point d'honneur est ici mis à sélectionner une centaine de fromages et produits frais essentiellement des Pays de Savoie, car la philosophie de la maison est de travailler avec les producteurs fermiers du terroir. Rien de tel ensuite pour pouvoir parler en connaissance de cause aux clients de ces fromages qui ont chacun une histoire et du producteur qui œuvre en coulisses. La sélection des œufs, yaourts et autres produits se fait tout aussi soigneusement, avec passion et créativité.

LIBRAIRIE CHEMIN FAISANT

210, rue de Genève
✆ 04 79 61 02 36
Ouvert du mardi au samedi de 9h30 à 12h et de 14h30 à 19h.

Chemin faisant, nous avons croisé cette librairie lors de nos pérégrinations culturelles, toujours à la recherche d'un bon livre. Voici une librairie indépendante de proximité où l'accueil, le conseil et l'écoute priment. Pour trouver des livres sur plein de sujets différents : romans, histoires, voyages, musique, arts... Rencontres dédicaces avec des auteurs de temps en temps et rencontres philosophiques également. Programmation à voir sur leur page FB ou les appeler directement. Possiiblité évidemment de commander des livres.

LIBRAIRIE DES DANAÏDES

9, rue de Chambéry
✆ 04 79 61 10 41
www.librairie-danaides.com

Ouvert du mardi au samedi de 9h à 12h30 et de 14h30 à 19h.

La librairie des Danaïdes prend le large et s'installe rue de Chambéry. Une librairie comme nous les aimons, tenue par deux jeunes, Bénédicte et Romain qui savent écouter, accueillir et donner de bons conseils pour nos lectures. Vous trouverez bien sûr des romans, un beau rayon de livres pour enfants, un fonds Savoie, des topos, cartes et ouvrages concernant les randonnées, mais aussi des disques. Un endroit où vous pouvez partager vos coups de cœur, pas forcément dans les vitrines de toutes les librairies. Longue vie aux librairies indépendantes !

VINOGRAF

321, avenue de Genève ✆ 09 83 52 56 94
www.vinograf.fr

Ouvert du mercredi au samedi de 10h à 12h30 puis de 14h à 19h, le mardi de 15h à 19h et le dimanche matin de 10h à 12h30

Situé en plein centre d'Aix-les-Bains, ce caviste à l'accueil sympathique vous propose près de 1 000 références de vins, en rouge, blanc, rosé ou à bulles, ainsi que des spiritueux et accessoires pour les passionnés d'œnologie. Depuis la cuvée confidentielle en passant par des cuvées plus rares et recherchées, les régions françaises sont représentées et s'accompagnent de trouvailles qui dépassent les frontières pour notre plus grand plaisir. Belle attention apportée par cette jeune équipe aux vins provenant du cercle alpin et tout particulièrement de la Savoie.

ATELIER AQUARELLE JULIE WINTZ-LITTY

✆ 06 60 89 61 63
http://julie-wintz-litty.eklablog.com

Atelier de peinture, stages, vente, expos à l'année. Reproductions à partir de 55 €. Livres illustrés en librairie.

Comment vous dire ? Julie Wintz-Litty est tout simplement une fée de l'aquarelle animalière et de montagne ! Difficile de vous décrire ses œuvres sans images, alors allez voir son travail sur le web ou expo en cours, puis rendez-vous dans son atelier d'Aix-les-Bains pour un stage d'une journée et pourquoi pas (s') offrir une œuvre originale ou une reproduction ? Julie donne également des stages à l'extérieur sur 3 jours un peu partout en France. Impossible d'en revenir indemne !

CENTRE AQUATIQUE AQUALAC

Place Daniel Rops ✆ 04 79 61 48 80
www.grand-lac.fr/sportsloisirs/aqualac

Ouverture septembre-avril, ts les jours de 9h à 19h. De mai à août, ts les jours 10h-19h. Tarifs en ligne. Restauration.

Toute l'année, petits et grands peuvent profiter du complexe aquatique pour nager, expérimenter des activités aquatiques, s'amuser et se détendre. Des bassins couverts et découverts sont à la disposition du public. Durant tout l'été, le droit d'entrée permet d'avoir aussi accès à la plage. Un bassin olympique de 50 m, un toboggan et une pataugeoire à la piscine et 400 m de plage et de pelouses, deux toboggans dans le lac, un espace volley, un trampoline… voilà de quoi s'amuser et pourquoi pas, aux beaux jours, profiter des cours de fitness en plein air le samedi.

CLUB NAUTIQUE VOILE D'AIX-LES-BAINS (C.N.V.A.)

216, boulevard Barbier
✆ 04 79 34 10 74
www.cnva.com

Le Club est ouvert toute l'année. Horaires spécifiques et nombreux, voir sur le site web.

Le lac du Bourget est un espace privilégié pour s'essayer à la pratique d'activités nautiques de toutes sortes : canoë-kayak, planche à voile, stand-up paddle et bien entendu la voile et le catamaran. Louer une embarcation pour ensuite se laisser glisser sur l'eau, s'amuser en famille ou entre amis, découvrir les paysages autrement, pratiquer une activité physique, sportive, de loisirs pour une découverte ou une parenthèse pour oublier son quotidien.

PLAGE LES MOTTETS

VIVIERS-DU-LAC
✆ 06 41 83 48 36

Ouvert toute l'année. Payant week-ends et jours fériés de mai au 15 juin, tous les jours juin à sept de 10h à 19h30.

La plage des Mottets est très appréciée. Ses aménagements et équipements permettent aussi bien de faire halte pour profiter d'un moment de détente que de se promener. La plage de sable est située à l'extrémité d'une réserve naturelle entre le Bourget-du-Lac et Aix-les-Bains ou la Roselière des Mottets, gérée par le Conservatoire d'Espaces Naturels de la Savoie. L'espace est protégé et permet la réintroduction de la tortue cistude d'Europe, favorisant sa reproduction. Un espace pédagogique a été aménagé et des ateliers sont régulièrement organisés.

THERMES CHEVALLEY

10, route du Revard
✆ 04 79 35 38 50
www.valvital.fr

Saison thermale de mi-février à mi-décembre. Se renseigner pour les ouvertures du spa thermal.

Ville thermale depuis l'Antiquité, Aix-les-Bains attire les curistes. Mais au-delà des cures pour raison de santé (rhumatismes ou insuffisance veineuse), les eaux thermales peuvent aussi être synonymes de bien-être et de détente à travers le spa thermal. Sur les hauteurs de la ville se trouvent les Thermes Chevalley Valvital, aux bâtiments modernes. Ici, le Spa thermal avec vue panoramique sur le lac du Bourget est accessible à tous ceux qui souhaitent s'accorder une pause bien-être : piscines, saunas, solarium, soins esthétiques.

THERMES DOMAINE DE MARLIOZ

111, avenue de Marlioz
✆ 04 79 61 78 78
www.domainedemarlioz.com

Ouvert de début février à fin novembre.

Un parc de 10 hectares, les montagnes autour : le cadre invite déjà à la détente, il était jadis fréquenté par Napoléon III et l'impératrice Eugénie. Connue depuis le XIVe siècle, l'eau de Marlioz est utilisée depuis plus de 180 ans avec une action anti-inflammatoire, anti-toxique, anti-infectieuse, anti-allergique et anti-oxydante. Le Spa Nuxe du Domaine de Marlioz offre un merveilleux espace de détente ouvert à tous. Enveloppement, massages, esthétique, relaxation...

CASINO BOWLING LE POKER BOWL

8, avenue Daniel Rops ✆ 04 79 34 44 00
www.pokerbowl.fr

Toute l'année, du lundi au vendredi 12h-2h, le week-end 10h à 2h. De 2,50 € à 8,50 € + 2 € de location de chaussures.

Le Casino Bowling le Poker Bowl dispose de 63 machines à sous et 2 tables de black-jack et 8 postes de roulette électronique. Côté bowling, il y a 12 pistes et un espace de jeux d'arcade. Jouissant d'un emplacement stratégique entre restaurants, cinéma et autres nombreuses activités de loisirs avec le lac à proximité, voilà une option sérieuse pour occuper les soirées, les journées pluvieuses, et passer des moments entre amis ou en famille tout simplement, mais en s'amusant.

BOURDEAU

Bourdeau surplombe toute la zone, on peut d'ailleurs y voir la Dent du Chat et, à ses pieds, le lac du Bourget. Vous pouvez vous frayer un chemin sur les pistes balisées, une fois en haut vous apprécierez la vue imprenable sur le mont Revard et sur le lac. Vous pouvez rejoindre le petit port via les ruelles qui font le charme de la ville. L'église Saint-Vincent vaut le détour ainsi que les multiples fontaines présentes dans ce village. La quiétude du port, qui est par ailleurs réservé aux piétons, fera ressortir le romantisme qui sommeille en vous. Il se dit qu'Alphonse de Lamartine aurait rejoint une cavité au bord du lac pour y méditer longuement.

LES BULLES DE SAVOIE €€€

Lieu-dit Le Château
BILLIÈME
www.lesbullesdesavoie.com

Ouvert du 1er avril au 31 octobre. Bulles à partir de 220 €/nuit.

Offrez-vous une bulle de bonheur au cœur du vignoble de Marestel, les plus beaux paysages de Savoie sous vos yeux. Et quand on dit « sous vos yeux », c'est jour et nuit, lové dans une bulle transparente, la tête vers le ciel étoilé, dans un environnement naturel préservé. Trois bulles de charme entourées d'une terrasse, d'un spa ou d'une balnéo privative. Le petit déjeuner est composé de produits régionaux. VTT et télescope en accès libre. Tout est parfait en ce lieu magique et poétique, à faire à deux pour encore plus de plaisir. À refaire absolument !

LA SOURCE*** €€

Route du Col-du-Chat - **SAINT-JEAN-DE-CHEVELU**
✆ 04 79 36 80 16
www.hotel-lasource.com

Ouvert d'avril à octobre. Chambre double à partir de 118 €, petit déjeuner inclus. Wifi. Restauration. Parking.

Quiétude pour cet hôtel-restaurant La Source niché en haut d'un promontoire dominant la vallée de Yenne et le Rhône. La vue est incroyable. Un établissement ancien, créé à partir de la ferme des Jacquet qui ont ouvert en 1954. Depuis, c'est Eric, le 3e de la génération Jacquet qui œuvre derrière les fourneaux avec son épouse. Un hôtel rénové et confortable au milieu d'un parc de 12 hectares, des promenades sont possibles dès le pas de la porte. Côté cuisine, une très bonne adresse. Le pain de campagne est réalisé avec l'eau de la source. Le temps s'arrête.

AUBERGE LAMARTINE €€€

RN504

✆ 04 79 25 01 03

www.lamartine-marin.com

1 Michelin. Ouvert du mercredi au samedi le soir, du mercredi au dimanche midi. Menus de 70 € à 115 €. Terrasse.*

S'il n'y avait que le cadre ! Car il faut dire que la vue sur le lac et les montagnes depuis la terrasse est fabuleuse. Mais le chef Pierre Marin propose une halte gastronomique, une vraie. Ici, une cuisine « classique revisitée » s'élabore à la perfection pour offrir un véritable moment de découverte gustative. Les poissons du lac sont naturellement à l'honneur et le chef privilégie les producteurs locaux et les produits de saison. De ce fait, la carte change aussi au rythme du marché. Excellente carte des vins. Table romantique en diable.

© MARIELLE VISINI

Canoë sur le Lac du Bourget.

BASE DE LOISIRS

La Courbe

SAINT-JEAN-DE-CHEVELU

✆ 06 59 49 83 94

Ouverture de début juillet à fin août en accès payant (baignade surveillée). Accès libre hors juillet et août. 1,80 €.

Situé entre Aix-les-Bains et Yenne, au pied de la Dent du Chat, se trouve le lac de Saint-Jean-le-Chevelu et sa base de loisirs naturelle, dont l'accès est payant au cœur de l'été. Idéal pour allier pique-nique et châteaux de sable mais aussi ponton à plongeoir… De quoi passer un agréable moment entre baignade et loisirs au bord de l'eau. On pourra en moins de deux heures faire le tour des lacs de Chevelu et des rives du marais sur une boucle facile de 4,9 km à faible dénivelé. Après quoi, une baignade pour se rafraîchir et profiter des vacances.

BELVÉDÈRE DU MONT-DU-CHAT

RD42

✆ 04 79 88 68 00

www.aixlesbains-rivieradesalpes.com

Accessible au public toute l'année.

Chasseurs d'images, amoureux de grands paysages ou contemplatifs curieux… Le Belvédère du Mont-du-Chat fait partie de ces endroits offrant un panorama magnifique sur le Lac du Bourget. En continuant à pied une trentaine de minutes on arrive au Molard Noir pour profiter d'une vue à 360 °. Attention : route d'accès coupée entre novembre et avril (et selon l'enneigement). Ce Belvédère peut aussi faire l'objet d'une randonnée au départ du centre du Bourget-du-Lac, en contrebas.

LE BOURGET-DU-LAC

Le Bourget-du-Lac est, comme son nom l'indique, au bord du lac du Bourget, le plus grand lac naturel d'origine glaciaire de France. Cette magnifique petite ville offre un cadre de vie incroyable entre sport nautique l'été et montagne l'hiver. À l'époque, c'était un port marchant, poumon économique, attractif et accueillant. Notons qu'une foule de célébrités d'antan comme Montaigne, Rousseau, Lamartine, la reine Victoria et Clemenceau ont largement contribué à la notoriété touristique de la ville. La ville est parfaite pour les randonnées pédestres, le VTT de montagne, les sports nautiques et les autres balades familiales. Une ville riche et dynamique.

CHÂTEAU THOMAS II

La Croix verte

✆ 04 79 25 01 99

Ouverture du mercredi au dimanche en juillet et août : 14h-18h. Visites guidées les jeudis. Tarifs 6 €, 5 €.

Le château de Thomas II, château du Bourget ou encore château des comtes de Savoie, mérite le détour pour ce qu'il raconte de l'histoire depuis qu'il a été érigé en tant que palais du milieu du XIIIe siècle. Les ruines sont classées Monument historique depuis 1983. Alentour, les milieux naturels remarquables sont à découvrir en parcourant les sentiers : douves du château et sentier des Aigrettes, avant d'arriver jusqu'à l'observatoire. Dans la tour de la Poterne, un espace muséographique présente les richesses du patrimoine historique et naturel.

SAVOIE

PRIEURÉ DU BOURGET-DU-LAC ★

Route d'Aix-les-Bains
✆ 04 79 25 01 99
www.lebourgetdulac.fr/le-prieure
Toute l'année. Visite guidée 7 juil-30 août, jeudi 9h30-10h30 (sur réservation). Adulte 6 €. Combiné avec Thomas II 8 €.

Le prieuré du Bourget-du-Lac a été fondé en 1030 par saint Odilon, un moine clunisien. La visite guidée permet de découvrir de belles pièces comme le réfectoire, la cuisine où se trouve une superbe cheminée monumentale, la bibliothèque, la salle du chapitre et le très beau cloître. L'église a été construite sur une crypte du XIe siècle et son acoustique est appréciée lors des concerts. Le visiteur peut aussi découvrir les jardins (classés Jardins remarquables).

BRASSERIE DU LAC €€

355, boulevard du Lac
✆ 04 79 25 00 10
www.brasserie-lacbourget.fr
Ouvert tous les jours de 9h à 22h. Menus de 34 € à 40 €. 2 terrasses. Chaise haute.

Depuis 1900, une génération après l'autre, la Brasserie du Lac et ses vastes terrasses ombragées avec vue sur le lac du Bourget, accueille les visiteurs en proposant une cuisine traditionnelle savoyarde. Cela dit, en étant au bord de l'eau, des envies de fruits de mer peuvent se transformer en une assiette de moules, ou de friture de perchots du lac (selon arrivage). Pour être un peu moins au contact du bruit de la circulation (la terrasse étant au bord de la route qui la sépare du lac), il vaut mieux s'installer sur la terrasse en surplomb, située plus au fond.

LA FREGATE €€

Boulevard Ernest-Coudurier
✆ 06 20 08 54 27
Ouvert tous les jours midi et soir en haute saison par l'entrée de la plage municipale. Carte 20-25 €. Terrasse. Bar.

Le restaurant la Frégate est comme son nom l'indique un restaurant qui se veut sur l'eau. Ici, tout est fait pour déguster des plats conviviaux tout en profitant de la vue bord de l'eau. Le crew est vêtu de marinières lors du service. Au programme, tapas, transats, brochettes de poisson, fruits de mer et cocktails sauront satisfaire votre envie de prendre le large. Pour ceux qui font attention à leur ligne, des salades sont également de la partie, pour les plus gourmands, vous retrouverez les fameuses crêpes à déguster dans un panorama idyllique. Un bon moment.

LES OLIVIERS €€

212, route de Paris
BRISON-SAINT-INNOCENT
✆ 04 79 54 21 81
www.restaurant-les-oliviers.com
Du mercredi au samedi de 9h à 12h et de 14h à 19h et le dimanche de 9h à 12h.

Nous sommes loin du pays des cigales mais pourtant des oliviers poussent en ce lieu blotti entre les contreforts de la montagne et le lac du Bourget. On aime le charme de la terrasse du restaurant où des femmes en crinoline ou des peintres pourraient surgir. D'ailleurs, en 1930, l'établissement servait déjà les gastronomes. A l'intérieur, la salle est pleine de charme et on apprécie le coin enfants et le salon d'accueil pour commencer à prendre son temps. La cuisine est maison, réalisée à base de produits frais et notamment des poissons de lac et de la mer.

RESTAURANT DU PORT €€

553, boulevard du Lac
✆ 04 79 25 00 21
www.lerestaurantduport.fr
Ouvert toute l'année. Haute saison : tous les jours midi et soir. Menus 22,50 € à 42 €. Menu enfant, Parking, Terrasse.

L'ancienne maison de pêcheurs devient restaurant et offre l'une des plus belles terrasses savoyardes. Situé au bord du lac du Bourget, sa renommée est, dès ses origines, basée sur ses poissons et sa friture. Une véritable volonté de qualité avec une cuisine réalisée au rythme des saisons : croustillant de cèpes et beaufort, petite friture, joue de caïon confite, filet de dorade aux fruits secs, pour terminer avec une poire pochée au vin chaud. La vue imprenable sur le lac et les montagnes et la terrasse aux beaux jours rendent l'escale au Port super agréable.

RESTAURANT ATMOSPHÈRES €€€

618, route des Tournelles
✆ 04 79 25 01 29
www.atmospheres-hotel.com
Ouvert du mardi au samedi le soir ; du mercredi au samedi le midi. Menus de 85 € à 125 €. Formule du midi : 50 €.

Un chalet savoyard comme suspendu sur les flots du lac du Bourget. Une salle lumineuse, épurée, largement ouverte sur le spectacle de la nature et sur la terrasse. Mais si le paysage est à couper le souffle - et nous vous conseillons de réserver l'une des quatre chambres pour en profiter plus longtemps -, une cuisine créative qui donne un nouveau souffle aux produits issus des terroirs de Savoie. Assiettes remarquables mettant en valeur les poissons, viandes, légumes locaux. Carte des vins dans le même esprit régional. Atmosphères au goût de tous les gourmands.

RESTAURANT LES MORAINIÈRES €€€

Route de Marestel - **JONGIEUX**
✆ 04 79 44 09 39
www.les-morainieres.com
2 Michelin. Du mercredi au dimanche le midi et le soir. Menus de 130 à 175 €. Formule du midi 70 €.*

La Savoie entre lacs, montagnes et... vignes. Au sommet du coteau du cru Marestel, un lieu magique, un restaurant ancré dans son terroir. Au rythme des saisons et des meilleurs produits, la cuisine ne cesse de nous surprendre dans un cadre de nature absolument splendide. Terrasse ouverte, deux salles lumineuses, élégantes, chaleureuses et modernes, qui ont su conserver l'âme ancienne du lieu pour mettre en valeur des assiettes composées par un chef qui a su tracer sa propre voie.

DOMAINE EDMOND JACQUIN ET FILS

Jongieux le Haut - **JONGIEUX** ✆ 04 79 44 02 35
www.edmondjacquin.com
Ouvert toute l'année du lundi au samedi 9h-12h et 14h-19h ; le dimanche en période estivale 10h-12h et 15h-18h.

Vignerons de père en fils, la famille Jacquin perpétue la tradition du travail de la vigne. Celle-ci couvre plusieurs dizaines d'hectares. Une grande partie de leurs vins provient du cépage altesse, typiquement savoyard puisque c'est avec celui-ci que l'on produit la roussette, leur permettant de fabriquer l'un des plus grands crus « la Roussette de Marestel ». Au caveau, des visites sont organisées permettant ainsi déguster et rencontrer ses vignerons passionnés par leur métier.

FROMAGERIE DU LAC

38, route de Chambéry
✆ 04 79 60 65 44
Ouvert le mardi et du jeudi au samedi de 9h à 12h30 et de 15h à 19h30 ; le mercredi et le dimanche de 9h à 12h30.

La Fromagerie du Lac, située à proximité de l'office de tourisme et de la Mairie, dans le centre-ville du Bourget du Lac, permet aux visiteurs de se ravitailler en fromages fabriqués et affinés dans la région, en produits laitiers et autres vins de Savoie, confiture, miel... Si on ne sait pas quoi choisir, la palette de choix étant très large, les conseils avisés de la crémière permettent en plus d'ajuster ses achats tant en quantité qu'en recherche de goûts ou textures... Idéal pour se faire plaisir et aussi rapporter des petits cadeaux gourmands.

RANDONNÉE LA DENT DU CHAT

Col du Chat
Ouverte toute l'année, déconseillée en hiver.

Une randonnée difficile mais classique du bassin chambérien, offrant une très belle vue sur le bassin, le lac du Bourget et l'avant-pays savoyard. Le sentier offre plusieurs points de vue, au roc Blanc, et au col de la Vacherie notamment. Attention, après ce dernier, le passage se rétrécie fortement et longe un ravin. Une main courante est installée pour assurer votre sécurité. La fin de la randonnée est raide, avec un passage escarpé permettant d'arriver sur une petite plateforme de 10 m^2. Déconseillée pour les randonneurs victimes de vertige.

ROC DU CORNILLON

Parking du Col du Chat
✆ 04 79 25 01 99
Ouvert toute l'année. Possibilité d'encadrement, se renseigner auprès de l'office de tourisme au 04 79 25 01 99.

Après une petite demi-heure de marche d'approche, vous pourrez apercevoir le Roc du Cornillon qui surplombe le lac du Bourget. A son sommet se trouve une petite plateforme, un belvédère en bois, qui vous permettra d'apprécier l'entièreté du lac et les montagnes qui l'entourent. Les plus courageux se lanceront à l'assaut de la paroi, aménagée d'équipements métalliques. Cette via ferrata ne comporte aucune difficulté particulière d'un point de vue technique, cependant elle est vertigineuse. La location du matériel se fait dans plusieurs boutiques du Bourget-du-Lac.

CHANAZ ★

Chanaz (le « z » ne se prononce pas) est la « Petite Venise savoyarde », du fait de sa présence en bord du canal de Savière, lequel relie le lac du Bourget au Rhône. Le village fait donc partie de la ViaRhôna, piste cyclable qui longe le fleuve et permet de faire du cyclotourisme thématique. Depuis l'Antiquité, le village est un lieu de passage très prisé. Le port de plaisance, l'écluse, le hameau de Portout et son musée gallo-romain, le moulin, la maison forte en font un site touristique très visité. On estime à 150 000 le nombre de visiteurs chaque année. Il faut dire que l'endroit est particulièrement photogénique et très fleuri à la belle saison.

SAVOIE

MUSÉE GALLO-ROMAIN DE CHANAZ ★

15, rue du Moulin ✆ 04 79 52 11 84
www.musee-galloromain-chanaz.fr

Visite du musée du 15 avril au 15 octobre (groupes sur réservation). Horaires selon saison. Gratuit. Animations.

Le musée gallo-romain de Chanaz se trouve dans l'ancienne chapelle gothique du XVe siècle, au centre du village médiéval. Ce musée est consacré aux potiers de Portout, situés au bord du canal de Savières. Suite à des fouilles menées à Portout entre 1976 et 1987, les trouvailles étant abondantes et dignes d'intérêt, il y avait matière à restituer, en exposant bijoux, vaisselles et objets divers. Ce bel endroit éveille les esprits et promet de belles découvertes pour toute la famille.

BATEAU CANAL

347, route du Canal
✆ 04 79 54 51 80
www.bateaucanal.com

Ouvert de mi-avril à fin octobre. Horaires site Internet. Départ de Chanaz, Écluse, Lavours et Portout. Restauration.

S'il est un endroit incontournable lorsque l'on veut naviguer sur le lac, c'est bien le canal de Savières et particulièrement Chanaz. Opter pour une croisière qui part du canal, c'est s'offrir une autre manière de découvrir le grand lac du Bourget. C'est une jolie occasion d'en savoir plus sur cette belle histoire qu'est celle du canal. A bord du *Bateau,* le capitaine n'est pas avare sur ses aventures, alors laissez-vous transporter par ses nombreuses indications, anecdotes et informations. Le trajet est agréable et offre des panoramas magnifiques.

CHANAZ CROISIÈRES

Route du Canal
✆ 04 79 35 88 85
www.chanaz-croisieres.fr

Ouvert mi-avril à fin octobre, tous les jours 10h-18h. Horaires variables selon saison. Adulte 13-17 €. Enfant 7-10 €.

Partir à la découverte du Canal de Savières, à bord d'un bateau à aube, écologique et silencieux, 100 % électrique et tout confort. Les croisières se font au départ de l'embarcadère, au bout du village et durant la croisière, l'on découvre, grâce aux commentaires, l'histoire des lieux, tout en observant la flore sur les rives et la faune locale... ou ses traces : le castor et une multitude d'oiseaux aquatiques, la perche arc-en-ciel et l'omble chevalier... On peut aussi louer un petit bateau électrique sans permis et partir à la barre, ou encore louer un canoë.

DOMAINE DES ILES DE CHANAZ €€

681, route de l'Ecluse
✆ 04 79 54 58 51
www.campingdechanaz.com

Ouvert toute l'année. Camping-cars autorisés. Wifi. Location Mobil-home. Vente de cartes de pêche. Tennis. Barbecue.

Sur ce camping, en dehors des emplacements à l'année, 25 places, 10 bungalows en bois et, plus insolites, 8 habitations lacustres sur pilotis haut de gamme (dont 1 accessible aux personnes à mobilité réduite) permettent aux vacanciers de séjourner tout près du lac du Bourget et de la Viarhôna pour les cyclotouristes... Bien sûr les sports et activités d'eau restent de mise. Impossible de ne pas tomber sous le charme du village de Chanaz, et des paysages entre canal et lac.

SHANA HOTEL €€

796, route de l'Écluse
✆ 04 58 39 01 15
www.shanahotel.fr

Chambre double à partir de 98 € pour deux personnes, petit déjeuner inclus. Piscine. Wifi.

Ancré entre le Rhône et le lac du Bourget, dans la petite Venise savoyarde, le Shana Hôtel & Résidence a ouvert ses portes au printemps 2022 à Chanaz. Avec ses vingt-cinq chambres, ses onze appartements et son espace séminaire, cet hôtel saura répondre à vos attentes. Votre future adresse en Chautagne sur le territoire d'Aix-les-Bains Riviera des Alpes. Les plus : chambres confortables et calmes, belle déco épurée et design, super petit-déjeuner buffet et papiers peints d'après les aquarelles de Julie Wintz-Litty, à voir absolument !

AUBERGE DE SAVIÈRES €€

545, route du Canal
✆ 04 79 54 56 16
www.savieres.com

Ouvert de février à décembre midi et soir. Menus : 28 à 48 €. Formule midi 19 €. Chèque Vacances & Restaurant. Terrasse.

A côté de la passerelle qui enjambe le canal, l'Auberge de Savières est une ancienne bâtisse qui, jadis, faisait relais de poste. A l'intérieur, une cheminée réchauffe l'atmosphère en hiver, une mangeoire et des outils d'antan de fenaison donnent un décor authentique. A côté, le canal coule doucement. L'auberge propose une cuisine régionale faite maison avec des produits locaux de qualité : sucettes de reblochon, filet de sandre sauce à l'oseille... Les végétariens ne sont pas oubliés. Très bon rapport qualité-prix, service professionnel. Terrasse.

L'ESCAPADE DU PONT DE LA LOI €€

1166, route de La Loi
RUFFIEUX
✆ 04 79 54 27 19
Ouvert du dimanche au vendredi le midi, vendredi et samedi le soir aussi. Terrasse. Parking. Accueil motos.

Une adresse que l'on apprécie particulièrement par son accueil, sa belle terrasse ombragée devant cette vieille bâtisse. Un endroit où se poser autour de la gourmandise. Un cadre fleuri et arboré à l'extérieur. La cuisine est maison, elle reste créative en empruntant des accents traditionnels et des produits du terroir. Belle carte des vins du terroir. L'après-midi, en été, des glaces et desserts sont servis. Pizzas et burgers à emporter. Une très belle escapade !

LA CAVE DE CHAUTAGNE

47, impasse de la Cave - **RUFFIEUX**
✆ 04 79 54 27 12
http://caveau-chautagne.com
Du lundi au samedi 9h-12h et 14h-19h ; dimanches et jours fériés 10h-12h et 14h-19h. Non-stop du 1er juillet au 31 août.

Créée en 1952, la cave de Chautagne cultive ses vignes en agriculture raisonnée Jacquère, aligoté, altesse, chardonnay pour les blancs, gamay, mondeuse, pinot, cabernet pour les rouges apportent toutes les richesses de ce territoire savoyard. La Cave de Chautagne, c'est aussi de produits régionaux locaux pour composer des paniers gourmands pour accompagner les vins chautagnards. Pour les petits et les grands, vous pouvez aussi suivre un circuit de visite sensorielle intégré au caveau pour découvrir le métier de vigneron et l'univers des vins.

SAINT-PIERRE-DE-CURTILLE

Saint-Pierre-de-Curtille est la commune sur laquelle est bâti l'un des monuments les plus visités en Savoie : l'abbaye de Hautecombe, à découvrir absolument. On en oublierait presque qu'il y a trois églises sur la commune. La première est celle de l'abbaye, la deuxième est l'ancienne église paroissiale située au Val de Crêne, sous le château de Pombeau (un site aujourd'hui privé) et la troisième est l'église Saint-Pierre-aux-Liens de Saint-Pierre-de-Curtille. Elle mérite l'attention, tout comme la grange batelière, qui fait partie du domaine de Hautecombe et se trouve au niveau de l'embarcadère de l'abbaye. Une belle bâtisse qui abrite régulièrement des événements.

ABBAYE DE HAUTECOMBE ★★

3700, route de l'Abbaye
✆ 04 79 54 58 80
www.hautecombe.org
Mer-lun 10h-11h15 et 14h30-17h. Adulte 4,50 €. Dons bienvenus. Accès possible par bateau (Chanaz ou Aix-les-Bains).

© GUILLAUME BESNARD - STOCK.ADOBE.COM

L'abbaye de Hautecombe, au bord du lac du Bourget, est l'un des sites les plus visités de Savoie. Majestueuse, la grande bâtisse se voit de loin et l'on peut s'y rendre aussi bien par la route que depuis le lac, grâce à son embarcadère. Classée Monument historique, seule l'abbatiale se visite avec un audioguide. La grange batelière, une bâtisse remarquable en elle-même, située à proximité de l'embarcadère, accueille ponctuellement événements et expositions temporaires. Une quarantaine de princes et de princesses de la Maison de Savoie reposent en ces murs.

CHÂTEAU DE LUCEY

290, route des moulins - **LUCEY**
✆ 06 29 11 49 66
www.domainedelucey.fr
Ouvert du lundi au vendredi de 9h à 12h et de 14h à 19h. Samedi et dimanche sur rendez-vous. Site oenotourisme.

Bienvenue au château de Lucey, ancienne maison près des lacets du Rhône. La bâtisse remonte selon des écrits à 1296. Parmi les anciens locataires des lieux, la famille de Mareste et le général comte de Boigne. Aujourd'hui, les propriétaires sont Charles et Nicole Defforey, qui ont rénové le domaine. Ils ont mis en place une exploitation viticole qui produit des vins de la région en agriculture biologique. Le maître des lieux, c'est Christophe Martin, passionné par son travail, il saura vous communiquer sa passion et l'amour de son travail.

LE CHÂTELARD

Située au cœur du massif des Bauges, dans les Préalpes du Nord, la commune du Châtelard-en-Bauges est habitée par près de 700 résidents, nommés Castellardinoises et Castellardinois. Couvrant 1 800 hectares, la zone possède une altitude moyenne de 750 mètres, et son sommet le plus haut est la Rossane, à 1 891 mètres. Le Châtelard héberge les sièges de la Communauté de Communes du Cœur des Bauges et du Parc naturel régional du massif des Bauges. Les habitations pittoresques s'accrochent aux versants du majestueux mont Julioz. Le Châtelard représente un point de départ optimal pour diverses explorations et balades au sein du massif des Bauges.

PARC NATUREL RÉGIONAL DU MASSIF DES BAUGES ★★

Avenue Denis Therme
✆ 04 79 54 84 28
www.parcdesbauges.com

Ouvert du 15 avril au 15 septembre. Se renseigner pour les horaires.

Le Parc du Massif des Bauges est à cheval sur Savoie et Haute-Savoie. Un territoire cerné de montagnes, à la géologie remarquable au point d'avoir été déclaré Geopark par l'UNESCO. Un territoire protégé qui obéit à une règlementation spécifique, notamment en matière de randonnée et de cueillette. La richesse de ce territoire ne se limite pas à son patrimoine naturel. Son fromage AOP, tome des Bauges, ses activités économiques et agricoles participent à son identité forte.

OFFICE DE TOURISME DU CHÂTELARD

Avenue Denis Therme ✆ 04 79 54 84 28
www.lesbauges.com

Réouverture au printemps 2023. Du mardi au vendredi de 9h à 12h et de 14h à 17h. Fermeture hivernale.

Situé au cœur du Parc Naturel Régional du Massif des Bauges, l'accueil de Grand Chambéry Alpes Tourisme au Châtelard vous guide dans l'exploration du territoire. L'équipe vous informera sur les activités, événements, visites, randonnées et vous proposera des brochures adaptées. L'office propose aussi la billetterie du festival Musique et Nature en Bauges en juillet et août et un point de vente (cartes postales, cartes de randonnées, livrets, livres, cartes de pêche).

LES CYCLAMENS*** €€

✆ 04 79 54 80 19
www.camping-cyclamens.com

Ouverture mi-avril/mi-octobre. 35 emplacements. Forfait de 12,80 € à 15,80 €. Animations.

Endroit tranquille pour se retrouver en famille. Le camping Les Cyclamens occupe un terrain herbeux dans un magnifique lieu, au cœur du massif des Bauges. Les emplacements sont assez grands et délimités par de petits arbres. Les sanitaires sont très propres. Si vous ne possédez pas de matériel de camping, vous pouvez louer une caravane ou un meublé. Le plus, la cabane dans un chêne centenaire à plus de 5 mètres de hauteur. Des animations de tout type ponctuent la vie du camping. Barbecues, terrain de pétanque et aire de jeux pour enfants sont à disposition.

CHEZ CYRILLE €€

D912
LE NOYER
✆ 04 79 34 68 87

Ouvert lundi, mardi et du jeudi au samedi soir, du jeudi au mardi à midi. Menus de 16 € à 28 €.

Au cœur du Parc naturel des Bauges, blotti dans le pittoresque village du Noyer, se trouve une petite perle : le restaurant Chez Cyrille. Si le choix est restreint (seulement deux menus), à la dégustation on comprend qu'il n'en faut pas plus pour passer un très agréable moment gastronomique. Tout est là : des produits locaux et de saison, une cuisine traditionnelle délicatement présentée, un accueil souriant et chaleureux. De l'entrée au dessert en passant par le fromage de la ferme d'à côté, tout est maison. Quand simplicité rime avec authenticité et générosité.

LE PLAT GOURMAND €€

Montagny - **ARITH** ✆ 06 58 23 39 33
www.restaurant-leplatgourmand.fr

Haute saison : du mardi au dimanche midi et soir. Basse saison : le midi et le soir réservation. À la carte : 15-20 €.

Dans un cadre champêtre, ce charmant restaurant est bercé par le chant des coqs et le murmure d'une fontaine proche. Pour le dénicher à Arith, suivez la direction de la fruitière et du hameau de Montagny, puis tournez à gauche après la chapelle située au sommet d'Arith. En continuant, vous tomberez sur un vaste parking, point de départ pour de nombreuses randonnées pédestres ou en raquettes en forêt. Le restaurant offre un menu restreint incluant des spécialités fromagères, comme la fondue et la matouille. L'atmosphère y est accueillante et chaleureuse.

AILLON-LE-JEUNE

Aillon était autrefois une paroisse et commune du duché de Savoie, puis du département de la Savoie. En 1863, la commune fut supprimée, donnant naissance à deux nouvelles communes : Aillon-le-Vieux et Aillon-le-Jeune, situées dans le massif des Bauges. Ce massif savoyard se trouve entre les trois villes portes de Chambéry, Annecy et Albertville. Aillon-le-Jeune se compose d'un centre-bourg abritant la mairie, l'église et l'école, entouré de quelques hameaux. La Manse et la Correrie constituent la station Aillons-Margériaz 1000 sur le flanc du mont Pelat. Quant à la station Aillons-Margériaz 1400, elle est localisée sur les pentes du mont Margériaz.

HOTEL-RESTAURANT NOTRE-DAME-DES-NEIGES** €€

Station - **LA FÉCLAZ** ✆ 04 79 25 80 60

notredamedesneiges.free.fr

Ouvert de mi-juin à fin septembre et en hiver. 38 chambres. Chambre double de 75 € à 125 € (de 1 à 4 pers).

Dans une ambiance conviviale, la famille Grangeat et son équipe vous accueillent pour vous offrir des moments mémorables. Profitez de diverses activités hivernales : ski alpin, ski de fond, balades en raquettes, luge, ainsi que des expériences originales et excitantes comme la motoneige, le ski joëring (skieur tiré par un cheval) ou le traîneau à chiens. Participez également à des randonnées thématiques (astronomie, découverte des plantes, promenades nocturnes).

LA CHARTREUSE D'AILLON ★

Le couvent

✆ 04 79 54 97 77

www.parcdesbauges.com

Ouvert selon saison. Juillet-août : ouvert de 10h à 13h et de 14h à 18h30, sauf mardi. Gratuit -6 ans. Adulte 3,50 €.

Si le lieu est lui-même chargé d'histoire et se raconte, il est aussi l'écrin d'un patrimoine présenté au public par le Parc naturel régional qui en a fait l'une de ses maisons thématiques. L'identité du massif des Bauges y est exposée à travers objets, témoignages, vidéos et maquettes… L'histoire du monastère et celle de la région s'entremêlent et se font écho. Economie et vie rurale, architecture et histoire du territoire au fil des siècles apparaissent d'une salle thématisée à l'autre. Evénements et animations dans cet écrin.

RÉSIDENCE LES BALCONS D'AIX*** €€

Les Balcons d'Aix - **LA FÉCLAZ**

✆ 04 79 33 63 79

De 44 € à 120 € la nuit en été. En hiver, tarif à la semaine uniquement de 323 € à 600 €. Petit déjeuner 8 €.

Située au cœur de la station-village La Féclaz, la résidence Les Balcons d'Aix offre des hébergements spacieux et douillets pour 2 à 7 personnes. Dans un cadre paisible, profitez de l'espace détente incluant piscine, sauna et hammam. Les logements sont équipés d'un séjour avec canapé-lit (sauf appartements de 2 pièces pour 4 personnes) et TV, une kitchenette avec réfrigérateur, micro-ondes, cafetière et grille-pain, ainsi qu'une salle de bains avec baignoire ou douche et toilettes.

LA FERME DE LA CORRERIE

D32B

✆ 04 79 54 64 70

Visite libre du jeudi au mardi à partir de 9h30 à 12h30 et de 15h30 à 19h. Gratuit. Boutique.

Venez explorer la Ferme de la Correrie, authentique ferme baujue, en visite autonome ou accompagnée. Elle produit des fromages fermiers et propose à la vente de la charcuterie et des produits du terroir. Découvrez l'élevage de vaches laitières et de chèvres, observez les animaux et participez à la traite. L'élevage se déplace dans les prés en été et revient à la ferme en hiver. L'entrée est gratuite. La boutique met à disposition divers fromages fermiers tels que la Tome des Bauges, la tomme de chèvre, les vacherins durant l'hiver, le Saint-Bruno et le Beret.

RESTAURANT LE MONT PELAT €€

Immeuble le Triolet

✆ 04 79 54 01 12

www.lemontpelat.com

Ouvert toute l'année. Haute saison du mardi au dimanche midi et soir. Menus 14,50 € à 17,50 €. Terrasse. Animation.

Une ambiance familiale, un décor de chalet de montagne, une terrasse ensoleillée, une cuisine savoyarde… C'est un lieu idéal pour une pause détente face aux pistes de ski ! A la carte, des plats typiquement de la région avec notamment la fameuse matouille (tome des Bauges fondue à déguster avec des pommes de terre) mais également des pizzas, des salades… Les plats sont copieux et savoureux et l'accueil est des plus chaleureux. Le petit plus ? L'établissement fait partie de la liste fermée des ambassadeurs de la Tome des Bauges !

LE PAYS SUSPENDU DES GEANTS

Aillons Margériaz 1000 ✆ 04 79 54 61 88
www.lesaillons.com
Ouvert à partir du 8 avril et jusqu'au 5 novembre par intermittence, se renseigner. De 10h30 à 18h. Entrées : 7 à 14 €.

Le Pays suspendu des Géants est un monde aérien au sommet des arbres où l'on s'amuse en sécurité dans des filets géants, des cabanes, des toboggans et bien d'autres jeux, sans nécessiter de baudrier ! Des plus jeunes aux grands-parents au cœur d'enfant, chacun pourra vivre une journée mémorable en famille. Avec 7 000 m² de jeux et de filets suspendus à découvrir sans aucune réservation, il y en a pour tous les goûts et tous les âges. Prêt pour passer d'agréables moments ?

STATION AILLONS-MARGÉRIAZ

Chef-Lieu
✆ 04 79 54 63 65
www.lesaillons.com
Station hiver/été.

Située au cœur du massif des Bauges, la station-village des Aillons-Margériaz bénéficie d'un enneigement naturel exceptionnel. Jumelée avec le village breton de Sauzon, Aillon-le-Jeune est une localité montagnarde riche en histoire, dont l'économie s'est recentrée sur le ski dès 1964. La visite virtuelle illustre la situation géographique des deux domaines skiables. Aillons-Margériaz offre une variété d'activités : ski alpin, ski nordique, luge, taxi ski, etc...

STATION DE SKI DE SAVOIE GRAND REVARD

LA FÉCLAZ
www.savoiegrandrevard.com
Ouvert tous les jours de 9h à 17h. Du 1er novembre au 15 avril pour le domaine skiable.

À seulement 35 minutes de Chambéry, la station de ski Savoie Grand Revard se compose de trois secteurs : Le Revard, La Féclaz et Saint-François-de-Sales. Cette station de moyenne montagne atteint une altitude de 1 500 mètres. Elle est particulièrement axée sur le ski nordique, avec ses 150 km de pistes, ses domaines alpins étant de moindre envergure. Les amateurs de biathlon apprécieront le stade situé à la Porte de la Féclaz, qui propose un pas de tir à 50 mètres conforme aux normes internationales, des couloirs pour débutants et un réseau de pistes enrobées de 4,5 km pour le ski à roulettes et le roller en été, sous certaines conditions. Savoie Grand Revard est une station familiale idéale pour s'initier ou progresser dans diverses activités sportives, été comme hiver, dans un environnement authentique. Lorsque les conditions d'enneigement le permettent, un snowpark est aménagé. D'autres activités, telles que la luge, les chiens de traîneau, le ski-joëring (tracté par des chevaux), le handiski et les raquettes, sont également proposées. Mais Savoie Grand Revard se savoure en toute saison ! Au printemps, les fleurs envahissent les pâturages et vous pouvez vous promener jusqu'à la Croix du Nivolet pour admirer le panorama. L'été, profitez des nombreuses randonnées pédestres ou à VTT pour respirer l'air pur et frais des montagnes, ou bien initiez-vous au roller. L'automne offre des balades aux teintes changeantes et aux reflets ensoleillés.

ECOLE

École est un charmant petit village situé au cœur de la France, dans le département de la Savoie et la région Auvergne-Rhône-Alpes. Appartenant à la Communauté de communes « Cœur des Bauges », c'est un point de départ pour diverses randonnées vers les alpages et les cols, tels que l'Orgeval et l'Arclusaz, ou encore partir à la découverte de la thématique faune et flore des Bauges. Les résidents d'École, nommés Ecoulans et Ecoulanes, sont au nombre de 250 et habitent avec une densité de 8 personnes par km² et une altitude moyenne de 729 mètres. Les localités voisines comprennent Jarsy, La Compôte, Doucy-en-Bauges, Le Châtelard et Sainte-Reine.

MAISON FAUNE-FLORE

Chef-Lieu
✆ 04 79 54 97 77
Ouvert en juillet et août. Gratuit pour tous en visite libre. Boutique.

La Maison faune-flore offre une expérience ludique pour explorer la nature authentique du massif des Bauges. Les visiteurs peuvent s'amuser avec des manipulations, des quiz, des maquettes du territoire, visionner cinq films à la carte et profiter d'une boutique sur place. Les curieux sont encouragés à tester leurs connaissances sur le massif, à distinguer les animaux et à s'aventurer sur les crêtes des Hautes-Bauges avec un guide virtuel. La scénographie interactive propose un parcours original avec une soixantaine de manipulations et quatre maquettes.

ASINERIE ET PLANTES DU CUL DU BOIS

Le cul du bois - **DOUCY-EN-BAUGES**
✆ 04 79 54 82 81
www.asinerieetplantes.fr
Du 1er octobre au 30 avril : de 14h à 17h. Du 1er mai au 30 septembre : de 14h30 à 18h. Fermé du 1er au 31 janvier.

Nichée à 1 050 mètres d'altitude au sein d'un charmant village du massif des Bauges en Savoie, entre les lacs d'Annecy et du Bourget, l'Asinerie et Plantes du Cul du Bois est une exploitation familiale. Elle est dédiée à l'élevage d'ânes de travail et à la culture de plantes médicinales biologiques avec l'aide de la traction animale. Les cueilleurs et producteurs font leurs récoltes dans des secteurs préservés, loin des zones polluées, bénéficiant d'un écosystème riche et harmonieux.

JARSY

Niché en Savoie dans la région Auvergne-Rhône-Alpes, Jarsy est un charmant village montagnard situé au sein du massif des Bauges, au cœur du Parc naturel régional du massif des Bauges. Surplombant la vallée glaciaire des Bauges, Jarsy a été un des premiers endroits où les moines de l'abbaye d'Hautecombe ont établi un domaine dans les Bauges. Le village, axé sur le tourisme, possède également une riche activité gastronomique, étant inclus dans la zone de production de l'AOP Tome des Bauges. Les visiteurs pourront admirer les paysages authentiques et préservés de la commune, ainsi que le charme discret de son patrimoine architectural et historique.

LESCHERAINES

S'élevant entre 570 et 1 331 mètres d'altitude, Lescheraines accueille près de 800 habitants et se situe au carrefour des vallées et cols du Cœur des Bauges. Cette localisation privilégiée a fait du village un centre commercial animé. La base de loisirs, avec ses plans d'eau, est l'endroit idéal pour se détendre et pique-niquer. Au centre du village, découvrez la maison notariale face à l'église, ainsi que la pierre tombale de l'abbé Laurent Morand (adossée au mur de l'église), écrivain du XIXe siècle dont les œuvres constituent la source historique principale sur les Bauges. Visitez la Maison des artisans et achetez des produits locaux à la fruitière (fromagerie) où des visites guidées sont organisées pour les groupes sur réservation. La base de loisirs offre un plan d'eau de baignade surveillée en été, un plan d'eau de pêche, des pédalos, une aire de jeux aquatiques, un toboggan, des courts de tennis, un terrain multisports, des jeux pour enfants, des aires de pique-nique et des promenades. Un sentier adapté aux personnes à mobilité réduite contourne le plan d'eau de la base de loisirs. Pour une balade facile, suivez le circuit des plans d'eau, que vous pouvez étendre jusqu'à la cascade du Pissieu (2 heures aller-retour). Chaque mardi matin, retrouvez le marché sur la place des Cantalous. Ne manquez pas non plus les foires annuelles le quatrième dimanche de septembre et le dernier samedi d'octobre pour dénicher de bonnes affaires.

BELLECOMBE-EN-BAUGES

Bellecombe-en-Bauges, riche de traditions agricoles, forestières, artisanales et touristiques, se situe en Savoie, au cœur du massif des Bauges et du Parc naturel régional. Cette commune, composée de 14 hameaux, dotée de paysages ruraux et de sommets accessibles, relie Savoie et Haute-Savoie via le col de Leschaux. Proche d'Annecy, Aix-les-Bains, Chambéry, Albertville et des deux plus grands lacs naturels français (lac du Bourget et lac d'Annecy), son territoire authentique de 23 km² s'étend de 558 à 1 880 m d'altitude. Pour une halte en famille, découvrez un hébergement pour des vacances paisibles immergé dans un cadre montagnard intact et serein.

CHOCOLATERIE ARTISANALE DES BAUGES

La Charniaz ✆ 04 79 54 86 79
www.chocolateriedesbauges.com
Ouvert du lundi au vendredi de 7h à 19h ; le week-end et les jours fériés de 9h15 à 12h15 et de 14h à 19h.

La Chocolaterie des Bauges privilégie qualité et proximité. Soucieux de valoriser son territoire, Frédéric Pellier-Cuit collabore avec de nombreux producteurs locaux pour ses ingrédients dans une approche respectueuse de l'environnement et en mettant en avant l'artisanat français. Inaugurée à l'été 2022, une terrasse panoramique offre la possibilité d'admirer les paysages somptueux de la Savoie tout en savourant une glace au lait bio provenant de la Ferme des Bauges.

APREMONT

Au milieu du XIIIe siècle, en pleine nuit, une grande partie du mont Granier s'écroule soudainement de 1 930 mètres de hauteur et ensevelit complètement cinq paroisses, entraînant plus de mille pertes humaines. Ce malheureux accident a été bénéfique pour les cultivateurs de raisin qui, sans ce glissement de terrain, n'auraient pas eu la chance de bénéficier d'un changement aussi important de leur territoire devenu maintenant beaucoup plus enclin à la culture de la vigne. Il est à noter que le vignoble d'Apremont couvre également les Marches et Saint-Baldoph, ce qui lui permet une production de vin AOC grâce à sa géologie exceptionnelle.

COL DU GRANIER

✆ 04 79 84 42 23

www.tourisme.coeurdesavoie.fr

Ouvert toute l'année.

Le col du Granier, seuil du massif de la Chartreuse, s'élève à 1 134 m. Il domine la combe de Savoie et la vallée des Entremonts. La falaise imposante du mont Granier, haute de 900 m, le surplombe. Étape incontournable pour ceux qui souhaitent explorer la combe de Savoie ou la Chartreuse, le col est apprécié des cyclistes, randonneurs et voyageurs. Marqué par l'effondrement historique du mont qui lui confère son nom, le col du Granier est aujourd'hui un lieu vivant offrant des tables pédagogiques, des départs de randonnées et un relais pour une pause méritée.

CENTRE SPIRITUEL NOTRE-DAME DE MYANS

40, route du Sanctuaire - **MYANS**

✆ 04 79 28 89 14

http://sanctuaire-nd-myans.fr

Ouvert toute l'année. Tous les jours de 8h à 19h30. Messes. Pèlerinages, temps de retraite. Boutique. Parking.

Construit au XVe siècle et rénové aux XIXe et XXe siècles, le sanctuaire se compose de deux espaces de culte empilés. La crypte abrite la Vierge Noire miraculeuse, tandis que l'église supérieure était réservée aux Franciscains. Myans est devenu un lieu de pèlerinage marial majeur, la foi populaire attribuant à la Vierge Noire la sauvegarde du site lors de l'effondrement du mont Granier. Sur place, une boutique vend des objets d'art sacré, des cierges ou encore des lampes votives.

HÔTEL SAINT VINCENT €€

Le Gaz

✆ 04 79 60 03 76

8 chambres, à partir de 81 € la double. Bar. Location de salle. Wifi gratuit. Réceptions et mariages.

Niché au pied des monts de la Chartreuse, cet édifice savoyard traditionnel est entouré de vignes. Chaque chambre, décorée de manière unique, est pourvue d'une salle de bains privée, d'une bouilloire pour préparer des boissons chaudes et d'un frigo. Toutes sont équipées d'une télévision et la connexion wifi est offerte dans tout l'établissement. Un petit-déjeuner est proposé chaque matin. Les alentours offrent diverses activités, comme le cyclisme et les balades à pied. Le Saint-Vincent est situé à 5 km de Chambéry. Sur place, le stationnement privé est gratuit.

SAVOIE

Vignoble d'Apremont et le Mont Granier.

AUBERGE SAINT VINCENT €€

Lieu-dit Le Gaz
✆ 04 79 28 21 85
https://aubergesaintvincent.com
Ouvert tous les midis du lundi au dimanche ainsi que le samedi soir. Menus de 19 € à 37 €.

C'est dans une ancienne écurie au cœur des vignes, que vous serez charmé par l'authentique et chaleureuse salle à manger, entièrement réalisée avec les pierres du mont Granier. La belle terrasse vous propose une vue imprenable sur les vignes d'Apremont où l'imposant mont Granier domine. En cuisine, le chef, David Albanese, manie avec délicatesse les produits de saison, minutieusement sélectionnés par ses soins. Il adapte, réinvente et magnifie les meilleurs trésors de la nature ! Si vous avez envie d'une délicieuse escapade gourmande, c'est bien ici !

DOMAINE JEAN MASSON ET FILS

Le Villard
✆ 04 79 28 23 02
domainemasson.com
Ouvert du lundi au vendredi de 8h à 19h ; le samedi de 9h à 16h. Dégustation sur rendez-vous.

Le domaine Masson est voué au cépage jacquère depuis cinq générations. Jean-Claude perpétue l'œuvre de sa famille. Ce vigneron passionné, minutieux et généreux, préserve ses terres en limitant les intrants externes. Les allées sont entièrement couvertes d'herbe, avec une approche prudente et les vendanges tardives sont faites manuellement. Chaque parcelle possède sa propre cuve de vinification aboutissant à un nectar de grande qualité exprimant pleinement son potentiel.

DOMAINE PHILIPPE ET SYLVAIN RAVIER - VIGNOBLE

68, chemin du Cellier
MYANS
✆ 04 79 28 17 75
www.vinsravier.fr
Ouvert toute l'année. 14h-19h du lundi au samedi. Vente et dégustation de vins.

Ce magnifique domaine viticole est situé dans la Cluse de Chambéry, entre les versants des massifs alpins : la Chartreuse d'un côté et les Bauges de l'autre, devenus parcs régionaux. Une partie des vignes s'épanouit sur les éboulis argilo-calcaires du mont Granier. Philippe, d'une longue lignée savoyarde et viticole, a démarré en 1978 après des études en viticulture et œnologie, et a élargi le domaine au fil des ans. Son fils Sylvain est venu le rejoindre en 2008.

AUX FRUITS DE LA TREILLE

238, route des Echelards
MYANS
✆ 04 79 28 02 87
www.auxfruitsdelatreille.com
Bienvenue à la Ferme. Vente à la ferme sur rdv. Présent à Saveurs de nos Fermes à Albertville.

Corinne, Daniel et leur famille vous reçoivent tout au long de l'année dans leur ferme située au pied du mont Granier, non loin du sanctuaire de Myans. L'exploitation bénéficie d'une certification HVE (Haute valeur environnementale). Ils aspirent à être accessibles à tous et à partager des moments chaleureux autour de leurs produits. L'activité principale de la ferme est axée sur la viticulture, offrant une variété de vins savoyards pour satisfaire toutes les envies. Pour les gourmands, vous pourrez goûter leurs confitures et gelées à base de raisin ou de vin.

CHIGNIN

Chignin, ou peut-être devrions-nous dire Le Chignin ? Cette charmante bourgade est perchée sur un roc inattaquable qui a tenu bon face aux détonations de dynamite du XXe siècle. Les vestiges des tours de Chignin constituent un lieu historique préservé, dont l'architecture révèle un ancien camp fortifié. Les habitants portent le nom de Chignerains. Si vous n'avez jamais savouré le vin blanc AOC de Chignin, élaboré principalement à partir du cépage jacquère, vous passez à côté d'une expérience gustative. Ce vin, à consommer jeune, s'accorde idéalement avec des mets à base de poisson et doit être servi à une température oscillant entre 8 et 10 degrés.

LES TOURS DE CHIGNIN

Chef lieu
✆ 04 79 28 10 12
Ouvert toute l'année. Gratuit.

Parmi les vignes de Chignin, d'intrigantes ruines recouvertes de lierre attirent le regard : quatre tours, dont la carrée et restaurée « tour de la Place », observable depuis la route. Certaines sont écroulées ou devenues des maisons. Originellement sept à dix, leur histoire est floue, possiblement reliques d'une citadelle construite entre le VIIIe et le XIIIe siècle. La légende évoque un seigneur régnant ici au XIe siècle avec la tour de Biguerne comme château. Saint Anthelme y serait né en 1107, poussant les Chartreux à la transformer en chapelle vers 1870.

ANDRÉ ET MICHEL QUENARD

1327, route du Coteau de Torméry
✆ 04 79 28 12 75
www.am-quenard.fr
Ouvert du lundi au samedi 8h-11h30 et 14h-17h. En dehors de ces horaires, accueil possible sur rendez-vous.

Fondé en 1976, le domaine André et Michel Quenard perpétue une tradition viticole datant du XVIIe siècle et couvrant quatre générations. Niché sur le célèbre coteau de Torméry, qui orne la montagne de Chignin, le domaine élabore des vins blancs, rouges et rosés singulièrement distincts sous les appellations « Vin de Savoie Chignin » et « Chignin Bergeron ». Les vignes s'épanouissent entre 300 et 400 mètres d'altitude. Les récoltes sont réalisées manuellement et des procédés de vinification traditionnels sont mis en œuvre dans le respect de l'environnement.

PASCAL, ANNICK ET NOÉ QUENARD

Le Villard
✆ 04 79 28 09 01
https://quenard-chignin-bergeron.com
Ouvert tous les jours de 8h à 19h.

Implanté au pied des Tours de Chignin en Savoie, ce domaine familial de 6 hectares suit des principes entièrement biologiques. Animés par leur passion pour l'artisanat, ils considèrent le vin comme une boisson empreint de philosophie. Soucieux de travailler en symbiose avec l'environnement, ils adoptent des pratiques biologiques et biodynamiques. La taille et les vendanges sont faites à la main. Le domaine préserve un patrimoine de vignes anciennes, dont certaines sont centenaires.

MONTMÉLIAN

La Combe de Savoie est une vallée qui s'étend sur près de 30 km au cœur du département, au pied des montagnes des Bauges. La rivière, l'Isère, accompagne la ville sur toute sa longueur. L'histoire locale se découvre avec l'Hôtel Nicolle de La Place, aujourd'hui transformé en musée, et qui possède une horloge-clocheton unique en son genre. Le Musée du Félicien, situé à Argentine, est une fenêtre ouverte sur les conditions de vie des paysans d'autrefois dans cette région. Les Tours de Montmayeur rappellent l'époque du Moyen Age dans la région. Au-delà de Montmélian, les vignobles et les sentiers vous ouvrent leurs bras en direction d'Albertville.

MUSÉE DE LA VIGNE ET DU VIN DE SAVOIE

46, rue du Docteur Veyrat
✆ 04 79 84 42 23
www.montmelian.com
Horaires variables en fonction des saisons. Adulte 5 €.

La Savoie a son patrimoine viticole et ses savoir-faire… C'est au carrefour des vallées alpines, dans une ancienne demeure, qu'est installé le musée dédié à la viticulture en Savoie. 1 000 m^2, entre étages, granges et caves pour une rencontre avec la vigne, les machines et les outils d'hier, les pratiques et leurs évolutions…. La parole est même donnée aux viticulteurs d'aujourd'hui, préoccupés par les bouleversements climatiques, à travers un support audiovisuel.

MUSÉE HISTORIQUE

15, rue Docteur Veyrat
✆ 04 79 84 26 80
www.amisdemontmelian.com
Ouvert le mercredi de 15h à 17h. Gratuit -16 ans. Adulte : 1,50 €.

Le Musée a rouvert ses portes après une longue période de travaux. Une salle est dédiée à la forteresse, historiquement riche. Gravures, maquettes et cabinets de curiosités permettent un voyage dans le temps, de l'Antiquité en passant par le Moyen Age jusqu'à l'époque moderne. En été, il est prévu que des visites thématiques puissent compléter celle du musée, il faut se renseigner à l'office de tourisme. Des expositions temporaires complètent ce riche ensemble mis en place et animé par les bénévoles de l'association des Amis de Montmélian et les Environs.

LA CLÉ DES CHAMPS*** €€

1006, quai de l'Isère
✆ 04 79 84 12 01
Lundi au samedi de 7h30 à 21h, le dimanche de 7h30 à 11h. 41 chambres. Chambre double à partir de 79 €.

Placé entre lacs et montagnes, à seulement 15 minutes du centre animé de Chambéry, La Clé des Champs vous plonge dans la quiétude et la sérénité du célèbre vignoble savoyard entouré de verdure. Situé au pied de la montagne emblématique La Savoyarde, vous profiterez d'un décor alpin enchanteur. Facilement accessible par l'autoroute A43. Cet hôtel à l'accueil souriant est idéal pour une pause en route vers les stations de ski savoyardes, un week-end œnologique, un séjour familial ou une étape professionnelle, et cela tout au long de l'année.

HÔTEL GEORGE** €€

11, quai de l'Isère
✆ 04 79 84 05 87
https://hotel-george.webnode.fr
Ouvert toute l'année. 11 chambres. Chambre double 68 €. Petit déjeuner : 8,90 €. Garage : 9 €.

Localisé en Savoie, entre Chambéry et Albertville, près de parcs naturels, L'hôtel constitue une escale parfaite sur le chemin des stations de ski et de l'Italie. Niché dans une bâtisse du XVIIIe siècle au charme d'antan et proche de la vieille ville de Montmélian, le personnel met à votre disposition tout le confort moderne et les services adéquats pour que l'on s'y sente bien. Chaque chambre arbore une décoration unique. Le bar et le restaurant de l'établissement offrent une sélection variée de mets régionaux et de spécialités savoyardes.

BELLEDONNE

491, route des Bons Prés
LA CROIX-DE-LA-ROCHETTE ✆ 04 79 25 79 92
www.pain-belledonne.com
Gluten-free friendly. Ouvert du lundi au vendredi de 7h à 12h30 et de 15h à 19h ; le samedi de 7h à 12h30.

Créée en 1991 par Bruno Anquetil, cette boulangerie artisanale bio promeut des principes éthiques durables. Toute leur production a été, est et sera bio à 100 %. L'ensemble des ingrédients tels que farines, cacao, sucre et autres matières premières utilisées dans leurs produits sont cultivés sans recours aux produits chimiques de synthèse, nocifs pour le climat et la biodiversité. Belledonne collabore directement avec les agriculteurs et meuniers engagés dans la protection de leurs terroirs, soutenant ainsi la garantie de revenus équitables et pérennes.

MONTS & TERROIRS ÉPICERIE

Avenue Georges Clemenceau
✆ 09 64 25 91 44
www.montsetterroirs.com
Ouvert du lundi au samedi de 9h à 12h15 et de 14h30 à 19h.

Une jolie boutique-fromagerie située non loin de la poste. Décor typique en bois et grotte d'affinage pour les tommes de Savoie (si vous demandez gentiment à la vendeuse, elle pourra vous emmener voir les tommes dans l'arrière-boutique). Ici, vous achèterez du beaufort bien sûr, mais aussi tout ce qui fait la réputation de la région comme le reblochon ou la meule de Savoie ainsi que de quoi accompagner vos fromages avec du vin savoyard ou des confitures artisanales. Régalez-vous.

CHALLES-LES-EAUX ★

En 1841, le Dr Domenget réalise une découverte révolutionnaire : une source thermale aux vertus thérapeutiques, transformant le futur de ce tranquille village. Médecin militaire au service de la famille royale de Savoie, il se fait l'ambassadeur passionné de l'eau de Challes, surnommée « reine du soufre » en raison de sa forte concentration en soufre. Un établissement thermal est construit en 1874, puis élargi en 1927 et 1939, et réhabilité par son exploitant actuel, la Chaîne Thermale du Soleil.
Surgissant à plus de 100 mètres de profondeur, les eaux les plus sulfureuses d'Europe se trouvent à Challes-les-Eaux. Leur teneur en soufre leur octroie des propriétés antibactériennes, décongestionnantes, cicatrisantes et analgésiques. Des cures médicales sont proposées pour traiter les troubles respiratoires et gynécologiques.
Non loin de Challes-les-Eaux, le plateau de la Leysse offre un accès aisé aux Bauges depuis la vallée de Chambéry. Partez à la découverte de randonnées exceptionnelles, comme celle conduisant au « Trou de l'Enfer » en passant par le « Bout du monde ». Grimpez jusqu'au Mont-Saint-Michel et admirez le panorama époustouflant sur Chambéry et la Chartreuse depuis la chapelle dédiée à l'archange, érigée au sommet depuis le Moyen Âge. Promenez-vous au bord du lac de La Thuile, un refuge paisible et préservé, où un chemin praticable en toute saison vous invite à une balade sereine. Challes-les-Eaux c'est un grand bol d'air pur à ciel ouvert.

LE SAVOY - CAMPING*** €€

119, avenue du Parc
✆ 09 88 66 77 80
Emplacement de 100 m² à partir de 100 € la semaine. Chalets et mobil-homes à partir de 200 € la semaine.

À deux pas de Chambéry, le camping Savoy*** est l'endroit idéal pour partir à la découverte des richesses locales. Il propose des emplacements pour tentes, caravanes, camping-cars, ainsi que des mobil-homes, chalets et hébergements atypiques. Dans un cadre serein et verdoyant, profitez d'un moment de détente et d'évasion. Les amoureux de la nature pourront s'adonner à la randonnée, au VTT, à la pêche et aux baignades lacustres. Les amateurs de culture pourront visiter musées, châteaux et sites historiques, tandis que les familles découvriront le zoo et l'aquarium.

FERME DE RAMÉE €€

500, chemin de Ramée
SAINT-JEOIRE-PRIEURE
✆ 04 79 28 03 05
www.restaurant-lafermederamee.com
Ouvert du mercredi au dimanche midi ainsi que vendredi et samedi soir. A partir de 24 €.

À seulement dix minutes de Chambéry et proche des parcs naturels, une auberge campagnarde vous accueille dans un cadre charmant. Venez découvrir les animaux de la ferme et savourer la cuisine savoyarde traditionnelle offerte par la famille Rolland. Dans une ambiance chaleureuse, avec une cheminée et des nappes rouges et blanches, profitez d'un cadre idéal pour apprécier des spécialités régionales telles que la tartiflette, la fondue savoyarde, les diots et polenta et la fricassée de porc. N'oubliez pas de déguster leurs glaces, sorbets et biscuits faits maison.

L'ALTITUDE BISTROT CHIC €€

37E, avenue des Massettes
✆ 04 79 79 55 08
www.restaurant-laltitude.fr
Du lundi au vendredi de 8h30 à 18h. Carte 35 € environ. Plat du jour 15 €. Terrasse.

L'Altitude Bistrot Chic est un espace convivial où vous pourrez savourer une cuisine bistronomique et une sélection de vins délicieux. Le chef Jimmy Dupuy vous accueille dans une atmosphère décontractée, raffinée et cosy au sein d'une salle spacieuse et lumineuse, agrémentée d'une terrasse estivale. La cuisine faite maison vous propose des plats tels que la bavette d'aloyau à la sauce au poivre, accompagnée de frites fraîches et mesclun, ou le fish & chips à la londonienne avec des frites maison et sauce tartare. Un espace bar est également disponible le soir.

CHÂTEAU DES COMTES DE CHALLES €€€

247, montée du Château ✆ 04 79 72 72 72
www.chateaudescomtesdechalles.com
Réservation recommandée. Menus de 54 à 70 €. Formule du midi 28 €. 58 chambres, à partir de 134 € la nuit.

Le Château des Comtes de Challes, hôtel de charme et restaurant gastronomique, se trouve à Challes-les-Eaux, près de Chambéry, dans un superbe château du XVe siècle dont les vieilles pierres attestent de son riche passé. Ce cadre enchanteur convient parfaitement aux vacanciers, aux voyageurs et aux groupes professionnels en séminaire. Côté cuisine, les plats raffinés et savoureux ainsi que les desserts faits maison sont à la hauteur des attentes. Excellente sélection de vins.

THERMES DE CHALLES-LES-EAUX

Avenue des Thermes ✆ 04 79 71 06 20
www.chainethermale.fr
Cures thermales d'avril à octobre. Spa thermal toute l'année sauf dimanche et certains jours fériés.

En 1841 le docteur Domenget découvrait la source thermale qui changea la destinée de la ville de Challes-les-Eaux. Les propriétés thérapeutiques de cette eau (la plus soufrée d'Europe), « reine du soufre », justifient la construction, dès 1874, de l'établissement thermal. D'illustres personnages tels que Louis Jouvet, André Gide ou Michèle Morgan ont pu faire partie de la clientèle de l'établissement. Les thermes sont situés au cœur de la ville. Espaces spa, soins esthétiques.

LE NEW CASTEL CASINO

229, avenue Dommenget ✆ 04 79 72 86 14
www.casinodechallesleseaux.com
Ouvert toute l'année. Tous les jours et les jours fériés de 10h à 2h. Dîner spectacle. Restaurant. Restauration.

Le New Castel Casino, situé à Challes-les-Eaux en Savoie, offre une expérience de jeu inoubliable avec ses 60 machines à sous et sa roulette anglaise électronique. Ce dernier mélange élégamment tradition et modernité, tout en offrant un cadre de jeu convivial grâce à sa disposition théâtrale, idéale pour profiter entre amis. Le casino dispose aussi d'un espace de jeux traditionnels tels que le black-jack et la roulette anglaise. Pour vos soirées, découvrez l'espace de réception « Best Castel », lieu de rendez-vous pour des événements thématiques, publics ou privés.

LES MARCHES

Les Marches est une commune regroupant plusieurs villes du domaine d'Apremont, située à plus de 300 mètres de hauteur et à environ 11 kilomètres vers l'est de Chambéry. Les habitants se nomment les Marcherus. Avec un passé riche et des événements importants, la ville propose des activités aussi diverses que variées, comme par exemple la découverte de bâtiments historiques, ou encore la visite complète de la culture des vignes qui prend sa base au mythique mont Granier, ou bien l'histoire du Moulin des Marches et sa production de chiffons. Les amateurs de Dame Nature pourront se ressourcer et profiter des parcs naturels (de Chartreuse et des Bauges).

LE MOULIN À PAPIER DE LA TOURNE

173, chemin de la Tourne ✆ 04 79 28 13 31
www.moulin-a-papier.com
Se renseigner sur le site ou les contacter directement par téléphone. Adulte : 6 €. Adolescent et étudiant : 5 €.

Le Moulin à Papier de la Tourne est un joyau du patrimoine culturel et un centre dédié à la préservation des métiers traditionnels du papier et de l'imprimerie. Venez le visiter et assistez à la production artisanale du véritable papier de chiffons, fabriqué à la main, comme le pratiquaient nos ancêtres. Ce moulin historique retrace cinq siècles d'histoire du papier et de l'édition. Jacques Gaillard, ancien journaliste et éditeur, vous guidera lors de cette passionnante aventure.

MUSÉE DU VIGNERON

39, route d'Apremont
✆ 04 79 28 13 32
Ouvert samedis et dimanches de 15h à 19h et jours fériés. Ouverture autres jours sur réservation. Gratuit. Boutique.

Cinq siècles de traditions vinicoles se retrouvent contés à travers ce musée, créé par un passionné avant tout. Il faut dire que la famille Perret travaille la vigne depuis trois générations, alors la viticulture de montagne, les outils, les méthodes et les usages, ici ils en connaissent un rayon ! Au-delà des outils, ustensiles et engins, on gagne à faire la visite guidée qui sera riche d'anecdotes et qui permet de comprendre l'évolution des vins de Savoie à travers cette exposition permanente. Dégustation, avec modération, de l'Apremont AOC.

LE K'OZZIE €€

20, route de Francin
✆ 04 79 36 91 76
www.lekozzie.com
Ouvert du mardi au samedi le soir, du mercredi au samedi à midi. Menu 37 € à 75 €.

Le nom de K'Ozzie vient d'une belle rencontre, celle de Maude et Sébastien au pays des « Aussies » ou « Ozzies », en Australie. Au fil des années, le couple a créé un lieu cosy dédié aux plaisirs de la table. Sébastien concocte au fil des saisons des plats raffinés, guidé par l'inspiration et le respect des meilleurs produits. Résultat : des plats pleins de fraîcheur, de saveurs et de créativité pour nous régaler et nous surprendre. La cave fait la part belle à la région tout en ouvrant les horizons à d'autres terroirs. La formule de midi est une aubaine.

DOMAINE DES ANGES

526, chemin des Murs
✆ 06 89 05 07 41
https://domaine-des-anges.com
Ouvert du lundi au samedi de 9h à 12h et de 15h à 18h30.

Le Domaine des Anges se niche dans le petit hameau de Mûrs sur la commune des Marches. Côté cépages, on y trouve la jacquère, adaptée aux éboulis caillouteux du mont Granier et au goût délicatement fruité, l'aligoté, à la saveur acide et élégante, et enfin le gamay, à la robe framboise et mauve qui nous transporte vers une explosion de fruits rouges. Notons que le domaine s'applique à travailler ses vignes avec des méthodes respectueuses de l'environnement, en utilisant des techniques de traditionnelles et typiquement locales afin de refléter le terroir savoyard.

DOMAINE JEAN PERRIER ET FILS

180, rue de la Jacquère
✆ 04 79 28 11 45
www.vins-perrier.com
Ouvert toute l'année, du lundi au vendredi sur rdv. AOP Crémant de Savoie, AOP Roussette de Savoie, AOP Vin de Savoie.

Depuis 1853, Jean Perrier et fils offre une gamme de vins AOC, incluant blancs, rouges et rosés. Liée à l'histoire des vins de Savoie et des Alpes, la Maison Perrier se distingue par son art de vivre authentique. Du célèbre Apremont au Pétillant de Savoie, en passant par les Chignin, Gamay et Mondeuse, ces vins sont tous reconnus mondialement. Leur objectif : préserver cette qualité de vie exceptionnelle et nous l'offrir lors de moments qui resteront mémorables.

LA ROCHETTE

Il est difficile de catégoriser cet incroyable endroit situé dans les montagnes douces, orienté vers l'Isère et la Savoie. Le Val Gelon, situé aux portes du massif de Belledonne, est un havre de paix préservé où les pentes ne sont pas excessivement raides, mais plutôt des forêts propices à la détente. Ce passage fréquenté est jalonné de nombreux châteaux construits par l'Homme. La richesse de La Rochette réside dans sa symbiose avec la nature, avec au programme de magnifiques randonnées offrant des vues panoramiques époustouflantes. Au loin et en été, il n'est pas rare de voir s'élancer les parapentistes dans le ciel et sillonner le ciel bleu azur.

MUSÉE SAINT-JEAN

Place Saint-Jean
✆ 04 79 25 53 12
www.tourisme.coeurdesavoie.fr
Ouvert en juillet et août, tous les mercredis et samedis de 10h à 12h. Gratuit.

Ce petit musée abrite de nombreux objets anciens, du quotidien, qui, s'ils pouvaient parler, auraient bien des anecdotes et histoires de vie à raconter ! Les manches en bois usés d'avoir tant servi, les ustensiles patinés par le temps. C'est un panorama des vieux métiers exercés dans le Val Gelon qui retrace la vie quotidienne en Savoie de 1850 à 1950 que l'on va trouver. Le musée a pris place dans le cœur de l'ancienne église Saint-Jean qui date du XVe siècle. 600 objets sont exposés, que ce soit en lien avec l'artisanat, l'agriculture ou la mode vestimentaire.

SAINT-PIERRE-D'ALBIGNY

Au pied de l'Arclusaz, Saint-Pierre d'Albigny surplombe la vallée de l'Isère et constitue une étape clé du Cœur de Savoie. Son centre animé et dynamique, ses lieux culturels et ses paysages en font un site prisé et très agréable. Ce joli village offre : une vie commerçante, des places pour flâner, un marché hebdomadaire, des promenades touristiques avec ruelles, vignobles et montagnes, un patrimoine riche incluant le caveau des Augustins, un orgue réputé, la Forge des Allues et le château de Miolans, et des loisirs tels que randonnées et la base de loisirs du lac de Carouge. Une charmante petite ville à visiter le temps d'une après-midi.

CHÂTEAU DE MIOLANS ★

D101
✆ 04 79 28 57 04
www.chateau-de-miolans.com
Fermé mi-novembre-1er avril. Horaires sur Internet. Tarifs 9 €, 8 €, 5 €. Visite guidée groupe (réservation uniquement).

Planté sur un escarpement rocheux à 550 m d'altitude, d'où il domine la Combe de Savoie de sa position autrefois hautement stratégique, il offre aujourd'hui une vue tout simplement magnifique. Le château fort de Miolans, bâti au XIe siècle, est une merveille. Si une partie de l'édifice est aujourd'hui en ruine, il reste encore de nombreuses pièces à explorer des oubliettes au donjon, en passant par les jardins d'une grande richesse botanique et le chemin de ronde qui permet de changer de perspectives. Expositions et événements.

BASE DE LOISIRS DE CAROUGE

D911 - Lac de Carouge
✆ 04 79 28 55 14
https://saintpierredalbigny.fr/fr/
Du 01/05 au 15/09 : ouvert tous les jours (8h à 20h).

La base de loisirs de Carouge est l'endroit idéal pour passer une journée de détente en famille au bord de l'eau. La plage de Carouge a reçu le label Pavillon Bleu en 2018, garantissant la qualité environnementale du site. D'une superficie de 10 hectares, les visiteurs peuvent profiter d'un large choix d'activités, comme la baignade, la location de pédalos, les jeux pour enfants, et les promenades autour du lac. La baignade est surveillée de 13h à 19h pendant la saison estivale.

PLANCHERINE

Plancherine et ses alentours regorgent de destinations touristiques, historiques et sportives à découvrir. Le paysage est caractérisé par des vergers, des maisons anciennes et des sommets calcaires du massif des Bauges. L'abbaye de Tamié et le fort de Tamié sont des joyaux patrimoniaux de la commune. Le vallon de Tamié, facile d'accès, relie l'abbaye et le fort pour une journée de découverte avec une promenade ombragée et des visites historiques. En passant par le col de Tamié, vous pouvez explorer la petite station de la Sambuy pour des activités de plein air telles que la randonnée et la luge d'été ou en hiver avec du ski et des balades en raquettes.

LE CHALET DES TRAPPEURS €€

Col de Tamié ✆ 04 79 32 21 44
https://lechalet-des-trappeurs.com/
Ouvert toute l'année. Mercredi au dimanche midi et soir et jours fériés. Réservation impérative. Carte de 23 € à 30 €.

Depuis 40 ans, ce restaurant traditionnel situé au cœur des Savoie accueille les amateurs de gastronomie montagnarde. Les plats sont préparés selon des recettes ancestrales avec des ingrédients issus du terroir. L'ambiance chaleureuse, faite de boiseries et d'objets traditionnels, crée une atmosphère intemporelle. Les deux chefs cuisiniers concoctent des plats savoureux qui ont acquis une renommée internationale auprès d'une clientèle fidèle. On déguste des diots au vin rouge et trompettes, des pieds de cochon grillés et des fondues au gruyère des Bauges.

SAVOIE

Château de Miolans.

ABBAYE NOTRE-DAME DE TAMIÉ ✝

1242, chemin du Monastère
✆ 04 79 31 15 50
www.abbaye-tamie.com
L'accueil est ouvert de 10h à 12h et de 14h à 18h mais se renseigner à l'avance. Gratuit.

Un lieu religieux connu dans toute la France, et ailleurs, pour... son délicieux fromage. Une communauté d'environ 25 moines obéissant à la règle de saint Benoît est toujours à l'œuvre dans cette abbaye fondée en 1132. C'est pourquoi ce lieu appartenant à l'histoire ne se visite pas. Mais on peut venir se procurer le fromage à pâte beige homogène, légèrement crémeuse, avec un cœur plus ferme de l'abbaye. La fromagerie de la communauté produit environ 400 kg de fromage de Tamié par jour. Elle est sa principale ressource et plus de la moitié des frères participe régulièrement à l'une ou l'autre de ses activités : ramassage du lait, fabrication, livraison des fromages et gestion. Deux formats de ce fromage à pâte pressée non cuite sont à découvrir : le Grand Modèle, (environ 1,6 kg) et le Petit Modèle (environ 600 g). A 900 m d'altitude, c'est juste après le parking, à 300 m du monastère, au Centre d'Accueil Saint-Pierre de Tarentaise, que le visiteur pourra acheter son fromage mais aussi visionner un documentaire traitant de la vie des moines (durée 20 min). Il est possible de monter à pied jusqu'au monastère, d'entrer dans l'église pour y prier ou participer à un office. Une salle « hors-sac » se trouve au chalet Saint-Lambert, à proximité du parking, et le Fort de Tamié, situé au-dessus du col, offre une vue exceptionnelle sur la Combe de Savoie et le Mont-Blanc. Durant l'été, un sentier botanique aux nombreuses variétés d'espèces est accessible.

SAVOIE

BEAUFORT ★

Beaufort se dresse majestueusement dans un paysage montagneux offrant des panoramas sur le Mont-Blanc. Cette terre, façonnée par l'attachement des hommes à leur région, arbore des alpages harmonieux et colorés. À près de 750 m d'altitude, Beaufort s'étend sur l'une des plus vastes superficies de Savoie, avec une vingtaine de hameaux dispersés. Séjourner à Beaufort, c'est profiter des berges fleuries du Doron, traversées par des ponts de bois couverts et des ponts de pierre en dos d'âne. Le vieux Beaufort, concentré autour de l'église Saint-Maxime, est pittoresque avec ses ruelles pavées, étroites et inclinées, bordées de hautes demeures souvent centenaires, donnant sur de charmantes placettes. Parmi les forêts et les versants verdoyants, on trouve Arêches, une station de ski de la commune de Beaufort, dotée de deux domaines skiables distincts : le Grand Mont, accessible par télésiège depuis le village d'Arêches, et Le Planay, station à 3 km d'Arêches. Arêches est un village authentique qui vibre au son des cloches des troupeaux et au gré des activités des sportifs. Grâce à son enneigement remarquable à 1 080 m d'altitude, il attire les skieurs de tous horizons ainsi que les adeptes de ski de randonnée. En dépit de l'afflux touristique, Arêches a su conserver son architecture traditionnelle et son caractère unique. Au printemps, il est fréquent d'apercevoir des troupeaux de vaches Tarines avant qu'elles ne rejoignent les alpages.

BARRAGE ET SITE DE ROSELEND

Roselend ✆ 04 79 38 33 15

www.mairie-beaufort73.com

L'accès à Roselend est possible jusqu'à la fermeture de la route de Roselend, à l'arrivée de la neige.

Mythique, le site de Roselend est magnifique. Le barrage, mis en service en 1962, s'étend sur 804 m de long et 149 m de haut pour 150 m de large à sa base, ce qui fait de lui l'un des plus hauts de France. Il contribue à l'alimentation de la centrale de La Bâthie. Le site est aussi propice à la randonnée. A l'époque de sa construction, la chapelle Sainte-Marie-Madeleine a été remontée sur la rive du lac avant la mise en eau du barrage qui a noyé le hameau de Roselend le 6 mai 1960.

BASE DE LOISIRS DE MARCÔT

Marcôt

✆ 04 79 38 15 33

Du 16/05 au 26/06, samedi et dimanche de 12h à 19h30. Du 27/06 au 04/09, tous les jours de 9h à 19h30.

Depuis 1992, la base de loisirs s'est forgé une renommée en offrant à tous, petits et grands, l'opportunité de vivre des expériences divertissantes et de créer des souvenirs inoubliables. À la base de loisirs de Marcot, rires, sourires et instants mémorables sont garantis ! Parmi les activités et services, on trouve une restauration rapide, des aires de pique-nique, un parc de jeux pour enfants, un mini-golf, du tir à l'arc, une zone d'initiation au VTT et bien d'autres choses encore !

SAVOIE

Vaches Abondance dans les pâturages de Beaufort.

HAMEAU DE BOUDIN

Boudin
https://areches-beaufort.com
Ouvert toute l'année.

Ce petit village remarquable, le plus haut perché de Beaufort, est classé « site protégé » par les Beaux-Arts depuis 1943 et certains des chalets sont même inscrits à l'inventaire du patrimoine. Nichées sur les pentes abruptes, à 1 306 mètres d'altitude les maisons forment des rangées étagées. Une promenade à pied dans le village pourrait partir de la chapelle Saint-Jacques de Boudin. Elle a été édifiée en 1630, et son clocher à deux bulbes est signe de prospérité. La vue, le charme de ce hameau... Voilà qui mérite bien la visite !

OFFICE DE TOURISME

2, Grande rue
✆ 04 79 38 37 57
www.areches-beaufort.com
Haute saison : ouvert tous les jours de 8h30 à 18h30. Selon saison.

Le domaine skiable d'Arêches-Beaufort s'étend sur environ 100 hectares avec 1 300 mètres de dénivelé et 50 kilomètres de pistes répartis sur 30 pistes, le tout dans un environnement naturel préservé. C'est un lieu prisé des freeriders en quête de neige fraîche. Grâce à sa proximité avec le Mont-Blanc, Arêches-Beaufort jouit d'un enneigement exceptionnel malgré son altitude. La majorité des pistes étant exposées au nord, cela favorise la conservation de la neige tout en réduisant la nécessité de recourir à la neige de culture.

L'EMPREINTE DES GRANDES ALPES

Ouvert toute l'année. Gratuit. Application téléphone.

Découvrez le Beaufortain et le Val-d'Arly en empruntant « L'empreinte des Grandes Alpes » et suivez les pas d'Anna, de Siméon ou de Thelma. Ces voyageurs ont parcouru la région avant vous, et grâce à leurs journaux de bord, vous traverserez les époques, les paysages et les saisons pour explorer les châteaux des environs, ou encore le village submergé de Roselend. Profitez de panoramas à 360° enrichis de pistes audio et vidéo, de galeries de photos, de quiz et de croquis.

LA GRANGE DE MON PÈRE €€

85, impasse des Cheminots ✆ 06 32 16 74 23
www.lagrangedemonpere.net
Gîtes de France. 3 chambres. Chambre double à partir de 97 € la nuit. Petit déjeuner inclus. Restauration.

La grange de la ferme familiale du XIXe siècle, où l'on stockait le foin jusque dans les années 1980, a été restaurée et surtout transformée avec soin par Jacques et Eliane Maurin dans un esprit « éco-rénovation », d'où la présence d'un chauffe-eau solaire, d'un chauffage à bois granulés et d'une démarche de tri des déchets entre autres. Le lieu est fabuleux et les montagnes tout autour donnent des envies de découvertes. Cela tombe bien puisque Jacques est guide et moniteur de ski, l'idéal pour découvrir été comme hiver quelques itinéraires dont il a le secret.

HÔTEL RESTAURANT VIALLET €€

Route de Saint-Guérin
✆ 04 79 38 10 47
www.hotelviallet.com
Ouvert du 30/05 au 29/09 et du 11/10 au 05/04. 14 chambres. Chambre double à partir de 95 €. Demi-pension : 38 €.

Situé à Beaufort-en-Savoie, au cœur du village montagnard d'Arêches et sur la célèbre route des Grandes Alpes, l'hôtel Viallet est un établissement familial établi en 1896, faisant de lui l'hôtel le plus authentique du village. À deux pas de l'église, cet hôtel vous plonge dans un environnement majestueux, que ce soit pour une nuit ou un séjour plus long. Bénéficiez d'un accueil chaleureux à l'hôtel Viallet et partagez des moments mémorables dans un cadre montagnard unique, au sein des splendides paysages du Beaufortain, avec le Mont-Blanc en arrière-plan.

RESTAURANT LA PIERRA MENTA €€

Col du Pré
✆ 04 79 38 70 74
lapierramenta.free.fr
Ouvert tous les jours de mi-mai à mi-octobre de 10h à 18h30. Juillet et août le soir. Carte : 30 € environ.

Ce petit restaurant à la vue exceptionnelle saura vous en mettre plein les yeux. Situé face au Mont-Blanc et au-dessus du barrage de Roselend, en levant les yeux vous pourrez voir la célèbre Pierra Menta. Côté cuisine, c'est terroir et généreux, spécialités savoyardes, omelettes ou encore diots à la polenta. Le barrage est un lieu très fréquenté, il est préférable de réserver. En été, le restaurant est ouvert le soir, de quoi profiter avec le coucher du soleil en prime.

LA TABLE DE JOSÉPHINE €€

166, route du Grand Mont

✆ 04 79 38 10 67

Fermeture du 10/04 au 01/05 2023 et les dimanches et lundis de mai. De 12h à 13h30 et de 19h à 20h30. Menus : 27 à 38 €.

La Table de Joséphine, située au premier étage de l'hôtel des Ancolies à Arêches, propose une cuisine délicieuse, précise et élégante, inspirée de la grand-mère Joséphine. Plein de générosité culinaire, le restaurant renoue avec la tradition à travers les produits savoyards. Subtile et créative, cette cuisine gourmande met en valeur le terroir en alliant saveurs locales et exotiques. Les plats sont confectionnés à partir de produits frais et naturels. Le service discret fait aussi la force du lieu, idéal pour les repas de famille, d'affaires, et entre amis.

COOPÉRATIVE LAITIÈRE DU BEAUFORTAIN

Avenue du Capitaine-Bulle

✆ 04 79 38 33 62

www.cooperative-de-beaufort.com

L'hiver et l'été ouvert tous les jours de 8h30 à 12h15 et de 15h à 19h. Fermée en intersaison.

La Coopérative laitière du Beaufortain est une entité collective regroupant 184 agriculteurs qui fournissent leur lait pour sa transformation en Beaufort et le vendre. Cette coopération soutient à la fois le revenu des agriculteurs locaux et une agriculture durable d'altitude. Achetez du Beaufort dans l'un des 13 magasins de la coopérative ou sur leur site web, vous favoriserez les circuits courts et le commerce équitable. N'hésitez pas à les soutenir !

FROMAGERIE DUC-GONINAZ

Route du Grand-Mont

✆ 06 18 73 05 60

www.fromagerie-duc-goninaz.com

Ouvert tous les jours de 8h30 à 12h30 et de 14h30 à 19h. Livraison possible (commandes en ligne).

Quand on est fromager depuis 3 générations, le fromage, on le connaît du bout des doigts et de toutes ses papilles. Il suffit donc ici de se laisser guider par les experts, sur les chemins gourmands qui pourraient le mieux correspondre à vos envies du moment. Notons qu'ici on a à faire à des spécialistes des fromages fermiers. Beaufort d'Alpage, Grataron d'Arêches (chèvre), tommes et autres fromages... Et pour compléter le plateau, charcuterie et autres produits locaux sont aussi proposés aux visiteurs. Possibilité d'achat en ligne.

GAEC DU CUVY

✆ 06 83 12 44 82

Pour tous les alpages : visite guidée de l'alpage, de la cave et dégustation de Beaufort. Tarif 5 €.

À la Ferme de Cuvy, l'été est une période animée puisque les alpagistes déménagent à plusieurs reprises. Cette organisation unique rend les visites sur place d'autant plus intéressantes. La ferme produit du Beaufort AOC. En hiver, du 1er novembre au 5 mai, vous pouvez les retrouver à la ferme, située aux Envers. Entre le 18 juillet et le 7 septembre, il vous faudra vous rendre à l'alpage de Rognoux, sur la route du barrage de Saint-Guérin. Accessible à pied ou en télésiège du Grand-Mont à Arêches, vous pourrez découvrir cette activité passionnante.

LES LACS DE LA TEMPÊTE

Massif du Beaufortain

Randonnée préférable l'été.

Les Lacs de la Tempête, proches du Grand Mont, constituent une destination de randonnée exceptionnelle, où les efforts sont récompensés par la beauté des cinq lacs successifs. Le trajet aller-retour prend environ 3h30. Cet itinéraire facile emprunte un chemin bien balisé. Le parcours débute au barrage de Saint-Guérin à 1 580 m d'altitude. Ensuite, un sentier monte jusqu'au col de la Louze à 2 119 m et continue sur la droite. Il faut marcher dans un pierrier et suivre les grands cairns et les marques de peinture blanche. Au col, on aperçoit alors le premier lac.

STATION DE SKI ARÊCHES-BEAUFORT

✆ 04 79 38 15 33

www.areches-beaufort.com

Ouvert toute l'année.

Arêches-Beaufort offre 100 hectares, 1 300 mètres de dénivelé et 50 kilomètres de pistes skiables réparties sur 30 pistes, le tout dans un environnement préservé. Proche du Mont-Blanc, il bénéficie d'un enneigement exceptionnel grâce à l'orientation nord des pistes, limitant la neige artificielle. Sa position en fond de vallée protège des vents et attire les flocons. Ainsi, même quand la neige est rare ailleurs, Arêches-Beaufort profite de son microclimat !

SAVOIE

UGINE

Ugine possède un patrimoine remarquable, incluant un musée d'Arts et Traditions Populaires, l'unique église orthodoxe des 2 Savoie, et un Ensemble Industriel Remarquable. Faisant partie du Pays d'Art et d'Histoire des Hautes Vallées de Savoie, elle est proche des Aravis, du Parc naturel régional du massif des Bauges, d'Albertville, du Mont-Blanc, des lacs d'Annecy et du Bourget, et des stations alpines. Ugine allie traditions et modernité, avec des hameaux préservant une vie agricole active et une industrie d'acier inoxydable. Son bourg s'articule autour de l'église et du château du Crest-Cherel, abritant le Musée d'Arts et Traditions Populaires.

COL DE L'ARPETTAZ

Ouvert selon les conditions météo entre mai et novembre.

Le col de l'Arpettaz est un belvédère situé à 1 581 mètres d'altitude, qui offre un panorama époustouflant sur le Mont-Blanc. C'est un point de départ idéal pour les amateurs de randos et les amoureux de la nature. Au refuge du col, vous pourrez vous détendre et savourer une délicieuse collation. Les passionnés de VTT pourront satisfaire leur soif d'aventure, tandis que les cyclistes pourront relever le défi de gravir les 16 km depuis Ugine, avec un dénivelé de 1 161 mètres et une pente moyenne de 7,12 %. Un véritable défi pour les plus courageux !

ÉGLISE ORTHODOXE SAINT-NICOLAS

Avenue Paul Girod
✆ 04 79 37 86 86
www.albertville.fr

Visites guidées sur certaines périodes. Se renseigner auprès de l'office de tourisme.

Ugine est le site d'une église orthodoxe russe, un phénomène plutôt inhabituel en France. Au début du XXe siècle, de nombreux réfugiés russes sont arrivés à Ugine et trouvèrent du travail dans les aciéries locales en quête de main-d'œuvre. En 1926, l'église fut érigée et consacrée pour servir la croissante communauté orthodoxe. Hélas, depuis le décès du dernier prêtre en 1980, aucun successeur n'a été désigné, rendant les célébrations liturgiques rares et irrégulières.

MUSÉE D'ARTS ET TRADITIONS DU VAL-D'ARLY ★

240, allée du Crest Chérel
✆ 04 79 37 56 33
www.pays-albertville.com

Ouvert de mi-juin à début septembre du mardi au dimanche de 14h à 18h (fermé le 14 juillet et le 30 août).

Les traces du passé, modes de vie et traditions sont présentés dans ce musée d'art et traditions populaires à travers des gravures et plus de 1 500 objets installés dans douze salles du château de Crest-Chérel, ancienne maison forte qui elle-même est chargée d'histoire. Costumes, métiers d'autrefois, vaisselle et objets du quotidien ou encore outils agricoles en lien avec l'élevage, la fabrication du fromage et du beurre : la visite est une remontée dans le temps.

CASTELLO D'ENZO €€

3, rue Paul Proust
✆ 04 79 37 30 02
https://castello-enzo.com

Ouvert du jeudi au mardi le midi ; le vendredi et le samedi le soir. Réservation recommandée. Menus de 28 à 42 €.

La maison forte du XIIIe siècle, autrefois appelée la Chatelle à Ugine, est la propriété de la famille Proust. Sous son nouveau nom, le Castello d'Enzo, le maître des lieux demeure inchangé. Vous pouvez déguster les mille saveurs et les mille couleurs de la cuisine méditerranéenne traditionnelle, préparée par le maître des lieux, Gennaro Cocozza. Ayant un parcours riche entre la France et l'Italie, le chef offre une variété de plats qui reflètent les nuances de saveurs et de couleurs à explorer ou redécouvrir à travers des créations culinaires exceptionnelles.

CENTRE ATLANTIS D'UGINE - ARLYSÈRE

869, Avenue Ernest Perrier de la Bathie
✆ 04 79 89 00 89

Ouvert tous les jours, horaires variables selon les jours et les vacances scolaires. Entrée : 4 €. Enfant : 2,80 €.

Équipement aquatique complet avec un grand bassin intérieur familial avec toboggan pour les enfants et lignes d'eau pour les nageurs. Pour compléter l'offre, un espace balnéo dédié à la détente ainsi qu'une salle de sport pour se maintenir en forme seul ou sous la houlette d'un coach sportif. Plusieurs cours sont dispensés tout au long de l'année : bébés nageurs, aquagym, aquabike, cours de natation. Aux beaux jours, des espaces verts permettent de se prélasser en extérieur.

LES SAISIES ★

La dynamique station de ski, le pittoresque village de montagne d'Hauteluce et le charmant hameau-station panoramique de Bisanne 1500 offrent tous une hospitalité chaleureuse et conviviale. Vous y découvrirez l'authenticité et la convivialité locales, des paysages époustouflants, une nature intacte, la richesse de la gastronomie savoyarde et les trésors du patrimoine régional. Skiez directement entre les stations-villages de l'Espace Diamant, où Les Saisies sont la destination idéale pour apprendre à skier. Avec 77 km de pistes adaptées à tous les niveaux, Les Saisies offrent un terrain de jeu exceptionnel pour les débutants comme pour les amateurs.

© FRÉDÉRIC PROCHASSON - FOTOLIA

Chalets sous la neige.

COL DES SAISIES

Col des Saisies
✆ 04 79 38 90 30
www.lessaisies.com

Ouvert toute l'année selon les conditions météo.

Le Col des Saisies (1 658 m) offre un passage entre les vallées du Doron et de l'Arly, avec une station de ski offrant un vaste terrain pour l'hiver et un panorama splendide sur les massifs du Mont-Blanc et des Aravis dans un cadre bucolique. L'ascension commence doucement puis présente des pentes plus raides, offrant une belle vue sur le Mont-Blanc. Des bornes indiquent l'altitude, la pente et la distance restante. Les 8 premiers km sont réguliers, autour de 6,5 %, suivis d'une descente de 600 m et d'une dernière portion à plus de 7 % en moyenne. Bonne chance !

MONT DE VORÈS PAR LE PLAN DÉSERT

NOTRE-DAME-DE-BELLECOMBE

En été

Depuis Notre-Dame-de-Bellecombe, garez-vous à Plan Désert. Suivez le chemin carrossable (balisage rouge et jaune), passez les gares d'arrivée des télésièges et rejoignez celle de Bellastat. Montez au mont de Vorès, descendez au col de Basse Combe et continuez vers les chalets de la Limace et le hameau du Bouza. Prenez le sentier de gauche puis descendez jusqu'à un ruisseau. Suivez-le jusqu'au parking de Plan Désert. Boucle offrant une vue à 360 degrés sur les Aravis et le Mont-Blanc.

TOUR DU CHARD DU BEURRE

En été et en hiver

Partez pour une agréable excursion de 6,5 kilomètres vers le Chard du Beurre en traversant des pâturages verdoyants et des bois. Le terme « Chard », signifiant petite colline en savoyard, indique que l'ascension sera facile. Le départ se fait depuis le village des Saisies, où les vaches passent l'été à paître dans les pâturages, produisant ainsi le lait utilisé dans la fabrication du beaufort. Une fois au sommet du col du Beurre, un magnifique belvédère offre une vue imprenable sur le Mont-Blanc. Cette balade est praticable en toute saison, été comme hiver.

LE VERY - HÔTEL** €€

541, avenue des Jeux-Olympiques
✆ 04 79 38 90 46
www.hotel-levery.fr

Ouvert toute l'année. 14 chambres. Chambre double de 84 € à 110 € ; studio / appartement de 462 € à 994 € la semaine.

Situé au centre de la station des Saisies, cet établissement propose 14 chambres rénovées dans un style montagnard, pouvant accueillir de 1 à 4 personnes. Toutes les chambres sont orientées nord et certaines ont un balcon. La résidence se situe au cœur de la station, à seulement 200 mètres des pistes de ski alpin et nordique, et à proximité des commerces, offrant un choix varié d'hébergements dans un style montagnard typique. Enfin, vous pourrez savourer des plats traditionnels et familiaux, ainsi que des spécialités savoyardes au restaurant Les Flammes.

SAVOIE

LE CALGARY*** €€€

73, rue des Periots ✆ 04 79 38 98 38
www.hotelcalgary.com

Ouvert en saison été et hiver. 40 chambres. Chambre double de 109 € à 189 €. Animaux acceptés avec supplément.

Embarquez pour des vacances alpines ! Que ce soit pour skier, randonner, se détendre ou explorer, profitez de la montagne depuis ce superbe hôtel-restaurant & spa. Un établissement aux nombreux attraits pour un séjour mémorable. Situé en haut de la station des Saisies, au pied des pistes et des sentiers. En fin de journée, l'hôtel propose une piscine chauffée, un hammam, un sauna et un bain bouillonnant. Découvrez également les massages indiens traditionnels à l'huile de sésame bio tiède et les incontournables massages californiens maison. Une belle adresse.

CHALET HOTEL DU MONT CHARVIN**** €€€

749, route du Cernix - **CREST-VOLAND**
✆ 04 79 31 61 21
www.hotel-montcharvin.com

Qualité Tourisme. Ouvert en saison. 18 chambres. Chambre double à partir de 140 €. Demi-pension. Restauration.

Le chalet vous offre divers espaces accueillants et agréables, parfaits pour se détendre. Le salon, cœur du chalet, se trouve dans le hall de l'hôtel, avec sa cheminée et son décor élégant, confortable et montagnard. Pendant la saison, profitez de la terrasse panoramique offrant une vue sur la chaîne des Aravis et le Mont-Charvin. Côté restaurant, la cuisine est délicieuse. Côté chambres ; elles sont chaleureuses et douillettes, et sont nombreuses à disposer d'un balcon.

LA BOCCA €

71, avenue des Jeux Olympiques
✆ 04 79 32 15 17

Ouvert en saison été et hiver, tous les jours de 8h à 20h. Vente à emporter.

Une sandwicherie accueillante en face de l'école de ski attire une clientèle variée de skieurs, randonneurs, cyclistes, saisonniers et touristes à la recherche d'un déjeuner rapide. La qualité des snacks et l'accueil chaleureux de Chiarina les fidélisent. Le décor mélange montagne et plage, offrant une ambiance unique pour déguster des options maison préparées avec des ingrédients frais. Par temps froid, des plats chauds à emporter sont également disponibles. Parmi les plats phares : hot-dogs copieusement garnis, smoothies fruités et café bio.

LE CHALET DES MARMOTTES €€

215, chemin l'Echellier
✆ 04 79 38 91 86
www.chalet-des-marmottes.com

Ouvert en saison été et hiver, tous les jours. Réservation impérative. Carte : 20 € environ. Terrasse.

Il faut réserver, car la réputation du Chalet des Marmottes n'est plus à faire. Non seulement l'accueil y est chaleureux, même dans le rush de la saison hiver lorsque vous débarquez avec vos skis, affamé après une belle boucle en skating, mais la cuisine maison est excellente. En cas de mauvais temps, il y a même une carte des spécialités savoyardes à la demande. On adore les jolies marmottes qui habitent le chalet, jusque dans les recoins de la carte grâce au trait de l'illustratrice locale Sophie Turrel. Vraiment une bonne adresse.

LES ARCADES €€€

473, avenue des Jeux Olympiques
✆ 04 79 38 90 65
restaurant-lesarcades-saisies.com

Maître Restaurateur. Ouvert tous les jours en saison d'été et d'hiver. Réservation recommandée. Menus de 49 € à 99 €.

Succombez au charme des délices culinaires généreux et gourmands conçus par le passionné Laurent Métral, membre distingué du renommé Collège Culinaire de France. Puisant dans les trésors du terroir, ce virtuose de la gastronomie magnifie les ingrédients frais et locaux pour composer des mets authentiques et savoureux, avec une attention particulière portée aux spécialités savoyardes. Que vous soyez friand de viandes ou adepte de poissons accompagnés de légumes de saison, vous trouverez assurément de quoi satisfaire vos papilles dans ses menus.

STATION DE SKI DE CREST-VOLAND/COHENNOZ

✆ 04 79 31 62 57
www.crestvoland-cohennoz.com

Ouvert tous les jours. Du 01/01 au 10/04/2022. En été du 09/07 au 28/08/2022.

Crest-Voland-Cohennoz est une station de ski unique avec deux villages charmants et de nombreuses attractions. Elle propose des hébergements confortables près des pistes pour les familles et les amis. L'atmosphère paisible et les paysages tranquilles sont renforcés par la gentillesse des habitants. C'est un endroit idéal pour apprendre à skier et pour les amateurs de sensations fortes. La station a une ambiance authentique de village et est labellisée Famille Plus.

STATION DE SKI LES SAISIES

✆ 04 79 38 90 30
www.lessaisies.com
Domaine skiable du 18 décembre au 22 avril 2024.

La station de ski des Saisies est un village familial et chaleureux préservant une architecture traditionnelle. Appelée « Tyrol français » pour ses paysages et « grenier à neige de la Savoie » pour son enneigement, elle se situe à seulement 40 minutes d'Albertville, entre Beaufortain et Val d'Arly. Le domaine skiable s'étend sur 77 kilomètres et l'Espace Diamant, reliant plusieurs stations, offre 192 kilomètres de pistes diversifiées et de panoramas époustouflants.

MUSEE COOPERATIVE VAL D'ARLY

71, route des Evettes
✆ 04 79 31 70 90
www.coopflumet.com/espace-museo
Ouvert toute l'année. Tous les jours de 8h30 à 19h30. Visite + film + dégustation : 10 €.

La Coopérative Fruitière du Val d'Arly en Savoie Mont-Blanc regroupe 80 producteurs autonomes qui collectent, produisent et commercialisent leur propre lait pour fabriquer des fromages de Savoie au lait cru labellisés AOP et IGP. La collecte de lait a lieu dans leurs exploitations entre le lac d'Annecy, le Val d'Arly et la région du Mont-Blanc. La coopérative est située dans une zone unique pour les fromages Reblochon AOP et Beaufort AOP. Un véritable délice à emporter !

FLUMET

Située à la croisée des massifs, cette station-village au charme montagnard offre un centre animé pour locaux et visiteurs. Les passionnés de culture et de traditions apprécieront l'église médiévale, les ruelles pittoresques et les spécialités du terroir, tandis que les amateurs de sports de glisse et de paysages époustouflants seront ravis, sous l'œil du Mont-Blanc. Flumet, village médiéval, propose une station de ski, des producteurs locaux et des restaurants axés sur les circuits courts. Saint-Nicolas-la-Chapelle et le hameau de Chaucisse offrent un cadre parfait pour randonnées en toute saison. Le patrimoine baroque est représenté par deux églises.

HÔTEL L'EAU VIVE*** €€

57, place du village
SAINT-NICOLAS-LA-CHAPELLE ✆ 09 52 04 16 70
https://www.chalet-eauvive.com/
8 apparts-hôtel à partir de 135 € la nuit et 768 € la semaine.

Au centre de Saint-Nicolas-la-Chapelle, un charmant village savoyard du Val d'Arly, se trouve le chalet l'Eau Vive. Profitez des joies de la montagne en toute saison : randonnées, vélo, exploration de la route des Grandes Alpes et du col des Aravis. Ce lieu chaleureux et authentique vous garantit une atmosphère paisible que ce soit pour un séjour sportif, un week-end relaxant ou une escapade gourmande. Le chalet, récemment transformé en résidence hôtelière, vous propose 8 appartements cosy au design savoyard. Marie et Alexis sont impatients de vous accueillir !

SAVOIE

ÉGLISE SAINT THÉODULE

✆ 04 79 31 60 97
Ouvert toute l'année, tous les jours de 9h à 12h et de 14h à 19h.

L'église actuelle, reconstruite en 1679, repose sur les vestiges d'un édifice de 1606 incendié, succédant à une église romane. De cette dernière subsistent le clocher-tour du XIIe siècle et la façade nord. L'édifice présente un aspect féodal avec son mur d'enceinte est. Le portail est flanqué de deux bénitiers. Le chœur comporte un retable surmonté d'un baldaquin, dominé par saint Théodule. L'église abrite des fonts baptismaux du XVIIe siècle, des peintures murales du XIXe siècle et une poutre de gloire. Deux autels latéraux datent aussi du XIXe siècle.

L'ARDOISE €€

63, Av. du Lac
✆ 04 79 10 70 82
Ouvert du lundi au samedi le midi de 12h à 13h45 ; le vendredi et le samedi de 19h à 20h30. Menus de 13 € à 35 €.

L'Ardoise, c'est bien plus qu'un simple restaurant. C'est un véritable sanctuaire gastronomique où la nature et les saveurs locales s'unissent pour créer une expérience culinaire inoubliable. Leurs galettes de blé noir, créées avec passion et savoir-faire artisanal, sont le fondement de leur cuisine locavore et faite maison. Leur carte est remplie de plats frais et saisonniers, tous choisis avec soin auprès des producteurs locaux. La croutiflette, par exemple, composé de pain brioché moelleux, des oignons confits, de lard paysan fumé, d'une touche de reblochon.

COOPÉRATIVE FRUITIÈRE VAL D'ARLY

71, route des Evettes ✆ 04 79 31 70 90
www.coopvaldarly.com

Ouvert tous les jours et les jours fériés de 8h30 à 19h30. Horaires Covid 8h30-18h. Boutique en ligne et drive.

En gestion directe par des petits producteurs locaux, la coopérative, née à Flumet en 1969, rassemble plus de 80 coopérants de Savoie et Haute-Savoie dont elle collecte le lait. Elle regroupe un musée, des ateliers et une boutique de produits locaux. Les ateliers produisent du reblochon de Savoie A.O.P., du beaufort A.O.P., de la tomme, de la raclette de Savoie I.G.P. et d'autres produits frais (fromages blancs, beurre). 5 points de vente (Flumet, Chamonix, Megève, Cluses et Faverges).

LE TOÎ DU MONDE €€€

464, chemin des Zorgières ✆ 04 79 10 63 53
www.letoidumonde.com

Ouvert du mercredi au samedi le soir. Menu unique à 35 €. Le week-end le midi. Assiettes à partager. Café-concert, Bar.

Située dans une grange-cathédrale en bois, cette ferme séduira vos yeux tandis que leurs plats régaleront vos papilles. Pour les romantiques, vous pourrez dîner sous les étoiles grâce à leur grande verrière. Côté assiettes, ils associent les légumes du potager, les viandes, les poissons et les fromages locaux, revisitant les recettes d'antan tout en en créant de nouvelles. Que ce soit pour le bar à vin ou pour une cuisine traditionnelle, le Toi du Monde offre des ambiances variées. Le *Guide Michelin 2023* a récompensé cette alliance entre tradition et innovation.

PLAN D'EAU DE FLUMET

✆ 04 79 31 60 97

Animaux interdits. Baignade surveillée en juillet et août, tous les jours. Gratuit. Parking.

On connaît Flumet, village perché à 900 m d'altitude, pour sa station de Flumet-Saint-Nicolas-la-Chapelle, mais peut-être un peu moins pour son plan d'eau qui est aménagé pour la baignade durant l'été. On peut s'y accorder une journée détente dans un écrin de verdure et profiter des équipements sportifs et jeux pour les enfants de l'espace de loisirs de l'Arrondine. La base de loisirs a même son temps fort en été avec la fête du plan d'eau autour de la 3e semaine de juillet : animations, jeux et musique battent leur plein (se renseigner à l'office de tourisme).

STATION DE SKI FLUMET/ SAINT-NICOLAS LA CHAPELLE

✆ 04 79 31 61 08
www.valdarly-montblanc.com

En saison du lundi au samedi de 9h à 12h et de 14h à 18h30. Le dimanche de 9h à 12h et de 15h à 18h.

Cette station-village au croisement des massifs possède un centre animé et des ruelles pittoresques. Les passionnés de culture locale pourront visiter une église médiévale et goûter aux spécialités régionales, tandis que les amateurs de sports d'hiver profiteront de la proximité du Mont-Blanc. Saint-Nicolas-la-Chapelle et Chaucisse sont des endroits idéals pour la randonnée en toute saison, avec deux églises contribuant au patrimoine baroque local.

HAUTELUCE

La pittoresque vallée d'Hauteluce, offrant une vue imprenable sur le Mont-Blanc et parsemée de nombreux hameaux, est un havre préservé et splendide. Ce lieu paisible, séduisant et authentique constitue également un paradis pour les skieurs grâce à l'Espace Diamant et le domaine skiable des Contamines Montjoie. Une variété d'hébergements est disponible, ainsi que des commerces locaux pour faire vos emplettes. Des navettes facilitent l'accès à la vallée. En tant que centre du patrimoine savoyard, cette vallée possède une église baroque, des chapelles, des chalets anciens et l'Ecomusée, ainsi que l'arbre de la liberté planté au cœur du village.

ECOMUSÉE DE HAUTELUCE

Chef Lieu
✆ 04 79 38 21 64
www.lessaisies.com

De décembre à avril : lundi au dimanche de 10h à 12h30 et de 14h30 à 18h. Fermé le mardi après-midi et le jeudi matin.

Découvrez la vie passée des résidents de la vallée, admirez de splendides costumes d'autrefois portés par des mannequins, et renseignez-vous sur l'histoire locale incluant la construction du barrage de la Girotte, la création de la station des Saisies et les Jeux olympiques. Abordez également le présent et l'avenir lors de cette visite. Vous pourrez notamment observer une salle de classe reconstituée avec un enseignant supervisant ses élèves durant un examen. Un retour aux sources essentiel. Profitez-en, d'autant plus que l'entrée est gratuite.

ÉGLISE SAINT-JACQUES-D'ASSYRIE

Chef-Lieu
✆ 04 79 38 80 31
www.lessaisies.com/hauteluce.html

Visite libre. Messe certains dimanches à 10h. Gratuit.

En plein cœur du Beaufortain, à plus de 1 000 mètres d'altitude, se trouve l'église Saint-Jacques-d'Assyrie. C'est un lieu construit au XVIIe siècle et très réputé pour son art baroque savoyard. Sa décoration est spectaculaire et magnifique. Elle est dédiée à saint Jacques d'Assyrie, premier évangélisateur et premier archevêque de la Tarentaise. Le clocher à bulbe a été rasé à la Révolution et reconstruit au XIXe siècle. La façade est décorée en trompe-l'œil. Superbe église.

LA FERME DU CHOZAL €€€

361, route des Combes ✆ 04 79 38 18 18
www.lafermeduchozal.com
En été ouvert le soir du mardi au dimanche et midi le week-end. En saison d'hiver, ouvert tous les jours midi et soir.

Le restaurant de haute gastronomie Ferme du Chozal, situé à Hauteluce-en-Savoie, met en avant les produits locaux et leur origine. Les viandes du Beaufortain, les gibiers, les poissons des lacs ainsi que les 30 variétés d'herbes et de fleurs aromatiques provenant du jardin de l'hôtel sont sélectionnés pour composer les plats. La qualité et la saveur sont garanties grâce aux producteurs locaux. Le titre de Maître Restaurateur est une confirmation de cette démarche, garantissant la fraîcheur des produits. La cuisine se veut créative pour une expérience inoubliable.

CHEZ GAYLORD €€€

26, impasse Ducis
✆ 04 79 32 60 67
www.chezgaylord.com
Ouvert tous les jours sauf le lundi à partir de 10h. Menus de 19,50 € à 39 €.

Le restaurant Chez Gaylord a débuté en mai 2016 et a été récompensé dans la catégorie des hôtels et restaurants de montagne du concours des villes, villages et maisons fleuries. Découvrez le patrimoine de la vallée d'Hauteluce et les objets anciens exposés tout en savourant une cuisine traditionnelle et des spécialités savoyardes, à l'intérieur ou sur la terrasse panoramique. Une nouvelle salle est maintenant disponible sur la terrasse, équipée d'un grand parasol, de cloisons et d'un chauffage pour profiter d'un repas en plein air confortablement installé.

STATION DE SKI DE HAUTELUCE-VAL JOLY

✆ 04 79 38 21 64
Station hiver/été.

Le village d'Hauteluce offre une vue imprenable sur le Mont-Blanc et deux excellents domaines skiables accessibles depuis le télésiège Chozal : Les Saisies et l'Espace Diamant (192 km de pistes). Pour le retour, utilisez la piste rouge ou la piste bleue Jorets et les télésièges ou navettes gratuites. Le domaine alpin de la vallée d'Hauteluce est à rejoindre depuis Belleville (7 km) et découvrez les 120 km de pistes des Contamines Montjoie via le Col du Joly et la télécabine Ruelle.

LA GIETTAZ

La Giettaz, connue sous le nom de « Jietta » ou « La Jiett » par les locaux, est un village montagnard traditionnel de Savoie. Situé au pied des Aravis, cette charmante station de ski fait partie du domaine skiable des Portes du Mont-Blanc. Avec ses chalets typiques et son engagement envers la préservation de l'environnement, La Giettaz offre une expérience authentique et respectueuse de la nature. Explorez les chapelles et les oratoires, et écoutez les récits des agriculteurs et des artisans locaux. Ici, la nature est préservée et le calme règne. Détendez-vous dans ce cadre verdoyant, et laissez-vous imprégner de l'histoire de cette région fascinante.

NOTRE-DAME-DE-BELLECOMBE ★

Notre-Dame-de-Bellecombe, dans la vallée d'Arly entre la région du Mont-Blanc et le Beaufortain, offre un cadre idéal pour les amateurs de montagne. Les habitants de Bellecombe ont su conserver l'architecture de ce village historique, y compris son clocher du XIe siècle (plus haut édifice du village). Notre-Dame-de-Bellecombe s'est depuis développé en une station de ski renommée, avec 192 km de pistes et 81 remontées mécaniques situées au cœur de l'Espace Diamant. En été, le village-station de Notre-Dame-de-Bellecombe vous accueille pour profiter de la convivialité et du bien-être du lieu, entouré du Mont-Blanc, du Beaufortain et des Aravis.

Notre-Dame-de-Bellecombe.

MAISON DES CONTES DE FÉES

48, impasse du Bois Dormant
✆ 04 79 31 07 79
www.maisondescontes.fr
Ouvert toute l'année. Tous les jours de 10h à 19h. Gratuit jusqu'à 3 ans. Adulte : 7 €. Enfant : 5,50 €.

Il était une fois… Dans ce musée fantastique, petits et grands s'émerveillent de croiser lutins et fées, elfes et loups… Les personnages des contes s'illuminent au fil des histoires, s'animent même parfois. Des ateliers loisirs créatifs sont proposés (pâte à sel, lanterne magique et autres) sur réservation. Petite restauration et goûter sur place. Une visite idéale en famille. Et si vous êtes envoûté au point de vouloir prolonger le rêve, une chambre d'hôtes vous accueille.

CABANES DANS LES ARBRES - ENTRE TERRE ET CIEL

2896, Lieu-dit Les Monts
SAINT-NICOLAS-LA-CHAPELLE
✆ 07 68 39 19 60
Tous les jours de 9h à 12h à 14h à 18h. À partir de 280 € pour 2 la nuit.

Perchées entre les terres de Savoie et Haute-Savoie en Rhône-Alpes, ces cabanes d'exception vous plongent au sein d'une nature grandiose, à l'orée d'une forêt enchanteresse. Là-haut, les panoramas époustouflants des massifs des Aravis et du Mont-Blanc vous invitent à l'évasion. Un séjour hors du commun vous attend, entre splendeur sauvage et évasion temporelle. Quatre havres de paix vous sont proposés : le Nid, le Ruisseau, le Mont-Blanc et la Feuille. Tout simplement magique.

HÔTEL LE TÉTRAS** €€

Les Frasses ✆ 04 79 31 61 70
www.hotel-tetras.com
Fermeture annuelle entre les saisons. 17 chambres + 2 appartements 14-15 personnes. Chambre double de 80 € à 130 €.

Le Tétras est un hôtel situé dans l'Espace Diamant, dirigé par Jean-Paul Rossat-Mignod. Il offre un accès direct aux pistes de ski en hiver et à la Route des Grandes Alpes en été. L'hôtel dispose de 17 chambres confortables pour deux ou trois personnes avec balcon ou terrasse orientée plein sud. Les équipements comprennent une télévision, une connexion wifi, une salle de bains privative et un sèche-cheveux. Les clients peuvent profiter d'un petit-déjeuner buffet avec des produits locaux inclus. Une piscine extérieure chauffée est également disponible en été.

L'ÉQUIPE €€

Place de l'Eglise
✆ 04 79 31 61 26
https://www.lequiperestaurant.fr/
Ouvert du mardi au samedi de 9h30 à 23h ; le dimanche de 9h30 à 16h. De 25 € à 35 € par personne.

Il y a plus de 50 ans, Francine a créé ce restaurant dans le but de satisfaire les clients, une philosophie qu'elle a maintenue tout au long de sa carrière. Aujourd'hui, l'équipe dirigée par Heider, William et Ludo perpétue cet héritage en vous accueillant chaleureusement. Vous bénéficierez d'un service attentionné, d'une cuisine artisanale à base d'ingrédients frais et pourrez déguster un délicieux plat savoyard aux saveurs montagnardes entre deux sessions de ski. Petit plus : les encouragements avant de retourner sur les pistes (si vous prenez des cours).

LE SAINT-NICOLAS €€

Le Marteray
✆ 06 07 84 32 85
https://restaurant-lesaintnicolas.fr/
Ouvert tous les jours le midi et le soir. Carte 25 € environ

Depuis 25 ans, le Saint-Nicolas est un joyau familial qui brille dans la région. La famille Pillon vous accueille avec une douceur et une chaleur qui vous feront sentir comme à la maison. Monique et Alexandre sont les gardiens de cet établissement où la cuisine est une ode aux saveurs de la Savoie, une célébration de l'authenticité et de la simplicité. Côté cuisine, vous pouvez déguster des plats d'exception tels que le velouté de topinambours et son émulsion aux truffes, le filet de veau aux chanterelles ou encore le magret de canard au miel de pays.

LA FERME DE VICTORINE €€€

141, route du Plan Dessert
✆ 04 79 31 63 46
www.la-ferme-de-victorine.com
Fermé de mi-novembre à mi-décembre. Ouvert : basse saison ma-sam, haute saison tous les jours. Menus 34-68 €.

La Ferme était autrefois celle de mémé Victorine. Cette belle maison a été transformée en restaurant mais tout est fait pour rappeler cette histoire et le passé des lieux. Le chef Denis Vinet est aux commandes des cuisines. C'est tout en finesse qu'il a fait de cet endroit un lieu gastronomique entre tradition et créativité culinaire au rythme des saisons : escargots des Orchis en persillade, étuvée de choux aux châtaignes, ris de veau fermier et son jus alpestre au génépi ou du gibier en automne, sans oublier les desserts maison. Carte des vins à la hauteur.

SAVOIE

ALBERTVILLE ★

Albertville se trouve à la croisée de quatre territoires, à savoir la Combe de Savoie, la Tarentaise, le Beaufortain et le Val d'Arly, et à proximité des parcs naturels des Bauges et de la Vanoise. C'est un lieu idéal pour les échanges et les rencontres, et il est facilement accessible par autoroute et TGV. Grâce à ses gares routière et ferroviaire, la ville dessert les stations de ski savoyardes ainsi que les sites olympiques. Albertville est riche en patrimoine historique et architectural diversifié et a été labellisée Ville et Pays d'art et d'histoire. La place de l'Europe est un lieu important, qui abrite le Dôme culturel avec une médiathèque, un cinéma et un théâtre, offrant une vue imprenable sur la cité historique de Conflans. Cette cité est dominée par la tour sarrasine et le château de Manuel de Locatel. Les Jeux olympiques d'hiver de 1992 ont laissé une empreinte sur Albertville, dont le parc olympique est désormais un espace dédié aux sports et aux loisirs. Les visiteurs peuvent ainsi suivre les traces des champions. Le Tremplin 92 offre également un retour sur cette aventure olympique en Savoie.

Balade

En franchissant le cours de l'Arly, vous découvrez un autre visage d'Albertville : la cité médiévale de Conflans. La vieille ville, juchée sur un éperon rocheux, est ceinte d'une muraille fortifiée abritant d'extraordinaires réalisations architecturales du Moyen-Âge et d'époques ultérieures. Le patrimoine bâti de Conflans s'étend au-delà des remparts médiévaux, notamment avec le château de Costaroche.

Conflans.

SAVOIE

ÉCO-MUSÉE DE COHENNOZ

7, place du Village
COHENNOZ
✆ 04 79 37 33 82

Ouvert en été et de fin décembre à mi-avril. Ouvert le mercredi et le jeudi de 14h à 17h. Adulte 2,50 €. Enfant 2 €.

Ce musée expose une collection exclusive de miniatures d'outils montagnards, d'objets courants savoyards, et d'une montagne impressionnante dotée de bornes interactives. Au cours de leçons de travail manuel en 1890, les écoliers ont réalisé des miniatures détaillées d'outils et d'objets du quotidien, tandis que les écolières s'initiaient à la couture et à la broderie. Ces miniatures, découvertes dans les années 1970, ont donné naissance à un musée qui, après rénovation en 2004, abrite également des outils et objets usuels de la vie quotidienne.

ÉGLISE NOTRE-DAME-DE-L'ASSOMPTION

Conflans
✆ 04 79 37 86 86

Ouvert toute l'année. Visite guidée dans le cadre de la visite de Conflans. Tous les jours. Gratuit.

L'église Notre-Dame-de-l'Assomption est un édifice religieux catholique construit au XVe siècle et rénové au XIXe siècle. Elle est dédiée à l'Assomption de la Vierge Marie. Cette église présente un style architectural gothique et est composée d'une nef unique avec des chapelles latérales. L'intérieur de l'église abrite des fresques, des sculptures, des vitraux et d'autres œuvres d'art sacré. L'église Notre-Dame-de-l'Assomption est située au cœur de la cité médiévale de Conflans.

MUSÉE D'ART ET D'HISTOIRE D'ALBERTVILLE ★

18, Grande Place ✆ 04 79 37 86 86
www.albertville.fr

Du mercredi au dimanche, de 10h à 12h30 puis de 14h à 18h.4 € l'entrée en tarif réduit et gratuité sur justificatif.

Le Musée d'art et d'histoire occupe la Maison Rouge, une demeure historique construite en 1397 pour Pierre Voisin, secrétaire du Comte Amédée de Savoie, située au cœur de la cité historique de Conflans. Après avoir été une maison privée, une caserne et un hospice, la Maison Rouge a été transformée en musée en 1936 par la société des Amis du Vieux Conflans. Initialement conçue comme une exposition temporaire, elle est devenue si populaire qu'elle a finalement été maintenue.

LA TOUR SARRASINE DE CONFLANS

Cité médiévale de Conflans
✆ 04 79 37 86 86
www.pays-albertville.com
Ouverte tous les jours, toute l'année. Entrée libre.

Une tour carrée imposante, dernier vestige du Château de la Cour qui dominait autrefois la région, se dresse fièrement dans un jardin public. Son architecture singulière, faite de pierres et de briques, témoigne du savoir-faire des générations précédentes. Les Bernadines, un ordre de religieuses, ont habité les lieux au XVIIe siècle et ont probablement utilisé cette tour pour méditer et prier. La tour restée debout, immuable, témoigne en silence de l'histoire de la région.

TREMPLIN 92

15, avenue de Winnenden ✆ 04 79 32 04 22
www.tremplin92.org
Basse saison : ouvert du lundi au samedi de 9h à 12h et de 14h à 18h. En été, ouvert également le dimanche après-midi.

Les JO de 1992 furent un tremplin économique qui aurait permis au territoire de prendre 15 ans d'avance et un rayonnement international déterminant ! Sur 500 m² dans la Halle olympique, le musée offre une expérience immersive, interactive et dynamique. Audiovisuel, casques 3D, simulateur de bobsleigh : tout est fait pour que chemin faisant, dans cet espace muséographique nouvelle génération, l'expérimentation permette au visiteur de comprendre l'impact de cet épisode olympique marquant et les enjeux forts à la fois humains, sportifs et économiques qui sont liés.

MAISON DU TOURISME DU PAYS D'ALBERTVILLE

15, avenue de Winnenden
✆ 04 79 54 84 28
www.pays-albertville.com
Toute l'année du lundi au samedi 9h-12h/14h-18h. Juillet et août du lundi au samedi 9h-12h30/14h-19h, dimanche 14h-18h.

Bienvenue à l'office de tourisme d'Albertville ! L'équipe jeune et dynamique est à votre disposition pour vous aider à bien choisir vos activités au sein de la ville olympique de 1992 ! Visite, événements, sports individuels comme les randonnées en passant par les sports collectifs, il y a tant de choses à découvrir à Albertville. Que ce soit en hiver ou été, cette ville est le carrefour pour aller aux Saisies, ou bien à Courchevel. Une jolie petite ville à découvrir.

LES MICHES DE MAMAN

14, Pl. Charles Albert
✆ 04 79 37 07 89
Ouvert du mardi au samedi de 7h à 14h et de 16h à 19h ; le dimanche de 7h à 12h.

Les Miches de Maman, c'est une boulangerie toute récente qui est très appréciée pour la qualité de ses pains, ainsi que pour ses délicieux sandwichs. Si vous êtes fan de pains aux céréales ou de maïs, c'est définitivement l'endroit idéal pour vous ! Les sandwichs proposent des quantités généreuses de produits de qualité comme celui aux jambons et à la truffe. Cette boulangerie, au futur très prometteur, propose également des viennoiseries très gourmandes (avec beaucoup de beurre), ainsi qu'un pain de qualité supérieure. C'est une excellente addition à la ville !

AUBERGE DE COSTAROCHE** €€

1, chemin de la Pierre du Roy ✆ 04 79 32 02 02
www.hotel-costaroche-albertville.com
Ouvert toute l'année. 20 chambres. Chambre double à partir de 75 €. Petit déjeuner : 9,90 €. Formule midi : 16,50 €.

Située en contrebas de Conflans, l'Auberge de Costaroche est un hôtel-restaurant chaleureux et convivial dirigé par Cathy, Jean-Pierre et leur équipe. Ils accordent une grande importance à l'accueil de leurs clients afin de garantir des moments paisibles et détendus, avec des chambres équipées de la climatisation pour un confort optimal. Le restaurant propose une cuisine généreuse et soignée, en utilisant des ingrédients de qualité. La terrasse ombragée est un endroit agréable pour se détendre et profiter des divertissements extérieurs pour les plus jeunes.

AUBERGE DE VENTHON €€

245, route de la Mairie - **VENTHON**
✆ 04 79 38 52 45
https://lauberge-de-venthon.eatbu.com
Du mardi au jeudi le midi, vendredi et samedi midi et soir. Dimanche jusqu'à 15h. Menus 21,60 et 26 €.

Audrey et Christophe vous invitent à découvrir un univers chaleureux et authentiquement savoyard, situé au cœur du Beaufortain, à seulement 3 km d'Albertville, pour une expérience amicale et inoubliable. Les chambres spacieuses et confortables garantissent un séjour agréable et reposant. Leur restaurant propose une cuisine traditionnelle avec une touche d'originalité. Les amateurs de tartiflettes pourront savourer les variantes (chèvre ou saint-marcellin). Cependant, il faut souligner que la véritable magie opère sur la terrasse panoramique !

HÔTEL RESTAURANT MILLION*** €€€

8, place de la Liberté
✆ 04 79 32 25 15
www.hotelmillion.fr

Chambre double à partir de 186 €. Du mardi au dimanche 12h-13h30, du jeudi au samedi aussi le soir. Menus 45 € à 80 €.

José et Su-Chen De Anacleto dirigent l'Hôtel Étoile du Nord avec passion, offrant un accueil chaleureux et une expérience satisfaisante pour les clients. Fondé en 1770 à Albertville, l'hôtel était connu sous le nom d'Hôtel Million et est réputé pour son excellente cuisine depuis le *Guide Michelin* de 1900. La bâtisse bourgeoise se trouve au cœur de la ville olympique. José De Anacleto a pris la direction de l'établissement en 1999, après avoir été élève de Philippe Million.

BOULANGERIE LAURENT

151, Rue Suarez
✆ 04 79 32 51 81

Du mardi au samedi 6h30-12h30 et 14h30-19h. Dimanche 6h30-12h30.

Incontestablement, cette boulangerie est l'une des meilleures de la ville, son pain singulier est créé à partir d'une recette originale de farine de blé français et de levain. Chaque produit, y compris les viennoiseries, gâteaux, tartelettes et autres, est fabriqué de manière artisanale sur place. Sa tarte aux pommes finement réalisé est un plaisir des yeux. Le chocolatier et confiseur propose une variété de chocolats classiques et innovants, c'est d'ailleurs l'un des rares artisans en Savoie à produire des pralines fraîches et des liqueurs.

LE ROMA*** €€€

85, chemin du Pont Albertin
✆ 04 79 37 15 56
www.le-roma.com

Ouvert toute l'année. 115 chambres (6 suites). Chambre double : de 85 à 150 €. Menus de 32 à 42 €.

Situé à Albertville, à proximité des stations de ski, l'Hôtel Roma est idéalement placé à la jonction de plusieurs vallées alpines, offrant ainsi une vue à couper le souffle sur les montagnes environnantes et un environnement paisible propice à un séjour détente. Avec ses espaces verts et sa proximité avec la rivière Isère, cet hôtel dispose de 115 chambres de différentes catégories (Classique, Confort, Familiale et Suite), chacune offrant une ambiance unique pour une expérience inoubliable. Les clients pourront profiter de la piscine extérieure et du solarium.

LA CANTINE BIO €

590, chemin de la Charrette
✆ 04 79 32 92 55
www.satoriz.fr/

Ouvert du lundi au vendredi le midi. Assiette végétarienne 11,50 €. Assiette viande ou poisson 16 €.

La Cantine bio est fortement liée à la boutique Satoriz et affiche fièrement son identité. Elle dispose d'un grand espace convivial partagé où l'on peut entendre une ambiance animée et joyeuse dans un environnement relaxant et coloré. Vous serez immergé dans une atmosphère de cantine chaleureuse et détendue. Tous les plats sont préparés sur place avec des ingrédients bio. Des serveuses attentives vous accueilleront avec le sourire. Tous les jours, un menu original est proposé. L'accessibilité des aliments bio à tous les budgets est fièrement mise en avant ici.

LE LOCAL DU BOCAL €€

967, chemin de la Cassine
✆ 04 79 38 97 75
www.lelocaldubocal.fr

Ouvert du lundi au vendredi de 8h30 à 19h, samedi de 8h à 16h. Bocal du jour 18 €. Terrasse. Vente à emporter.

Le Local du Bocal est un restaurant accueillant qui sert une cuisine intégralement préparée sur place par une équipe passionnée de cuisine, de pâtisserie et de service. Il constitue un lieu parfait pour se réunir entre amis, en famille ou avec des collègues pour partager des repas servis dans des bocaux, que l'on peut emporter à domicile ou au travail. Les clients ont la possibilité de personnaliser leur menu en fonction de leurs goûts. Le restaurant propose une variété d'options, y compris des entrées, des plats principaux, des accompagnements, des desserts.

BAHIA SUSHIS & COMPAGNIE €€

85, place de l'Europe
✆ 04 79 37 29 52
https://bahiasushi-albertville.fr

Ouvert le lundi de 11h30 à 14h ; du mercredi au samedi de 11h30 à 14h et de 17h30 à 21h ; le dimanche de 18h à 21h.

Bahia Sushi est maintenant un incontournable dans le centre-ville d'Albertville, grâce à son cadre joliment décoré et sa carte créative et rafraîchissante. La cuisine est délicieuse et répond parfaitement aux attentes, avec des produits frais et des assiettes magnifiquement préparées. L'utilisation de truite du Jura à la place du saumon est une touche personnelle qui distingue ce restaurant des autres. L'expérience culinaire est un vrai régal et l'accueil chaleureux rend l'expérience encore plus agréable. Dans l'ensemble, c'est une expérience parfaite.

Ô BESOIN D'AIR €€

17, place de Conflans
✆ 04 79 37 71 29
www.obesoindair.com
Fermé dimanche soir, lundi et jeudi toute la journée. Menus de 24 € à 32 €. Terrasse.

Le restaurant est situé dans la cité médiévale de Conflans. La terrasse s'apprécie particulièrement aux beaux jours. L'accueil est chaleureux et dans l'assiette, qualité et raffinement sont au rendez-vous. Océane Vassel œuvre en cuisine avec brio. Son complice, Florian Dutheuil assure le service. À table, une belle expérience gustative. La carte des vins propose une sélection de vins AOP ou IGP des régions de France, en laissant une part belle aux vins de Savoie. Une adresse offrant en plus un excellent rapport qualité-prix !

RAJ MAHAL €€

1, rue Gambetta
✆ 04 79 31 21 85
http://rajmahal.fr
Ouvert toute la semaine du mardi au dimanche de 12h à 13h30 et de 19h à 21h30 ; le jeudi jusqu'à 23h. Menus 24,50 €.

Le Raj Mahal à Albertville est un restaurant indien de grande qualité et doté d'une solide réputation. Ce lieu rencontre un franc succès grâce à son accueil chaleureux, sa décoration typique et sa cuisine exceptionnelle. Nous vous recommandons vivement d'essayer les samoussas aux légumes, qui sont copieux et délicieux, ainsi que le plat principal Keema Mutter pour une expérience culinaire dépaysante. Les sauces sont parfaitement élaborées et maîtrisées. Toutefois, si vous souhaitez vous y rendre pendant le week-end, il est préférable de réserver à l'avance.

STATION CHÂTEL €€

36, Quai des Allobroges
✆ 04 79 32 54 73
Ouvert tous les jours de 12h à 14h30 et de 19h à 23h. Menu unique à 26 €. Carte : 35 € environ.

La Station Châtel, située à Albertville, est un véritable établissement de référence pour les amateurs de viande de qualité. Bien que l'intérieur puisse être quelque peu bruyant à cause de l'affluence, le service est efficace grâce à des serveurs discrets et courtois. Lors de notre visite, nous avons choisi le trio de pièces du boucher, et nous avons été ravi de constater que la réputation du restaurant était bien méritée. Les viandes étaient savoureuses et tendres, et les portions généreuses. Pour les adeptes d'os à moelle, n'hésitez surtout pas, c'est un régal !

SWEET ROCK CAFÉ €€

102, place de l'Europe
✆ 04 79 32 10 79
Ouvert du lundi au samedi à partir de 10h jusqu'à 0h00, le lundi à partir de 17h.

Situé sur la place de l'Europe à Albertville, le Sweet Rock Café est un endroit incontournable où l'on peut déguster de délicieuses pizzas et prendre un verre. Ce lieu dynamique apporte une bouffée d'air frais à la ville. Les clients peuvent s'amuser avec le jeu de fléchettes ou profiter de concerts ponctuels à l'intérieur, dans une ambiance conviviale et détendue grâce à une équipe accueillante. Les pizzas sont particulièrement appréciées pour leur goût savoureux et leur générosité. Bon plan : toutes les pizzas à emporter sont au tarif unique de 10 €.

LES 16 CLOCHERS €€€

91, chemin des 16 Clochers - **MONTHION**
✆ 04 79 31 30 39
www.16clochers.com
Ouvert midi et soir du mercredi au samedi et uniquement le dimanche midi. Menus de 43 € à 65 €.

Une grande attention est portée par l'équipe pour proposer une cuisine de qualité et savoureuse. Les maîtres mots dans le restaurant sont le « respect du produit » et la « saisonnalité », afin de vivre en harmonie avec l'environnement. Les produits des agriculteurs locaux, issus de l'agriculture biologique et raisonnée, sont sublimés grâce à leur passion et leur dévouement. Joris Greiffemberg a perfectionné ses compétences auprès de chefs talentueux, en salle, Antonin Devernoille est attentif et à l'écoute, offrant un accompagnement personnalisé. Une belle réussite.

L'ART LIE €€€

1, promenade Edouard Herriot
✆ 04 79 32 79 06
http://lebistrotgourmandalbe.fr
Du lundi au samedi de 12h à 13h30 et de 19h30 à 21h. Dimanche de 12h à 13h30. Fermé le mercredi. Menu de 30 € à 52 €.

Situé à proximité de la ville de Conflans et de la rivière Arly, L'Art Lie, anciennement appelé Bistrot Gourmand, offre une jolie vue sur les sommets montagneux. Vincent, le chef, utilise des ingrédients frais pour préparer une cuisine précise et raffinée. En salle, l'accueil est chaleureux, et on nous propose une très belle sélection de vins, en accord avec les menus. Les propriétaires sont des membres du CCF (Collège Culinaire de France) et sont reconnus pour leur excellence dans le domaine de la restauration. Petit plus, la salle est bien décorée.

SAVOIE

LA FLEUR DE SEL €€€

15, route du Portelin - **CEVINS**
✆ 04 79 37 49 98
www.restaurant-fleurdesel.fr
Ouvert du mardi au dimanche le midi ; mercredi, vendredi et samedi le soir. Menus de 27 € à 54 €.

Sur la route des stations entre Albertville et Moûtiers, l'équipe de Dominique Hybord vous accueille chaleureusement pour vous faire découvrir sa cuisine gastronomique mettant en avant des spécialités à base de poisson. Parmi les mets délicieux proposés, vous pourrez déguster un savoureux tartare de thon rouge agrémenté d'avocat et de fruits secs croquants, ainsi qu'un filet de daurade royale grillé accompagné d'un jus de légumes monté au beurre et d'un risotto d'Ebly au beaufort. Joli chariot de fromages et belle sélection de vins. Une bonne adresse !

CARRÉ NOIR

36, place de l'Europe
✆ 04 79 89 62 41
https://carrenoir.eatbu.com
Ouvert du mardi au samedi de 9h30 à 19h.

Cette chocolaterie et glacerie artisanale se distingue par sa spécialisation dans la création de tablettes de chocolat, bonbons, entremets glacés, nougats, sucettes et bien d'autres délices. Les produits faits maison privilégient l'utilisation d'ingrédients locaux et d'appellations contrôlées, sans additifs ni colorants, assurant ainsi des chocolats et glaces 100% naturels. La gamme variée de cette boutique propose des choix pour tous les budgets et occasions, que ce soit pour combler une envie gourmande ou offrir un cadeau élégant.

BOULANGERIE RAPHAËL - PÂTISSERIE JAGER

66, avenue des 16e Jeux Olympiques
✆ 04 79 32 04 80
Ouvert du lundi au samedi de 6h30 à 19h30. Boulangerie artisanale. Fabrication maison. Sur place ou à emporter.

Les boulangeries Jager sont établies à deux emplacements à Albertville : l'une se situe sur l'avenue des Jeux olympiques, tandis que l'autre est localisée au cœur de la ville. Offrant une gamme de produits faits maison, ces superbes boulangeries mettent à l'honneur du pain artisanal confectionné avec des farines de haute qualité et du levain naturel. Vous serez enchanté de découvrir leur assortiment de tablettes de chocolat. Bonnes tartelettes aux framboises et myrtilles.

CAVES D'AFFINAGE DE SAVOIE

47, impasse de La Poudrière
ROGNAIX
✆ 04 79 31 82 28
www.caves-affinage-savoie.fr
Ouvert du lundi au vendredi de 9h à 18h. Visite libre et gratuite du tunnel d'affinage tous les vendredis à 10h.

Les caves d'affinage de Savoie ont adopté une méthode d'affinage artisanale afin de proposer des fromages authentiques et délicieux. Les fromages sont reçus peu de temps après leur fabrication et sont déposés sur des planches en épicéa. Ensuite, un processus minutieux et long commence, où les fromages sont traités à la main en étant morgés, salés, frottés et retournés. Visiter les caves de ces passionnés est à la fois une expérience ludique et gastronomique.

CHOCOLA'THE

20 rue de la Republique
✆ 04 79 32 31 51
https://www.chocola-the.fr/
Ouvert du mardi au samedi de 9h à 19h ; le dimanche de 9h à 12h. Formule midi 14,50 €.

Au bout de la rue la République, à l'angle, vous retrouverez ce petit salon de thé ouvert toute la journée. Vous y goûterez des mets délicats à base de chocolat, mais aussi des quiches et des salades. Spécialisé dans les gourmandises, le pâtissier Christophe Tafforeau a remporté le Championnat de France du Dessert à Blois et a également été chef pâtissier du palace Le Meurice. Une chance donc de pouvoir goûter à son savoir-faire reconnu par les plus grands. Pour les fêtes de fin d'année, Chocola'thé propose aussi un service traiteur (petits canapés, verrines).

COCOTTE MARKET

14, rue de la République
✆ 04 79 37 61 38
Du mardi au samedi 10h-12h et 14h-19h.

Très jolie boutique tendance où l'on trouve de tout : des sacs, des vêtements, des bijoux, de la décoration et même des parfums. Toujours à la pointe de la mode, vous trouverez, chez Cocotte, tout ce dont vous aurez besoin pour vous habiller ou habiller votre intérieur. La boutique, dynamique et sympathique, est à l'image de Colyn la responsable. Elle vous accueillera du mardi au samedi avec le sourire et avec de très bons conseils selon votre goût et votre style. Il se dit à Albertville qu'aucun client n'est reparti de chez Cocotte sans le sourire.

LIBRAIRIE DES BAUGES

104, rue de la République
✆ 04 79 32 00 91
www.librairiedesbauges.fr
Ouvert le lundi de 14h à 19h ; du mardi au samedi de 9h à 19h.

Une institution créée en 1953 qui nous accueille au cœur d'Albertville. La librairie a pris un second souffle pour mieux nous recevoir et nous proposer la meilleure sélection de livres. Plus qu'une librairie, vecteur de culture, de richesse intellectuelle, de créativité, le lieu abrite aussi restaurant, avec sa Cantine du Garage, et lieu culturel où conférences, dédicaces, spectacles, expo et toutes sortes d'événements favorisent la rencontre. 350 m² en plein cœur de la ville, pour lire, découvrir ou se laisser embarquer dans quelques aventures dépaysantes.

SAVEURS DE NOS FERMES

603, avenue Joseph Fontanet
✆ 04 79 38 93 08
www.saveursdenosfermes.fr
Ouvert du mercredi au samedi de 8h30 à 19h.

Un groupe de 10 producteurs originaires de Savoie ont collaboré pour créer un point de vente collectif appelé « Saveurs de nos Fermes ». Après trois ans de travail en commun, ils ont inauguré un magasin de vente directe. Actuellement, le projet compte la participation de 41 agriculteurs, dont 31 vendeurs déposants, qui fournissent régulièrement des produits frais pour le magasin. Chaque jour d'ouverture, l'un des 9 producteurs associés accueille et informe les clients dans une ambiance conviviale et présente leur sélection de produits frais. Un bon plan assurément !

PATINOIRE HALLE OLYMPIQUE

15, avenue de Winnenden
✆ 04 79 39 02 10
www.halleolympique.com
Ouverture : septembre-avril. Tarif adulte : 4,30 €. Tarif enfant : 2,70 €. Location de patins 2,60 €.

La Halle Olympique d'Albertville est un centre animé qui héberge non seulement une vaste patinoire, mais également une zone d'escalade pour les plus aventureux, un restaurant et une brasserie pour les fins gourmets et une programmation pour les passionnés de spectacles. Construite pour les compétitions des Jeux olympiques d'hiver de 1992. Que vous souhaitiez vous divertir ou assister à des représentations, la patinoire est un lieu parfait où chacun peut trouver son bonheur.

POINTE DE LA GRANDE JOURNÉE

LA BATHIE
Ouvert toute l'année. Randonnée en été.

Pour atteindre le sommet de la Grande Journée à 2 460 mètres, il faut se rendre à la Bâthie et commencer une excursion spectaculaire passant par plusieurs sommets. Il est recommandé de réaliser cette aventure un peu vertigineuse par temps clair afin de profiter de la vue magnifique sur le Beaufortain. Au cours de cette excursion, les randonneurs traverseront des crêtes et couvriront environ 11 km, avec un dénivelé total de 980 mètres. La durée de la randonnée est d'environ 4h30.

WAM PARK

866, RD1090
✆ 09 74 67 00 40
www.wampark.fr/albertville-savoie
Ouvert de mai à octobre. Horaires variables, voir site Internet. Tarif : à la carte. Pass Illimité pour la journée 59 €.

Situé au cœur de la Savoie, à une distance de seulement 15 km d'Albertville, Wam Park est un paradis pour les loisirs aquatiques conçu pour plaire à toute la famille. Les enfants pourront profiter d'un espace ludique comprenant un grand trampoline sécurisé ainsi que des installations de jeux, qui sont accessibles gratuitement. Pour ceux qui aiment les sensations fortes, une variété d'activités nautiques telles que le ski nautique, le wakeboard, le paddle, les structures gonflables et le waterjump sont proposées, à condition de savoir nager.

GRÉSY-SUR-ISÈRE

Veillant sur la Haute-Combe de Savoie, Grésy-sur-Isère est une charmante petite ville entourée par les montagnes. Elle est une étape sur la route des vacances et peut agréablement devenir un lieu de villégiature, notamment grâce à son lac où l'on peut se baigner en été. La base de loisirs du lac de Grésy, et son plan d'eau ouvert à la baignade et sur lequel flotte le Pavillon Bleu pour sa politique de développement durable, accueille les visiteurs sur un site très agréable en période estivale. Au pied des Bauges, le village propose également des circuits de randonnée pour découvrir la variété de la Combe de Savoie. Visite également de l'Ecomusée.

SAVOIE

VILLAGE MUSÉE DE LA COMBE DE SAVOIE ★

530, chemin des Carrières du Salin
✆ 04 79 37 94 36
lescoteauxdusalin.fr
Billetterie ouverte de 14h à 17h, tous les jours, toute l'année (juillet et août de 10h à 17h).

Dix siècles d'histoire de la Savoie sont répertoriés dans ce village Musée de la Combe de Savoie. La comparaison entre la vie difficile et les inventions de l'époque avec la nôtre est assez impressionnante. Vous découvrirez des maisons, une salle de classe, et même une forge d'époque reconstituée par des objets oubliés. Le musée des sapeurs-pompiers de la Savoie s'est invité à l'imposante collection. C'est une découverte ludique et enrichissante sur les traces de nos ancêtres.

ÉGLISE SAINT PIERRE DE MERCURY

Place de l'Eglise
✆ 04 79 32 04 22
www.pays-albertville.com
Ouverte toute l'année.

Construite vers le Ve siècle sur les ruines d'un temple dédié à Mercure, l'église de Mercury fut agrandie en 1681, puis en 1834 par l'architecte Ernest Mélano pour prendre sa forme actuelle de style néoclassique sarde. L'artiste piémontais Casimir Vicario en réalisa la décoration en trompe-l'œil, tels la descente de la croix, les portraits debout de saint André, la chaire de saint Pierre et le baptême de Jésus. À découvrir également 54 statues en bois doré et le tabernacle d'Arcabas.

SUITES DE LA TOUR €€€

400, impasse de Pacoret
✆ 04 79 37 91 59
www.suites-de-la-tour.com
A partir de 270 €/nuit. Massages, location de VAE... avec supplément. Table d'hôtes : 38 €.

Cette ancienne tour de guet du XIVe siècle a été métamorphosée pour devenir un lieu où tout n'est que luxe et romantisme. Le charme de la pierre est resté intact, mais tout le confort moderne a su trouver sa place. Les 5 suites nichées dans un écrin de verdure offrent une parenthèse détente. La baignoire balnéo en atteste. Douceur et volupté avec terrasse panoramique et glycine centenaire, piscine et salon. Les motards sont les bienvenus, le piano est à disposition et dans l'assiette, saveur et raffinement sont au rendez-vous.

FORT DE TAMIÉ

Route du collet de Tamié
✆ 04 79 32 30 17
www.fort-de-tamie.com
Visite-jeu en saison d'été, parc aventure dans les arbres et parc de jeux.

Construit en 1872, le Fort de Tamié sert désormais de centre polyvalent avec un parcours aventure dans les arbres, une aire de jeux pour enfants et une boutique de produits locaux. Faisant partie des 10 fortifications de la place d'Albertville, ce site de 16 hectares clôturés surplombe le col de Tamié à 907 mètres d'altitude, depuis son éperon rocheux. En outre, le jardin médicinal de Tamié offre un cadre fleuri et odorant pour découvrir les bienfaits de diverses plantes locales, guidé par Chléo et Louise, spécialistes de la montagne.

MERCURY

Située au cœur du Parc naturel régional du Massif des Bauges, la commune de Mercury s'étend sur une vaste superficie de 2 233 hectares et comprend une trentaine de hameaux disséminés sur les collines. Les sentiers balisés partant de Mercury permettent aux visiteurs de découvrir les producteurs locaux, en particulier les vergers, ainsi que les forts de la région, tels que le fort de Tamié offrant une vue imprenable sur la Combe de Savoie et proposant une visite fascinante, ainsi que le fort du Villard, moins connu et situé dans la partie inférieure de la commune. Le château des seigneurs de Chevron, construit au XIVe siècle, n'est pas ouvert au public.

MOÛTIERS

Moûtiers se trouve dans la partie basse de la vallée de l'Isère, sur les contreforts du massif de la Vanoise et du Beaufortain auxquels elle donne accès. Un passage obligé pour se rendre en station, notamment vers les 3 Vallées, mais une ville qui mérite aussi que l'on y fasse halte pour découvrir quelques-uns de ses trésors. L'un des premiers habitants des lieux a déposé un jour sa hache-spatule : il vivait alors à l'âge du bronze moyen… L'objet retrouvé par les archéologues des temps modernes atteste d'une occupation qui remonte à bien longtemps. C'est dire si Moûtiers a une riche et longue histoire à raconter. Car bien plus tard, durant l'Antiquité, c'est le peuple des Ceutrons qui occupa ces terres. Puis les Romains s'imposèrent, puis encore différents rois et seigneurs au fil des guerres et conflits des époques médiévale et révolutionnaire ensuite... Les vestiges de ce passé en disent plus long aux visiteurs les plus curieux et les visites guidées seront parfaites pour ne rien manquer. Trois de ses monuments sont répertoriés à l'inventaire des Monuments historiques, notamment la cathédrale Saint-Pierre et le pont Saint-Pierre. A l'époque moderne, entre industrie et or blanc propulsé par l'olympisme, on s'acheminait donc vers le Moûtiers d'aujourd'hui, touristique et sportif. Pour les amoureux du vélo, une piste cyclable relie Moûtiers au barrage d'Aigueblanche. Une autre suit l'ancien tracé de la RN 90 dans les gorges de Ponserand.

MUSÉE DES TRADITIONS POPULAIRES DE MOÛTIERS ★

Place Saint-Pierre
✆ 04 79 24 04 23

Ouvert toute l'année. Du lundi au samedi de 9h à 12h et de 14h à 18h. Gratuit. Visite guidée. Boutique.

Le musée, situé dans l'ancien archevêché, vous invite à explorer la culture rurale de la Tarentaise. Vous pourrez découvrir les activités agricoles, la viticulture, l'artisanat, l'art religieux, les anciens métiers tels que le sabotier, le menuisier, la fileuse, ainsi que la vie quotidienne de l'époque. De plus, le musée présente des souvenirs de la Seconde Guerre mondiale. Au parc vous pourrez admirer un pressoir du XIXe siècle et d'autres objets insolites. Visite incontournable !

CATHÉDRALE SAINT-PIERRE ★

Place Saint-Pierre
✆ 04 79 24 20 08

Ouverte de 9h à 18h. Gratuit. Visite guidée (pour les groupes sur demande à l'office de tourisme).

Située à proximité de l'office de tourisme, la cathédrale de l'ancien diocèse de Tarentaise a traversé le temps, se laissant marquer par diverses transformations au cours des siècles. Résultat : une architecture plurielle qui raconte son histoire, celle d'un diocèse fondé en 420 et celle plus largement de la région. Bien évidemment classée aux Monuments historiques (depuis 1862), elle est du plus grand intérêt. Un chœur roman du XIe siècle, des façades gothiques XVe siècle, des nefs néoclassiques, l'édifice compte aussi de nombreuses œuvres artistiques.

OFFICE DE TOURISME

80, square de la Liberté ✆ 04 79 04 29 05
www.coeurdetarentaise-tourisme.com

Ouvert du lundi au samedi de 9h à 12h30 et de 14h à 18h. Ouvert le dimanche matin de mi-juillet à mi-septembre.

Bénédicte, Laurie, Valérie, Céline souhaitent vous accueillir chaleureusement en Cœur de Tarentaise toute l'année. Elles seront disponibles pour vous guider et vous aider à profiter pleinement de votre séjour, que vous soyez en quête d'aventures sportives ou de moments de détente. Elles vous dévoileront les merveilles cachées de la région. En tant qu'office de Tourisme labellisé Accueil vélo, elles sont particulièrement attentives aux besoins spécifiques des cyclistes, via des conseils personnalisés, des services dédiés, et des équipements pour nous aider.

ÉGLISE SAINT MAURICE

SALINS-FONTAINE
✆ 04 79 24 03 58

Ouvert tous les jours, sauf mardi, samedi et dimanche. Animaux non acceptés. Visites individuelles guidées sur demande.

Cette église illustre l'histoire riche et tumultueuse d'un village dominé par un château médiéval appartenant au comte de Savoie. L'église est dédiée à saint Maurice, patron de la Maison de Savoie, et son autel principal dépeint le massacre de la légion thébaine dirigée par Maurice, servant dans l'armée romaine à la fin du IIIe siècle. À côté de l'église se situe l'autel du Rosaire, classé et probablement réalisé par Jacques Clérant au XVIIe siècle. Un petit devant d'autel en marbre blanc du XIIe siècle est également un élément classé à l'arrière de la nef.

TERMINUS HOTEL DES 3 VALLEES** €€

138, avenue de la Gare ✆ 04 79 22 92 94
www.hotelterminus-moutiers.com

Ouvert toute l'année. 25 chambres. Chambre double à partir de 63 €. Petit déjeuner buffet : 8,50 €.

Le Terminus Hôtel des 3 Vallées, construit à la fin du XIXe siècle et idéalement situé, convient parfaitement pour les voyages d'affaires ou de loisirs près des 3 Vallées. Cet hôtel entièrement rénové offre un service personnalisé et une hospitalité de qualité toute l'année. Il dispose également d'un parking privé gratuit dans sa cour intérieure et d'un espace fermé pour stocker les vélos en été et les skis en hiver, et ça, c'est vraiment très agréable pour gérer tout le matériel !

AUBERGE DE SAVOIE*** €€€

45, square de la Liberté
✆ 04 79 24 20 15
www.aubergedesavoie.com

Ouvert toute l'année. BS chambre double de 68 € à 135 €. HS chambre double de 109 € à 208 €. Restauration.

Située en centre-ville, l'Auberge de Savoie associe architecture alpine et style contemporain. Hôtel-restaurant idéalement situé aux pieds des grandes stations comme Méribel ou Courchevel. L'accueil, chaleureux et familial, vous invite à la détente et promet un séjour serein... Côté hôtel, les chambres sont sobres et bénéficient d'une déco cosy et traditionnelle. Côté restaurant, le chef pizzaïolo prépare des pizzas cuites au feu de bois devant nos yeux. Un bon rapport qualité-prix et une cuisine inventive aux accents italiens.

LA VOUTE €€

172, Grande rue
✆ 04 79 24 23 23

Ouvert tous les jours le midi ; du jeudi au samedi le soir. Réservation recommandée. Menus de 19 à 45 €. Midi : 20,90 €.

Proche de la cathédrale Saint-Pierre et du centre culturel de Moutiers, le restaurant La Voûte vous propose une cuisine semi-gastronomique et traditionnelle. Nous avons apprécié l'accueil, le service et la cuisine maison généreuse et raffinée à base de produits frais de saison proposée par le chef Pierre Koenig. La carte est régulièrement renouvelée. Citons le cœur de rumsteck Montbéliard avec son jus aux échalotes accompagné de son écrasé de pommes de terre et ses légumes de saison, La carte des vins possède une sélection de vins au verre coups de cœur du chef.

LE COQ ROUGE €€€

115, place Aristide Briand
✆ 04 79 24 11 33
http://web-lecoqrouge.fr

Fermé en juillet. Ouvert du lundi au samedi midi, du mardi au samedi le soir. Menus de 36 € à 48 €. Terrasse.

Installé dans une bâtisse du XVIIe siècle, le restaurant Le Coq Rouge est situé en plein cœur du vieux Moûtiers. Ici le chef Patrick N'Guyen propose une cuisine traditionnelle influencée par la cuisine lyonnaise et ses origines asiatiques. De bons poissons au fil de l'eau, dont un omble chevalier à la citronnelle, des ris de veau, vinaigre de framboise, un gigotin d'agneau aux aromates ou un pavé de charolais, sauce gamay. Produits frais, plats faits maison, délicatesse des mets, accueil agréable. Le Coq Rouge est une adresse à retenir.

COOPÉRATIVE LAITIÈRE DE MOÛTIERS

20, avenue des XVIe Jeux Olympiques
✆ 04 79 24 03 65
www.beaufortdesmontagnes.com

Du mardi au samedi de 9h à 12h30 et de 15h à 19h. Visites libres et gratuites tous les matins de 9h à 12h sauf week-end.

Cette coopérative laitière propose à la vente sa production de fromage. Le beaufort est le produit vedette, mais d'autres fromages du terroir et produits gourmands sont proposés. Savez-vous que pour obtenir un beaufort de 40 kg environ il faut 400 à 450 litres de lait ? Lait collecté dans les villages de montagnes autour de Moûtiers où il est transformé. Des visites de l'atelier et de la cave d'affinage sont possibles afin de comprendre tous les rouages de la fabrication du fromage.

GRAND-AIGUEBLANCHE

En 2019, l'union de Grand-Aigueblanche a vu le jour, rassemblant les localités d'Aigueblanche, Le Bois et Saint-Oyen. Située à deux pas de la station de ski Valmorel, elle se trouve à moins de 15 km de trois centres thermaux réputés. La région est célèbre pour l'impressionnante cascade du Morel, qui donna son nom à la station de ski. Les visiteurs peuvent explorer l'authenticité d'Aigueblanche et son précieux héritage médiéval, y compris un moulin à huile datant du XVIIe siècle. Les communes d'Aigueblanche, nichée au cœur de la charmante Tarentaise, englobe également plusieurs localités comme par exemple Les Avanchers-Valmorel et Feissons-sur-Isère.

ÉGLISE SAINT-MARTIN

✆ 04 79 24 22 26
www.fondation-facim.fr

Ouvert juillet-août de 15h à 18h. Fermé le lundi. En dehors de ces permanences, sur demande au 04 79 24 31 31. Gratuit.

L'église a un décor mural en fresque captivant depuis sa fondation, avec des peintures imitant le motif point de Hongrie sur les parois de la chapelle. Il est important d'observer le retable restauré à la fin du XXe siècle situé au sud. La coupole de l'église est conçue avec plusieurs voûtes avec pour décoration des médaillons qui représentent les apôtres et soutenue par des pendentifs, un décor mêlant stuc et peintures trompe-l'œil à la base. La fausse balustrade crée une impression de relief et de profondeur. Pour tout savoir, choisissez la visite guidée !

SAVOIE

ÉGLISE SAINT-OYEN

✆ 04 79 24 25 01

Ouverte toute l'année, tous les jours. Accès libre.

L'église de Saint-Oyen, fondée en 1655, est un exemple éblouissant d'architecture baroque savoyarde du XVIIe siècle. Elle abrite une majestueuse voûte d'arêtes soutenue par des piliers cruciformes élégants, ornés de chapiteaux ioniques à volutes. Le clocher, récemment restauré, domine fièrement l'édifice, tandis que le grandiose retable sculpté par l'artiste Jacques Antoine Todesco est une merveille à contempler. La façade triangulaire de l'église révèle un portail imposant, avec des piliers coiffés de chapiteaux ioniques rares pour la région de Tarentaise.

BASE DE LOISIRS DU MOREL

239, chemin des Loisirs ✆ 04 79 24 05 25

www.piscinedumorel.com

Ouvert tous les jours. Horaires : se renseigner. Plusieurs formules de cours. Bar-restaurant. Sauna. Minigolf.

Le complexe récréatif du Morel, véritable oasis de divertissement, offre une expérience unique toute l'année. Cet endroit dynamique propose une multitude d'activités aquatiques pour tous les goûts, avec des bassins variés incluant un toboggan, un espace sportif, un coin ludique, une cascade, ainsi que des jeux en intérieur et en extérieur. Des cours pour les tout-petits et seniors sont proposés. Agrémentez votre visite avec une partie de golf et une détente au sauna. En été, profitez du bar et restaurant ouvert quotidiennement, idéal pour les familles nombreuses.

© CELINE NAEGELEN - SHUTTERSTOCK.COM

Valmorel.

VALMOREL ★★

Valmorel et les vallées d'Aigueblanche offrent un paysage montagneux diversifié, idéal pour les passionnés de nature intacte. Valmorel incarne l'essence de la vie en montagne, avec ses chalets pittoresques en pierre et bois, ses toitures en lauze et ses façades en trompe-l'œil qui se fondent harmonieusement dans le décor sauvage. Le vaste domaine de Valmorel, s'étendant sur 3 600 hectares et culminant entre 1 250 et 2 550 mètres d'altitude, dévoile sa splendeur aux observateurs attentifs. Les 165 km de pistes, 4 zones freeride et les multiples parcours pour novices combleront les skieurs de tous horizons. Située au pied du massif du Cheval Noir, Valmorel séduit par son caractère unique mêlant tradition et modernité. Le cœur de la station est une rue piétonne enneigée où les promeneurs règnent en maîtres. Les bâtiments, limités à quatre étages, les petites places et les parkings couverts témoignent d'une intégration réussie dans l'environnement montagnard. Valmorel est également parfaite pour le ski en accès direct, grâce à ses remontées mécaniques aisément accessibles. L'été à Valmorel est tout aussi plaisant, offrant une variété d'activités exceptionnelles, comme le VTT, la randonnée, les parcours d'accrobranche, la piscine et le bike park, grâce à son altitude et à son relief. Contrairement aux stations plus élevées, Valmorel est entourée de forêts et de prairies, abritant des troupeaux de moutons et des sentiers adaptés à tous les niveaux d'expérience.

STATION DE SKI DE VALMOREL

✆ 04 79 09 85 55

www.valmorel.com

De décembre à avril, tous les jours de 9h à 12h30 et de 15h30 à 19h. En été du 02/07 au 28/08/22.

Le vaste territoire du Grand Domaine propose un éventail varié de pistes pour satisfaire les skieurs de tous niveaux, allant des forêts enchanteresses aux prairies paisibles et aux montagnes escarpées. Les débutants peuvent aisément s'aventurer sur le Col de la Madeleine grâce aux pistes bleues. Quant aux amateurs de ski hors-piste et de randonnée, ils trouveront leur bonheur au cœur de panoramas époustouflants mêlant sapins et sommets montagneux.

SAVOIE

BOURG-SAINT-MAURICE ★

Bourg-Saint-Maurice, une ville comptant 8 000 résidents, est fréquemment désignée comme la « Capitale de Haute-Tarentaise » grâce à ses multiples activités hivernales et estivales. L'hiver, les passionnés de sports d'hiver peuvent se rendre aux Arcs pour pratiquer le ski alpin, le snowboard, le ski de fond, les raquettes et assister à des événements tels que la coupe du monde de ski, les championnats de France de Kilomètre Lancé et de ski joëring (ski attelé). L'été offre également diverses activités, comme le golf, la natation, le cyclotourisme, le tennis, le VTT, le tir à l'arc, ainsi que des randonnées en montagne, grâce à la proximité de la ville avec des cols alpins majeurs comme l'Iseran, le Roselend et le Petit-Saint-Bernard. Bourg-Saint-Maurice est également une étape clé de l'Ultra-Trail du Mont-Blanc® que l'on appelle aussi l'UTMB et de la Trace des Ducs de Savoie ou TDS. Les amateurs de sports nautiques peuvent profiter du centre international d'eaux vives de la ville, qui accueille des compétitions de canoë-kayak de haut niveau. De plus, la ville offre de nombreux services publics, tels que des écoles, un collège, un lycée, un hôpital, une halte-garderie, un relais assistantes maternelles, une ludothèque, une médiathèque, un cinéma, un foyer-logement, une maison de retraite, une vie associative dynamique et un patrimoine important. En tant qu'ancienne cité militaire, Bourg-Saint-Maurice a hébergé le 7e Bataillon de Chasseurs Alpins (BCA) pendant de nombreuses années.

MAISON DE LA POMME

La Chal Hauteville Gondon
✆ 04 79 07 18 58
www.hautetarentaise.fr
Ouverture toute l'année, tous les jours de 8h30 à 17h30. Gratuit.

Deux bâtiments rénovés hébergent un broyeur d'époque, un atelier traditionnel de production de jus, des panneaux d'information, des outils et un film de 20 minutes sur la conservation des variétés de fruits et des vergers anciens, ainsi qu'un petit verger conservatoire. Une brochure est disponible pour explorer les vergers et le terroir du village de La Chal en suivant un sentier balisé. Les vergers de la Tarentaise sont un patrimoine important, un réservoir génétique et un écosystème fascinant pour les arbres fruitiers et autres espèces.

MUSÉE DES MINÉRAUX ★

82, avenue Maréchal Leclerc
✆ 04 79 07 12 74
Ouvert l'été. Visite sur demande.

Une très belle collection minérale à découvrir, dont les pièces proviennent de la région de Bourg-Saint-Maurice et du massif du Mont-Blanc. Certaines d'entre elles sont particulièrement remarquables telles que ces imposantes épidotes avec byssolite ou même certains fossiles : une ammonite géante, un trilobite et une ammonite cristallière. Sédiments, roches volcaniques, quartz gris, tout le monde s'amusera à contempler ces magnifiques pierres. Le musée des minéraux est une source de connaissance non négligeable et un premier pas vers l'apprentissage de la géologie.

Bourg-Saint-Maurice.

HÔTEL LA PETITE AUBERGE €

Chemin du Reverset
✆ 04 79 07 37 11
11 chambres. Chambre double de 49 € à 69 €. Petit déjeuner : 7 €. Wifi gratuit. Restauration.

La Petite Auberge est une maison familiale authentique, située à 10 min à pied du centre-ville et à deux pas du funiculaire des Arcs. L'accueil y est bienveillant et chaleureux, les chambres sont simples et fonctionnelles, l'environnement est reposant, avec un jardin bordé de champs et une vue imprenable sur les montagnes environnantes. Dirigé par un couple d'Anglais, Robin et Becky, l'hôtel est très sympathique et accueille de la meilleure des manières tous types de touristes ! Ne passez surtout pas à côté du petit-déjeuner, un pur délice.

BELLIOU LA FUMÉE €€

✆ 04 79 07 29 13
www.bellioulafumee.fr
Tous les jours le midi, le vendredi de 19h à 21h. Réservation recommandée. Menus de 30 à 100 €.

Le chalet Belliou La Fumée, construit en pierre et en bois, est un site emblématique de la station des Arcs, considéré comme une institution. Situé au fond de la vallée de l'Arc, il est aisé d'y accéder en voiture depuis Arc 2000, grâce à un parking disponible. L'accès est également possible par la navette interstations, en descendant à l'arrêt Pré Saint-Esprit. Le chalet se trouve au pied des pistes et des télésièges. Vous pourrez savourer une cuisine généreuse et délicieuse dans ce restaurant, que ce soit au coin du feu ou sur sa terrasse.

L'ANGIVAL** €€

90, rue Jean-Moulin
✆ 04 79 07 27 97
www.angival.com
Ouvert toute l'année. 15 chambres. Chambre double à partir de 87 €. Location appartement.

Un hôtel au cœur de Bourg-Saint-Maurice qui profite du calme et du soleil. La terrasse et les balcons des chambres offrent détente appréciée. On aime son côté tyrolien avec les fleurs aux balcons et la façade claire. Entièrement rénové, il apporte tout le confort pour une nuit reposante. Des chambres sont mises à disposition pour accueillir toute la famille. Le petit déjeuner est un buffet bien copieux afin de démarrer la journée de bon pied. Vous aurez l'occasion de louer un appartement en groupe, jusqu'à huit personnes. Un lieu charmant et une équipe au top.

LE MONTAGNOLE €€

26, avenue du Stade
✆ 04 79 07 11 52
www.restaurantlemontagnole.com
Ouvert du mercredi au dimanche le midi et du mercredi au lundi le soir. Formules à 16 €, 20,50 € et 28 €.

Depuis sa création en 1989, Le Montagnole est devenu une véritable institution à Bourg-Saint-Maurice. Des recettes épicées, osées et toujours colorées ont été ramenées par Eric et ses compagnons de voyage de leur séjour en Angleterre. Depuis trois ans, la cuisine a également intégré des plats bio et végans qui surprendront les convives. La carte est en constante évolution selon les produits de saison et la majorité des ingrédients sont sourcés auprès de trois fournisseurs locaux de confiance : La Terre Ferme, Fred Limbarinu, La Ferme de Rullier et Bio Coop.

HUTTOPIA BOURG-SAINT-MAURICE*** €€

Route des Arcs ✆ 04 37 64 22 35
https://europe.huttopia.com
Ouvert mi-déc à avril et fin mai à fin septembre. Emplacement nature à partir de 183 €, chalet 900 € la semaine pour 6.

Le Camping Huttopia Bourg-Saint-Maurice est idéalement situé sur la route des Arcs, à proximité des célèbres stations de la Haute-Tarentaise. Au programme : randonnées, activités plein air et panoramas magnifiques. Le camping dispose d'une piscine et d'une terrasse pour se détendre, vous pourrez également explorer le col du Petit-Saint-Bernard et les itinéraires cyclables à proximité. Les lits confortables vous accueilleront après une journée passée à explorer le Parc de la Vanoise.

L'ARSSIBAN €€€

253, avenue Antoine Borrel
✆ 04 79 07 77 35
Ouvert du mardi au dimanche le midi, mardi et du jeudi au samedi le soir. Formule : 29,50 €. Terrasse. Espace jeux.

A 5 minutes à pied de la gare de Bourg-Saint-Maurice, le restaurant l'Arssiban est devenu un incontournable de la ville grâce au talent de son chef. La façade de bois et de pierre apporte une ambiance toute savoyarde, alors que la terrasse est une invitation gourmande. La cuisine élaborée à partir de produits frais est faite maison, y compris les petits pains ! Savoureux et gourmand, les plats et recettes tiennent compte des saisons. Menu sympathique et service irréprochable. Un bel endroit où l'on mange bien. Parfait pour passer un bon moment.

ARC AVENTURES

Pont des Raves
✆ 04 79 07 60 00
www.arc-aventures.com
Ouvert toute l'année. Saison hiver et été.

Arc Aventures est la référence pour l'aventure aux Arcs et à Bourg Saint Maurice, en été comme en hiver. L'école de ski internationale Arc Aventures est située à Arc 1800, dans le village des Villards, à proximité des pistes des Tournavelles. Les moniteurs et monitrices spécialisés proposent une expérience complète des sports de glisse et de montagne pour tous, du débutant à l'expert, pour le ski, le snowboard, le hors-piste, le freeride, le ski de randonnée, les balades en raquettes ou le handiski. Venez passer des moments mémorables aux Arcs avec des passionnés.

MONTVALEZAN

Située dans la magnifique région de la Haute-Tarentaise en Savoie, Montvalezan est une charmante commune pittoresque qui abrite la célèbre station de ski de La Rosière et 44 hameaux authentiques. Avec une population stable de 705 résidents permanents, la vie y est paisible et agréable pour les habitants de cette station familiale. La station de La Rosière offre une vue imprenable sur les montagnes environnantes et l'Espace San Bernardo, un vaste domaine skiable franco-italien qui s'étend sur plus de 160 kilomètres de pistes. La région dispose d'une capacité d'accueil touristique considérable, avec plus de 13 000 lits disponibles, principalement dans la station de La Rosière-Espace San Bernardo, offrant aux visiteurs un séjour agréable. Le cœur de Montvalezan se trouve autour de sa mairie, située au centre du village historique, qui était autrefois le plus animé de la région. Cette mairie abrite un ensemble paroissial composé d'une tour, d'un presbytère et de l'église Saint-Jean-Baptiste, un monument historique classé. La tour, construite en 1674 en tant qu'annexe de l'Hospice du Petit-Saint-Bernard, est ouverte aux visiteurs, tout comme l'église Saint-Jean-Baptiste. Montvalezan possède 14 chapelles qui témoignent d'un riche patrimoine religieux local et offrent un aperçu de l'histoire et de la culture de cette région. Ces chapelles ont été construites par les ancêtres des habitants pour exprimer leur foi profonde et partager leurs souffrances et leurs espoirs.

RESTAURANT L'ANCOLIE €€

758, rue des Eucherts
✆ 04 79 06 86 71
Ouvert saison hiver mi-décembre à fin avril ; saison été fin juin à août. Ouvert du lundi au samedi à partir de 9h.

Perché au sommet des pistes, l'Ancolie offre un véritable refuge paisible en pleine nature, accessible à pied ou à ski. Ce vieux chalet en bois dispose d'une grande terrasse offrant une vue panoramique sur les montagnes et d'un intérieur chaleureux. La cuisine est traditionnelle et conviviale. Parmi les plats à déguster, on trouve le pâté en croûte volaille de la boucherie Magnin, la cuisse de canard confite accompagnée d'un crémeux de champignons, des pommes de terre et de la purée de patate douce, ainsi qu'un dessert de faisselle fermière aux myrtilles.

STATION DE SKI DE LA ROSIÈRE ESPACE SAN BERNARDO

✆ 04 79 06 80 51
www.larosiere.net
Station hiver/été.

Le domaine skiable Espace San Bernardo est le seul en son genre dans les Alpes du Nord, reliant La Rosière en France et La Thuile en Italie depuis 1984. Il est adapté à tous les niveaux de pratique et est renommé pour son enneigement de mi-décembre à fin avril. Grâce à sa proximité avec le Mont-Blanc et le col du Petit-Saint-Bernard, le domaine jouit de conditions météorologiques avantageuses, ce qui le place régulièrement parmi les cinq meilleures destinations enneigées des Alpes.

SAINTE-FOY-TARENTAISE

Située au sein des domaines skiables d'élite de la Tarentaise, Sainte-Foy se démarque en tant que station de ski la plus récente. Son développement est mesuré et elle offre une grande variété d'activités de glisse, loin de l'agitation des grandes stations. C'est un havre secret, partagé entre connaisseurs. Le ski y est exceptionnel, entouré d'un environnement naturel préservé, et l'expérience, inédite, combine luxe discret et services haut de gamme. Avec son hameau protégé, ses maisons à colonnes, ses chapelles et ses chalets en pierre, bois et lauze, Sainte-Foy dispose d'un patrimoine architectural traditionnel reflétant l'authenticité de la montagne.

ÉGLISE DE SAINTE FOY TARENTAISE ✝

✆ 04 79 06 65 12

www.saintefoy.net

Ouvert tous les jours.

La paroisse de Sainte-Marie-Madeleine et de Sainte-Foy fut créée aux alentours de 1100. Son église, qui subit de nombreuses vicissitudes, fut reconstruite en 1719 et encore en 1729. Malheureusement, elle fut endommagée à plusieurs reprises par des glissements de terrain, ainsi que par l'hébergement de troupes révolutionnaires. L'église finit par fermer ses portes en 1922, une nouvelle église fut construite en 1935, mais elle fut remplacée par l'édifice actuel en 1970.

LE MONAL HÔTEL*** €€€

Route de Val d'Isère

✆ 04 79 06 90 07

www.le-monal.com

Ouvert toute l'année. 20 chambres. Chambre double à partir de 100 €. Restauration. Animations.

Hôtel et restaurant, le Monal était en 1888 un relais de diligences. Il a été tenu par la famille Arpin, très connue dans la région, et ce durant cinq générations. Le propriétaire actuel est Yves Marmottan qui dirige le Monal avec sa fille Hélène. Ils souhaitent que l'hôtel perpétue la longue tradition du bien recevoir à la montagne. Idéalement placé, le Monal donne accès à de prestigieux domaines skiables de Tarentaise : Tignes, Val d'Isère, les Arcs, la Rosière (Italie), et Sainte-Foy Tarentaise. Atmosphère chaleureuse et conviviale.

LA MAISON A COLONNES €€

Bon Conseil Dessous

✆ 04 79 06 94 80

Ouvert tous les jours été et hiver. Le soir sur réservation. Au pied du télésiège du Grand Plan. Terrasse.

La Maison à Colonnes, une vieille ferme de 250 ans avec deux colonnes en pierre qui soutiennent la charpente. L'histoire est là, laissant des traces comme à l'intérieur avec ces objets d'un autre temps d'une agriculture bien présente. Le grenier accueillait encore des foins. Le patron nous propose de nous immerger dans son univers gourmand, de profiter de la belle terrasse panoramique et de prendre le temps de manger. En dessert, goûtez le pain perdu à la crème de miel. Bien sûr des spécialités savoyardes. Une adresse conviviale, hors du commun.

AIME-LA-PLAGNE

Située en Savoie, La Plagne est une station de sports d'hiver et d'été prisée par les familles et reconnue internationalement. S'étendant sur une plage d'altitude allant de 1 250 à 3 250 mètres, elle offre un domaine skiable de 225 km adapté à tous les niveaux. Intégrée au domaine Paradiski en 2003, elle est connectée aux stations des Arcs et de Peisey-Vallandry. La Plagne est composée de 10 sous-stations, dont 6 en altitude (Aime-La-Plagne, Belle Plagne, Plagne Soleil, Plagne Bellecôte, Plagne Centre et Plagne 1800) qui se situent au pied des pistes. Les stations sont reliées gratuitement de 8h à minuit, permettant des vacances sans voiture.

BASILIQUE SAINT-MARTIN D'AIME ✝

Avenue de Tarentaise

✆ 04 79 55 67 00

www.la-plagne.com

Juillet et août, tous les jours, sauf dimanche, de 10h à 12h30 et de 14h à 18h. Adulte : 4 €.

La basilique datant du XIe siècle possède une crypte, des fresques et des vestiges d'une église antérieure. Elle abrite également une salle gallo-romaine et des inscriptions latines. Les Romains convoitaient cette vallée pour son microclimat et ses vaches rouges. Après la guerre entre les Romains et les Gaulois, une église fut construite sur les ruines, qui fut emportée par une crue. Elle fut remplacée par l'église du Prieuré Saint-Martin, un chef-d'œuvre de l'art roman de Savoie.

EGLISE SAINT-SIGISMOND ✝

Route de Villaroland

✆ 04 79 55 67 00

www.la-plagne.com

Sous réserve de cérémonies. Toute l'année, tous les jours de 9h à 17h. Accès libre.

Au XVIIe siècle, l'église a été agrandie dans le style baroque, ce qui a provoqué des conflits entre le prêtre et les habitants. Les décorations dorées et polychromes racontent l'histoire religieuse et civile, avec des restaurations effectuées après la Révolution française, qui faisait alors partie du royaume de Piémont-Sardaigne. L'architecture reflète également l'influence néoclassique du XIXe siècle, qui a été réinterprétée après les découvertes de Pompéi. Enfin, les vitraux modernes du XXe siècle et le dernier autel ajoutent une touche contemporaine.

ESPACE ARCHÉOLOGIQUE PIERRE BORRIONE ★

Montée de Saint Sigismond
✆ 04 79 55 67 00
www.la-plagne.com

Visites libres en permanence. Visite guidée sur demande. Adulte : 6 € (visite guidée uniquement).

Un voyage dans le temps du Néolithique à nos jours, ça vous dit ? C'est en tout cas ce que Pierre Borrione, qui fut maire d'Aime et créateur visionnaire du musée, proposait en créant cet espace où outils préhistoriques, mobilier funéraire, architecture gallo-romaine, bijoux, céramiques et monnaies sont présentés au public pour mieux témoigner des premières occupations humaines en Tarentaise et des évolutions de cette occupation. Expositions temporaires l'été.

TOUR MONTMAYEUR

1139, avenue de Tarentaise
✆ 04 79 55 67 00
www.la-plagne.com

Site accessible toute l'année, attention lors de la période hivernale aux conditions d'enneigement. Visite guidée.

Perché sur une crête à une altitude de 800 mètres, avec des falaises abruptes tout autour, un majestueux château à deux tours gouvernait les vallées du Gelon et du Coisin dès le XIIe siècle, ainsi que la route menant à l'Italie par le col du mont Cenis. À l'origine, le château était la propriété des comtes de Savoie et constituait un point stratégique pour la dynastie. Lorsque Jean sans Terre, héritier du trône anglais, a épousé Alix de Savoie en 1173, le château a été inclus dans sa dot. Plus tard, il est devenu la propriété de la famille Montmayeur.

OFFICE DE TOURISME LA PLAGNE VALLÉE

1139, avenue de Tarentaise
✆ 04 79 55 67 00
www.la-plagne.com/

De mi-décembre à juin, du lundi au samedi de 9h à 12h et de 14h à 18h, l'été jusqu'à 18h30.

L'Office de Tourisme de La Plagne Vallée, situé à Aime, est là pour vous aider à profiter au maximum de votre séjour en vous proposant une variété d'animations et d'activités captivantes. Audrey et Justine sont à votre disposition pour vous fournir des informations sur les événements et les activités disponibles en été comme en hiver, dans la vallée et dans la station de La Plagne. L'équipe d'accueil vous aide pour acheter des billets, vous inscrire aux animations, etc.

LA TOURMALINE*** €€€

175, route de la Fortune ✆ 04 79 55 62 93
www.hotel-tourmaline.com

Ouvert toute l'année. 29 chambres. Chambre double de 68 € à 200 €. Restauration. Bain bouillonnant, sauna. Bain suédois.

La Tourmaline, hôtel et spa, offre un accès rapide au domaine de Paradiski, le deuxième plus grand domaine skiable du monde, ce qui fait le bonheur des skieurs et de tous les amoureux de la montagne. Dès l'arrivée des beaux jours, d'autres activités peuvent être envisagées très largement, à commencer par la randonnée. Ambiance chalet de montagne contemporain, chaque chambre combine moderne et ancien, bois et couleurs chaudes. Côté saveurs, les plats sont régionaux, et les ingrédients utilisés locaux. Un espace détente est accessible pour décompresser.

LES AIRELLES €€

175, route de la Fortune
✆ 04 79 55 62 93
www.hotel-tourmaline.com

Ouvert toute l'année. Tous les jours le midi et le soir. Menu soir : 28 €.

Le restaurant Les Airelles, niché au sein de l'hôtel, vous plonge instantanément dans un cadre chaleureux et typiquement montagnard. Son espace repas, conçu en bois façon chalet, vous immerge immédiatement dans l'atmosphère alpine. Quant à la gastronomie, le chef vous ravira avec des mets authentiques, tels que les rognons de veau entier ou la pièce de faux-filet grillé à la cheminée. Laissez-vous séduire par la diversité des spécialités savoyardes offertes dans ce lieu douillet, parfait pour se réchauffer avant de s'élancer sur les pistes de ski.

BASE DE LOISIRS DE CENTRON

✆ 04 79 09 74 38
www.mairie-montgirod-centron.fr

Toute l'année (conditions météo favorables). Jeux, aires de pique-nique avec barbecues, et snack bar Le Chalet.

La base de loisirs de Centron offre de nombreuses activités pour se détendre en famille ou entre amis, telles qu'un plan d'eau, des jeux pour enfants, des aires de pique-nique avec barbecues, un terrain multisports et un snack-bar. Elle est également un point de départ pour pratiquer des sports d'eaux vives sur les rivières de Savoie et propose des parcours thématiques et d'orientation (botanique, écologique ou géologique) ainsi que le parcours d'orientation dans le village de Centron.

LES ARCS ★★★

Située dans la charmante vallée de la Tarentaise, la célèbre station de ski des Arcs est connue pour être intégrée au deuxième plus grand domaine skiable au monde, Paradiski. Cette station se distingue par son architecture novatrice qui allie modernité et intégration harmonieuse dans le paysage montagneux. Cette architecture est le fruit de la collaboration de nombreux architectes et designers talentueux. Les Arcs sont constitués de cinq villages perchés à différentes altitudes : Arc 2000, Arc 1950, Arc 1800, Arc 1600 et Bourg-Saint-Maurice. Un funiculaire relie la gare SNCF de Bourg-Saint-Maurice au cœur des Arcs en seulement dix minutes, permettant un accès rapide et spectaculaire.

Sports / Loisirs

Les Arcs représentent une option idéale pour les passionnés de ski en France. Offrant plus de 100 pistes adaptées à tous les niveaux et couvrant jusqu'à 200 km de pistes balisées, le domaine skiable des Arcs figure parmi les plus étendus du pays, avec plus de 60 remontées mécaniques à disposition. Il présente également l'un des dénivelés les plus importants d'Europe, atteignant 2026 mètres d'altitude. En choisissant le forfait Paradiski, les skieurs bénéficient d'un accès aux pistes de la Plagne grâce au téléphérique Vanoise Express, doublant ainsi l'espace de ski à 425 km. Cette expérience unique permet aux skieurs de tous niveaux d'explorer des pistes sans fin et de profiter de vues spectaculaires sur les Alpes françaises.

LA PASSERELLE DE L'AIGUILLE ROUGE

✆ 04 79 07 12 57

Accès par le téléphérique de l'Aiguille rouge.

La passerelle de l'Aiguille Rouge, accessible par le téléphérique du même nom, offre une vue imprenable sur les Alpes à 3 226 mètres et sur la Réserve naturelle nationale des Hauts de Villaroger. Elle mesure plusieurs dizaines de mètres, est équipée d'un garde-corps en verre et accessible à tous gratuitement. Un parcours pédagogique a été aménagé en partenariat avec l'ONF pour sensibiliser les visiteurs aux richesses naturelles de la réserve. Sensations garanties !

OFFICE DE TOURISME D'ARC 1800

Arc 1800

✆ 04 79 07 12 57

www.lesarcs.com

Ouverture juillet-août : du lundi au vendredi 9h-12h30/13h30-19h. Week-end 9h-19h de mi-décembre à fin avril.

Les conseillers en séjour sont à votre disposition pour vous offrir des vacances agréables et personnalisées. Ils vous accueillent avec convivialité et bienveillance et vous fournissent un maximum d'informations adaptées à vos besoins. Le service d'accueil est là pour vous guider dans le choix des activités outdoor, des itinéraires de balades en fonction de vos attentes, des visites guidées accessibles gratuitement ou moyennant paiement, de baby-sitters, etc.

LA CABANE DES NEIGES €€

Place basse des Villards

✆ 06 62 06 21 13

Ouvert tous les jours en saison hiver et été. Réservation impérative. Menus de 21 € à 35 €. Terrasse. Animations.

A l'étage, fausse cheminée, pierres et bois et un joli luminaire contemporain. Dans les 2 salles, vous naviguez entre la Savoie et le Sud-Ouest, toujours dans les bons produits du terroir : la raclette et le confit. Pour les amateurs, fondue, tartiflette, mais aussi cassoulet, foie gras poêlé aux myrtilles. On adore le dynamisme de la patronne et de ses serveuses, leur humour tout en étant professionnelles et attentionnées. Alexandre est au fourneau. On passe un excellent moment aux Arcs dans cet endroit plein de charme. C'est une franche réussite. On recommande !

BUREAU DES GUIDES DES ARCS

Place Miravidi ✆ 06 58 16 07 94

www.guidesdesarcs.com

L'été. Arc 1800 : Chalet de l'ESF, Les Villard et Arc 1600 : chez Christina Sport. Tous les jours 10h-12h et 14h-18h.

Les experts locaux vous guident à travers les merveilles cachées, offrant des expériences hivernales telles que le ski hors-piste, la randonnée à ski et le splitboard, ou des aventures estivales telles que l'alpinisme, la randonnée, etc. Les familles peuvent s'adonner à des activités exaltantes comme l'escalade et le canyoning, créant des souvenirs impérissables. Pour les esprits compétitifs, des courses mettent à l'épreuve vos capacités dans des paysages époustouflants.

LA LÉCHÈRE

Située en plein cœur des Alpes savoyardes, la charmante bourgade de La Léchère offre des vues à couper le souffle sur les montagnes environnantes, rivalisant avec les villages de Cevins et Saint-Paul-sur-Isère. Depuis le XIIe siècle, cette station thermale est devenue une destination incontournable dans la moyenne Tarentaise, grâce à l'agriculture, l'élevage et la proximité de célèbres stations de ski. La fusion de six villes dans les années 1970 a permis à La Léchère de devenir une ville prospère, qui attire aujourd'hui des visiteurs du monde entier grâce à son environnement naturel exceptionnel et à ses équipements modernes de détente et de loisirs.

ESPACE MUSÉOGRAPHIQUE AQUACALIDA

Rive droite village 92
✆ 04 79 22 33 29
www.aquacalida.fr

Début avril à mi-octobre, tous les mardis et jeudis de 14h30 à 17h. Gratuit.

La Léchère propose à travers son espace dédié une découverte ludique des eaux thermales, de la géothermie et des énergies renouvelables. On y découvre l'histoire locale, car depuis 1859 le thermalisme a fortement contribué au développement touristique et économique de la commune. Vous pourrez aussi savoir pourquoi ces eaux sont bénéfiques pour la peau et pour la santé. Des visites guidées de la station thermale et de l'espace Aquacalida sont organisées.

ÉGLISE SAINT-ANDRÉ

Doucy
✆ 04 79 22 52 44

Juillet-août, tous les mercredis et dimanches de 14h à 18h.

Cette église-halle était sous l'autorité de la prévôté de Saint-Gilles-de-Verrès, située en Val d'Aoste, jusqu'au milieu du XVe siècle. En 1859, les frères Artari, des peintres valdôtains, ont enrichi l'édifice avec une décoration représentant les quatre évangélistes entourés de quatre prophètes dans la nef centrale. Le retable principal, réalisé en 1698 par Jacques Clérant et Claude Marin, inclut une œuvre dépeignant le martyre de saint André. Des tableaux ornent les nefs latérales. Le Retable du Rosaire, de Jacques Clérant et d'un artiste inconnu, date de 1708.

REFUGE LE NANT DU BEURRE €

Grand-Naves
✆ 06 82 70 26 99
www.refugedunantdubeurre.fr

Refuge gardé hiver et été. Nuitée : à partir de 20 €. Demi-pension à partir de 47 €. 38 couchages (8 dortoirs).

Situé sur la face ensoleillée du massif du Beaufortain, accessible depuis la vallée de la Tarentaise, ce refuge se trouve à 2 080 mètres d'altitude. Parfait pour se restaurer durant la journée, il offre 38 couchages pour passer la nuit. Bien que cet abri ne soit pas classé comme haute montagne, il est niché dans un environnement sauvage et unique de la Tarentaise. C'est entre ciel et terre que ce lieu idéal vous accueille pour laisser derrière vous la vallée, son bruit et ses téléphones, et ainsi vous plonger la tête la première dans la nature.

ÉGLISE SAINT-PIERRE

✆ 04 79 22 52 44

Ouverture uniquement sur demande, selon disponibilités.

La façade austère d'un portail avec une niche contenant la statue de saint Pierre portant la tiare, ainsi qu'un cœur sur la clef de l'arc qui affiche la date de 1673. La restauration a révélé et reproduit un décor floral sur les nefs, mais les voûtes restent sans décor. Le retable majeur, œuvre de J.-M. Molino, est harmonieux et représente l'Assomption de la Vierge. Les retables de saint Antoine et du Rosaire ont des similitudes, avec des couleurs plus vives pour le premier et des cartouches illustrant la vie de Marie et Jésus pour le second.

LA CABRIÈRE** €€

Château Feuillet
✆ 04 79 22 63 04
lacabriere.com

44 chambres. Chambre double de 66 € à 80 €. Petit déjeuner : 9 €. Bar. Wifi gratuit.

Entre stations de ski et station thermale, une adresse toutes saisons. Côté restaurant, une cuisine maison simple et copieuse, élaborée à partir de produits régionaux et de saison, une ambiance bonne franquette sans prétention au niveau de la déco mais d'un bon rapport qualité-prix. On s'est fait plaisir sur le burger savoyard et le plaisir était intense. L'établissement est situé en face de la station thermale et proche de la rivière. Le petit plus, l'hôtel a fait peau neuve récemment, ce qui a permis d'améliorer le confort et l'intimité des chambres.

LA PLAGNE TARENTAISE

La Plagne Tarentaise est une grande région nichée dans la vallée de la Tarentaise sur le versant ensoleillé du Beaufortain, regroupant des communes qui soutiennent la célèbre station de La Plagne. Cette région comprend Macôt, La Plagne et Bellentre. En explorant ce territoire, vous serez ébloui par la vue du mont Pourri et pourrez découvrir des bâtiments historiques et religieux, tels que l'église Saint-Laurent, des anciennes bâtisses, une vieille fruitière et une école d'antan. La Plagne Tarentaise est un lieu idyllique pour les amateurs de randonnée, d'escalade, de via ferrata, de rafting et de parapente, grâce à son cadre naturel exceptionnel.

Sports / Loisirs

Le domaine skiable de la Grande Plagne offre une vaste superficie de 225 km de pistes s'étendant de 1 250 m à 3 250 m d'altitude, avec un choix impressionnant d'activités de ski, notamment le ski acrobatique, nocturne, freeride et nordique. De plus, le domaine Paradiski® ajoute encore plus d'options avec un total de 425 km de pistes skiables. Les stations-villages à différentes altitudes permettent de pratiquer une variété de styles de ski pour tous les niveaux. Pendant l'été, vous profiterez de la randonnée sur des sentiers balisés adaptés à tous les niveaux, un Bike Park comprenant des zones de jeux électroniques, des circuits, des montées et surtout des descentes pour les passionnés de VTT, de trail, de via ferrata etc...

ÉGLISE SAINT-FRANÇOIS-DE-SALES

Valezan

✆ 04 79 07 66 41

En juillet et août, tous les mercredis de 15h30 à 17h30. Accès libre.

Cette église remarquable fait partie des Chemins du Baroque®. Édifiée entre 1727 et 1730, l'église Saint-François-de-Sales se situe à Valezan. À l'intérieur, le retable majeur met en valeur un tabernacle en bois doré rapporté d'Italie par un des desservants de la paroisse. On y trouve également de très belles choses, comme la magnifique statue de bois datant du XVIIIe siècle figurant Notre-Dame-de-l'Allée, ainsi qu'une superbe poutre signifiant l'entrée du chœur.

OFFICE DE TOURISME LA PLAGNE MONTALBERT

✆ 04 79 09 77 33

www.montalbert.com

Haute saison : tous les jours de 9h à 12h et de 14h à 18h30. Autres saisons, se renseigner mais souvent ouvert le matin

Tous les jours, Angélina et Louise seront présentes à l'office de tourisme pour répondre à toutes vos questions et assurer que votre séjour soit le plus agréable possible. Elles offriront leur aide pour vos bagages, le service de pharmacie, les objets perdus, le prêt de matériel, la documentation sur les alentours de la station, l'inscription aux animations, la vente de billets de bus pour aller à la gare d'Aime, ainsi que pour la réservation et la vente de vos activités été et hiver.

SAVOIE

Coucher de soleil sur La Plagne Tarentaise.

ARAUCARIA HÔTEL & SPA**** €€€

Plagne-centre
✆ 04 58 24 11 11
www.araucaria-hotel.com

Ouvert en été et en hiver. 84 chambres. Chambre double à partir de 140 €. Restauration. Spa.

L'hôtel Araucaria est situé sur le domaine de Paradiski au pied des pistes d'un des plus grands domaines skiables de France et du monde. Un espace détente de 450 m² qui ne plaisante pas avec le concept de bien-être conjugué sur tous les modes par Nuxe : tepidarium, ice-room, sauna, couloir hydromassant, piscine, espace relaxation, un restaurant pour des dîners avec cuisine à thème, la proximité des commerces et de l'école de ski. Grand confort et bien-être.

LE DOU DU PRAZ €€

Route de la Plagne
https://www.ledoudupraz.com/

Du 10 juillet au 28 août et du 10 décembre au 28 avril. Ouvert tous les jours de 9h jusqu´à 18h. carte : 35-40 €.

Le restaurant se distingue par sa cuisine traditionnelle mettant en avant les délices savoyards et les mets classiques. Les viandes proviennent de producteurs français et les spécialités savoyardes sont élaborées à partir de fromages locaux. Les vins viennent de vignerons récoltants, souvent produits en biodynamie. Ne passez pas à côté des succulents couteaux persillés et du savoureux tartare italien, parfaitement préparé. Outre la qualité des plats, l'atmosphère agréable et le personnel chaleureux font de ce restaurant un incontournable à La Plagne.

A TAVOLA ! €€

rue de la gaité
✆ 06 20 34 37 13

Du 10/12/2022 au 29/04/2023, tous les jours à 17h. Du 01/07 au 02/09/2023, tous les jours. Carte : 35-40 €.

A Tavola ! est un restaurant italien qui se démarque en important la plupart de ses produits directement d'Italie, soigneusement sélectionnés. Les clients sont accueillis avec amabilité et l'atmosphère devient de plus en plus chaleureuse au fil du repas. Pour commencer, le gravlax de saumon est délicieusement assaisonné. La pizza à la truffe est exceptionnelle, avec un goût prononcé de truffe. La carte des vins est bien assortie aux plats copieux. Ce restaurant est un choix idéal pour ceux qui cherchent à vivre une expérience culinaire italienne à La Plagne.

UNION €€€

Immeuble Le Signal ✆ 04 79 55 51 07
www.unionmontalbert.com

Ouvert en saison du mardi au samedi midi et soir, dimanches midi. Carte : 45 €. Menu dégustation : 65 €. Terrasse.

L'union fait la force : Philip Howard, chef anglais étoilé, et Martin Cuchet, sportif de haut niveau, l'ont bien compris en ouvrant un restaurant au cœur de Plagne-Montalbert. Une cuisine gastronomique et moderne est proposée avec raffinement. Les visiteurs avec ou sans skis se pressent pour retenir leur table. Entre clin d'œil aux saveurs du terroir et inventivité aux accents anglais, les associations sont parfois surprenantes, offrent un dépaysement et donnent à découvrir des parfums subtils. On aime les plats à partager. Expérience gourmande convaincante.

BOULANGERIE MONTMAYEUR

68, rue du refuge
https://www.boulangeriedelaplagne.com/

De décembre à avril et de juillet à août. Ouvert tous les jours de 7h à 13h30 et de 15h à 19h30.

Depuis près d'un demi-siècle, la Boulangerie Montayeur, mieux connue sous le nom de la Boulangerie de la Plagne, s'efforce de satisfaire les palais les plus exigeants en proposant une offre de qualité adaptée aux saisons. Les produits artisanaux, préparés sur place avec passion, garantissent une expérience gustative unique. Que ce soit pour savourer un pain croustillant, une pâtisserie fondante ou un sandwich gourmand, vous trouverez forcément votre bonheur parmi la large sélection proposée. N'oubliez pas de goûtez à la tarte aux myrtilles !

DOMAINE SKIABLE LA PLAGNE

Station
http://www.la-plagne.com

Station hiver.

Le domaine skiable de La Plagne est un véritable eldorado pour les passionnés de ski, avec des pistes à perte de vue offrant des vues à couper le souffle, allant des majestueuses forêts aux glaciers étincelants. Paradiski® propose une expérience unique de ski avec pas moins de 425 kilomètres de pistes, dont 70 % se situent au-dessus de 2 000 mètres d'altitude et 22 % en forêt, garantissant une variété incroyable de parcours. Un domaine skiable exceptionnel pour tous.

SAVOIE

PISTE OLYMPIQUE DE BOBSLEIGH

La Roche ✆ 04 79 08 82 23
http://bobsleigh.la-plagne.com
Ouvert de mi-décembre à début avril. Selon ouverture station. Bob Raft 49 €/pers. Réserver son horaire.

La piste de bobsleigh et de skeleton de La Plagne est célèbre en France et se situe sous Plagne 1800. Cette tradition de bobsleigh sur route remonte à l'époque où la station n'était pas encore une destination de ski. Lors des Jeux olympiques d'Albertville en 1992, La Plagne a été choisie pour accueillir l'épreuve olympique de bobsleigh, renforçant la passion des habitants pour ce sport. Depuis, l'équipe a créé des engins de descente uniques au monde pour les visiteurs.

STATION DE SKI LA PLAGNE MONTCHAVIN-LES COCHES

✆ 04 79 07 82 82
www.montchavin-la-plagne.com
Station ouverte de mi-décembre à mi-avril.

Montchavin-Les Coches est une charmante station arborant le label « Famille Plus », située face au majestueux Mont-Blanc. Le site se compose de deux parties : Montchavin, un pittoresque village perché à 1 250 m d'altitude, et Les Coches, niché un peu plus haut à 1 450 m. La télécabine des Coches les relie, fonctionnant sans interruption été comme hiver. Montchavin, avec ses chalets traditionnels en bois et en pierre, sa ferme en activité, a su conserver l'authenticité savoyarde.

PEISEY-NANCROIX

Situées sur des terrasses avec une vue panoramique sur la vallée de Peisey-Nancroix, les stations de ski de Plan Peisey et Vallandry sont rassemblées sous le nom de Peisey Vallandry et se trouvent à proximité immédiate du domaine skiable des Arcs - Peisey Vallandry. Plan Peisey, située à 1 650 m d'altitude, est une station tranquille offrant des bâtiments traditionnels soigneusement restaurés, des résidences de petite taille et des chalets de montagne contemporains. Les services de la station sont regroupés autour de petites places à quelques pas des pistes, ce qui convient parfaitement à ceux qui cherchent une station de ski facilement accessible.

PALAIS DE LA MINE

Centre nordique de Pont Baudin
✆ 06 14 94 49 76 2
Ouvert toute l'année, tous les jours. Visites libres. Visites guidées de mai à novembre. Animations.

Le Palais de la Mine est un espace dédié aux mines de plomb et d'argent datant des XVIIIe et XIXe siècles. Le Mont-d'Argent, tel était le nom de la commune de Peisey à cette époque. Un sentier muséographique permet de suivre cette étonnante histoire et de découvrir certains vestiges témoignant des installations permettant d'extraire ces précieux minerais. Sentier muséographique accessible librement, animation pour les enfants et sorties thématiques ponctuelles sont proposées. Il suffit de s'adresser à l'office de tourisme pour en savoir plus.

REFUGE DU MONT POURRI €

Refuge du Mont Pourri
✆ 04 79 07 90 43
https://refugedumontpourri.ffcam.fr
Période de gardiennage : Mi-juin à mi-septembre. Capacité 52.Adultes 20 €. Jeunes 8-18 ans 11 €.

Situé à la lisière nord du Parc national de la Vanoise, le refuge offre une vue époustouflante sur le mont Pourri, qui s'élève à 3 779 mètres et constitue le troisième sommet le plus élevé de Savoie. Perché au-dessus de la vallée de la Tarentaise et de Bourg-Saint-Maurice, ce havre de paix accueille les randonneurs, skieurs et alpinistes explorant le massif du mont Pourri ou désireux de conquérir son sommet. Le gardien et son équipe chaleureuse sont impatients de vous offrir une expérience mémorable et de vous ravir avec leur cuisine renommée.

LA VANOISE*** €€€

Plan Peisey
✆ 04 79 07 92 19
www.hotel-la-vanoise.com
Ouvert juillet/août et mi-décembre à avril. 32 chambres. Chambre double demi-pension de 118 à 132 €. Restauration. Spa.

L'hôtel de la Vanoise se situe au départ des remontées mécaniques. Un très beau panorama s'offre à vous, le Versant du Soleil, Bellecôte et votre regard rencontre les pistes de ski. Un hôtel plein de charme où les balcons s'ouvrent sur les montagnes. Les chambres sont rénovées et offrent le confort, dans un décor de bois blond. Un bar vous attend avec un joli salon et sa cheminée. 400 m² de bien-être. Piscine extérieure chauffée pour l'été. Cuisine traditionnelle faite maison. L'accueil est chaleureux et professionnel. Un très bel établissement !

SAVOIE

LE SOLAN D'ANIATHAZZE €€

Plan Peisey
✆ 04 79 07 15 06
www.lesolandaniathazze.fr
Haute saison : ouvert tous les jours le midi et le soir. Menu enfant : 12 €. Formule du midi : 21 €.

La brasserie Solan séduit par son charme et son authenticité, offrant de spacieuses terrasses extérieures et une élégante cheminée en pierre à l'intérieur qui renforce son caractère unique. Côté gastronomie, vous pourrez choisir les mets montagnards traditionnels ou des plats plus sophistiqués tels que la tarte aux pommes revisitée ou le savoureux baba au rhum. De nombreux produits faits maison y sont proposés, comme la brioche et les pizzas, préparés sur place avec des ingrédients frais. Une expérience culinaire à la fois festive et gourmande vous attend !

LA BERGERIE DE RAPHAEL €€€

Le Vieux Village
✆ 04 79 07 94 95
www.labergeriederaphael.com
Ouvert en été et en hiver. Du mercredi au samedi. Carte : 35 € environ. Réservation préférable.

Avec sa vue imprenable sur les montagnes et son ambiance chaleureuse, ce charmant établissement typiquement savoyard nous transporte dans une atmosphère d'autrefois. En ce qui concerne la cuisine, vous pourrez savourer des plats délicieux et copieux tels que l'Œuf cocotte en brioche au foie gras et morilles, ainsi qu'un Carré de cerf au vin de mûre servi avec une mousseline de butternut, des cèpes, une compotée de chou rouge et un gratin dauphinois. Des soirées et des événements sont également organisés, mais il est conseillé de réserver à l'avance.

H2O RAFTING

Espace loisirs du Perrey
LANDRY
✆ 04 79 07 97 21
h2o-rafting.com
Ouvert toute l'année. Tous les jours. Réservation en ligne.

Le centre H2O est un véritable joyau niché sur les rives de la Haute-Isère, bénéficiant d'une situation géographique idéale pour les amateurs d'activités nautiques. Les forfaits et packs proposés pour les familles, les groupes et les individus offrent une variété d'activités excitantes telles que le kayak, le rafting, l'hydrospeed et l'escalade, que vous soyez novice ou expérimenté. Le centre propose également des activités exclusives comme le baby-raft, l'E-Mountain scoot et le kayak tandem. Des activités pour enfants de 3 à 8 ans sont proposées.

CHAMPAGNY-EN-VANOISE ★★

Champagny-en-Vanoise, un village de montagne situé dans la vallée de la Tarentaise en Savoie, est une destination touristique de choix pour les amateurs de sports d'hiver et d'été. Le village est un vrai bijou avec ses charmants hameaux traditionnels en bois et en pierre, qui ajoutent à son caractère authentique et à sa culture unique. En tant que « porte d'entrée » du Parc National de la Vanoise, les amateurs de randonnée seront comblés avec de nombreuses options pour partir explorer les environs.

Mais la véritable vedette de la région est sans aucun doute son domaine skiable de renommée mondiale. La station touristique a connu une croissance progressive au fil des ans, offrant aujourd'hui des équipements modernes et une grande variété d'activités pour les visiteurs en toute saison.

Le domaine skiable de La Plagne, dont fait partie Champagny-en-Vanoise, s'étend sur des kilomètres de pistes de ski labellisées « 4 Nordiques ». Avec une altitude moyenne de 1 500 mètres, les zones skiables sont parfaites pour tous les niveaux de skieurs. Le village de Champagny, situé à environ 1 200 mètres d'altitude, offre aux visiteurs une expérience authentique de la culture savoyarde. La zone du Vallon de Champagny-le-Haut, située à 1 500 mètres d'altitude, ressemble à un véritable paradis pour les activités nordiques, avec une multitude d'options telles que la luge, le ski de fond ou l'escalade sur glace. Les sommets de la Grande Motte et de la Grande Casse font guise de toile de fond.

Champagny-en-Vanoise.

SAVOIE

EGLISE SAINT-SIGISMOND ★

Villard dessous

✆ 04 79 55 06 55

Ouvert de fin juin à fin août de 15h à 18h30. Fermé le lundi. Parking.

La magnifique église Saint-Sigismond est un véritable joyau baroque, avec un tabernacle doré étincelant entouré d'une multitude d'adorables angelots et un remarquable retable du XVIIIe siècle richement orné d'angelots. Dans la nef latérale droite, un autre retable datant du XVIIe siècle, le célèbre Retable du Rosaire, est encadré par deux colonnes magnifiquement décorées de cariatides, surmonté d'un saisissant haut-relief représentant l'Assomption de la Vierge. Et comme une cerise sur le gâteau, des anges acrobatiques ajoutent une touche de fantaisie à l'ensemble.

OFFICE DE TOURISME CHAMPAGNY-EN-VANOISE

le Centre

✆ 04 79 55 06 55

www.champagny.com

Été, tous les jours de 9h à 12h30 et de 14h30 à 18h30, l'hiver toute la semaine de 9h à 12h30 et de 14h30 à 18h30.

L'office de tourisme est déterminé à rendre votre séjour aussi agréable que possible en vous proposant une panoplie d'activités pour vous divertir. Vous n'aurez pas à vous soucier de l'accès aux logements ou aux services, l'office s'occupe de tout. Si vous souhaitez profiter pleinement de votre séjour, vous pourrez (seulement en été) prendre un forfait pour remontées mécaniques, des billets de transport, des guides pour vos sorties, et de très beaux souvenirs.

ESPACE GLACIALIS ★

Le Bois

✆ 04 79 55 06 55

https://espaceglacialis.fr

Ouverture station (décembre-avril), ouvert du lundi au vendredi de 14h à 18h. Juillet-août : 15h-19h. Fermé le mardi.

Situé dans le charmant vallon de Champagny-le-Haut, à la lisière du Parc national de la Vanoise, cet espace de 200 m² offre une expérience immersive sur les mystères des glaciers. On découvre les secrets de ces géants et des explorateurs courageux qui ont atteint leurs sommets. L'Espace Glacialis utilise des méthodes interactives et ludiques pour nous immerger dans l'univers scientifique et humain des glaciers, qui protègent la biodiversité montagnarde et ont bien plus à offrir. Les passionnés d'histoire naturelle et culturelle seront transportés.

REFUGE DU LAISONNAY €

Le Laisonnay d'en Haut

✆ 06 08 54 34 61

www.laisonnay.com

Du 18/06 au 04/09. Selon ouverture de la route. Réservation recommandée. Dortoir : 35 €.

Situé à une altitude de 1 560 mètres, ce refuge ne fonctionne que pendant la saison estivale. Cet endroit paisible et pittoresque vous invite à déguster des plats délicieux faits avec amour avant d'aller d'explorer les nombreuses balades qu'il propose. Fortement enraciné dans la région depuis les années 1960, ce refuge familial au cœur des montagnes, connu sous le nom de Laisonnay, est un trésor qui vous séduira avec sa gastronomie exquise et son équipe extraordinaire. Il est important d'appeler avant d'y aller ! Beauté, simplicité et douceur sont au rendez-vous.

ESPACE LOISIRS

Villard-Dessous

✆ 04 79 22 06 75

www.champagny.com

Piscine ouverte tous les jours en juillet et août de 10h-19h30. Gratuit jusqu'à 4 ans. Adulte : 6,50 €. Enfant : 5 €.

Au sein de l'Espace Loisirs, découvrez la piscine à 28 °C, dotée d'un toit rétractable. Elle offre un grand bassin équipé de deux couloirs de 25 mètres, ainsi qu'un autre bassin adapté pour un public varié. Les plus jeunes peuvent également s'amuser dans la pataugeoire. L'espace spa et détente inclut deux saunas, un hammam, un spa avec bains chauds et un bain froid, ainsi qu'un grand salon détente. Pour une pause gourmande, le snack de la piscine vous propose des plats faits maison salés et sucrés (produits biologiques ou de commerce équitable).

REFUGE DU BOIS €€

Rue Michel Ruffier-Lanche

✆ 04 79 55 05 79

refuge-dubois.vanoise.com

Ouvert tous les jours en été et en hiver. Réservation recommandée. Carte : 22 € environ. Formule midi 21,50 €.

Le Refuge du Bois invite ses convives à savourer des plats savoyards délicieux dans une ambiance chaleureuse pour le déjeuner et le dîner. Situé à une altitude de 1 400 mètres, sa célèbre fondue savoyarde aux cèpes et les diots et pormonniers de Savoie sont parfaits pour se réchauffer en hiver. En été, les salades géantes sont une option rafraîchissante et délicieuse, notamment la salade de chèvre chaud et la spécialité « régal du berger ». Ce lieu magnifique et gourmand est un arrêt incontournable pour les amateurs de cuisine savoyarde.

FRUITIÈRE DE CHAMPAGNY-EN-VANOISE

Place du Centre
✆ 09 67 48 11 26
www.beaufortdesmontagnes.com
Du 15/12 au 28/04, Ouverture tous les jours de 9h45 à 12h15 et de 16h à 19h15. Du 15/06 au 31/08, tous les jours.

Les fromages délicieux de la Coopérative laitière de Moutiers sont fabriqués selon des méthodes ancestrales propres aux montagnes, ce qui les rend exceptionnels et très appréciés sur les étals locaux. Ils offrent une grande variété de choix exquis, notamment l'incomparable beaufort, et sont enrichis par des produits de la région tels que le miel, les vins et les charcuteries. Chaque bouchée de ces fromages célèbre avec ferveur le patrimoine local inestimable.

BUREAU DES GUIDES DE CHAMPAGNY

Espace loisirs
✆ 06 81 30 42 95
http://guides-champagny.fr
En fonction des activités demandées. Les contacter pour informations complètes.

Que vous soyez novice en montagne ou que vous cherchiez à perfectionner vos compétences de montagnard aguerri, voire à approfondir vos connaissances techniques, ne vous inquiétez pas, ces experts de la montagne sont là pour vous accompagner. Leur grande expérience et leur connaissance approfondie de l'environnement montagnard leur permettent de vous offrir un encadrement de haute qualité. Ils ont élaboré un programme sportif adapté. Prêt à l'aventure ?

STATION DE SKI DE CHAMPAGNY-EN-VANOISE

www.paradiski.com
Ouverture de mi-décembre 2023 à mi-avril 2024. En été, de juin, à septembre.

Champagny-en-Vanoise est une station-village intégrée au domaine skiable de La Plagne/Paradiski, située à 1 250 mètres d'altitude dans la vallée de la Tarentaise et faisant face à Courchevel. Elle se compose de deux sites distincts offrant une grande diversité d'expériences. Champagny Village regroupe plusieurs hameaux avec les principaux commerces et services, tandis que le Vallon de Champagny-le-Haut est le site nordique de la station, situé à 5 km.

PRALOGNAN-LA-VANOISE ★★

Depuis plus d'un siècle et demi, Pralognan-la-Vanoise s'impose comme une destination de renom de la montagne française et comme le berceau de l'alpinisme ainsi que la première station de sports d'hiver. La création de la Compagnie des Guides de Pralognan-la-Vanoise en 1881 et la mise en place du téléphérique reliant le village au Mont-Bochor (2 023m), qui était alors l'appareil le plus rapide du monde, figurent parmi les événements marquants de son histoire. En 1982, Michel Vion, un Pralognanais, remporte le titre de champion du monde du combiné en ski alpin, et en 1992, Pralognan accueille les épreuves de curling des JO d'Albertville.
Nichée dans les montagnes de Savoie, au cœur du Parc national de la Vanoise, la station de Pralognan offre un environnement majestueux et préservé aux amoureux de la montagne. En hiver, la station de ski familiale séduit les visiteurs par la variété et le caractère sauvage de ses pistes de ski, ainsi que par le charme de son village authentique. En été, Pralognan propose une multitude de sentiers de randonnée, d'escalade, d'alpinisme, de trail ou de VTT pour profiter pleinement de la nature, au cœur du Parc national.
Pralognan-la-Vanoise est une destination historique pour les amoureux de la montagne et un village de charme à la personnalité unique. Les habitants, profondément attachés à leur culture alpine, vous accueilleront avec bienveillance tout au long de l'année pour vous faire découvrir leur terroir et leur passion pour la montagne.

OFFICE DE TOURISME DE PRALOGNAN-LA-VANOISE

290, avenue de Chasseforêt
✆ 04 79 08 79 08
www.pralognan.com
Haute saison : ouvert tous les jours de 9h à 12h30 et de 14h à 18h30. Basse saison, ouvert de 9h à 12h et de 14h à 18h.

En plein centre du village, l'Office de Tourisme de Pralognan-la-Vanoise vous réserve un accueil chaleureux et met tout en œuvre pour vous garantir un séjour réussi tout en s'engageant pour la planète. Au sein de l'office, huit thèmes sont mis en place pour améliorer les comportements internes et, à l'échelle de la station, de nombreuses actions en faveur du développement durable sont proposées : navettes gratuites, tri sélectif, village blanc, etc.

SAVOIE

REFUGE LE ROC DE LA PÊCHE €€

La Motte
✆ 04 79 08 79 75
www.lerocdelapeche.com

Ouvert saison été et hiver. Dénivelé depuis le parking : 147 m. Demi-pension 90 € chambre double. Restauration. Spa.

Construit en 1996 sur les ruines d'un ancien alpage tenu par des moines, le Refuge Le Roc de la Pêche se situe au cœur de la vallée de Chavière à 1 911 m d'altitude. Randonnée tranquille de 3h depuis Pralognan en hiver (compter 1h depuis le parking du pont de la Pêche). Après ce petit effort, le réconfort d'un refuge spacieux, de sa terrasse au soleil, des marmottes sifflantes en été… et des panoramas à couper le souffle. Spa pour la détente après la randonnée.

HÔTEL DE LA VANOISE*** €€€

11, chemin du Dou des Ponts ✆ 04 79 08 70 34
www.hoteldelavanoise.fr

Ouvert saison hiver et saison été. 32 chambres. Chambre double à partir de 98 €. Demi-pension. Parking inclus.

Grâce à son histoire légendaire et mythique, l'Hôtel de la Vanoise à Pralognan possède une identité unique. Construit en 1875, il a depuis été agrandi, rénové et restauré, et est maintenant classé 3 étoiles. Situé au cœur du massif de la Vanoise, il est aujourd'hui un lieu de référence pour les activités de montagne en été comme en hiver. Ses 32 chambres spacieuses sont décorées dans un style raffiné typiquement savoyard, et disposent d'une connexion wifi sécurisée, vous assurant tout le confort nécessaire pour passer le plus agréable des séjours.

LA BERGERIE €

Les Prioux
✆ 06 83 58 21 73
www.refuge-repoju.com

Ouvert fin mai à fin septembre 9h30 à 23h. Menu Bergerie : 21,90 €. Terrasse. Refuge le Repoju, nuitée à 22 €.

Il faudra attendre les beaux jours pour se rendre aux Prioux. D'un côté, de la Bergerie, vous avez un refuge le Repoju, de l'autre, un restaurant. Et tout autour des pâturages, des glaciers. Pas de chichis ici, la cuisine est simple. Omelettes, raclette au feu de bois (le soir), diot et pormoniers servis avec la polenta et les crozets, pela, fondue... L'assiette du berger se compose de sérac (le fromage que les bergers mangeaient, le beaufort étant réservé aux riches), tomme de chèvre fermière, beaufort, jambon de Savoie et pommes de terre. Incontournable.

LIQUORISTERIE DE LA VANOISE

420, avenue de Chasseforêt ✆ 04 79 08 70 05
www.liquoristeriedelavanoise.com

HS : tous les jours 9h-12h et 15h-19h. La Liquoristerie de la Vanoise et l'épicerie fine Les Clarines sont un seul lieu.

Deux en un : la Liquoristerie de la Vanoise (labellisée Ecocert) et l'épicerie des Clarines. Les liqueurs artisanales de plantes et fruits sont réalisées selon des recettes et un savoir-faire ancestraux. Le génépi fait partie de ces plantes emblématiques composant nombre des breuvages et desserts. Du côté des Clarines, on complète avec fromages et miel de Pralognan, vins, tisanes, bières et confiseries. Parfait pour faire le plein de bonnes choses à partager dans la convivialité.

ALPAGE DE RITORT

Vallée de Chavière
✆ 06 70 61 68 26

Période estivale, tous les jours.

Sur le plateau du Ritort, lieu de naissance du célèbre fromage beaufort, observez peut-être les tarines paissant paisiblement, accompagné par les marmottes et le son des cloches des vaches. En arpentant les hauteurs, profitez du calme apaisant. Autrefois chemin de commerce du sel, cette vallée est célèbre pour son beaufort de lait d'alpage. Continuez jusqu'au refuge de Péclet-Polset si vous êtes téméraire pour entendre les cris du gypaète barbu et du tichodrome échelette, sous les majestueux glaciers de la Vanoise. Plus haut, un lac vous attend !

LE CRISTAL

159, route du Plateau
✆ 04 79 08 74 88

Du 18/12/2021 au 18/04/2022.

Le Cristal, une fusion artistique de bois et de verre transparent, est un centre sportif et récréatif prisé en toute saison. À quelques pas du cœur du village, vous accéderez à un large éventail d'activités intérieures et extérieures, ainsi qu'un espace Spa et Bien-être cosy. Au menu, laissez-vous tenter par la patinoire, le curling, la musculation ou encore le bowling. Ne manquez pas l'occasion de visiter ce lieu d'exception lors de votre passage dans ce charmant village alpin, niché au sein des majestueuses Alpes ! Magique !

STATION DE PRALOGNAN-LA-VANOISE

✆ 04 79 08 79 08
www.pralognan.com
Station ouverte de décembre à avril en hiver et en été.

Ce joli petit village de montagne se transforme en domaine skiable familial en hiver et offre des aventures à ski avec la faune du Parc de la Vanoise. En été, les visiteurs peuvent explorer la nature préservée lors de randonnées, d'escalade, de VTT, ou de balades relaxantes. Les familles peuvent également profiter d'une multitude d'activités ludiques. Venez découvrir la passion de chaque Pralognanais pour la montagne et laissez-vous envoûter par cette nature sauvage préservée.

ESPACE SAINT-ÉLOI ★

5, rue Saint-Pierre
✆ 04 79 40 10 38
www.seez.fr
Horaires variables en fonction des saisons.

À Séez, l'Espace Saint-Eloi, nom qui rend hommage au saint patron des forgerons, est une ancienne forge devenue musée. On y découvre trois thématiques distinctes : le travail de la forge, ce qui peut sembler logique étant donné le lieu où l'on se trouve, celle de la bijouterie qui permet d'admirer les 200 joyaux (croix, cœurs et broches…) de l'unique collection de bijoux de Savoie, et enfin l'art baroque savoyard qui, il faut bien le dire, est particulièrement riche et présent sur le territoire. Il y a aussi un espace d'exposition temporaire.

SÉEZ

Situé à une altitude modérée, Séez est une petite ville qui abrite environ 2 400 habitants. Son centre pittoresque se trouve à 900 mètres d'altitude, niché au cœur d'un massif montagneux atteignant près de 3 000 m. Son nom latin, Sextum, témoigne de son importance historique en indiquant la position de la sixième borne milliaire sur la voie romaine reliant Vienne à Milan par le col du Petit-Saint-Bernard. Séez a été façonnée par sa riche histoire et sa culture, étant autrefois le siège du Comté de la Val d'Isère. Aujourd'hui, Séez occupe une place stratégique, proche des célèbres stations de ski telles que les Arcs, Tignes et Sainte-Foy Tarentaise.

FILATURE ARPIN

2, rue de la Filature
✆ 04 79 09 49 27
www.arpin1817.com
Fermé du 23/04 au 30/06 et du 01/09 au 22/12. Visite guidée sur résa juillet/août. Adulte : 7 €. Boutique toute l'année.

L'établissement bicentenaire tisse et file dans la fabrique de Séez-Saint-Bernard, proposant de nombreuses créations de décoration d'intérieur (tapis, rideaux, coussins) et de mode. Découvrir les dernières collections de décoration et de prêt-à-porter, mais aussi les tissus au mètre. Pour les bonnes affaires, il y a un espace dédié aux fins de séries et tissus hors collection : il y a de quoi trouver son bonheur. Deux fois par an (fin de l'été et fin d'année), une grande braderie est organisée. La visite guidée est dûment recommandée.

COL DU PETIT-SAINT-BERNARD

Col du Petit-Saint-Bernard
✆ 04 79 41 00 54
www.seez.fr
Ouvert selon les conditions météo.

Le col du Petit-Saint-Bernard, situé à 2 188 mètres d'altitude, constitue la frontière entre la France et l'Italie. Accessible en été par voiture, vélo ou navette depuis La Rosière, et en hiver par les pistes de ski de l'Espace San Bernardo, ce col revêt une importance stratégique depuis l'Antiquité. En été, les visiteurs peuvent découvrir le jardin botanique alpin de la Chanousia, le cromlech néolithique et se restaurer à l'Hospice du Petit-Saint-Bernard.

LE PÈRE RULLIER

30, rue Célestin Freppaz
✆ 04 79 41 04 43
www.lepererullier.fr
Ouvert lundi au vendredi 9h30-16h. Entrée gratuite visite accompagnée juillet et août. Reste de l'année sur réservation.

La conserverie artisanale dirigée par Bruno Parisio et Céline Charignon, propose une vaste gamme de produits du terroir français et spécialités savoyardes.Il s'agit de produits fabriqués à Séez à partir de matière première d'origine française. Les crozets artisanaux, incontournables trésors culinaires de la région, petites pâtes qui doivent leur nom au mot patois *croé* qui veut dire « petit », sont sans doute les vedettes de l'établissement. Dans le panier gourmand l'on pourra ajouter des confitures, terrines, biscuits, etc. De quoi se régaler.

STATION DE SKI DE SÉEZ

1, rue Saint Jean-Baptiste
✆ 04 79 41 00 54
www.seez.fr
Station hiver/été.

Situé au cœur d'importants domaines skiables, le village de Séez constitue un point de départ idéal pour découvrir les célèbres stations de ski de la région. La Rosière Espace international San Bernardo est accessible via le télésiège des Ecudets, qui se trouve à 6 km du centre du village. Une navette gratuite permet de relier Séez à Bourg-Saint-Maurice, facilitant l'accès à la station. L'Espace international San Bernardo, domaine skiable franco-italien, offre plus de 155 km de pistes adaptées à tous les niveaux de skieurs et mérite absolument d'être exploré.

TIGNES

Tignes est une station de montagne unique en son genre, à la fois décalée, cosmopolite, sportive et avant-gardiste, qui vous propose une expérience exceptionnelle pour découvrir la montagne d'une manière différente. Que vous soyez un passionné de ski, en vacances en famille, à la recherche d'authenticité ou prêt à faire la fête toute la nuit, cette station familiale révèle tous ses aspects pour vous aider à choisir le quartier qui correspond le mieux à vos vacances. En 1936, Tignes a accueilli ses premiers visiteurs venus skier sur son unique téléski. Après la construction du barrage en 1952 et la submersion de l'ancien village de Tignes, la station a su se réinventer et s'installer à 2 100 mètres d'altitude, au cœur d'un impressionnant cirque à 360°. Dans les années 1970, Tignes s'est métamorphosée pour devenir rapidement la station internationale – et mythique – que nous connaissons aujourd'hui. Le nouveau village de la station, situé au cœur du domaine Tignes – Val d'Isère, a été inauguré en décembre 2013. Centré autour de son église, qui est une réplique de celle du village englouti, Tignes 1800 vous permet de bénéficier de tous les avantages d'une grande station tout en conservant l'atmosphère paisible d'un village traditionnel. Pour ceux qui aiment combiner vacances et soirées, découvrez Tignes Val Claret ! Après une journée de ski et jusqu'au petit matin, passez des pistes de ski aux pistes de danse tout en faisant une pause dans un restaurant typique ou original.

BARRAGE DE TIGNES

Barrage du Chevril
✆ 04 79 40 04 40
www.tignes.net

Le barrage de Tignes a provoqué un bouleversement majeur pour les habitants de la région en submergeant le village d'origine en 1952, suite à sa construction entamée en 1947. Les Tignards ont dû quitter leur village et une partie de leur histoire, mais ont montré leur résilience en reconstruisant un nouveau village plus haut, aux Boisses. Pour préserver leur patrimoine, ils ont reproduit à l'identique l'ancienne église, avec le mobilier et les retables d'origine. L'église Saint-Jacques de Tarentaise est maintenant située à l'entrée du village de Tignes 1800.

OFFICE DE TOURISME TIGNES

Place Centrale
✆ 04 79 40 04 40
www.tignes.net
Période ouverture station (décembre-avril), tous les jours 8h30-19h (samedi 8h-20h). Vente cartes de pêche.

Pour toutes vos requêtes concernant la préparation de votre voyage à Tignes, ou bien pour partager des observations, des suggestions ou même raconter votre expérience merveilleuse à Tignes, n'hésitez pas à contacter la Centrale de Réservation. Ils seront ravis de vous assister et d'écouter vos retours sur votre séjour sur leurs terres. L'office de tourisme vous offrira également tous les services attendus, et ce, avec le sourire ! Elle est pas belle la vie à Tignes ?

HÔTEL LA VANOISE** €€

Val Claret
✆ 04 79 06 31 90
www.hotelvanoise.com
23 chambres. Chambre double à partir de 99 €, suite à partir de 199 €. Bar-lounge. Restauration.

Le calme, le cadre, l'accueil et le confort : tout est compris à La Vanoise, même le solarium pour se détendre au soleil. Depuis cet hôtel au centre des activités de la station, à la belle saison, on apprécie de rayonner afin de découvrir le patrimoine naturel et culturel, mais aussi les activités proposées qui sont variées. En hiver, évidemment, un départ skis aux pieds, ça n'a pas de prix. Cuisine variée, équilibrée et suffisamment copieuse au restaurant, pour ceux qui voudraient rester cocooner un peu sur place certains jours.

HÔTEL LE SKI D'OR**** €€€

Val claret

✆ 04 79 06 51 60

www.hotel-skidor.com

Ouvert de la Toussaint à la mi-avril. 27 chambres. Chambre double de 200 € à 380 €. Restauration. Spa.

Déco esprit chalet, accueil chaleureux, pistes à portée de spatules et une situation idéale au centre de Val Claret. L'Hôtel Le Ski d'Or est un établissement qui permet aux voyageurs et touristes de profiter du cadre, du site et de la gastronomie avec de nombreuses bonnes tables à proximité. Les chambres sont petites mais bien insonorisées et joliment décorées. Le seul bémol, comme pour beaucoup d'autres hôtels : pas de parking gratuit sur place, mais l'on peut garer sa voiture à proximité, il suffit de s'organiser un peu pour décharger et charger les valises.

LE LEVANNA*** €€€

Le lac ✆ 04 79 06 32 94

www.levanna.com

Ouvert de mi-octobre à mai. 31 chambres (9 suites). Demi-pension de 99 € à 178 €. Restauration. Spa.

Récemment rénové, ce chalet de bois et pierre bénéficie d'un emplacement incroyable, au bord des pistes. L'intérieur de l'établissement est contemporain et de style montagnard. Les chambres sont grandes, possèdent toutes le nécessaire pour passer un excellent séjour. Spa ou massage et toutes les activités été-hiver de la station immédiatement accessible. Pour se restaurer, une carte de brasserie le midi à savourer en terrasse « skis aux pieds », alors que la soirée nous apporte les saveurs authentiques de la Savoie dans une salle douillette au coin du feu.

LA FERME DES TROIS CAPUCINES €€

Route de la Ferme

✆ 04 79 06 35 10

www.ferme3capucines.com

Ouvert en saison midi et soir. Réservation impérative. Carte : 30 € environ. Terrasse. Boutique.

Le restaurant les Trois capucines est un restaurant à la carte originale qui propose des spécialités savoyardes à base de fromages et de produits frais, mais aussi une carte plus raffinée où le chef exprime tout son savoir-faire culinaire. Ce lieu dispose d'une terrasse pour les beaux jours et pour les jours plus frais un coin du feu. L'équipe est jeune et dynamique. Boutique sur place pour des souvenirs gourmands : le beaufort d'alpage, la tomme, et la raclette.

URSUS €€€

Rue du Val Claret

✆ 04 79 01 11 43

www.les-suites-du-nevada.com

1 Michelin. Haute saison : ouvert tous les jours le soir. Menus de 98 € à 148 €.*

Une balade en forêt, ça vous tente ? Direction Tignes où se tient l'une des sensations savoyardes du moment : Ursus. Déjà, le décor original. Vous voilà installé dans une véritable forêt composée de 380 arbres venus tout droit des massifs des Bauges. Si vous ne risquez pas de croiser un ours, vous allez savourer la cuisine créative du jeune et talentueux chef Clément Bouvier. Les produits locaux - issus de producteurs clairement identifiés - et de saison sont la base de sa cuisine, résolument moderne, raffinée et innovante. Carte des vins en parfaite harmonie.

L'AIGUILLE DE LA GRANDE SASSIÈRE

Randonnée en été.

L'Aiguille de la Grande Sassière (3 747 m) est la plus haute randonnée de France et praticable en été (en août idéalement) jusqu'au sommet et le tout uniquement à pied ! Attention toutefois, ce sont 1 550 mètres de dénivelé positif qui vous attendent et plus de 10 kilomètres au total. Il est nécessaire de bien se renseigner sur le déneigement avant de s'engager et d'avoir une excellente condition physique. Une sortie indispensable pour tous les amoureux de la nature.

BASE NAUTIQUE

Lac

✆ 04 79 40 04 40

www.tignes.net

Ouvert de fin juin à fin août.

Avec l'arrivée de la saison estivale, le lac naturel situé au centre de Tignes se transforme en un lieu de divertissement idéal pour les familles, offrant 25 hectares d'eau pure. Au lieu de pratiquer le ski ou le snowboard, vous pouvez profiter d'activités nautiques passionnantes et sûres. Par exemple, le stand-up paddle, que vous pouvez pratiquer à Tignes tout en admirant les montagnes et en profitant de la chaleur douce du soleil estival. Si vous préférez simplement vous détendre, choisissez l'option farniente et prélassez-vous au bord du lac !

GLACIER DE LA GRANDE MOTTE

Glacier de La Grande Motte
✆ 04 79 40 04 40
www.tignes.net

Le glacier de la Grande Motte, qui culmine à 3 656 mètres, est le point le plus élevé du domaine skiable Tignes - Val d'Isère. Ce symbole de la station de Tignes est aisément identifiable grâce à sa forme de vague blanche sur fond bleu, qui est également représentée dans son logo. En seulement 7 minutes, le funiculaire Perce-Neige permet d'accéder au glacier à 3 032 m, suivi du téléphérique à 3 456 m. Le glacier est une étape incontournable, été comme hiver.

GOLF DE TIGNES

Le Val Claret
✆ 04 79 06 37 42

Ouvert de juin à septembre selon conditions. Distance : 5 km. Dénivellation positive : 350 m. Altitude moyenne : 2100 m.

Pourquoi ne pas essayer quelque chose de différent et découvrir l'aspect technique unique d'un golf de montagne ! La Savoie propose une diversité de parcours de golf de 9 et 18 trous de grande qualité, attirant les amateurs de paysages époustouflants. Le parcours de 18 trous de Tignes, le plus élevé d'Europe à 2 100 m d'altitude, se trouve en dessous du glacier de la Grande Motte et offre une vue exceptionnelle sur le lac de Tignes. L'harmonie des couleurs entre le vert des greens, le bleu du lac et la blancheur des glaciers est saisissante.

STATION DE SKI TIGNES

✆ 04 79 40 04 40
www.tignes.net

Station hiver.

Pour votre plus grand plaisir, Tignes est parmi les premières stations de ski des Alpes à ouvrir ses portes ! Dès l'automne, vous avez la possibilité de parcourir les pistes de la station. Lorsque les conditions d'enneigement le permettent, l'espace Tignes - Val d'Isère devient accessible pour profiter de l'intégralité du domaine. Appréciez un vaste espace qui ravira autant les enfants que les adultes. Grâce au grand nombre de remontées mécaniques, vous pourrez accéder aux 300 km de pistes et skier en toute liberté dans l'un des domaines skiables les plus étendus.

VAL-D'ISÈRE ★★★

Val d'Isère, un trésor niché au cœur de la Haute-Tarentaise, se trouve majestueusement perché à 1 850 mètres d'altitude. Ce village pittoresque est un véritable chef-d'œuvre vivant avec ses chalets traditionnels en bois et en pierre, son église baroque éblouissante, et ses toits en lauze qui en font un tableau charmant. Bien que la réputation de Val d'Isère s'étende au-delà des frontières, le village a réussi à conserver son âme authentique. Durant la saison hivernale, la station est reconnue pour ses conditions d'enneigement hors du commun, ce qui lui vaut le surnom de « temple du ski ». Lorsque l'été arrive, Val d'Isère se transforme en un paysage féerique qui attire des visiteurs du monde entier grâce à ses panoramas époustouflants sur le Parc national de la Vanoise. Les passionnés d'activités de plein air trouveront un large éventail d'options alliant sports et détente, qui évoluent constamment pour répondre aux besoins des visiteurs. Le centre aquasportif propose des équipements modernes, des massages relaxants et des espaces de détente pour se ressourcer. Pendant la période estivale, la patinoire se mue en circuit de voitures électriques pour enfants, tandis que le domaine skiable devient un paradis pour les cyclistes avec 150 km de pistes à parcourir. Soucieuse de préserver ses paysages exceptionnels tout en encourageant un tourisme durable, la région a mis en place diverses mesures de protection sur les 10 786 hectares de territoire communal. Ces efforts visent à préserver les paysages montagneux, la faune et la flore diversifiées, dont les emblématiques bouquetins et marmottes de la Vanoise. Le Parc national de la Vanoise, qui couvre 5 240 hectares, est adjacent à la commune et abrite trois refuges pour les randonneurs en quête de sérénité. Ce parc est également voisin du Parc national italien du Grand Paradis. Il accueille des prairies rares, telles que le réseau de vallons d'altitude à Caricion, qui sont classées Natura 2000, témoignant ainsi de l'importance de la préservation de ces espaces naturels uniques. Val d'Isère est un endroit incroyable qui ne laisse personne de marbre, à découvrir d'urgence ou a redécouvrir au fil des saisons, car ce lieu mythique se savoure chaque fois un peu plus. Un village 100 % coup de cœur !

SAVOIE

COL DE L'ISERAN ★★

Départementale 902
✆ 04 79 06 06 60
Ouvert selon les conditions météo entre mai et novembre.

© ELEPHOTOS - SHUTTERSTOCK.COM

Perché à 2 764 mètres d'altitude, le col de l'Iseran est le plus haut des cols mauriennais et c'est aussi un haut lieu du cyclisme. Le Tour de France passe régulièrement par là, il a été franchi plus exactement à sept reprises. Il permet de passer des vallées de l'Arc, la vallée Maurienne à celle de l'Isère et la vallée tarentaise. Le col est situé dans le Parc national de la Vanoise. Du sommet, on aperçoit la Grande Sassière (3 747 m), la Tstanteleina (3 608 m). Et du côté Maurienne, on distingue l'Albaron (3 428 m) au sommet de Bonneval.

ÉGLISE SAINT-BERNARD DE MENTHON ✝

Église
✆ 04 79 06 01 60
Toute l'année, tous les jours de 9h à 18h. Fermé de 12h à 14h.

L'église Saint-Bernard de Menthon, inscrite à l'inventaire des Monuments historiques, témoigne de plusieurs siècles de construction. Elle a été bâtie sur l'emplacement d'une grande chapelle romane datant du XIe siècle, visible aujourd'hui uniquement par l'arc de chœur et les petites fenêtres obturées. Avant sa construction, les habitants de Val d'Isère dépendaient de la paroisse de Tignes pour assister aux offices. En 1531, ils obtiennent le privilège de construire leur propre église.

VAL D'ISÈRE OFFICE DE TOURISME

Place Jacques Mouflier
✆ 04 79 06 06 60
www.valdisere.com
Du dimanche au vendredi de 8h30 à 19h30 et le samedi de 8h30 à 20h.

L'office de tourisme de Val d'Isère se trouve au deuxième rond-point de l'artère principale menant à la place Jacques Mouflier. Les vacanciers peuvent s'y rendre tout au long de l'année pour obtenir des renseignements et des conseils sur leur séjour, tels que les options de restauration, les activités et les animations. De plus, l'office a élaboré le Val'pass, une carte qui permet aux visiteurs de participer à toutes les activités proposées, aussi bien en été qu'en hiver.

HÔTEL AVANCHER*** €€

554, Avenue du Prariond ✆ 04 79 06 02 00
www.avancher.com
37 chambres. Chambre double prix moyen de 260 € ; suite à partir de 500 €, prix en fonction de la saison !

L'Hôtel Avancher propose des chambres confortables et spacieuses, alliant une atmosphère chaleureuse et des éléments savoyards pour un bien-être optimal. Les équipements des chambres sont uniformes. Le spa de l'établissement offre une vue exceptionnelle sur le versant de Bellevarde et comprend un sauna et un hammam dans un cadre lumineux et apaisant. Profitez d'une détente inédite grâce au sauna cosmique situé sur le toit de l'hôtel. L'expérience scandinave vous invite à stimuler votre corps en passant par l'extérieur pour atteindre le sauna chauffé à 85 °C.

HOTEL LA GALISE** €€

Rue de la Poste
✆ 04 79 06 05 04
www.lagalise.com
Ouvert en saison. 30 chambres (dont 5 triples). Chambre double de 155 € à 286 €. Wi-fi gratuit. Bar-lounge.

Cet hôtel familial de 30 chambres est situé en plein cœur de Val d'Isère et a été transmis de génération en génération. Il jouit d'un emplacement privilégié entouré de boutiques, de restaurants et surtout, des pistes de ski qui ne sont qu'à 100 mètres des premières remontées mécaniques. Thibaut, Magali et leur équipe offrent un accueil chaleureux dans une ambiance alpine pour permettre aux clients de profiter pleinement de leurs vacances d'hiver. Des boissons chaudes et froides sont disponibles sur demande, moyennant un coût supplémentaire.

LA TABLE DE L'OURS €€€

Montée de Bellevarde
✆ 04 79 41 37 00
www.hotellesbarmes.com
1 Michelin. Ouvert du mardi au samedi le soir. Menus de 105 € à 180 €.*

Le chef Antoine Gras s'inspire de la nature alpine et utilise des ingrédients locaux pour créer des plats savoureux, revisitant les classiques de la Savoie. Les lacs, les pâturages et les montagnes environnants inspirent constamment ses créations culinaires. Les sauces sont particulièrement soignées pour sublimer les ingrédients des plats. L'histoire culinaire unique d'Antoine Gras reflète sa passion pour la gastronomie et la région alpine. Venez découvrir cette expérience gastronomique incroyable. Des souvenirs impérissables pour votre palais !

MAISON CHEVALLOT

L'Adroit
✆ 04 79 06 16 09
www.chevallot.com
Ouvert tous les jours de 6h30 à 19h30.

Pâtisserie, chocolaterie, boulangerie, traiteur, la Maison Chevallot est présente sur Val d'Isère depuis 1965. Que ce soit pour le petit déjeuner, le déjeuner ou le brunch, vous trouverez forcément votre bonheur dans le large choix proposé : petits pains au Beaufort ou au curry (idéal pour un casse-croûte de rando), gâteau « Ancolie » (pâte à financier, noisettes et framboises), les éclairs en multi-versions, les tartes aux fruits rouges, aux « noix caramel », ou encore aux myrtilles... À déguster sur place en terrasse ou à emporter, l'essentiel est de se régaler !

DOMAINE TIGNES & VAL D'ISERE

Ouvert de fin novembre à début mai selon enneigement.

L'alliance Tignes-Val d'Isère regroupe les stations de ski de Tignes et de Val d'Isère pour offrir un vaste territoire de ski s'étendant des Brévières (1 550 m) jusqu'au Glacier du Pisaillas (3 140 m) en passant par la Grande Motte (3 456 m). Ce domaine propose une grande variété de pistes et de hors-pistes remarquables, ce qui en fait l'un des terrains de ski les plus denses et les plus splendides au monde, idéal pour les skieurs qui n'ont pas froid aux yeux.

STATION VAL D'ISÈRE

Place Jacques Mouflier
✆ 04 79 06 06 60
www.valdisere.com
Station hiver/été.

Val d'Isère est célèbre pour ses services haut de gamme, son élégance et son bien-être. Attirant des skieurs du monde entier, son domaine offre des pistes olympiques, du hors-piste et une grande variété de pistes. À 1 850 m d'altitude, on y trouve des zones de ski de randonnée sécurisées et des activités hors-ski comme le VTT sur neige, le Moonbike, le Snooc, les mini-motos neige, le golf sur neige, les balades en traîneau à chiens et l'ice floating. Les visiteurs peuvent aussi apprécier balades en raquettes, visites guidées et soins dans les instituts de beauté.

LA FOLIE DOUCE

Télécabine de La Daille
✆ 04 79 06 21 08
www.lafoliedouce.com
Ouvert de fin novembre à fin avril. Haute saison : ouvert tous les jours. Restauration. Animations. Concerts.

La Folie Douce transcende la simple fonction de lieu de fête en plein air et incarne un mélange unique d'originalité, d'authenticité et de luxuriance. Accessible uniquement via télécabine, cet endroit offre un monde de divertissements, de festivités et de gastronomie. Les options culinaires incluent des repas en self-service ou des mets à la mode servis à la Fruitière, avec des ingrédients de qualité et une belle sélection de vins. La Folie Douce est comme son nom l'indique un endroit pour faire la fête et savourer l'instant présent dans une ambiance folle !

© LIONEL MONTICO

La neige ne manque pas à Val-d'Isère, l'une des stations majeures des Alpes

SAVOIE

BRIDES-LES-BAINS ★

Brides-les-Bains est une destination thermale de renom pour perdre du poids et soulager les douleurs rhumatismales en toute sérénité. Les cures thermales supervisées par des spécialistes offrent des avantages immédiats et durables. La ville propose également des séjours axés sur la perte de poids et le bien-être, ainsi que des activités sportives, des découvertes culturelles et des promenades dans les Alpes et la région savoyarde. Cette destination convient à tous ceux qui cherchent des vacances de remise en forme, d'exploration, de promenade, de bien-être, de dépassement de soi ou tout simplement de détente, le tout dans un cadre magnifique.

OFFICE DE TOURISME DE BRIDES-LES-BAINS

2, place du Centenaire
✆ 04 79 55 20 64
www.brides-les-bains.com
De mai à octobre tous les jours : 9h-12h/14h-18h. De novembre à avril : 9h-12h/14h30-18h30.

L'office de tourisme de Brides-les-Bains est disponible toute l'année pour vous aider à découvrir les activités de la région. Vous bénéficierez également de nombreux services pratiques tels que la réservation d'activités, la vente de billets de la navette locale et l'accès à des ordinateurs et photocopieurs. La ville est engagée dans la qualité touristique et est fière de respecter les normes de la marque Qualité Tourisme™ pour offrir à ses visiteurs des services de qualité.

BOZEL

Bozel, niché dans la vallée de la Tarentaise, est un trésor dissimulé au sein des impressionnantes montagnes alpines françaises. Cette région magnifique s'étale sur une gamme d'altitude allant de 380 à 3 855 m, incluant la haute vallée de l'Isère, le Beaufortain et le Mont-Blanc au nord, le massif de la Vanoise et la vallée de la Maurienne au sud, ainsi que les montagnes majestueuses menant au Val d'Aoste en Italie. En été, Bozel propose de nombreuses activités de plein air pour les visiteurs. Des sports aquatiques tels que le paddle, le kayak et la baignade sont possibles au lac local. Les enfants peuvent profiter du parc de loisirs Les Rives du Doron offrant diverses activités, dont des jeux, un bumptrack, une zone pour parapentes, etc. Les passionnés de randonnée peuvent découvrir les villages alentour grâce à des sentiers diversifiés tels que le Mont-Jovet et la Boucle des Hameaux. Les passionnés d'histoire peuvent explorer l'église et la chapelle baroques ainsi que la Tour Sarrazine. L'hiver, Bozel devient une destination prisée pour les skieurs. Les visiteurs peuvent accéder aux stations de ski voisines de Courchevel, Méribel, La Tania et Les 3 Vallées grâce à une navette gratuite offerte par l'office de tourisme de la Vallée de Bozel. Outre les sports d'hiver, des pistes de ski de fond gratuites et d'autres activités palpitantes telles que la luge et les raquettes sont proposées, permettant de profiter pleinement de la neige.

ÉGLISE SAINT-FRANÇOIS-DE-SALES ✝

Église
✆ 04 79 55 03 06
Toute l'année, tous les jours de 9h à 19h.

L'église Saint-François-de-Sales en Savoie a un clocher à double bulbe reconstruit en 1824 après la Révolution française. L'intérieur a été utilisé comme entrepôt jusqu'en 1800. Depuis, elle a été restaurée et embellie avec un nouveau retable majeur et une chaire dans le milieu du XIXe siècle. En 1876, la tribune a été agrandie et le portail baroque de 1735 déplacé pour mettre des statues de Moïse, Elie et le Sacré-Cœur. Elle témoigne d'une riche histoire de préservation.

GALERIE HYDRAULICA

Le Villard - **PLANAY**
✆ 04 79 22 19 68
www.galerie-hydraulica.com
Haute saison : ouvert du dimanche au vendredi de 14h à 18h30. En intersaison, se renseigner. Visite libre 3,50 €.

Explorez les mystères de l'hydroélectricité au Centre d'Interprétation de la vallée de Bozel ! Grâce à sa scénographie immersive, plongez dans l'histoire de cette technologie révolutionnaire. Profitez également d'une balade ludique et d'un sentier thématique dans les paysages enchanteurs de région. Pour les amateurs d'histoire industrielle, ne manquez pas la visite libre, guidée ou audioguidée. Les visites guidées sont saisonnières, alors vérifiez les dates avant de planifier votre visite. Des ateliers et animations sont proposées pendant les vacances scolaires.

BOZEL AVENTURE

Route du Camping
✆ 06 24 49 05 81
https://bozelaventure.com
En juin et septembre : week-end 10h-18h, mercredi 13h-18h. En semaine en groupe sur réservation. L'été : 10h-19h.

Tout nouveau cette saison, Bozel Aventure s'est installé au bord de la rivière juste à côté d'Huttopia. Un parc aventure – dans une forêt d'épicéas – adapté pour tous les âges. Et c'est à partir de 3 ans que les enfants pourront s'initier avec 3 parcours à leur portée. Pour les plus téméraires et les plus grands, 6 autres parcours sont possibles avec de nombreuses tyroliennes dont une qui passe juste au-dessus de la rivière. Frissons garantis ! Ambiance décontractée et cadre sécurisé. L'équipe est attentive et chaleureuse, de beaux moments vous attendent.

COURCHEVEL ★★★

Affectueusement surnommée « Courch' » par ses visiteurs assidus, Courchevel est une station de ski de luxe qui allie élégance et convivialité. Nichée au cœur des Trois Vallées, elle offre un domaine skiable spectaculaire ainsi qu'un éventail d'activités telles que bars dansants, bars feutrés, boîtes de nuit et ski nocturne grâce à la télécabine des Verdons.

Quartiers

Tel un trésor scintillant au cœur des Alpes françaises, Courchevel déploie ses attraits à diverses altitudes pour séduire tous les visiteurs. Le Praz, village olympique niché à 1 300 mètres, est le théâtre d'événements sportifs internationaux où se rassemblent les athlètes de haut niveau, été comme hiver. Quant à Courchevel Village, à 1 550 mètres d'altitude, il ravira les amoureux de la nature avec ses paysages forestiers et les escapades en raquettes à explorer dans le parc de la Vanoise, le tout agrémenté de coquets chalets en bois rénovés. Enfin, Courchevel 1850, perché au sommet de la station, incarne le summum du raffinement et du prestige. Les chalets luxueux et les appartements haut de gamme séduisent les célébrités du monde entier, venues se délecter des palaces et restaurants étoilés qui ont forgé la renommée de ce lieu d'exception. Enfin, si vous voulez voir Courchevel sous un angle nouveau vous pouvez venir y faire un tour en été, son visage plus authentique et calme se révèle être alors un lieu de quiétude.

Courchevel.

LE COL DE LA LOZE

✆ 04 79 08 04 10
www.courchevel.com/fr
Informations auprès de l'office de tourisme.

Le col de la Loze est une piste cyclable de 7 km, spécialement conçue pour les vélos, qui relie Courchevel à Méribel. Cette piste débute à une altitude de 1 673 mètres et atteint 2 304 mètres, offrant des vues spectaculaires sur le Mont Blanc, la vallée de Méribel et la Grande Casse. Elle traverse d'abord une forêt avant de passer par les prairies d'altitude. Malgré sa beauté cette piste très exigeante possède des pentes dépassant les 20%. Cette piste se trouve au cœur des 3 Vallées et offre un espace de jeu unique en montagne.

COURCHEVEL TOURISME

9, rue de l'Église ✆ 04 79 08 00 29
www.courchevel.com
Ouvert tous les jours en saison (hiver/été). Intersaison : ouvert du lundi au vendredi, de 9h à 12h et de 14h à 18h.

Saviez-vous que Courchevel est en réalité un immense domaine skiable comprenant six villages uniques, chacun ayant son propre charme et proposant une expérience authentique, un art de vivre, une cuisine raffinée et des festivités animées ? Mais ce n'est pas tout ! Chaque village offre également une multitude d'activités telles que le ski de fond, les balades en chiens de traîneau, la randonnée en raquettes, le parapente, etc. Si vous recherchez une destination de montagne qui allie tradition, modernité et sports, alors Courchevel est l'endroit idéal pour vous.

ALTIPORT DE COURCHEVEL

Altiport
✆ 06 75 19 25 16
altiport.mairie-courchevel.com
Ouvert toute l'année. Tarif : se renseigner.

Situé à 2 007 m d'altitude, l'altiport de Courch' est le plus haut d'Europe. Sa piste, d'abord longue de 375 mètres, a été étendue pour les Jeux olympiques d'Albertville en 1992. Aujourd'hui, elle mesure 537 mètres de long, 40 mètres de large et peut atteindre une inclinaison de 18,5 %. Depuis 1971, la piste est régulièrement déneigée, faisant de Courchevel le seul altiport accessible toute la saison hivernale en Europe. Le site dispose d'une tour de contrôle, de deux chalets d'accueil, de hangars et d'une station-service pour le ravitaillement en carburant.

LE 1947 €€€

Le Jardin Alpin
✆ 04 79 00 50 50
www.chevalblanc.com
3 Michelin. Haute saison : ouvert du mardi au dimanche le soir. Menu 415 €.*

Le restaurant triplement étoilé 1947, situé à Courchevel, est dirigé par le talentueux chef Yannick Alléno. Ce lieu offre une expérience gastronomique exceptionnelle où les saveurs exquises et l'expertise culinaire se mêlent dans un cadre raffiné. Le nom de l'établissement fait référence à l'emblématique Château Cheval Blanc qui est situé au cœur de la Maison. Les clients sont enveloppés dans une somptueuse décoration de Sybille de Margerie et peuvent admirer le travail en cuisine depuis le restaurant. Les plats sont conçus avec élégance, modernité et grandeur.

HÔTEL DE LA LOZE €€€

Rue Park City
✆ 04 79 08 28 25
www.la-loze.com
27 chambres (2 appartements). Chambre double à partir de 240 €. Wifi gratuit. Hammam, sauna.

L'Hôtel de La Loze vous attend au pied des pistes et face à la célèbre Croisette de Courchevel 1850 pour une expérience conviviale et chaleureuse. Cette situation privilégiée vous permettra de découvrir les nombreuses facettes de Courchevel 1850 à pied et en toute liberté, que ce soit le ski, le shopping, les activités après-ski, la gastronomie ou la vie nocturne. Les chambres de l'hôtel sont décorées avec du mobilier traditionnel en bois brut et agrémentées de décorations florales, créant une ambiance authentique de montagne. Vivez un séjour unique incomparable.

SARKARA €€€

238, rue des Clarines
✆ 04 79 40 08 80
www.lek2palace.com
2 Michelin. Ouvert de décembre à avril. Ouvert du mercredi au dimanche le midi. Menu unique à 110 €.*

Ouvert pour le dîner, Le Sarkara, ce restaurant 2 étoiles spécialisé en pâtisserie, offre des expériences touchantes et uniques. Dans ce cadre enchanteur et intime situé au cœur de l'établissement, le chef pâtissier Sébastien Vauxion élève le dessert à son apogée. En jouant avec les textures et les combinaisons, il crée un repas étonnant, déroutant et savoureux. Avec des entrées originales, des plats modernes et des desserts débordant de gourmandise, Le Sarkara transforme le repas en une « expérience singulière et résolument moderne.

BLACK PEARL €

42, rue des Reisses
✆ 04 79 07 15 60
Ouvert du mercredi au dimanche le soir de 18h à 22h. Fermé le mercredi en basse saison. Carte : 15 € environ.

Située à Saint-Bon-Tarentaise, la Pizzeria Black Pearl est un restaurant familial qui vous plongera dans une ambiance pirate grâce à sa cave souterraine typique. Avec des pizzas renommées comme les meilleures de Courchevel, cet établissement offre un excellent rapport qualité-prix pour déguster sur place ou à emporter. Il convient aux familles grâce à sa grande variété de garnitures pour satisfaire tous les goûts. Bien qu'elle ne propose pas de livraison, il est vivement recommandé de réserver à l'avance car le lieu est très prisé après une grosse journée de ski.

CHEZ MA COUSINE

Rue de la Croisette
✆ 04 79 08 21 68
Ouvert tous les jours de 9h à 20h.

Si vous recherchez des goûts exquis, rendez-vous Chez ma cousine, une épicerie fine offrant une sélection remarquable de produits régionaux et d'ailleurs. Du saucisson truffé aux fromages affinés, en passant par les vins de caractère, vous serez séduit par les délices de la Savoie. Les amateurs de fruits de mer y trouveront également leur bonheur avec du saumon frais et des fruits de mer soigneusement sélectionnés. Laissez-vous tenter par les sandwichs aux saveurs captivantes, si savoureux qu'ils pourraient vous donner l'eau à la bouche, même à distance !

AQUAMOTION COURCHEVEL

1297, route des Eaux Vives
✆ 09 71 00 73 00
https://aquamotion-courchevel.com/fr/
Ouvert de décembre à avril, et de juin à septembre du lundi au vendredi de 14h30 à 20h30 ; le week-end de 10h30 à 20h30.

Découvrez Aquamotion, situé entre Courchevel Village et Moriond, offrant une variété d'activités pour toute la famille : surf indoor, bodyboard, wake, bouée tractée, natation, Ludiboo Club 3 - 6 ans, Kid's Aventure 6 - 12 an] et bébé nageur. Incontournable à Courchevel, il propose lagons intérieurs/extérieurs, bassin ludique, toboggan Pentagliss, rivière sauvage, bassin sportif 25 mètres (4 couloirs), espace fitness et bien-être cryothérapie, hammam, etc. Admirez la vue montagneuse tout en profitant d'un moment d'évasion dans un cadre exceptionnel.

BUREAU DES GUIDES DE COURCHEVEL

110, rue de la Croisette
✆ 06 23 92 46 12
www.guides-courchevel.com
Sur réservation, les contacter pour plus d'informations.

Partez à la découverte du domaine hors-piste « Les 3 Vallées » en compagnie d'une équipe de montagne chevronnée. Profitez d'une expérience unique et d'aventures sûres en explorant des sentiers secrets tout en bénéficiant de bons plans. Vous pouvez choisir parmi plusieurs options selon vos envies, votre niveau et votre disponibilité. La gamme « Découverte » propose des activités collectives avec un guide professionnel, tandis que la gamme « Privilège » offre des sorties privées.

GOLF DE COURCHEVEL

540, rue du Jardin Alpin
✆ 04 79 08 17 00
www.golfdecourchevel.com
Ouvert de juin à octobre.

Le Golf Club de Courchevel est un lieu de challenge captivant situé à 2 000 mètres d'altitude dans un environnement majestueux de montagnes. Avec un parcours de neuf trous et une longueur de 1 400 mètres, ce terrain offre un défi technique pour les joueurs de golf en quête d'une expérience authentique. Le parcours atypique se compose de 9 trous par 3, tous homologués par la FFG pour améliorer votre index. Vous pouvez profiter de ce parcours de fin juin à octobre et participer aux compétitions chaque week-end pour relever le défi de ce golf exceptionnel.

STATION DE COURCHEVEL

station
✆ 04 79 08 00 29
www.courchevel.com
Station hiver/été.

Le domaine skiable de Courchevel offre un accès au vaste réseau de pistes des 3 Vallées, qui est le plus grand au monde, avec plus de 600 km de pistes. Cela comprend plus de 180 pistes vertes et bleues et plus de 140 pistes rouges et noires. Il convient à tous les niveaux de skieurs. Les débutants peuvent progresser en toute sécurité sur les zones Easy Rider, caractérisées par des pistes larges et peu inclinées. Les familles avec enfants aimeront les pistes thématiques des 3 Vallées, proposant des activités telles que les snowparks familiaux et les tyroliennes.

TREMPLINS OLYMPIQUES

Route de La Tania
✆ 06 48 39 06 45
Ouvert toute l'année.

L'histoire du saut à ski est intimement liée à Courchevel, une station reconnue pour cette discipline grâce à son stade olympique et sa formation de jeunes talents. Durant les années 1940, des jeunes locaux tels que Jean Blanc, Régis Chevallier et Auguste Bonnevie ont commencé à pratiquer ce sport sur un tremplin en bois au Praz, où se situe désormais le tremplin olympique de 120 mètres. Suite à la création de Courchevel, le directeur du domaine skiable a intégré le saut à ski dans l'entraînement du ski alpin en construisant des tremplins de 25 et 50 mètres.

LA TANIA

La Tania est une jeune station de ski située au cœur des 3 Vallées, entre Courchevel et Méribel, nichée dans une forêt d'épicéas. Cette station à taille humaine se compose de chalets, de résidences et d'hôtels tous revêtus de bois. Perchée à 1 400 m d'altitude, elle est certifiée Station Verte. On peut y accéder facilement en 25 minutes depuis la gare TGV de Moûtiers, 1h30 de Chambéry et 2h de Lyon. Entièrement piétonne, La Tania séduit surtout les familles. Bien que les pistes de ski de la station soient limitées et adaptées aux débutants, elles offrent un accès rapide au plus vaste domaine skiable du monde : les 3 Vallées et ses 600 km de pistes.

SAVOIE

LE FARÇON RESTAURANT €€€

Immeuble Kalinka ✆ 04 79 08 80 34
www.lefarcon.fr
Ouvert toute l'année. 1 Michelin. Tous les jours le midi et le soir. Menus de 68 € à 120 €. Accueil des groupes.*

Venez découvrir Le Farçon, le restaurant de Julien Machet, chef et ambassadeur de la gastronomie savoyarde. Installé à une altitude de 1 400 mètres, au pied des pistes de La Tania, cet établissement moderne à l'ambiance savoyarde vous invite à savourer une cuisine authentique, fraîche et constante, grâce à une variété de menus inspirés du Grand Duché de Savoie. Le Farçon propose des menus thématiques qui rendent hommage aux routes historiques de la cuisine savoyarde. N'hésitez pas à vivre cette expérience gustative inoubliable pleine de saveurs et d'émotions.

MÉRIBEL ★★★

Découvrez Méribel, une destination de ski inoubliable avec plusieurs zones à explorer. Méribel-Mottaret est idéalement situé au pied des pistes en hiver et à l'entrée de la Vanoise en été. Profitez d'une balade jusqu'au Vallon du Fruit et au refuge du Saut, à proximité de la réserve naturelle du lac de Tuéda. Méribel-Centre propose diverses attractions, telles que le Parc Olympique, les remontées mécaniques et un terrain de golf 18 trous sur la route de l'Altiport. Méribel-Village incarne l'authenticité savoyarde et est connecté à Courchevel par la célèbre boucle du Col de la Loze. Méribel-Les Allues est un quartier pittoresque avec une architecture traditionnelle, une bibliothèque, un musée et une église illustrant la vie locale. Rencontrez les résidents pour en apprendre davantage sur leur mode de vie charmant.

Faune et Flore

Située dans la région des 3 Vallées (Les Menuires, Méribel, Courchevel) en Tarentaise, la réserve naturelle du Plan de Tuéda a été établie en juillet 1990 pour compenser la construction d'une télécabine dans la commune des Allues. Couvrant une superficie de 1 112 hectares, elle s'étend depuis le lac de Tuéda jusqu'à la base du glacier de Gébroulaz. La réserve accueille une riche biodiversité, avec actuellement 545 espèces végétales et près de 400 espèces animales répertoriées. L'altitude, variant entre 1 650 et 3 153 mètres, contribue à la diversité de la faune et de la flore présentes.

Station de Méribel.

MUSÉE DES ALLUES

Maison Bonnevie
✆ 04 79 00 59 08
www.meribel.net
Ouvert en saison estivale et hors saison sur demande. Entrée libre. Animations.

Venez explorer le passé et la vie quotidienne d'antan en découvrant les instruments et équipements utilisés, ainsi que les pratiques et traditions agricoles propres aux régions montagneuses. Immergez-vous également dans l'histoire de la dynastie de la Maison de Savoie en admirant des archives et documents exclusifs tels que des mappes sardes, des registres fonciers, des contrats, des décrets et des règles royales, ainsi que des affiches retraçant l'annexion de la Savoie. Si vous êtes passionné de ski, ne manquez pas l'exposition dédiée au ski.

LA RÉSERVE NATURELLE DU PLAN TUÉDA

Plan Tuéda
✆ 04 79 01 04 75
www.vanoise-parcnational.fr
Aucun véhicule ne peut circuler et le bivouac n'est possible qu'au pied du refuge.

La réserve naturelle du Plan de Tuéda possède une grande diversité d'habitats naturels, tels que des pelouses, des forêts, des habitats rocheux, des milieux humides et aquatiques, ainsi que des landes. La forêt de pins cembro et d'épicéas est un milieu exceptionnel, abritant des espèces rares telles que l'ancolie des Alpes et la clématite des Alpes. Les landes alpines et boréales sont également présentes dans la réserve et abritent d'autres espèces rares, comme le lycopode des Alpes.

OFFICE DE TOURISME

27, place Marcel Front
✆ 04 79 08 60 01
www.meribel.net

Horaires d'ouverture selon les périodes et saisons. Ouvert tous les jours en haute saison (été-hiver).

L'équipe de Méribel Tourisme est là pour vous aider à passer un séjour inoubliable et réussi en vous fournissant toutes les informations dont vous avez besoin. Vous pourrez y trouver le programme hebdomadaire détaillé de toutes les activités de la station, la liste des loueurs particuliers de meublés, les prévisions météorologiques, le guide des sentiers en hiver, le plan de la station, le plan des pistes de ski alpin et de ski de fond, le guide famille « Les z'aventures de Kenotte », ainsi que tous les autres conseils ou informations utiles.

LA CROIX JEAN-CLAUDE** €€

Route de la Rese
✆ 04 79 08 61 05
www.croixjeanclaude.com

Ouvert toute l'année. 15 chambres. Chambre double à partir de 167 €. Demi-pension (à partir de 127 €/pers).

Offrez-vous une expérience unique en séjournant à l'hôtel familial La Croix Jean-Claude, idéalement situé en plein cœur du charmant village des Allues. Imprégnez-vous de l'atmosphère paisible et conviviale de l'un des établissements les plus anciens de la vallée pour un séjour reposant, à seulement 5 kilomètres de la célèbre station de Méribel. C'est au pied de La Croix Jean-Claude que l'histoire de Méribel a commencé en 1948 avec l'installation du premier téléski à perches de la station. Aujourd'hui encore, cet hôtel continue d'être le cœur battant du village.

HÉLIOS HÔTEL***** €€€

Route de la Renarde
✆ 04 79 24 22 42
www.lhelios.com

Ouvert mi-décembre à mi-avril, juillet/août. 18 suites. Chambre double à partir de 330 €. Restauration. Spa.

L'hôtel Hélios domine le village station de Méribel, captant la lumière et le soleil dont on peut profiter depuis la terrasse de l'hôtel ou le balcon privatif de chambres comme de véritables cocons posés sur les pistes. Et si vous voulez sortir, direction la piste du Doron en chaussant directement les skis avant de profiter de la vue panoramique. Décor épuré et chic, accueil chaleureux, chambres élégantes et confortables pour un séjour qui séduira les sportifs et les épicuriens ! Séjour haut de gamme et prestations remarquables.

HÔTEL ALLODIS**** €€€

1143, Le Belvédère
✆ 04 79 00 56 00
www.hotelallodis.com

Label Tourisme & Handicap (moteur ; mobilité réduite). Ouvert en saison hivernale.

Hôtel, restaurant, spa... Une adresse d'excellence pour profiter pleinement de son séjour à Méribel. Niché sur les hauteurs de la station, L'Allodis offre un accès direct aux pistes. Atmosphère cosy à l'intérieur, propositions bien-être irrésistibles côté Spa by Clarins. En cuisine le chef, Philippe Vrignaud, et sa brigade œuvrent pour que des mets raffinés soient servis au restaurant gastronomique de cette belle maison. Le panorama est évidemment exceptionnel dès que l'on sort sur la terrasse. De quoi se réconforter un peu plus après une bonne journée de glisse.

LE MARTAGON €€

Le Raffort ✆ 04 79 00 56 29
www.restaurant-martagon.com

Ouvert toute l'année. En été et hiver, ouvert midi et soir, fermeture dimanche soir. Carte : 40 € environ. Terrasse.

Pause gourmande loin de l'agitation de la station. Ce grand chalet est situé à quelques mètres de la télécabine de l'Olympe. L'intérieur de la bâtisse laisse voir une jolie charpente et une grande fresque montagnarde. La salle s'ouvre sur la vallée et la terrasse permet de profiter du soleil. Le chef est derrière la belle cheminée à griller andouillette 5A, côte de bœuf... A la carte également, un foie gras maison et des spécialités savoyardes. Vous aurez la possibilité de garer votre caravane dans les alentours, un des seuls endroits disponibles. Profitez-en !

LE CÈPE €€€

Route du Plateau
✆ 04 79 22 46 08

Ouvert en saison. Ouvert tous les jours midi et soir. Menus de 34 € à 90 €. Terrasse.

Cette adresse est un vrai coup de cœur dans la station de Méribel en direction du golf. Un cadre plaisant, un service impeccable sans prétention, un personnel accueillant et souriant jusqu'à l'assiette : rien à redire. Au menu, des mises en bouche originales, suivies de plats mitonnés et très goûteux, de beaux poissons frais des lacs et des océans, et bien entendu quelques recettes à base des fameux cèpes de montagne. Pour finir les desserts sont succulents. En somme une très bonne adresse et un rapport qualité-prix excellent.

BUREAU DES GUIDES ET ACCOMPAGNATEURS DE MÉRIBEL

Parc Olymique
✆ 06 43 89 72 91
www.guides-meribel.com
Sur réservation. Les contacter.

Le Bureau des Guides de Méribel propose des aventures telles que le ski hors-piste, la randonnée en montagne, l'escalade sur glace et les balades en raquettes dans les 3 Vallées en Savoie. Les guides de haute-montagne sont des spécialistes possédant une connaissance inégalée du terrain grâce à leur pratique quotidienne. Ils sont les seuls professionnels autorisés à vous accompagner sur les glaciers. Contactez-les pour vivre une expérience unique dans des endroits préservés.

PARC OLYMPIQUE

La Chaudanne
✆ 04 79 00 80 00
http://montagne-ete.meribel.net
Hiver : 10 décembre 2022-28 avril 2023. Été : 1er juillet 2023-1er septembre 2023.

Le parc olympique de Méribel est le lieu où se côtoient cinq univers permettant de pratiquer différentes activités sportives et de détente. Commencez par chausser vos patins et glisser sur la glace dans l'enceinte de la patinoire de l'après-midi jusqu'en soirée. Puis un détour par la salle de remise en forme pour tester les bancs de musculation ouverts du matin au soir sous la surveillance d'un professionnel de la discipline ou bien alors participer à un cours de fitness. Pour finir détendez-vous dans l'espace bien-être et relaxation.

STATION DE SKI DE MÉRIBEL

✆ 04 79 08 60 01
www.meribel.net
Saison été/hiver.

La station de ski de Méribel au cœur des 3 Vallées offre un accès privilégié à l'ensemble des pistes. Elle se compose de plusieurs villages et hameaux, chacun ayant son propre charme et offrant un accès aisé au domaine skiable. Les superbes chalets en bois harmonieusement intégrés dans les paysages alpins offrent un cadre dépaysant et chaleureux. Choisissez parmi Méribel-Village, Méribel ou Méribel-Mottaret pour un séjour en immersion totale dans l'univers du ski.

LES MENUIRES ★★

Perchée à plus de 1 850 mètres d'altitude, Les Menuires est un lieu de rêve pour les passionnés de ski. Située au cœur des 3 Vallées, le plus vaste domaine skiable mondial, cette station offre plus de 600 kilomètres de pistes pour tous les niveaux et six autres stations à proximité immédiate. Un large éventail d'hébergements est disponible, des studios confortables aux chalets traditionnels, en passant par les hôtels et clubs de vacances. La plupart de ces logements offrent un accès direct aux pistes pour un maximum de praticité. Pendant votre séjour, explorez des aires ludiques comme le Pixel Area, combinant snowpark et boardercross, ou le Friendly Natural Park, spécialement conçu pour les enfants. N'hésitez pas à vous arrêter dans un restaurant d'altitude pour déguster des spécialités locales ou à profiter des concerts et animations en fin de journée. Les Menuires est une destination idéale pour tous les âges, offrant des moments inoubliables aux familles. Outre le ski, de nombreuses activités vous attendent, telles que les promenades en dameuse, en motoneige, en chiens de traîneau, le ski de fond, le ski de randonnée, les randonnées en raquettes, les cours de fitness et la détente dans l'un des espaces bien-être de la station. Ne ratez pas l'opportunité de vivre des vacances mémorables aux Menuires, un paradis pour les amateurs de sports d'hiver et pour ceux qui souhaitent prendre un bon bol d'air pur ! Les Menuires on adore !

OFFICE DE TOURISME DES MENUIRES - LA CROISETTE

1269, avenue de la Croisette ✆ 04 79 00 73 00
https://lesmenuires.com
De décembre à avril, de 8h45 à 19h. En juillet et août, de 9h à 12h30 et de 14h à 19h. Intersaison, se renseigner.

Situé à La Croisette, l'office de tourisme jouit d'une prestigieuse étiquette Qualité Tourisme, garantissant un service impeccable tout au long de l'année. En hiver, un second point d'accueil est érigé aux Bruyères pour répondre à la forte demande des visiteurs. La Maison de la Montagne est un véritable sanctuaire pour les amoureux de la montagne, qui peuvent y trouver toutes les informations dont ils ont besoin ainsi qu'une vente de billets pour les activités des alentours.

LA TABLE DES MARMOTTES €€

Quartier de Preyerand
✆ 04 79 08 16 74
https://table-marmottes.fr
Ouvert en été et en hiver, tous les jours midi et soir. Carte : 30 € environ. Terrasse. Animations.

A La Table des Marmottes, on boit, on mange et on rit à de larges horaires. D'un côté, le restaurant avec une cuisine de qualité à base de bons produits : assiette d'escargots de Savoie, salades bien composées, tartiflette paysanne et cuisine savoyarde à base de produits régionaux. De l'autre côté, à l'étage au-dessus du restaurant, des soirées à thèmes. En après-midi, des retransmissions sportives ou de concerts. Côté déco, laissez-vous transporter par toutes les choses qu'il y a à regarder, peut-être y trouverez-vous de l'inspiration pour chez vous ?

LES BELLEVILLE

Saint-Martin-de-Belleville, une station de ski réputée de la Vallée des Belleville, offre des équipements de qualité, des itinéraires variés et 600 km de pistes pour satisfaire les skieurs les plus exigeants. Le village est également apprécié pour son art de vivre et sa proximité avec le domaine skiable exceptionnel des 3 Vallées. A 1 100 m d'altitude, Saint-Jean-de-Belleville allie tourisme et activité agricole, grâce à sa proximité avec les stations de sports d'hiver telles que Valmorel et Les Menuires. Les amateurs de randonnée apprécieront également le patrimoine et l'environnement préservé de la commune, jalonnée de sommets et de hameaux.

ÉGLISE SAINT-JEAN-BAPTISTE

Chef-Lieu
✆ 04 79 24 02 11
Toute l'année, tous les jours de 9h à 18h.

Cette église est située dans un petit village montagnard typique de la Tarentaise, et fait partie du célèbre « chemin du Baroque ». Erigée vers le milieu du XVIIe siècle, elle est dédiée à saint Jean-Baptiste. L'intérieur de l'église est magnifiquement orné de peintures, ainsi que d'un retable du Rosaire qui met en scène cinq des quinze mystères du Rosaire au sommet. Les sculptures représentant saint Dominique et sainte Catherine entourent une Vierge à l'Enfant tenant un rosaire.

MOULIN DE BURDIN

Saint Marcel
✆ 04 79 00 20 00
Ouverture juillet et août. Visites commentées gratuites. Aire de pique-nique. Parking à proximité. Gratuit.

Le moulin du Burdin est un témoin bien conservé de l'activité agropastorale de la Vallée des Belleville, avec neuf moulins à grains. Typique des zones de montagne, il moulait localement seigle, orge et avoine avec ses roues horizontales à ailettes. Restauré récemment, il est ouvert au public pour des visites commentées gratuites et une exposition intégrée retraçant l'histoire des moulins, du grain au pain. Des visites complètes sont également proposées deux fois par semaine pour découvrir son histoire et son mécanisme d'entraînement par l'eau.

MAISON DU TOURISME DE SAINT-MARTIN DE BELLEVILLE

54, rue du Clocher
✆ 04 79 00 20 00
https://st-martin-belleville.com/fr/
Juin, du lundi au jeudi 9h-12h30 et 14h-18h30. Été et hiver : tous les jours. Septembre-mi-décembre le matin.

En plein centre du charmant village de Saint-Martin de Belleville, un accueil chaleureux est proposé aux voyageurs tout au long de l'année, pour les guider et les conseiller sur les plaisirs locaux. Niché au cœur du département, ce lieu pittoresque et traditionnel offre détente et moments de partage, en plus des loisirs sportifs. Les curieux peuvent ainsi dénicher les meilleures adresses, et les lieux incontournables pour se régaler aux alentours.

L'ÉTOILE €€

Les Menuires
✆ 04 79 00 75 58
http://letoilelesmenuires.fr
Ouvert en saison d'hiver. Ouvert tous les jours le midi et le soir sauf le dimanche/lundi soir. Carte : 36 € environ.

Venez découvrir l'Étoile, où la gastronomie raffinée rencontre des saveurs authentiques pour une expérience culinaire inoubliable. Profitez de la terrasse décontractée et paisible, ou installez-vous près du feu de cheminée pour une soirée chaleureuse. Dégustez la cuisine bistro pour le déjeuner avec des plats faits maison comme le Burger de l'Étoile. Au dîner, laissez-vous tenter par les plats raffinés et authentiques avec des ingrédients frais et naturels, comme le magret de canard légèrement fumé ou le carré d'agneau cuit à basse température.

CHEZ PÉPÉ NICOLAS €€

Route de Val Thorens - D117
✆ 06 09 45 28 35
www.chezpepenicolas.com
Réservation impérative. Menu enfant 12 €. Plat à la carte entre 20 et 40 €. Terrasse. Animations.

Paysage magnifique, décors typiques, accueil chaleureux, produits de qualité et une cuisine entre tradition et inventivité... Le chef, Martial Vuillemin, travaille à partir de produits frais, locaux et transformés sur place. Plats végétariens, sans gluten et sans lactose sont proposés à la carte. Nous avons opté pour la Planche Bellevilloise à partager (polenta, terrine de Gaston et tomme d'alpage de Valentin) et apprécié la Racletine au lait de chèvre accompagnée de charcuterie, pommes de terre et salade. Toute une histoire gourmande, ce chalet de Pépé Nicolas.

LA BOUITTE €€€

Hameau de Saint-Marcel
✆ 04 79 08 96 77
www.la-bouitte.com
3 Michelin. Ouverture déc à fin avr, juil/août. Menus 239 € à 389 €. Chambres à partir de 265 €. Spa. Jardin. Terrasse.*

Certainement l'un des meilleurs restaurants français grâce aux talents conjugués de toute la famille Meilleur. L'histoire commence en 1976 quand René Meilleur achète un champ pour construire une bouitte (petite maison en patois) avec son épouse Marie-Louise. C'est avec son fils Maxime, qui le rejoint en 1996, que La Bouitte atteint les 3 étoiles. Carte blanche aux chefs dans un menu surprise, véritable expérience de tous les sens. Cuisine magnifique et carte des vins exceptionnelle. Séjour gourmand à prolonger à l'hôtel. Plaisirs rares.

VAL-THORENS ★★

Val Thorens est une station de ski extraordinaire située au centre des 3 Vallées, le plus vaste domaine skiable au monde avec plus de 600 kilomètres de pistes. En tant que station la plus élevée d'Europe, son domaine est entouré de 6 glaciers, garantissant des conditions de neige exceptionnelles. Les installations de remontées mécaniques modernes et la diversité des parcours font de Val Thorens un véritable paradis pour les amateurs de sports d'hiver, qu'ils soient novices ou experts. 99 % du domaine se trouvant au-dessus de 2 000 mètres, les skieurs bénéficient d'excellentes conditions de neige tout au long de la saison.
Val Thorens est une station où l'on chausse ses skis dès la sortie de son hébergement, offrant un accès direct aux pistes pour pratiquer le carving, le ski hors-piste, la randonnée, le snowpark, le boarder-cross et le télémark. C'est un terrain de jeu idéal pour les passionnés de montagne, avec des panoramas époustouflants comme le Glacier de Péclet ou la Cime de Caron, offrant une vue à 360° sur plus de 1 000 sommets alpins français, suisses et italiens. Deux domaines skiables sont accessibles depuis Val Thorens : Val Thorens-Orelle (150 km de pistes) et les 3 Vallées (600 km de pistes). Quel que soit le forfait sélectionné, les skieurs seront comblés par les pistes bien entretenues et les étendues de poudreuse, assurant une expérience de ski mémorable. Une ville-station magique à découvrir rapidement !

Skieur près de Val-Thorens.

HÔTEL 3 VALLÉES**** €€€

Grande Rue
✆ 04 79 00 01 86
www.hotel3vallees.com
Ouvert de fin nov à mi-mai. Chambre double à partir de 149 € demi-pension. Spa. Restauration.

L'établissement est tenu par la même famille depuis près de 40 ans. Au premier contact, vous savez que vous allez passer un bon moment grâce à la gentillesse du personnel. Ambiance cocooning et un service qui s'apprécient pour s'accorder un temps de repos et de calme. Les chambres spacieuses et confortables offrent une très bonne qualité d'équipement, la décoration est contemporaine. Espace bien-être. Cuisine gastronomique créative de qualité avec des produits de saison. Un repas passé à admirer la vue sur la cime Caron... Lieu parfait pour les vacances.

LA CABANE €€

quartier des Balcons
✆ 04 79 00 83 84
Ouvert de novembre à mai. Tous les jours de 19h à 0h. Réservation recommandée. Carte : 25 € environ.

Le restaurant La Cabane offre une expérience unique, célébrant l'enfance et les souvenirs familiaux. En entrant, on découvre un univers original avec des jouets en bois, des poupées et une atmosphère chaleureuse et nostalgique. La cheminée et le ciel étoilé ajoutent au charme cosy. Les éléments de décoration évoquent une cabane forestière, ravivant des souvenirs d'enfance. La cuisine savoyarde traditionnelle raffinée est préparée avec soin par le chef, incluant des plats régionaux comme la tartiflette, la boîte chaude et le rumsteck gratiné au reblochon.

LE VIEUX CHALET €€

Rue du Soleil ✆ 04 79 00 07 93
www.levieuxchalet.com
Ouvert de novembre à mai. Ouvert tous les jours le soir à partir de 18h30 ; le samedi midi. Carte : 45 € environ.

Offrez-vous une escapade chaleureuse et gourmande sous le manteau neigeux et l'embrun glacial en savourant des mets savoyards authentiques et réconfortants. Melanie et Christina vous convient à redécouvrir les pépites culinaires locales, sublimées par une gastronomie aux mille facettes. Dégustez les saveurs exquises de leurs créations, telles que les Cromesquis envoûtants de reblochon, la Mousse aérienne de jambon cru, la Tartiflette généreuse au lard paysan ou encore le Civet de cerf mijoté à la perfection, accompagné de pommes de terre fondantes.

LES EXPLORATEURS €€€

Place du Slalom
✆ 04 79 00 09 99
www.hotelpashmina.com
1 Michelin. Haute saison : ouvert du mardi au dimanche le soir. Menus de 95 € à 180 €.*

Une table remarquable au sein de l'hôtel, lui aussi remarquable, Le Pashmina. Dans un cadre mêlant boiseries traditionnelles et notes colorées plus contemporaines nous renvoyant aux grandes expéditions de haute montagne, Les Explorateurs est la table du chef étoilé Josselin Jeanblanc. Voyage gastronomique qui nous emmène en hors-piste vers des saveurs d'ici et d'ailleurs. Bel emploi de la truffe avec un faux filet de bœuf Wagyu japonais. Desserts de même niveau et carte des vins dans le même esprit de découverte. Le midi, cuisine bistronomique au Base Camp.

COSMOJET

Chalet Luge
✆ 04 79 00 07 08
www.valthorens.com/fr/activite/luge
Ouvert de mi-décembre à début mai. 17,30 € la descente. Luge en soirée 25,50 €.

Il s'agit de la plus longue piste de luge de France. 6 km de long pour un dénivelé de 700 m. Elle est balisée et son arrivée se situe au cœur de la station, C'est parti pour 45 min de descente et de montée d'adrénaline avec quelques tête-à-queue possibles. Des virages parfois relevés, des points de vue magnifiques, un tunnel... Il vaut mieux garder un bon élan si l'on ne veut pas trop pousser et il faut rester prudent car la piste dédiée à la luge croise à quelques reprises celle des skieurs. Une fois en bas, on n'a qu'une envie : y retourner.

DOMAINE SKIABLE DE VAL THORENS

Station
✆ 04 79 00 08 08
www.valthorens.com
Station hiver/été.

La plus haute station d'Europe, dont 99 % du domaine se trouve au-dessus de 2 000 m, ouvrant les 600 km de pistes des 3 Vallées. Zones ludiques pour toutes les glisses et 4 sentiers piétons. Remontées mécaniques high-tech, activités innovantes, animations et événements... mais aussi bistronomie des neiges. Ça bouge à « Val Tho » (pour les intimes.) En été, le village reste bien vivant et les propositions d'activités et loisirs sont nombreuses. Impossible de s'ennuyer !

STATION DE SKI D'ORELLE

✆ 04 79 56 87 22
www.orelle.net
Station hiver/été.

Orelle est un village de montagne paisible avec 10 hameaux. Il est situé dans la vallée de la Maurienne et fait partie du domaine des 3 Vallées. Les hameaux ont des commerces pour des vacances sans tracas. Le village est relié au domaine skiable par la télécabine d'Orelle, qui vous transporte en seulement 13 minutes. Les cabines ont une vue imprenable grâce à leurs grandes fenêtres. Orelle propose 9 pistes de ski, dont 5 ont un enneigement naturel. La piste de Lory, qui s'étend sur plus de 4 km, est préservée de tout équipement de remontée mécanique.

SAINT-JEAN-DE-MAURIENNE

Capitale de la vallée de la Maurienne depuis le VIe siècle, Saint-Jean-de-Maurienne ne doit pas sa notoriété qu'aux reliques de saint Jean-Baptiste rapportées d'Alexandrie par sainte Thècle. En plein cœur de la vallée de l'Arc, passage entre Italie et France, haut lieu de production d'aluminium, terre de l'Opinel, et plaque tournante vers les cols alpins mythiques empruntés par le Tour de France cycliste, la ville est aussi très liée aux stations de sports d'hiver nombreuses qu'elle dessert. Été comme hiver, randonneurs, skieurs, amoureux de la montagne et de la nature passent par Saint-Jean-de-Maurienne. Plutôt que de ne faire que passer, nous vous suggérons de faire une halte quelques heures au moins pour découvrir selon vos goûts et centres d'intérêt : le Musée de l'Opinel qui est totalement incontournable, le Musée des costumes et des traditions populaires, certes petit mais qui vaut le coup d'œil, la cathédrale Saint-Jean-Baptiste, l'église Notre-Dame et le Palais épiscopal de Maurienne, ces trois édifices religieux étant classés et sont des joyeux architecturaux au cœur de la ville… Rien de tel pour pleinement s'immerger et optimiser la visite que de se faire guider, car la ville est chargée d'histoire et l'on peut facilement passer à côté de bien des choses sans les commentaires d'un professionnel qui contextualise et attire votre attention sur des petits détails qui en disent long.

CATHÉDRALE SAINT-JEAN-BAPTISTE ✞ ★

Place de la Cathédrale ✆ 04 79 83 51 51
www.saintjeandemaurienne.com

Accès libre et gratuit. Le cloître est ouvert toute l'année et tous les jours de 8h à 20h. Visite guidée de la crypte.

Édifiée au VIe siècle, reconstruite au XIe, la cathédrale catholique romaine est admirable. L'intérêt architectural ne fait aucun doute, mais la légende autour de l'origine de l'évêché et de sainte Thècle rapportant les reliques de saint Jean-Baptiste ne manque pas de piment. La crypte est un élément remarquable. Ajouts, reconstructions, rénovations au fil du temps et c'est ainsi que l'on peut admirer le cloître gothique, des chapelles et vitraux d'époques et de styles différents.

MUSÉE DES COSTUMES, ARTS ET TRADITIONS POPULAIRES 🏛 ★

Place de la Cathédrale ✆ 04 79 83 51 51
https://montagnicimes.com

Ouverture uniquement pendant les vacances scolaires. Gratuit. Parking. Visite guidée (sur réservation).

Le musée des Costumes, Arts et Traditions Populaires annonce la couleur. Ici, on découvre l'univers riche des costumes mauriennais. Chaque vallée, et parfois chaque village, avait ses propres spécificités au niveau des costumes. Broderies à la main, dentelles et coiffes : un travail minutieux étonnant et complexe. Une des salles du musée présente des collections d'archéologie tandis qu'une autre est dédiée à l'art religieux et une dernière à l'histoire de la Maison de Savoie.

MUSÉE OPINEL 🏛 ★

25, rue Jean-Jaurès
✆ 04 79 64 04 78
www.opinel.com/musee

Ouvert toute l'année. Tous les jours en juillet et août de 9h à 18h30. Gratuit. Espace bar, salon de thé.

C'est à la fin du XIXe siècle qu'Opinel s'est mis à faire de la coutellerie un véritable art de vivre. Ici, ce sont 700 m² totalement dédiés à la légende savoyarde qu'est devenu Joseph Opinel. Voyagez dans son histoire à travers ce musée via des expositions permanentes et temporaires. Le musée est gratuit et tout public (adapté aux personnes à mobilité réduite), cependant il est à noter que nos amis les animaux ne sont pas autorisés dans l'enceinte du musée. Alors, prêt à découvrir la fantastique histoire qui se cache peut-être dans votre poche ?

CAMPING MUNICIPAL DES GRANDS COLS*** ⛺ €€

422, avenue du Mont-Cenis
✆ 09 52 17 46 55
www.campingdesgrandscols.com

Basse saison mi-mai à fin juin et 26 août à fin septembre. Emplacement à partir de 20,50 €. Mobil-home, chalet insolite.

Les cyclistes prêts à partir à l'assaut des grands cols, les motards tout aussi gourmands d'enchaîner les virages ou les randonneurs motivés à l'idée d'arpenter les sentiers de montagne : tous seront ravis, à la belle saison, d'avoir une place au camping des Grands Cols. Également des logements insolites sous formes diverses : Tonneau, Pod, Kota... entre bois et nature, faites votre choix ! La meilleure adresse pour un séjour en famille, un séjour sportif.

© HOTELSAINTGEORGES

© HOTELSAINTGEORGES

© HOTELSAINTGEORGES

HÔTEL SAINT-GEORGES*** €€

334, rue de la République
✆ 04 79 64 01 06
www.hotel-saintgeorges.com

38 chambres. Chambre double 90-94 €. Petit déjeuner 12 €. Parking voitures et motos.

Il fut une époque où l'on arrivait à cheval dans cet hôtel ouvert depuis 1866, à la belle façade et aux frontons triangulaires. Situé en centre-ville, dans la vallée de la Maurienne, entre Chambéry et Modane, l'hôtel est confortable et propose des chambres rénovées, spacieuses, insonorisées et climatisées. Certaines d'entre elles peuvent accueillir jusqu'à quatre personnes, d'autres sont communicantes. Petit déjeuner buffet servi en salle. Les conducteurs de deux-roues (motorisés ou pas) apprécieront l'accueil. Une adresse historique offrant de réelles commodités.

© HOTELSAINTGEORGES

© HOTELSAINTGEORGES

LA YOURTE D'ÉGLANTINE €€

Montdenis
SAINT-JULIEN-MONT-DENIS
✆ 06 51 02 16 66
www.yourte-savoie.fr

Nuitée avec petit déjeuner : 75 €/2 pers. 128 € pour le week-end. Repas 18 €/enfant 9 €.

La Yourte d'Églantine est installée à l'écart du hameau de Montdenis, à 1 400 m d'altitude, face au cirque du Grand Perron des Encombres. La ferme d'Églantine est toute proche et c'est un bonheur de rencontrer ses animaux. Chien, chat, ânesse, cheval... Cet hébergement atypique, petit nid douillet dans un écrin de nature, laisse d'inoubliables souvenirs et permet de décompresser. Un très bel endroit pour se reposer avant de randonner, en espérant observer des bouquetins, marmottes et gypaètes plus haut sur les sentiers de montagne.

LES 5 SENS €€

Rue Louis Sibue
✆ 04 57 17 98 46

Ouvert du mardi au dimanche midi, mardi, mercredi, vendredi et samedi soir. Menus de 26,50 € à 36,50 €. Terrasse.

Le restaurant Les 5 sens est doté d'un très bon accueil grâce aux serveurs très serviables, compétents et de bonne humeur. Ici, la cuisine se veut familiale, c'est bon et généreux. Le chef, très sympathique au demeurant, peut venir en salle afin de savoir si tout se passe bien dans son domaine. Côté vins, les conseils sont avisés et très professionnels, ce qui a été une très bonne chose à l'apéro avec les terrines que nous avons choisies. Le poisson était très bien cuit et le dessert (un crumble) était parfait. Une adresse à retenir, pleine de bons sentiments.

HÔTEL DU NORD €€

64, impasse Jean Jaurès
✆ 04 79 64 02 08
www.hoteldunord.net

Ouvert tous les jours sauf les dimanches soir et lundis midi. Menus 35,50 € à 51,50 €. Chambres doubles 83 € à 86 €.

Ce restaurant, réputé à Saint-Jean-de-Maurienne, est un passage obligatoire pour tous les amoureux de la bonne cuisine traditionnelle savoyarde. L'intérieur du bâtiment est composé de jolies voûtes en pierre (ce lieu était une écurie.). Dans les murs résonne l'ambiance terroir des repas passés et la saisonnalité des produits. Le chef Philippe Denis sublimera ses produits pour vous faire voyager en terre savoyarde, que ce soit avec le foie gras maison ou bien la ballottine de volaille au beaufort. Belle carte des vins, et délicieux vins régionaux. Un régal.

LA TAVERNE SAINT ANTOINE €€€

Rue Joseph Perret
✆ 04 79 59 96 96
www.brasserie-saint-antoine.fr

Ouvert tous les jours. Carte : 20 € environ. Menu du jour 28 €. Terrasse.

Situé sur une place piétonne, cette brasserie est une bonne adresse. La terrasse ombragée offre une très jolie vue sur la tour, la cathédrale et les montagnes. Une cuisine traditionnelle bien sûr, avec les spécialités savoyardes et alsaciennes, mais aussi des produits frais de la mer, dans une ambiance conviviale. Un menu qui tient toutes ses promesses. Il est bien sûr possible d'y faire une simple pause pour profiter de la même vue. Sa situation et la qualité de ses produits en font une adresse très appréciée des Saint-Jeannais.

FROMAGERIE « AUX PRODUITS SAVOYARDS »

8, rue Saint-Antoine ✆ 04 79 64 23 14
www.beaufortdesarves.com

Ouvert toute l'année : lundi-jeudi 8h30-12h30/14h30-18h, vendredi-samedi 8h-13h/14h-18h, dimanche 9h-12h.

Porte ouverte sur les produits du terroir local et régional. Le magasin propose de la vente directe. Une manière de soutenir un savoir-faire local et de passer par un circuit court. Le beaufort A.O.P. des Arves est le fromage phare du magasin, mais il est très loin d'être le seul : tommes fermières de vache, de chèvre et de brebis, bleu de Termignon sont aussi en bonne place. Pour accompagner, vins de Savoie AOP, miel de montagne, liqueurs, divers produits régionaux sont proposés.

ZONE DE LOISIRS DE LA COMBE DES MOULINS

✆ 04 79 83 51 51

Ouvert toute l'année, tous les jours en accès libre. Accessible en fauteuil roulant avec aide. Parking gratuit.

L'atout premier de cet espace de loisirs proche de Saint-Jean-de-Maurienne, c'est sans doute sa situation dans une zone naturelle boisée. Ici, courts de tennis, tables de ping-pong, parcours sportifs, balades, aire de pique-nique sont autant de possibilités pour faire une halte ludique et conviviale. Pour ceux qui auraient des envies un peu plus acrobatiques (et payantes), L'Aventure, un parcours dans les arbres qui a la particularité de proposer un saut à l'élastique pendulaire !

MONTRICHER-ALBANNE

Construite en 1976, la station de ski Les Karellis est située sur la commune de Montricher-Albanne à environ 18 km de Saint-Jean-de-Maurienne. Elle s'étend de 1 650 à 2 495 m. Son nom vient du patois « karèle » qui désigne une herbe qui pousse dans les alpages. L'herbe lisse permettait autrefois aux bergers de glisser dessus via une planche ou un manteau, pour passer le temps. La station a obtenu les labels « Famille Plus », « Site nordique » et « Nouvelles glisses ». Elle est entièrement piétonne, offrant des parkings gratuits à proximité immédiate.

STATION DE SKI DES KARELLIS

✆ 04 79 59 50 36
www.karellis.com
Station de ski l'hiver, de nombreuses activités à découvrir durant le reste de l'année.

Créée en 1975, au cœur de la vallée de la Maurienne, cette station s'étend de 1 550 à 2 495 mètres d'altitude. Elle est dotée de 28 pistes de ski alpin, 6 itinéraires de raquettes et de 30 km de ski de fond. L'été, la station est ouverte en juillet et août et propose alors une palette d'activités : VTT, tir à l'arc, piscine, parcours acrobatiques forestiers, équitation, mini ferme, escalade, tennis, minigolf, roller, randonnées, atelier de musique... Station parfaite pour les familles.

ECOMUSÉE « MONTRICHER AUTREFOIS »

Grande Rue
✆ 04 79 59 61 50
Du 1er juillet au 31 août et du 20 décembre au 20 avril mardi et jeudi 14h-17h. Adulte 2 €. Enfant 1 €. Visite guidée.

Cet écomusée offre des tableaux de scène de vie d'antan, telles des cartes postales 3D de personnages restés figés au coin du feu, ou d'un écolier le geste suspendu à son éternelle dictée. Des outils d'autrefois dont on se fait expliquer l'usage, des objets d'un autre temps qui dévoilent leurs secrets. Quelques bénévoles passionnés animent cet endroit et apportent aux visiteurs curieux les explications dont ils ont besoin. La visite guidée, fortement conseillée, dure entre 1h30 et 2h.

LE GROS MÉLÈZE

Le Grapil
✆ 04 79 59 50 36
www.maurienne-tourisme.com
Se laisse admirer toute l'année.

Le plus gros Mélèze d'Europe est ici, dans la forêt de la « mélézia » à 1 740 m d'altitude. Vous ne pouvez pas le manquer, il a près de 600 ans. On raconte dans le pays qu'il serait né la même année que Jeanne d'Arc sous le règne d'Amédée VIII, duc de Savoie ! Il mesure 6,40 m de circonférence pour 30 m de haut. Contrairement aux autres conifères, le mélèze perd ses aiguilles en automne. Son bois est très apprécié en menuiserie et charpente et il n'est pas rare en montagne, de voir des bardages extérieurs en mélèze, qui a l'avantage d'être imputrescible.

SAINT-JEAN-D'ARVES

Cette petite station-village située à une vingtaine de kilomètres de Saint-Jean-de-Maurienne, à 1 550 m d'altitude, fait partie du domaine skiable des Sybelles. Comme son nom l'indique, la vue panoramique visible depuis le village est largement dominée par les mythiques Aiguilles d'Arves. En hiver, une navette inter-hameaux est gratuitement mise en place pour faciliter l'accès à la station et aux séances de cinéma, ainsi qu'à la fromagerie située au village voisin de Saint-Sorlin-d'Arves. Une station à taille humaine idéale pour les familles qui pourront faire le plein d'air frais, s'adonner à des activités sportives mais aussi se ressourcer !

COL DU GLANDON

✆ 04 79 56 24 53
www.saint-colomban.com
Accessible hors des périodes d'enneigement.

Perché à 1 908 mètres d'altitude, le Col du Glandon, tout comme celui de la Croix-de-fer sont deux cols mythiques du Tour de France. Les cyclistes apprécient, en partant de La Chambre, de grimper jusqu'au col, parcourant 21,30 km avec une pente moyenne de 6,91 %. Un bel effort récompensé à l'arrivée par un joli panorama. Il relie la vallée de la Romanche à celle de la Maurienne et doit son nom au torrent éponyme. La montée évolue entre la chaîne de Belledonne et les sommets du domaine skiable des Sybelles. D'en haut, vue exceptionnelle sur le Mont-Blanc !

ALBIEZ-MONTROND

Un paysage grandiose s'offre à notre regard. Du Crêt du Châtel (1 758 m), dressé au centre de la commune d'Albiez-le-Vieux, on découvre un magnifique cirque de montagnes avec un très beau point de vue sur les aiguilles d'Arves. Voici donc Albiez-Montrond, l'addition d'Albiez-le-Vieux et de Montrond. Les visiteurs apprécient son caractère rural et agricole ; ils aiment flâner pour découvrir les chalets en bois au gré des rues, visiter les églises et chapelles. L'hiver, on pratique le ski alpin, notamment les nouvelles glisses, mais aussi et surtout le ski de fond (accès libre et gratuit) sur un vaste espace nordique, le plateau de Montrond.

STATION DE SKI D'ALBIEZ

Place de la Mairie
✆ 04 79 59 30 48
www.albiez.fr
Station hiver/été.

La station de ski d'Albiez, située au pied des Aiguilles d'Arves, est familiale et particulièrement adaptée pour faire débuter les jeunes enfants puisqu'elle est équipée d'un tapis roulant pour les débutants. Elle s'étend de 1 520 m à 2 080 mètres d'altitude. Elle est dotée de 22 pistes de ski alpin, d'un snowpark et d'un petit domaine de ski de fond en accès gratuit de 7 km en boucles à Albiez-le-Jeune, 3 km au Mollard et 4 km au Chef-Lieu, ainsi qu'un trajet sur le plateau Montrond. En été, 10 itinéraires VTT et 20 itinéraires de randonnée.

ÉCOMUSÉE LE TEMPS D'ANTAN

Chemin de l'Adret
✆ 04 79 59 31 38
Ouvert en saison été et hiver. Gratuit jusqu'à 4 ans. Adulte : 5 €. Enfant (de 4 à 14 ans) : 4 €. Payant.

À l'écomusée Le Temps d'antan, on revient en arrière pour plonger dans une époque (pas si lointaine) où le smartphone n'existait pas. Grands et petits vont découvrir les modes de vie en montagne au siècle dernier, avant même l'apparition de l'ampoule électrique. Pour se mettre en condition tout y est : ustensiles de cuisine, jouets d'enfants, costumes, métier à tisser, mobilier… Des ateliers peuvent être organisés, pour apprendre à fabriquer le beurre par exemple.

PLAN D'EAU ET BAIGNADE DU COL DU MOLLARD

Col du Mollard
✆ 04 79 59 30 48
www.maurienne-tourisme.com
En juillet et août, baignade surveillée tous les jours de 12h à 18h. Gratuit. Animaux non acceptés. Restauration.

Si ce lieu est un bel espace ouvert et ensoleillé, il offre aussi une vue sur les magnifiques Aiguilles d'Arves. Sur l'une des parties du plan d'eau, la profondeur n'excède pas 1,50 m de profondeur, et sur l'autre partie, elle peut aller au contraire jusqu'à 5 mètres de profondeur. Pour les petits, une pataugeoire toute proche du lac a été aménagée, ce qui ne dispense pas de garder un œil sur eux, même si en été la baignade est surveillée à certains moments.

LA CHAMBRE

La Chambre est une petite commune d'environ 1 200 habitants située en Basse-Maurienne. Traversé par l'Arc, le village se trouve au pied des cols mythiques de la Madeleine et du Glandon. Le bourg connaît une certaine renommée au cours du Moyen Âge avec la famille féodale de La Chambre, qui portera le titre de vicomte de Maurienne, principale concurrente locale de la future famille de Savoie. Les seigneurs de La Chambre disparaissent à la fin du XVe siècle, mais leurs nom et titres se maintiennent dans celle des Seyssel. La commune maintient cependant une activité agricole, notamment avec l'appartenance à la zone de production du beaufort.

COL DU GLANDON

✆ 04 79 56 24 53
www.saint-colomban.com
Accessible hors des périodes d'enneigement.

Perché à 1 908 mètres d'altitude, le Col du Glandon, tout comme celui de la Croix-de-fer sont deux cols mythiques du Tour de France. Les cyclistes apprécient, en partant de La Chambre, de grimper jusqu'au col, parcourant 21,30 km avec une pente moyenne de 6,91 %. Un bel effort récompensé à l'arrivée par un joli panorama. Il relie la vallée de la Romanche à celle de la Maurienne et doit son nom au torrent éponyme. La montée évolue entre la chaîne de Belledonne et les sommets du domaine skiable des Sybelles. D'en haut, vue exceptionnelle sur le Mont-Blanc !

LE CLOCHER DES PÈRES €€

80, impasse du Four
SAINT-MARTIN-SUR-LA-CHAMBRE
✆ 04 79 59 98 06

Ouvert toute l'année. 1 Michelin. Du jeudi au samedi midi et soir. Menus de 85 à 105 €. Chambres d'hôtes.*

Pierre Troccaz, le chef étoilé qui œuvre avec passion en cuisine, mêle authenticité et modernité créative dans ses réalisations inspirées par les meilleures produits de saison. Dans cette ancienne maison forte du XVe siècle, le Clocher des Pères fait le bonheur des fines bouches dans un lieu que tout prédispose à savourer de délicieux petits plats version haute couture gastronomique. Vue panoramique sur les montagnes et la vallée, plats sur mesure, savoureux et agréables pour les yeux. Le plaisir se prolonge en réservant une chambre d'hôtes.

LE PLANCHER DES VACHES €€

Plan Mollaret
✆ 04 79 59 37 14

De mi-décembre à fin avril et en juillet et août. Tous les jours 8h-23h. Réservation recommandée. Carte 25 € env.

A quelques encablures du domaine skiable, ce restaurant vous fera apprécier une cuisine de terroir et de brasserie. Vous serez chaleureusement reçu par Amandine et Emmanuel, passionné de Harley et de cyclisme. Vous entrez ici dans un décor typique des mazots savoyards. Les plats sont faits maison et préparés avec des produits frais et des viandes régionales. A côté de ces spécialités, un tartare de bœuf au couteau, des ravioles... et l'escalope savoyarde à base de volaille de jambon cru de Savoie et de beaufort gratiné. Les vins sont issus de petits producteurs.

SAINT-FRANCOIS-LONGCHAMP

La station de ski, située entre 1 650 et 2 550 m d'altitude, est reliée au domaine skiable de Valmorel, ce qui constitue le Grand Domaine. Elle est à proximité du col de la Madeleine, incontournable pour les cyclistes, et son point culminant, le Cheval Noir (2 832 m), est accessible à la belle saison en randonnée pédestre, une occasion de faire une belle balade. Fanny Cottençon, actrice et productrice, est coutumière des lieux si bien que le cinéma, Le Fanny, porte son nom... On notera que Jean-Claude Killy, triple champion olympique de ski alpin, résida un temps dans la commune et s'entrainait sur les pistes de la station.

LE LAC BLEU*** €€

Centre Station 1650
✆ 04 79 59 11 02
www.hotellacbleu.com

Demi-pension à partir de 92 €/nuit. Réductions familles/enfants. Jeux pour enfants. Restauration. Parking.

Situé face à l'ESF et à 30 m du jardin des neiges, en face du télésiège Lune Bleue, l'établissement est idéalement placé et tout est vraiment fait pour rendre le séjour des familles agréable. Tout est à proximité, à commencer par le centre BalnéOthérapie, et la vue est panoramique. Les randonnées au départ de Saint-François sont nombreuses et il y en a pour tous les niveaux. Offres intéressantes sur Internet, comme le Pack VIP détente avec 6 accès de 2h à la balnéo ainsi que des soins du corps (modelage, gommage, fish and spa).

SAINT-GEORGES-DES-HURTIÈRES

Au cœur de la Savoie, aux portes de la Maurienne, un village intéressant non seulement par les paysages de montagne qu'il propose aux randonneurs, mais qui en passionnera plus d'un grâce aux richesses de son sous-sol. En effet, depuis plus de 700 ans, l'homme exploite à Saint-Georges-d'Hurtières des filons d'argent, de cuivre et de fer, faisant la fortune de quelques-uns et donnant un travail, souvent pénible, à beaucoup d'autres. Le sentier des mines permet de découvrir de nombreux vestiges matériels et paysagers de l'activité. Côté randonnées, le massif des Hurtières, très boisé, offre une grande diversité, permettant d'observer faune et flore.

LE GRAND FILON ★

La Minière
✆ 04 79 36 11 05
www.grandfilon.net

Ouvert d'avril à fin octobre. Visite autonome avec audioguide, adulte à partir de 4 €. Ateliers, bistrot, escape game.

Perché à 900 mètres d'altitude, le site du Grand Filon est un espace atypique. Il permet de découvrir l'univers minier dans le temps (700 ans d'exploitation minière défilent sous les yeux des visiteurs) et dans l'espace, puisque l'on chemine et que l'on découvre d'un espace à l'autre outils, techniques, histoire... La Galerie Saint-Louis, l'école d'autrefois, l'exposition permanente, le parc métallurgique et un étonnant escape game ! Selon la légende, c'est même avec ce minerai que Durandal, l'épée de Roland, a été forgée au XIIe siècle.

AUBERGE DES HURTIERES €€

Chef lieu

✆ 04 79 36 10 19

www.auberge-des-hurtieres.com

Ouvert toute l'année. Fermé mercredi et dimanche soir. Menus de 20 € à 25 €. Parking. Accueil des groupes. Terrasse.

A découvrir, cette auberge où le patron Lulu propose une cuisine du terroir, faite sur place avec des produits de qualité. L'ambiance est conviviale, et bien sûr aux commandes on retrouve aussi Josette. Les années se suivent et Lulu et Josette restent fidèles au poste, toujours aussi accueillants et serviables. Très belle terrasse pour profiter de l'été et une salle au décor rustique avec cheminée et vieux objets. A tester : le magret de canard au miel et aux airelles et des desserts maison. Les spécialités savoyardes sont à réserver à l'avance.

ÉGLISE NOTRE-DAME-DE-L'ASSOMPTION DE BEAUNE

✆ 04 79 56 52 54

Juillet-août, tous les mercredis de 15h30 à 18h.

Bâtie en 1518, cette superbe église est dotée d'un clocher et d'une longue flèche entièrement en maçonnerie de tuf, chose qui n'est la règle que bien plus tard dans la vallée. Au sein de cette église, dans le vestibule, il y a un tronc très particulier, en effet, vous pouvez donner des pièces pour soutenir l'église, mais également faire des dons plus naturels, comme de la nourriture (céréales). A l'entrée, il est écrit : « tremblez à l'approche de mon sanctuaire ».

LAC DES HURTIÈRES

Le Verney

SAINT-ALBAN-D'HURTIÈRES

✆ 04 79 36 12 03

Ouvert toute l'année. Plage. Sentier thématique. Restauration. Animaux acceptés. Aire de pique-nique. Bar. Parking.

Aux portes de la Maurienne, à 200 mètres d'altitude, c'est au lac de Saint-Alban-des-Hurtières que l'on peut prévoir une halte baignade durant l'été, ou une balade avec ou sans pique-nique dès que les beaux jours invitent à la randonnée. La plage de sable n'est pas le seul atout des lieux, diverses activités sont proposées : parcours-aventure pour les enfants, ou encore un chemin de découverte de la faune et de la flore… Zone gérée par le Conservatoire du Patrimoine Naturel de Savoie, protégée car riche d'une biodiversité délicate.

MUSÉE ESPACE ALU

Place de l'Église ✆ 04 79 56 69 59

www.espacealu.fr

Haute saison tous les jours 10h-12h30 et 13h30-19h. Intersaison se renseigner. Adulte 8 €. Visite guidée 9 €.

Espace Alu est le premier musée au monde entièrement dédié à l'aluminium. 600 m² et 3 niveaux consacrés à la découverte de l'histoire de la Maurienne, à travers l'activité industrielle liée à l'aluminium. Des espaces ludiques, une muséographie interactive, des expositions temporaires et permanentes, une chasse au trésor, des animations et ateliers. Comment fabriquer l'aluminium et que fabriquer avec l'aluminium ? Visite autonome possible, visite guidée ou animée à conseiller ! Escape game « Cambriolage au musée », possibilité d'un anniversaire « Alucinant ».

SAINT-MICHEL-DE-MAURIENNE

Saint-Michel-de-Maurienne se trouve sur le départ de la route du col du Galibier, que cyclistes et motards apprécient largement. La ville fut marquée par son passé industriel lié à la houille blanche. On peut y découvrir un riche patrimoine retraçant son histoire comme l'espace Alu au Dolmen du Thyl. La communauté de communes Maurienne-Galibier est accessible notamment par les célèbres cols du Galibier et du Télégraphe. Elle se trouve entre le Parc national de la Vanoise au nord et le Parc national des Écrins au sud et regroupe les communes de Saint-Michel-de-Maurienne, Orelle, Saint-Martin-d'Arc, Saint-Martin-de-la-Porte, Valloire et Valmeinier.

LA YOURTE D'ÉGLANTINE €€

Montdenis

SAINT-JULIEN-MONT-DENIS

✆ 06 51 02 16 66

www.yourte-savoie.fr

Nuitée avec petit déjeuner : 75 €/2 pers. 128 € pour le week-end. Repas 18 €/enfant 9 €.

La Yourte d'Églantine est installée à l'écart du hameau de Montdenis, à 1 400 m d'altitude, face au cirque du Grand Perron des Encombres. La ferme d'Églantine est toute proche et c'est un bonheur de rencontrer ses animaux. Chien, chat, ânesse, cheval... Cet hébergement atypique, petit nid douillet dans un écrin de nature, laisse d'inoubliables souvenirs et permet de décompresser. Un très bel endroit pour se reposer avant de randonner, en espérant observer des bouquetins, marmottes et gypaètes plus haut sur les sentiers de montagne.

SAINT-SORLIN-D'ARVES

Saint-Sorlin-d'Arves fait partie des stations-villages du domaine skiable des Sybelles. Perché à 1 600 m d'altitude au pied du col de la Croix-de-Fer, le village a su garder son cachet traditionnel. Si vous décidez de faire la balade des Balcons de Saint-Sorlin, vous ne serez pas déçu. La balade est assez courte (150 m de dénivelé seulement et 1h30 de montée environ) et facile d'accès, donc à faire en famille (bien se chausser et avoir de l'eau reste indispensable comme toujours en montagne). La récompense, tout en haut, est une vue magnifique sur les deux vallées et peut-être ferez-vous une visite à la fromagerie au retour ?

Le tourisme commence dès la fin du XIXe siècle à Saint-Sorlin-d'Arves avec le développement de l'alpinisme autour des mythiques Aiguilles d'Arves, trois pointes rocheuses culminant à plus de 3 000 mètres, ou du glacier ainsi que du pic de l'Étendard, qui culmine à 3 464 m. Après la Seconde Guerre mondiale, vers 1948, le développement touristique s'est accentué avec l'ouverture du premier téléski (La Loze) de Saint-Sorlin. Aujourd'hui, le tourisme se développe très logiquement été comme hiver du côté du domaine des Sybelles. Les cyclistes ont en vue le col de la Croix-de-Fer qui surplombe le village de Saint-Sorlin-d'Arves. C'est aussi un point de départ pour randonner sur les nombreux sentiers de montagne.

LE COL DE LA CROIX-DE-FER

Col de la Croix-de-Fer

Accessible hors des périodes d'enneigement.

Perché à 2 067 mètres d'altitude, le Col mythique de la Croix-de-Fer, est très prisé par le cyclisme et le Tour de France en particulier. Il surplombe le village de Saint-Sorlin-d'Arves offrant un panorama magnifique sur les paysages alentour. Il permet aussi de prendre le départ pour randonner sur les sentiers de montagne, tout en étant aussi propice à une halte pique-nique. On peut choisir de tout simplement passer un agréable moment contemplatif.

CENTRE ANAÉ CHALET DE L'ORNON €€

Chalet de l'Ornon ✆ 04 79 59 70 59

www.anae.asso.fr

Label Tourisme & Handicap (moteur et mobilité réduite). Ouvert toute l'année. Tarif sur demande et devis.

Le Chalet de l'Ornon vous accueille dans son agréable environnement traditionnel de 1 500 m^2 où sont répartis 93 lits dans 24 chambres accueillant de 3 à 5 pers. Vous profiterez de la salle d'animation et de son bar pour vous détendre après une journée bien remplie ou de la salle TV. Sur place, profitez également de la cuisine familiale et équilibrée du Chef à moins que vous n'optiez pour une formule pique-nique. Une excellente adresse accessible notamment aux personnes en fauteuil.

DOMAINE DU TRAPPEUR** €€

Route Du Col de La Croix de Fer

✆ 04 79 59 54 36

www.domainedutrappeur.com

Ouvert mai-sept. 34 emplacements. Emplacement+véhicule+2 pers. 14-25 €. Chalets 4-5 pers. 88-128 €/sem. Restauration.

Le Domaine du Trappeur est situé sur la route du Tour de France, dans un écrin de verdure cerné de montagnes, au cœur d'un espace préservé. Autrement dit, les panoramas sont au rendez-vous ! Les cyclistes et motards apprécient particulièrement un accueil et des services adaptés. Mais les familles et vacanciers de toutes sortes, randonneurs, et amoureux de la nature notamment, y trouvent aussi leur bonheur. La terrasse et l'espace détente sont des plus qu'on savoure une fois là-haut... Barbecue, minigolf, bains à remous et sauna.

DOMAINE DU TRAPPEUR €€

Route Du Col de La Croix de Fer

✆ 04 79 59 54 36

www.domainedutrappeur.com

Ouvert mai-sept. Formule midi 19 €. Camping, location chalets et huttes. Tarifs selon la saison et la formule.

Le Domaine du Trappeur est situé au pied du col de la Croix-de-Fer, dans un écrin de verdure cerné de montagnes, à seulement 2 km du village de Saint-Sorlin-d'Arves. C'est un cadre idéal pour une halte, d'autant plus que l'établissement est référencé comme relais motard. Son bar-restaurant permettra à chacun de trouver un plat simple et copieux avant de reprendre la route ou de poser les bagages pour la nuit (des chalets sont notamment en location). Au menu : fondues, tartiflettes, planches, salades complètes, hamburgers et de très bons desserts.

L'AUBERGE DES TURINS €€

Les Turins

✆ 04 79 05 92 69

Du mercredi au dimanche 9h-23h, lundi : 9h-16h. Réservation recommandée. Menu midi 20 €.

Si en été les motards, cyclistes, automobilistes ou randonneurs arrivent directement par la route qui mène au col de la Croix de Fer, en hiver, il faudra marcher une dizaine de minutes pour rejoindre le restaurant situé au milieu d'un champ de neige au-dessus du dernier hameau de Saint-Sorlin. Avant d'y pénétrer, on notera l'architecture de ce chalet d'alpage du XVIIe siècle riche de ses claustras de bois. Une belle terrasse permet de profiter du soleil et de la nature. Accueil très convivial et ambiance un peu hors du temps.

CAMPING DU COL*** €€

Le Col

✆ 04 79 83 00 80

www.camping-caravaneige.fr

Chalets 5 pers de 295 à 750 €/semaine. Emplacements à partir de 130 €/semaine. Wifi. Restauration. Sauna.

Montagne et activités sportives seront au rendez-vous de vos vacances actives. Situé à 800 m du centre de La Toussuire, le camping bénéficie d'un panorama exceptionnel avec vue sur les Aiguilles d'Arves. Eté comme hiver, le calme est au rendez-vous à 1640 m d'altitude. En hiver, une navette gratuite vous emmène au centre de la station. Ski sur le domaine des Sybelles et, à la belle saison, cyclisme au cœur des cols mythiques de Maurienne ou randonnées sur le massif d'Arves. Détente au bord de la piscine après une journée bien remplie.

LA TOUSSUIRE

La Toussuire avec ses 310 km de pistes fait partie du domaine skiable des Sybelles mais aussi du village de Fontcouverte, que vous aurez l'occasion de traverser avant d'arriver à la station. A la place des anciens chalets d'alpage, une station est née sur ce site vierge avec l'organisation du premier concours officiel de ski en 1923. Dès les années 1950, la station s'agrandit et adopte son style moderne. Un panorama à couper le souffle sur les aiguilles d'Arves et sur les pics environnants. En hiver, une station de ski qui fait partie du 4e domaine français de ski alpin, et en été, des randonnées et des activités à décliner à l'infini.

LE GRAND TRUC** €€

Rue Sylvain Truchet

✆ 04 79 56 73 28

www.hotel-legrandtruc.com

Ouvert été et hiver. 15 chambres. Chambre double de 120 € à 180 €. Garage motos et vélos. Restauration.

Cela fait 3 générations que la famille Truchet gère l'établissement Le Grand Truc qui accueille été comme hiver, les visiteurs, skieurs et randonneurs qui ne manquent pas de se délecter de la vue imprenable sur les Aiguilles d'Arves. Truc, en patois savoyard, signifie sommet arrondi, il ne vous reste qu'à chercher des yeux celui qui correspond le plus à cette description. Menu unique chaque jour, à base de produits frais autour d'une cuisine familiale et traditionnelle, ambiance montagnarde et accueil convivial donnent envie de rester.

LES AIRELLES - HÔTEL*** €€

7, rue des Chasseurs Alpins

✆ 04 79 56 75 88

www.hotel-la-toussuire.com

Ouvert en hiver. Formules tout compris à partir de 880 €/semaine. Restauration. Hammam, sauna.

Situé au pied des pistes, au cœur de la station, face aux télésièges de la Médaille d'Or et des Ravières, l'hôtel-restaurant est en accès direct vers le domaine skiable, tout en étant au cœur de la station. En hiver, bien-être et détente peuvent se combiner aux pratiques sportives de toutes sortes tout en offrant un panorama d'exception. La réception est ouverte tous les jours de 7h à 23h. Salle de sport avec différents cours animés plusieurs soirs dans la semaine. Le plus : le sauna et le hammam, top après une journée à se balader !

LE GRILLON** €€

Chef-Lieu

VILLAREMBERT

✆ 04 79 56 72 59

Chambre double à partir de 70 €. Chèque Vacances. Animaux acceptés (avec supplément). Restauration.

L'hôtel est situé à 3 km de la station du Corbier, au cœur du village de Villarembert. La paisible commune est traversée par cinq ruisseaux : la Lombarde, le Garney, le Cruet, la Taraveray, l'Édioulaz. C'est sur l'un de ses hameaux, Le Corbier, qu'en 1967 on ouvre la station de ski. L'église Saint-Pierre-aux-Liens et les oratoires présents sur la commune sont à découvrir. Ici l'on veillera à votre confort avec des chambres particulièrement bien tenues et à votre réconfort avec une cuisine savoyarde traditionnelle composée de bons produits locaux.

FROMAGERIE COOPÉRATIVE DE LA VALLÉE DES ARVES

Belluard ✆ 04 79 59 70 16
www.beaufortdesarves.com
Haute saison (été/d'hiver) : tous les jours. Hors saison, se renseigner. Vente en ligne dans toute la France

La Coopérative Laitière est ancrée dans la vallée depuis 1965. Sa mission, valoriser le savoir-faire agricole local pour le pérenniser. La Fromagerie Coopérative de la Vallée des Arves fabrique et vend du beaufort AOP (médaillé d'or deux années consécutives). Sur les étals, d'autres fromages régionaux, yaourts fermiers, beurre, vins de Savoie... Visite gratuite pour assister à la fabrication ou découvrir l'ambiance des caves d'affinage. Achat en ligne, distributeur automatique 24h/24.

HÔTEL LE PLEIN SUD*** €€

Rue Blanche ✆ 04 79 56 79 80
www.plein-sud.com

Ouvert en saison hivernale. Pension complète adulte à partir de 120 €. Restauration. Bain bouillonnant. Billard. Terrasse.

L'Hôtel Le Plein Sud et son restaurant L'Écurie sont situés au pied des pistes du Domaine des Sybelles. Idéal pour pratiquer les sports de glisse dans de bonnes conditions et profiter du soleil. Certaines chambres sont équipées d'une baignoire balnéo avec jets hydromassants, il faut donc préciser ce choix à la réservation. Chaque chambre est dotée d'une terrasse ou d'un balcon avec vue sur les pistes ou sur le village. On apprécie le personnel serviable et la qualité des plats proposés (savoyards, forcément !) quand on décide de manger au pied des pistes.

LES CARLINES €€

Tête de Bellard
✆ 06 08 46 94 05
www.la-toussuire.com

Ouvert tous les jours de mi-décembre à mi-avril. Accueil des groupes (de 10 à 200 personnes). Terrasse.

Au cœur du domaine skiable des Sybelles, le restaurant et sandwicherie d'altitude des Carlines, perché à 2 200 m, est accessible par le télésiège de la Tête de Bellard. Là-haut, vue assez incroyable à 360° sur la chaîne des Alpes et départ pour de fabuleuses randonnées en montagne. Nicolas, le maître des lieux, s'applique à satisfaire la gourmandise des visiteurs. Terrasse sous le soleil ou au chaud près de la cheminée, il fait bon faire une halte ici, après une bonne randonnée. Des moments musique avec DJ sont parfois organisés.

SOPAR RESTAURANT €€

Rue des Chasseurs Alpins
✆ 04 79 05 51 60
https://sopar-restaurant.com

Haute saison : ouvert du lundi au samedi le soir. A partir de 15 €. Menu enfant.

Soyons francs, ce n'est pas toujours facile de trouver un bon restaurant en station. C'est incontestablement chose faite avec le Sopar, une table tendance cosy avec sa terrasse estivale et son élégante et chaleureuse salle boisée. C'est beau et c'est bon, grâce aux talents conjugués de deux passionnés de la cuisine : tataki de bœuf de Savoie, Lagarto de pata negra, purée de poivrons, fondue maison pour ne pas déroger à la tradition tout en la revisitant, avant de terminer avec les desserts maison. Cave étonnante. Une découverte absolument délicieuse.

STATION DE SKI DE LA TOUSSUIRE

Station
✆ 04 79 83 06 06
www.la-toussuire.com

Station hiver/été.

La station de ski de La Toussuire, dans le massif d'Arvan-Villards, est surplombée par la Tête du Bellard (2 225 m) et la Pierre du Turc (2 305 m). Le domaine skiable fait partie du grand domaine de Maurienne, Les Sybelles (qui comprend aussi Saint-Colomban-des-Villards, Les Bottières, Le Corbier, Saint-Jean-d'Arves et Saint-Sorlin-d'Arves). De 1 680 à 2 431 m d'altitude, 42 pistes de ski alpin, 1 snowpark, 4 itinéraires raquettes et 15 km de ski de fond. Le paradis des VTT l'été.

STATION DE SKI LE CORBIER

Le Corbier
VILLAREMBERT
✆ 04 79 83 04 04
www.le-corbier.com

Station hiver/été.

La station de ski du Corbier est située au cœur du massif d'Arvan-Villards, sur le domaine des Sybelles (qui comprend aussi Saint-Colomban-des-Villards, Les Bottières, La Toussuire, Saint-Jean-d'Arves et Saint-Sorlin-d'Arves) faisant face aux aiguilles d'Arves. On y accède en 1 heure depuis Chambéry, 25 min depuis Saint-Jean-de-Maurienne. 41 pistes de ski alpin, 5 itinéraires raquettes, 1 snowpark et 1 piste de fond. En été, 44 itinéraires rando et une vingtaine d'itinéraires de VTT.

VALLOIRE ★

Village-station d'altitude perché à 1 405 mètres, Valloire est proche du mythique col du Galibier. On y pratiquait le ski déjà un peu avant 1940. Depuis 25 ans, on y organise le concours international de sculptures sur glace et sur neige. Parmi les nombreux autres événements, on notera le Festival national du court-métrage, ou encore le passage régulier du Tour de France. Elle collectionne aussi les labels : « Station village de charmes », « Grand domaine », « Montagne douce » et « Étape de montagne » ou encore « Station verte ». Le domaine skiable de Valloire est relié à celui de Valmeinier, pour former le domaine skiable Galibier-Thabor.

© TOM PEPEIRA - ICONOTEC

Valloire sous la neige.

COL DU GALIBIER

✆ 04 79 59 03 96

Ouvert selon les conditions météo. Table d'orientation. Parking.

Perché à 2 645 mètres d'altitude, le Col Galibier est non seulement mythique pour les cyclistes, sachant que le premier Tour de France à l'emprunter était celui de 1911, mais aussi chargé d'histoire, car il semble que les hommes passaient déjà par là durant la préhistoire. Il relie Saint-Michel-de-Maurienne et Briançon via le col du Télégraphe au nord et le col du Lautaret au sud. Entre les deux se trouve Valloire, étape incontournable. On peut ainsi y repérer le massif de la Meije, le Grand Galibier et le Mont-Blanc, rien que ça !

COL DU TÉLÉGRAPHE

✆ 04 79 59 03 96

Ouvert selon les conditions météo. Aire de pique-nique. Parking. WC publics.

Perché à 1 566 mètres d'altitude dans le massif des Cercles, moins célèbre que son voisin le Galibier, le Col du Télégraphe doit son nom au fort jadis édifié ici entre 1885 et 1893. Il fait partie des cols appréciés des cyclistes dominant la Vallée de la Maurienne. Cet endroit est chargé d'histoire, car il occupait il y a bien longtemps, une place militairement stratégique. Il relie aujourd'hui Saint-Michel de Maurienne à Valloire. Paysages montagnards magnifiques et balades sur les sentiers... à pied, moto, vélo... il suffit de suivre son inspiration.

OFFICE DE TOURISME

Rue des Grandes-Alpes

✆ 04 79 59 03 96

www.valloire.net

Ouverture : horaires variables selon la saison. Ouverture du Col du Galibier selon la météo.

Venez faire un tour à l'office de tourisme de Valloire et organisez votre séjour sur place de la plus belle façon possible. Parmi les incontournables de ce village-station animé en toute saison : le col du Galibier, un des cols mythiques du Tour de France pour tous les cyclistes ; le lac des Cerces, la randonnée qui va vous mettre au cœur des plus beaux paysages des Alpes ; mais encore les incontournables concours de sculptures sur glace et sur neige qui enchantent notre hiver ou le concours de sculpture sur paille et foin !

PASS SUNSET

Espace Valloire-Galibier

✆ 04 79 59 03 90

www.valloire.com

Sur réservation. 4 personnes. Le mardi et le jeudi. Départ à 8h télécabine du Crêt de la Brive. Adulte : 35 €.

Et si vous assistiez au lever de soleil sur Valloire et que vous étiez les premiers à descendre les pistes enneigées de la station ? C'est ce que vous propose le Pass Sunrise. Prendre place à bord de la télécabine du Crêt de la Brive, à 8h du matin, alors que les autres touristes dorment encore, et profiter tranquillement, seul ou presque, du lever du soleil sur les massifs environnants. Réservable en amont, à partir de 4 personnes et jusqu'à 12, vous pourrez ensuite dévaler les pentes, et enfin prendre un café, ou retourner dormir, apaisé.

HÔTEL DU CRÊT-ROND** €€

Les Verneys

✆ 04 79 59 01 64

www.hotelcretrond.com

De juin à septembre et de décembre à avril. Ch. double à partir de 85 €. Wifi. Restauration. Bar. Jardin. Parking.

L'hôtel-restaurant du Crêt-Rond se situe sur les hauteurs de Valloire. Il s'agit d'une ancienne ferme transformée en 1936, à l'arrivée des premiers skieurs. Un bus en hiver s'arrête face à l'hôtel et permet de descendre à Valloire, village-station. Chambres confortables, la plupart avec balcon. Le restaurant propose une cuisine traditionnelle maison. À 300 m du télésiège des Verneys, c'est un très bon point de départ pour rayonner que ce soit randonnée l'été ou ski l'hiver. Les cyclistes et motards de passage sur la Route des Grandes Alpes sont les bienvenus.

SAVOIE

RELAIS DU GALIBIER** €€

Les Verneys
✆ 04 79 59 00 45
www.relais-galibier.com
Chambre double de 70 à 115 €. Animaux acceptés. Wifi. Restauration. Parking.

Le Relais du Galibier vous ouvre ses portes avec sa nouvelle décoration contemporaine. Cette ancienne maison savoyarde propose des chambres confortables et propres, elles disposent de tout le nécessaire pour passer un excellent séjour. Itinéraires de randonnées et balades, accès aux activités sportives ou de loisirs (tennis, piscine, équitation…) ou encore culturelles ; été comme hiver, la détente et les journées de découverte sont au rendez-vous. Pratique : le local à skis et à vélos fermé et la pièce attenante qui permet de faire sécher chaussures et vêtements.

CHRISTIANIA HÔTEL*** €€€

Avenue de la Vallée d'Or
✆ 04 79 59 00 57
www.christiania-hotel.com
20 chambres (et 3 suites). Chambre double à partir de 106 € en basse saison et 126 € en haute. Terrasse.

L'établissement se situe au cœur du village. C'est ce grand chalet au style savoyard dont vous remarquerez les grands balcons qui entourent la façade, magnifiquement fleuris lors de la saison estivale. Les chambres sont contemporaines et douillettes avec de belles salles de bains bien équipées. L'esprit familial de l'établissement y est apprécié. Les grandes familles ou groupes pourront bénéficier de chambres communicantes. Parking couvert pour voitures, vélos ou motos sur réservation. Terrasse plein sud. C'est à table que le plaisir atteint d'autres sommets.

LE KÔSA KRÛTA €

188, rue du Praz
✆ 06 11 44 84 89
www.kosakruta.com
Ouverture saison hiver et été, tous les jours. Sandwiches, crêpes salées, poke bowl, etc. Pas de CB. Terrasse.

Le Kôsa Krûta et Le Pré Du Kôsa sont situés en plein cœur de Valloire. Snack, casse-croûte et panier pique-nique sur place ou à emporter. Jusque-là rien de si original au fond, même si le choix est vaste et qu'entre sandwiches chauds ou froids, salades, pâtes et frites dans lesquels fromages savoyards et charcuterie de pays sont omniprésents. Ce qui est original, c'est l'ensemble snack de qualité et fun avec un parc pour s'amuser avec les enfants et bronzer au soleil… Un tout petit prix et un régal à partager. Le casse-croûte sous toutes ses formes !

LE CHALET DES SAVEURS €€€

Place de l'Église
✆ 04 79 59 21 44
Fermeture annuelle mi-nov à mi-déc. Réservation recommandée. Carte : 30 € environ.

Le Chalet des Saveurs est à la fois un restaurant gastronomique, une épicerie fine proposant des produits du terroir spécialement sélectionnés et un salon de thé et café. En cuisine Sylvie Magnin fait merveille. Son époux, qui assure le service avec un enthousiasme et une passion communicative, sera de bon conseil en matière de vins sélectionnés avec soin, notamment en Savoie. La terrasse ensoleillée s'apprécie aux beaux jours. Produits frais, circuits courts, plats copieux et généreux. L'adresse est incontournable. Surprise au digestif.

BRASSERIE GALIBIER

Rue de la Bonne Eau ✆ 04 79 59 04 95
www.biere-galibier.com
Vente directe, dégustation, bar et terrasse à la Brasserie : tous les jours de 16h30 à 18h30. Livraison possible.

Perchée au cœur des Alpes à 1 450 m d'altitude, la brasserie Galibier est la plus haute brasserie artisanale de France. Les bières sont traditionnellement et artisanalement composées d'eau de source et de matières premières de grande qualité. Leurs noms sont évocateurs : l'Alpine (blonde de haute fermentation), la Machut (ambrée à 6 %), l'Avalanche (blanche aux parfums subtils) ou encore la Snowball (aux notes maltées et à l'amertume légère et fruitée). Elles sont 100 % naturelles, sans conservateur ni gaz carbonique, ce qui leur a valu plusieurs récompenses.

FROMAGERIE COOPÉRATIVE DE VALLOIRE

Rue des Grandes Alpes
✆ 04 79 05 62 63
www.beaufortdesarves.com
Ouvert du lundi au samedi de 10h à 12h et de 16h à 19h.

La Fromagerie Coopérative de la Vallée des Arves a deux points de vente, celui de Valloire et les Granges du Galibier. On y trouve le fameux Beaufort AOP, mais aussi les Tommes fermières de vaches, des fromages fermiers de chèvre et brebis, ainsi que de la charcuterie artisanale du terroir et vins de Savoie AOP. Un choix judicieux et délicieux notamment pour vous, mais aussi pour la planète, puisque les produits viennent des agriculteurs, éleveurs et producteurs locaux.

BUREAU DES GUIDES ET ACCOMPAGNATEURS DE VALLOIRE

Avenue de la Vallée d'Or
✆ 06 99 96 41 87
www.bureaudesguidesvalloire.com
Ouvert toute l'année.

Pour pratiquer la montagne en toute sécurité et avec un encadrement professionnel été comme hiver. Ski, randonnée, raquettes à neige, escalade, canyoning, via ferrata, course en montagne sur un ou plusieurs jours avec nuitée en refuge ; une sortie VTT Cross country ou All mountain, du ruisseling en famille... Offrez-vous un guide rien que pour vous, pour une activité en famille ou entre amis. Vous pouvez aussi opter pour une formule à l'engagement.

STATION DE SKI DE VALLOIRE

✆ 04 79 59 03 96
www.valloire.net
Station hiver/été.

La station de ski de Valloire est située au centre et sud de la vallée de la Maurienne, non loin de la frontière franco-italienne et en bordure avec le département des Hautes-Alpes, sur la route des Grandes Alpes. Elle s'étend de 1 430 à 2 525 mètres d'altitude. Elle est reliée au domaine de Valmeinier, constituant ainsi l'espace Galibier-Thabor. Les glisses sous toutes leurs formes et en été, en plus des sentiers de randonnée, plus d'une vingtaine d'itinéraires de VTT sont proposés.

VALMEINIER

Sur le versant méridional de la Maurienne, à 1 500 m d'altitude mais culminant au mont Thabor à 3 170 m, Valmeinier a su conserver son caractère de village de montagne tout en s'ouvrant au tourisme. Ce bout du monde (la route est un cul-de-sac) est composé d'un grand nombre de hameaux à visiter pour découvrir des fermes d'alpage authentiques, maisons de pierre aux toits de lauze. Station-village, labellisée Station Club et Nouvelles Glisses, Valmeinier est reliée au Grand Domaine. De nombreuses randonnées estivales, notamment vers les lacs d'altitude. Le vélo se pratique sur route au cœur du plus grand domaine cyclable du monde ou à VTT sur les pistes.

HÔTEL LES CARRETTES*** €€€

✆ 04 79 59 25 45
www.les-carrettes.com
Ouvert en été et en hiver. A partir de 600 €/semaine en demi-pension. Chèque Vacances. Restauration. Sauna. Restaurant.

L'hôtel-club Les Carrettes se situe à 100 mètres de tous les commerces de Valmeinier 1800. Une palette de services optionnels et avec supplément pour un séjour à la carte. Les chambres sont simples avec une déco « montagnarde », puisque le bois est très présent. L'établissement est un point de départ pour la glisse en hiver, sur les pistes du domaine Galibier-Thabor, mais aussi pour explorer la montagne et ses sentiers à la belle saison. Restauration sur place avec buffet à volonté au déjeuner et service traditionnel en soirée.

LA FROMAGERIE

Résidence chalet des alpages
✆ 06 26 66 64 96
www.bienvenue-a-la-ferme.com
Ouvert tous les jours de 9h à 19h. Egalement Gîte.

Au cœur de la Maurienne, la station de Valmeinier abrite une boutique qui fera le bonheur de tous les gourmands : la Fromagerie. Les produits fermiers issus des filières locales, notamment les fromages de la Ferme du Mont Thabor et autres produits locaux, y sont mis en avant. Vous trouverez bien évidemment du beaufort, de la tomme, du chèvre de Valmeinier, mais aussi de la charcuterie, de la liqueur, du vin, de la bière, de la confiture, du miel. Une formule raclette est aussi proposée avec le prêt du fameux appareil pour partager de belles soirées. Egalement gîte.

DOMAINE SKIABLE DE VALMEINIER

Station
✆ 04 79 59 53 69
www.valmeinier.com
Station hiver/été.

La station de ski de Valmeinier est accessible au départ de Saint-Michel-de-Maurienne par la route montant au col du Télégraphe. Elle s'étend de 1 532 m à 2 579 mètres d'altitude. Elle est reliée au domaine de Valloire, constituant ainsi l'espace Galibier-Thabor avec 160 km de pistes. Ski et glisses diverses se pratiquent ici et l'été... sur ces terres de cyclisme et de cols mythiques... il y a aussi la randonnée et des itinéraires VTT. Il y a de quoi faire, découvrir, et respirer !

MODANE

Modane, ville frontière, est de longue date en position stratégique. Elle ouvre la porte vers la Haute-Maurienne et ses fabuleux paysages, ses stations, ses villages. La gare draine des milliers de touristes qui se déploient dans les nombreuses stations de sports d'hiver alentour. La ville cache certains trésors qui méritent une visite : la maison penchée, le fort du Replaton, l'entrée monumentale du tunnel ferroviaire, la chapelle Saint-Jacques, les ouvrages de Saint-Gobain, le Muséobar, le musée de la liaison ferroviaire Lyon-Turin, le Carré Science... Eh oui, ça fait beaucoup pour une ville qui ne paie pas de mine au premier abord !

CARRÉ SCIENCES : LABORATOIRE SOUTERRAIN DE MODANE

1125, route de Bardonnèche

✆ 04 79 05 22 57

www.lsm.in2p3.fr

Visite réservée aux étudiants, aux groupes avec intérêt scientifique motivé et aux autres laboratoires, sur réservation.

A 1 700 mètres sous la roche, des scientifiques cherchent à percer les mystères de l'Univers alors qu'ils sont ici protégés des rayons cosmiques. Le Centre National de Recherches Scientifiques (CNRS) et du Commissariat à l'énergie atomique (CEA) font de la recherche sur le neutrino, la matière noire, des mesures de faible radioactivité et leurs applications aux études sur l'environnement et aux datations. Une visite impressionnante et très instructive.

FORT SAINT-GOBAIN ★

Route d'Aussois

✆ 04 79 05 01 50

www.fortifications-maurienne.com

15/06 au 15/09, lundi, jeudi, vendredi et week-end 14h-18h30. Mercredi 9h-12h/14h-18h30. Adulte 8 €, groupe 6 €.

Il s'agit de l'un des rares vestiges historiques militaires de la Seconde Guerre Mondiale ouvert au public dans la région. Le front des Alpes possédait aussi sa ligne Maginot pour protéger la France des troupes italiennes. Cette construction datant de 1933, faisait partie d'un dispositif de défense des voies ferrées et route nationale. Les équipements des 4 blocs de combats en disent long sur le système défensif du Fort tenu par 149 sous-officiers et hommes de troupes du 71e BAF (Bataillon Alpin de Forteresse). Une visite étonnante.

MAISON PENCHÉE ★★

Route de Bardonnèche

✆ 04 79 05 99 06

Entrée libre. Gratuit.

Une tour de Pise version Haute-Maurienne, voilà qui mérite le détour sur la route de la station de Valfréjus ! La maison penchée de Modane est une curiosité qui amuse plus d'un photographe et constitue une attraction à l'échelle européenne. On pourrait croire à un décor de cinéma ou celui d'un plateau de télévision (un célèbre plateau penché...), mais il n'en est rien. Construite en 1939 sur une poudrière reliée au tunnel ferroviaire du Mont-Cenis, il s'agit à l'origine d'un *blockhaus* d'observation et de défense mis en service en 1881 pour surveiller ce passage stratégique entre la France et l'Italie. En 1944, l'armée allemande lors de son repli détruisait systématiquement tous les ouvrages routiers et ferroviaires pour ralentir les Alliés. C'est ainsi que les Allemands placèrent, à l'entrée du tunnel ferroviaire côté français, deux wagons bourrés d'explosifs. La puissance de l'explosion obstrua la galerie et pulvérisa la poudrière, mais projeta seulement à plusieurs dizaines de mètres de son emplacement initial le *blockhaus* en béton armé, sans pouvoir le détruire ! Depuis le *blockhaus* est planté là, intact mais incliné selon deux angles totalement improbables, plongeant dans le sol et penchant sur le côté. il est possible d'entrer dans cette maison penchée – qui n'est pas vraiment une maison et qui est recouverte régulièrement de graffitis... – dont un panneau explique l'histoire pour le moins insolite au bord de la route. C'est l'occasion de faire quelques photos amusantes défiant les lois de la gravité.

MUSÉOBAR - MUSÉE DE LA FRONTIÈRE ★

42, rue de la République

✆ 04 79 59 64 23

www.museobar.com

Haute saison : mar-sam 15h-19h. Autres périodes, se renseigner. Adulte 4,50 €.

De 1860 à 1935, Modane avait des airs de ville du far-west américain. Le Museobar permet de se plonger dans cette époque florissante, à travers les cafés d'une ville prospère où se croisaient les personnes de toutes les provenances, les militaires, les marchandises... Le son des pianos mécaniques de facture locale, des témoignages audio et des espaces pour danser dans différentes ambiances. Voyage dans le temps vers la Belle Epoque, les Années folles, les années fastes...

L'ÉCHAPPÉE €€

13, rue de la République
✆ 04 79 05 42 99
www.restaurant-lechappee.com
Ouvert les midis du lundi au vendredi. Réservation obligatoire. Menu entrée + plat + dessert : 18 €.

Qui n'a pas envie de s'échapper ? Dans cette longue rue de la République, au cœur de Modane et pas très loin de la gare, le restaurant L'Échappée propose une cuisine élaborée à partir de produits frais et locaux. Belle terrasse et salle chaleureuse pour se régaler de la cuisine créative du chef Rémi. *Futé* apprécie la qualité des produits, d'ici et d'ailleurs (avec de beaux produits de la mer notamment), le soin apporté à la présentation, l'accueil adorable ainsi que le service irréprochable pour couronner le tout. Une valeur sûre.

STATION DE SKI DE VALFRÉJUS

✆ 04 79 05 99 06
www.valfrejus.ski
Station hiver/été.

La station de ski de Valfréjus est née en 1983 et s'étend de 1 550 à 2 737 mètres d'altitude. 23 pistes de ski alpin, 4 itinéraires raquettes et un espace nouvelles glisses. Bien que non reliées (si ce n'est par des navettes), les stations d'Aussois, La Norma, Val Cenis, Bessans et Bonneval sur Arc sont partenaires avec Valfréjus avec un forfait permettant d'aller skier sur les différents domaines. Itinéraires VTT en plus des sentiers de randonnées pédestres pour les marcheurs.

LA NORMA ★

La Norma est une station piétonne familiale à taille humaine créée en 1971 et dont le domaine skiable est installé à 1 400 m d'altitude sur un vaste plateau arboré ouvert sur le massif de la Vanoise. Paradis des freeriders en hiver, c'est un terrain de jeu idéal à la belle saison. Une carte multiactivités donne un accès illimité à certains sites et réductions lorsqu'il s'agit de s'éloigner un peu plus. Parmi les idées de balade, on pourra retenir le sentier de découverte du vallon de L'Orgère, facile et permettant d'accéder au refuge de l'Orgère, en fond de vallon. Les plans d'eau, un pour la pêche et l'autre pour la baignade, sont appréciés.

REFUGE DE L'ORGÈRE €

D106 L'Orgère
VILLARODIN-BOURGET
✆ 07 61 71 68 47
Ouvert de mai à octobre, tous les jours. Refuge gardé. Pas de résa. Nuitée à partir de 19 €. Repas du soir 21,50 €.

Le Refuge de l'Orgère est perché à 1 947 m d'altitude dans le superbe vallon de l'Orgère. Un bon point de départ pour le tour des Glaciers de la Vanoise, le refuge se trouve à 900 m de dénivelé par le GR5 depuis Modane. Le bâtiment de pierres servait autrefois à loger les ouvriers qui travaillaient dans la galerie E.D.F non loin de là. Les bouquetins se montrent sur le flanc de l'Aiguille Doran et le Râteau d'Aussois, mais on y rencontre aussi les marmottes. L'on dit que la forêt de conifères abriterait ici des arbres vieux de plus de 700 ans

L'ALPAGE

1-105, place F Bouvet
VILLARODIN-BOURGET
✆ 04 79 20 37 01
Ouvert tous les jours en saison de 9h à 12h30 et de 15h30 à 19h.

Au cœur de la station de La Norma, un Alpage essentiel, authentique pour savourer pleinement son séjour. Gentillesse de l'accueil et conseils personnalisés dans ce refuge gourmand pour bien choisir parmi les produits sélectionnés par des passionnés. Charcuterie artisanale, fromages de nos montagnes, une fondue toute prête pour se régaler après une journée sur les pentes, douceurs, confitures, mais aussi alcools et vins de Savoie pour accompagner le tout. Sonnailles et autres souvenirs pour rapporter un peu de nos beaux alpages.

DOMAINE SKIABLE LA NORMA

Maison de la Norma
✆ 04 79 05 99 06
www.haute-maurienne-vanoise.com
Ouvert de décembre à avril.

Perchée entre 1 350 et 2 726 m d'altitude, La Norma se situe dans le massif du Mont-Cenis. Elle tire son nom de son point culminant, la pointe de la Norma, perchée à 2 917 m. La station est piétonne, un parking couvert permet de laisser la voiture à l'entrée, mais elle est aussi accessible par navette depuis la gare de Modane. 1 400 m de dénivelé et 65 km de pistes permettent de profiter pleinement des joies des sports d'hiver. Avec le forfait de ski commun, il est possible d'aller s'essayer sur le domaine de Valfréjus, ouvrant 135 km de pistes.

HUSKY ADVENTURE

167, Rue Saint-Pierre - VILLARODIN-BOURGET
✆ 06 70 80 72 78
www.husky-adventure.net

Ouvert tous les jours de décembre à avril et en juillet-août. Tarifs en fonction des saisons.

Attelés, prêts à la glisse en hiver ou sur un mode cani-rando/cani-trottinette en été, les espaces naturels autour du lac du Mont-Cenis deviennent ceux d'une découverte totalement atypique. Comprendre la vie de la meute, s'initier ou apprendre la conduite d'attelages, sont autant de possibles au sein de cette structure-école, pour ceux qui se découvriraient une âme de musher. L'activité est unique en son genre et procure des sensations inouïes. Une activité plaisir qui peut se prolonger sur plusieurs jours grâce aux formules proposées par Husky Adventure.

ÉGLISE NOTRE-DAME-DE-L'ASSOMPTION

Tous les jours de 9h à 18h. Accès libre.

L'église paroissiale dédiée à Notre-Dame-de-l'Assomption fait partie des Chemins du baroque® de la Fondation Facim. Avant même d'entrer, on remarque déjà au-dessus du portail la corniche sculptée de personnages, de fleurs de lys et de croix de Savoie... Notre attention est ensuite attirée par les peintures murales, les peintures de la coupole du chœur et le retable du XVIIe siècle doté de trois tableaux, l'Assomption au centre, saint Jean-Baptiste et saint Jean l'apôtre de chaque côté.

AUSSOIS

Village-station perché à 1 500 m d'altitude situé aux portes du Parc national de la Vanoise, en versant sud. Authentique village savoyard dont la fête traditionnelle du 15 août constitue une véritable attraction. Point de départ idéal pour des randonnées et découvertes, espace de détente et de loisirs, lieu de rencontre et de culture, vaste terrain de jeu pour les sportifs. Son télésiège fonctionne aussi l'été, permettant notamment aux parapentistes de décoller. Aussois est une station labellisée « Famille Plus ». La Grande Odyssée Savoie Mont-Blanc, course internationale de chiens de traîneau qui se déroule au mois de janvier, fait étape sur le domaine.

PARC ARCHÉOLOGIQUE DES LOZES

43, route des Barrages
✆ 04 79 20 30 80
www.haute-maurienne-vanoise.com

Ouvert toute l'année, tous les jours. Accès hors périodes d'enneigement. Visites guidées chaque jeudi juillet/août.

Le parc archéologique des Lozes est un témoin précieux de la période allant du néolithique à l'âge du fer. Remonter le temps pour partir sur les traces de nos ancêtres se fait à travers les gravures laissées sur les roches polies par le glacier de l'Arc, et qui ont été découvertes en 1977. Parcours pédagogique ponctué de tables de lecture. Il est conseillé de se rendre sur le site en fin d'après-midi, la lumière rasante du soleil faisant ressortir les gravures.

L'ARCHE D'OÉ - MUSÉE AGROPASTORAL ★

7, rue de l'Église ✆ 04 79 20 49 57
www.aussois.com

Haute saison : ouvert du mardi au vendredi de 15h à 19h. Adulte : 4,50 €. Visites guidées. Animaux acceptés. Toilettes.

En arpitan savoyard, le nom d'Aussois se dit « Oé », d'où ce nom attribué à la maison du patrimoine. Ici ce ne sont pas des animaux mais le patrimoine qui sont assemblés et préservés pour perpétuer la mémoire, et ce au sein même d'une maison traditionnelle aussoyenne datant d'avant 1727. La maison du patrimoine se veut ludique. Vidéos, expositions, veillées contes et légendes, ateliers animés ponctuels et costumes d'antan redonnent une place au passé et au patrimoine.

BRASSERIE D'OÉ

Maison des Métiers d'Art
✆ 09 86 62 13 48
www.brasseriedoe.com

Bar à bière et vente en directe du lundi au samedi haute saison, 16h–20h. Été, 17h-21h, autre saison se renseigner.

Cédric, Julien et Sébastien. trois amis d'Aussois, montagnards avant d'être brasseurs, ont décidé de créer leur propre bière aux saveurs d'Aussois. Depuis 2016, la Brasserie d'Oé produit donc une bière non filtrée et organique en version blonde, ambrée, brune... La production reste confidentielle mais elle mérite qu'on s'y intéresse. Mountain Stout (bière noire), Golden Ale (blonde), Brown Ale (bière brune), Américan Amber Ale (ambrée)... : pourquoi ne pas tout simplement rendre visite à ces trois sympathiques brasseurs dans leur brasserie au cœur du village ?

LES FORTS OU BARRIÈRE DE L'ESSEILLON ★★

✆ 04 79 20 30 80

www.aussois.com

Ouvert toute l'année. Accès et animations selon chaque site. Visite guidée. Animations.

La barrière fortifiée de l'Esseillon, véritable rempart alpin sur la largeur de la vallée, est constitué de 5 forts construits au début du XIXe siècle, et qui portent les prénoms de la famille royale de Savoie qui voulait se défendre contre une invasion française. Le Fort Marie-Christine : à 1 500 m d'altitude, accessible notamment via le sentier « du plateau d'Aussois », qui se visite et abrite des expositions temporaires. L'on peut aussi s'y restaurer et y dormir. Le Fort Victor-Emmanuel, à 1 354 m d'altitude, le plus imposant de la barrière de l'Esseillon, de par la succession de 8 bâtiments à doubles niveaux accrochés au sommet d'une falaise. Un jeu de piste y est proposé pour partir sur les traces du soldat Alessandro. Le fort Charles-Albert, construit après les quatre autres et inachevé. Il ne se visite pas. Le Fort Charles-Félix, détruit au moment de l'Annexion et classé comme Ruine Historique. Il ne se visite pas. La Redoute Marie-Thérèse, à 1 258 m d'altitude, qui abrite un centre d'interprétation du patrimoine fortifié et un jeu de piste pour les enfants avec petite restauration sur place. Ces constructions, classées monuments historiques, d'abord propriété du royaume de Piémont-Sardaigne puis lorsque la Savoie a été rattachée à la France, devenues propriétés françaises, n'ont finalement jamais eu à subir l'épreuve du feu. Chacun des forts a sa personnalité, des constructions qui valent le coup d'œil, et inspireront les photographes.

© CHRISTOPHE CAPPELLI - SHUTTERSTOCK.COM

FROMAGERIE COOPÉRATIVE D'AUSSOIS

2, rue du Plan Champ

✆ 04 79 20 32 68

www.coophautemaurienne.fr

Haute saison : ouvert du lundi au samedi de 9h à 12h et de 16h à 19h. Intersaison se renseigner.

La fromagerie est le lieu incontournable où il fait bon faire halte pour faire ses emplettes avant de redescendre dans la vallée. On apprécie la vente directe en circuit court des fromages fabriqués par les producteurs locaux : Beaufort AOP, Bleu de Bonneval-sur-Arc, beurre et lait cru... Sur commande, on peut se faire préparer fondue ou raclette, avec prêt de l'appareil si besoin. Le bon plan : la possibilité de visiter les ateliers de fabrication du fromage à Val Cenis-Lanslebourg.

BUREAU DES GUIDES SAVOIE MAURIENNE AUSSOIS

4, la Place

✆ 04 79 20 31 16

www.guides-savoie.com

Toute l'année.

Pour pratiquer la montagne en toute sécurité et avec un encadrement professionnel été comme hiver. Ski, randonnée, raquettes à neige, escalade, canyoning, via ferrata, cascade de glace, hors-piste, sorties avec des enfants, etc. Un panel d'activités qui s'adaptent au terrain et aux envies : conçu à 80 % en initiation pour vous permettre d'appréhender dans les meilleures conditions ce milieu qui peut paraître difficile... Des sensations assurées toute l'année pour tous !

VIA FERRATA DU DIABLE

43, route des Barrages

✆ 04 79 20 31 16

www.guides-savoie.com

Avec accompagnateur professionnel à partir de 26 €/personne.

La via ferrata du Diable s'étire sur les rives vertigineuses de l'Arc, qui coule 200 mètres plus bas, le tout dans un décor à couper le souffle mais pas les jambes qui doivent rester fortes ! 7 tronçons indépendants que l'on peut choisir ou pas d'enchaîner d'un niveau allant de difficile à extrêmement difficile suppose d'être soit encadré d'un professionnel soit déjà très à l'aise sur ce type d'activité et équipé. Sensations fortes à la clé, mais règles de sécurité impératives. Parcours initiation sous le rempart du Fort Victor-Emmanuel.

SAVOIE

VAL-CENIS

Val-Cenis est une nouvelle commune du Parc national de la Vanoise, créé en 2017 en regroupant les anciennes communes de Bramans, Sollières-Sardières, Termignon, Lanslebourg-Mont-Cenis et Lanslevillard. Il est important d'avoir conscience qu'il s'agit donc d'un vaste territoire et de bien savoir où l'on va lorsque l'on souhaite visiter Val-Cenis, car on aurait vite fait de faire des kilomètres. Elle est devenue l'une des plus grandes communes de France. Son chef-lieu et sa Mairie se situent à Termignon. Sur son territoire se trouvent la station de ski Val Cenis ainsi que le col du Mont-Cenis (fermé en hiver), le col de l'Iseran (fermé l'hiver) et le Mont-Cenis. Cette vaste commune est labellisée « Station verte » et adhère au réseau Perles des Alpes...

- À Termignon : se trouvent l'église Notre-Dame-de-l'Assomption et la chapelle Notre-Dame de la Visitation, toutes deux inscrites aux Monuments historiques, mais aussi les chapelles Saint-Roch et Saint-André.
- À Bramans : se trouvent l'église Saint-Pierre d'Extravache (classée Monument historique), l'église baroque de l'Assomption. Le Vallon de Savine et le col Clapier sont des lieux de passage supposés d'Hannibal Barca.
- À Sollières-Sardières : se trouvent le Rocher, dit des Balmes, et la grotte des Balmes, sites inscrits aux Monuments historiques, les églises Saint-Laurent de Sardières et Saint-Étienne de Sollières, le monolithe de Sardières, le relais du télégraphe Chappe, au site du Mollard-Fleury, le Musée archéologique de Sollières-Sardière, l'aérodrome de Sollières-Sardières et la pointe de Bellecombe.
- À Lanslebourg-Mont-Cenis : se trouvent l'église de l'Assomption-de-la-Vierge, l'église Notre-Dame-de-l'Assomption, le Fort de Ronce près du col du Mont-Cenis.
- À Lanslevillard : se trouvent l'église Saint-Michel, classée Monument historique, et une douzaine de chapelles classées : chapelle Saint-Antoine, chapelle Sainte-Anne, chapelle Saint-Roch, chapelle de la Madeleine, chapelle Saint-Étienne, chapelle Sainte-Agathe, chapelle Saint-Genix, chapelle Saint-Pierre et le pont sur le ruisseau de l'Arcelle Neuve, chapelle Saint-Laurent, chapelle Notre-Dame-de-la-Salette, chapelle Saint-Jean-Baptiste, Chapelle Saint-Sébastien... On peut aussi découvrir la Pierre à cupules dite Pierre de Chantelouve, la Pierre aux Pieds, un rocher blanc gravé de nombreuses cupules.

COL DU PETIT MONT-CENIS

✆ 04 79 05 99 06

www.haute-maurienne-vanoise.com

Ouvert selon les conditions météo.

Perché à 2 183 mètres d'altitude, le Col du Petit Mont-Cenis permet le passage entre la France et l'Italie. Il se situe au-dessus de la vallée de la Maurienne côté français et du val de Suse du côté italien, au sein du massif du Mont-Cenis. Autrement dit, il relie Bramans à Moncenisio et Suse en Italie. La route, en bon état mais étroite, est peu fréquentée par les voitures, davantage par les cyclistes. Elle contourne le lac du Mont Cenis en offrant un panorama magnifique sur ses eaux turquoise. Ce secteur est très propice aux randonnées.

LE JARDIN ALPIN DU MONT-CENIS

Plan des Fontainettes ✆ 04 79 05 86 36

www.haute-maurienne-vanoise.com

Ouvert de mi-mai à novembre. Stages estivaux pour l'entretien du jardin. Visite guidée gratuite sur inscription.

Les botanistes savent que le mont Cenis est riche d'un patrimoine naturel remarquable. L'appellation cenisia (mont Cenis en italien) se retrouve sur certains des noms de fleurs, telle que la Pedicularis cenisia (Pediculaire du mont Cenis). Campanule, Pensée, Pâturin, Koellérie, Brugane figurent aussi sur la liste. Dans ce jardin alpin situé entre 2 200 et 3 000 mètres d'altitude, des panneaux à thèmes, des bornes et un sentier nature sont là pour assouvir votre soif de réponses.

MAISON DE LA VANOISE ★

Place de la Vanoise

✆ 04 79 20 51 67

Ouvert toute l'année. Visite libre de l'exposition.

Termignon est l'une des portes d'entrée du Parc national de la Vanoise. Située au cœur du village, c'est donc une bonne entrée en matière pour se familiariser avec cet espace naturel protégé à travers l'exposition permanente, intitulée La Nature en projet, accessible via l'office de tourisme. Boutique et expositions temporaires viennent s'ajouter à cet ensemble. Le virtuel permet d'effectuer un grand survol sur les Alpes à l'instar du gypaète barbu, oiseau mythique de ces lieux, et de voir toute la faune sauvage présente sur ce territoire riche en biodiversité.

MUSÉE D'ARCHÉOLOGIE

425, Rue du Châtel
✆ 04 79 20 59 33

Vacances scolaires hiver, ouvert lundi au vendredi 14h à 18h. Juillet/août tous les jours. Adulte 4,70 €, enfant 3,20 €.

La visite guidée dure environ une heure. Le temps qu'il faut pour mesurer qu'il y a environ 5 600 ans de cela, au Néolithique, les premiers agriculteurs-éleveurs de Haute Maurienne s'installaient dans la grotte des Balmes. Découvert dans les années 1970, ce site archéologique est un lieu de référence de l'archéologie alpine. Les objets de la vie quotidienne exposés illustrent la richesse de ces cultures et une reconstitution de la grotte plonge le visiteur dans l'ambiance d'un habitat du Néolithique. Les pièces exposées sont bien éclairées.

LE PLATEAU DU MONT-CENIS

Randonnée facile en été.

Perché à 2 082 m d'altitude, le plateau du Mont-Cenis est un espace transfrontalier entre France et Italie, vallée de Maurienne et Val de Suse. A 1974 m se trouve un lac de barrage. Le barrage du Mont-Cenis est le plus grand de Savoie. Sur ce plateau d'exception, la flore et la faune sont protégées depuis 1991. Ce vaste plateau accueille les alpagistes et les nombreuses vaches laitières, dont le lait sert à la fabrication du beaufort. Le VTT se pratique sur des sentiers dédiés autour du lac. Pour les randonneurs ou les pêcheurs, le bonheur est complet.

REFUGE D'AMBIN €

Refuge d'Ambin
✆ 04 79 20 35 00
https://refugedambin.ffcam.fr

L'hiver : Tous les week-ends, en semaine sur résa, du 20 mars au 24 mai. L'été : Du 12 juin au 12 septembre.

Refuge de la Fédération Française des Clubs Alpins et de Montagne, le Refuge d'Ambin est perché à 2 270 mètres d'altitude au fond du vallon sauvage d'Ambin, sur son verrou rocheux... Son côté très rustique donne une ambiance toute montagnarde. Depuis le refuge, les randonnées ne manquent pas. On peut à la demi-journée partir par exemple vers le Lac Noir en 2h30, sur un 530 m de dénivelé. Pour accéder au refuge, rien de compliqué, on peut même faire la balade en famille. Il faut partir dans ce cas, du parking de la Maroqua et suivre le sentier.

RELAIS DES ALPES** €

76, rue du Mont-Cenis
✆ 04 79 05 94 93
www.relais-des-alpes.com

Ouvert toute l'année. Appartement 3 pers. à partir de 40 €/jour. Abris pour vélos, local à skis.

Situé au cœur du village et à 200 mètres des pistes de ski de Val-Cenis, le Relais des Alpes propose 5 appartements meublés à louer à la semaine ou à la nuitée. À deux pas de l'Italie, avec une vue à couper le souffle sur les montages environnantes. Remis à neuf, les appartements sont bien agencés et offrent un équipement complet incluant accès au wifi gratuit, lave-vaisselle et lave-linge, parking privé et garage fermé pour motos et vélos. Tout est pensé pour que vous puissiez profiter pleinement de votre séjour, en été comme en hiver !

LES ALPAGES DE VAL CENIS**** €€

Plan des Champs
✆ 04 79 59 18 80
www.lesalpagesdevalcenis.com

Ouvert en saison. 190 chambres. Appartement à partir de 95 €/nuit. Spa.

Dans une atmosphère familiale et conviviale, la résidence-spa les Alpages de Val Cenis 4-étoiles se trouve dans un très beau cadre naturel, avec accès direct aux pistes de ski. Les appartements sont confortables avec terrasse ou balcon. Piscine extérieure chauffée, sauna, hammam, fitness. L'été, place au tennis et à la pétanque après de belles randonnée dans le Parc de la Vanoise. Un arrêt navette est à votre disposition gratuitement vers le centre de la station. Bonnes vacances !

HÔTEL LA CLÉ DES CHAMPS*** €€

Hameau des Champs ✆ 04 79 05 94 10
www.hotel-lacledeschamps.com

Ouvert en saison tous les jours. 9 chambres. Chambre double à partir de 85 €. Abris pour vélos ou VTT. Local à skis.

L'Hôtel La Clé des Champs, ancienne bergerie reconvertie, est situé à Lanslebourg, à 200 m des pistes du domaine de Val Cenis. Ambiance familiale, chambres spacieuses et agréables. L'été, motards et cyclotouristes mais aussi randonneurs l'apprécieront comme point de départ vers de nombreuses escapades entre cols et sentiers... De là, le panorama est fabuleux en toute saison. Les commerces sont à 300 mètres et une navette passe à 200 mètres pour la télécabine du Vieux Moulin.

HÔTEL SAINT-CHARLES €€

Chemin des Crueux
✆ 04 79 05 56 00
www.hotel-saintcharles.com

Ouvert en saison été comme hiver. Chambre double à partir de 135 €/pers, petit déjeuner inclus. Spa, hammam, piscine.

Cet hôtel, restaurant et spa est un lieu privilégié pour vos séjours été comme hiver ! Le design est soigné, les chambres sont confortables, l'accueil est sympathique. Espace lougne avec cheminée, espace enfants avec babyfoot. Spa avec soins sur résa. Espace détente avec hammam, sauna à réserver en plus, possible aussi pour les non résidents. Soins du corps. Accès au bain japonais et à la piscine Intérieure réservé aux clients de l'hôtel. Super petit déjeuner avec des produits frais et locaux. Offres promotionnelles sur Internet. On y retourne volontiers !

REFUGE DE LA LEISSE €€

Refuge de la Leisse
✆ 04 79 05 45 33
refuge-leisse.vanoise.com

32 couchages. Gardé de mi-juin à mi-septembre et au printemps. Adulte 21 €. Dîner 20 €. Petit-déjeuner 10 €.

Le Refuge de la Leisse est perché à 2 487 mètres d'altitude dans le parc national de la Vanoise et sur le tracé du GR55 et de la Via Alpina. Trois chalets à l'ancienne au pied de la Grande Motte... le refuge est accessible en 3h environ depuis le parking (500 m de dénivelés). Son petit lac, ses alpages, ses panoramas et sa faune sauvage... l'endroit est idéal pour une déconnexion totale du monde moderne, pour une escale reposante... pour se reconnecter avec l'essentiel. Hors période de gardiennage, seule la salle commune est ouverte, l'eau est coupée.

MARIUS ET JOSÉPHINE €€

Plan des Champs
✆ 04 79 05 67 52

Prix moyen 17 €. Ouvert en saison été et hiver.

Forte de ses 27 ans d'expérience en restauration, la maîtresse des lieux, Emmanuelle Zinant, « Manu » comme nous l'appelons tous, vous invite dans son nouvel établissement... Marius et Joséphine, un établissement mais deux ambiances. Côté Marius, nous retrouvons l'ambiance brasserie, signature des premiers établissements de Manu. Une cuisine traditionnelle et généreuse. À la table de Joséphine, vous est proposée une cuisine fine et riche en saveurs. Une bonne ambiance, belle déco contemporaine et colorée, plats savoureux avec beaucoup de choix.

LE SABOT DE VÉNUS €€

9, rue de la Parrachée
✆ 04 79 20 51 76

Ouvert en saison. Ouvert tous les jours en hiver, fermé lundi midi en été. Menus 17 € à 26 €. Terrasse.

Dans une ancienne étable, le long d'un ruisseau, il faudra descendre quelques marches pour atteindre ce petit restaurant niché dans une vieille demeure en pierres. Le cadre est typique et l'accueil familial. La cuisine est créative, faite sur place avec des produits de qualité. Dégustez un flan au beaufort avec ses pommes. En plat vous avez le choix entre des recettes italiennes comme les raviolis au pesto ou le Parmentier de joue de porc. Desserts maison avec une nougatine glacée. Bien entendu, vous retrouvez également à la carte les spécialités savoyardes.

LA FERME SAVOYARDE

54, rue du Mont Cenis
✆ 04 79 05 46 40
www.chalet-les-melezes.com

Traiteur et produits régionaux. Ouvert en hiver et en été tous les jours de 8h à 19h30. Chèque Restaurant.

Dans cette boutique-traiteur à l'angle de rue principale de Val-Cenis (tout à côté de la fromagerie), les produits régionaux sont les rois. On trouve ici une sélection de petits producteurs locaux représentée sur les étals. Le tout offre une palette de choix en matière de salaisons artisanales (saucissons, noix de jambon…), vins de pays, de fromages AOP tels que l'incontournable beaufort, miels et super confitures artisanales ! Tout ce qu'il faut aussi pour se préparer une raclette, fondue et autre reblochonnade sur réservation. Adresse gourmande au top !

FROMAGERIE COOPÉRATIVE DE HAUTE MAURIENNE VANOISE

36, rue de l'Arc
✆ 04 79 05 20 36
www.coophautemaurienne.fr

Ouvert toute l'année, tous les jours de 9h à 12h et de 16h à 19h. Livraison possible (commande en ligne).

La Fromagerie Coopérative de Haute Maurienne Vanoise est installée à Lanslebourg depuis plus de 60 ans. Elle récolte et transforme chaque jour le lait des 40 exploitations afin de fabriquer les fameux Beaufort AOP et Bleu de Bonneval-sur-Arc. Toute l'année chaque matin, il est possible de visiter gratuitement l'atelier de fabrication de Beaufort au premier étage. Les visites guidées sont possibles, mais sur demande et elles sont alors payantes. Pour se régaler toute l'année.

ANTIPODES

16, La Croix
✆ 06 18 23 69 05
www.antipodeszeb.com
Ouvert toute l'année. Parapente : tarif vol 80 €/ pers.

Zeb et son équipe vous proposent de vivre des sensations inédites à ski, en parapente ou en hélico ! En parapente, Antipodes vous propose le biplace pour la découverte. Vous pouvez également être accompagné pour des sorties de ski hors-piste, ski de randonnée ou encore cascade de glace à la journée ou la demi-journée, dans toutes les stations de Haute Maurienne. Nombreuses activités montagne en été avec le canyoning, la via ferrata sur les sites du Parc naturel de la Vanoise, l'escalade ou l'alpinisme pour apprendre à grimper en cordée

BUREAU DES GUIDES DE TERMIGNON

10, place de la Vanoise
✆ 04 79 20 31 16
www.guides-savoie.com
Toute l'année.

Pour pratiquer la montagne en toute sécurité et avec un encadrement professionnel été comme hiver. Ski de randonnée, randonnée sur glacier, alpinisme, escalade, via ferrata, canyoning, randonnée aquatique, randonnée pédestre, trail... Rien de tel pour faire le plein de sensations, découvrir la montagne autrement, profiter des paysages et de l'ambiance... Adrénaline et dépassement de soi pour vivre des moments uniques. Il suffit de suivre le guide et de respecter ses consignes.

PARCOURS DANS LES ARBRES - AKROPARC

D126
✆ 06 32 06 73 37
Ouvert de mai à début septembre, tous les jours (sous réserve des conditions météo). Tarif entre 19 € et 24 €.

Pour sauter d'arbre en arbre, ce parc d'accrobranche s'étend sur 7 hectares. Petits et grands peuvent s'élancer d'un arbre à l'autre en quête de sensations fortes... Défier le vertige, grimper et progresser sur les ateliers perchés... parcourir avec ténacité les ponts de singes, passerelles, échelles, toiles d'araignée, ponts suspendus... Une aventure pleine de sensations fortes et de challenges à relever qui vous rendront fiers en plus de vous laisser de chouettes souvenirs.

PLONGÉE SOUS GLACE

Rue Muleney
✆ 06 60 08 47 80
www.sensationsvanoise.com
Plongée sous glace, de décembre à mi-mars selon les températures.

Parmi les expériences exceptionnelles et hors du commun, la plongée sous glace se place en bonne position. Les nombreux lacs des montagnes savoyardes forment un terrain de jeu parfait pour s'y initier et tenter l'expérience. Entre décembre et mi-mars, cela vous permet de découvrir la glace vue d'en dessous, avec ses bulles d'air, sa couleur turquoise et ses reflets uniques créés par le soleil. Baptêmes possibles pour les non-initiés à la plongée. Alors n'attendez plus pour vous mettre à l'eau, pas très chaude, et vivre un moment inoubliable.

SENSATIONS VANOISE

Sollières
✆ 06 45 49 45 66
Ouvert toute l'année, les activités varient en fonction des saisons. Réservation conseillée.

Moutain Kart, Paret, bodyboard sur neige, River Tubing, hydro-speed, tous ces mots ne vous disent rien ? Et pourtant, voilà une petite partie des activités proposées par Sensations Vanoise. Une chose est certaine, des sensations vous en aurez ! Partez à la découverte de la Vanoise, en été comme en hiver, à l'heure ou à la journée. Pour les moins adeptes de sensations fortes, l'agence propose également des activités plus classiques : kayak, paddle, pêche, etc. Pour les petits comme pour les grands, un passage incontournable qui pimentera votre séjour à Val Cenis.

AUDITORIUM LAURENT GERRA

89, Rue du Mont Cenis
✆ 04 79 05 99 06
www.haute-maurienne-vanoise.com
Ouvert toute l'année. Le placement est libre. Tarifs réduits proposés. Pass culture.

Inauguré en présence de l'artiste humoriste qui lui a donné son nom en octobre 2011, l'auditorium Laurent Gerra est équipé de 440 places et d'un plateau de 180 m². Les spectacles programmés sont relativement variés et les artistes aussi bien des comédiens, des chanteurs, danseurs ou musiciens. Une majorité de spectacles grand public. On aimerait y voir des spectacles de qualité en grand nombre toute l'année afin que ce lieu devienne un véritable pôle culturel dynamique dans la vallée. Billetterie en ligne, par téléphone ou sur place avant le spectacle.

ESCAPE GAME VAL CENIS

9, rue de l'Arc
✆ 04 79 64 23 69
www.escapegames-valcenis.com
Accessible en fauteuil roulant en autonomie.
Ouvert en saison, sur réservation. A partir de 23 €.

Le jeu d'évasion (escape game) de Val Cenis se décline en trois propositions : La Forteresse, Le Tunnel, L'Avalanche de 1970 qui a détruit une partie du village et La Coulée, pour les 6-12 ans, et l'Escape Apéro à faire chez soi, et même en extérieur ! Tout est basé sur des faits réels, mais ensuite le mystère doit être résolu en 60 minutes chrono et en équipe. Les salles sont des créations originales, donc aucun risque de tomber sur un escape game que vous avez déjà fait ailleurs. Reste à savoir si vous êtes prêt à recevoir une bonne dose d'adrénaline...

ÉGLISE SAINT-JEAN-BAPTISTE

✆ 04 79 05 96 05
Horaires variables selon saisons.

Cette église remarquable fait partie des Chemins du Baroque® rassemblant 80 édifices en accès libre ou guidé selon la fondation Facim. Le plafond du vestibule de l'église Saint-Jean-Baptiste est orné d'une représentation en relief du Miracle de la Sainte Hostie de Turin, encadrée par des putti. Parmi les autres éléments intéressants, on peut citer la voûte décorée au-dessus du maître-autel en marbre blanc, le retable ou encore l'autel du Rosaire.

BESSANS ★

La plaine de Bessans, dédiée au ski de fond, contraste avec les majestueuses montagnes qui entourent le village. Bessans, c'est une histoire à se laisser raconter lors des veillées de l'association Bessans d'hier et d'aujourd'hui qui valorise le patrimoine. Incendié pendant la Seconde Guerre mondiale, il ne reste de Bessans que quelques maisons d'origine, qui se cachent dans des ruelles. A vous de les découvrir ! Ses nombreuses chapelles rappellent que vous êtes sur le Chemin du Baroque. Village d'artistes depuis des siècles, Bessans fait perdurer cette tradition. Une dernière anecdote que nous vous laissons découvrir sur place, le diable de Bessans, que vous verrez un peu partout.

Essayez le séculaire Sentier des Refuges qui desservait les alpages. La partie entre Saint-Pierre-d'Extravache et le Vallon Savine emprunte l'ancien passage menant en Italie.

Sur peu de distance, ce sentier montre la diversité de la montagne. Petits lacs d'altitude, falaises abruptes, moraines glaciaires, alpages, caillasses rappellent l'histoire géologique mouvementée des vallées traversées. Les refuges typiques des alpages demeurent un livre ouvert sur la vie d'autrefois. Chamois, bouquetin, aigle royal, marmotte voisinent avec des espèces endémiques de la flore du Mont-Cenis. Suivez le balisage pour un ou plusieurs tronçons du Sentier des Refuges.

En hiver, les sportifs nationaux et internationaux s'entraînent régulièrement sur le site nordique de Bessans. En été, 150 km de sentiers balisés dans le Parc national de la Vanoise et une multitude d'activités et de loisirs.

PARROUR FORGE

✆ 06 78 91 37 16
www.parrourforge.com
Fermé de décembre à mi-mai. Ouvert du lundi au vendredi de 8h à 12h et de 13h à 18h.

Thibaut Parrour propose une collection de couteaux forgés à la main, des pièces uniques vendues dans son atelier ou sur des marchés de la région. Du couteau pliant au couteau à lame fixe, en passant par les pierres à aiguiser naturelles, tout est choisi, façonné et assemblé avec talent et passion. Les manches des couteaux existent en différentes matières, du bois de cerf au genévrier. Les lames, quant à elles, sont forgées en acier au carbone ou en acier de Damas. La forge se visite sur rendez-vous, permettant une découverte exceptionnelle du métier de forgeron.

LA BESSANNAISE €€

Centre de montagne et bien-être
✆ 04 79 05 95 15
www.labessannaise.com
Centre de montagne et de bien-être. Ouvert toute l'année.

Ski de fond en hiver et randonnées pédestres en été. Tout cela se fait avec le confort de formules tout compris, pour un accès à l'évasion accessible même aux petits budgets. La résidence de vacances La Bessannaise a prévu d'offrir aussi aux vacanciers, un espace bien-être, pour que la détente puisse s'inviter au programme. Danses, bridge, contes et balades permettent de varier les plaisirs. Quand aux excursions à pied, elles s'adaptent au rythme des randonneurs. Le ski de fond et son approche seront de la même façon adaptés aux skieurs.

HÔTEL RESTAURANT LA VANOISE** €€

Rue de l'Illette
✆ 04 79 05 96 79
www.hotel-vanoise.com
Chambre double de 92 € à 94 €. Restauration. Sauna. Abris pour vélo ou VTT. Salle de sport.

Situé à l'entrée du village, au cœur du parc de la Vanoise, cet hôtel familial authentique ravira les sportifs par son accès skis aux pieds et sa proximité immédiate du départ des pistes de ski de fond. Les chambres spacieuses, propres et confortables au décor montagnard offrent une très belle vue sur les montagnes. Cuisine traditionnelle et spécialités savoyardes. Petit déjeuner complet, sauna et petite salle de gym, belle terrasse ensoleillée, bar panoramique...

CHALET LE MONT ISERAN*** €€

Place de la Mairie ✆ 06 04 59 22 69
www.montiseran.com
Ouvert toute l'année. Semaine de 350 € à 2 225 € (de 1 à 12 personnes). Wifi gratuit. Restauration.

Le chalet du Mont Iseran est un établissement proposant à la location des appartements. Ouvert toute l'année, il bénéficie d'un bon emplacement au pied des pistes. Des appartements complètement équipés et disposant de vrais séjours, aucun des couchages n'y étant installé. Au rez-de-chaussée du chalet, le restaurant, lui aussi rénové propose une cuisine de qualité préparée par le chef Jean-Philippe Clappier, qui a repris le flambeau à la suite de ses parents. Tous les appartements ont un large balcon permettant d'admirer les montagnes.

LA LODZE €€

Rue Plan Fenette
✆ 04 79 83 12 53
http://lalodze.e-monsite.com
Ouvert tous les jours midi et soir, hormis le dimanche toute la journée et le lundi midi.

La Lodze est une enseigne qui mérite qu'on se fasse raconter son histoire avant de commander son plat... Cela promet d'être passionnant, installé à l'intérieur d'une ancienne grange du XVIIe siècle entièrement rénovée. Son décor très rustique et chaleureux offre un espace qui met en condition pour déguster les recettes bessanaises. Produits frais et de saison, cuisine locale et spécialités savoyardes se découvrent d'autant plus si l'on pense à réserver son plat préféré au moment de la réservation de sa table, car certains plats demandent une préparation longue.

L'ÉCURIE DE PANINO

Rue de Septembre 1944
✆ 04 79 59 50 37
www.ecuriedepanino.com
Ouvert selon saison. Tous les jours en hiver. Fermé le jeudi en été.

L'Écurie de Panino est une fromagerie qui permet d'acheter en direct les fromages produits sur la ferme et en alpage de façon artisanale. Beaufort fabriqué en alpage, tomme, raclette, yaourts et fromages blancs... Tout est fabriqué uniquement à partir du seul lait de la cinquantaine de vaches laitières de l'exploitation agricole. Entre respect des traditions et modernité, la passion est là et acheter en direct auprès des producteurs est un régal dans l'échange et la qualité des produits. Et c'est aussi une façon de soutenir une démarche paysanne engagée.

FROMAGERIE DE BESSANS - COOPÉRATIVE LAITIÈRE

Rue du Petit-Saint-Jean
✆ 04 79 59 15 79
www.coophautemaurienne.fr
Horaires : ouvert en saisons d'hiver et d'été (horaires variables voir site) 9h30-12h et 16h-19h.

La fromagerie de Bessans reste le cœur d'activité de l'agriculture du village. La Coopérative laitière de Haute-Maurienne Vanoise en a repris la gestion en 2008. Elle regroupe 40 exploitations en Haute-Maurienne, dont 5 sur Bessans. Elle transforme le lait cru en beaufort et bleu de Bonneval-sur-Arc. Beurre, lait cru, crème fraîche et des produits fermiers fabriqués en Haute-Maurienne : fromages de chèvre et brebis, yaourts fermiers, ainsi qu'une gamme de produits de Savoie.

BUREAU DES GUIDES DE BESSANS

Rue Saint Etienne
✆ 06 70 63 94 65
www.guidesmontagnebessans.com
Toute l'année.

Pour pratiquer la montagne en toute sécurité et avec un encadrement professionnel été comme hiver. Bessans a toujours connu des générations de guides. A l'origine, ils étaient « passeurs de cols » à une époque où un trafic permanent de personnes et de marchandises se faisait clandestinement par les cols frontaliers de Bessans et Bonneval. Aujourd'hui, cette structure conviviale vous accueille pour vous faire partager la passion de la montagne sous toutes ses formes.

STATION DE SKI DE BESSANS

✆ 04 79 05 99 06

www.haute-maurienne-vanoise.com

Station hiver/été.

La station de ski de Bessans, en bordure du Parc national de la Vanoise, s'étend de 1 750 m à 3 257 mètres d'altitude. Installée sur un vaste plateau, Bessans offre un magnifique domaine de ski nordique cerné par les glaciers et les sommets de plus de 3 000 mètres. Un panorama fabuleux et un domaine devenu l'une des références du ski de fond et du biathlon. Hiver comme été, une multitude d'activités : alpinisme, course, escalade, cascade de glace, canyoning, via ferrata, randonnée...

BONNEVAL-SUR-ARC ★★

L'histoire de ce petit village regorge d'authenticité et de savoir-faire perdu au fil du temps. Cette vallée somptueuse se découvre comme un livre, où le temps qui passe n'est qu'un chapitre en ces lieux magiques. Minéralité, Préhistoire et légendes, hameaux typiques, édifices religieux se conjuguent encore au présent. A Bonneval-sur-Arc, l'histoire s'est arrêtée. Pénétrez dans le village à pied et laissez-vous aller à imaginer les traditions de ce monde pastoral. 247 habitants à plus de 1 700 m d'altitude. Pays âpre et rude, ancien pays d'avalanches, il s'adoucit par la chaleur de l'accueil et sa beauté enchanteresse. À vous de l'apprivoiser ! Le premier téléski est inauguré en 1968. Bonneval, site classé, est l'un des plus beaux villages de France. Il a su garder intact ses vieilles demeures en pierres sèches couvertes de toits en lauzes, de grosses ardoises de près d'une tonne superposées. Sur les balcons, la bouse séchait pour en faire du combustible. Le hameau de Bonneval, site classé de l'Ecot, ne vit que l'été. Partez à pied le découvrir ainsi que sa chapelle du XIIe siècle. Le Skibus et le Allo P'tit Bus desservent gratuitement tous les villages de la Haute-Maurienne Vanoise. Le Skibus assure les liaisons entre Bramans et Bonneval, Termignon et Aussois, Bramans et Le Cerney (Domaine du Planay). Hors saison, le Allo P'tit Bus rend les mêmes services, mais il est nécessaire de réserver la veille avant 18h.

L'ÉCOT ★

✆ 04 79 05 94 94

www.mairie-de-bonnevalsurarc.fr

Se renseigner. Parking payant 1 € par heure.

© L'ÉCOT

Si Bonneval-sur-Arc est un joyau, le hameau de l'Ecot est sans doute le plus pittoresque et le plus magnifique hameau de Savoie. Perché à 2 000 m d'altitude, une balade à pied sur 5 km en remontant l'Arc vous permettra de découvrir l'Ecot et sa chapelle Sainte-Marguerite qui date du XIIe siècle. Quelques maisons en pierre et lauze desservies par une route agricole. Un hameau perdu au bout du bout de la vallée. Il ne faut pas se priver d'une si jolie balade car la récompense est immense, le lieu est fabuleux et le paysage tout simplement magique.

REFUGE DES EVETTES €

Cirque des Evettes

✆ 04 79 05 96 64

https://refugedesevettes.ffcam.fr

Périodes de gardiennage : printemps du 3 mars au 1er mai, été du 24 juin au 8 septembre.

Pas de hors-sac possible jusqu'à nouvel ordre en période gardée. Demi-pension uniquement. En période non gardée, tous les refuges de la FFCAM conservent une partie accessible et ouverte, « le refuge d'hiver », afin de jouer leur rôle d'abri et de secours. Pour venir manger, il est impératif de réserver par téléphone. Installé dans un vallon magnifique, entouré de glaciers et de sommets supérieurs à 3 000 m, l'équipe du refuge vous attend pour vous faire passer un bon moment que ce soit pour une nuit ou simplement de passage à la journée.

SAVOIE

CHEZ MUMU €€

L'Ecot

✆ 06 87 83 90 62

En saison, ouvert tous les jours, sauf samedi, de 11h à 18h. CB non acceptée.

Chez Mumu, ça se mérite. Tout au bout de la vallée de Haute-Maurienne, dans l'un des hameaux les plus jolis des Alpes : L'Écot. On y va à pied, skis ou raquettes... Une fois arrivé, c'est la récompense (il vaut mieux réserver, c'est plus prudent). Quand on se retrouve Chez Mumu dans le cadre authentique d'une vieille ferme, on déguste la cuisine faite maison, que du bonheur ! Et tout le monde est aux petits soins ! Murielle Anselmet et son équipe sont adorables. Simple, mais tellement bon. La tarte aux myrtilles maison est un délice. Incontournable.

CHÈVRERIE LOUISE ANSELMET

✆ 06 77 11 70 40

Zone agricole et aussi sur le marché de Bonneval l'été le dimanche.

Si vous souhaitez du fromage de chèvre délicieux et produit sur place, n'hésitez pas à passer directement à la fromagerie située dans la zone agricole. Vous pouvez téléphoner avant pour convenir d'un rendez-vous. Des fromages on ne peut plus savoureux et le tout dans une ambiance fort sympathique : on peut aller voir les chèvres, les petits chevreaux l'hiver et ressortir les bottes sales mais le cœur rempli de bonnes ondes et de bons produits locaux fabriqués avec amour ! Au top !

CHEZ DANIEL

53, rue de l'Arc - Vieux Village

✆ 04 79 05 96 33

Ouvert en saison été et hiver tous les jours 10h-12h/14h-19h. CB et animaux acceptés.

Le magasin Chez Daniel vous propose une multitude de souvenirs, mais aussi des objets déco, luminaires, poteries, linge de maison de très bonne qualité (Sylvie Thiriez), vêtements, cosmétiques bio, bijoux, produits régionaux, super coin librairie, peluches, jouets. Pour toutes les bourses. Une belle sélection d'artisanat local : sculptures sur bois, savons bio exfoliants, boucles d'oreilles, couvertures et plaids de la filature Arpin... Egalement un super choix de cartes postales, dont celles de l'aquarelliste Julie Wintz-Litty ! On y reste un moment !

EMELINE VEILLE PHOTOGRAPHIE

Vieux Village

✆ 06 07 70 90 55

www.freeview.fr

Galerie ouverte aux horaires d'ouverture du restaurant La Cabane. Photographies à partir de 40 €. Expéditions possibles.

Emeline Veille propose des photographies portées sur le voyage et les rencontres humaines, à la croisée des portraits et des scènes de vie. A la vente, des photographies, encadrées ou non, mais également des cartes postales. Le tout peut être expédié à faible coût si besoin. La photographe aime mettre en exergue le contraste saisissant entre l'ancrage fort de la tradition et l'appel foudroyant de l'inéluctable modernité. Un travail superbe qui donne à voir et à penser.

LA FERME D'ANGELINA

Vieux village

✆ 04 79 20 36 32

www.chaletlangelina.com

Boutique produits gourmands, location d'un chalet 10 pers. avec bain bouillonant et hammam.

Côté boutique, une belle gamme de fromages, salaisons et produits régionaux, exclusivement fabriqués par de petits artisans locaux et sélectionnés auprès des meilleurs producteurs de la région, respectant les méthodes traditionnelles d'antan. Super plateaux charcuterie coupée très fine ! Côté chalet, un hébergement style savoyard où la pierre se marie avec la chaleur du bois. Cheminée, sèche-chaussures de ski. Pour des moments apaisants ou vivifiants délassez-vous dans le bain bouillonnant ou chassez stress, fatigue et toxines dans le hammam.

FROMAGERIE COOPÉRATIVE DE BONNEVAL-SUR-ARC

Vieux village ✆ 04 79 05 93 10

www.coophautemaurienne.fr

Ouvert tous les jours en saison. Lundi au jeudi 10h-12h et 15h30-19h, vendredi au dimanche 9h30-12h et 15h30-19h.

La Fromagerie coopérative de Bonneval se trouve dans le vieux village à proximité de l'église. On y trouve le fameux « Bleu de Bonneval sur Arc ». Produits locaux présents sur les étals, le circuit court est bien le maître mot. On y trouve aussi l'incontournable Beaufort AOP. Pour compléter le panier : yaourts, fromages fermiers, vin, miel, génépi, biscuits, tisanes artisanales, confitures et autres charcuteries artisanales sont aussi proposés selon une large palette.

© CLODIO - ISTOCKPHOTO.COM

Bonneval-sur-Arc.

BONNEVAL ALPIN CENTER

Les Pervenches
✆ 06 26 91 33 52
www.bonneval-alpin-center.com
Toute l'année.

Yannick et Yves, guides de haute montagne, vous proposent des activités toute l'année pour tous les niveaux, de débutant à confirmé. Bonne humeur au rendez-vous ! Activités d'hiver : cascades de glace, ski de randonnée, raids à ski, ski hors-piste, randonnées en raquettes. Activités d'été : canyoning (on a testé, vraiment au top même si l'Arc est froid !), escalade en falaises ou haute-montagne, alpinisme avec ascensions ou randonnées glaciaires, via ferrata. En France et à l'étranger, sur demande. Une expérience inoubliable pour se dépasser en toute sécurité.

BONNEVAL PARAPENTE

Chalet Parapente à l'entrée du village
✆ 07 87 87 04 47
www.bonneval-parapente.com
Ouvert tous les jours de juin à septembre selon météo. Vol découverte en biplace à partir de 80 €

Survol de Bonneval sur Arc, site classé parmi les Plus Beaux Villages de France. Des paysages uniques à couper le souffle. Le blanc des glaciers qui tranche avec le vert des alpages et le gris minéral des hauts sommets de plus de 3 500 m d'altitude : la Grande Ciamarella, l'Albaron ou la Levanna Centrale. De 7 à 77 ans, accessible à tous, une bonne paire de chaussures, une veste chaude, une paire de gants et c'est parti ! Le minimum : être capable de courir. Du petit vol découverte au grand vol en thermique et voltige pour les plus téméraires !

CORALIE ROSSO / MASSOTHÉRAPEUTE AYURVÉDIQUE

Le vieux four ✆ 06 50 90 84 95
www.ayurvaidez-vous.fr
Toute l'année. Massages variés (ayurvédiques, du monde, lithothérapie, énergétiques) de 30 min à 1h30, de 45 à 95 €.

Depuis 2022, Corlie Rosso propose des massages qui font un bien fou après une journée sur les pistes ou à crapahuter dans la montagne. Formée en massages et soins ayurvédiques, elle est également diplômée en tant que conseillère en alimentation, hygiène de vie et phytothérapie ayurvédique. Des séjours ayurvédiques sur une semaine sont aussi mis en place ainsi que des séances de yoga. Vous pouvez la contacter ou réserver directement depuis le site Internet. Un beau cadeau à (s') offrir !

STATION DE SKI

✆ 04 79 05 95 95
www.haute-maurienne-vanoise.com
Station hiver/été.

La station de ski de Bonneval-sur-Arc est située tout au fond de la vallée de Haute-Maurienne, face au Parc national de la Vanoise. Elle s'étend de 1 800 m à 3 050 m d'altitude. Une station pleine de charme sur le passage de la Route des Grandes Alpes. 26 pistes de ski alpin pour 32 km de pistes, un snowpark, 18 itinéraires raquettes, mais aussi d'un espace de ski de fond, puisque les pistes sont reliées au domaine de Bessans. Et en été, ce sont un itinéraire VTT et sept itinéraires rando qui permettent de profiter d'un paysage absolument unique et magnifique.

HAUTE-SAVOIE

Réputée pour ses charmantes stations-villages de moyenne montagne et son patrimoine naturel unique, la Haute-Savoie recèle de nombreux trésors touristiques. Parmi les « stars » : le majestueux mont Blanc, 4 807 m aux dernières mesures, la Mer de Glace qui disparaît peu à peu et la superbe vallée de Chamonix ou Annecy, son lac et son incroyable patrimoine architectural. La Haute-Savoie compte plus de 50 stations de ski pour toutes les pratiques. L'été, le choix est tout aussi varié : trails, VTT, sports nautiques et sports d'eau vive, parapente, etc., et les randonnées accessibles à tous ! La Haute-Savoie conserve également une forte identité culturelle, mélange d'influences françaises et transalpines, qui s'exprime aujourd'hui encore à travers ses produits de terroir et sa gastronomie locale. La Haute-Savoie, avec ses sites remarquables, est l'une des destinations touristiques les plus attractives de France.

SUISSE
JURA
YVOIRE ★★★
Divonne-les-Bains
Messery
EXCEN
Chens-sur-Léman
SCIE
Gex
Grilly
P.N.R. du Haut-Jura
A1
Chilly
Versonnex
Ségny
Le Loyer
Veigy-Foncenex
Sergy
Prévessin
Saint-Cergues
Saint-Genis-Pouilly
AIN
D1206
Genève
ANNEMASSE ★
Borly
Bonne
SAINT-JULIEN-EN-GENEVOIS
Reignier
Archamps
Collonges-sous-Salève
Bellegarde-sur-Valserine
Vulbens
A40
Le Châble
ANDILLY
E25
LA ROCHE-SUR-FORON ★
D123
CRUSEILLES
A410
D1508
Groisy
FRANGY
Allonzier-la-Caille
Le Petit-bornand-le
FILLIÈRE ★
CLERMONT
D172
GLIÈRES-VAL
SEYSSEL-74
Bromines
Argonay
VAULX
Gillon
SAINT-JEAN-DE-SI
Anglefort
ANNECY ★★★
Vallières
LOVAGNY
D231
MARCELLAZ-ALBANAIS
A41
VEYRIER-DU-LAC ★
THÔNES
SÉVRIER
RUMILLY
BOUSSY
Lac d'Annecy
MENTHON-SAINT-BERNARD ★
TALLOIRES-MONTMIN ★★
D153
ALBY-SUR-CHÉRAN
Saint-jorioz
DUINGT
LE SEMNOZ
SERRAVAL
Albens
CUSY
GRUFFY
DOUSSARD
D162
LESCHAUX
Giez
VAL DE CHAIS
La Biolle
Allèves
Brison-Saint-Innocent
Saint-Offenge
Faverges

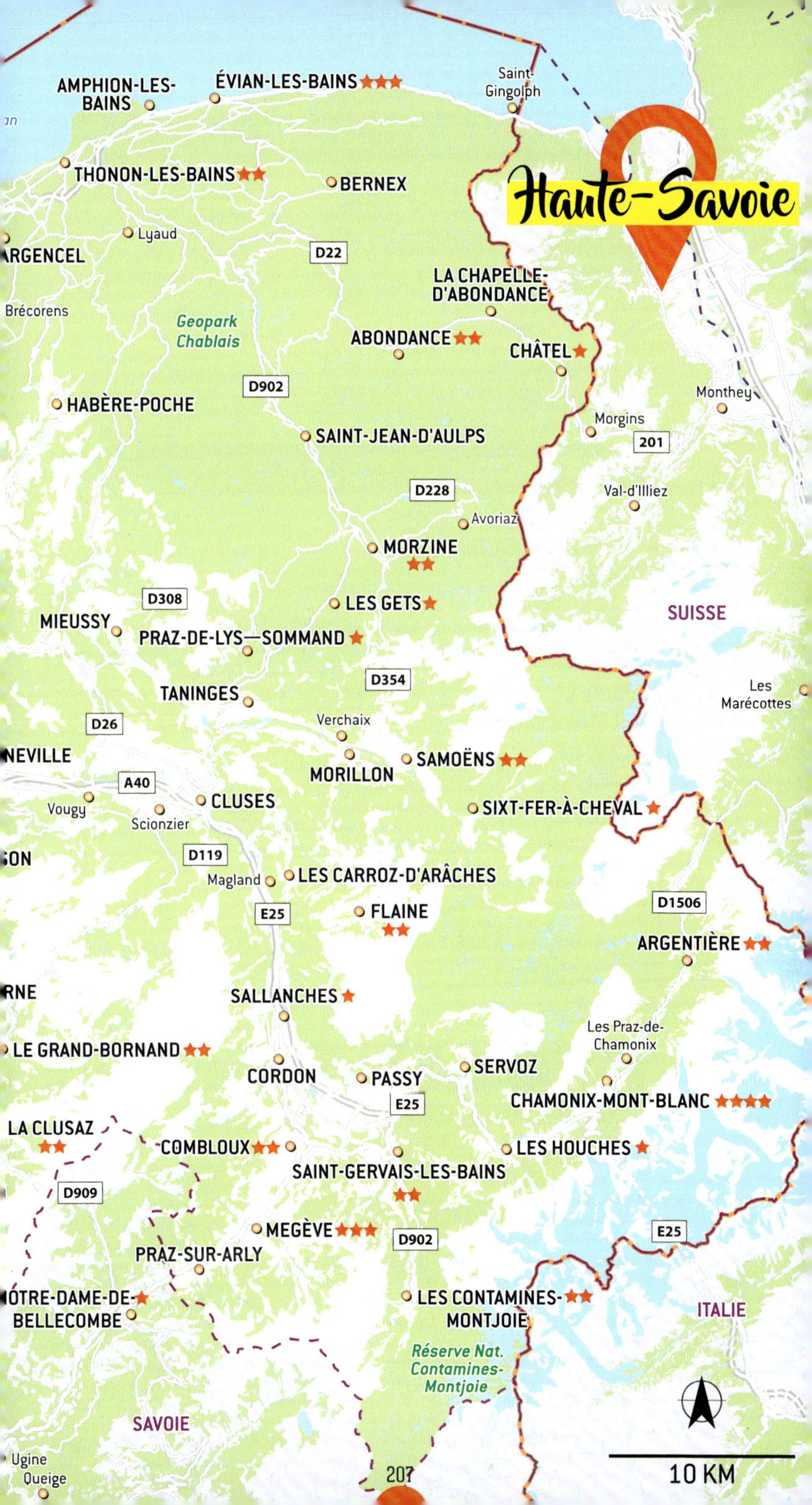
Haute-Savoie
AMPHION-LES-BAINS
ÉVIAN-LES-BAINS ★★★
Saint-Gingolph
THONON-LES-BAINS ★★
BERNEX
Lyaud
ARGENCEL
D22
Brécorens
LA CHAPELLE-D'ABONDANCE
Geopark Chablais
ABONDANCE ★★
CHÂTEL ★
D902
HABÈRE-POCHE
Monthey
SAINT-JEAN-D'AULPS
Morgins
201
D228
Val-d'Illiez
Avoriaz
MORZINE ★★
D308
LES GETS ★
SUISSE
MIEUSSY
PRAZ-DE-LYS—SOMMAND ★
D354
TANINGES
Les Marécottes
D26
Verchaix
NEVILLE
SAMOËNS ★★
MORILLON
A40
CLUSES
Vougy
SIXT-FER-À-CHEVAL ★
Scionzier
D119
LES CARROZ-D'ARÂCHES
Magland
E25
FLAINE ★★
D1506
ARGENTIÈRE ★★
SALLANCHES ★
Les Praz-de-Chamonix
LE GRAND-BORNAND ★★
CORDON
PASSY
SERVOZ
CHAMONIX-MONT-BLANC ★★★★
E25
LA CLUSAZ ★★
COMBLOUX ★★
LES HOUCHES ★
SAINT-GERVAIS-LES-BAINS ★★
D909
MEGÈVE ★★★
D902
E25
PRAZ-SUR-ARLY
NOTRE-DAME-DE-BELLECOMBE ★
LES CONTAMINES-MONTJOIE ★★
ITALIE
Réserve Nat. Contamines-Montjoie
SAVOIE
Ugine
Queige
10 KM

PAGES

ANNECY ★★★

Annecy doit son surnom de « Perle des Alpes » à sa situation géographique mêlée à la beauté de son architecture médiévale. Au pied de la montagne du Semnoz, au bord du lac d'Annecy avec une perspective panoramique exceptionnelle sur les massifs des Bauges et des Aravis, Annecy présente un décor digne des plus belles cartes postales. Le centre historique d'Annecy borde le lac et s'ouvre sur la grande esplanade du Pâquier où se déroule chaque année début août la Fête du Lac. Très prisée des touristes, « la petite Venise » évoque le romantisme italien avec ses canaux et ses vannes qui régulent le cours du Thiou et le niveau du lac. Construit sur une île naturelle, le Palais de l'Île est l'un des monuments les plus photographiés de France. Le château qui le surplombe offre l'un des meilleurs panoramas sur l'ancien bourg médiéval et les rives du lac. Très active dans le domaine culturel, avec un environnement de qualité, Annecy est une ville fleurie que la circulation encombre à dates régulières, victime de son succès touristique, et qui ne cesse d'inciter les visiteurs et les résidents à emprunter les transports en commun et les pistes cyclables pour bénéficier de ses meilleurs aspects. C'est l'une des villes touristiques les plus attractives des Alpes. Le Grand Annecy est né de la fusion de 5 intercommunalités du bassin annécien : Annecy-le-Vieux, Cran-Gevrier, Meythet, Pringy et Seynod. Désormais, Annecy se classe parmi les plus grandes communautés d'agglomération françaises regroupant 34 communes, accueillant un quart des habitations de la Haute-Savoie !

BASILIQUE DE LA VISITATION ★★

20, avenue de la Visitation
✆ 04 50 45 22 76
https://visitationannecy.org
Ouvert tous les jours de 7h à 12h et de 14h à 18h. Gratuit. Label Tourisme & Handicap. Messe le dimanche à 10h.

Sur les hauteurs d'Annecy, cette basilique bâtie au XXe siècle veille sur la ville. Son élément le plus représentatif est la flèche du clocher-porche surélevé, atteignant 72 m. L'apparente austérité extérieure des lieux contraste avec un intérieur richement décoré. Cette basilique est le lieu où repose saint François de Sales. Celui qui a fait ses classes à Annecy chargera en 1610 Jeanne de Chantal de fonder avec lui l'ordre de la Visitation afin de donner assistance aux pauvres.

CATHÉDRALE SAINT-PIERRE ✞ ★

8, rue Jean-Jacques-Rousseau
✆ 04 50 33 45 05
http://musees.annecy.fr
Ouverte toute l'année.

Au cœur d'Annecy, en partie bâtie sur des canaux, la cathédrale Saint-Pierre devait au XVIe siècle servir à l'ordre des franciscains avec une façade de style Renaissance surmontée d'une rosace, des frontons triangulaires et des pilastres. C'est en 1822 que cette église devient la cathédrale du diocèse. Façade remarquable. L'intérieur s'apparente au dernier style gothique avec un chevet orné d'une œuvre de Mazzola (XVIIIe siècle), ainsi qu'une autre attribuée au Caravage. Deux cloches de la fonderie Paccard. Le grand orgue est classé aux Monuments historiques.

LE CONSERVATOIRE D'ART ET D'HISTOIRE 🏛 ★

18, avenue de Trésum
✆ 04 50 33 23 50
www.musees.annecy.fr
Ouvert toute l'année. Du lundi au samedi. Gratuit.

Le bâtiment de l'ancien Grand Séminaire, construit entre 1684 et 1688, a été acquis en 1973 par le conseil général pour accueillir les archives départementales et des collections artistiques. Il devient Conservatoire d'Art et d'Histoire en 1974. Il rassemble maintenant plusieurs services départementaux culturels, l'Ecole des Gobelins, une salle de répétition pour l'Orchestre des Pays de Savoie ainsi que la CITIA (Cité de l'Image en mouvement) et son musée du Cinéma d'animation.

BALADE

LE TOUR DU LAC D'ANNECY

Le tour du lac à vélo est l'une des balades phares autour d'Annecy. Comptez environ 3 heures de vélo pour venir à bout des 42 kilomètres à parcourir sur la piste cyclable qui longe entièrement le lac. Cette balade est parfaite pour tout type de profil : les familles loueront des VTC et une remorque pour transporter les enfants en toute sécurité, les cyclistes peu expérimentés prendront un vélo électrique, et les cyclistes plus expérimentées se feront plaisir en vélo de route. La location d'un VTC vous coûtera entre 20 et 25 € par jour, celle d'un vélo électrique entre 40 et 45 €.

Nous vous recommandons de démarrer la balade par la rive est (Veyrier-du-lac), qui permet de faire la partie la plus difficile au début, car la promenade monte jusqu'en haut de Menthon-Saint-Bernard, puis de se reposer sur le reste du tour, qui est plat. Un arrêt est recommandé à la plage municipale de Talloires, qui offre un merveilleux point de vue sur le château lacustre de Duingt et la crête du Taillefer, puis à Duingt pour se balader dans les jolies ruelles médiévales, et enfin à la plage de Saint-Jorioz pour se baigner ou à l'Oasis, agréable beergarden à Sevrier, pour prendre un verre au bord du lac. Bonne balade !

ÉGLISE NOTRE-DAME-DE-LIESSE ★

Place Notre-Dame
http://musees.annecy.fr/Patrimoines
Ouvert toute l'année. Tous les jours.

Au cœur de la vieille ville, l'église Notre-Dame-de-Liesse faisait partie d'une collégiale fondée en 1360 par les comtes de Genève. En 1566, l'église a conservé le célèbre Saint-Suaire (aujourd'hui dans la crypte de l'église du Saint-Suaire à Turin). Détruit sous la Révolution française, l'édifice actuel fut reconstruit au milieu du XIXe siècle, représentant le style néoclassique sarde. Le bourdon la Salésienne, qui pèse plus de 5 tonnes, a été créé par la fonderie Paccard.

ÉGLISE SAINT-FRANCOIS-DE-SALES ★

Rue Saint-Maurice
✆ 04 60 38 88 88
http://musees.annecy.fr/Patrimoines
Ouvert toute l'année. Tous les jours.

Datant du XVIIe siècle, cette église située au cœur de la ville abritait jadis les sépultures de saint François de Sales et de sainte Jeanne de Chantal. Lieu de pèlerinage, l'église Saint-François reçoit les hommages des souverains européens, mais la Révolution française va mettre fin aux processions en la transformant en manufacture ! L'église de style baroque fut rachetée par la ville en 1968. Restaurée, elle abrite un mémorial dédié à saint François de Sales.

ÉGLISE SAINT-MAURICE ★

Place Saint-Maurice
✆ 04 50 45 08 56
http://musees.annecy.fr
Ouvert toute l'année. Gratuit.

Au cœur de la ville, cet édifice d'architecture gothique, trapu, au-dessus d'un canal, ancienne chapelle du couvent des dominicains construite au XVe siècle, possède une façade austère, à la différence de son intérieur aéré. Le chœur est orné de sculptures aux formes d'angelots portant les attributs du cardinal de Brogny datant de 1422, père de cette église et des dominicains. L'église abrite un important patrimoine avec l'exceptionnelle peinture funéraire (milieu du XVe siècle) du tombeau de Philibert de Monthoux, conseiller des ducs de Savoie et de Bourgogne.

MUSÉE ARCHÉOLOGIQUE DE VIUZ ★

855, route de Viuz-Faverges
FAVERGES-SEYTHENEX ✆ 04 50 32 45 99
www.archeoviuz.fr
Ouvert toute l'année, sauf jours fériés. Haute saison lundi au samedi de 14h30 à 18h30. Adulte 3,50 €.

Le Musée archéologique de Viuz-Faverges présente des objets de la Préhistoire, de l'époque gallo-romaine et du Moyen Âge. L'ancienne voie romaine Turin-Genève passait derrière l'actuel musée, au pied du rocher de Viuz. Le Musée archéologique est en cours de labellisation Tourisme & Handicap et est accessible aux visiteurs en fauteuil. Sur demande, des visites peuvent être faites et adaptées (visites guidées) pour les trois autres types de handicaps.

MUSÉE-CHÂTEAU D'ANNECY ★★

Place du Château
✆ 04 50 33 87 30
http://musees.annecy.fr
Ouvert tous les jours, sauf le mardi, de 10h à 12h et de 14h à 17h. Adultes 5,60 €. Enfant 3 €. Gratuit -12 ans.

Il veille sur la vieille ville avec puissance et bienveillance. Ancienne résidence des comtes de Genève, c'est au XIIIe siècle que débute sa construction. La forteresse médiévale va peu à peu laisser la place à l'élégance de la Renaissance. Après l'incendie de 1952, le château fut sauvé grâce à la Société des Amis du Vieil Annecy. Aujourd'hui, un musée présente des collections variées (art, archéologie, nature), tandis que la tour Perrière est dédiée aux lacs alpins. Sur demande, visites guidées pour les groupes. Superbes expositions temporaires.

LE MUSÉE DES PAPILLONS ET DES INSECTES

293, chemin de la Vie-Plaine
FAVERGES-SEYTHENEX ✆ 07 78 41 33 51
https://museumfaverges.fr/
En été du lundi au vendredi de 14h30 à 18h30, le samedi 10h à 12h et 14h à 16h. L'année sur rdv. Adulte : 3,50 €.

Un musée insolite et spectaculaire, au sein du majestueux château des Seigneurs de Faverges. Petit par sa taille, le Musée des Papillons et Insectes possède néanmoins une collection de plus de 5 000 spécimens de lépidoptères, coléoptères, etc., des cinq continents répartis en trois salles. À la sortie, la boutique offre l'opportunité de cadeaux originaux : insectes naturalisés, objets avec inclusion d'insectes, ambre... Un lieu idéal pour passer un bon moment en famille.

GROTTE ET CASCADE DE SEYTHENEX

576, route des Grottes - **FAVERGES-SEYTHENEX**
✆ 04 50 44 55 97
www.grotte-cascade-seythenex.com
Du 01/05 au 30/09. HS tous les jours 9h30-17h30. Reste de l'année se renseigner. Grotte 9 €. Double tyrolienne 15 €.

La grotte et la cascade de Seythenex, c'est un site 100% naturel unique en Haute-Savoie. Seule grotte ouverte au public, classée Géosite, c'est un lieu magique et spectaculaire mis en valeur par Christophe. Pénétrez dans les entrailles de la Terre, découvrez les eaux du Saint-Ruph chutant de 45 m, formant des marmites de géant. Un spectacle prodigieux dont les visiteurs profiteront lors d'un survol suspendu à l'une des deux tyroliennes ! Un enchantement pour toute la famille.

© LEONID ANDRONOV

Annecy.

MUSÉE DU FILM D'ANIMATION

18, avenue du Trésum
✆ 04 50 33 87 30
www.musees.annecy.fr
Ouverture tous les jours sauf le mardi. Été 10h30-18h, hiver 10h-12h et 14h-17h (fermé le dimanche). Gratuit.

Annecy, son lac et sa vieille ville, mais aussi son cinéma d'animation ! Eh oui, c'est l'une des spécialités d'Annecy, mise en avant par le Festival du Cinéma d'Animation en juin, la plus grosse rencontre mondiale autour de cet art. Le Musée nous propose une magnifique exposition dans l'ancienne chapelle du Conservatoire d'Art et d'Histoire, qui nous montre l'histoire et les processus de création de l'image animée, avec la possibilité de faire son mini-film en fin de visite !

LE PALAIS DE L'ÎLE ★★★

3, passage de l'Isle
✆ 04 56 49 40 37
http://musees.annecy.fr
Octobre-mai, mercredi-dimanche, 10h-12h/14h-17h. Juin-septembre, 10h30-18h. Tarifs 3,90 €, 2 €. Fermé les jours fériés.

Ce Palais, aussi appelé « Vieilles prisons », fend de son étrave de pierre les eaux du canal du Thiou. Construite sur une île rocheuse naturelle, cette maison forte fut tour à tour prison – un jeu d'énigmes pour les enfants lui rend aujourd'hui cette fonction –, atelier monétaire, palais de justice et asile de vieillards. Le Palais de l'Île est classé aux monuments historiques en 1900 et abrite le Centre d'Interprétation de l'Architecture et du Patrimoine, ainsi qu'un parcours muséographique. Le Palais de l'Île accueille des expositions temporaires remarquables.

OFFICE DE TOURISME DU LAC D'ANNECY

1, rue Jean-Jaurès
✆ 04 50 45 00 33
www.lac-annecy.com
Été : du lundi au samedi de 9h à 18h30 ; le dimanche de 9h à 12h30 et de 13h45 à 18h.

L'office de tourisme du lac d'Annecy aide à découvrir ce territoire riche et varié, entre vieilles pierres, lac et montagnes. Découverte de la vieille ville avec un guide, ou activité outdoor ? Le choix est large et l'office regroupe la majeure partie de l'offre, notamment sur le site web, très bien fait. Il permet d'accéder à de multiples informations et d'acheter directement vos activités. Sur place, dans le bureau d'Annecy ou autour du lac, accès à des cartes et guides utiles.

CHOUETTE JOURNEY

https://chouettejourney.com
Expériences du monde à Annecy. Réservation sur le site web.

Un chouette concept a été trouvé par Julie, la fondatrice : voyager tout autour du monde en restant dans sa ville ! Le résultat : un voyage autour de différentes cultures au travers d'expériences de tout type - artisanat, cuisine, danse du monde... -, auprès de professionnels locaux de culture étrangère, avec lesquels on tisse des liens spéciaux. On adore l'idée et la possibilité d'abonnement, qui permet de découvrir une culture différente par mois dans les alentours d'Annecy. Cap sur un chouette moment de partage et sur un voyage 100% local !

VIEILLE VILLE D'ANNECY ★★★

C'est la signature de la ville, la visite incontournable. Des petites rues pavées et sinueuses, au maillage irrégulier hérité du Moyen Age, de vieilles maisons aux fenêtres à meneaux géminées, des arcades où se tenaient jadis les commerces ou des portes en bois surmontées d'un arc en accolade. Et des portes d'accès monumentales subsistent encore comme la porte Sainte-Claire. Au Moyen Age, la rue formait l'axe principal de la ville, alors très étroite et bordée d'échoppes diverses où les artisans étaient regroupés par métiers. Mais il ne faut pas s'y tromper : les acheteurs potentiels n'entraient pas toujours à l'intérieur des boutiques. Les marchands ouvraient leurs volets et y posaient une partie de leurs biens : les clients triaient alors les marchandises sur le volet, d'où l'expression « trier sur le volet » !

Plus globalement, il faut savoir que la décrépitude et les taudis menaçaient l'ensemble du site après la Seconde Guerre mondiale. Ce sont au moins trois décennies d'efforts conjoints des élus, des commerçants et d'une minorité active d'habitants qui ont réellement sauvé ce que l'on appelle aujourd'hui la Vieille Ville. On a alors dû traiter à la fois tous les canaux, l'ensemble du mobilier urbain et toujours davantage de façades. La voirie s'adaptait en même temps au « sans voiture » et un excellent fleurissement a mis la cerise sur le gâteau, au moins pendant toute la saison estivale qui se prolonge désormais par des animations en hiver. Le surnom de « petite Venise » n'est pas usurpé et des centaines de milliers de visiteurs l'ont peu à peu plébiscité. A tel point que votre guide n'a guère à chercher son conseil de base : si vous tenez à éviter les grandes foules, choisissez pour votre visite un jour hors saison ou une journée chaude et de grand beau temps, comme on dit ici. La forte concurrence des plages lacustres vous permettra alors de déambuler sans trop de bousculades dans les ruelles. Parmi les nombreuses boutiques présentes, il y en a pour toutes les envies. Si les boutiques de souvenirs ne sont pas toujours du meilleur goût, que les glaciers s'enchaînent pour le meilleur et pour le pire, reconnaissons que le niveau général est bon et que tous les restaurants ne sont pas des attrape-touristes, bien au contraire, surtout dans la partie des faubourgs au début et à la fin de la Vieille Ville. On peut y dîner sur nombre d'agréables terrasses et elle est le siège de marchés alimentaires pittoresques 3 fois par semaine. Ceux du mardi et du vendredi sont les plus agréables, avec des stands typiques.

CROISIÈRES SUR LE LAC D'ANNECY

2, place au Bois
✆ 04 50 51 08 40
www.bateaux-annecy.com
Bateau croisière toute l'année, à partir de 18 €. Bateau-restaurant d'avril à octobre. Navibus 21 €.

Avec la Compagnie des Bateaux du lac d'Annecy, vous allez faire le tour du lac à votre rythme. Parmi une flotte composée de 6 bateaux, dont l'hybride écologique *Amiral*, choisissez entre les croisières découvertes, une escapade gourmande à bord du seul bateau-restaurant du lac d'Annecy ou l'aventure autour du lac (9 escales) avec la navette *Navibus* tout en téléchargeant sur votre téléphone l'application gratuite « Lac d'Annecy » pour des croisières commentées.

STUDIO GUIMAUVE

www.studio-guimauve.com
City game historique sur téléphone portable. A partir de 12 ans. 19 € par groupe. Achat sur le site web.

Un excellent moyen de visiter la vieille ville d'Annecy : un escape game outdoor ! En autonomie et jusqu'à 6 joueurs, suivez le parcours dans la vieille ville, résolvez les énigmes et empruntez des passages secrets. Vous allez rencontrer des personnages historiques, découvrir des monuments chargés d'histoire et des détails insolites. Jouez à votre rythme et quand vous le voulez (24/7), seul un smartphone est nécessaire, ainsi qu'un forfait de données mobiles. Une façon très ludique de (re) découvrir la ville et son histoire !

HAUTE-SAVOIE

GÎTES DE FRANCE HAUTE-SAVOIE €€

16, rue Guillaume Fichet ✆ 04 50 10 10 10
www.gites-de-france-haute-savoie.com
Service réservation ouvert du lundi au vendredi de 9h à 17h30, le samedi 9h-12h et 13h30-18h.

Gîtes de France garantie une sélection d'hébergement de qualité dans toute la Haute-Savoie, et une garantie de service pour réserver et séjourner en toute sérénité. Avec plus de 1 400 gîtes, 175 chambres d'hôtes et 19 gîtes de groupe, la Haute-Savoie est le 1er département du réseau Gîtes de France sur l'hiver et le 4e sur l'été. Lac, montagne ou campagne, faites de belles rencontres avec des hôtes qui sont là pour vous accueillir et vous guider dans vos découvertes et vos activités !

AÉROPORT ANNECY MONT-BLANC

8, route de Côte Merle
EPAGNY METZ-TESSY
✆ 04 50 32 23 22
www.annecy.aeroport.fr
Du lundi au dimanche et jours fériés de 8h à 19h. Restaurant L'Envol ouvert du lundi au samedi.

Cet aérodrome accueille l'aviation légère de loisirs et l'aviation d'affaires (prestations VIP). Via les multiples partenaires (Aéroclub d'Annecy Haute-Savoie, Alpes Hélicoptères, Avialpes, Héli-Alpes, ULM Concept ou Wilco), on peut s'initier au pilotage d'avion et d'ULM, se perfectionner, se former à la conduite d'hélicoptère ou apprendre à construire et entretenir un aéronef. Sur place, L'Envol offre des instants gourmands sur un site où l'on peut facilement prendre de la hauteur.

GARE D'ANNECY

Place de la Gare
✆ 04 50 33 81 00
www.oui.sncf
Ouvert du lundi au samedi de 5h à 23h30 ; le dimanche et les jours fériés de 6h15 à 23h30.

Une gare moderne et lumineuse pour une arrivée en beauté en plein centre d'Annecy. Desservie en moyenne par 5 trajets directs à bord d'un TGV (et bien d'autres avec correspondance), Annecy est à seulement 3h42 de la capitale au départ de la gare de Lyon. Le train est donc une solution rapide, confortable et écoresponsable pour relier Annecy à Paris. Gare routière à la sortie de la gare pour monter dans un car qui monte en station. Si vous voulez visiter ou séjourner à Annecy, on vous conseille plutôt de louer un vélo ou d'emprunter les transports en commun.

OUTSIDE BIKE

33, avenue du Petit Port
www.outside-bike.com
Sur réservation en ligne uniquement. Vacances 9h30-18h30. Hors vacances 9h30-17h30. Loc demi-journée 39 €, journée 49 €.

Partez à la découverte d'Annecy et de ses environs en vélo électrique ! Outside Bike propose à la location des vélos puissants, confortables et polyvalents. Ils disposent d'une grande autonomie, qui permet d'utiliser l'assistance électrique à sa guise. Les vélos sont munis de paniers et cadenas et un siège bébé est prêté gratuitement sur demande. À Annecy, le vélo est roi, et vous verrez vite pourquoi : du classique tour du lac sur voie propre aux ascensions de cols en passant par les balades dans la campagne vallonnée, il y a de quoi se faire plaisir !

SIBRA

21, rue de la Gare
✆ 04 50 10 04 04
www.sibra.fr
Ouvert du lundi au vendredi de 7h30 à 19h ; le samedi de 9h à 12h et de 14h à 17h. Ticket à l'unité : 1,50 €.

Pour se déplacer dans le Grand Annecy, pensez d'abord à la SIBRA. Dans l'agglomération, le bus est un choix naturel avec 3 lignes Rythmo cadencées toutes les 10 min de 7h à 19h et prolongées en soirée jusqu'à 1h du matin. Des itinéraires plus directs vous permettent de rejoindre facilement votre lieu de travail ou votre rendez-vous. Rythmo et toutes les autres lignes de la SIBRA offrent la solution la mieux adaptée aux déplacements des résidents. Toujours plus pratique, l'appli permet de trouver son chemin sur le réseau et d'acheter des tickets en ligne.

ANNECY A LA CARTE

✆ 06 34 47 78 81
https://annecyalacarte.fr
Infos et réservation sur le site web. Carnet sur mesure : 50 € par jour organisé. Carnet « tout prêt » 7 jours : 38 €.

Vous souhaitez visiter Annecy, son lac et ses montagnes en suivant un programme adapté à vos envies et contraintes, sans passer du temps et de l'énergie à faire toutes les recherches ? Noémie, passionnée par sa région, vous prépare un carnet de voyage sur mesure et très détaillé. Balade, aventure, culture ou événement, tout est expliqué jour après jour pour vous permettre de découvrir Annecy en toute simplicité. Vous n'avez plus qu'à réserver les activités conseillées ! Pour les plus pressés, un programme « tout prêt » est aussi disponible en version 3 ou 7 jours.

VÉLONECY

Place de la Gare
✆ 04 50 51 38 90
www.velonecy.com
Ouvert toute l'année du lundi au samedi de 9h à 13h et de 14h à 18h30.

Pourquoi est-il plus facile de se déplacer à vélo avec Vélonecy ? Parce que Vélonecy offre une large gamme de vélos adaptés aux besoins de chaque utilisateur à des tarifs légers, services compris ! En ville, où les déplacements sont pour la plupart inférieur à 3 km, le vélo est le moyen de transport le plus rapide, zéro pollution et bon pour la santé. L'agglo dispose de plus de 120 km de voies cyclables et plus de 3 500 emplacements de parking gratuit. Vélonecy permet de louer facilement le vélo qui vous correspond grâce aux conseils de spécialistes.

ADAGIO•••• €€

2, place Marie-Curie ✆ 04 50 05 65 00
www.adagio-city.com

24h/24. 104 chambres. Studio/appartement à partir de 105 €. Petit déjeuner : 15 €. Parking fermé : 13 €. Wifi. Sauna.

Adagio, c'est le lieu de séjour idéal le jour comme la nuit. Au cœur de la ville, ouvrant l'accès à tous les sites, l'Appart-hôtel Adagio Annecy Centre est plus qu'une résidence de tourisme haut de gamme. C'est un véritable lieu de vie, d'échanges, où l'on peut venir à toute heure pour boire un verre et travailler dans un espace de coworking cosy. Accueil charmant et service impeccable par Franck Mugnier et toute son équipe. Chambres récemment refaites avec la possibilité de choisir du studio au 3-pièces familial. Salle de fitness et sauna. Bravo Adagio !

HÔTEL LES TERRASSES*** €€

15, rue Louis-Chaumontel
✆ 04 50 57 08 98
www.hotellesterrasses.fr

Ouvert toute l'année. 20 chambres. Chambre double 98 €. Petit déjeuner 12 €. Parking inclus. Jardin.

Quel privilège de prendre un délicieux petit déjeuner avec de bons produits locaux sur une terrasse ouverte sur un jardin en ville ! Aux Terrasses, des tarifs tout doux pour des prestations qui n'ont pas de prix ! Comme ce parking gratuit ou ce grand jardin à 5 minutes à pied de tous les sites d'Annecy et à proximité de la gare. Sans oublier la gentillesse de l'accueil et le professionnalisme du service, le confort de chambres chaleureuses. Salle de réunion pour vos séminaires. Séjour d'affaires ou vacances, les Terrasses, c'est toujours un excellent choix.

ICONE HÔTEL €€

1, faubourg des Balmettes
✆ 04 50 45 04 12
www.icone-hotel.com

25 chambres. Chambre double de 100 € à 220 €. Petit déjeuner buffet 11 €. Wifi gratuit.

Pour profiter de tous les trésors d'Annecy, l'Icône Hôtel vous propose de séjourner dans les murs du centre historique. Une belle maison du XVIe siècle entièrement rénovée pour notre confort qui offre une situation exceptionnelle, mais aussi un accueil chaleureux grâce à la gentillesse de Linda. Elle qui connaît parfaitement Annecy et sa région vous conseillera avec le sourire. Le soleil brille en journée et vos nuits sont douces dans des chambres bien équipées aux lignes actuelles. Petit déjeuner gourmand pour bien commencer la journée. Une belle adresse.

LE PANORAMIC CAMPING**** €€

22, chemin des Bernets - **SÉVRIER**
✆ 04 50 52 43 09
www.camping-le-panoramic.com

Ouvert de mi-avril à fin septembre. Studio, chalets, mobil-homes, appartements 2 à 8 pers. A partir de 350 €/semaine.

La vue imprenable sur le lac et les montagnes, la nature préservée aux portes du Parc naturel régional des Bauges, des prestations de qualité toujours améliorées, une restauration de qualité toute la journée (en été) avec des produits du terroir, sans oublier un accueil adorable, une équipe fantastique autour de Sébastien et les animations pour adultes et enfants par AnimaFêtes... Vous ne rêvez pas, vous avez bien réservé votre prochain séjour au Panoramic Camping ! Un paradis avec vue panoramique, une adresse de confiance pour un séjour inoubliable !

LE CLOS DES SENS***** €€€

13, rue Jean-Mermoz
✆ 04 50 23 07 90
www.closdessens.com

Relais & Châteaux. Chambre double de 240 à 580 €. Petit déjeuner 38 €. Restauration 3 étoiles.

A l'image du restaurant imaginé par Laurent Petit et aujourd'hui repris par Thomas Lorival et Franck Derouet, le Clos des Sens offre un lieu unique pour séjourner en toute quiétude. Installés dans l'ancienne école du village, 11 chambres au caractère bien trempé pour une hospitalité totale. Une expérience singulière au milieu des matières nobles et vivantes, un service parfait et des prestations haut de gamme avec bain balnéo au pied du lit, cheminée, terrasse ou balcon, sans oublier le couloir de nage extérieur. Un rêve réalisé.

HÔTEL DE BONLIEU*** €€€

5, rue de Bonlieu
✆ 04 50 45 17 16
www.annecybonlieuhotel.fr

Chambre double de 117 € à 177 €. Chambre familiale de 234 € à 354 €. Petit déjeuner 11 €. Séminaires. Wifi gratuit.

Le Bonlieu, il a vraiment tout bon. Par son emplacement idéal, juste à côté de la vieille ville et du lac, mais à l'écart de l'agitation touristique. Par les prestations, les services, le contact humain d'une entreprise familiale. Par la qualité d'un hôtel contemporain et chaleureux où l'on se sent bien : excellente literie, salle de bains luxueuse, climatisation, TV HD, minibar, wifi gratuit et petit déjeuner aux saveurs régionales. Un lieu de séjour idéal à deux ou en famille, où il est aussi possible d'organiser un séminaire.

HÔTEL LE PRÉ CARRÉ**** €€€

27, rue Sommeiller
✆ 04 50 52 14 14
www.hotel-annecy.net

29 chambres (et suites). Chambre double de 176 à 356 €. Petit déjeuner 16 €. Garage 18 €. Sauna. Salle de sport.

Une adresse rare dont il faut savoir profiter. Rares sont les hôtels de cette catégorie à ne pas être des franchises, mais une maison familiale qui reçoit ses visiteurs avec une grande gentillesse et des conseils personnalisés. Rares sont les adresses situées au cœur de la ville, à proximité immédiate du lac, de la vieille ville et de la gare. Encore plus rares celles qui bénéficient d'un parking privé (sur réservation). Design contemporain, salle de sport, petit déjeuner composé de produits régionaux. Organisation de séminaires. Le Pré Carré, la perle rare.

HÔTEL MERCURE - ANNECY SUD - BRASSERIE LE 76**** €€

76, avenue d'Aix-les-Bains
✆ 04 50 52 09 66
www.mercure.com

Ouvert toute l'année. 66 chambres (chambres PMR, chambre familiale sur demande) de 95 à 215 €. Petit déjeuner 17 €.

Pour une halte sur la route des stations ou pour un séjour découverte d'Annecy, pour tout plein de bonnes raisons, direction l'Hôtel Mercure Annecy Sud. Facile d'accès depuis l'autoroute, profitant d'un grand parking privé fermé, ce 4-étoiles dispose non seulement de chambres hyper confortables, d'un service impeccable et des prestations haut de gamme, mais encore d'une piscine extérieure et va se doter d'un spa à l'été 2023. Excellent restaurant, le 76, avec terrasse.

© FABRICE MALOT

© FABRICE MALOT

IMPERIAL PALACE**** €€€

Allée de l'Impérial
✆ 04 50 09 30 00
www.hotel-imperial-palace.com

90 chambres et 14 suites. Chambre double à partir de 180 €. Petit déjeuner 27 €. Parking inclus. Restauration. Spa.

Palace, un mot qui fait rêver. Un rêve et un luxe accessibles à un large public à l'Impérial Palace. Cadre majestueux, avec le lac et les montagnes pour horizon. Charme et caractère d'un bâtiment Belle Epoque abritant des chambres contemporaines. Accueil, service et prestations à la hauteur des lieux pour profiter de la beauté du décor et des activités. Cristal Spa, salle de fitness, casino et 3 restaurants, dont le gastronomique La Voile. Jazz club ou dîner-spectacle Impérial Circus prolongent le plaisir. Descendre à l'Impérial Palace, monter dans les étoiles.

LE PELICAN**** €€€

20, rue des Marquisats
✆ 04 50 09 38 00
www.hotel-lepelican.fr

100 chambres. Chambre double à partir de 190 €. Petit déjeuner inclus.

Le Pélican, un hôtel stylé installé dans les anciens hospices de la ville datant de 1820 et profitant d'une extension (La Scène) plus moderne. Un hôtel où se multiplient les expériences dans des espaces différents, toujours avec un engagement fort pour le développement durable. Des chambres « ouvertes » et inspirées, où le végétal prolonge le paysage, les matières offrant une intimité chaleureuse. Détente absolue et plaisirs à partager au bord de la piscine extérieure avec son pool bar, au restaurant bistronomique, à la boulangerie, lors des soirées animées…

RIVAGE HOTEL & SPA**** €€€

33, avenue du Petit Port
✆ 04 50 51 01 10
www.rivage-hotel.com

91 chambres. Chambre double à partir de 170 €. Wifi gratuit. Restauration. Spa.

Amarré sur les rives du lac d'Annecy, un superbe bateau aux lignes contemporaines, un véritable lieu de vie pour un séjour réussi. Rivage Hôtel & Spa offre un cadre d'exception afin de profiter de la *dolce vita* locale. Beauté naturelle d'un site entre ville, lac et montagnes. Chaleur de l'accueil, confort absolu des chambres, vue lac ou montagne. Repas en terrasse au Ricochet, détente dans le plus grand spa d'Annecy, cocktail au coin du feu. Mention spéciale aux cours de yoga, accessibles pour la clientèle extérieure, proposés par une professeure passionnée.

HAUTE-SAVOIE

JIMINY OSTERIA €€

2, passage Gruffaz
✆ 09 81 85 40 45
www.jiminy-osteria.fr
Ouvert tous les jours de 12h à 23h. Paninis, bruschettas, bowls à partir de 14 €.

C'est notre bonne étoile qui nous a guidés chez Jiminy Osteria. Une terrasse ombragée et une salle joyeusement colorée, animées par une équipe merveilleuse dans une atmosphère conviviale. Cuisine gourmande et savoureuse, avec des paninis au pain pinsa, aérien et croustillant, garnis de bons produits, comme cette recette de ragù de bœuf ou cette version veggie, bowls et bruschettas. Des antipasti au tiramisu maison, c'est un régal. Belle carte de vins italiens et de cocktails italiens. Cafétéria tout l'après-midi, événements festifs en soirée.

MOOZ BUBBLE TEA

48, rue de la Poste
✆ 04 50 02 04 36
Ouvert du lundi au samedi de 12h à 19h et le dimanche de 14h à 19h.

Est-ce qu'on oserait dire que Mooz fait le meilleur bubble tea d'Annecy ? Il faudrait les avoir tous testés pour l'affirmer, mais ce qu'on peut dire avec certitude, c'est qu'ils sont excellents ! Et comme la boutique est vraiment spécialisée là-dedans, on a le choix : fruit tea ou milk tea, avec billes de tapioca ou perles aux fruits, chaud ou froid, plus ou moins sucré... A chaque palais sa boisson ! Et pour les grands gourmands, Mooz propose également de délicieux mochis glacés ou normaux. Une bonne adresse à deux pas de la gare !

LES COMPTOIRS D'ALICE €

22, avenue de Periaz
✆ 04 80 48 08 34
https://www.lescomptoirsdalice.fr/
Ouvert tous les jours midi et soir. A volonté entrée + plat 12,90 € le midi, 14,90 € soir et week-end. Menu enfant 9 €.

Un restaurant surprenant ! Le concept de buffet à volonté laisse présager une expérience culinaire au mieux passable. C'est pourtant tout l'inverse qui se passe aux Comptoirs d'Alice : dès qu'on passe la porte, on entre dans une jolie salle vaste et lumineuse. Les plats sont frais, bons et variés. On compose son entrée avec salades, saumon, charcuterie et d'autres délices, puis on passe au plat, avec notamment de très bonnes frites maison et des burgers goûteux à personnaliser. Le tout à petits prix ; on y reviendra avec plaisir !

HÔTEL LA CHRISSANDIERE*** €€

24, route de Paris
LA BALME-DE-SILLINGY
✆ 04 50 68 70 07
www.hotellesrochers.fr
Chambre double de 99 € à 145 €. Accessible aux personnes à mobilité réduite. Demi-pension possible. Animaux 5 €.

Le charme et la douceur d'une belle demeure savoyarde de style chaumière, dans un décor naturel de campagne, avec son jardin fleuri, sa piscine, et le service bienveillant d'une équipe passionnée, encadrée par Sandrine Puthod, quatrième génération d'hôteliers. Des chambres spacieuses, un environnement apaisant et un restaurant gastronomique, rien ne manque pour profiter des atouts de la région dans un cadre idyllique. Authentique et confortable !

© LESROCHERS

© LES ROCHERS

HAUTE-SAVOIE

HÔTEL-RESTAURANT LES ROCHERS*** €€

24, route de Paris
LA BALME-DE-SILLINGY
✆ 04 50 68 70 07
www.hotellesrochers.fr
Les Rochers, chambre double de 77 à 200 €. Petit déjeuner 12 €. Restaurant.

Tout près d'Annecy, venez goûter au bonheur d'un séjour aux Rochers. Dans un cadre idyllique, une maison qui perpétue la tradition d'accueil d'une famille de passionnés depuis 4 générations, tout en se modernisant pour notre plus grand confort. Décor contemporain, ambiance chaleureuse dans les 20 chambres parfaitement équipées. Un séjour qui nous permet aussi de profiter du restaurant gastronomique et des assiettes « belles à croquer » du chef Michel Puthod. Plaisirs à partager.

© LESROCHERS

© LESROCHERS

LAYMOUNA €

2, rue de la Poste
✆ 04 56 20 26 02
https://www.laymouna.fr/
Ouvert du mardi au samedi de 9h à 18h ; le dimanche 9h-15h30. Carte : 15 € environ. Brunch : 26,50 €. Vente à emporter.

Le nom de Laymouna (« citron » en français) décrit bien son concept : ce tout nouveau restaurant plein de peps propose de la cuisine levantine fraîche et vitaminée. C'est un lieu qui manquait à Annecy et qu'on est ravis de découvrir ; formule brunch très complète disponible tous les jours, ou choix à la carte de plats levantins avec certaines inspirations locales (comme la pizza bateau à la raclette), tout est excellent, archi frais, sain et, cerise sur le gâteau, servi avec le sourire ! L'après-midi, on y va pour une pause pâtisserie et boisson chaude. On adore !

YIN BA €

26, rue Royale
www.yinba.fr
Ouvert du lundi au samedi le midi et le soir. Carte : 15 € environ. Vente à emporter.

Un tout nouveau fast-food viet à la décoration vitaminée qui nous ravit ! Au menu, des plats phares de la street-food vietnamienne : pho, com tam, luc lac, bun ou banh mi, accompagnés de délicieux nems bien croustillants ou de rouleaux de printemps. Tout est fait maison et servi avec le sourire, sur place dans la salle confortable ou à emporter. Les saveurs sont bien présentes, les prix maîtrisés et, cerise sur le gâteau, on peut commander son repas sur le site web en avance pour éviter l'attente. Le mélange parfait (et goûteux) du traditionnel et du moderne !

L'ATOUT CŒUR €€

41, rue Sommeiller
✆ 07 76 30 28 62
https://atoutcoeur-annecy.com
Ouvert du lundi au vendredi de 12h à 16h. Menus de 20 € à 25 €.

L'association Atout Cœur a développé en 2022 un restaurant handiresponsable, le tout premier à Annecy. Visant à l'insertion professionnelle de personnes porteuses de handicaps mentaux, le restaurant les emploie en salle et en cuisine. Un beau projet très bien développé, car la cuisine est excellente ! La carte bistronomique est courte, avec des plats différents chaque semaine ; l'exécution est parfaite, à la fois dans la saveur et dans la présentation des plats, le tout servi dans une salle joliment décorée. Notre restaurant coup de cœur de l'année !

HAUTE-SAVOIE

AUBERGE DE SAVOIE €€

1, place Saint-François-de-Sales
✆ 04 50 45 03 05
www.auberge-de-savoie.com
Ouvert du vendredi au mardi midi et soir. Menu du jour semaine 28 €. Menu Découverte 59 €. Menu Locavore 62 €.

Quand un authentique cuisinier, Laurent Jeannot, nous fait partager sa passion pour les bons produits d'ici dans un lieu merveilleux, bienvenue à l'Auberge de Savoie. Sans doute la plus belle terrasse d'Annecy, face au Thiou avec vue sur le Palais de l'Isle, une salle raffinée à l'image d'une cuisine pleine de précision et de savoir-faire. Plats gourmands inspirés par les meilleurs produits locaux. Coup de cœur pour le menu Locavore avec une féra pêchée dans le lac par Florent Capretti. Belle carte des vins. Plaisirs à partager.

AUBERGE DU LAC €€

2, route du Port - **VEYRIER-DU-LAC**
✆ 04 50 60 10 15
www.restaurant-aubergedulac.com
Ouvert tous les jours midi et soir de fin mars aux vacances de la Toussaint. Menus de 29 € (midi) à 49 €. Carte.

À l'Auberge du Lac, les gourmands pourraient juste admirer la vue qu'ils seraient déjà aux anges. Avec sa terrasse posée au bord du lac, avec ponton privé pour amarrer son bateau, cette Auberge profite d'un environnement exceptionnel. Tout est à la hauteur des lieux ! Accueil adorable et cuisine de saison réalisée à partir de produits du terroir de qualité comme ces poissons de lac – filets de perche, omble chevalier, petites fritures - ou ces légumes régionaux. Fromages affinés par Alain Michel, desserts maison. Adresse de rêve ouverte toute la journée en saison.

BRASSERIE BRUNET €€

10, rue de la Poste
✆ 04 50 51 22 10
www.brasseriebrunet.com
Ouvert du mardi au samedi le midi et le soir. Menus de 33 € à 37 €. Formule midi 26 €. Terrasse.

Si le terme de « brasserie » s'applique à ce restaurant, créé par un certain Laurent Petit, c'est pour le côté convivial donné par Pauline, rayonnante en salle. Superbe terrasse abritée de l'agitation au cœur de la ville, décor chic et cossu qui sait tomber la veste pour s'encanailler autour des tables bien mises. Equipe adorable pour nous servir les plats gourmands réalisés par le chef Nicolas Guignard. A partir des meilleurs produits des pays de Savoie, une cuisine pleine de saveurs, mêlant tradition et créativité. Délicieux plats à partager. Coup de cœur.

HÔTEL DU NORD** €€

24, rue Sommeiller
✆ 04 50 45 08 78
www.annecy-hotel-du-nord.com
30 chambres. Chambres doubles de 75 à 130 €. Chambres familiales. Petit déjeuner 10 €. Parking offert de 19h à 8h.

Sur la boussole, le nord est notre repère. A Annecy, l'Hôtel du Nord est notre repaire ! Au cœur battant du centre-ville, l'Hôtel du Nord donne rapidement accès à tous les points cardinaux d'Annecy, du lac à la vieille ville. Situation idéale pour ce 2-étoiles qui en mériterait bien plus, tant pour l'accueil et les conseils de l'adorable Christophe, qui vous reçoit comme des amis, que pour la qualité des chambres douillettes et bien équipées. Petit déjeuner à base de produits locaux. Hôtel du Nord, la bonne direction pour votre séjour à Annecy.

© HOTELDUNORD

© HOTELD JNORD

HAUTE-SAVOIE

LES 3 CAESARS €€

2, rue de l'Euro
✆ 04 50 22 35 20
https://restaurant3caesars.fr

Ouvert du mardi au samedi le midi, du jeudi au samedi le soir. Menu du jour (3 plats) 17,90 €. Terrasse.

13 ans que les 3 Caesars nous régalent à toutes les occasions. Facile d'accès et de parking dans l'Actigone, on y mange dans une atmosphère chaleureuse. Pour l'ambiance, l'accueil souriant et le service efficace, on peut compter sur Muriel et toute sa fidèle équipe. Piano en live le vendredi soir tous les 15 jours. Côté cuisine, du 100 % maison, des plats façon bistrot par le chef Guillaume Henot qui nous régale de bons produits choisis et préparés par un passionné. Jeudi soir, moules-frites à volonté en plus des viandes, poissons ou burgers.

© 3C

© MURIEL BERTHIER

LA CABANE €€

27, rue Sainte-Claire ✆ 04 50 05 12 70
https://lacabaneannecy.fr

Ouvert tous les jours midi et soir, en continu le week-end. Menus de 30 € à 35 €. Menu végan 25 €.

Une Cabane toujours plus belle et plus engagée - pour l'environnement, mais aussi pour l'humain avec l'association Eau de Coco qui lutte contre l'extrême pauvreté à Madagascar. Une Cabane toujours plus gourmande qui abrite celles et ceux qui veulent mieux vivre et mieux manger. Accueil adorable de Cathy Perrier. En cuisine, Sébastien utilise au max des produits d'ici. De la tartiflette maison au risotto Annecy-Hanoï en passant par le ceviche de poisson frais, végans et omnivores partagent le même bonheur. Jus détox, bières bio de Haute-Savoie. Goûter l'après-midi.

CAFÉ BRUNET €€

18, place Gabriel-Fauré
✆ 04 50 27 65 65
www.cafebrunet.com

Maître Restaurateur. Ouvert du mardi au samedi le midi et le soir. Menus de 33 € à 45 €.

Toute l'équipe du Café Brunet vous fait partager la plus belle des histoires. Une histoire de café-restaurant qui a commencé en 1875 dans une superbe maison de pays datant du XIVe siècle. Une histoire qui nous enchante en salle comme sur la superbe terrasse ombragée sous les marronniers centenaires. Une histoire qui émerveille nos papilles avec la cuisine canaille d'un chef qui sublime les produits de saison. Plats de partage avec des pièces entières à partager en toute convivialité, cocotte de légumes. Magnifique carte des vins. Une histoire à dévorer !

CHEZ MAMIE LISE €€

11, rue Grenette
✆ 04 50 45 41 18
www.mamie-lise.com

Ouvert tous les jours midi et soir. Plat du jour 19 €. Menu du jour 32,90 € (midi en semaine). Suggestions.

Cette Mamie Lise nous fait partager une histoire faite de terroir, de bons produits d'ici, mais aussi de gentillesse, de générosité, dans un cadre magique. Une maison comme un refuge chaleureux et réconfortant. Le regard émerveillé découvre les nombreux détails du décor en même temps que la carte gourmande. Excellents produits de pays : plats du jour selon les produits du marché de saison, salades et plats à partager, filet de féra de Savoie au beurre blanc, viandes du boucher, tartares, sans oublier les spécialités fromagères. De vrais plaisirs gourmands.

HAUTE-SAVOIE

© VALÉRIE PETROD

SPASSOFF

© VALÉRIE PETROD

LA STRADA €

24, rue de l'Euro
✆ 04 50 22 34 63

Ouvert tous les jours à midi, du jeudi au samedi le soir. Formule midi 20 €. Plat du jour 13 €.

Toujours animés par la même passion, Tony et Vanessa nous reçoivent à la Strada depuis 14 ans. Sur la terrasse fleurie ou dans une salle chaleureuse, festive en soirée, chacun profite de cette version annécienne de la *dolce vita* italienne. Cuisine maison de qualité, menu du jour de saison, carpaccios, tartares, risotto, escalopes de veau milanaises, lasagnes et aubergines à la parmigiana, sans oublier les pizzas. Autres plaisirs à partager, les filets de perche à volonté jeudi soir et dimanche midi, et les cuisses de grenouilles vendredi soir. Bonheur complet.

© VALÉRIE PETROD

© VALÉRIE PETROD

© JULIE LIEGEON

© DAMIENNOVEL

L'ATELIER PIZZA €€

212, rue de la République
FAVERGES-SEYTHENEX ✆ 04 20 98 01 22
www.latelierpizzafaverges.fr

Ouvert du lundi au samedi midi et soir, dimanche soir. Formule midi semaine 15 €. Sur place et à emporter.

En famille ou en amoureux, en balade autour du lac ou lors d'un séjour aux Sources du Lac, découvrez une ambassade gourmande de l'Italie à Faverges. Changement de propriétaire avec Damien Novel, natif de Faverges, et sa compagne Maivys. Passionné par l'Italie, le chef Damien nous emmène de l'autre côté des Alpes avec des pizzas et plats traditionnels - délicieuse escalope de veau *all'amore* - à partir de produits italiens. Excellentes pizzas à la pâte travaillée 48h. Irrésistibles desserts maison. Ambiance chaleureuse, cocktails et vins... italiens bien sûr !

© DAMIENNOVEL

© HUBERT LIEGEON

© DALIENNOVEL

LES CHINEURS DE LA CUISINE €€

26, rue Sainte-Claire
✆ 04 50 10 02 18
www.chineursdelacuisine.com

Ouvert tous les jours le midi et le soir. Menus de 40 € à 45 €. Formule midi 21 €. Menu enfant 15 €.

Aux côtés de Nicolas Crépieux depuis 10 ans, le chef Jean-Christophe Nicollet nous régale à chaque service. Avec Philippe et son équipe pour nous recevoir, Les Chineurs de la Cuisine se placent toujours en tête de notre palmarès des meilleures adresses. Cuisine maison entre tradition et créativité, réalisée à partir de produits locaux de qualité, accompagnée d'une belle sélection de vins au verre en accord avec chaque plat. Plaisirs gourmands à partager.

LE CLOCHER €€

20, place Gabriel-Fauré ✆ 04 50 23 09 90
www.le-clocher.com

Ouvert du lundi au dimanche le midi, du lundi au samedi le soir. Menu semaine 26,90 €. Menu Ernest 58 €.

Un Clocher au patrimoine architectural, une bâtisse vieille de quatre siècles, et au patrimoine gourmand grâce au travail de l'adorable Bruno Collomb et du chef Benjamin Schwab. Un Clocher à l'environnement fantastique, de la magnifique terrasse ombragée aux vieux murs de pierre, à la cuisine remarquable d'une table de qualité distinguée par le Collège Culinaire de France et classée au Top 100 des meilleures cartes de vins en France. Tout sonne juste à ce Clocher où chaque plat met en avant des produits d'exception. Un Clocher qui nous met aux anges.

L'ESTAMINET €€

8, rue Sainte-Claire
✆ 04 50 45 88 83
www.lestaminet-annecy.fr

Ouvert du mardi au samedi midi et soir et le dimanche midi. Plat du jour : 13,50 €. Suggestion week-end : 15,90 €.

Des estaminets du Nord, celui d'Annecy a pris toute la chaleur humaine, des salles pleines de convivialité, des bières et quelques bonnes recettes avec des déclinaisons de moules-frites, une carbonnade flamande ou un waterzooï. Mais cet authentique Estaminet installé en plein cœur de la vieille ville aime aussi le terroir local et le chef Denis propose de délicieuses spécialités réalisées avec de bons produits : incontournable Panné Savoyard, l'Esta Burger Savoyard, jusqu'à la Tarte fine aux myrtilles maison. Association unique parfaitement réussie !

LE FRETI €€

12, rue Sainte-Claire
✆ 04 50 51 29 52
https://www.lefreti-annecy.fr/

Ouvert 7j/7 le soir. Du mercredi au lundi à midi. Fondues 19,10 € à 24,60 €. Brisgotte 27,50 €. Réservation recommandée.

S'il ne fallait recommander qu'une adresse pour manger une authentique spécialité fromagère de nos montagnes, ce serait le Fréti. Ici, tout est bon. Accueil et service parfaits par une équipe réunie autour d'un passionné des bons produits, Hervé Collomb à la cuisine, qui met à l'honneur les produits du terroir savoyard. Du saucisson sec artisanal au bacon fumé artisanal, les charcuteries accompagnent les raclettes avec fromage à volonté. 16 fondues pour se faire plaisir et l'incontournable Brisgotte (en saison), spécialité maison. Le meilleur de la tradition.

LA GUINGUETTE DU 1ER METS €€

2, place Saint-Maurice
✆ 04 57 09 10 54
www.restaurant-1ermets.fr

Ouvert du lundi au vendredi soir. Terrasse.

Après 8 ans d'une aventure culinaire qui a participé à sonner le renouveau d'une gastronomie accessible au cœur d'Annecy, 1er Mets met le cap au sud pour ouvrir un 1er Mets en mode bar à tapas bistronomique ! Gaëlle et Nicolas vont donc au bout de leur rêve avec la Guinguette du 1er Mets. Si nous n'avons pu tester cette version, pas de doute que le chef continuera son travail sur des produits de qualité pour nous préparer des tapas. Une guinguette ouverte en soirée. A suivre !

HÔTEL-RESTAURANT LES ROCHERS €€

24, route de Paris - **LA BALME-DE-SILLINGY**
✆ 04 50 68 70 07
www.hotellesrochers.fr

Ouvert du mardi au dimanche et les jours fériés le midi. Menu du marché 25 €. Menu gastronomique le dimanche 52 €.

Tout est beau à croquer aux Rochers ! Le décor contemporain du meilleur goût, mais surtout les assiettes du chef Michel Puthod qui nous régale de son savoir-faire et de sa créativité. Les plus pressés feront une pause gourmande en savourant les suggestions. Mais prenez votre temps pour déguster le menu du chef : quenelle de brochet et ses demoiselles d'eau douce et une autre spécialité maison, le cygne glacé. Gourmandise à partager également au Café de mon Père.

L'AUTHENTIC €€

3, rue de l'Ile ✆ 06 32 65 42 35
www.lauthentic-annecy.fr

Ouvert tous les jours vacances d'été. Reste de l'année, fermé mercredi. Suggestions du jour 19 € et 23 €.

Un Authentic toujours au top avec toute une équipe animée par Laurent et Elodie qui nous réservent le meilleur accueil dans une ambiance décontractée pour profiter de chaque instant passé à table. Décor superbe, véranda avec vue sur le canal, pour savourer une excellente cuisine maison. Planche de l'Épicurien à partager, plat du jour avec des viandes françaises et des producteurs locaux affichés, salades gourmandes, foie gras maison, spécialités savoyardes aux fromages affinés, nougat glacé maison. Vins de propriétaire et bière artisanale. Authentiquement Futé.

CHEZ INGALLS €€

29 bis, rue Vaugelas
✆ 04 50 45 25 96
www.chezingalls.fr
Ouvert tous les jours midi et soir. Plat du jour 11,50 €. Formule midi 16,50 €. Menu 39 €. Carte 28 €.

Bientôt 20 ans qu'Ingalls nous régale au cœur battant d'Annecy. Un lieu vraiment pas comme les autres avec ces espaces - du salon Caroline au Jardin d'hiver, du Black Bar à la Cave de Charles, sans oublier la Petite Maison pour les groupes - qui nous accueillent selon nos envies du moment. Ce qui ne change jamais, c'est la qualité d'une cuisine maison de tradition réalisée à partir des meilleurs produits. Grande convivialité autour d'une planche à partager. Belle carte de cocktails pour prolonger le plaisir d'une adresse exceptionnelle.

L'INSTANT €€

49, boulevard Costa de Beauregard
✆ 09 81 87 20 05
www.restaurant-linstant-seynod.fr
Ouvert du lundi au samedi le midi, du mercredi au samedi le soir. Plat du jour 11 €. Menu 35,90 €. Parmentiers 16,50 €.

C'est un grand Instant que l'on vient partager à cette adresse facile d'accès et de parking (gratuit) à Arcaloz. Belle terrasse ombragée, salle chaleureuse où rayonne la bonne humeur de Sophie et le dynamisme de l'équipe. Super ambiance, et encore plus le soir lors des concerts et des karaokés, et cuisine française maison de qualité réalisée par le chef David Baudouin à partir de produits frais. Incontournables Parmentier maison, savoureuse entrecôte, délicieux filets de poisson... Sans oublier les soirées gambas à volonté. Un Instant plein de gourmandise.

L'OLIVIER €€

10, rue Vaugelas ✆ 04 50 51 23 00
www.restaurantlolivier.com
Ouvert du mardi au samedi midi et soir (23h vendredi et samedi). Plat de midi du chef 11 €. Menu junior 12 €.

Un havre de paix et de gourmandise. Dans ce petit paradis qu'est la cour de Pré Carré, L'Olivier profite d'un cadre magique avec sa terrasse ombragée et sa salle chaleureuse. Chaleur et efficacité du service avec Léa et Barbara qui nous proposent la cuisine d'un autre duo de passionnés : Olivier et Stéphane. Des plats savoureux avec une strate de chèvre au saumon aux légumes provençaux, superbes tartares de boeuf, viandes excellentes, grandes assiettes gourmandes. Baba au rhum, tiramisu du moment et vins dans le même esprit du Sud. Carte de fidélité.

LE LILAS ROSE €€

Passage de l'Evêché
✆ 04 50 45 37 08
Ouvert tous les jours le midi et le soir. Plat du jour 10,50 €. Menu 22,20 €.

Dans un décor de carte postale, le long du canal du Thiou, Martin et Céline continuent d'écrire la belle histoire du Lilas Rose. Une maison de tradition où l'on est toujours reçu avec le sourire. Terrasse et salle chaleureuse pour savourer une cuisine maison réalisée à partir de bons produits, comme ce mélange de fromages pour des fondues, spécialité maison, approuvé par tous les gourmands. Autres spécialités maison, la raclette à l'ancienne, et l'incontournable pierre à feu. Délicieuse tarte aux myrtilles pour terminer. Pour rosir de plaisir.

RESTAURANT GAUTARD €€

Plateau des Glières - **FILLIÈRE** ✆ 04 50 24 40 71
https://restaurantgautard.fr
Ouvert du jeudi au dimanche à midi uniquement. Menu 25 €. Terrasse. Parking gratuit pour les clients.

Notre paradis, c'est ici. Sur le plateau des Glières, une ancienne ferme d'alpage entre paradis blanc l'hiver et paradis vert le reste du temps. Dans cet environnement exceptionnel, quel bonheur de retrouver Nathalie, gardienne des meilleures traditions et recettes gourmandes de nos montagnes. Prendre son temps, profiter de l'instant (sans smartphone...) pour savourer d'authentiques plats du terroir : gibiers et viandes en sauce, gratin de pommes de terre aux cèpes, pot-au-feu, raclette individuelle sur réchaud, desserts maison. Réservation plus que conseillée.

RESTAURANT VINCENT FAVRE FELIX €€

15, chemin de l'Abbaye ✆ 04 50 01 08 88
www.restaurant-vff.com
1 étoile Michelin. Ouvert du mercredi soir au samedi soir. Menu 190 €. Jardin d'art. Parking couvert.

La respiration commence dans les jardins de l'Abbaye. L'aventure continue dans un lieu chargé d'histoire mis au goût du jour. L'inspiration, c'est celle du chef Vincent Favre-Félix qui poursuit son chemin personnel et atypique fait d'audace et de créativité. Une voie étoilée tracée par un passionné du produit qui réduit son nombre de couverts pour mettre les cuisiniers, pâtissiers en salle ! Cuisine participative d'un chef et de ses équipes qui nous font partager leur passion.

HAUTE-SAVOIE

AUBERGE À LA FERME DE BAJOLE €€

490, route de la Ferrande - **COPPONEX**
✆ 04 50 44 13 97
www.aubergedebajole.com
Ouvert du vendredi soir au dimanche midi. Réservation impérative. Carte 25 € environ. CB non acceptée. Jardin.

Environnement champêtre, une terrasse verdoyante, bienvenue dans cette ferme familiale où Caroline en salle et Lesly en cuisine cultivent l'amour des bonnes choses. Bonheurs simples à partager et plaisirs gourmands raffinés au rythme des saisons. Foie gras maison, gibiers de la chasse à l'automne, bœuf de Haut-Savoie, burger savoyard, desserts maison. Du bien-être à déguster sans compter : terroir, campagne, authenticité, beaux produits, cuisine de saveurs, on adore !

LES TABLES DE L'ETANG €€

124, route d'Annecy - **MONTAGNY-LES-LANCHES**
✆ 04 50 08 14 11
www.lestablesdeletang.com
Ouvert le mercredi et le dimanche le midi, du jeudi au samedi de 11h45 à 23h. Formule midi 20 €. Menus de 35 € à 45 €.

100 % plaisir. Un cadre verdoyant, un étang, une belle maison : dépaysement garanti pour se ressourcer en pleine nature. Facile et rapide d'accès par l'A41, sortie Seynod, le resto Les Tables de l'Étang nous régale les yeux comme le palais. Terrasses ouvertes sur l'étang, salle chaleureuse, accueil et service adorables par Valérie et Eva, cuisine du chef Vincent au rythme des produits de saison. Belles assiettes savoureuses avec de jolis « twists ». Associations mets et vins réussies. Animations estivales à la Terrasse du Lac attenante. Accueil de séminaires.

LES TERRASSES DU LAC €€

7, route du Semnoz
✆ 04 50 45 34 86
Fermé du 28 novembre au 9 février. Ouvert du mercredi midi au dimanche midi. Menu du jour 25 €. Menus de 44 € à 69 €.

Aux Terrasses du Lac, mariage parfait entre un panorama à couper le souffle sur le lac d'Annecy, architecture contemporaine respectueuse du site et s'ouvrant largement, par sa terrasse et ses grandes baies vitrées, vers les paysages grandioses, gentillesse de l'accueil, cuisine d'exception par le chef Hervé Getenet et toute son équipe. Plus rien ne vous retient de monter, direction Semnoz à 10 min d'Annecy, vous régaler d'assiettes de saison composées de produits frais et le plus souvent locaux du meilleur goût, mêlant avec habileté les saveurs. Pur bonheur.

VINISTROT €€

12, rue Perrière
✆ 04 50 45 51 76
En haute saison, ouvert tous les jours midi et soir. Plat du jour 12 €. Menu déjeuner 21 €. Menu Arcade 68 €.

Sous les arcades, du bonheur à partager en toute convivialité autour d'une table qui met à l'honneur les produits locaux. Ambiance chaleureuse en terrasse et en salle pour savourer la cuisine du chef François Stefanaggi. Poissons du Léman avec un délicieux filet de féra du lac Léman. Viandes d'exception avec les viandes maturées de Maxence Baud (pièce à choisir soi-même). Plats végétariens avec des légumes d'ici. Tatin de pommes de Copponex pour terminer. Carte des vins avec des petits producteurs passionnés présentés par Rodrigue. Vinistrot trop top !

LE COCHON QUI LOUCHE €€

74, place de l'Albanais
MARCELLAZ-ALBANAIS
✆ 04 50 69 26 33
www.lecochonquilouche.fr
Ouvert du mardi au samedi midi et soir. Formule du jour 17,50 €. Le soir et samedi à la carte.

Comme il fait bon se mettre au vert et aux produits locaux bien cuisinés. Aux commandes du Cochon qui louche, deux jeunes passionnés de restauration. Stéphane nous reçoit dans une salle chaleureuse où la convivialité se prolonge côté bar. Belle terrasse, service impeccable, cuisine de la cheffe Kelena. Inspirée par les produits locaux, les saisons, une cuisine maison de tradition et de bon goût : cochon, bœuf, poisson, spécialités régionales, hamburgers ou cuisses de grenouilles. Événements privés. À votre tour de loucher sur ce Cochon gourmand.

© VALÉRIE PETROD

© VALÉRIE PETROD

HAUTE-SAVOIE

AUBERGE DE CHAUMONT €€

17, route de Saint-Jean - **CHAUMONT**
✆ 04 50 05 45 76
www.aubergedechaumont.fr

Ouvert du mercredi au dimanche midi et les soirs du mercredi au samedi. Menu du Marché 25 €.

Entre Annecy et Genève, un village au pied du Vuache comme un petit coin de paradis gourmand. A l'Auberge de Chaumont, Patrick Alran ne chôme pas ! Installé dans l'ancienne école entièrement refaite - avec sa grande terrasse ouverte aux beaux jours, sa belle cave à vin, ses salles élégantes et accueillantes -, ce chef passionnant, réalise un travail remarquable à partir des produits de saison. Cuisine bistronomique, et plats qui changent toutes les trois semaines, où créativité et savoir-faire s'ajoutent à la qualité des produits. Émotions culinaires garanties !

LE CLOS DES SENS €€€

13, rue Jean-Mermoz
✆ 04 50 23 07 90
www.closdessens.com
Ouvert du mardi au samedi le soir ; mercredi, vendredi et samedi midi. Menu déjeuner 158 €. Menus de 238 € à 288 €.

Laurent Petit a eu ce génie, encore un..., de savoir transmettre ce qu'il avait bâti. L'artisan cuisinier parti pour d'autres aventures a passé la main et les clés de la maison d'Annecy-le-Vieux à ses proches collaborateurs : le chef Franck Derouet et le chef sommelier Thomas Lorival. Sans effacer l'œuvre de Laurent Petit, ils écrivent leur histoire, peignent leur tableau composé de saveurs végétales et lacustres, mise en abyme d'un terroir riche d'émotions. Surprise des accords mets et jus, associations inattendues. Toujours sublime.

L'ESQUISSE €€€

21, rue Royale
✆ 04 50 44 80 59
http://esquisse-annecy.fr
1 Michelin. Ouvert du mardi au samedi midi et soir. Formule midi 55 €. Menus de 85 € à 125 €.*

Une Esquisse comme un jaillissement, une adresse inattendue où chaque gourmand part à la découverte du chemin tracé par le chef Stéphane Dattrino. Passé par les cuisines de Laurent Petit, Stéphane a trouvé sa voie dans une belle maison au cœur d'Annecy, réalisant des compositions créatives audacieuses et naturelles, des paysages gourmands à dévorer. L'adorable Magali, sommelière de talent, accorde le service à la perfection tout en assurant le service des vins, toujours avec de belles découvertes. L'Esquisse, une aspiration à être heureux en mangeant mieux.

IMPÉRIAL PALACE - LA VOILE €€€

Allée de l'Impérial ✆ 04 50 09 30 00
www.hotel-imperial-palace.com
La Voile, du mercredi au samedi le soir, 68 à 119 €. Bistro Chic, du mardi au dimanche au déjeuner, carte 60 € environ.

Un lieu fantastique qui se dévoile en deux versions. Le midi, c'est bistro chic. Au dîner, c'est carte gastronomique. Ce qui ne change pas, c'est la beauté des lieux, entre terrasse ouverte sur le lac et les jardins de l'Impérial et salle superbe digne d'un palace aux tables dressées avec élégance. La brigade du chef exécutif Adrien Tupin-Bron sublime les produits de saison. Merveilleuse cave à vins et accords mets-vins d'Isabelle Mabboux, finaliste du Meilleur Sommelier de France.

LE KABUKI €€€

9 bis, avenue de Chevesnes
✆ 04 50 51 79 01
Ouvert tous les soirs du lundi au vendredi, samedi midi et soir. Menus de 22 € à 49 €. Réservation conseillée.

Spectacle gourmand au pays du Soleil levant. Le chef japonais Dara Inn vous propose de vous installer autour des tables chauffantes pour assister à une représentation de Teppan Yaki. Sur les plaques chauffantes grillent des produits de qualité - filets de bœuf, Saint-Jacques, crevettes, poissons, langoustes ou bananes flambées, sans oublier les légumes variés - dans une chorégraphie digne d'un ballet gourmand. C'est impressionnant à regarder et c'est très bon quand les produits cuits arrivent dans nos assiettes comme par magie. Cuisine saine et savoureuse.

L'AMNESIE ANNECY

37, avenue des Barattes
✆ 09 54 72 46 81
www.amnesiepub.com
Ouvert du mardi au vendredi de 12h à 14h et de 17h à 1h. Le samedi de 17h à 1h.

Non pas une, mais trois adresses (Pringy et Sevrier en complément) pour cette enseigne décalée comme on les aime et que l'on aurait pu classer parmi les restaurants, puisqu'on y mange bien autant que l'on y boit bien. Dans ce quartier légèrement excentré, un lieu de vie volontiers animé, voire festif en soirée, boire de bons cocktails – dont un Annecy Mule à tester –, des bières – dont quelques bières maison – ou un verre de vin à déguster avec une planche de cochonnailles ou de fromtons (uniquement le soir). Un karaoké en privé ? Pas de problème !

BISTRO DES TILLEULS

13, chemin de la Prairie
✆ 09 53 27 03 09
www.bistrodestilleuls.com
Du lundi au jeudi de 7h à minuit ; le vendredi de 7h à 1h ; le samedi de 17h à 1h. Restauration le midi. Animations.

Le Bistro des Tilleuls est un lieu multiple : restaurant avec cuisine du monde à midi, café la journée, bar animé le soir. La partie restauration menée par son chef péruvien est surprenante : plats du jour travaillés et différents chaque jour, produits frais, on adore ! Cet établissement propose également chaque semaine des concerts et autres événements culturels : théâtre d'improvisation, café littéraire... Situé à deux pas de la vieille ville, dans une petite rue loin de l'agitation touristique, le Bistro réunit un large public dans une belle ambiance.

HAUTE-SAVOIE

ALAIN MICHEL ARTISAN FROMAGER

3, rue du Lac
✆ 04 50 45 19 31
www.alainmichel-fromager.com
Du mardi au jeudi 8h-12h30 et 15h-19h, vendredi 8h-12h30 et 14h30-19h, samedi 8h-13h et 14h30-19h. Dimanche 9h-12h15.

Les meilleurs fromages, moins chers que dans une grande surface... c'est le défi relevé et réussi par Alain Michel ! Fort de son expérience, 4e génération de fromager affineur, de sa passion, plus de 50 ans au service du fromage, Alain Michel sélectionne et affine dans sa cave d'Annecy des fromages d'exception à savourer au quotidien. Reblochon fermier Le Michel et Fondue Michel prête à l'emploi, le meilleur de Savoie et d'ailleurs. Conseils de dégustation pour se régaler sans compter.

© ALAINMICHEL

© ALAINMICHEL

PAN & GATÔ

6, rue du Pré-d'Avril
✆ 04 50 23 25 03
www.pan-et-gato.fr
Ouvert tous les jours de 6h30 à 19h30.

C'est tellement simple de se faire plaisir quand il suffit d'aller chez Pan & Gâto. Des termes du patois savoyard pour une boulangerie-pâtisserie de quartier qui fait venir tout Annecy à elle ! Normal quand on goûté à la qualité des pains maison fabriqués pour la plupart à partir de farines bio. Viennoiseries 100 % pur beurre et l'on ne parle même pas des cookies aux noix de pécan... Et pour nous faciliter la vie, Pan & Gâto a mis en place un « click & collect » hyper pratique pour commander pains et pâtisseries en ligne 24h/24.

PHILIPPE RIGOLLOT

1, place Georges-Volland
✆ 04 50 45 31 35
http://philipperigollot.com
Ouvert le lundi, le mardi et du jeudi au samedi de 8h à 19h, dimanche de 8h à 13h. Fermeture le mercredi.

Philippe Rigollot embellit nos vies avec ses créations gourmandes. Bonheur de savourer les pièces originales réalisées par un des Meilleurs Ouvriers de France 2007, Champion du Monde de la pâtisserie 2005. Entouré de son épouse Élodie, du chef Fabien Carré, de son fils Antoine, de Ludovic qui prépare le concours des MOF, Philippe Rigollot présente ses incontournables - Mr Smith, Caracas, Saint-Honoré vanille, Choco-chocolat - et une collection de saison. Chocolats, macarons, gâteaux de voyage, nounours guimauve, sujets inédits pour Pâques. Craquant !

BOUCHERIE DU TREIGE

527, route d'Aix-les-Bains
✆ 04 50 46 07 43
www.boucherie-charcuterie-seynod.fr
Ouvert du mardi au samedi de 8h à 12h30 et de 15h à 18h.

La viande n'est pas un produit comme les autres. Ça tombe bien, Simon Henry n'est pas un boucher comme les autres ! Entre autres Champion d'Europe des Maîtres-Bouchers 2004, ce passionné choisit ses bêtes dans les fermes locales, les découpe et propose les meilleures viandes à des prix qui ne flambent pas. Excellent rapport qualité-prix et conseils d'un ambassadeur gourmand toujours de bonne humeur. Viandes savoureuses, saucisses marinées pour un barbecue d'été, saucisses de montagne, boudin à l'ancienne ou charcuteries maison. Petite boutique traiteur, vins.

LA BOUCHONNERIE

7, rue du Président Favre
✆ 04 80 97 38 93
www.cave-a-vins-annecy.com
Ouvert du lundi au jeudi de 10h à 13h et de 15h à 20h ; le vendredi et le samedi de 10h à 20h ; le dimanche de 10 à 13h.

La passion anime le jeune caviste Damien Petraz, mais aussi Eric et Lou qui nous reçoivent à la Boucheronnerie. 1 400 références, des petits domaines aux grands crus, avec de belles références en Savoie ou dans le Beaujolais. Proximité avec les vignerons sélectionnés, des vins bio ou en biodynamie pour respecter la nature. Dans le même esprit, des bières artisanales de microbrasseries, des whiskies, des rhums de toutes origines et des spiritueux. Belle surprise avec l'ouverture d'une seconde adresse à Sevrier. Coup de cœur assuré.

BRASSERIE VEYRAT

210, impasse des Prés-aux-Biches
MARCELLAZ-ALBANAIS ✆ 07 69 40 46 19
www.brasserie-veyrat.com
Ouvert vendredi et samedi en fin d'après-midi, horaires selon saisons. Dégustations sur rendez-vous.

Notre brasserie préférée est aussi notre distillerie préférée ! La Brasserie Veyrat, c'est l'union de deux passionnés : Manu qui a eu la bonne idée de fabriquer ses bières avec du houblon bio et de l'orge cultivés à la ferme de Marcellaz-Albanais, et Aline, sportive amoureuse de la montagne. *Futé* leur décerne toutes les médailles en plus des 3 obtenues au Concours Général Agricole pour leurs bières La Blanche et l'Ambrée, ainsi que leur Limoncello Méditerranéen. Autres bonheurs avec le whisky maison, le gin et des ateliers pour fabriquer son propre gin !

CRÈMERIE DU PARC

2, rue Centrale ✆ 04 50 23 51 56
www.alainmichel-fromager.com
Ouvert du mardi au jeudi 8h-12h30 et 15h-19h, vendredi 8h-13h et 14h-19h, samedi 8h-13h et 14h30-19h.

Une adresse signée Alain Michel, fromager affineur d'exception depuis plus de 50 ans. À la boutique d'Albigny vous trouverez des fromages affinés comme il se doit par un passionné. Honneur aux fromages régionaux avec le beaufort, l'abondance, le reblochon fermier - avec le fameux « Le Michel » -, les persillés, la tome des Bauges... Mais aussi des comtés du Jura aux âges différents, des fromages aux truffes et l'incontournable Fondue Michel. Conseils avisés et adorables. La Crèmerie du Parc vend d'excellents produits laitiers fermiers et une sélection de vins.

FROMAGERIE GAY

47, rue Carnot
✆ 04 50 45 07 29
https://pierre-gay.business.site
Ouvert tous les jours, sauf dimanche et jours fériés (sauf fin d'année). Anglais et italien parlés couramment

Transmettre le goût des bonnes choses, c'est l'un des nombreux talents de Pierre Gay. Avec son épouse Sophie et toute une équipe de passionnés - dont le jeune directeur Paul que Pierre Gay forme à reprendre la fromagerie -, l'un des Meilleurs Ouvriers de France perpétue le meilleur de la tradition. Dans une boutique à admirer du sol, avec la cave d'affinage visible en sous-sol vitré, au plafond, il faut se laisser guider pour choisir ses fromages selon les saisons. Plateaux aussi beaux à voir que délicieux. Excellent rapport qualité-prix.

LES NOTES DE THÉ

12, rue Jean-Jacques Rousseau
✆ 04 85 46 24 80
www.lesnotesdethe.com
Ouvert du mardi au vendredi de 10h à 13h et de 14h à 18h30, samedi de 10h à 18h30

Ce n'est pas tout à fait une nouveauté, mais la reprise d'une enseigne qui proposait déjà les fameux thés Mariage Frères. Aujourd'hui, c'est Frédérique qui nous accueille dans cette maison de thé dont l'enseigne est inspirée par la proximité du Conservatoire de musique et les notes des merveilleux thés contenus dans les jolies boîtes. Que vous sachiez exactement ce que vous voulez ou que vous soyez à la recherche du thé qui vous correspond, laissez-vous guider parmi les 150 références de thés et accessoires pour préparer votre thé comme il se doit.

ALPES BIVOUAC

15, chemin du Crêt Pessey
✆ 09 82 22 94 95
www.alpes-bivouac.com
Ouvert toute l'année. Igloo et alti-dôme en hiver. Alti-dôme en été. A partir de 39 € par personne (logement 218 €).

Vivre et dormir au cœur de la nature. Vivre des expériences insolites à 1 600 m d'altitude sur la montagne du Semnoz. Des instants uniques à partager en famille ou entre amis pour se ressourcer pleinement. Au cœur de la forêt, venez passer une soirée dans un Eco-Bivouac. Dégustez un apéritif local autour d'un feu de camp. Faites une balade nocturne en raquettes à neige avant de savourer un repas composé de produits locaux et artisanaux. L'été, nuit en Alti-dôme Nomade et Panoramique. L'hiver, nuit en igloo inoubliable. Organisation de séminaires.

PLAGE DES MARQUISATS

Rue des Marquisats
https://www.lac-annecy.com
Plage gratuite, surveillée pendant la période estivale.

Parmi toutes les plages publiques et municipales qui bordent le lac d'Annecy, commençons par l'une des plus proches et des plus accessibles depuis le centre-ville (par la piste cyclable et les transports en commun) : la plage des Marquisats. Sur place, tout est mis en œuvre pour assurer confort et sécurité des usagers, notamment avec la surveillance de la baignade par les maîtres-nageurs sauveteurs. Fauteuils flottants mis gratuitement à disposition pour rendre l'eau accessible aux personnes à mobilité réduite. Sanitaires, petite restauration sur place.

LE GARAGE

36, rue Sommeiller
✆ 04 50 45 69 40
www.discotheque-legarage.com
Ouvert du jeudi au samedi de 23h à 6h. Entrée : 20 €. Entrée gratuite avant 1h.

Si un ami vous invite à le suivre au Garage en début de soirée ce n'est pas pour entretenir votre voiture ! C'est pour passer la meilleure des nuits dans cette discothèque idéalement située au cœur d'Annecy. Un havre de divertissement pour s'amuser, partager du bon temps dans une ambiance festive jusqu'au petit matin en écoutant du bon son lancé par les DJ résidents et guests - programmation pour tous les styles -, mais aussi en admirant des performers live. Privatisation possible pour vos événements. Les fins de semaine sont plus belles au Garage.

RIVAGE SPA NUXE

33, avenue du Petit Port
✆ 04 50 51 01 10
www.rivage-hotel.com
Ouvert tous les jours de 9h à 21h. Inclus pour les résidents de l'hôtel Rivage Hôtel & Spa. Soins.

Prolonger le bien-être d'être sur les bords du lac en découvrant le plus grand spa d'Annecy. Inclus dans l'offre du tout nouvel hôtel Rivage, ce spa de 1 000 m^2 réunit de nombreux équipements haut de gamme et une équipe d'experts, notamment pour les soins d'origine naturelle signés Nuxe. Espace aquatique avec une piscine intérieure de 16x5 longée de grandes baies vitrées. Hammam, sauna et bain à remous avec vue sur le lac. Espace fitness équipé de matériel de pointe, salle pour la pratique du yoga et salle de repos avec mur de sel. Du bonheur à partager.

PATHE ANNECY

7, avenue de Brogny
www.cinemaspathegaumont.com
Ouvert tous les jours. Entrée 13,60 €. Enfant 7,50 €. Cinepass illimité à partir de 16,90 €.

Un film, ça se partage en se regardant sur grand écran. Au cœur battant de la ville, le Pathé Annecy met le meilleur du cinéma à la portée de tous dans 10 salles confortables. Son d'exception pour être dans l'action et projection en très haute définition pour être au cœur des images. Avant-première, des équipes venues présenter leur film, mais encore des concerts ou du théâtre en direct ! Plus grand mur de bonbons de France. Espace cocktail privatisable pouvant recevoir jusqu'à 200 personnes. Le cinéma autrement, le spectacle tout le temps !

CASINO IMPÉRIAL

Allée de l'Impérial ✆ 04 50 09 32 61
www.casino-annecy.com
Ouvert 7j/7. Machines 10h-2h, 4h vendredi, samedi, veilles jours fériés. Interdit -18 ans, pièce identité obligatoire.

Le Casino Impérial, c'est royal ! Un cadre de rêve face au lac d'Annecy dans un bâtiment ouvert sur l'extérieur. Un hôtel créé il y a plus d'un siècle, mariant ses formes Belle Epoque à une modernité du meilleur goût. Tout un plateau de loisirs, de divertissements et de gourmandises pour un bien-être complet. Le jeu, c'est sur de nombreuses machines à sous dernière génération permettant à chacun de tenter sa chance. Jeux traditionnels : black-jack, roulette anglaise et poker en tournoi. Bar et restaurant Le Riva vue lac. Au Casino Impérial, vous gagnez en bonheur.

VEYRIER-DU-LAC ★

Ce village résidentiel au bord du lac d'Annecy a des allures de station balnéaire. Le mont Veyrier qui le surplombe – son versant ouest plonge jusqu'au lac – lui donne son nom. Il est possible de grimper jusqu'au sommet par un sentier de balade qui mène au belvédère du mont Baron où la vue plonge sur Annecy, le Grand lac et les Bauges ! Veyrier-du-Lac possède de belles maisons fortes (privées) en bord de rive. C'est à Veyrier-du-Lac qu'avait choisi de s'installer le chef Marc Veyrat. L'établissement est passé entre les mains du chef Yoann Conte, aujourd'hui doublement étoilé. Pour la baignade, sa belle plage La Brune est labellisée Pavillon Bleu.

LE MONT VEYRIER

col du Pré Vernet

2h à 3h de balade. 400 m D+. De mai à octobre. Prévoir des bonnes chaussures de randonnée.

Vous ne partirez tout de même pas d'Annecy sans avoir randonné sur le mont Veyrier ! C'est l'une des montagnes les plus appréciées des Annéciens et des touristes pour sa magnifique vue sur le lac en enfilade, les montagnes alentour et la ville.

Une fois arrivé en voiture au col du Pré Vernet, suivez les indications Mont Veyrier/Mont Baron. Vous commencerez par une montée raide de 40 minutes avant d'arriver en haut des falaises, et d'en prendre plein les yeux ! Pour faire durer le plaisir, continuez jusqu'au mont Baron. La descente se fait par le même chemin.

YOANN CONTE €€€

13, vieille route des Pensières ✆ 04 50 09 97 49
www.yoann-conte.com

2 Michelin. Ouvert du jeudi au dimanche midi et soir. Déjeuner 250 €. Menus de 295 à 450 €. Ultime synthèse 750 €.*

Yoann Conte continue son parcours de vie et de cuisine. Breton d'origine, amoureux de la haute montagne et de la nature, citoyen du monde, Yoann Conte est un cuisinier de haute sensibilité. A la Table de Yoann Conte, installée au bord du lac dans cette Maison Bleue centenaire, les cuisines sont au cœur du restaurant et le restaurant ouvert sur les cuisines, rendant l'expérience gastronomique plus intense. Sensation partagée de partir en voyage vers de nouvelles émotions. Expérience bistronomique au Roc, l'autre table, et plats à emporter avec Conte à ma table.

LE DECK

Quai Doyen
✆ 06 85 91 34 59
https://www.ledeck-veyrier.com/

Ouvert de mai à octobre, tous les jours de 10h à 18h (horaires variables). Bateaux réservables en ligne sur le site web.

Bienvenue dans la nouvelle base nautique de Veyrier-du-Lac : le Deck ! Située plage de la Brune, face au soleil couchant, elle propose une gamme unique de locations nautiques sans émissions et un bateau 100 % électrique pour des croisières et transferts. Paddles et bateaux à pédales réservables en ligne (c'est rare), location de bateaux électriques sans permis GoBoat (c'est nouveau sur le lac), et un puissant bateau électrique avec pilote pour les croisières ou transferts nautiques, cette base nautique a tout bon ! Notre nouveau spot de l'été.

MENTHON-SAINT-BERNARD ★

Menthon-Saint-Bernard (1 800 habitants) est l'un des villages incontournables de la rive est du lac d'Annecy. Situé à 8 km au sud d'Annecy, le village est séparé en deux parties par la D909A qui le traverse en son centre. La partie haute rejoint le château de Menthon-Saint-Bernard, dominé à l'est par l'arête des Dents de Lanfon (alt. 1 824 m) et au nord par le mont Baret (alt. 1 243 m). La partie basse s'étend en pente douce jusqu'au lac. Il fait bon suivre sa rive en flânant sur la promenade Philibert d'Orlye, entre la route de la plage et le Palace de Menthon. De nombreux pontons aménagés permettent aux baigneurs de profiter des eaux cristallines.

CHÂTEAU DE MENTHON-SAINT-BERNARD ★

Route du Château
✆ 04 81 74 39 72
www.chateau-de-menthon.com

Fermé du 11/11 au 30/03, sauf décembre. Été, ouvert tous les jours de 10h à 19h. Adulte 11 €. Enfant 6 €. Animations.

© GAYANE - SHUTTERSTOCK.COM

Ce château de la fin du XIIe siècle, qui domine le lac, est un joyau de l'architecture savoyarde. Derrière les hauts murs, on déambule sous la galerie à colombages. Ce château de contes de fées – Walt Disney s'en serait inspiré pour *La Belle au bois dormant* – se découvre en visite guidée qui, en été, devient une animation costumée et nocturne. Le jardin et le potager se visitent également. En hiver, depuis 2 ans, le château se pare de magie et accueille le père Noël et ses lutins.

CAMPING LE CLOS DON JEAN €€

435, route du Clos-Don-Jean
✆ 04 50 60 18 66
www.campingclosdonjean.com
Ouvert du 10 juin au 9 septembre. Emplacements de 19,50 € à 24 €. Mobil-homes de 410 € à 560 €/semaine. Cottages.

Un camping d'exception au pied du château de Menthon-Saint-Bernard. Les vues sont superbes et l'accueil convivial est perpétué par la même famille depuis plus de 40 ans. Dans un écrin de verdure, c'est à grand poumon que l'on plonge dans ce site entre lac et montagnes. Au calme, avec des emplacements spacieux et à l'ombre de magnifiques tilleuls et platanes, pas d'ambiance festive mais celle de la nature. On rejoint Annecy, à 10 km, en longeant le lac à vélo, ou on embarque sur le bateau omnibus qui dessert les jolies villes et les villages autour du lac.

LE PALACE DE MENTHON***** €€

665, route des Bains
✆ 04 50 64 83 00
www.palacedementhon.com
Ouvert toute l'année. Haute saison : chambre double de 240 à 408 €. Petit déjeuner : 25 €. Restauration. Spa. Ponton.

5 étoiles pour un palace qui en a la majesté naturelle et le charme de l'architecture. Sa situation au bord du lac est exceptionnelle et ses prestations sont de grand standing. Vue exceptionnelle depuis la terrasse panoramique où l'on prend un verre avant de rejoindre le restaurant bistronomique face au lac. Magie de l'été avec accès privatif au lac avec ponton et solarium, splendide piscine couverte, spa... Sans compter l'accueil et le service, efficaces et charmants.

LE CONFIDENTIEL €€

24, route des Moulins
✆ 04 50 02 82 59
http://restaurant-leconfidentiel.fr
Ouvert du mardi au samedi midi et soir. Menus : 35 € et 46 € (3 plats). Terrasse.

Une belle adresse à la cuisine sincère et gourmande située au cœur du village de Menthon depuis un peu plus de dix ans. Sébastien Vrignaud, passé au Clos des Sens, et son épouse Fanchon, sommelière, ont choisi une certaine confidentialité. Un petit restaurant avec une salle élégante et intime qui laisse la place à l'expression d'une cuisine délicate et subtile déclinée selon une formule culinaire simple et efficace : 2 entrées, 2 plats, 3 desserts qui s'additionnent pour former le mot BON. Belle carte des vins et service attentionné.

FERME DE LA CHARBONNIERE €€

1539, route de Thônes ✆ 04 50 02 82 59
Jan-juin : ouvert du mercredi au samedi soir ; le week-end le midi. Juin-oct : tous les jours le soir. Menu unique 25 €.

La Ferme de la Charbonnière est un restaurant à visiter pour tout amateur de fromages. Cette ferme, en exploitation, abrite 80 vaches et produit 300 reblochons par jour. Le restaurant est situé juste au-dessus de l'étable, et permet d'observer les vaches en dessous pendant l'hiver – sans les odeurs ! Ce restaurant sert des spécialités savoyardes (raclette, tartiflette, fondue, reblochonnade, diots, tomme blanche…) en menus uniques, qui incluent même un plateau de fromages de la ferme. Notre recommandation : tester la reblochonnade, un délice !

TALLOIRES-MONTMIN ★★

Talloires est l'un des villages les plus cossus des rives du lac d'Annecy. Son patrimoine religieux – l'abbaye bénédictine aujourd'hui transformée en hôtel et le prieuré de Talloires – est la marque d'un engouement passé. Depuis, sa baie à la vue magnifique en fait un lieu propice aux balades nautiques ou panoramiques. C'est une beauté paisible, qui séduit une clientèle à la recherche d'un farniente de grand standing et d'une gastronomie de qualité. Juste derrière le col de la Forclaz, réputé pour sa vue saisissante sur le lac et d'où s'envolent les parapentistes de tous les pays, Montmin est un charmant village perché qui semble perdu dans la montagne.

RÉSERVE NATURELLE DU ROC DE CHÈRE

Roc de Chère
✆ 04 50 66 47 51
www.cen-haute-savoie.org
Ouvert toute l'année. Toute l'année, des visites guidées sont proposées aux groupes et aux particuliers.

A pied ou à vélo, il faut aller jusqu'à Echarvines et s'arrêter à l'un des joyaux du lac : la Réserve naturelle du Roc de Chère, au panorama unique. Le Roc de Chère est un petit massif montagneux forestier abritant une faune et une flore exceptionnelles liées à la diversité de micro-reliefs et de microclimats, entre falaises abruptes et vallon marécageux. La réserve offre des balades faciles adaptées à tous et ombragées, avec des magnifiques vues depuis ses belvédères.

L'AUBERGE DU PÈRE BISE***** €€€

303, route du Port
✆ 04 50 60 72 01
www.perebise.com
Relais & Châteaux. Chambres à partir de 285 €. Petit déjeuner 40 €. Restaurant gastronomique.

Ils se sont trouvés. D'un côté, un hôtel de charme et de tradition fondé en 1903 sur les bords du lac d'Annecy par le père Bise. De l'autre, le chef doublement étoilé Jean Sulpice et son épouse Magali. Mariage parfait entre un site d'exception, une bâtisse pleine d'Histoire et le confort d'une rénovation complète. Ambiance chaleureuse et raffinée, chambres spacieuses et matières nobles, plage privée, grand parc arboré, vaste terrasse, l'art de vivre du Père Bise !

L'AUBERGE DE MONTMIN €€€

1983, route de Talloires-Montmin
✆ 04 50 63 85 40
www.aubergedemontmin.secretbox.fr
2 étoiles Michelin. Étoile verte. Ouvert du jeudi au dimanche le midi, du vendredi au dimanche le soir. Menu 220 €.*

Avec Sandrine et Florian Favario, la gastronomie va dans le bon sens. Un sens désormais doublement étoilé (et une importante Étoile verte) donné par deux passionnés engagés dans cet artisanat d'art qu'est la cuisine. Deux amoureux d'une nature exceptionnelle dont le chef met les meilleurs produits, extra locaux, en valeur dans des assiettes sublimes pleines d'amour de saveurs insoupçonnées. Dans cette chaleureuse maison, le réconfort d'une cuisine vivante et bienveillante. Même l'omble chevalier meunière arrive à nous surprendre. Une auberge sur les sommets.

L'AUBERGE DU PÈRE BISE €€€

303, route du Port
✆ 04 50 60 72 01
www.perebise.com
2 Michelin. Ouvert jeu soir, du ven au lun midi et soir. Ouvert tlj en juillet et août. Menus de 250 à 290 €. Terrasse.*

120 ans que l'Auberge du Père Bise nous accueille au bord du lac. 6 ans que Jean Sulpice nous régale à cette table exceptionnelle en nous proposant de le suivre sur des itinéraires gourmands. Un chef en symbiose avec les éléments, en harmonie avec une nature vivante. Une cuisine engagée, responsable, trait d'union entre le terroir et l'assiette pour créer des émotions comme des échos en chacun de nous. A la table gastronomique, il faut ajouter le restaurant 1903 et le Marius Bar, table de gourmandises avec son élégante terrasse face au lac. Sublime !

L'ABBAYE DE TALLOIRES €€€

✆ 04 50 60 77 33
www.abbaye-talloires.com
Ouvert du mercredi au dimanche soir (tous les soirs en haute saison), samedi et dimanche midi. Menus de 79 à 149 €.

Extraordinaire Abbaye de Talloires dont l'histoire millénaire se réinvente sans cesse. Dans un cadre féerique, l'Abbaye est gardienne d'une certaine tradition, celle de recevoir avec un service d'excellente qualité, tout en évoluant vers une modernité maîtrisée grâce à une équipe de passionnés. Le chef Frédéric Claudel donne un nouveau souffle en cuisine, travaillant les produits de saison de nos terroirs. Charly, sommelier d'exception à la tête d'une des plus belles caves de France, marie mets et vins à la perfection. Purs instants gourmands à partager.

SÉVRIER

La plaisante station touristique de Sevrier se blottit entre l'entrée du Parc naturel des Bauges et la rive ouest du grand lac d'Annecy. L'ancienne voie romaine traversant Annecy vers Faverges a fait place à une longue piste cyclable longeant la rive et ses roselières préservées. Au port de Sevrier, une importante base nautique du tour du lac avec 400 anneaux, les activités de voile sont particulièrement favorisées tout comme la baignade depuis la belle plage ombragée aux équipements entièrement rénovés. Très prisés également, les deux musées, celui de la cloche (Musée Paccard) et des traditions savoyardes (Ecomusée du lac d'Annecy).

MUSÉE PACCARD ★★

215, route de Piron ✆ 04 50 52 47 11
www.musee-paccard.com
Ouvert du lundi au samedi de 10h à 12h30 et de 13h30 à 18h, dimanche après-midi, sauf 25/12 et 01/01. Adulte 8,50 €.

La passion ne cesse de grandir au musée Paccard, une maison d'exception née en 1796, dont le nom résonne dans les clochers du monde entier. La maison Paccard, qui détient quelques records avec des cloches aux gabarits hors normes, a fait construire un véritable clocher de plain-pied à visiter pour mieux comprendre le métier de campaniste. Petits et grands pourront même sonner les cloches ! Autre découverte magique avec Ars Sonora®. Visites guidées du musée et de la fonderie, coulée des cloches, visites pédagogiques, séminaires… Pause au Paccard Gourmand.

MUSÉE PACCARD ★★

215, route de Piron - **SÉVRIER**
✆ 04 50 52 47 11
www.musee-paccard.com

Ouvert du lundi au samedi de 10h à 12h30 et de 13h30 à 18h, dimanche après-midi, sauf 25/12 et 01/01. Adulte 8,50 €.

La passion ne cesse de grandir au musée Paccard, une maison d'exception née en 1796, dont le nom résonne dans les clochers du monde entier. La maison Paccard, qui détient quelques records avec des cloches aux gabarits hors normes, a fait construire un véritable clocher de plain-pied à visiter pour mieux comprendre le métier de campaniste. Petits et grands pourront même sonner les cloches ! Autre découverte magique avec Ars Sonora®. Visites guidées du musée et de la fonderie, coulée des cloches, visites pédagogiques, séminaires… Pause au Paccard Gourmand.

LE PANORAMIC CAMPING**** €€

22, chemin des Bernets ✆ 04 50 52 43 09

www.camping-le-panoramic.com

Ouvert de mi-avril à fin septembre. Studio, chalets, mobil-homes, appartements 2 à 8 pers. A partir de 350 €/semaine.

La vue imprenable sur le lac et les montagnes, la nature préservée aux portes du Parc naturel régional des Bauges, des prestations de qualité toujours améliorées, une restauration de qualité toute la journée (en été) avec des produits du terroir, sans oublier un accueil adorable, une équipe fantastique autour de Sébastien et les animations pour adultes et enfants par AnimaFêtes... Vous ne rêvez pas, vous avez bien réservé votre prochain séjour au Panoramic Camping ! Un paradis avec vue panoramique, une adresse de confiance pour un séjour inoubliable !

AU PACCARD GOURMAND

215, route de Piron

✆ 04 50 52 47 11

www.musee-paccard.com

Ouvert tous les jours de 8h30 à 18h30, sauf l'après-midi le dimanche et les jours fériés.

A toute heure, les cloches sonnent la pause gourmande chez Paccard, le célèbre fondeur de cloches installé sur les bords du lac d'Annecy. Près de la fonderie et du musée, le salon le thé propose des gourmandises toute la journée. Et ça commence dès le petit déjeuner servi avec une cloche en chocolat noir ou au lait réalisée par Cocoa Valley, fabricant local de qualité. Pour les sodas, ce sont les Brasseurs Savoyards qui représentent la région, mais encore Yaute Cola ou un thé glacé savoyard, Yaute & Tea. Thé en vrac que l'on ne trouve pas forcément ailleurs !

SPORT A TOUT PRIX

3640, route d'albertville

✆ 04 50 66 93 35

www.sport-annecy.com

Ouvert du lundi au vendredi de 9h30 à 12h30 et de 14h à 19h. Samedi de 9h30 à 19h.

Un excellent magasin de déstockage de sport, qui offre l'avantage en hiver de louer des skis à la journée ou à la saison. Le matériel est varié et saisonnier, de bonne qualité, et offre des remises vraiment intéressantes, jusqu'à -70 %. Il y a également une large gamme de textile. Il est situé à deux pas du lac, sur la route principale de Sevrier, ce qui le rend parfait pour combler les oublis de dernière minute : maillot de bain, paddle, chaussures de marche... Ici, c'est notre base de ravitaillement pour tout le matériel de sport !

DUINGT

Duingt se distingue par sa presqu'île sur laquelle pose son fier château privé de Ruphy. Face à la falaise du Roc de Chère, son avancée marque l'extrémité sud du grand lac et le passage vers le petit lac. Souvent peint depuis la rive opposée de Talloires – sa plus belle perspective –, notamment par Cézanne, il se repère aussi bien depuis la ville d'Annecy que du village de Doussard à son opposé. Le village a gardé son charme médiéval avec ses ruelles étroites et ses petites maisons rustiques savoyardes aux escaliers extérieurs et aux murs ornées de treilles. Balade sur la crête du Taillefer pour une belle randonnée surplombant le lac jusqu'à Annecy.

LE BON WAGON

107, rue des Prés Bernard

✆ 04 50 19 50 57

www.lebonwagon.fr

Été : ouvert tous les jours de 9h à 19h. Sinon, du mardi au dimanche de 10h à 18h.

Café-cycliste, une catégorie que nous n'avions pas prévue dans notre guide ! Dans l'ancienne gare de Duingt, le long de la piste cyclable qui fait le tour du lac, impossible de manquer Le Bon Wagon. Un lieu multi-facettes avec dénominateur commun, le vélo. Terrasse et salle pour le ravito avec un café - cafés de spécialité, bières artisanales, boissons fraîches -, une boutique (tout pour le vélo), un service de location de vélos pour profiter du lac et de nombreux services - mécanique, recharge... - pour repartir tranquille.

DOUSSARD

Dominée par la Tournette à l'est et le Taiffer à l'ouest, limitée au nord par le lac qui la contraint en un ruban qui s'étire jusqu'au village de La Thuile, Doussard a compté dans l'histoire du duché de Savoie. Le petit village offre aux visiteurs tous les charmes d'une station balnéaire, tout en conservant la beauté verdoyante de la plaine et des Bauges voisines. De nombreux touristes décident d'y séjourner pour ses nombreuses solutions d'hébergement à un tarif économique : hôtels, résidences, campings donnant accès à toutes les activités, dont la plage de sable du Bout-du-Lac, réputée et gratuite, où la baignade est surveillée en juillet et août.

BEC €€

590, route d'Annecy
✆ 04 50 19 63 13
www.restaurantbec.com

Ouvert du mardi au samedi le midi et le soir. Menu du jour 25 €. Menus carte 39 € et 51 €.

Une maison chaleureuse, proche du lac, où l'on se sent comme chez soi mais en beaucoup mieux ! Depuis 4 ans, BEC nous régale d'une cuisine d'instinct, inspiré par les meilleurs produits de saison, parfois locaux comme ce cochon du mont Charvin, parfois d'ailleurs comme ce homard. Le chef, Brice Collon, Maître Cuisinier de France, qui a ramené de ses voyages des saveurs venues d'ailleurs, ose des mariages qui subliment les produits jusqu'aux desserts. Autres plaisirs à partager avec des planches apéritives et de bons verres. Coup de cœur assuré !

RÉSERVE NATURELLE DU BOUT-DU-LAC ★

Route de la Vieille Eglise ✆ 04 50 66 47 59
www.cen-haute-savoie.org
Ouvert toute l'année. Accès libre sur sentier balisé uniquement. Accès handicapés moteur et poussettes. Visite guidée.

Le site du Bout-du-Lac est la dernière grande zone humide des bords du lac d'Annecy, classé réserve naturelle en 1974, témoin de 20 000 ans d'évolution des milieux. Ce marais abrite des milieux diversifiés et nombreuses espèces animales, dont l'emblématique castor réintroduit en 1972. Un sentier pédagogique accessible aux fauteuils roulants permet de visiter la roselière et d'accéder à la tour médiévale de Beauvivier, devenue un observatoire. On reste bien sur les sentiers aménagés !

MAISON DE LA POMME ET DU BISCANTIN

62, route du col du Marais ✆ 04 50 44 66 96
www.thonescoeurdesvallees.com
Ouvert les mercredis et vendredis de 15h à 18h. En été, ouvert du lundi au vendredi 15h-18h. Enfant 2 €, adulte 3 €.

Dans ce petit musée, l'association des Vergers de la vallée de Thônes présente l'histoire de la pomme de montagne, qu'animent des marionnettes automates représentant les 4 saisons. Le Biscantin est un cidre très parfumé, issu de variétés de pommes anciennes typiques des vallées de Thônes, Manigod et Val-Sulens, au goût acidulé que l'on apprécie également cuites au four. Une fois la visite terminée, on passe à la dégustation ! Fête de la Pomme et de l'Âne le premier dimanche d'octobre.

VAL DE CHAISE

Située sur un plateau ensoleillé et traversé par la rivière de la Chaise, elle donne sur 2 chaînes de montagne. On se trouve ici à proximité des stations familiales de ski nordique du Val Tamié-Les Combes et de ski alpin de La Sambuy (Seythenex). Le bourg se visite pour ses maisons anciennes, la maison forte du Villard avec son colombier et son église néogothique du XIXe siècle. Son ancienne voie ferroviaire est devenue un tronçon de l'agréable piste cyclable du lac d'Annecy, menant d'Annecy à Albertville en longeant la plage de Doussard. De plus, sa base de parapente et son plan d'eau ouvert à la pêche offrent un potentiel de loisirs non négligeable.

THÔNES

Au cœur du massif des Aravis, la vallée de Thônes est le pays du reblochon ! Un rôle historique qui lui est conféré par sa position privilégiée entre lac et montagnes. D'Annecy au col des Aravis, depuis le XIXe siècle, Thônes joue un rôle majeur dans l'histoire économique de la vallée. La commune vivait alors de la production de son fromage local (reblochon, chevrotin, tomme) et de l'exploitation du bois. Au XXe siècle, la production manufacturière s'est industrialisée, avec une forte croissance pour des entreprises comme Mobalpa, leader dans la production de meubles de cuisine. Le tourisme est depuis devenu une des principales activités de la commune.

SERRAVAL

Serraval séduit par le charme d'une nature préservée et de hameaux aux fermes typiques. Sur la route du col de l'Epine qui mène au sud à la Haute-Savoie via Faverges, le joli petit village autrefois rattaché à la commune du Bouchet n'est qu'à quelques kilomètres de Thônes, dans la vallée de Val-Sulens. C'est un point de départ de nombreuses randonnées vers la Tournette et le Sulens. A noter, quelques fêtes locales en été et la réhabilitation des vergers locaux et de la production issue de leurs fruits (pommes et poires).

ABRI SOUS-ROCHE

Route de la Balme de Thuy
✆ 04 50 02 00 26
www.thonescoeurdesvallees.com
Visites guidées gratuites juillet et août les jeudis 9h et 11h (7-12 ans), vendredis 9h, 10h, 11h (familles dès 11 ans).

Un grand bond dans la Préhistoire pour en découvrir les premières traces d'occupation dans l'un des rares sites paléolithiques des Alpes. Il y a 10 000 ans, cet habitat naturel abritait un campement qui a été reconstitué et permet aux visiteurs d'imaginer comment ces premiers pêcheurs, cueilleurs et chasseurs à l'arc se sont installés dans cette vallée. En juillet et août, l'abri sous-roche prend vie et ouvre les portes de son histoire : des visites guidées de l'abri ainsi que des ateliers de fouilles pour enfants sont organisés.

© FDT

© FDT

LE FARTO

40, route d'Annecy
✆ 04 50 88 12 50
www.reblochon-thones.com
Ouvert du lundi au samedi 8h-19h, dimanche de 9h30 à 12h30 et de 14h30 à 19h. Visite guidée le samedi sur réservation.

En matière de fromages de nos alpages, à commencer par le reblochon fermier, c'est bien ici qu'il faut se rendre ! Simple d'accès sur la route des Aravis (vaste parking), la boutique se situe dans les locaux de la coopérative, sur un site unique taillé dans la roche. À l'issue de la visite, libre ou guidée, choisissez vos fromages fermiers. Affineur de reblochon, chevrotin, tomme de Savoie fermière, abondance et beaufort, AOP et IGP de qualité, à rapporter chez soi bien emballé. Authenticité, choix, conseils de passionnés, ce Farto mérite toutes les distinctions !

© FDT

© FDT

© FDT

ÉCOMUSÉE DU BOIS ET DE LA FORÊT ★

Scierie des Étouvières ✆ 04 50 32 18 10
www.ecomuseedubois.fr
Fermé de novembre à mars. Ouvertures, se renseigner. Adulte : 6 €. Enfant (6-18 ans) : 4 €. Ateliers. Visite guidée.

Les forêts sont une part importante du patrimoine naturel de Thônes, et l'artisanat et l'exploitation du bois ont été un élément majeur du développement économique au XIXe siècle. Pour tout connaître de la filière bois, l'écomusée propose une remontée dans le temps avec la visite de l'ancienne scierie hydraulique du XIXe siècle. Complétant la visite, il faut partir pour une promenade animée pour mieux comprendre les liens entre l'homme et son environnement forestier.

ÉGLISE SAINT-MAURICE

Place de l'Hôtel de Ville
✆ 04 50 02 00 26
www.thones-valsulens.com
Ouvert tous les jours. Visite guidée : 3 €, juillet et août tous les lundis à 16h30, inscription à l'office de tourisme.

Construite à la fin du XVIIe siècle, l'église Saint-Maurice est classée aux Monuments historiques depuis 1923, pour son retable baroque finement sculpté et peint. Son clocher à bulbe typique est un symbole de la période du baroque savoyard ; il abrite quatre cloches, dont deux fondues par les frères Paccard (voir Saint-Jorioz). Endommagée entre la période de la Révolution et les bombardements de la Seconde Guerre mondiale, elle a subi de nombreuses restaurations jusqu'à aujourd'hui. Messes les mardis, mercredis, vendredis et samedis à 18h ; le dimanche à 10h30.

ESPACE MUSÉAL DE THÔNES ★

2, rue Blanche
✆ 04 50 02 97 76
www.espace-museal-thones.fr
Ouvert tous les jours, sauf dimanche. Gratuit -12 ans. Adulte : 5,20 €. Visite guidée (gratuite). Animations.

En plein cœur de la ville, juste au-dessus de l'office de tourisme, l'Espace Muséal de Thônes occupe le site de l'asile Avet, construit en 1862 pour servir de « chauffoir » aux personnes âgées et d'école aux enfants. Sur deux étages, les collections nombreuses et variées, exposées en hommage au patrimoine et aux habitants du pays de Thônes, retracent l'histoire de la vallée depuis l'époque préhistorique jusqu'à nos jours. Une application guide le visiteur tout au long du parcours commenté et un jeu de pistes promet une belle découverte en famille.

MUSÉE DE LA RÉSISTANCE ET DE LA DÉPORTATION

Route de Thônes ✆ 04 50 33 49 50
www.hautesavoiexperience.fr
Fermé de mi-novembre à début mars. Haute saison, tous les jours 10h-12h30 et 14h-18h. Adulte : 3 €. Enfant +8 ans : 2 €.

Le site naturel de Morette est devenu le cimetière des résistants savoyards de la Seconde Guerre mondiale, une Nécropole Nationale, à l'issue des évènements tragiques et héroïques qui se sont déroulés au plateau des Glières en mars 1944. A quelques pas, les chalets d'alpages de la Mémoire du Maquis abritent le musée départemental de la Résistance où sont organisées des visites commentées et des projections de documentaires, et le mémorial de la Déportation qui en retrace l'histoire.

OFFICE DE TOURISME

1, rue Blanche
✆ 04 50 02 00 26
www.thonescoeurdesvallees.com
Ouvert du lundi au samedi. En juillet et août, ouvert tous les jours. Accueil Vélo, Famille Plus.

Mobilisée pour faire découvrir le pays de Thônes, le val de Sulens, mais aussi les villages au pied de La Tournette et du Parmelan, l'équipe de l'Office de Tourisme de Thônes va bien au-delà des informations habituelles fournies dans les offices de tourisme. Elle organise et propose de nombreuses visites guidées de sites représentatifs du patrimoine naturel et traditionnel, et des expositions valorisant ce patrimoine à l'espace muséal de Thônes ou à l'écomusée du Bois et de la Forêt. Visites de fermes de juin à septembre et pendant les vacances de février.

LA FERME DES VÔNEZINS €€€

Route de Glapigny
✆ 04 50 68 18 29
www.lafermedesvonezins.com
Ouvert toute l'année. Chambre double à partir de 295 €. Petit déjeuner inclus. Mazot. Restauration.

Une ferme-chalet d'alpage familiale transformée en maison d'hôtes. À pied, au détour du chemin, on découvre la ferme d'alpage à l'aplomb de la montagne de Vaunessin. La terrasse qui offre une vue superbe sur la vallée de Thônes et le mont Lachat invite à y déguster une collation au retour de promenade. La carte se concentre sur les spécialités savoyardes avec quelques escapades gourmandes. À l'intérieur, la décoration chinée renforce le côté confort, charme « authentique » et cosy de cet hébergement d'altitude. Une adresse à découvrir pour son cadre authentique !

HAUTE-SAVOIE

SAINT-JEAN-DE-SIXT

Situé à 960 mètres d'altitude, au carrefour menant vers les stations de La Clusaz ou du Grand-Bornand, le village de Saint-Jean-de-Sixt a l'avantage de proposer une alternative à prix raisonnable pour les familles. Une navette emporte les skieurs vers la station de leur choix. En hiver, si les promenades en raquettes demeurent fréquentes, on peut aussi compter sur les 12 km de pistes de ski nordique. Et en été, le saut à l'élastique est l'une des grandes attractions du site. C'est ici que naquit le Bienheureux Pierre Favre en 1506, premier prêtre jésuite. A découvrir, les randonnées ponctuées de haltes gourmandes dans les fermes d'alpage.

BUN J RIDE

Chemin Léon Laydernier
✆ 06 61 46 50 18
www.bun-j-ride.com

Ouverture d'avril à octobre le week-end et 6j/7 l'été. Sauts : à partir de 75 €.

Sensations fortes garanties ! Créé en 2009 par le Haut-Savoyard Jean-François Michelin, Bun J Ride est le premier site au monde de saut à l'élastique lancé sur tremplin. Une exclusivité mondiale ! A vélo ou à pied, seul ou en tandem, on s'élance d'un véritable tremplin, long de 28 mètres, ancré dans une falaise, pour un saut de 40 mètres de hauteur avec figures libres à l'aplomb du torrent. Un deuxième site de Bun J Ride est ouvert à Tignes pendant la saison d'hiver avec des sauts sur neige. De quoi combler les téméraires, avides de sensations fortes !

LE CAIRN €€€

41, route de Thônes
✆ 04 50 10 82 45
www.lecairn-stjean.fr

Ouvert du mardi au jeudi le soir ; le vendredi et le samedi midi et soir. Menus de 56 € à 68 €. Terrasse.

En montagne, un cairn - monticule de pierres - est à la fois un repère sur le chemin et l'empreinte de notre passage. Des repères, Charline Camazzola et Adrien Pollet en ont de solides, dans la région et dans le monde entier. Ces jeunes passionnés de cuisine, de produits locaux et de belles rencontres vont marquer de leur empreinte la gastronomie. Dans des assiettes dressées avec talent et imagination, une cuisine créative sublime les produits des fermes locales. Très jolie salle lumineuse et chaleureuse. Excellente découverte locale.

FERME ANGELLOZ

600, route du Bois de l'Envers
✆ 04 50 02 29 81
www.reblochon-fermier-aravis.com

Horaires variables selon saison et localisation : voir sur le site web ou appeler en amont.

Reblochon, tomme, faisselle et fromage frais sont fabriqués à la ferme de Sandra et Pierre Angelloz, au lieu-dit Forgeassoud Dessous à Saint-Jean-de-Sixt. Durant l'hiver la vente se fait en directe, sur place. L'occasion aussi de visiter l'atelier de fabrication – derrière les baies vitrées pour des raisons d'hygiène –, les caves d'affinage et l'étable, avec dégustation à la clé (payant). De mai à septembre, le troupeau se déplace en alpage au col des Aravis pour brouter de l'herbe fraîche. Les produits sont également vendus en ligne sur le site internet.

LE GRAND-BORNAND ★★

Le village du Grand-Bornand est un site harmonieux de pierre et de bois, ceinturé d'une forêt, avec en toile de fond la chaîne des Aravis au sud-est et celle du Bargy au nord. Porte d'entrée de la vallée du Bouchet, dominée par la Pointe Percée et le col des Annes, il est bordé par le torrent du Borne qui lui donne son nom. C'est une agréable localité riche d'un patrimoine naturel préservé, qui s'enorgueillit d'authentiques chalets multi-centenaires regroupés auprès de l'église et son clocher à bulbe ou disséminés sur les pentes environnantes. L'exploitation du bois, une de ses économies historiques, a permis de développer des savoir-faire dans la construction et l'artisanat que l'on retrouve dans les caractéristiques propres aux fermes bornandines – La Maison du Patrimoine en est un exemple parlant. Elles sont les témoins d'une agriculture montagnarde traditionnelle encore très vivante aujourd'hui. L'important troupeau d'Abondance – les fameuses Pie-Rouge – nourri de ses alpages en fait le « berceau du reblochon ». Entre tradition et modernité, ce village heureux s'épanouit au cœur d'une des vallées les plus ensoleillées des Aravis, aux confins de la vallée du Borne et de la vallée de Thônes, et se singularise par une activité touristique aussi riche en hiver qu'en été. Son annexe naturelle du Chinaillon, étape incontournable sur la route du col de La Colombière – obstrué par la neige de fin novembre à fin mai –, a installé son premier téléski en 1953.

Le col de l'Oulette.

COL DES ANNES

col des Annes

Randonnée très facile : 100 m de dénivelé, 4,6 km aller-retour. Environ 1h30 de marche. Uniquement en été.

Le col des Annes est un endroit à voir pour tout visiteur des Aravis. On y découvre un nouveau type de paysage, comme un bout d'Écosse dans les Alpes, et une architecture très différente du reste du massif.

Le voyage commence bien avant la balade que nous vous proposons. En grimpant la petite route qui serpente de la vallée du Bouchet au col, accessible en voiture seulement en été, on s'émerveille en contemplant les belles fermes et les montagnes presque impressionnantes. Quelques remontées mécaniques permettent de s'imaginer la vie en hiver, quand tout est recouvert de neige et que les skieurs dévalent les pentes avec plaisir.

Nous vous conseillons une randonnée très simple et presque plate qui démarre depuis le col, parfaite pour les familles. Elle vous permettra d'avoir une vue à 360° sur la chaîne des Aravis et sur le village du Grand-Bornand, situé juste de l'autre côté de la montagne.

Garez votre voiture puis, juste à gauche de la route, suivez la direction « K'ro de la Mi Our », puis « Clef des Annes » et « Col du Vacheret ». Arrivé à ce col, vous découvrirez une autre vue. Tournez à gauche et suivez le chemin sur la crête jusqu'à rejoindre Terre Rouge, en haut des télésièges, où il y a plusieurs tables de pique-nique pour déjeuner ou se reposer.

La balade se fait en aller-retour ; une fois que vous avez rejoint le Col des Annes de nouveau, profitez de l'un des restaurants présents sur place pour vous régaler avec d'excellents beignets de pomme de terre ou acheter des fromages fermiers. Et vous voilà rechargé de bonheur !

MAISON DU PATRIMOINE ★

305, route du Patrimoine

✆ 04 50 02 79 18

https://patrimoine-legrandbornand.com

Ouvert de juin à septembre et pendant les vacances. Horaires d'ouverture et visites guidées variables, voir site web.

Incontournable ! Une ferme traditionnelle de 1830, classée Monument historique, dans un périmètre protégé, qui est devenue un écomusée grâce au dynamisme bienveillant de l'association du Patrimoine Bornandin. Ses membres invitent le visiteur à découvrir la vie quotidienne d'un village de montagne du XIXe siècle à travers son passé et son architecture typique. On y apprend à reconnaître la « pointe d'âne », le « solaret » ou la « crédence » comme un vrai Bornandin. Jeu de piste et autres ateliers pour les enfants en juillet et août.

BUREAU DES GUIDES DU GRAND-BORNAND

62, place de l'Église ✆ 04 50 02 78 18

www.guides-des-aravis.com

En juillet-août, ouvert tous les jours de 18h à 19h. Hors permanence, s'adresser à la Maison du Tourisme.

Regroupés avec les bureaux de La Clusaz et Thônes, les guides du Grand-Bornand proposent des activités en toute sécurité ! Que l'on soit novice ou expert, pour explorer la montagne ces professionnels se mettent à notre service. Toutes les semaines, ces passionnés expérimentés proposent des activités sportives au cœur des Aravis : randonnées thématiques, via ferrata, escalade, VTT, canyoning... Les plus jeunes ont droit à des activités spécifiques et à des randonnées nature et à thème.

LES CIMES**** €€€

16, route du Chinaillon

✆ 04 50 27 00 38

www.hotel-les-cimes.com

Fermé de mai à mi-juin, d´octobre à novembre. 8 chambres (3 suites). Chambre double de 99 à 289 €. Spa.

Un concept store hôtelier original, chic et cocooning, au pied des pistes du Chinaillon. Une hôtellerie de qualité dans un décor aux détails raffinés et des services attentionnés. Chambres typiques ultra confortables. Les Cimes sont un établissement de charme qui a conservé la structure traditionnelle de madriers et toit de tavaillons tout en accueillant dans ses murs un hôtel cossu, au décor de chalet, maîtrisant les tendances du design et incluant un bar lounge, un spa... Le spa est bienvenu, surtout après les sorties en pleine nature. Une belle adresse !

HAUTE-SAVOIE

LES ÉCUREUILS*** €€

431, route de la Vallée du Bouchet
✆ 04 50 02 20 11
www.hotel-les-ecureuils.com

17 chambres. Demi-pension de 90 à 180 € par nuit par personne, base semaine. Spa et piscine inclus.

Chalet hôtel de charme, aux boiseries blondes typiques de nos montagnes et pierres apparentes, décor élégant, confort moderne, les Écureuils proposent le meilleur de la tradition depuis 20 ans. Face à la chaîne des Aravis, à 100 m des télécabines et du cœur du Grand Bo, ce lieu chaleureux, pensé pour le confort de tous, par deux passionnés, Nadège et Fabrice, est un véritable cocon. Piscine chauffée d'été, spa, sauna... et des chambres savoyardes douillettes. Petit déjeuner de qualité, et cuisine raffinée de Fabrice, faite de terroir. Rien que du bonheur !

LE CHALET VENAY €

1031, route du Col de la Colombière
04 50 27 02 01
www.lechaletvenay.com
Ouvert du mercredi au dimanche midi et soir, sauf dimanche soir. Carte environ 25 €. Soirée raquette-repas mercredi.

On chemine en direction du col de la Colombière pour atteindre cette ferme d'alpage de 1841, rénovée et transformée en restaurant de spécialités savoyardes. Surplombant la route départementale et les alpages transformés en pistes de ski l'hiver, la ferme et sa terrasse panoramique enchantent. A la carte, des spécialités appétissantes et généreuses : tourte au reblochon, beignets de pommes de terre, assiette de tomme blanche, charcuterie artisanale, fondue, raclette... Cet endroit a une allure de « bout du monde ». Une excursion gourmande inoubliable.

CONFINS DES SENS €€

341, Le Villavit
04 50 69 94 25
www.restaurant-grand-bornand.com
Ouvert du jeudi au lundi midi et soir, sauf dimanche soir. Menu midi : 32 €. Menus de 55 € à 75 €.

Quel joli nom, quel joli site aux Confins des Sens ! À deux pas du village, la terrasse offre une vue dégagée sur une nature prodigieuse. À l'intérieur, la salle offre un écrin chaleureux avec ses pierres apparentes, ses sièges confortables, sans oublier l'accueil et le service parfaits. Cuisine gourmande réalisée par des passionnés, Jean-Sébastien et Anthony, qui nous livrent une « Balade gourmande » dans les Aravis. Beau travail autour du foie gras et des poissons. La sélection de vins de terroir accompagne cette belle promenade gastronomique.

DIDIER PERRILLAT-MONET

280, route de Villavit
04 50 32 12 73
www.bourrelier-hautesavoie.com
Ouvert le lundi de 14h30 à 19h ; du mardi au samedi de 9h à 12h et de 14h30 à 19h.

Didier Perrillat-Monet est le dernier bourrelier des Alpes : il travaille le cuir des colliers des cloches des vaches. C'est dans son village natal que le maître artisan a son atelier-boutique (pas de visites par manque de place). Bien que le monde agricole représente 80 % de sa clientèle – 200 courroies chaque année –, il réalise aussi des pièces personnalisées pour la décoration : cloche avec courroie personnalisée, ceintures, plateaux de fromage, colliers pour chien... en cuir de qualité, et en cuir végétal. Produits authentiques de l'artisanat haut-savoyard.

ÉCOLE DE VTT DES ARAVIS

Maison du Tourisme
04 50 02 78 18
www.compagnie-guides-aravis.com
En fonction des conditions. Sorties collectives en juillet et août. Haute saison : ouvert tous les jours. Stages.

Avec le mythique col de la Colombière souvent visité par le Tour de France, le Grand-Bornand est le paradis du cyclisme sportif. La station a aussi ses adeptes de VTT en freeride qui troquent leur équipement de glisse sur neige pour leur VTT de descente et de vitesse en été. L'été, découvrez 8 itinéraires (75 km de pistes balisées) au sommet de la télécabine du Rosay, et 2 pistes au départ du télésiège du Châtelet ! Le forfait Aravis, c'est 200 km de pistes sur 3 stations. Possibilité de s'initier ou randonner avec un guide dans l'espace freeride.

GOLF LE ROCHER BLANC

4538, route de la Vallée du Bouchet
04 50 02 70 11
www.golf-grandbornand.com
Ouvert tous les jours de 9h à 19h. Restauration. Boutique. Club house.

Un golf privé créé en 1987 par la famille Périllat, sur un ancien terrain agricole en direction de la vallée du Bouchet. C'est un golf de montagne en pente douce, très agréable en été et accessible à tous. Le parcours homologué 9 trous (de 65 à 310 m de long), par 30, permet jeu de fers et de put sur de beaux greens verts. Le Grenier est devenu un club-house avec salle de restaurant Le Rocher Blanc, bar, pro-shop et grande terrasse donnant sur le practice. Hébergement en chalet-hôtel de charme : Les Fermes de Pierre et Anna.

PATINOIRE

186, route de la Patinoire
04 50 02 79 06
www.legrandbornand.com
Ouvert en hiver. Vacances : 10h-12h / 14h-19h. Mercredi, vendredi, dimanche : matin enfants. Tarif 9 € avec patins.

Face au village et au massif des Aravis, une patinoire couverte de 800 m², idéale par mauvais temps. Pour les enfants de 3 à 10 ans, un Jardin des Glaces, constitué de modules ludiques, est mis gratuitement à leur disposition à certains horaires, afin de favoriser leur apprentissage en toute autonomie sur la glace. Des animations, il y en a aussi pour les jeunes et les adultes qui sont invités à découvrir la patinoire le soir sous les « spotlights ». Surtout ne manquez pas le « Dancefloor Gelé », une formule festive avec DJ en live les mercredis soir !

HAUTE-SAVOIE

LA CLUSAZ ★★

La Clusaz est aujourd'hui l'une des stations-villages les plus conviviales de Haute-Savoie. Elle a su garder son cachet en préservant la beauté de ses chalets plus que centenaires et le style savoyard au cœur du village. En effet, ce charmant village des Aravis est devenu en l'espace d'une centaine d'années une des stations de ski les plus prisées des Annéciens, à environ 30 min du lac d'Annecy. Il doit son nom à sa situation géographique particulière : une cluse, ou défilé enserré entre deux montagnes.

Sports / Loisirs

Dès 1907, les premiers skieurs contribuèrent à faire connaître cet authentique village qui vivait alors de son agriculture pastorale (production de reblochon) et de son économie forestière. Ses pentes enneigées de moyenne montagne ont attiré un tourisme d'hiver dès les années 1920 avec la construction du téléski de Beauregard (en 1955) qui participera au fort développement des activités sportives. Au-delà du village, on se rend au très ensoleillé lac des Confins, un site très apprécié des randonneurs qui devient en hiver un des deux domaines nordiques avec le plateau de Beauregard. La Clusaz est également le paradis des freestylers.
Dans l'écrin vert de ses doux alpages fleuris de la chaîne des Aravis, La Clusaz est un village très agréable en été. On y pratique de nombreuses activités sportives de plein air, entre randonnées, sorties en VTT et vols en parapente, et son offre de bien-être s'est enrichie : espace aquatique, spa...

LE HAMEAU DES ALPES

44, route de Patton
www.lehameaudesalpes.com
Horaires variables. Ouvert toute l'année. Entrée : 7 € ; tarif réduit : 4 €, gratuit enfants de moins de 5 ans.

Une superbe ferme rénovée qui présente le patrimoine savoyard et clusien. Un jeu de piste sensoriel et numérique permet d'accéder aux secrets de fabrication du reblochon fermier de façon très ludique pour petits ou grands. Grâce aux objets de collection de l'espace ski, on découvre l'évolution de ce sport et on découvre les champions locaux, tandis qu'on explore la vie traditionnelle et l'artisanat d'antan dans les annexes du hameau. Un sentier pédagogique mène du centre-village au Hameau des Alpes en suivant des bornes thématiques.

OFFICE DE TOURISME LA CLUSAZ

161, place de l'Église
✆ 04 50 32 65 00
www.laclusaz.com
Ouvert tous les jours en saison hiver et été. Hors saison, fermeture le dimanche.

Pour connaître les ressources de la station et les activités de la saison d'hiver, sur piste et version freeride pour augmenter le plaisir, ou d'été quand le domaine se transforme en espace VTT à la fois performant et familial. C'est aussi le point de rendez-vous des visites guidées du village avec un guide du patrimoine des Pays de Savoie (sur inscription). Une station riche en événements qui possède les labels Qualité Tourisme et Famille Plus Montagne !

Chapelle des Aravis, La Clusaz.

LA FERME €€

1078, route des Aravis ✆ 04 50 02 50 50
www.lesfermiers.com

12 chambres. Chambre double de 195 € à 210 €. Petit déjeuner 17 €. Parking inclus. Jeux pour enfants. Restaurant.

Magie des lieux, authenticité du cadre, et bienveillance naturelle de toute une équipe, Stéphen Requet et Anouck en tête : bienvenue à la ferme ! Au cœur des alpages fleuris l'été, et au milieu des pistes enneigées l'hiver, les saisons s'invitent chez les fermiers dans un carrefour de bonne humeur. Chambres douillettes, la plupart avec balcon, lits avec oreillers et couettes en duvet… Et que dire du sauna panoramique sur la vallée ! Petit déjeuner de qualité, excellente cuisine de terroir au restaurant... Du rêve à la réalité, ici Noël se vit toute l'année !

LE CHALET DU LAC €€

307, chemin de Laythet ✆ 04 50 02 53 26
www.lechaletdulac-laclusaz.com
Été et hiver : ouvert tous les jours midi et soir. Sinon : du jeudi au dimanche. Menu à 30 €. Carte : 25 € environ.

Le Chalet du Lac a une allure de maison du bout du monde, surplombant le lac des Confins, au cœur de la jolie réserve naturelle des Aravis. A l'arrivée d'une magnifique balade autour du lac, on s'installe sur la terrasse ensoleillée ou, le soir, dans une des salles intimes. On se laisse tenter par une spécialité du restaurant comme cette assiette rustique de tomme blanche avec beignets de pommes de terre et charcuterie, ou cette belle fricassée de caïon – le cochon en patois savoyard – accompagnée du traditionnel gratin savoyard. Une jolie parenthèse gourmande !

LA FERME €€

1078, route des Aravis
✆ 04 50 02 50 50
www.lesfermiers.com
Ouvert tous les jours midi et soir (sauf 15 premiers jours oct et du 15 au 30 mai). Carte.

Chez ces fermiers au milieu des alpages, c'est naturellement que le chef Franck Birette cuisine des produits frais et locaux. Dans un décor de carte postale, hiver comme été, tous les gourmands vont se régaler à La Ferme, chez Anouck et Stephen. Plaisir de savourer une cuisine 100% maison qui change au rythme des saisons, comme ce paleron de bœuf cuit 6h aux arômes inédits. Spécialités de nos montagnes avec un reblochon fondu sous la braise ou une raclette végétarienne. Du bonheur à partager et à prolonger en réservant une chambre. Une Ferme comme on aime.

CRÈMERIE DES ARAVIS

6, place du Petit Casino ✆ 04 50 02 60 93
www.alainmichel-fromager.com
En saison, ouvert tous les jours de 8h à 12h30 et de 15h à 19h. Horaires variables selon la saison.

Une crèmerie signée Alain Michel, 4e génération de fromager affineur, passionné des bons produits des Savoies. Une passion de 50 ans qu'Alain Michel nous fait partager depuis 10 ans à La Clusaz en sélectionnant les meilleures spécialités locales, dont les incontournables : reblochon fermier Le Michel, la Fondue Michel prête à l'emploi, le persillé des Aravis, les chèvres frais de Thônes ou le bleu de Termignon en Savoie. Boutique de terroir et conseils de dégustation pour se régaler sans compter. Emballage sous vide pour emporter ces merveilles à partager.

FERME DES CORBASSIÈRES

98, chemin du Var
✆ 04 50 02 58 33
www.saveurs-des-aravis.fr
Tous les jours 8h-20h. Date d'alpage, juin-septembre, sur réservation. Hiver, chemin du Var. Été, alpage des Boissières.

La famille Donzel fabrique et vend sur place ses produits frais et affinés dans la Ferme de Corbassières, l'hiver, dans la vallée des Confins au lieu-dit du Var à La Clusaz. Cette ferme d'élevage bovin laitier de montagne de la région des Aravis produit du reblochon fermier et de la tomme toute l'année, uniquement avec le lait du troupeau. L'emmontagnage à l'alpage des Boissières du plateau de Beauregard, se fait de mai à octobre. Le chalet d'été fait également office de ferme-auberge et reçoit les visiteurs le temps d'une découverte ou d'une dégustation.

BUREAU DES GUIDES

9, chemin de la Croix
✆ 04 50 63 35 99
www.compagnie-guides-aravis.com
Été : ouvert de 10h à 12h et de 16h à 19h. Hiver : 17h à 18h30. Contacter par mail ou téléphone.

Les guides encadrent des sorties nature toute l'année sur quelques heures ou quelques jours. L'hiver, c'est parti pour du ski de randonnée sur la chaîne des Aravis ou des raids à ski partout en Europe. Formés à la gestion du risque en ski hors-piste, ils proposent également des randonnées à raquettes, de l'escalade en cascade de glace, et même de l'héliski. En été, les activités sont tout aussi attrayantes : randonnées, via ferrata, canyoning... Originales, certaines sorties font découvrir les plantes culinaires et médicinales de montagnes, l'astronomie et autres.

ESPACE AQUATIQUE DES ARAVIS

434, route de la Piscine ✆ 04 50 02 43 01
www.espaceaquatique-laclusaz.com
Ouvert en saison été et hiver. Lundi, mardi et jeudi à samedi 10h-19h ; mercredi et dimanche 11h30-20h. Entrée 7,50 €.

Magnifique ! En plein hiver, on profite de la piscine couverte, mais aussi d'un bassin extérieur chauffé avec vue sur les monts enneigés. L'espace est accessible, été comme hiver, avec vue sur les Aravis. Nombreux espaces aménagés pour les enfants. L'espace aquatique possède un espace fitness avec sauna, hammam, salle de remise en forme et UVA. Pour se désaltérer ou grignoter, un espace café convivial est installé sur la terrasse de bois et propose une vente à emporter. Cours.

© LACORDEE

© LACORDEE

LA CORDÉE €€

140, route des Grandes-Alpes
✆ 04 50 02 46 18

Toute l'année, toute la journée, sauf en juin et en octobre. Fermé le mercredi. Menus : 29 à 39 €. Plat du jour : 15 €.

Ambassadeurs de terroir, de bonne humeur, Jean-Luc et Seb sont passionnés et passionnants.

Service souriant de Mélodie, dit Mélo, en salle aux boiseries façon chalet d'alpage, ou en terrasse avec vue sur le village et sur les pistes. Spécialités régionales des Aravis ou cuisine de tradition, on craque pour les noix de Saint-Jacques sur risotto aux cèpes et tomates confites, un foie gras de canard maison, un saumon fumé maison, accompagnés de grands crus sélectionnés. A découvrir, la charcuterie de Jérémie, les plats « sabliers », pour en profiter toute la journée !

© LACORDEE

FULL MOON PARTY

Piste de la Télécabine
www.laclusaz.com
Ouvert de 21h à 1h. En février ou mars, le jour de la pleine lune : se renseigner.

Devenue culte, la Full Moon Party fête le ski au clair de lune sur les pistes du téléski de la patinoire ou du Crêt du Merle. Une longue soirée sur les pistes et le snowpark et bien plus tard dans les pubs et restaurants du village ! De nombreux jeunes skieurs viennent pour cette fête dont ils apprécient le style à la fois sportif et gentiment farfelu à la lueur bienveillante de la lune ou sous les éclairages avec la sonorisation. De nombreuses animations constellent le village à cette occasion. Une expérience très festive !

CAVE D'AFFINAGE PACCARD

Les Bréviaires
✆ 04 50 44 07 50
https://www.reblochon-paccard.fr
Visite guidée le mardi et le jeudi à 14h30, sur réservation. Adulte : 8 €, enfants 10-16 ans : 6 €, -10 ans : gratuit.

Vous avez toujours rêvé de savoir comment se fabrique le fromage ? Bienvenue dans les caves d'affinage Paccard, qui travaillent chaque jour des centaines de fromages préalablement produits par les fermiers de la région jusqu'à créer des fromages parfaits.

Après des explications sur la fabrication du fromage, c'est parti pour une visite en cave : reblochon, tommes, chevrotins, abondance et beaufort s'affinent tranquillement. Enfin, place à la dégustation finale, qui arrive à point nommé pour satisfaire nos papilles émoustillées !

MANIGOD

Entre vallée de Thônes et val de Sulens, un village typique dans une vallée préservée des Aravis fermée et dominée par le mont Charvin (2 409 m) et parcourue par le torrent du Fier qui y prend sa source. Sur la rive droite (adret) du torrent, les chalets et fermes de montagne s'égrènent au fil des hameaux jusqu'en fond de vallée « Sous l'Aiguille ». Depuis le centre du village, on s'échappe vers le col de la Croix-Fry qui accueille une station familiale de sports d'hiver (alpins et nordiques) avant de redescendre vers La Clusaz ou de bifurquer sur la Route des Grandes Alpes vers le col des Aravis, frontière naturelle entre Haute-Savoie et Savoie. Son domaine skiable ouvrant sur plus de 130 km de pistes est relié à celui de La Clusaz, via les équipements de l'Étale avec le nouvel aménagement des secteurs col de La Croix-Fry et Merdassier : le télésiège de la Tête du Cabeau et les fameuses Pistes aux étoiles, le plus grand domaine de ski nocturne des Savoie. On entend cependant y préserver convivialité et détente dans un cadre de nature. Manigod, c'est aussi le village d'enfance du chef étoilé Marc Veyrat qui puisa, dans les plantes sauvages des alpages et des forêts, son inspiration gastronomique. Après avoir ouvert sa première auberge à Manigod, puis un restaurant gastronomique à Annecy-le-Vieux, Veyrier-du-Lac et Megève, il a choisi de revenir au col de La Croix-Fry, sur le plateau de Beauregard, pour installer son nouvel établissement.

HÔTEL RESTAURANT LES ROSIÈRES €

Col de la Croix-Fry
✆ 04 50 44 90 27
www.hotel-manigod-croix-fry.fr
Fermé en oct, fin avr à mi-mai. 17 chambres. Chambre double de 50 € à 58 €. Restauration.

Au pied des pistes de ski du col de la Croix-Fry, des alpages l'été, l'hôtel Les Rosières a été construit en 1960 par le grand-père agriculteur, puis repris par Gilles et Damien. Un chalet savoyard tout de bois vêtu avec une vue magnifique. Quand on ne fait pas d'activités à l'extérieur, on se prélasse sur la terrasse et on se repose dans l'une des chambres parfaitement entretenues. Le restaurant propose au gré des saisons les bons produits du terroir. Excellent rapport qualité-prix.

CHALETS-HOTEL DE LA CROIX-FRY**** €€€

Route du Col ✆ 04 50 44 90 16
www.hotelchaletcroixfry.com
Chambres et suites de 240 à 680 €. Restauration ouverte à tous en haute saison. Menus à partir de 75 €. Spa.

Un chalet savoyard qui a conservé les charmes de ses lointaines origines pour les marier au confort luxueux recherché de nos jours. Ancienne ferme familiale bâtie en 1939, La Croix-Fry est un chalet d'alpage de carte postale, berceau de la famille Veyrat. Apaisé par les boiseries blondes, entouré de toutes les petites attentions, le séjour est merveilleux. À La Table de Marie-Ange, Éric Guelpa concocte une délicieuse cuisine typique du terroir des Aravis. Le bonheur est là !

HÔTEL RESTAURANT LES ROSIÈRES €€

Col de la Croix-Fry © 04 50 44 90 27
www.hotel-manigod-croix-fry.fr
Ouvert tous les jours midi (sauf mer), vendredi et samedi soir. Haute saison 7/7 midi et soir. Menu midi 22 €. Terrasse.

Un chalet savoyard, une maison ouverte en 1960 par les grands-parents de Damien qui a décidé de donner un nouveau souffle à cette adresse familiale. Il faut profiter de la belle terrasse ensoleillée et d'une salle chaleureuse aux larges baies vitrées pour admirer le paysage et savourer la cuisine d'un jeune chef formé aux meilleures tables. Produits frais pour la plupart issus de producteurs locaux à la base d'une cuisine maison, qui n'oublie pas les spécialités savoyardes.

LO GARÂJO

651, route du col de la Croix-Fry
© 09 71 24 00 69
www.logarajo.com
Tous les jours de 9h30 à 20h ; vendredi, samedi et vacances scolaires de 9h30 à 21h. Terrasse. Restauration. Animations.

Lo Garâjo est un concept d'altitude génial. L'ancien garage, bien placé entre village et station d'altitude, s'est transformé en un café-lounge-bar-épicerie tendance. Grande façade d'atelier vitrée, meubles de type brocante à acheter sur place, bar à jus et à bières artisanales, épicerie fine, corner de céramique, objets de déco, galerie éphémère... et une petite restauration le midi et le soir avec des concerts en live. Un lieu hybride et sympathique comme les aime. De la terrasse, la vue sur les montagnes est splendide (chapeau de soleil et plaid fournis).

LESCHAUX

Le nom de cette commune viendrait de petits seigneurs, « les Chaux ». Au cœur du Parc régional naturel des Bauges, le village et le col de Leschaux sont une voie de communication entre les Bauges, Annecy, Chambéry et Rumilly. On rejoint également le Semnoz depuis le col, par une route tortueuse que les cyclistes adorent descendre pour sa vue. Le long du col, des fermes traditionnelles témoignent d'une vie agricole active et d'un terroir à forte identité. On pénètre dans la partie la plus secrète du massif des Bauges qui regorge d'artisans très impliqués à la préservation de la faune et de la flore exceptionnelles du massif et des savoir-faire Baujus.

PARC NATUREL RÉGIONAL DU MASSIF DES BAUGES

© 04 79 54 86 40
www.parcdesbauges.com
Ouvert toute l'année. Gratuit.

Une merveille de la nature, à préserver ! A cheval sur la Savoie et de la Haute-Savoie, le parc régional des Bauges est créé en 1995. Larges vallées, prairies traversées par les nants, pentes et plateaux boisés, zones humides... les paysages sont variés. Des sentiers de balades thématiques proposent de découvrir la biodiversité du parc dont un tiers du territoire est situé en Haute-Savoie. Son sommet culminant, l'Arcalod (2 217 m), est en Savoie mais le Roc des Bœufs (1 774 m) est en Haute-Savoie. Celui-ci domine les communes d'Entrevernes, La Chapelle Saint-Maurice et Saint-Eustache. Le Chéran traverse le centre du massif en direction de Rumilly, le long de la vallée de Bange, et la montagne du Charbon domine le lac d'Annecy. Le parc naturel constitue la réserve nationale de chasse et de faune sauvage (26 % du territoire sur la Haute-Savoie) où le chamois, la marmotte et l'aigle royal sont visibles... pour peu que l'on reste discret ! Le parc fait la promotion de l'agritourisme et des produits locaux. Recouvert d'alpages et de forêts qui résonnent du son clair et aigu des clarines accrochées au cou des vaches laitières, le massif est un havre de paix et de nature : pas de chalets traditionnels, mais de superbes corps de fermes, ces « baujues » aux vastes toitures qui débordent en avant-toits. On fabrique ici la tome des Bauges (un seul m pour celle des Bauges mais deux pour la tomme de Savoie), qui représente plus d'un tiers de l'activité agricole du parc.

GAEC LES NOISETIERS

Le Pré de la Grange
© 04 50 32 09 29
www.parcdesbauges.com
Ouvert de 16h à 19h. Visite guidée lundi, mardi et jeudi de 14h30 à 15h30 (réserver). 3 € adulte, 1 € enfant.

La famille Jacquot élève ses vaches près du col de Leschaux en hiver, à l'alpage de la combe des Villards en été (depuis le col de Leschaux, direction Le Semnoz, suivre les panneaux « alpage » à 8 km sur la gauche. Accès en voiture (piste) jusqu'au chalet). Sur réservation, les fermiers vous accueillent et vous proposent une visite de la ferme d'alpage et de l'atelier de transformation du lait en fromage ainsi que les caves d'affinage. Dégustation et vente sur place. A proximité, une balade : la boucle des alpages. L'occasion d'une belle journée gourmande !

RUCHER DE SAINT EUSTACHE

1529, route du col de Leschaux
SAINT-EUSTACHE
✆ 09 84 24 06 09
Ouvert du lundi au vendredi de 17h à 19h.

Bzzz, bzzz, bzzz, vous les avez entendues lors de votre balade dans les Bauges ? Bonne nouvelle, vous pouvez maintenant goûter le fruit de leur travail - le délicieux miel - en passant au petit magasin du Rucher de Saint-Eustache, situé dans la ferme familiale, au bord de la route qui mène du cœur du massif des Bauges à Annecy. Outre les pots de miel traditionnel (il est vraiment bon !), vous pourrez vous régaler avec du pain d'épices maison fait avec 50% de miel, des succulentes sucettes au miel, ou encore du pollen selon la saison.

REFUGE DU SEMNOZ €€

Le Grand Cret
GRUFFY
✆ 04 50 52 50 18
Ouvert le midi selon météo de juin à septembre et de décembre à mars. Hébergement possible. Réservation impérative.

Avis à tous les amateurs de fromage et de belle vue : rendez-vous au Refuge du Semnoz pour déguster leur plat signature, la Baugiflette, une délicieuse tartiflette à base de tomme des Bauges ! La carte est courte (salades, omelette, charcuterie et fromage), les portions (très) copieuses, la terrasse agréable, et inclut même un coin transat pour ceux qui souhaitent juste prendre un verre. Le refuge est situé tout au bout du plateau du Semnoz et l'accès se fait uniquement à pied, par un joli chemin vallonné d'environ 40 minutes accessible à tous.

LE SEMNOZ

Le Semnoz, montagne des Annéciens, fait partie du parc naturel régional des Bauges. Son sommet d'alpages, à plus de 1 600 m d'altitude, reçoit suffisamment de neige en plein hiver pour y installer une station de ski familiale avec 18 pistes de ski alpin, un snowpark, 46 km de pistes de ski de fond et des itinéraires balisés de raquettes et luge, à tout juste 20 minutes d'Annecy. Le plus grand village d'igloos de France y est installé chaque hiver et un éco-bivouac y prend son quartier pour l'été. La montagne est aussi le lieu d'envol des parapentistes, de pratique de l'escalade et de randonnées à pied, à cheval ou à vélo.

Le Semnoz.

CIRCUIT DES 3 LACS - PLATEAU DU SEMNOZ

Randonnée accessible toute l'année (sentier damé en hiver)

Une très jolie balade panoramique ! Au programme, une vue à 360° du lac du Bourget au Mont-Blanc, au milieu des alpages, sur un terrain vallonné avec peu de dénivelé. En hiver, le sentier est damé et donc accessible sans raquettes pour plus de plaisir. Rendez-vous au niveau du Courant d'Ère, puis grimpez sur le plateau en suivant les panneaux « 3 lacs ». Comptez 1h30 à 2h de marche. Profitez-en pour pique-niquer sur place ou déjeuner au très bon Refuge du Semnoz (horaires variables) !

STATION DU SEMNOZ

Chemin rural dit du Semnoz ✆ 04 50 01 20 30
www.semnoz.fr
Ouvert en été et en hiver, en fonction de la météo. Ski alpin, nordique, freestyle, luge, raquettes et activités d'été.

Un sommet d'alpage entre 1 500 et 1 700 m avec un panorama à 360 degrés. Aisément accessible en voiture ou en transport en commun en saison, à 20 minutes du centre d'Annecy, la station du Semnoz offre un cadre naturel privilégié aux skieurs et randonneurs. Cette station de moyenne altitude possède un domaine skiable varié à tout petit prix avec 18 pistes alpines, 1 snowpark dédié à la pratique du freestyle et 46 km de pistes de ski de fond pour découvrir 3 secteurs (forêt, petit plateau, grand plateau). Balades balisées et autres activités en été comme en hiver.

FILLIÈRE ★

Le pays de Filière est un territoire situé entre Annecy et La Roche-sur-Foron. Depuis 2017, il a donné son nom à une commune nouvelle regroupant plusieurs villages dont Thorens-Glières. Ce dernier possède un patrimoine vernaculaire et historique important : son château du XIe siècle, plusieurs fois remanié, est le berceau de saint François de Sales (1567-1622). Les espaces naturels de la commune comprennent notamment le plateau des Glières, qui fut un haut lieu de la Résistance en Haute-Savoie. Ce plateau est très attractif hiver comme été pour d'innombrables visiteurs, que ce soit pour son domaine nordique ou ses multiples sentiers de randonnée.

EGLISE DE THORENS

Place de l'Eglise
✆ 04 50 60 32 31
Visite libre. Messe le mardi à 18h et les 1ers et 3èmes dimanches du mois à 10h.

Comment évoquer Fillière sans parler de l'église de Thorens ? Lieu chargé d'histoire, c'est ici que le petit François, qui deviendra saint François de Sales, se fait baptiser le 28 août 1567, puis est consacré évêque le 8 décembre 1602. Il marquera l'histoire catholique de la région en sillonnant son territoire pour mettre la vie religieuse à la portée de tous et en créant, avec Jeanne de Chantal, l'ordre de la Visitation à Annecy. Dans cette belle église néogothique, le chœur date du XVe siècle, tandis que le reste a été reconstruit à la fin du XIXe siècle.

CHÂTEAU DE THORENS**** €€€ ★

326, chemin du Château ✆ 04 50 22 42 02
www.chateauthorens.fr
6 chambres. Chambre double à partir de 170 € ; suite à partir de 280 €. Petit déjeuner : 24 €.

Un séjour 4 étoiles dans un lieu vraiment exceptionnel, un château féodal du XIe siècle flanqué d'un donjon du XIIIe siècle, habité par la même famille depuis 1602. Le visiteur pénètre par le pont-levis l'enceinte fortifiée pour plonger dans un autre temps tout en profitant de prestations haut de gamme. Les lieux sont impressionnants et il faut prendre le temps de les découvrir. Chambres, appartements et suite offrent un décor merveilleux pour des nuits inoubliables. La plus belle porte d'accès vers le plateau des Glières et toutes les activités outdoor.

REFUGE RESTAURANT NOTRE DAME DES NEIGES €€

Dran « Sur le Char » - **LA BALME-DE-THUY**
✆ 04 50 22 80 88
www.gite-refuge-les-glieres.fr
Ouvert le midi. Réservation recommandée. Menu unique à 33 €. Après 15h30, restauration légère. CB non acceptée.

Sentez-vous comme Heidi qui gambade dans les alpages et se régale de fromage ! Une bien bonne adresse que ce refuge-restaurant : une balade d'environ 45 minutes sur le plateau des Glières, au milieu des vaches l'été et entouré de neige l'hiver, permet d'atteindre la terrasse ensoleillée. On se régale avec un menu unique bien nourrissant - et à volonté : beignets de pomme de terre, tartiflette au fromage local, salade, charcuterie, planche de fromage, dessert, café et digestif... Miam !

RESTAURANT GAUTARD €€

Plateau des Glières ✆ 04 50 24 40 71
https://restaurantgautard.fr
Ouvert du jeudi au dimanche à midi uniquement. Menu 25 €. Terrasse. Parking gratuit pour les clients.

Notre paradis, c'est ici. Sur le plateau des Glières, une ancienne ferme d'alpage entre paradis blanc l'hiver et paradis vert le reste du temps. Dans cet environnement exceptionnel, quel bonheur de retrouver Nathalie, gardienne des meilleures traditions et recettes gourmandes de nos montagnes. Prendre son temps, profiter de l'instant (sans smartphone...) pour savourer d'authentiques plats du terroir : gibiers et viandes en sauce, gratin de pommes de terre aux cèpes, pot-au-feu, raclette individuelle sur réchaud, desserts maison. Réservation plus que conseillée.

CHEVRERIE DU PAS DU ROC

665, chemin de l'Adiau ✆ 04 50 22 42 09
Horaires variables, se présenter directement à la ferme ou appeler en amont.

Amateurs de fromages de chèvre, profitez d'une escapade au plateau des Glières pour passer acheter quelques fromages à la chèvrerie du Pas du Roc ! Cette ferme familiale propose de la tomme de chèvre ou des délicieux crottins, parfaits pour l'apéro de retour de balade. Comme certaines petites fermes, cette chèvrerie n'a pas d'horaires affichés mais est bien indiquée depuis la route principale. Dans la cour, les deux chiens, très demandeurs de caresses, font office de sonnette. C'est à l'entrée de la cuisine qu'on passe sa commande. Un pur régal très local !

FRUITÈRE DE THORENS-LES-GLIÈRES

Rue Capitaine Anjot
✆ 04 50 22 61 87
www.fruitieres-chabert.com
Ouvert du mardi au samedi de 9h à 12h et de 15h à 19h. Vente directe.

Cette fromagerie à la jolie charpente de bois se situe sur la route qui mène au château de Thorens et au plateau des Glières. Rachetée par les fruitières Chabert, cette coopérative récolte le lait des fermes locales, autour de Thorens-Glières et fabrique aujourd'hui de la tomme d'Abondance. Dans son magasin 50 sortes de fromages sont à la vente, dont les productions haut-savoyardes les plus connues, et on y achète aussi des produits laitiers, des charcuteries de Savoie et des boissons.

GLIÈRES-VAL-DE-BORNE

Avec 73 km² de superficie et 25 hab./km², Glières-Val-de-Borne est à la fois la commune la plus étendue de Faucigny-Glières et la moins densément peuplée. Elle est située à une altitude de 591 à 2 408 m - signe d'une grande variété de paysages ! Cette jolie commune rurale de montagne est également la dernière créée, puisqu'elle est née de la fusion des communes du Petit-Bornand-les-Glières et d'Entremont le 1er janvier 2019. Sur la route qui mène du Grand-Bornand aux Glières ou à Bonneville (en direction de Chamonix), on traverse le défilé des Etroits et les fougueuses gorges du Borne, pour découvrir la reposante vallée du Faucigny avec, tout d'abord, le village d'Entremont, puis le Petit-Bornand-les-Glières. Un site préservé, ensoleillé, aux verts pâturages environnés de forêts et de montagnes. Située de part et d'autre de la vallée du Borne, rivière qui coule en son centre, la commune présente un fort patrimoine historique - notamment autour de la puissante abbaye d'Entremont et autour des événements qui se déroulèrent sur le plateau des Glières en 1944 - et un patrimoine naturel exceptionnel. Le plateau des Glières possède aussi son Domaine nordique. Pour la chaîne du Bargy, qui abrite le point culminant de Faucigny-Glières (le pic de Jallouvre à 2 408 m), partez en randonnée vers le lac de Lessy, sans doute le plus beau site naturel du territoire, accessible grâce à plusieurs randonnées de difficultés différentes. Entre histoire et nature, Glières-Val-de-Borne offre une destination idéale pour se ressourcer.

EGLISE ABBATIALE D'ENTREMONT ★★

Église abbatiale fermée sauf offices et visites guidées. Été : visite guidée jeudis 17h, vendredis 14h. Tarifs 5 €.

Vue de loin, elle semble modeste cette église abbatiale Notre-Dame-de-Tous-les-Saints, retirée sur un petit promontoire. Et puis le visiteur découvre le décor de sa façade qui annonce toute la puissance que cette église et son abbaye ont pu avoir dans le passé. Une église qui abrite bien des trésors et des mystères, le premier s'inscrivant sous la forme d'un curieux fer encastré dans le bois de la porte d'entrée... Pour découvrir l'intérieur, encore plus magnifique, suivez la visite guidée et animée par une guide du patrimoine Savoie-Mont-Blanc qui fera voyager petits et grands dans le temps avec un enthousiasme communicatif.

Au début du XIIe siècle, des chanoines s'installent à Entremont, établissant un prieuré respectant la règle de Saint Augustin. Le lieu est hautement stratégique, car le Borne marque la frontière entre les territoires des comtes de Genève et les territoires des seigneurs de Faucigny, et le lieu contrôle les accès entre la vallée de l'Arve et les Aravis. C'est pourquoi les comtes de Genève, opposés aux Faucigny, vont largement contribuer au développement d'une abbaye érigée en seigneurie en 1225. L'église retrouve un nouveau souffle à la fin du XVIIe siècle grâce l'abbé Marc-Antoine de Granery, qui restaure les bâtiments, mais elle est sécularisée en 1772 puis « disparaît » en 1776.

Aujourd'hui, les bâtiments conventuels - détachés de l'église abbatiale - servent de logement et abritent un petit Musée du Moyen Age dans lequel est évoquée la vie des moines.

MUSEE DU MOYEN AGE D'ENTREMONT

43, résidence de l'Abbaye ✆ 06 83 48 70 15
https://www.entremont-patrimoine.com
Fermé en hiver. Visites sur réservation 48h à l'avance par téléphone. Gratuit jusqu'à 6 ans. Adulte : 5 €. Enfant : 2 €.

Ces murs abritent encore le souvenir d'une abbaye et de ses moines qui vécurent ici entre le XIIe et le XVIIIe siècle. Ce petit musée, entretenu par une équipe de bénévoles, met en scène la vie quotidienne des paysans et des moines seigneurs du village d'Entremont au Moyen Age. Pendant la visite guidée, découvrez le travail traditionnel du chanvre ou celui des moines copistes au scriptorium de l'abbaye. Admirez aussi le petit jardin de simples, jardin de plantes médicinales.

LAC DE LESSY ★★★★

www.tourisme-faucigny-glieres.fr

Sans doute l'un des plus beaux sites naturels de Faucigny Glières. Il vous faudra marcher avec quelques difficultés - durée variable selon votre itinéraire, mais comptez au minimum 2h aller par Cenise ou Paradis depuis le village du Petit-Bornand (le lac se situe également sur l'itinéraire du GR®96) - pour atteindre ce lac d'alpage niché à 1 733 mètres d'altitude. Blotti dans une combe au pied d'une arête rocheuse qui s'étire entre le Pic de Jalouvre, le Buclon et l'Aiguille Verte, ce lac fait partie des sites Natura 2000 visant à protéger les milieux remarquables. Abritant une petite colonie de tritons alpestres et une belle implantation de potamot alpin, espèce végétale menacée, le lac de Lessy a également fait l'objet d'un rempoissonnement avec des saumons de fontaine (pêche autorisée avec 1 prise seulement par pêcheur). Au milieu des alpages, le lac de Lessy offre la vision idéale du lac de montagne. Possibilité de dormir et de manger (succulentes tartes aux myrtilles) au Refuge de Lessy. Depuis le lac, d'autres randonnées sont possibles (pic de Jallouvre, Aiguille Verte). On peut avec un peu de chance observer des bouquetins et des chamois aux alentours.

Un lac sauvé et récompensé

En raison de failles dans la moraine tapissant le fond, le lac de Lessy aurait bien pu se vider dans sa totalité si l'homme n'était pas intervenu dans les meilleures conditions en préservant ce milieu exceptionnel. Les travaux de ce magnifique lac de montagne ont été récompensés de la Marianne d'Or de l'environnement.

MONUMENT NATIONAL A LA RESISTANCE DE GILIOLI ★★★★

✆ 04 50 33 21 31

experience.hautesavoie.fr

Ouvert de mars à septembre. Été : ouvert tous les jours de 10h à 12h30 et de 14h à 18h. Sinon, horaires variables.

Sa masse blanche se découpe sur la forêt de sapins. Impossible de ne pas être saisi par la puissance évocatrice de ce Monument National, qui nous rappelle l'histoire héroïque et tragique des Résistants du plateau des Glières. Près de 30 ans après les événements de mars 1944 (voir notre partie « Découvertes », la rubrique Histoire en encadré), ce monument, œuvre de l'artiste Emile Gilioli, est inauguré en 1973 avec un discours d'André Malraux resté célèbre : « Le grand oiseau blanc de Gilioli a planté ses serres ici, avec son aile d'espoir, son aile amputée de combat, et entre elles son soleil levant ».

Un monument grandiose qui, malgré ses 385 tonnes de béton, semble prêt à prendre son envol. La forme de cette œuvre abstraite, mais clairement compréhensible de façon symbolique, est conçue comme un signal reprenant le V de la victoire. Un V dont l'une des branches s'élance vers le ciel en signe d'espérance. De l'autre, avec son aile brisée, le monument nous indique que la liberté est fragile et que la défendre peut amener à souffrir. Autre élément de ce monument, l'imposant disque solaire (pesant à lui seul 65 tonnes, il est une prouesse technique comme en « suspension » au-dessus d'une branche du V) apparaît entre les montagnes comme une renaissance.

A l'intérieur de ce monument, qui est également un lieu de recueillement, on peut lire la devise du maquis : « Vivre libre ou mourir ».

Le monument est labellisé Patrimoine du XXe siècle et est classé monument historique.

HAUTE-SAVOIE

Plateau des Glières.

AU COEUR DES MONTS €€

134, route de la Douane
✆ 04 50 03 52 48
www.auberge-entremont.fr
Ouvert du jeudi midi au lundi midi. Plat du jour : 14 €. Formule 3 plats : 27 € à midi.

Un restaurant convivial façon table d'hôtes où on est accueilli par Sophie et son mari, sans carte, où la cuisine se fait au jour le jour selon les inspirations d'une véritable autodidacte guidée par les produits de saison de la région. Résultat, des plats mijotés absolument délicieux à partager à la bonne franquette. D'ailleurs, ce n'est par hasard qu'elle a été finaliste - classée deuxième - du concours Talents Gourmands, récompensée par le chef Jean Sulpice. Desserts maison dans le même esprit « artisanal » et gourmand. Chambres d'hôtes très agréables également.

RESTAURANT GAUTARD €€

Plateau des Glières - **FILLIÈRE** ✆ 04 50 24 40 71
https://restaurantgautard.fr
Ouvert du jeudi au dimanche à midi uniquement. Menu 25 €. Terrasse. Parking gratuit pour les clients.

Notre paradis, c'est ici. Sur le plateau des Glières, une ancienne ferme d'alpage entre paradis blanc l'hiver et paradis vert le reste du temps. Dans cet environnement exceptionnel, quel bonheur de retrouver Nathalie, gardienne des meilleures traditions et recettes gourmandes de nos montagnes. Prendre son temps, profiter de l'instant (sans smartphone…) pour savourer d'authentiques plats du terroir : gibiers et viandes en sauce, gratin de pommes de terre aux cèpes, pot-au-feu, raclette individuelle sur réchaud, desserts maison. Réservation plus que conseillée.

LA BOISSELLERIE MILHOMME

201, rue Guillaume Fichet
✆ 04 50 03 53 73
www.boissellerie-milhomme.fr
Ouvert du mardi au samedi de 9h à 12h et de 14h à 19h. Été : dimanche également.

La boissellerie fabrique divers objets et mobilier de l'artisanat haut-savoyard, produits sur place, dont la planche à poyas, support privilégié des peintures locales représentant l'emmontagnage, et de véritables dentelles de bois décoratives, visibles dans le grand chalet boutique attenant à l'atelier. Intrigué par les clarines et les étranges champignons de bois taillé à l'extérieur, on découvre des ciselages raffinés aux motifs savoyards. Vaisselle, boîtes aux lettres, décoration, jeux en bois naturel ou prêts à peindre. Un choix incroyable à prix raisonnable !

BRISON

Brison, qui ne se dévoile qu'au dernier instant sur une petite route sinueuse taillée dans le roc, offre le visage d'un village de moyenne montagne, une « terre d'altitude » qui a su conserver ses grandes fermes et son aspect d'antan. Rassemblé autour de son église entourée de son cimetière, Brison ne propose pas de commerces, mais invite à continuer sa route en direction du site qui participe à la réputation de la commune : le plateau de Solaison. L'hiver, c'est le lieu idéal pour pratiquer le ski de fond et la randonnée en raquettes. L'été, quand les troupeaux pâturent, c'est le lieu rêvé pour respirer l'air pur et profiter de la nature.

PLATEAU DE SOLAISON ★★★

C'est en quelque sorte l'extension d'altitude de Brison. En hiver, c'est le terrain idéal pour pratiquer ski de fond et raquettes en famille. Il y a même un fil-neige pour apprendre le ski alpin ! L'été, les alpages accueillent les vaches qui vont fabriquer le bon lait de nos fromages, pendant que les randonneurs partent sillonner les chemins vers la pointe d'Andey ou les rochers de Leschaux. Au plateau de Solaison, les gourmands y montent aussi en toute saison pour savourer les fameux beignets de pomme de terre, l'incontournable spécialité locale.

LA POINTE D'ANDEY

www.tourisme-faucigny-glieres.fr
Départ parking de Solaison.

Cette balade depuis le plateau de Solaison va vous faire grimper en direction de la pointe d'Andey. A 1 877m, c'est un balcon sur la vallée de l'Arve, offrant un panorama en direction du Léman, du massif du Mont-Blanc, et de la chaîne du Bargy et les rochers de Leschaux. Si la montée, parfaitement balisée sur un sentier bien visible (sans ombre, pensez à prendre de quoi boire), est assez soutenue, elle reste accessible à tous les publics. Sujets sensibles au vertige et jeunes enfants, le sommet « plonge » sur la vallée de l'Arve 1 400 m plus bas… Bonne balade !

RUMILLY

Capitale de l'Albanais, Rumilly était une importante place forte jusqu'en 1630, date de l'invasion de la Savoie par Louis XIII. Le centre des vieux quartiers témoigne encore de cette période avec la place Grenette, ainsi que la place de l'Hôtel-de-Ville, ses arcades d'hôtels particuliers des XVIe et XVIIe siècles et l'église Sainte-Agathe dont le clocher date du XIIe siècle. Au XXe siècle, Rumilly est devenue un centre industriel actif, notamment avec les skis (Salomon), les jouets (Vulli), et les ustensiles ménagers (Tefal). Cette ville dynamique garde le charme d'une petite ville, dans un environnement rural, avec une identité forte.

ÉGLISE SAINTE-AGATHE ★

Place de l'Eglise

✆ 04 50 01 02 91

Visite libre. Messe : Église, le dimanche à 10h30. Chapelle Notre-Dame-de-l'Aumône, en été, le mercredi à 18h.

Cette église appartient à la même paroisse que la jolie chapelle de Notre-Dame-de-l'Aumône, dont le chœur fut édifié en 1240 près de la rivière du Chéran et la chapelle neuve en 1863. À l'exception de la tour de clocher, de la sacristie et de la chapelle de Conzié (1474), elle a été reconstruite après un tremblement de terre en 1822 dans un style néoclassique sarde. La chapelle, la sacristie et le décor intérieur sont inscrits aux Monuments historiques en 1926, l'église en 2009. Une messe en plein air et un pèlerinage sont organisés le 1er dimanche de mai.

LES JARDINS DE LORNAY

✆ 07 83 28 68 40

www.jardins-lornay.com

Ouvert d'avril à octobre. Mercredi-vendredi 11h-17h, week-end 11h-18h. Adulte 7,50 €. Visite guidée jeudi 9h30 sur résa.

Une bambouseraie dans les Alpes, ça existe ? Eh oui, grâce à Denis Duperthuy, grand collectionneur de bambous, le village de Lornay a droit à son grand jardin alpins qui regroupe plus de 100 espèces de bambous rares de montagne, pouvant atteindre jusqu'à 12 mètres de haut. Grands espaces, nombreuses espèces animales (la bambouseraie est même classée Refuge LPO par la Ligue de Protection des Oiseaux), vous pourrez voir les bambous pousser à vue d'œil (jusqu'à 60 cm par jour en juin). L'été, des animations artistiques animent le lieu.

NOTRE HISTOIRE - MUSÉE DE RUMILLY

5, place de la Manufacture ✆ 04 50 64 64 18

www.albanais-tourisme.com

Ouvert du mercredi au samedi de 14h30 à 17h30. Gratuit jusqu'à 22 ans et les mercredis. Adulte : 3,50 €. Animations.

Le musée s'est installé il y a 30 ans dans l'ancienne Manufacture des Tabacs, construite en 1865. Cet édifice accueille notamment « Notre histoire, Musée de Rumilly ». Un centre d'interprétation urbaine présente une sélection de collections historiques ainsi que les différentes facettes de la ville, de l'Antiquité à nos jours. Visites guidées, ateliers et conférences invitent à découvrir Rumilly et son histoire, à travers des activités culturelles ludiques et conviviales, en famille.

OFFICE DE TOURISME RUMILLY - ALBANAIS

1, place de la Manufacture ✆ 04 50 64 58 32

www.albanais-tourisme.com

L'été, ouvert du lundi au samedi de 9h30 à 12h30 et de 14h à 18h et le dimanche matin. Autres saisons, se renseigner.

Un office de tourisme situé dans l'ancienne manufacture des tabacs. Seule l'aile nord a fait l'objet d'une réhabilitation, dans le respect de la mémoire du lieu qui accueille le Centre d'étude et de conservation du patrimoine (ancien musée de l'Albanais). L'office de tourisme propose et gère, avec la participation des guides du patrimoine des pays de Savoie, de nombreuses visites guidées de Rumilly et des sites de l'Albanais. 18 villages composent l'avant-pays haut-savoyard.

LES 1SÉPARABLES €€

1, avenue Gantin

✆ 04 50 77 80 41

www.restaurant-les1separables.com

Fermé le lundi, le dimanche soir et le jeudi soir. Menu jour 19 €. Menus de 35 à 55 €.

Depuis 8 ans, Angélique et David ont ouvert les 1Séparables au cœur de Rumilly. Belle terrasse, salle élégante et conviviale à la fois, osmose parfaite entre le service du vin par David et les plats réalisés par Angélique. Une Osmose revisitée, plat signature, mais encore une délicieuse terrine de foie gras au magret fumé pour commencer. Angélique sublime les produits du terroir au rythme de 6 cartes par an. Le plateau de fromages offre une balade gourmande dans les villages alentour. Excellente adresse dont vous ne pourrez plus vous séparer.

L'AUBERGE DU CLOCHER €€

48, route d'Aix-les-Bains - **SAINT-FÉLIX**
✆ 04 50 27 72 05
www.auberge-du-clocher.com
Ouvert du lundi au samedi midi, vendredi et samedi le soir. Formule midi semaine 17,50 €. Menus de 32 € à 35 €.

Comme l'église est au centre du village, l'Auberge du Clocher est au cœur de nos escapades gourmandes. Une Auberge qui a tout bon puisqu'elle met à l'honneur les produits du terroir grâce au travail de deux passionnés, Corinne et Gérard. Cuisine de tradition à partir de produits régionaux de qualité, comme ce burger des Aravis maison, les poissons de lac selon les arrivages, les cuisses de grenouilles en persillade, les fondues savoyardes et le Cèpe de l'Auberge. Suggestions en semaine et distributeurs de pizzas à Frangy et Rumilly. Excellent rapport qualité-prix.

ALBY-SUR-CHÉRAN

Ses rues et maisons ont beaucoup de cachet. Il fait bon se promener autour de la place du Trophée, un triangle bordé de maisons aux enduits colorés avec des arcades, construites du XIVe au XVIe siècle et qui abritaient les échoppes de cordonniers et de tisserands. Ce bourg médiéval est l'ancienne capitale de la cordonnerie en Savoie : le musée de la Cordonnerie témoigne de ce riche passé. Le Pont Vieux, construit initialement sur le Chéran en 1720, faisait de la cité une voie de communication incontournable pour se rendre d'Annecy à Chambéry. Aujourd'hui, le Chéran est devenu un atout pour le canoë, la pêche (truites réputées) et les balades.

DESSERTS ET CHOCOLAT

9, place Grenette
✆ 04 50 01 10 23
www.desserts-et-chocolat.fr

Ouvert du mardi au samedi de 8h30 à 12h30 et de 14h30 à 19h (samedi à partir de 8h) ; le dimanche de 8h à 12h.

Après les réalisations gourmandes de Sébastien François, c'est au tour de Benjamin Chassaing de poursuivre l'histoire de cette pâtisserie née il y a 100 ans, et devenue Desserts et Chocolats, il y a 30 ans. Ce qui ne change pas, un savoir-faire, une passion et une philosophie qui se perpétuent : fruits de saison, ingrédients de qualité, et des réalisations gourmandes uniques : entremets, chocolats, macarons... Ce qui a changé : le local, bien plus grand et plus fonctionnel, pour déguster les petits chefs-d'œuvre entre amis, à tous moments de la journée...

BASE DE LOISIRS DU PLAN D'EAU LES PÉROUZES

Chemin du Moulin ✆ 04 50 64 69 20
www.albanais-tourisme.com

Accès libre. Aire de pique-nique. Baignade interdite ou réglementée selon périodes. Chiens interdits (plage).

A la sortie de la ville, direction Alby, un plan d'eau aménagé de grands espaces verts, bien agréable l'été pour échapper aux grandes chaleurs. La zone est le plus grand refuge LPO (Ligue pour la Protection des Oiseaux) de Haute-Savoie. On peut y pique-niquer, y faire du vélo, du kart, et s'y restaurer au snack-bar. Une aire de jeux est à disposition des enfants (sous surveillance des parents). Les pêcheurs pourront pratiquer leur sport dans l'étang de pêche et le Chéran tout proche.

ETANGS ET MOULIN DE CROSAGNY

1133, chemin des Etangs - **SAINT-FÉLIX**
✆ 04 50 45 03 36
www.rumilly-tourisme.com

Ouvert toute l'année. Visite libre. Gratuit. Véhicules à moteur interdits sur le site. Chiens tenus en laisse.

Les étangs de Crosagny, site protégé Natura 2000, accueillent une faune et une flore typiques des zones humides de l'Albanais. Un sentier de découverte, un observatoire ornithologique et des panneaux explicatifs permettent de découvrir ce biotope et son histoire. Le moulin évoque l'activité qui régnait entre le Moyen Âge et la Seconde Guerre mondiale, autour de la meunerie et des métiers liés à l'eau. Le parcours à faire en famille est très agréable. Circuit en VTT depuis Rumilly.

MAISON DU VÉLO

Chemin du Moulin
✆ 04 50 01 68 11
www.lamaisonduvelo.com

Ouvert toute l'année. Sur réservation. Location pour randonnées et balades organisées.

Quel que soit son niveau, on trouve auprès de ces passionnés en place depuis plus de 10 ans les meilleurs conseils pour pratiquer ce sport ou ce loisir. Location de vélo pour tous les usages – sur route, chemin, nature - et même de VTT électrique pour rendre les sorties plus ludiques. Descente du Semnoz, randonnées dans les Bauges ou à travers l'étang de Crosagny : du petit au grand dénivelé, il y en a pour tous les goûts. De plus, la Maison du vélo propose des stages pour les jeunes, de l'entraînement à la compétition, et organise des raids sur plusieurs jours.

MUSEE DE LA CORDONNERIE ★

9, place du Trophée
✆ 04 50 68 39 44
www.albanais-tourisme.com

Fermé du 18 septembre au 31 mai. Ouvert du mardi au samedi de 10h à 12h et de 13h30 à 17h30. Gratuit.

Sur la place du Trophée, sous les arcades typiques qui abritaient les échoppes d'antan, le Musée de la Cordonnerie est un beau témoignage de l'activité principale des Albigeois jusqu'au début du XXe siècle. Quelques pièces liées à l'activité de ces cordonniers artisans - ils étaient près de 300 à fabriquer les souliers de Savoie - : des chaussures d'époque, des outils, des machines et des explications pour réaliser des chaussures à son pied. Jadis, le cuir constituait le principal commerce et la seule activité artisanale traditionnelle puis industrielle d'Alby.

ACTIV'IMERSION

✆ 06 74 78 04 50
https://activ-imersion.org
Activités locales écoresponsables et participatives. Réservation en ligne ou par email. Parcours sur mesure possible.

Activ'imersion propose des activités locales écoresponsables et participatives permettant de découvrir la région autrement, en immersion avec des associations et acteurs locaux engagés. En Savoie et en Haute-Savoie, Céline, la fondatrice, déniche des partenaires qui ont envie de créer du lien autour de leur activité et crée avec eux une expérience unique. Soin aux lamas, cueillette de fruits rouges, production de liqueur ou de savon : toutes les expériences sont testées et approuvées. Un beau concept à tester de toute urgence ! Séminaire possible.

GRUFFY

Rattachée au Parc naturel régional des Bauges, Gruffy se situe entre Annecy et Aix-les-Bains. Une ancienne voie romaine dont on retrouve des traces sur deux blocs aux inscriptions latines : un ex-voto dédié à Jupiter et une inscription sur un tombeau. Son emplacement stratégique lui a valu au Moyen Âge la construction d'un château avec donjon, tours, fossé. Sa position à un bout du vertigineux pont de l'Abîme (un pont métallique construit en 1887, à 96 mètres de hauteur), qui enjambe le Chéran et la relie à Cusy, en fait un lieu de départ de jolies balades comme les Cheminées des Tours Saint-Jacques, la grotte de Bange, les berges du Chéran...

L'ATELIER DE JULIE

1380, Route de Liaudy
✆ 06 15 11 37 41
www.poteriedejulie.fr
Ouvert du mardi au samedi de 14h30 à 18h30. Fermé de janvier à mars. Visite sur rendez-vous en février-mars et le matin.

L'ancienne ferme familiale fait office à la fois d'atelier et de boutique pour Julie, installée depuis plus de 15 ans à Héry-sur-Alby. La potière travaille la terre vernissée au tour, aussi bien pour des usages culinaires que décoratifs, avec des lignes simples et des décors naïfs et colorés. Elle tourne aussi des créations sur mesure. La boutique est attenante à son atelier de tournage, que l'on peut visiter lorsque Julie est à la manœuvre. La potière vend également ses créations sur les marchés de créateurs de la région - à suivre sur son agenda en ligne.

MUSÉE DE LA NATURE ★

335, route de Beauregard ✆ 04 50 77 58 60
www.musee-nature.com
Ouvert d'avril à novembre. Été : mercredi au dimanche 14h-18h. Sinon : mercredi 14h-18h. Adulte : 6 €, enfant : 4 €.

Le Musée de la Nature expose et crée des animations pour initier les visiteurs à devenir des acteurs responsables de la préservation des espèces et de l'équilibre fragile de leur habitat. On commence par les collections naturalisées de 300 animaux de nos régions, puis vient la salle des minéraux et des insectes, avec une ruche vitrée pleine d'abeilles en activité ! Le musée abrite un verger conservatoire d'espèces anciennes de pommes et de poires et un petit jardin de fleurs, de plantes aromatiques et mellifères (butinées pour faire le miel) et de légumes oubliés.

CUSY

Porte d'entrée sur les Bauges, Cusy est une ville rurale au riche passé historique : châtellenie des comtes de Savoie au Moyen Âge, puis seigneurie de Fésigny au XVe siècle et du Fesnay au XVIIe siècle. Aujourd'hui, une belle demeure privée émerge de ces vestiges : le château de Fésigny, avec ses deux échauguettes à l'ouest, situé sur la colline (il ne se visite pas). La ville est connue également pour son impressionnant pont suspendu métallique jeté entre Cusy et Gruffy : le pont de l'Abîme, construit en 1887, long de 72,60 mètres, large de 4,20 mètres, qui enjambe le Chéran à 96 mètres de hauteur. Plusieurs chemins de randonnée partent de ce pont.

REFUGE DU SEMNOZ €€

Le Grand Cret
✆ 04 50 52 50 18
Ouvert le midi selon météo de juin à septembre et de décembre à mars. Hébergement possible. Réservation impérative.

Avis à tous les amateurs de fromage et de belle vue : rendez-vous au Refuge du Semnoz pour déguster leur plat signature, la Baugiflette, une délicieuse tartiflette à base de tomme des Bauges ! La carte est courte (salades, omelette, charcuterie et fromage), les portions (très) copieuses, la terrasse agréable, et inclut même un coin transat pour ceux qui souhaitent juste prendre un verre. Le refuge est situé tout au bout du plateau du Semnoz et l'accès se fait uniquement à pied, par un joli chemin vallonné d'environ 40 minutes accessible à tous.

L'ECOLE DES SAVEURS DES BOIS

880, route des Champs Blonds
✆ 06 17 61 84 94
www.lecoledessaveursdesbois.com
Fermé de décembre à mars. 35€ à 110€.

L'homme urbanisé a oublié le nom des plantes, celles qu'il peut manger sans danger, celles qui lui font du bien. Pour retrouver notre âme de cueilleur, partons en balade dans la nature avec l'Ecole des Saveurs des Bois. Découvrons comment nous nourrir sainement avec ce que notre environnement nous propose lors d'une promenade dans les Bauges en remplissant son sac de plantes comestibles et médicinales. Cuisine « sauvage » pour réaliser un menu entier avec votre cueillette.

BOUSSY

À Boussy, petit village haut-savoyard de 500 habitants situé à proximité de Rumilly, se déroule chaque année en octobre la fête des Croisons et des vergers. De nombreux bénévoles du village se mobilisent pour rendre hommage au terroir, avec en vedette le fruit local : la pomme, plus particulièrement le Croison, et des variétés anciennes de poires. Animations durent toute la journée, avec des dégustations et ventes de produits locaux (bidoyon, le cidre savoyard, boudin à la chaudière, compotes, tomme banche...). Parmi toutes les découvertes, des cours de taille sont proposés, de greffes, ainsi que des jeux et animations destinés aux enfants.

FRANGY

Frangy se flatte de se situer exactement sur l'un des chemins balisés de Saint-Jacques-de-Compostelle : le GR65, de Genève (Suisse) à Saint-Genis-sur-Guiers (Savoie), qui traverse la Haute-Savoie. Sans doute la façon la plus traditionnelle de s'imprégner de ce pays tranquille de collines, rivières, cultures et vignobles. Il ne faut pas manquer de parcourir les différents sentiers pour découvrir le Vuache au départ de Frangy ou des différents villages environnants. Sur place ou à proximité, le musée de la Vache, le musée aux Allumettes ou le village typique de Chaumont (ruines d'un château habité au Moyen Age par les comtes de Genève) sont à découvrir.

OFFICE DE TOURISME HAUT-RHÔNE BUREAU DE FRANGY

35, place de l'Église ✆ 04 50 32 26 40
www.hautrhone-tourisme.fr
Accueil vélo. Ouvert du mardi au samedi de 9h30 à 12h30 et de 14h à 18h. Basse saison : fermé le samedi après-midi.

Le bureau de Frangy valorise son patrimoine naturel et historique en proposant des itinéraires de découverte qui parcourent les villages environnants et les montagnes, comme le Vuache et ses magnifiques points de vue. On visite librement les bourgs, l'église néoclassique sarde Saint-Aquilin de 1844 et le Grand Pont construit en 1677. On suit la douce ViaRhôna à vélo sur les pas des Huguenots. Et pour goûter la production locale, on profite du marché du mercredi matin à Frangy.

AUBERGE DE CHAUMONT €€

17, route de Saint-Jean
CHAUMONT
✆ 04 50 05 45 76
www.aubergedechaumont.fr
Ouvert du mercredi au dimanche midi et les soirs du mercredi au samedi. Menu du Marché 25 €.

Entre Annecy et Genève, un village au pied du Vuache comme un petit coin de paradis gourmand. A l'Auberge de Chaumont, Patrick Alran ne chôme pas ! Installé dans l'ancienne école entièrement refaite - avec sa grande terrasse ouverte aux beaux jours, sa belle cave à vin, ses salles élégantes et accueillantes -, ce chef passionnant, réalise un travail remarquable à partir des produits de saison. Cuisine bistronomique, et plats qui changent toutes les trois semaines, où créativité et savoir-faire s'ajoutent à la qualité des produits. Émotions culinaires garanties !

CLERMONT

A 40 km de Genève, Clermont est un village de 7 km² d'à peine 500 habitants. Pourtant, Clermont-en-Genevois, c'est son nom complet, mérite largement d'apparaître dans notre guide des Alpes, car la commune abrite sur son territoire un magnifique château de la Renaissance, unique dans toute la région. Le château de Clermont, construit par Gallois Regard à partir de 1575, offre un témoignage précieux de l'influence de la Renaissance italienne sur l'architecture savoyarde. Le village s'anime particulièrement en été quand le château accueille de nombreux festivals de musique et théâtre et un festival de jazz. Bonne auberge, gîtes et chambres d'hôtes.

HAUTE-SAVOIE

AUBERGE DU CHÂTEAU DE CLERMONT €€

226, montée du Château
✆ 04 50 77 14 10
www.auberge-chateau-clermont.fr

Ouvert du mercredi au dimanche le midi, du vendredi au samedi le soir. Menu du jour 16 €. Carte 35 € environ.

Ce n'est pas un petit détour de 5 minutes, dû aux travaux à Clermont, qui vous empêchera de prendre d'assaut cette Auberge ! Une de nos adresses préférées pour son cadre exceptionnel, mais aussi pour la cuisine d'un chef passionné : Philippe Junillon. Cuisine inspirée par des produits de saison de qualité pour se régaler : risotto de blettes, sot-l'y-laisse de poulet, crème d'ail doux ; filets de perche ; indétrônable crumble. Le soir, planches de dégustation avec un bon verre de vin.

CHÂTEAU DE CLERMONT ★

Chef-Lieu ✆ 04 50 33 50 33
www.clermont74.fr

Ouvert d'avril à octobre inclus. 10h30-12h30 et 13h30-18h. Adulte 3 € (gratuit 1er dimanche du mois). Spectacles.

Le château de Clermont en Genevois est remarquable par son architecture savoyarde à l'influence Renaissance : sa façade monumentale, ses galeries intérieures et sa cour carrée. L'unique témoignage de ce style en Haute-Savoie. Construit entre 1576 et 1580, converti en domaine agricole, il est classé aux Monuments historiques en 1949. On profite des visites guidées, dont certaines se déroulent sous forme d'enquêtes historiques. Depuis son acquisition en 1966 par le conseil général de la Haute-Savoie, le château est un centre culturel dédié au spectacle vivant.

OFFICE DE TOURISME HAUT-RHÔNE BUREAU DE FRANGY

35, place de l'Église - **FRANGY** ✆ 04 50 32 26 40
www.hautrhone-tourisme.fr

Accueil vélo. Ouvert du mardi au samedi de 9h30 à 12h30 et de 14h à 18h. Basse saison : fermé le samedi après-midi.

Le bureau de Frangy valorise son patrimoine naturel et historique en proposant des itinéraires de découverte qui parcourent les villages environnants et les montagnes, comme le Vuache et ses magnifiques points de vue. On visite librement les bourgs, l'église néoclassique sarde Saint-Aquilin de 1844 et le Grand Pont construit en 1677. On suit la douce ViaRhôna à vélo sur les pas des Huguenots. Et pour goûter la production locale, on profite du marché du mercredi matin à Frangy.

LOVAGNY

Aux portes d'Annecy, 10 km à l'ouest, et à l'ouest de l'Albanais, Lovagny se trouve aux abords du passage de la ligne SNCF d'Aix-les-Bains – Annecy. Ce village tient son nom des loups qui naguère habitaient ces lieux boisés. La commune est surtout réputée pour abriter deux sites d'exception : les gorges du Fier et le château de Montrottier. D'ailleurs, la commune de Lovagny a réalisé un parcours de découverte entre ces deux sites touristiques d'importance. Un parcours pédestre, une boucle, qui permet de découvrir également toutes les richesses naturelles de la vallée du Fier et d'autres curiosités patrimoniales au fil de panneaux d'information.

© PAULETTE RICHARD - ICONOTEC

© LANSARD

© LANSARD

LES GORGES DU FIER ★★

30, le Pont des Liasses ✆ 04 50 46 23 07
www.gorgesdufier.com

Fermé du 15/10 au 15/03. Haute saison, ouvert tous les jours. Adulte 6 €. Enfant +6 ans 3 €. Animaux non admis.

Les gorges du Fier offrent un spectacle saisissant, un enchantement. Un canyon étroit et rugissant, un site naturel à parcourir en marchant sur une passerelle fixée dans le rocher à plus de 25 mètres au-dessus des eaux tumultueuses. Sensations garanties sur un site ouvert au public depuis 155 ans. Enora Poizat, 3e génération d'exploitant et de gardien des Gorges, nous invite à la découverte de cet incroyable spectacle naturel et des curiosités géologiques sculptées par l'érosion. Boutique souvenir et restauration. Expérience insolite à partager en famille.

© LANSARD

© LANSARD

CHÂTEAU DE MONTROTTIER ★

Allée du Château
✆ 04 50 46 23 02
www.chateaudemontrottier.com
Fermé de novembre à avril. Ouvert tous les jours en été. Adulte : 10 €. Accueil enfants. Visite guidée. Boutique.

© LEV LEVIN - SHUTTERSTOCK.COM

Edifié par Jean de Montrottier au XIIIe siècle, cette forteresse pentagonale ordonnée autour d'un donjon cylindrique surprend dans le paysage de la campagne du Genevois Savoyard. Sa Tour des Religieuses sur son piton rocheux est la plus ancienne. L'édifice se visite depuis 1919 et abrite de remarquables collections de meubles, faïences, dentelles, armes, objets rares d'Afrique, d'Extrême Orient. Expositions, conférences, concerts... Le jardin se visite en parcours ludique grâce à une scénographie interactive. Les enfants auront droit à une visite costumée.

MARCELLAZ-ALBANAIS

A une dizaine de kilomètres d'Annecy, le village de Marcellaz-Albanais est composé de nombreux hameaux. Cette commune du Genevois savoyard dépendait en partie de la seigneurie d'Hauteville lors de la visite de saint François de Sales en 1608. L'église était alors en piteux état. L'église Saint-Maurice fut construite en 1844 à l'emplacement de l'église dont elle a conservé le clocher de 1625. On peut voir le château Juge de Pieuillet (habité par la famille d'Auguste Juge, poète et juge savoyard), une résidence composée d'un corps de logis rectangulaire dont la façade est entourée de deux tours carrées, ainsi que la maison forte de Rogles, du XVe siècle.

MUSÉE DE LA FAUSSE MONNAIE 🏛

1355, route de Chapeiry ✆ 04 50 45 47 36
www.fausse-monnaie.com
Ouvert toute l'année. Sur réservation uniquement. Gratuit -12 ans. Adulte : 10 €. Enfant : 6,50 €. Visite guidée.

Un musée atypique consacré au faux-monnayage et à ces « artistes » d'un nouveau genre, qui ont fleuri dès 1719. Plus de 100 m² accueillant quatre salles d'exposition et une collection impressionnante de faux billets et fausses pièces, réunie par le numismate et billetophile Christian Porcheron. Dans une des vitrines s'exposent quelques faux billets et fausses monnaies du monde dès le XVIIe siècle. Une collection composée de quelques pièces exceptionnelles.

LE COCHON QUI LOUCHE €€

74, place de l'Albanais
✆ 04 50 69 26 33
www.lecochonquilouche.fr
Ouvert du mardi au samedi midi et soir. Formule du jour 17,50 €. Le soir et samedi à la carte.

Comme il fait bon se mettre au vert et aux produits locaux bien cuisinés. Aux commandes du Cochon qui louche, deux jeunes passionnés de restauration. Stéphane nous reçoit dans une salle chaleureuse où la convivialité se prolonge côté bar. Belle terrasse, service impeccable, cuisine de la cheffe Kelena. Inspirée par les produits locaux, les saisons, une cuisine maison de tradition et de bon goût : cochon, bœuf, poisson, spécialités régionales, hamburgers ou cuisses de grenouilles. Événements privés. À votre tour de loucher sur ce Cochon gourmand.

BRASSERIE VEYRAT

210, impasse des Prés-aux-Biches
✆ 07 69 40 46 19
www.brasserie-veyrat.com
Ouvert vendredi et samedi en fin d'après-midi, horaires selon saisons. Dégustations sur rendez-vous.

Notre brasserie préférée est aussi notre distillerie préférée ! La Brasserie Veyrat, c'est l'union de deux passionnés : Manu qui a eu la bonne idée de fabriquer ses bières avec du houblon bio et de l'orge cultivés à la ferme de Marcellaz-Albanais, et Aline, sportive amoureuse de la montagne. *Futé* leur décerne toutes les médailles en plus des 3 obtenues au Concours Général Agricole pour leurs bières La Blanche et l'Ambrée, ainsi que leur Limoncello Méditerranéen. Autres bonheurs avec le whisky maison, le gin et des ateliers pour fabriquer son propre gin !

HAUTE-SAVOIE

SEYSSEL-74

Connue en Haute-Savoie pour ses vins, Seyssel a la particularité de cultiver la vigne sur des coteaux en bord de Rhône. Deux cépages originaux sont spécifiques à ce terroir : l'altesse ou roussette et la molette, à partir desquels sont élaborés le vin tranquille de Seyssel et le « Seyssel méthode champenoise ». Le vignoble constitue à la fois une des plus petites A.O.C. de France et une des plus anciennes, puisque l'appellation fut obtenue en 1942. Il faut s'arrêter chez les récoltants viticoles ou les cavistes qui se font un plaisir de faire découvrir leur vin. Le pays de Seyssel offre une grande variété de paysages et de sites d'intérêt à visiter.

Balade

La montagne des Princes (935 m) est un joli point de départ pour des balades en sous-bois, notamment avec la boucle La Maison des Fées : fort dénivelé pour cette randonnée, mais belle découverte des coteaux et point de vue panoramique remarquable sur l'Albanais, les Bauges et le Mont-Blanc au point culminant la Ferme du Comte. En contrebas, les bords du Rhône conjuguent activités de loisirs et visites patrimoniales. Le vélo et le VTT sont également un bon moyen de visiter le pays de Seyssel en empruntant un itinéraire balisé qui longe le Rhône sur un tronçon de 3 km - de Seyssel à Motz - sur la ViaRhôna reliant le Léman à la Méditerranée. Quant aux amateurs de navigation, ils rejoindront le lac du Bourget depuis Seyssel via le Rhône et le canal de Savière.

HAUT-RHÔNE TOURISME

2, chemin de la Fontaine
✆ 04 50 59 26 56
www.hautrhone-tourisme.fr

Accueil Vélo. Ouverture selon saison.

L'office de tourisme permet de bien organiser son séjour dans le Pays de Seyssel. 11 communes de part et d'autre du Rhône depuis le Grand Colombier (1 535 m) jusqu'à la Montagne des Princes (937 m). Sans rien manquer des nombreuses possibilités et ressources de ce riche patrimoine naturel, l'office de tourisme propose une vue d'ensemble des activités aussi différentes que les balades dans les vignobles ou les visites des villages traditionnels. Sports nautiques le long du Rhône et autres sports de loisirs, ainsi que randonnées à pied, à vélo, à cheval...

AU FIL DE L'EAU €€

3, quai du Rhône
✆ 04 50 56 11 84
www.hotelseyssel.fr

Ouvert du lundi au samedi le midi et le soir. Carte : 35 € environ. Menu enfant : 10 €. Formule du midi : 16 €.

Dans cette belle maison au bord du Rhône, la terrasse surplombe le fleuve, vous invitant à manger « les pieds dans l'eau ». Au Fil de l'Eau, c'est la cuisine traditionnelle de qualité garantie maison d'un chef travaillant essentiellement à partir de produits frais. Cuisses de grenouille en été, fondues en hiver, un délicieux filet de truite, des pâtisseries maison, des glaces elles aussi maison et l'incontournable soufflé glacé Royal Seyssel (création maison). Très belle carte des vins, notamment avec des vins bio. Le tout servi avec un grand sourire de Marion.

CAVE LAMBERT

30, rue de Montauban ✆ 04 50 56 21 59
www.vins-domaine-lambert.com

Ouvert du mardi au jeudi 9h-12h et 14h-18h ; le vendredi et le samedi de 9h à 12h et de 14h à 19h. Livraison possible.

Les caves de Seyssel, créées en 1930, sont ensuite devenues la Cave Lambert. Elle sauvegarde le patrimoine du Royal Seyssel et plus largement des vins de Seyssel, souvent méconnus des Français. Le Royal Seyssel est un vin mousseux élaboré et vinifié selon la méthode traditionnelle – trois ans de vieillissement pour la prise de mousse. Ces vins sont réputés pour leur arôme de violette et d'iris. La maison cultive des vignes au bord du Rhône et s'oriente vers la biodynamie et le bio. Vente en ligne ; visite des caves et dégustations possibles sur rendez-vous.

BASE AQUALOISIRS

Plan d'eau
✆ 04 50 59 26 56
https://www.hautrhone-tourisme.fr/

Ouvert du 1er mai au 30 septembre. Baignade surveillée en juillet et août. Gratuit.

Aménagée sur la rive savoyarde du Rhône, cette base Aqualoisirs familiale conjugue détente et jeux avec baignade, plage, voile, planche à voile ou canoë-kayak. Parfait au retour des beaux jours. Dans la périphérie de la base aquatique, on s'adonne également au tir à l'arc, au kart à pédales, ou à l'accrobranche avec une tyrolienne plongeante jusqu'au bassin d'eau ! On a aussi la possibilité de partir en découverte itinérante par via ferrata, VTT ou canyoning. Un bel espace de loisirs au bord du Rhône qui plaira aux petits comme aux grands !

HAUTE-SAVOIE

VAULX

Vaulx porte bien son nom, puisqu'il signifie que le territoire communal est très vallonné. Beau village rural du pays de l'Albanais, entre les crêts, Vaulx abrite des Jardins Secrets, site remarquable, qu'il faut absolument visiter. Au départ de Vaulx, randonnée facile en direction du crêt d'Angely. Pour s'ouvrir l'appétit ou pour digérer après un bon repas au délicieux restaurant local, une balade familiale à travers les vallons. Par temps clair, de beaux points de vue sur le massif du Mont-Blanc et les autres massifs savoyards que sont les Bornes, les Aravis et les Bauges. Un peu plus de 8 km à faire en 3h de temps sans trop de dénivelé.

LES PETITS PLATS €

133, route de Sillingy ✆ 04 50 60 57 20

www.lespetitsplats.eu

Ouvert du mercredi au samedi midi et soir, dimanche midi. Menu du jour à midi en semaine 20 €. Menus : 39,50 et 59,50 €.

Petits Plats, grands moments. Petite escapade à 15 minutes d'Annecy, grande respiration dans le charmant village de Vaulx. Environnement champêtre pour cette maison gourmande, rénovée avec goût, tenue par un duo de cuisiniers : Séverine et Eric Durand. Accueil solaire pour se régaler d'une cuisine composée pour l'essentiel de produits locaux de qualité. Sur la terrasse ombragée ou dans une salle chaleureuse, des assiettes pleines de saveurs avec un foie gras ou un délicieux magret de canard entier poêlé. Petits et grands événements à célébrer sur place.

LES JARDINS SECRETS

1561, route de Lagnat

✆ 04 50 60 53 18

www.jardins-secrets.com

Ouvert tous les jours d'avril à octobre. Tarif 9,50 €. Qualité Tourisme. Jardin Remarquable. Horaires variables.

L'œuvre d'une vie de passionnés qu'Alain et Nicole partagent depuis plus de 25 ans avec tous les visiteurs, petits et grands, émerveillés par cette mosaïque de jardins, salons, patios, allées, galeries... Au total, plus de 7 000 m² d'un décor mêlant nature et ouvrages audacieux. De la fantaisie, de la poésie, des senteurs, des couleurs qui changent au gré des floraisons, des matières originales détournées de leur fonction habituelle : bois, galets, mortier de chaux, cuivre, eau, fleurs et plantes... Un lieu magnifique pour une balade surprenante.

LES CHEMINS D'ANGELY

Balade facile. 3h, 8 km, 260 m de dénivelé. Départ : croisement route de Sillingy et rue de l'Ancienne Cure.

Une balade qui fait un bien fou ! Accessible à tous et très bien indiqué (suivez « les chemins d'Angely » sur les jolis panneaux en bois), le sentier vallonné serpente entre forêts et pâturages, hameaux et villages. La vue sur les montagnes au loin est superbe : le Mont-Blanc est omniprésent par beau temps, entouré de son écrin de montagnes verdoyantes. Des Bauges aux Aravis, du sud du Jura au nord de l'Isère (Chartreuse, Belledonne), on s'émerveille à chaque nouvelle colline ! En plus, cette balade est encore très peu fréquentée. Profitez-en !

Le jardin d'Arlequin, les jardins secrets.

HAUTE-SAVOIE

CHAMONIX-MONT-BLANC ★★★★

Chamonix : le nom suffit à évoquer les plus hautes montagnes. Chamonix, c'est le village au pied du mont Blanc. Chamonix, ça vous impressionne au premier abord avec ses neiges éternelles dont on ne peut détourner les yeux, avec ses hôtels de luxe qui accueillent les grands de ce monde… Mais Chamonix, ça vous prend au cœur et à l'âme pour ne plus jamais vous lâcher. Chamonix, plus près du ciel et des sommets, c'est un petit paradis pour tous les skieurs et un immense terrain de jeu pour tous les amoureux de la montagne, c'est une ville qui a su préserver en son centre une certaine culture cosmopolite héritée de son histoire, c'est un village à part qui nous rappelle sans cesse à lui.

Histoire

Si l'histoire de « Chamouny » débute avant l'arrivée des Anglais, il faut pourtant reconnaître que Chamonix est née de la passion de certains sujets de Sa Gracieuse Majesté pour les montagnes environnantes. C'est en 1741 que Windham et Pococke redécouvrent la vallée de Chamouny, alors occupée par une population rurale vivant de l'élevage. Le récit de leur expédition à la Mer de Glace sera publié dans toutes les gazettes d'Europe et enflammera les esprits, suscitant un grand engouement pour cette vallée merveilleuse. Pour répondre à ce nouvel afflux, la première auberge ouvre ses portes en 1770. Défilent ensuite les voyageurs célèbres qui vont asseoir la réputation de Chamonix, tels Saussure ou Goethe. C'est alors qu'on défie le mont Blanc, vaincu en 1786 par deux Chamoniards, le docteur Paccard et Balmat. La voie est ouverte et, en 1821, se crée la Compagnie des Guides pour accompagner les aventuriers. Des touristes exigeants qui logeront dans des hôtels luxueux et viendront à Chamonix été comme hiver. En 1924, c'est la consécration de la station de ski avec la tenue des premiers Jeux olympiques d'hiver. Grâce à l'invention de l'alpinisme, de conquête estivale puis hivernale, le succès de Chamonix n'a cessé de s'accentuer, et il a été renforcé par la fin de son quasi-isolement hivernal, de ses accès depuis Le Fayet et Martigny, avec l'ouverture en 1965 du tunnel routier franco-italien du Mont-Blanc. Aujourd'hui, Chamonix draine une clientèle internationale toujours amoureuse de cette montagne devenue mythique et d'un village à l'ambiance cosmopolite. Avec 70 % de son territoire protégé dont deux réserves naturelles, Chamonix reste une destination de choix pour tous les amoureux de la montagne.

© RCAUCINO - STOCK.ADOBE.COM

Descente sur la vallée Blanche, vers Chamonix.

ACCRO'PARK DES GAILLANDS

Site du Lac des Gaillands

✆ 04 50 53 00 88

Fermé l'hiver. Basse saison : le week-end 13h30-19h. Haute saison : tous les jours 10h-19h. Adulte : 28 €.

Sur le site du lac des Gaillands, ce « Parcours Aventure » offre un terrain de jeux dans les arbres (1,20 m minimum) au gré d'un parcours de 6 niveaux et plus de 80 ateliers – pont de singe, 2 tyroliennes de 25 m, lianes de Tarzan, filets... Les pitchouns entre 1,10 m et 1,30 m ont même leur propre parcours. Pour les passionnés de tyrolienne, un parcours spécifique de 600 mètres, tandis que les intrépides apprécieront le parcours adrénaline avec un atelier « Saut dans le vide ». Un Accroc'Park à 2,5 km du centre-ville accessible en navette.

BRÉVENT-FLÉGÈRE

29, route Henriette d'Angeville

✆ 04 50 53 22 75

www.montblancnaturalresort.com

Haute saison : ouvert tous les jours et les jours fériés de 8h50 à 16h30. À partir de 30 €.

Deux sites dans le massif des Aiguilles Rouges, face au Mont-Blanc. On y accède par des remontées mécaniques, été comme hiver. Brévent-Flégère est un grand domaine skiable, qui culmine à 2 525 m, avec un grand choix de pistes selon son niveau. En été, c'est le point d'envol des parapentes et le départ des randonnées vers les lacs du Brévent et du Cornu. La Flégère est aussi le point de départ de la balade du lac Blanc, itinéraire phare de la vallée. En hiver, les skieurs confirmés profiteront d'un itinéraire hors-piste balisé de 8,5 km et d'une piste de vitesse.

HAUTE-SAVOIE

© PAULETTE RICHARD - ICONOTEC

Pâturage.

DOMAINE DES PLANARDS

351, chemin du Pied du Grépon
✆ 04 50 53 08 97
www.planards.fr

Domaine skiable ouvert de mi-décembre à mi-avril (selon enneigement). Luge hiver : 13h30-17h30, été : 10h30-19h30.

L'hiver, le domaine skiable des Planards est idéal pour les débutants. Le reste de l'année, on profite du parc et de ses attractions pour toute la famille. Trampolines, toboggans, pelles mécaniques, et petites motos électriques, et même des attractions uniques en France : le Sky dive ou comment apprendre à voler et le Nautic jet ou comment se jeter dans l'eau d'une hauteur de 12 mètres après un vol plané.

La luge et sa piste longue de 1 300 mètres, plus proche d'un grand huit que de la descente pépère sur rails, nous décoiffent été comme hiver !

GLACIER DES BOSSONS

320, route des Tissières
✆ 04 50 21 28 05
www.lavormaine.com

Saison été et hiver. Ouvert tous les jours de 8h30 à 17h30. Adulte : 14,90 €, enfant : 11 € (aller-retour).

À ne pas confondre avec la « mer de glace » ! Le glacier des Bossons est la plus haute chute de glace des Alpes. C'est la voie qu'emprunteront Jacques Balmat et le docteur Paccard, en 1786, lors de la première ascension du mont Blanc. Sa langue de glace descend au plus près des habitations. Aujourd'hui, le chemin de randonnée mène, en une heure, du village des Bossons jusqu'au chalet du glacier. Cette balade offre un spectacle grandiose sur la chute du glacier et les séracs. Pour le « visiter », on peut aussi emprunter le télésiège du glacier des Bossons.

LA MAISON DE BARBERINE ★

Hameau de Barberine
VALLORCINE
✆ 06 58 53 99 01
http://maisonbarberine.over-blog.com

Ouvert juillet et août. Adulte 4 €. Du lundi au vendredi de 14h30 à 17h30 et dimanche 15h-17h30.

La Maison de Barberine propose une plongée dans le Vallorcine du début du XVIIIe. La date de l'édification de cette vieille bâtisse (1705) est d'ailleurs toujours visible à l'entrée. Transformée en musée en 1987, la maison tient toujours debout grâce au dévouement d'une association de passionnés qui cherchent à conserver une trace vivante de leur village à l'époque pastorale. Des meubles, des outils, des gravures et d'autres objets de la vie traditionnelle savoyarde de cette époque, étonnants pour la plupart et enrichis par la présence d'expositions temporaires.

OFFICE DE TOURISME VALLÉE DE CHAMONIX-MONT-BLANC

85, place du Triangle de l'Amitié
✆ 04 50 53 00 24
www.chamonix.com

Ouvert selon saison. Haute saison, tous les jours de 8h30 à 19h. Basse saison : de 9h à 12h30 et de 14h à 18h.

L'office de tourisme de la vallée de Chamonix-Mont-Blanc regroupe les informations touristiques des 5 communes de la vallée : Chamonix-Mont-Blanc, Argentière, Vallorcine, Les Houches et Servoz. Au bureau de Chamonix, l'accueil est convivial : des transats pour patienter, un jeu d'échecs géant et le wifi gratuit. Dans l'espace boutique qui regorge de souvenirs sont également proposés des livres sur l'histoire de Chamonix en plus des cartes et guides sur ses sentiers mythiques.

L'AIGUILLE DU MIDI ★★★★

100, place de l'Aiguille du Midi
✆ 04 50 53 22 75
www.montblancnaturalresort.com
Adulte : 69 €. Enfant : 58,70 €. Famille (2 adultes et 2 à 5 jeunes) : 214 €. Réservation à l'avance.

Située dans le massif du Mont-Blanc, l'Aiguille du Midi est la plus haute des Aiguilles de Chamonix, elle culmine à 3 842 m. Son ascension est un voyage unique en son genre qu'il faut absolument faire au moins une fois dans sa vie. L'ascension vers l'Aiguille du Midi (interdite aux enfants de moins de 3 ans, déconseillée en dessous de 5 ans) vous offre un bond de géant de 2 807 mètres en 20 minutes vers les sommets : la gare de départ se trouve à 1 035 m et l'arrivée à 3 842 m sur la terrasse sommitale ! Un voyage unique qui se fait en deux temps. Après avoir survolé la forêt alpine qu'encadrent le glacier des Bossons, les aiguilles Verte et de Chamonix, les Drus, on accède au Plan de l'Aiguille, point de départ des skieurs, alpinistes et randonneurs pour le site du Montenvers. A 2 310 m, le Plan de l'Aiguille est une gare intermédiaire où il est agréable de faire une pause avant de prendre encore plus de hauteur. Ensuite, le deuxième tronçon vous propulse jusqu'au Piton Nord, on côtoie alors les glaciers suspendus et le dôme du Goûter menant au fameux mont Blanc (4 810 m), avec une plongée vertigineuse sur la vallée. Il est toujours bon de préciser qu'il faut prévoir des vêtements chauds quand on voit des touristes tenter de monter en plein été en short et tee-shirt à cette altitude de haute montagne proche de 0 °C. N'oubliez pas non plus des lunettes de soleil avec des verres anti-UV, une paire de jumelles et un bon appareil photo. Tout en haut, on admire les sommets environnants des Alpes françaises, italiennes et suisses. C'est un spectacle fascinant, vos yeux seront éblouis par la grandeur de la nature ! Toutefois, ce n'est pas la seule activité puisque vous verrez que l'offre est particulièrement riche au sommet. Dans un premier temps, vous aurez la possibilité de marcher à l'intérieur d'un tube de 32 mètres, une galerie d'acier qui permet de faire le tour complet du piton central de l'Aiguille du Midi à 3 700 m d'altitude ! Mais ce que les amateurs de sensations fortes apprécieront surtout, c'est l'incroyable Pas dans le vide ! Sur une plateforme en verre, vitrée sur cinq de ses faces, plus de 1 000 m de vide s'ouvrent sous vos pieds ! Sujets au vertige et âmes sensibles s'abstenir ! Le Pas dans le vide compte parmi les plus hautes attractions d'Europe, sa construction fut un véritable défi pour les ingénieurs. Dans cette pièce complètement vitrée, on a une vue exceptionnelle sur le glacier des Bossons, la plus haute chute de glace des Alpes avec ses 7 km de long et ses 3 630 m de dénivelé. Après ces émotions fortes, une pause à l'Espace Mont-Blanc plaira à tous. Il offre un espace de repos et de contemplation face au panorama unique de l'Aiguille du Midi. Sur un banc, face aux larges baies vitrées, détendez-vous et profitez de la vue exceptionnelle : vous pourrez notamment apercevoir le Tacul, le Mont Maudit et le Mont-Blanc. Pour vous restaurer, direction le 3842 m, boutique, cafétéria et restaurant. C'est l'endroit idéal pour savourer des spécialités savoyardes dans un cadre magique, au sommet. Il s'agit de l'un des plus hauts restaurants d'Europe avec une vue exceptionnelle sur les Aiguilles de Chamonix. Autre visite à ne pas manquer, celle de l'Espace Vertical. Après l'un des plus hauts restaurants d'Europe, voici le plus haut musée du monde consacré à l'alpinisme ! Il rend hommage à ceux qui ont gravi les pentes du massif du Mont-Blanc et présente notamment le matériel utilisé actuellement. On est plongé dans le monde de l'alpinisme et on comprend le défi que l'ascension du Mont-Blanc représente. Pour en savoir toujours plus, faites aussi une halte au Palier Hypoxie où l'on vous expliquera les effets de la diminution d'oxygène avec l'altitude sur notre corps. À la fin de votre visite, en redescendant vers la cabine du téléphérique, vous pourrez aussi vous rendre à l'Espace Histoire où vous en apprendrez plus sur la construction du téléphérique que vous venez d'emprunter, avec une vue sur son impressionnante machinerie ! Ensuite, si vous souhaitez continuer cet incroyable voyage en haute montagne, montez dans le Panoramic Mont-Blanc (attention, le voyage n'est pas compris dans le Mont-Blanc Multipass, il faut ajouter un supplément). Cette télécabine vous conduira en 30 minutes vers la pointe Helbronner en Italie. En apesanteur, on passe au-dessus des séracs et crevasses du glacier du Géant, et on admire les cordées d'alpinistes en randonnée glaciaire. On continue donc à en prendre plein les yeux ! En temps normal, pour l'aller-retour et la visite à l'Aiguille du Midi, il faut compter environ 3h. Mais l'affluence, notamment en juillet et août, rallonge nettement ce temps de visite. Renseignez-vous sur la fréquentation du site et réservez vos billets en ligne pour être sûr de monter au sommet. Les conditions météorologiques et une webcam vous donnant un avant-goût du panorama se trouvent aussi sur le site Internet. En attendant l'ascension, ou à votre retour, vous pourrez profiter d'une nouvelle animation avec un cinéma immersif 4D installé dans la gare de départ du téléphérique de l'Aiguille du Midi. *L'Oiseau des Cimes*, le film proposé, vous fera véritablement voler au-dessus des montagnes. Les projections ont lieu toutes les trente minutes et la séance est offerte avec le forfait Mont-Blanc Unlimited 3 à 21 jours. Avec ses nouveaux aménagements qui rendent une visite déjà sensationnelle encore plus prenante, plus passionnante, l'Aiguille du Midi nous impressionne toujours !

LE MONT BLANC

✆ 04 50 53 22 08
www.chamoniarde.com
Ascension en été avec guide. 1 650 € par personne, stage de 5 jours avec ascension du mont Blanc.

Sommet majestueux du « Toit de l'Europe », le mont Blanc est l'emblème de Chamonix ! Point culminant des Alpes, entre la France et l'Italie, il est le plus haut sommet d'Europe occidentale. Sa sommité de neiges éternelles est visible depuis de nombreux sites du département par temps clair. Chamonix, les Houches et Saint-Gervais se partagent son territoire et restent des points de vue privilégiés toute l'année. La ville de Chamonix, rebaptisée Chamonix-Mont-Blanc en 1923 à l'aube des premiers Jeux olympiques d'hiver (1924), est associée à ce sommet mythique. Si on est prêt à lui consacrer une semaine de marche, on s'embarque pour un stage avec ascension ou pour une longue randonnée de 220 km autour du massif version Italie, Suisse et France. L'ascension du mont Blanc requiert une bonne préparation, quel que soit l'itinéraire envisagé. Certaines pentes se situent aux alentours des 40°. En plus d'une bonne préparation physique, les règles d'encordement, dévissages et auto-sauvetage en crevasse sont des techniques qui doivent être maîtrisées par celles et ceux qui se lancent dans l'aventure. Chaque fin d'été, les plus sportifs participent au mythique ultratrail du mont Blanc, qui totalise 170 km de course et 10 000 m de dénivelé positif. Ce challenge hors du commun traverse trois pays : la France, l'Italie et la Suisse. Enfin, pour le tutoyer de près sans le gravir, on se rend à l'aiguille du Midi par le téléphérique du même nom, qui vous emmène sur les cimes sans trop d'efforts... Splendide et impressionnant !

© ARTHUR LEROY - ICONOTEC

MONTENVERS - MER DE GLACE ★★★★

35, place de la Mer de Glace
✆ 04 50 53 22 75
www.montblancnaturalresort.com
Fermé en octobre. Train Chamonix/Montenvers + accès libre télécabine et Grotte de Glace 38 € (5-14 ans 32,30 €).

Depuis plus de 110 ans, le train de Montenvers-Mer de Glace propose un formidable voyage au cœur du fameux glacier qui fit la renommée de la vallée de Chamonix ! D'une surface de 40 km² (7 km de long, 200 m d'épaisseur), ce glacier compte parmi les plus vastes d'Europe, et ce malgré le fait qu'il soit devenu l'un des symboles du réchauffement climatique, puisqu'il perd pas loin de 40 m par an en longueur et jusqu'à 4 m d'épaisseur. Depuis le XIXe siècle, le monde entier se rend ici pour profiter d'un panorama magnifique sur les sommets grandioses des Drus et des Grandes Jorasses. C'est que l'on débarque au pied de la Mer de Glace (1 913 m) par le mythique train rouge à crémaillère du Montenvers depuis 1908 ! De nos jours, le trajet se fait en une vingtaine de minutes, depuis la gare entièrement rénovée, et il est possible d'effectuer le retour par télécabine. Une fois arrivé en gare de Montenvers, on aura la possibilité d'aller observer sa grotte de glace creusée à même le glacier qui est retaillée chaque année. Soyez prévenu : de la gare, il faudra escalader pas moins de 398 marches avant d'atteindre l'entrée de la grotte ! A visiter également : la galerie des cristaux du massif du Mont-Blanc, le Glaciorium (un fabuleux espace dédié à la glaciologie) et le Temple de la Nature, vestige du premier refuge du Montenvers. Le site du Montenvers est le site incontournable de la vallée de Chamonix et son petit train rouge à crémaillère est une très belle expérience en elle-même !

COMPAGNIE DES GUIDES DE CHAMONIX

190, place de l'Église
✆ 04 50 53 00 88
www.chamonix-guides.com
Ouvert toute l'année, tous les jours. Haute saison : de 8h30 à 12h et de 15h30 à 19h30. Séminaire.

Première compagnie de guides de haute montagne au monde, fondée en 1821, cette Compagnie est mondialement connue, forte de 160 guides de haute montagne et 60 accompagnateurs. Ces pionniers de l'accompagnement encadrent randonnées à pied ou à ski et l'ascension des sommets mythiques, organisent des stages de préparation à l'ascension du mont Blanc, mais aussi des virées en parapente, de l'héliski, des descentes de canyon... Ne pas manquer la Fête des Guides, du 11 au 15 août.

CHALET HOTEL LE CASTEL**** €€

100, route des Tines ✆ 04 50 21 12 12
www.lecastel-chamonix.com

11 chambres. Chambre double à partir de 99 €. Petit déjeuner : 18 €. Restauration. Voir tarif saison sur le site Internet.

Avec un excellent rapport qualité-prix, et une situation idéale, au pied des pistes, non loin du téléphérique de la Flégère, le Castel vous accueille dans un cadre enchanteur pour profiter d'un séjour paisible face au massif du Mont-Blanc. Chaleur, élégance des chambres, prestations haut de gamme, et un service bienveillant exemplaire de Robin et son équipe. Salon cosy pour un délicieux petit déjeuner local de qualité et terrasse enchantée pour le restaurant bistronomique.

LE CAP HORN €€

78, rue des Moulins
✆ 04 50 21 80 80
www.caphorn-chamonix.com
Ouvert tous les jours midi et soir. Menus de 46 à 58 €. Formule midi 27 €.

À bord de ce magnifique navire gourmand, dirigé par Wim Robberse et Laurence Claret-Tournier, voyageurs passionnés, les passagers gourmands sont autant émerveillés par la beauté d'une salle élégante et chaleureuse que par la cuisine traditionnelle du chef, aux inspirations d'Asie. Service toujours souriant de Lucie Claret, fille de Laurence. Mariage parfait entre terre et mer dans des assiettes créatives. Saveurs du Japon avec des sushis faits minute. Autre bonheur, la carte de 350 références de vin. Des plaisirs gourmands, une table qui dépayse, en plein cœur de Chamonix !

© CAPHORN

© CAPHORN

LE FAUCIGNY*** €€

118, place de l'Eglise
✆ 04 50 53 01 17
Accueil 24h/24. 28 chambres. Chambre double de 93 € à 290 €. Petit déjeuner : 15 €. Bain bouillonnant, sauna.

Un charmant hôtel, cosy, niché au cœur de Chamonix. Les pièces jouent sur les harmonies de lin, d'ardoise, de bois et de grège. Un mélange d'objets chinés et d'éléments contemporains pour une ambiance Grand nord. Le chêne rustique et le pin flammé lasuré gris du salon achèvent de donner une touche nordique au lieu. Le gris et le blanc dominent les chambres, larges et lumineuses. Mention spéciale au spa avec ses briquettes de pierre noire naturelle qui semblent réfléchir la lumière. Accueil professionnel et petit déjeuner copieux. Une adresse Futé !

AUBERGE DU BOIS PRIN**** €€€

69, chemin de l'Hermine ✆ 04 50 53 33 51
www.boisprin.com
Ouvert en saison été et hiver. Chambre double à partir de 240 €. Petit déjeuner : 25 €. Sauna. Espace détente.

Au bout de la petite grimpée des Moussoux, la charmante Auberge du Bois Prin. Un luxueux chalet de montagne face au massif du Mont-Blanc sur le versant ensoleillé. Une situation privilégiée qui offre un point de vue unique sur la station. C'est dans ce cadre sublime que Denis Carrier soigne ses clients. Les chambres ont un petit balcon ouvrant sur l'aiguille du Midi. Spa après l'activité sportive pour se détendre. En été, on admire le grand potager bio au pied du chalet-auberge, dans un environnement exceptionnel. Restaurant gourmand digne de cet hôtel de charme.

HAMEAU ALBERT IER***** €€€

38, route du Bouchet ✆ 04 50 53 05 09
www.hameaualbert.fr
21 chambres, 12 chambres à la ferme, 2 suites familiales, 2 chalets. Restauration (1 Michelin). Piscine, spa.*

Abritant un restaurant étoilé, l'hôtel du Hameau Albert Ier nous emmène vers les étoiles. Ses fermes rénovées et ses deux chalets indépendants en font une destination grand luxe. On reste bouche bée devant les efforts de la famille Carrier, dépositaire historique de l'établissement, pour transformer la modeste pension du Chemin de Fer en un hameau raffiné. Les 21 chambres de la maison principale font la part belle au design contemporain. Les amoureux de vieux bois et de soirées au coin du feu seront comblés par l'une des 16 fermes d'alpage du hameau.

HAUTE-SAVOIE

CANAILLES €€

350, rue Joseph Vallot
✆ 04 50 53 93 36
www.canailles-chamonix.com
Ouvert du mardi au samedi midi et soir. Menu Canailles à 32 €. Terrasse.

Canailles, c'est du réconfort à partager dans l'esprit d'un bouchon lyonnais. Canailles, c'est le restaurant de Iouri Becq, « artisan restaurateur engagé » qui a tout compris à nos envies et à la cuisine actuelle faite de produits locaux, de saison, issus d'une agriculture responsable. A la carte du chef Martin Berger : tradition lyonnaise - andouillette à la fraise de veau signée Bobosse -, tradition française avec un filet de truite au beurre blanc citronné, créativité avec une truite fumée à chaud et plats du jour étourdissants. Cuisine sincère et gourmande.

HÔTEL GOURMETS ITALY*** €€

96, rue du Lyret
✆ 04 50 53 01 38
www.hotelgourmets-chamonix.com

Fermé de mi-mai à mi-juin et une partie de l'automne. Chambre double 105 €-305 €. Hammam, sauna. Piscine chauffée l'été.

Au cœur de Chamonix, le plus beau des séjours se réserve à l'Hôtel Gourmets Italy. Bordé par l'Arve, ouvrant une vue sur le Mont-Blanc depuis quelques balcons, cet hôtel a le souci constant d'offrir à chaque visiteur la meilleure qualité de séjour. Tradition de l'art de recevoir personnalisé – service 24h/24 digne d'un 4-étoiles – et modernité dans des chambres rénovées avec goût. Petit déjeuner de grande qualité. Piscine appréciée en été. Un refuge douillet, un hôtel confortable, le plaisir d'un accueil charmant dans une ambiance familiale.

ATMOSPHÈRE €€

123, place Balmat
✆ 04 50 55 97 97
www.restaurant-atmosphere.com
Maître Restaurateur. Ouvert toute l'année. Du jeudi au lundi de 12h à 14h et de 19h à 21h30. Formule du midi : 30 €.

Une valeur sûre en plein cœur de Chamonix. Une adresse gourmande courue par les Chamoniards à midi avec un Menu du Marché inspiré des produits de saison. Le menu Atmosphère, d'un rapport qualité-prix exemplaire, évoluant selon les saisons. Les équilibres sont parfaits. Quant à la cave, elle ne manque pas de ressources avec près de 300 références à la carte, dont des grands crus. On entre côté rue dans une salle cossue et intime débouchant sur une salle vitrée (très prisée) face au majestueux massif du Mont-Blanc et surplombant l'Arve.

LA BERGERIE DE PLANPRAZ €€

Télécabine de Planpraz
✆ 04 50 53 05 42
Maître Restaurateur. Été/hiver : tous les jours de 9h à 17h. Réservation recommandée. Menus de 35 € à 48 €.

Cette Bergerie gourmande occupe un « nid d'aigle » à près de 2 000 mètres d'altitude, à l'arrivée de la télécabine de Planpraz. Face au Mont-Blanc, la vue est à couper le souffle mais pas l'appétit ! Le décor est rustique, agréable et chaleureux pour déjeuner des plats cuisinés avec des produits frais. Une grillade au feu de bois ou des spécialités locales pour reprendre des forces, comme ce fromage fondant du Val d'Arly. Les végans ont leurs menus dédiés. Les plus pressés commanderont au comptoir un sandwich, une tartiflette ou autres. Adresse de qualité.

LA CALÈCHE €€

18, rue du Docteur Paccard ✆ 04 50 55 94 68
www.restaurant-caleche.com
Ouvert tous les jours midi et soir. Menus de 29,50 € à 42 €. Service non-stop en été. Terrasse. Animations.

A Chamonix, il faut voir le Mont-Blanc et manger à La Calèche. C'est aussi simple que ça ! Ouverte en 1946 par le pépé Luc, toujours tenue par la même famille, La Calèche fait partie du patrimoine local. Terrasse paradisiaque au cœur de la ville et salles abritant une incroyable collection d'objets. Accueil et service d'une équipe charmante et efficace à la hauteur de ce décor de rêve. Un rêve qui devient gourmand en savourant la cuisine savoyarde maison faite à base de produits de qualité. La carte des vins nous emmène vers d'autres sommets. Incontournable.

LA CABANE DES PRAZ €€

23, route du Golf
✆ 04 50 53 23 27
www.restaurant-cabane-chamonix.com
Fermé en nov. Ouvert tous les jours midi et soir. Haute saison service continu. Menus 32 à 45 €. Formule midi 27 €.

Tout est grandiose à la Cabane des Praz. A commencer par le décor avec d'un côté la chaîne du Mont-Blanc, de l'autre le Brévent et la Flégère à contempler depuis les deux grandes terrasses. Ensuite, un magnifique chalet en rondins de style finlandais pour un décor hyper chaleureux rehaussé de belles touches contemporaines. Enfin, l'excellente cuisine d'un chef composant une cuisine raffinée à partir de produits locaux. Dans de superbes assiettes, des goûts subtils aux pointes de saveurs nouvelles. Carte des vins remarquable. Beauté et gourmandise à l'état pur.

© CABDESPRAZS

© CABDESPRAZS

HAUTE-SAVOIE

LES CAVES

80, rue des Moulins
✆ 04 50 21 80 80
www.caphorn-chamonix.com
Haute saison : ouvert tous les jours de 18h à 2h. Jusqu'à 1h, hors saison. Animations. DJ.

Quelques marches à descendre pour entrer dans Les Caves du Cap Horn. Le bar à vin conjugue le bois traditionnel des habitats montagnards au design contemporain des luminaires et de la décoration. Espace convivial pour un moment de détente avant ou après un repas au restaurant – Les Caves servent la même carte qu'au restaurant du Cap Horn –, dans une ambiance différente et unique. Endroit merveilleux aussi pour faire la fête car le bar se transforme en dancefloor dans la nuit. Idéal pour commencer ou finir la soirée dans le lieu le plus hype de Chamonix !

© LESCAVES

© LESCAVES

CHALET HOTEL LE CASTEL €€

100, route des Tines
✆ 04 50 21 12 12
www.lecastel-chamonix.com
Ouvert tous les jours midi et soir. Menus de 29 € à 39 €. Formule midi : 28 €. Terrasse.

Au restaurant du Castel, hôtel où il faut séjourner pour profiter de toute la magie de Chamonix, les gourmands savourent une cuisine de qualité et la beauté d'un site d'exception. Avec sa terrasse ensoleillée, entourée de verdure, ouverte sur le Mont-Blanc, le Castel offre une expérience unique. Cuisine bistronomique réalisée à partir des meilleurs produits pour un pâté en croûte du chef Arnaud Caire ou un saumon fumé maison. Spécialités montagnardes, végéburger ou filet de dorade à la plancha. Desserts maison et belle carte des vins. Adresse au sommet.

LA FERME DES 3 OURS €€

Le Plan - **VALLORCINE**
✆ 04 50 54 63 06
www.restaurant-laferme-des3ours.com
Haute saison : ouvert tous les jours midi et soir. Réservation recommandée. Formule midi : 24,90 €. Enfant : 13,90 €.

A la sortie de Vallorcine, la Ferme des 3 Ours dispose de grandes tables en bois dans une gigantesque salle à la lumière tamisée. Quelques clarines pendent ici et là aux poutres apparentes, et, au milieu de la pièce, une immense cheminée. Dans cette contrée reculée de la « vallée des Ours », on se régale des spécialités savoyardes : tartiflette, fondue, et une croûte aux girolles. Les amateurs de viande sont soignés avec la grillade des 3 Ours ou le carré d'agneau à la tomme de pays. Pour le dessert : tarte aux myrtilles ou gaufre mont blanc. Belle terrasse.

MICRO BRASSERIE DE CHAMONIX

350, route du Bouchet ✆ 04 50 53 61 59
www.mbchx.com
Ouvert toute l'année. Du lundi au dimanche de 16h à 2h. Petit déjeuner du vendredi au dimanche de 10h à 12h. Concerts.

Incontournable pour son originalité et son bon esprit ! Un lieu emblématique où se retrouve la jeunesse internationale en fin d'après-midi pour déguster une bière brassée sur place avec la pure eau glaciaire des Alpes et savourer les burgers et autres spécialités canadiennes et nord américaines, de qualité, faites maison. Tenue par des Canadiens qui brassent sur place des bières redoutables, au milieu des cuves en pin, la MBC donne le rythme. Les matins du week-end, brunchs copieux.

SUPER U

117, rue Joseph Vallot
✆ 04 50 53 12 50
www.magasins-u.com/superu-chamonix
Ouvert du lundi au samedi de 8h à 20h. Ouvert aussi le dimanche matin. Parking.

Derrière une façade qui ne défigure pas l'authenticité des lieux, un magasin entièrement rénové. Pour s'approvisionner aux couleurs de la région avec, notamment, un assortiment qualitatif de fromages, charcuteries, et viandes, - cave de maturation unique -, un magnifique rayon primeur, des fruits et légumes exotiques, (le manioc aux vertus nutritives et médicinales), un prestigieux rayon de poissons, de vins, d'ici et d'ailleurs... Qualité, tradition et modernité - avec drive, commande en ligne et livraisons - dont l'accueil est toujours professionnel et souriant.

© DAVID MACHET

© DAVID MACHET

LE REFUGE PAYOT

255, rue du Docteur Paccard
✆ 04 50 53 16 86
www.refugepayot.com

Haute saison : ouvert tous les jours de 8h15 à 20h. Livraison possible (en France métropolitaine).

A la recherche des meilleurs produits régionaux des Alpes ? Ils sont tous réunis au Refuge Payot. Le décor de ce Refuge mérite à lui seul la visite pour découvrir toute la chaleur et les bonnes odeurs d'une ferme d'alpage. Une sélection remarquable de produits de tradition et de haute qualité. Et pour vous conseiller, des passionnés qui vous donneront l'origine de chaque produit, mais aussi l'histoire de chaque spécialité savoyarde. Commandes possibles via le site de vente en ligne pour se faire livrer dans toute la France. Le refuge des vrais gourmands.

© DAVID MACHET

© DAVID MACHET

© DAVID MACHET

PÂTISSERIE RICHARD

10, rue du Docteur Paccard
✆ 04 50 53 56 88
www.patisserierichard.fr
Ouvert tous les jours de 7h à 19h.

Accueil souriant dans cette superbe boutique à la décoration de pierres apparentes et boiseries faisant salon de thé. Comment ne pas succomber à la tentation des pâtisseries exquises de cette maison de renom depuis deux générations ? « L'incontournable » Chamonix est toujours à la carte (mousse au chocolat noir, feuilleté praliné et biscuit macaron). Excellentes glaces « maison », avec un large choix de parfums. Pour prendre quelques forces avant de faire les boutiques ou bien au retour des pistes ! Macarons, tartes, pâtisseries, tout est aussi beau que bon !

CLOCHES ET SONNETTES DEVOUASSOUD

451, chemin à Batioret
✆ 04 50 53 04 88
www.sonnettesdevouassoud.com
Ouvert du lundi au samedi de 14h à 17h.

La boutique atelier propose plus qu'un joli souvenir de l'artisanal local : le son des montagnes ! Depuis 6 générations, la famille Devouassoud réalise clarines, s'nailles, sonnailles... de jolies cloches et sonnettes que portent fièrement les vaches des Alpes et d'ailleurs. Toutes les cloches portent l'estampille de la famille depuis 1829. Fabrication ancestrale pour des cloches embouties, forgées, fermées et rivetées dans l'atelier, et recouvertes de laiton ou de cuivre dans le four.

LES AILES DU MONT-BLANC

110, allée Champs du Savoy
✆ 06 20 46 55 57
www.lesailesdumontblanc.com
Ouvert toute l'année. Vol découverte : 130 €. Stage initiation 5 jours : 750 €.

Voler dans le plus beau jardin de vol libre du monde encadré par des professionnels. Les Ailes du Mont-Blanc donnent l'occasion de réaliser ce rêve en toute sécurité lors d'un vol biplace. Cinq pros du parapente et de la montagne à leur tête la championne du monde Sandie Cochepain initient les amateurs à la pratique du parapente et du speedriding (entre parapente, freeride). Certains moniteurs sont formés à l'encadrement en vol de personne à mobilité réduite (projet Hand'icare). Pros jusqu'aux bouts des voiles, ces artistes des airs offrent plaisirs et sensations.

CENTRE SPORTIF RICHARD BOZON

214, avenue de la Plage ✆ 04 50 53 23 70
www.chamonix.com
Ouvert toute l'année, du lundi au vendredi de 12h à 19h30, le week-end de 14h à 19h30. Entrée piscine : 6,70 €.

Le centre sportif Richard Bozon accueille une multitude d'équipements pour la pratique de sports *indoor* et *outdoor*. La patinoire offre une piste olympique couverte et une patinoire extérieure en hiver. Quant à la piscine, elle se compose de bassins intérieurs et extérieurs, d'un sauna, d'un hammam, d'un bain bouillonnant, idéal en guise d'après-ski. En été, on profite de son bassin olympique extérieur, de ses rivières rapides, de son jardin d'eau avec jets massants et de son toboggan.

COMPAGNIE DES GUIDES DE CHAMONIX

190, place de l'Église
✆ 04 50 53 00 88
www.chamonix-guides.com
Ouvert tous les jours de 8h30 à 12h et de 14h30 à 19h30. Ascension du Mont-Blanc à partir de 1 830 € (5 jours Duo).

Une Compagnie dont le nom se confond avec l'histoire de l'alpinisme, et surtout la meilleure adresse pour trouver un encadrement qualifié et passionné. A cause de la surfréquentation, les cordées sans accompagnateurs professionnels agréés deviennent risquées. Faire appel à ces guides chevronnés est donc une garantie de sécurité. Certains raids à ski sur plusieurs jours s'adressent aux skieurs expérimentés et l'ascension du mont Blanc ne s'improvise pas, une véritable préparation physique et technique est nécessaire. Randonnée, escalade, snowboard, héliski, raquettes, tour du Mont-Blanc, de nombreux forfaits sont proposés, pour tous niveaux, été comme hiver : TMB (Tour du Mont-Blanc) en 5 jours avec une option portage de sac ; les monts et merveilles du val d'Aoste en 6 jours ; plus abordable, en famille, la vallée de Chamonix en cinq jours ; un stage d'initiation à l'alpinisme en trois jours, etc. Avec déjà près de deux siècles d'histoire (elle a été créée en 1821), la Compagnie des guides de Chamonix-Mont-Blanc est devenue une véritable légende, La maison de la montagne qui abrite aussi l'Ecole du ski Français et la compagnie Cham'Aventure propose un point d'information gratuit, l'office de Haute Montagne. On affiche ici trois bulletins météo par jour, comme à l'office de tourisme voisin : consultations toujours très recommandées avant toute sortie, sur tout terrain, même réputé facile. Un bureau est aussi ouvert en saison à Argentière.

GOLF CLUB DE CHAMONIX

35, route du Golf ✆ 04 50 53 06 28
www.golfdechamonix.com
Ouvert tous les jours de 8h30 à 18h30. Réservation obligatoire en été. Boutique. Club House restaurant de 8h à 20h.

Un golf de montagne ouvert en 1934 au pied du massif du Mont-Blanc. Dans le village des Praz, à 3 km de Chamonix, le golf 18 trous répartis sur un parcours de 6 kilomètres, bénéficie d'un environnement naturel magnifique, boisé, presque plat, sans interférences de fairways ni traversées de routes ; rompu seulement par l'Arve qui fait perdre quelques balles aux joueurs audacieux… Le trou 17 offre une vue face au mont Blanc et à la cascade de séracs du glacier des Bossons. Le chic club-house est remarquable avec sa construction en rondins, type « cabane au Canada ».

ARGENTIÈRE ★★

Argentière est particulièrement connu pour son impressionnant glacier, son sommet de l'Aiguille verte et le domaine skiable des Grands-Montets. Le charme du hameau avec ses fermes à l'architecture traditionnelle, ses lavoirs, son église baroque, sa chapelle du XIXe siècle et son panorama grandiose en font un lieu de villégiature très agréable, au plus près des départs de nombreuses randonnées, notamment le Tour du Mont-Blanc en été. Un point de passage incontournable sur la route du barrage d'Emosson, par le col des Montets, et de la frontière suisse en direction du Valais. La gare d'Argentière est une étape pour le train Mont-Blanc Express.

OFFICE DE HAUTE MONTAGNE

190, place de l'Église ✆ 04 50 53 22 08
www.chamoniarde.com
Ouvert toute l'année. Tous les jours de 9h à 12h et de 15h à 18h. Hors saison d'été, fermé le dimanche.

Au dernier étage de la Maison de la Montagne, lieu de rendez-vous des alpinistes et randonneurs, ou sur son site Internet, La Chamoniarde diffuse des informations sur la qualité et la praticabilité des itinéraires (randonnée, escalade et alpinisme, ski, vol libre…) et met à disposition des informations pratiques pour organiser sa course ou son itinéraire (refuges, remontées mécaniques, réglementations) ainsi que la documentation nécessaire (livres, cartes topographiques…). Des manifestations sur les pratiques en montagne sont aussi régulièrement organisées.

CHALET DE LA RÉSERVE DES AIGUILLES ROUGES ★

2906, route des Montets
✆ 04 50 54 02 24
www.reserves-aiguilles-rouges.com/
De mi-mai à mi-septembre et pendant les vacances de Toussaint, en visite libre. Mai à octobre : visite guidée (groupes).

Ce chalet - libre d'accès - a été conçu pour mieux appréhender la faune et la flore de montagne des trois réserves naturelles - Aiguilles Rouges, Carlaveyron et Vallon de Bérard - auxquelles on se rend en suivant deux sentiers : le GR5 (d'Amsterdam à Nice) et le TMB (Tour du Mont-Blanc). Depuis 2007, l'association dispose même d'une Joëlette qui permet aux personnes à mobilité réduite de parcourir le sentier botanique de découverte dans la réserve.

CASINO LE ROYAL CHAMONIX

12, place Saussure
✆ 04 50 53 07 65
www.chamonix.com/activites
Ouvert toute l'année. Tous les jours de 11h à 2h. Machines à sous, jeux électroniques et jeux de table. Bar, restaurant.

Au pied du mont Blanc, le casino Le Royal de Chamonix est le plus haut d'Europe. Au centre-ville, dans un magnifique bâtiment classé du début du XXe siècle, son charme ne s'est pas estompé. L'une des plus belles salles de jeux que l'on connaisse. Sensations autour des tables de jeux traditionnels avec la roulette anglaise, le black jack ou le Texas Hold'em Ultimate, mais encore en jouant sur l'une des 75 machines à sous tout en regardant les jackpots grimper. 8 places sur la roulette anglaise électronique. Et pour briser la glace, cocktails ou autres au bar !

LES GRANDS MONTETS ★★★

65, chemin de la Glacière
✆ 04 50 53 22 75
www.ski-chamonix.info
Haute saison, ouvert tous les jours et jours fériés 9h-16h45. Été 8h30-17h. A-R 21 €/adulte, 17,90 €/enfant. Restaurant.

L'aiguille des Grands Montets (3 295 m) offre un magnifique panorama sur les Drus, l'Aiguille verte, les aiguilles de Chamonix, la Mer de Glace et… les séracs du glacier d'Argentière – peu visible depuis le village – qui sont accessibles par le téléphérique de Lognan. En hiver, le domaine skiable offre une multitude de pistes à fort dénivelé très prisées des freeriders à la recherche de sites grandioses. En été, Le Lognan - Plan Joran est le point de départ de nombreuses balades à pied, des vététistes expérimentés et des alpinistes vers l'aiguille Verte.

LES HOUCHES ★

L'authentique village de montagne des Houches est une station de ski familiale réputée qui abrite sur ses pentes l'une des pistes de descente parmi les plus mythiques du circuit blanc, la Verte des Houches (que l'on déconseille aux débutants...) sur laquelle se déroule l'épreuve de coupe du monde de ski alpin : le Kandahar. Ce n'est pas la seule attraction de ce village dont la particularité est d'être très étendu : entre 850 mètres à son point le plus bas et 4 304 mètres à son point le plus haut, qui est le Dôme du Goûter. Celui-ci est la voie royale qu'empruntent les alpinistes du monde entier pour atteindre le majestueux mont Blanc et, depuis Bellevue, qu'ils escaladent l'impressionnante face nord du Bionassay. Ses nombreux hameaux et oratoires, ses chapelles et fermes isolées sont à découvrir lors de sublimes randonnées à travers les forêts et les pics cristallins. Un patrimoine qui ne demande donc qu'à être visité et l'on sera surpris par la richesse baroque de l'église Saint-Jean-Baptiste – l'une des plus belles du département –, la statue du Christ-Roi mesurant plus de 25 mètres ou bien encore la présence de la prestigieuse École de Physique des Houches, fondée par la jeune physicienne Cécile de Witt en 1951. Rattachée à l'université Joseph Fourier de Grenoble (Université Grenoble Alpes), elle a accueilli en son sein d'éminents Nobel de physique tels Pierre-Gilles de Gennes et Georges Charpak. Les Houches, un village à part et une bouffée d'air frais à lui tout seul.

Le domaine skiable des Houches près du massif du Mont-Blanc.

MAISON DE L'ALPAGE

113, route du Bouchet
✆ 07 78 24 96 77
www.cc-valleedechamonixmontblanc.fr
Ouvert toute l'année sauf jours fériés. Haute saison : du lundi au samedi de 9h à 12h et de 14h30 à 18h30. Gratuit.

La Maison de l'Alpage permet de découvrir l'évolution du paysage alpin. Modelé depuis des siècles par les bergers et les paysans, ce territoire montagnard fut ensuite investi par les sports d'hiver au début du XXe siècle. Espaces naturels, architecture, urbanisme, transports... un équilibre fragile illustré par l'exposition permanente : *Agriculture et paysages, les grandes mutations*. L'homme et la montagne au fil des siècles ! Des balades et ateliers sont régulièrement programmés en haute saison. Une visite à compléter avec celle de la Maison du Lieutenant.

RÉSERVE NATURELLE DE CARLAVEYRON

✆ 04 50 66 47 51
www.asso-reservenaturelle-passy.com
Accès libre. Réserve naturelle nationale. Animaux interdits.

Sur près de 600 hectares, cette réserve naturelle permet de découvrir des paysages de moyenne et de haute montagne avec leur flore et leur faune préservées. Avec un peu de chance, on aperçoit une marmotte debout sur ces vastes pelouses alpines ou l'on tombe sur une orchidée rare (bien entendu, on n'y touche pas !). C'est un bonheur de venir s'y promener dès le printemps jusqu'au début de l'hiver. Chaque saison ayant son charme, et de quoi plaire à toute la famille !

OFFICE DE TOURISME

Place de la Mairie
✆ 04 50 55 50 62
www.servoz.com
Ouvert selon saison. Haute saison, tous les jours 9h-12h et 14h30-18h30. Été, 9h-13h et 14h-18h30.

Facile à repérer, l'office de tourisme des Houches est en plein cœur du village, sur la rive droite de la route nationale qui mène à Chamonix. A disposition, une mine d'informations sur ce village de la vallée de Chamonix. Achat de forfaits pour les remontées mécaniques ainsi que des ouvrages sur la montagne, des cartes pour les randonnées, le plan des pistes... L'été, le téléphérique de Bellevue est un point de départ idéal pour la montée au Nid d'Aigle, point de départ des ascensions vers le mont Blanc. Des événements, des expositions, des films...

LA COMPAGNIE DES ÂNES

55, chemin du Vieux Four
✆ 04 50 47 26 18
D'avril à début novembre. Sur réservation uniquement. Tour de 30 min à 2h30.

Découvrir les alpages en compagnie des ânes. Quoi de plus sympathique qu'une balade à dos d'âne, pour 1h ou une journée entière, à la découverte du hameau de Vaudagne et de la vallée de Chamonix. L'occasion d'une sortie en famille, originale avec pique-nique en pleine nature. Doux et dociles, très adroits sur les sentiers escarpés, les ânes sont des compagnons de voyage agréables et très appréciés des enfants. Équipé d'un bât, d'un licol et d'une longe, l'équidé peut porter jusqu'à 35 kg. Plus insolite encore, 2 jours pour un tour dans le massif du Mont-Blanc.

CHALET HÔTEL LES CAMPANULES** €€

450, route de Coupeau ✆ 04 50 54 40 71
www.hotel-campanules.com
Ouvert toute l'année. 45 chambres. Chambre double de 89 € à 190 €. Restauration. Sauna. Navette gratuite pour skieurs.

Un vrai coup de cœur, sur les hauteurs de Coupeau, en face du centre des Houches, le chalet hôtel Les Campanules jouit d'une vue imprenable sur le massif du Mont-Blanc. Quel bonheur de prendre un apéritif dans le jardin, le regard porté sur les glaciers et les cimes ! L'intérieur de l'hôtel n'a rien à envier aux enseignes 3 étoiles de la vallée : tout semble avoir été taillé à la main dans la forêt environnante. Les chambres, soigneusement décorées, sont dignes d'un hôtel grand luxe.

PATINOIRE LES HOUCHES

25, avenue des Alpages
✆ 04 50 54 52 99
www.chamonix.com
Ouvert de mi-décembre à mi-mars. Haute saison : tous les jours de 14h à 18h ; le vendredi de 20h à 22h. Entrée : 3 €.

Située en plein cœur du village des Houches, à côté des pistes du Tourchet, la patinoire extérieure du village fait face au mont Blanc. C'est un vrai plaisir de patiner au milieu de si beaux paysages... et en fin de journée, on peut même admirer les couleurs changeantes tantôt roses, tantôt bleues qui illuminent la montagne. En période de vacances scolaires, elle s'anime en musique pour le plaisir des jeunes vacanciers dans une nocturne givrée. Les jeunes enfants se verront prêter de ludiques pingouins sur patins pour s'initier à l'équilibre sur glace.

LES CONTAMINES-MONTJOIE ★★

Les Contamines-Montjoie, c'est la montagne comme on l'imagine, comme on la voit dans les magazines... En premier plan, un vrai village se dessine avec ses églises baroques, en arrière-plan le massif du Mont-Blanc et les Dômes de Miage subliment le paysage. De la neige à foison en hiver – nous sommes en fond de vallée et les nuages laissent tomber les flocons plus longtemps – et l'été fleurs, dégradés de vert et blanc en haut des sommets. C'est le site idéal, à 1 164 m d'altitude, pour les familles, les enfants, mais aussi pour les amoureux de la montagne en toute saison. Balades, sport et patrimoine sont réunis sur un territoire d'une incroyable beauté.

L'ÉGLISE SAINTE-TRINITÉ ★

Route de Notre-Dame de la Gorge
✆ 04 50 47 01 58
www.lescontamines.com
Se renseigner auprès de l'office de tourisme.

Moins connue que Notre-Dame de la Gorge, l'église fut immortalisée par le peintre anglais Turner en 1802. C'est une église typiquement baroque avec sa façade ornée et son clocher carré qui a pour base une tour de l'ancien château. Construite en 1759 par un maçon piémontais sur les ruines du château de Montjoie, elle abrite trois retables baroques, son clocher et sa flèche – à l'origine recouverts d'écailles de fer blanc étamé – ont perdu leur éclat doré depuis que la toiture a été remplacée par l'acier inoxydable en 1976. Un programme de rénovation est en cours.

NOTRE-DAME DE LA GORGE

Route de la Gorge
www.lescontamines.com
Messe le 15 août. Visite guidée (5€, sur inscription).

Cette église, datant du XIIIe siècle puis reconstruite au XVIIe siècle, est un des joyaux du Sentier du Baroque avec sa façade blanche rehaussée des couleurs et statuaires de son décor remarquable. Lieu de passage incontournable dans l'ascension périlleuse du col du Bonhomme, Notre-Dame-de-la-Gorge offre en ce bout du monde un lieu de repos, de beauté et de sérénité incomparable. On peut aussi admirer le site naturel que l'on parcourt lors de la procession aoûtienne qui continue d'attirer de nombreux pèlerins chaque année le 15 août.

BUREAU DES GUIDES DES CONTAMINES MONTJOIE

18A, route Notre-Dame de la Gorge
✆ 04 50 47 10 08
www.guides-mont-blanc.com
Ouvert toute l'année. Haute saison : tous les jours de 9h à 12h et de 15h à 19h.

Le bureau contaminois, créé en 1864, appartient aujourd'hui à la compagnie des guides de Saint-Gervais Mont-Blanc. Plus de 80 guides et accompagnateurs issus du Val-Montjoie. Tous diplômés d'État, ces passionnés sont soucieux de fournir des prestations de qualité en toute sécurité. Au choix, ski de randonnée, balade en raquettes, ski hors-piste, cascades de glace, escalade, randonnées… L'été, les guides vous accompagnent pour une ascension du mont Blanc ou un tour insolite du massif.

LA TABLE D'HOTES SAVOIE €€

285, route de Notre-Dame de la Gorge
✆ 04 50 91 35 73
www.tabledhotesavoie.fr
Ouvert tous les jours midi et soir l'été. L'hiver 7j/7, sauf midi en semaine. Menu soir table d'hôtes 31 €. Enfant 12 €.

En léger contrebas de l'église, au centre du village, un bâtiment récent recouvert de bois. C'est beau dès l'entrée et les curieux remarquent la cabine de téléphérique transformée en table douillette à partager en amoureux. Les gourmands ne sont pas venus à la Table d'Hôtes Savoie pour faire des photos, mais pour savourer la cuisine de terroir du chef Ludovic. Enfant du pays, il partage, avec son épouse Élodie, la passion d'une cuisine authentique réalisée à partir des meilleurs produits de notre région. Excellent rapport qualité-prix et un coup de cœur.

DOMAINE SKIABLE DES CONTAMINES

604, route des Moranches
✆ 04 50 47 02 05
www.lescontamines.net
Été et hiver (mi-décembre à mi-avril). Entrée : 46,80 € (adulte/jour). Enfant : 38,50 €.

Le ski alpin sur le domaine des Contamines-Hauteluce se pratique grâce aux 25 remontées mécaniques situées entre 1 200 et 2 500 mètres d'altitude permettant d'accéder aux 48 pistes sur 120 km. 3 Xzones sécurisées dédiées aux nouvelles glisses. Ce domaine skiable appartient à celui, plus vaste, d'Evasion Mont-Blanc. Pour le ski nordique, 23 km de pistes damées et balisées (payantes), sur le site classé de Notre-Dame-de-la-Gorge. L'été, de belles randonnées à pied ou à VTT.

SAINT-GERVAIS-LES-BAINS ★★

Cette station aux mille visages abrite sur son territoire le prestigieux mont Blanc et ses 4 807 m. Lors d'un séjour à Saint-Gervais, on peut allier les bienfaits de la balnéothérapie en eau thermale naturellement chaude aux activités de montagne, glisse et alpinisme en tête. Les vertus thérapeutiques de l'eau de source du Fayet en dermatologie, rhumatologie et traitement des voies respiratoires sont connues depuis plus de deux siècles ! Saint-Gervais n'est pas qu'une ville, ce sont aussi quatre villages : Le Fayet (580 m), Le Bettex (1 400 m), Saint-Gervais (810 m), Saint-Nicolas-de-Véroce (1 170 m) et de nombreux hameaux reliés par un patrimoine extraordinaire, des paysages sublimes, une faune et une flore préservées. Ce patrimoine culturel et environnemental est précieux pour la commune qui entend bien le valoriser et le protéger pour offrir les plus belles émotions. Saint-Gervais est également une station de ski dont le domaine skiable sur les pentes du Bettex est relié par les pistes aux domaines de Megève et Saint-Nicolas-de-Véroce ; et plus largement par les navettes ski-bus aux autres stations du vaste domaine Evasion Mont-Blanc déroulant 400 km de pistes entre les sapins et des panoramas inoubliables. Le Tramway du Mont-Blanc emmène les skieurs en hiver et les randonneurs vers les sommets à bord d'un train unique en son genre. En été, de nombreux itinéraires de randonnée et de VTT, dont certains parcours spécialement dédiés aux VAE, pour tous les niveaux.

ALPI HOURS FESTIVAL

✆ 04 50 47 76 08
www.saintgervais.com
Du 20 au 22 juillet et les 14 et 15 août 2023. Gratuit.

Quoi de mieux pour animer un village qu'un festival mêlant musique et art de rue ? Les rues de Saint-Gervais se voient transformées en une véritable scène de spectacle. Les artistes font de l'espace public un festival géant, entre la musique, la danse de rue, le théâtre, les humoristes et les nombreuses déambulations de rue toutes plus farfelues les unes que les autres. Pour les amateurs de musique, rendez-vous sur la piste de danse au cœur du village, il y en a pour tous les goûts : soul, funk, blues, pop, DJ, jazz, rock, électro-swing et orchestre de rue…

HAUTE-SAVOIE

EGLISE DE SAINT-NICOLAS

Chef lieu - **SAINT-NICOLAS-DE-VÉROCE**
✆ 04 50 91 72 47
www.saint-nicolas-veroce.com
Adulte : 3,50 € (visite libre du musée). Visite guidée de l'église : 3 € ; du musée : 5 € ; de l'ensemble : 7 €.

C'est un des joyaux de l'art baroque en Haute-Savoie. Cet art né en Italie au XVIe siècle a traversé les Alpes avec les Frahans (maçons) pour se diffuser en Haute-Savoie. La paroisse du haut Val Montjoie (devenue Saint-Nicolas de Véroce) se trouve sur l'ancienne route reliant le Piémont à Genève et au Valais. Construite en 1726, l'architecture extérieure de l'église Saint-Nicolas, sobre, tranche avec les couleurs joyeuses des différents éléments, et les voûtes peintes du bleu de Saint-Nicolas en 1856. Un musée d'art sacré est visible dans le presbytère attenant.

FESTIVAL THEATRE DANS LES ALPAGES

www.theatredanslesalpages.com
Du 25 au 28 juillet 2023. Entrée : 30 €. Enfant : 15 €. Pass 4 jours : 90€.

Perché dans le joli hameau de Bionnassay - accessible en voiture -, au cœur d'une agora naturelle avec vue panoramique sur les montagnes environnantes, le festival « Théâtre dans les alpages » revient pour une troisième édition. 4 soirs, 4 représentations en plein air, à observer le jour décliner lentement en regardant jouer des comédiens expérimentés. Le projet, monté par une association créée pour l'occasion, permet de renouer avec la magie du théâtre de plein air, celui des origines.

TRAMWAY DU MONT-BLANC

80, avenue de la Gare ✆ 04 50 53 22 75
www.montblancnaturalresort.com
Fermé avril/juin et fin-sept/mi-déc. Ouvert en journée (horaires sur le site Internet). 38 € (5-14 ans 32,30 €).

Le TMB est le plus haut et le plus raide des chemins de fer de France : sa gare d'arrivée estivale du Nid d'Aigle, départ de la voie royale vers le mont Blanc, culmine à 2 372 m. Inauguré en 1909, soit un an après l'ouverture de la ligne de chemin de fer du Montenvers, le Tramway du Mont-Blanc est l'autre train à crémaillère de la vallée. Près de 1 800 m de dénivelé, avalés depuis la gare de départ de Saint-Gervais-les-Bains-Le-Fayet (590 m) en un peu plus d'1h15. Une tentative d'atteindre le sommet du toit de l'Europe, tranquillement assis sur la banquette de l'une des trois rames du train – nommées des prénoms des filles du directeur du TMB en 1956, Marie, Jeanne et Anne ! Au sommet, la vue sur les Dômes de Miage, les Aiguilles de Chamonix et le glacier de Bionnassay vous saisit d'emblée. Au total, il faut prévoir 3h30 de temps de visite (trajets inclus). Bon plan futé : en été, les VTT sont acceptés dans le premier et les trois derniers trains de la journée. En hiver, le train s'arrête au plateau de Bellevue, au sommet des pistes de ski des Houches. Idée de sortie ski : depuis la gare du Fayet, montez à bord du TMB jusqu'au plateau de Bellevue (comptez 1h) pour skier sur le domaine des Houches, puis descendez par la piste rouge entre Bettex et Saint-Gervais pour un retour skis aux pieds. L'inverse est également valable pour les fondeurs et les adeptes de randonnées en raquettes (avec retour en TER, skis à l'épaule). Bref, un petit voyage en train aux airs d'expédition, absolument immanquable dans la région !

PILE-PONT EXPO

Culée du Pont de Saint-Gervais
✆ 04 50 47 79 80
www.saintgervais.com
Ouvert de juin à septembre. Nouvel artiste chaque année. Se renseigner pour les visites. Gratuit. Visite guidée.

C'est un espace original, unique en France, dédié à l'art contemporain ! La culée de l'un des deux piliers du pont de contournement de la ville de Saint-Gervais accueille un lieu d'exposition incroyable, sorte de cathédrale de béton, d'une surface de 160 m² sur 9 m de hauteur. Un espace investi chaque année, depuis 2013, par l'œuvre monumentale d'un artiste contemporain, réalisé *in situ*. Une exposition singulière, éphémère, à découvrir durant la période estivale. Des visites guidées permettent d'admirer ces œuvres. Une visite déroutante comme on les aime.

OFFICE DE TOURISME DE SAINT-GERVAIS-LES-BAINS

43, rue du Mont-Blanc
✆ 04 50 47 76 08
www.saintgervais.com
Ouverture selon saison.

Saint-Gervais, c'est la station 4 saisons pour mieux vivre vos vacances. La Maison de Saint-Gervais abrite en un même lieu l'office de tourisme, les écoles de ski et la Compagnie des Guides. La station bénéficie du label Famille Plus et appartient au domaine skiable Évasion Mont-Blanc. En toute saison, c'est le domaine des Grands Espaces. On peut venir aussi se ressourcer, profiter des bienfaits de la montagne et des sources des thermes de Saint-Gervais. Authentique et exceptionnel !

LA CHAUMIÈRE** €

222, avenue de Genève ✆ 04 50 93 60 10
www.lachaumierehotel.com

Ouvert toute l'année. 22 chambres (balcons). Chambre double à partir de 70 €. Espace de remise en forme. Sauna.

La bienveillance naturelle de Mehdi et d'Emmanuelle n'est pas uniquement réservée aux habitués. Dans cet endroit chaleureux, on fait vite partie du cercle amical, tissé depuis toujours. Ces aventuriers, passionnés de montagne et de voyages, partagent leurs expériences autour du feu de cheminée. Rien ne manque au confort : chambres spacieuses, équipements sportifs, salle de sport, de fitness, billard, et un petit déjeuner de qualité, pour un tarif aussi exemplaire que l'accueil des propriétaires. Séjour en montagne abordable qui devient inoubliable !

COMPAGNIE DES GUIDES SAINT-GERVAIS LES CONTAMINES

43, rue du Mont-Blanc ✆ 04 50 47 76 55
www.guides-mont-blanc.com
Accueil téléphonique en semaine 9h-12h et 14h-18h. En saison : tous les jours de 9h à 12h et de 15h à 19h.

Créée en 1864, la réputée compagnie des guides de Saint-Gervais et des Contamines accueille 80 guides et accompagnateurs, des professionnels de la haute et moyenne montagne. Large panel d'activités : ski, tour du Mont-Blanc, raids glaciaires, héliski, alpinisme, escalade, via ferrata,... ou des randonnées sur plusieurs jours sur les plus haut sommets en France et à l'étranger. De quoi contenter plus d'un passionné ! Découvrez la folklorique Fête des Guides le 1er dimanche d'août.

HÔTEL DES DEUX GARES €€

46, impasse des 2 Gares ✆ 04 50 78 24 75
www.hotel2gares.com
Chambre double à partir de 85 € ; appartements. Espace enfants. Séminaires. Coworking. Piscine et spa.

Entièrement refait à neuf de façon moderne et chaleureuse en 2021, Martin Devictor, le nouveau propriétaire, prolonge l'histoire de ce lieu d'hébergement incontournable et nous régale d'un accueil bienveillant. Au calme, l'établissement offre 22 chambres et 3 appartements pour un séjour de grand confort, sur les thèmes du train et de la montagne - une référence évidente à son environnement. L'espace spa, avec sa piscine couverte, couronne agréablement une journée en extérieur. Quel plaisir de nager sous les poutres apparentes en observant la neige tomber !

LA FERME DE CUPELIN**** €€

198, route du Château ✆ 04 50 93 47 30
www.lafermedecupelin.com
Fermé d´avril à mai et en automne. 7 chambres. Chambre double de 95 € à 350 €. Wifi. Restauration (menus 37 € à 69 €).

Un cadre unique, qui arbore depuis l'an dernier une quatrième étoile bien méritée ! Cette ancienne ferme de 1870 a été magnifiquement rénovée avec des matériaux écologiques non polluants. Les chambres sont de véritables nids douillets toutes de bois vêtues. La table est remarquable, avec une cuisine composée de produits frais en provenance des producteurs locaux et si possible bio, y compris un menu végétarien. On craque pour l'accueil d'Olivia et Romain, d'une grande gentillesse, faisant tout pour que le séjour soit un moment de bien-être et de détente complet.

4 EPICES €€

128, avenue du Mont d'Arbois
✆ 04 50 47 75 75
Ouvert du jeudi au lundi midi et soir. Été : tous les jours sauf mercredi. Carte : 18 € environ. Terrasse.

En entrant dans le restaurant 4 Épices, on est saisis par l'ambiance chaleureuse dégagée par le décor en vieux bois. La carte propose des galettes de sarrasin et des plats français et savoyards élaborés à partir de produits frais transformés sur place. Joue de porc confite à la bière locale, risotto aux diots de Savoie fumés, burger à la pâte feuilletée et au reblochon, salades... Le chef joue habilement avec les ingrédients locaux. Possibilité également de déguster une fondue ou un autre plat plus traditionnel. Une petite terrasse est aussi disponible en saison.

HÔTEL CŒUR DES NEIGES*** €€

64, rue du Vieux-Pont
✆ 04 50 47 75 81
https://hotelcoeurdesneiges.com
Chambre double à partir de 130 €. Nouveauté : sauna. Wifi gratuit.

A Saint-Gervais, il suffit du détour d'une rue pour passer du charme d'un village de montagne à la quiétude des alpages. L'ancienne Maison Blanche, une véritable institution en place depuis près d'un siècle, a pris un joli coup de jeune en se transformant en Cœur des Neiges en 2017. Tout a été fait pour inviter à la détente avec un cadre élégant qui a su conserver son cachet familial d'antan. Les chambres entièrement rénovées sont parfaitement équipées. La plupart dispose d'un balcon offrant des vues imprenables sur le Mont Joly, les Aravis et la chaîne des Fiz.

AVANTI €€

680, rue du Mont Lachat
✆ 04 86 80 74 71
Ouvert du lundi au samedi le soir. Carte : 30 € environ. Menu enfant : 16 €.

Bienvenue à l'Avanti ! Situé au sein de l'hôtel Saint Gervais, c'est une belle adresse qui change des restaurants de fromage aux alentours. Commençons donc par la salle : spacieuse et très lumineuse, les tables et le bar tournent autour de l'élément central, le four à pizza. Tables rondes conviviales ou banquettes confortables et intimistes, savourez le décor avant de savourer la bonne cuisine italienne. Plats en sauce ou pizza, beignets de courgettes et parmesan ou ravioles et osso buco, les saveurs sont là et on y reviendra !

HAUTE-SAVOIE

LE SAINT-GERVAIS HOTEL & SPA**** €€€

680, rue du Mont Lachat ✆ 04 86 80 74 74
www.lesaintgervais.com

Ouvert toute l'année. 75 chambres et suites. Chambre double à partir de 95 €. Wifi gratuit. Bar et restaurant italien.

Si la montagne est belle, il est des endroits qu'il ne faut pas manquer pour se réjouir davantage. Ce lieu de séjour enchanteur, dans un authentique bâtiment du début du XXe siècle, rénové avec goût, présente tous les charmes et avantages qu'on peut rechercher. Vue sur les montagnes, confort des chambres fonctionnelles, beauté des parquets d'origine aux lignes d'un mobilier contemporain. Bien-être au spa, détente au bar, et gourmandises au restaurant italien, ouvert à tous. Du bonheur !

SOURCE RESTAURANT €€€

43, avenue du Mont d'Arbois
✆ 04 57 44 41 35
Ouvert du mardi au samedi le soir ; le vendredi et le samedi le midi. Menus de 40 € à 80 €. Menu enfant : 20 €.

Dans un décor tamisé, fait de bois et de pierres rehaussé de bleu tendre, découvrez la cuisine du chef Clauderic Marquet. Une cuisine transparente - littéralement, puisqu'elle est complètement ouverte sur la salle - qui propose des plats frais et de saison : poissons locaux, viande, plats végétariens... La présentation est soignée, les plats sont savoureux et recherchés. Les menus uniques, régulièrement renouvelés, sont proposés à un prix très accessible pour ce standing. Un accueil chaleureux et une cuisine idéale pour se (re) sourcer !

DOMAINE EVASION MONT BLANC

www.evasionmontblanc.com
Ouvert de décembre à mi-avril et de mi-juin à début septembre.

Au départ de Saint-Gervais, on prend l'air dans le domaine skiable Evasion Mont-Blanc. 400 km de pistes dans les plus beaux paysages de montagne des Alpes, un domaine qui relie 6 stations, 4 domaines skiables entre 1 000 et 2 353 m. Du ski pour tous les niveaux avec des espaces snowboard pour les freeriders. L'été, les remontées mécaniques permettent d'accéder facilement aux sentiers d'altitude pour des randonnées pédestres, avec 180 km de sentiers balisés et des descentes en VTT.

MINIGOLF DU SPORTING-CLUB

798, avenue de Miage
✆ 04 50 93 41 83
www.saintgervais.com
Ouvert de mi-juin à mi-septembre, tous les jours de 10h à 21h. Entrée : 3,50 €. Enfant : 2,50 €.

Quand les enfants ont envie de s'amuser et les parents de se reposer (ou de se prendre au jeu), le mini-golf fait l'unanimité ! Dans un cadre des plus agréable, avec vue sur les montagnes, passez de bons moments à deux ou en famille en relevant le défi proposé par chaque piste de ce parcours de mini-golf. Le retrait et le retour des clubs se font au restaurant le Club House. Pratique : la possibilité de réserver son parcours en ligne et de le privatiser.

PARC THERMAL

355, allée du Docteur Lépinay
✆ 04 50 47 76 08
www.saintgervais.com
Ouvert toute l'année. Petit train du 15 juin au 15 septembre. Balade poussette possible. Restauration.

Attenant aux bâtiments des Thermes, les grands arbres forment une promenade rafraîchissante en plein été. Depuis l'entrée du parc Thermal, prendre à droite le sentier qui longe le torrent du Bonnant et rejoindre les thermes. Une passerelle suspendue domine le cours du torrent, que l'on traverse pour suivre un sentier taillé dans la roche. Au retour, prendre le petit train à vapeur ou diesel, pour le plus grand plaisir des enfants. A côté du parc, un parcours aventure et une via ferrata agrémentent encore la journée familiale dans ce site verdoyant et apaisant.

PATINOIRE

67, impasse de la Cascade
✆ 04 50 93 50 02
Ouvert toute l'année. Horaires sur Internet. Entrée : 4,50 €. Enfant : 3,50 €.

Une patinoire couverte et rénovée, riche d'activités : hockey sur glace, curling, jardin des glaces, luge pour personnes à mobilité réduite... Si les horaires d'ouverture de la patinoire peuvent varier, c'est du fait de la richesse de sa programmation : nombreuses et différentes manifestations sportives sont organisées pour le plus grand plaisir du public : matchs de hockey, de curling et galas de danse sur glace animent la patinoire toute l'année. Lorsque vous aurez trouvé le bon créneau, place au plaisir de patiner en famille ou entre amis.

THERMES DE SAINT-GERVAIS

355, allée du Docteur Lépinay
✆ 04 50 47 54 54
www.thermes-st-gervais.com
Haute saison : ouvert lundi, mercredi et jeudi de 10h à 19h, vendredi et samedi de 10h à 21h. 54 € (demi-journée).

Ouvert il y a plus de 200 ans, l'établissement médical de l'époque s'est transformé en un espace thermal de confort pour nous faire profiter des bienfaits d'une eau chaude et sulfureuse. Les vertus reconnues de cette eau sont multiples : apaisante, anti-inflammatoire, cicatrisante, anti-âge, anti-oxydante... Le spa thermal « Bains du Mont-Blanc » offre un véritable voyage santé. La solution pour combiner bien-être et atout santé. Le parc des thermes propose des activités ludiques : aire de jeux pour les enfants, terrain de pétanque...

HAUTE-SAVOIE

CASINO DE SAINT-GERVAIS

Route de l'Artisanat ✆ 04 50 47 59 88

Ouvert toute l'année. Du dimanche au jeudi de 11h à 0h30 ; vendredi et samedi de 11h à 2h. Restauration. Spectacles.

Dans la station thermale du Fayet, à cinq petites minutes de la sortie d'autoroute du Fayet, on fait monter l'adrénaline au Casino de Saint-Gervais. 75 machines à sous, 2 tables de Black-Jack, 6 postes de roulettes électroniques, un restaurant et un vaste parking fermé sont prévus pour les passionnés. De plus, la splendide salle de spectacle du Casino de Saint-Gervais - rénovée dans une ambiance « glacier », aux teintes bleutées - propose une programmation de spectacles de qualité. Avec un peu de chance, un site gagnant au Pays du Mont-Blanc !

SENTIER DE PORMENAZ

Parking de Plaine Joux

Selon conditions météo. Environ 4h50 de marche aller et retour. Dénivelé positif : 735 m.

Une superbe randonnée face aux Rochers des Fiz. Vous parcourrez forêts, rivières, et lac sur ce sentier, en direction du lac Vert, puis du lac de Pormenaz. Mais aussi des passages câblés. Sur cette montagne, les plus anciennes traces de pastoralisme remontent au XIIe siècle, quand les bergers et les troupeaux occupaient déjà les lieux à l'estive. Une tradition qui se perpétue depuis, puisque ce sont chaque printemps, près de 600 moutons qui montent vers Pormenaz pour paître l'herbe tendre. La randonnée complète s'adresse aux marcheurs aguerris.

SERVOZ

Un coup de cœur du *Futé* pour ce village un peu « oublié » dans la montée vers Chamonix. En aval des Houches, avec qui il partage désormais l'animation touristique, Servoz possède son propre charme authentique, celui d'un village aux multiples facettes. Des alpages qui s'étendent vers les sommets, des gorges qui comptent parmi les plus belles de France, une histoire et un patrimoine bien mis en valeur au village et une mentalité sympathique. L'occasion de passer des vacances différentes au cœur du pays du Mont-Blanc.

SALLANCHES ★

Voici l'entrée du pays du Mont-Blanc ! Sallanches est sans conteste une ville industrielle, comptant parmi ses usines les skis Dynastar, du groupe Rossignol (seul fabricant français de skis). Mais depuis plusieurs décennies c'est le tourisme qui s'est imposé. Sallanches est devenue la base polyvalente de toutes les stations qui gravitent autour du Mont-Blanc, à savoir les 7 grandes stations que sont Chamonix, Combloux, Megève, Les Contamines, Les Houches, Praz-sur-Arly et Saint-Gervais. Pour tous les touristes, c'est de plus en plus leur point de ravitaillement en grandes et moyennes surfaces. Nombreuses idées rando et autres activités outdoor.

HAUTE-SAVOIE

GORGES DE LA DIOSAZ ★

181, allée des Gorges
✆ 04 50 47 21 13
www.gorgesdeladiosaz.com

De juin à septembre. Haute saison : tous les jours de 9h à 18h. Gratuit -4 ans. Adulte : 6,50 €. Buvette, boutique.

Classées depuis 1875, les Gorges de la Diosaz comptent sans conteste parmi les plus belles de France. Dès l'arrivée, à travers les branches des pins, on entend le torrent qui gronde en contrebas. Et les parois se font verticales, jusqu'à rendre le sentier impraticable. C'est alors que commencent les passerelles qui enjambent ou suivent le cours de la Diosaz pour offrir des points de vue exceptionnels. L'impressionnante visite s'achève au pied d'une chute aussi bruyante que spectaculaire qu'un belvédère permet de dominer. Une visite s'impose !

CENTRE DE LA NATURE MONTAGNARDE ★

9, route de Doran
✆ 04 50 58 32 13
www.centrenaturemontagnarde.org

Pas de visite libre. Infos et réservations du lundi au vendredi : 9h-12h et 14h-17h.

Une visite ludique et interactive pour comprendre la formation des Alpes. Les ateliers du CNM font mieux connaître le riche patrimoine naturel montagnard et alpin. En particulier, la faune et la flore, les paysages et la géologie ainsi que les grands enjeux du développement durable dans les Alpes pour le XXIe siècle. Une importante collection d'animaux naturalisés alpins ainsi que de nombreux outils multimédia (diaporama, vidéo...) et interactifs accompagnent cette visite active.

COLLÉGIALE SAINT-JACQUES

place Saint Jacques
✆ 04 50 58 04 25
Ouvert toute l'année. Tous les jours. Gratuit. Visite guidée : se renseigner. Messe le dimanche à 10h30.

Son édifice inscrit aux Monuments historiques en 1974 comprend le clocher qui abrite un beau carillon de 13 cloches. La collégiale est connue pour sa porte, son orgue remarquable, sa voûte et ses fresques, sa nef, et sa riche décoration intérieure – orfèvrerie, relique et toile de maîtres – très représentative de l'art sacré baroque et néoclassique et sa collection d'objets d'art sacré du XIVe au XVIIIe siècle. Maintes fois reconstruite, l'église a pris son aspect définitif entre 1680 et 1688 et a été rénovée en 2000. Une visite guidée dévoilera tous ses secrets.

BUREAU DES GUIDES ET ACCOMPAGNATEURS DE SALLANCHES

32, quai de l'Hôtel de Ville
✆ 04 50 58 04 25
www.guides-sallanches.com
Activités été comme hiver, sur réservation. Via ferrata, spéléo, randonnée, canyoning...

Porte d'entrée du Pays du Mont-Blanc, Sallanches est le point de départ idéal pour parcourir la montagne et pratiquer les différentes activités de saison. Si le ski hors-piste et la descente de la Vallée blanche sont plébiscités, les guides et accompagnateurs proposent également des stages multi-activités avec différentes formules. A découvrir : cascade de glace, alpinisme, escalade, canyoning, via ferrata, spéléo, VTT, virées nocturnes et Odyssée nordique sous les étoiles.

LA BRACONNE CÔTÉ MONT-BLANC €€

1, route des Follieux ✆ 04 50 58 05 28
http://restaurant-labraconnecmb.fr
Maître Restaurateur. Tous les jours, midi et soir. Fermé dimanche soir. Menus de 31,50 à 42,50 €. Carte : 21 € environ.

Une belle véranda et une terrasse extérieure recouverte de glycines en été s'ouvrant sur un jardin avec vue sur le massif du Mont-Blanc. A l'intérieur, c'est tout aussi harmonieux : poutres de bois, voûte de pierre pour la seconde. En cuisine, le chef maîtrise ses classiques et les interprète en travaillant des produits frais et locaux. Sans oublier une tomme morgée de la ferme de la Cascade de Sallanches. Cave à vin spectaculaire. Des plats d'autrefois revisités avec générosité.

LACS DES ILETTES

Route des Ilettes
✆ 04 50 91 08 78
www.sallanches.com
Baignade surveillée en juillet-août. Haute saison : ouvert tous les jours de 12h30 à 17h30. Gratuit. Animaux non admis.

Trois petits lacs artificiels dans une base de loisirs qui plairont aux familles. Ils sont dédiés respectivement à la pêche, à la baignade et à la planche à voile. Au bout du dernier lac, un observatoire à oiseaux est à la disposition des promeneurs. En plein été, les trois lacs sont un point de fraîcheur local très apprécié, avec bar-restaurant et soirées. Ce site omnisports aménagé possède un parcours santé sur la route impériale menant aux lacs et à proximité une falaise d'escalade ainsi que des sentiers thématiques à la découverte de la faune et flore locales.

CORDON

Surnommé le « Balcon du Mont-Blanc », Cordon offre une vue absolument splendide sur la chaîne du Mont-Blanc. Cordon est un village authentique, à la qualité de vie préservée, dont le rythme est donné par les saisons et les fêtes traditionnelles. Petit village de montagne, qui prend ses aises à 871 m d'altitude, en déroulant ses champs, ses routes et ses chemins, autour de chalets traditionnels et de fermes, vieilles parfois de plus de 200 ans. C'est aussi un village bien dans son temps, où il est possible de skier au milieu des sapins et des vieux chalets, avec des balades et des randonnées pédestres (et raquettes) ou VTT pour tous les niveaux.

ÉGLISE NOTRE-DAME DE L'ASSOMPTION

Chef-lieu
✆ 04 50 58 01 57
www.cordon.fr/village/eglise.htm
Visite guidée une fois par semaine : se renseigner. Adulte : 7 €. Visio guide en location.

Sa silhouette blanche caractéristique des églises de style Baroque en Haute-Savoie, son clocher à bulbe, son décor intérieur peint d'azur, sang, pourpre et or, ses dorures, bois polychrome, tableaux et statues... Les effets de lumière et de mouvement de la décoration intérieure tranchent avec la sobriété de l'architecture extérieure. Inscrit aux Monuments Historiques en 2004, l'édifice a été restauré en 2011. Festival de musique baroque au pays du Mont Blanc chaque année en juillet.

LE CHAMOIS D'OR**** €€

4080, route de Cordon
✆ 04 50 58 05 16
www.hotel-chamoisdor.com
Ouvert en saison été et hiver, tous les jours. Chambre double 170 €, demi-pension 240 €. Wifi. Restauration. Sauna.

Un chalet-hôtel qui n'est pas réservé qu'aux skieurs, mais à tous les amateurs d'ambiance montagnarde entretenue ici depuis pas moins de 4 générations ! Un chalet aux airs de Tyrol qui sent bon le bois et la coquetterie avec ses nombreux détails qui lui donnent un air charmant et douillet. Toutes les chambres, boisées, disposent d'une terrasse face aux montagnes. Restauration traditionnelle qui fait la part belle aux spécialités du terroir. En été, on se baigne dans la piscine extérieure et on profite du jardin fleuri et des jeux d'enfants.

DOMAINE SKIABLE DE CORDON SALLANCHES

Le Dandry ✆ 04 50 58 14 21
www.cordon.fr
Saison hiver. Entrée : 22 € (journée). Abonnement : 116 € (6 jours). Enfant : 17,50 €. Forfait saison : 184 €. Nocturne.

Le domaine skiable Cordon Sallanches comprend 7 téléskis, 10 pistes sur 11 km. Sur place, l'école de ski français est prête à vous conduire sur l'espace débutant ou de perfectionnement. 8 circuits de raquettes balisés sont accessibles gratuitement. On peut aussi y pratiquer la luge et la conduite d'attelage de chiens de traîneau ; bien entendu, ces circuits sont des sentiers de randonnées accessibles en été. Le domaine au domaine Evasion Mont-Blanc, toujours relié par navette ski-bus.

COMBLOUX ★★

Véritable balcon face au mont Blanc, Combloux est, à l'origine, un village de montagne à vocation agricole qui prit son essor touristique au début du XXe siècle avec les premières liaisons mises en place par la Compagnie de chemins de fer PLM (Paris-Lyon-Méditerranée), l'ancêtre de la SNCF. En quelques années, le village devint une étape touristique incontournable, avec vue sur le mont Blanc. Dans les années 1920, le PLM s'investit même dans l'organisation du Grand Hôtel du Mont-Blanc, un palace construit par un riche propriétaire suisse, avant 1911 : un hôtel de luxe qui accueillit une clientèle anglo-saxonne puis des personnalités du monde entier. Le premier remonte-pente ouvrira en décembre 1935, mais la guerre bouleversera cette ascension et l'hôtel sera converti en appartements. C'est à la fin des années 1950 que Combloux deviendra une véritable station de sports d'hiver et un lieu de villégiature en été !

Aujourd'hui, le domaine skiable de Combloux, qui s'étend des Portes du Mont-Blanc à la Haute Vallée d'Arly, est relié à la fois au domaine Evasion Mont-Blanc. Grâce aux remontées mécaniques de ces deux domaines, on accède à plus de 450 km de pistes pour le ski et la glisse en hiver, le VTT et les randonnées en été. Le panorama sur les massifs du Mont-Blanc et des Aravis est exceptionnel ! Entre 980 et 1 200 mètres d'altitude, à deux pas de Megève, le village offre une bonne alternative – conviviale et sportive, à prix raisonnable – pour la clientèle familiale.

OFFICE DE TOURISME

49, chemin des Passerands ✆ 04 50 58 60 49
www.combloux.com
Basse saison : du lun au sam 9h-12h et 14h-18h. Haute saison : 8h30-18h30. Dim 9h-12h30/16h-18h30.

Combloux offre un panorama remarquable : la chaîne du Mont-Blanc, celle des Fiz et des Aravis. Ce charmant petit village a su rester authentique, sans béton ni grands ensembles, et propose de nombreuses animations et activités (réservation en ligne possible) ainsi que de découvrir son patrimoine, ses fermes et ses traditions. L'hiver, son appartenance aux 2 domaines Portes du Mont-Blanc et Evasion Mont-Blanc fait profiter les skieurs d'une position stratégique sans tarifs excessifs. L'été, profitez du plan d'eau biotope pour une baignade 100% naturelle. Unique !

LE CHEVAL DE FEUG

255, route du Feug
✆ 06 15 67 25 28
https://chevaldefeug.com/
Sur réservation. A partir de 27€. Balades en calèches, poney-luge, ski joering, randonnée cheval, stages et élevage.

Le Cheval de Feug fait partie du patrimoine savoyard, puisque la ferme d'élevage de chevaux d'attelage se transmet de père en fils depuis... 7 générations. Cette ferme savoyarde accueille les visiteurs pour leur faire découvrir le plaisir d'associer une balade en calèche à la découverte de sites avec vue sur le mont Blanc, et la visite de l'exploitation. Très conviviale, la randonnée à cheval dans les alpages pour une soirée inoubliable autour d'un bon repas, dans le cadre atypique d'un restaurant d'altitude rustique. Large liste de prestations autour du cheval.

PLAN D'EAU BIOTOPE

Route de Prairy
✆ 04 50 91 21 62
De juin à début septembre. Lundi, mardi, jeudi et vendredi : 16h à 20h ; mercredi, samedi et dimanche : 10h30 à 19h.

En plein cœur du village, avec un accès en pente douce pour les enfants, ce premier plan d'eau écologique ouvert à la baignade en France est préservé de toute architecture bétonnée. Une eau pouvant atteindre 26 °C sans être chauffée, des plantes aquatiques qui filtrent l'eau, un jet d'eau et un petit ruisseau en cascade pour une qualité d'eau irréprochable. Ce plan d'eau 100 % écologique est l'un des plus beaux des Alpes. Une nouvelle génération de piscine écologique et citoyenne pour préserver la beauté des espaces naturels ! Réservation conseillée.

© LIONEL MONTICO

Station de Megève.

HAUTE-SAVOIE

MEGÈVE ★★★

A la jonction du Val d'Arly et du bassin de Sallanches, Megève a été l'une des premières stations internationales de sports d'hiver. A l'image de la station suisse de Saint-Moritz, la baronne Noémie de Rothschild prend l'initiative en 1922 de la création du palace du Mont-d'Arbois pour recevoir cette clientèle aristocratique européenne. Construit à l'écart du village d'origine, sur les hauteurs du mont d'Arbois, véritable belvédère sur le mont Blanc, c'est un domaine de 450 ha qui bénéficie aujourd'hui encore d'une situation privilégiée. Ce sera le début de l'essor de la station mondaine que l'on connaît, avec à ce jour un altiport, un golf – sur herbe et sur neige – et des compétitions internationales de ski, mais aussi de polo sur neige et de jumping... Une occasion rare de voir ces sports très spectaculaires !
L'ancien Megève, un bourg agricole du XIVe siècle aux rues pavées, conservées autour de son église Saint-Jean-Baptiste et de son authentique place centrale, voit son style architectural évoluer en 1926 avec le jeune architecte Henry Jacques Le Même qui saura intégrer les exigences citadines. Cet authentique village de montagne, devenu l'une des stations les plus huppées des Alpes, a su préserver son charme initial en alliant l'harmonie de son style architectural typique – malgré l'image surannée des traîneaux et calèches et le décor tape-à-l'œil des magasins de luxe – à l'authenticité de son paysage. On le découvre au détour d'une ruelle à l'agencement rustique, d'une montée abrupte ou encore depuis un pont de pierre sous lequel gronde le torrent.
Megève se savoure l'hiver, avec le domaine skiable Évasion Mont-Blanc et ses 400 km de pistes. Ici, les grands noms du ski se sont fait connaître : Émile Allais, Adrien Duvillard... Ils ont contribué à faire de Megève une station alpine de renommée. Les activités de montagne (golf sur neige, polo, hockey, chiens de traîneau...) sur le domaine du Mont-d'Arbois et de Rochebrune sont variées. L'été, le domaine est agréable, avec les nombreux sentiers de balades, les activités de montagne et d'eau vive, le golf et les loisirs de pleine nature. La station bénéficie du label Famille Plus ! Et si Megève, en pleine saison, peut vous paraître un peu « prétentieuse », laissez-vous surprendre avec quelques adresses à des tarifs raisonnables et par l'authenticité et le charme, sous le vernis mondain, d'un village soucieux de préserver son environnement.

LE CALVAIRE ★

Chemin du Calvaire
✆ 04 50 51 27 28
www.megeve.com
Ouvert toute l'année. Chemin praticable, éclairé la nuit. Gratuit. Visite guidée (avec Megève Tourisme).

C'est le seul calvaire de Haute-Savoie inscrit aux monuments historiques. Le cadre est idyllique et propice à la promenade : départ au-dessus de la patinoire sur un chemin offrant une vue panoramique sur le Haut Val d'Arly et les contreforts du mont Blanc. Œuvre du Père Ambroise Martin, curé de Megève de 1820 à sa mort, en 1863, qui consacra sa vie à cette édification symbolisant la Passion du Christ : 15 chapelles et oratoires figurant les stations du Chemin de Croix menant au Golgotha de Jérusalem. Même les distances et les dénivellations sont respectées !

MUSÉE DU HAUT VAL D'ARLY ★

84, rue Docteur Charles Socquet
✆ 04 50 91 81 00
http://museehautvaldarly.free.fr
Ouvert de juillet à septembre et de décembre à avril, du lundi au samedi de 14h30 à 18h. Adulte 3,50 €. Enfant 2,80 €.

Un musée dans une authentique ferme du XIXe siècle où se mélangent objets anciens et photos d'époque. Cet écomusée associatif, consacré à la vie traditionnelle dans le Haut Val d'Arly, a été créé en 1987 à l'initiative du médecin historien Charles Soquet. Véritable témoignage de la vie domestique, sociale et montagnarde des Mégevands, ce musée populaire ne manque pas de charme dans la Megève huppée ! Une mise en scène de collections d'objets, de meubles et de photos ; des reconstitutions réalistes laissent imaginer la vie de ces savoyards. Une agréable visite.

MEGÈVE TOURISME

70, rue Monseigneur Conseil
✆ 04 50 21 27 28
www.megeve.com
Ouvert selon saison. Haute saison, tous les jours de 9h à 19h.

Megève Tourisme a plus d'un siècle d'existence ! Les documents d'informations sont de qualité et traduits dans de nombreuses langues. Des visites pour découvrir le centre historique, les différents hameaux, le sentier patrimonial du Calvaire, ou encore un circuit sur l'eau de montagne qui fait la part belle aux fontaines de la ville... L'office recense les itinéraires pédestres, VTT et trails pour profiter au maximum de l'environnement exceptionnel du village, met à disposition des cartes gratuites ou payantes, et présente les événements du coin.

BUREAU DES GUIDES

76, rue Ambroise Martin
✆ 04 50 21 55 11
www.guidesmegeve.com
Accueil ouvert tous les jours de 9h à 12h et de 14h à 17h. Mercredi : matin uniquement.

Pour découvrir la montagne en toute sécurité, il faut un bon matériel, et un bon accompagnement. Sur les communes de Megève, Combloux, Praz-sur-Arly et le Haut du Val d'Arly Mont-Blanc, le Bureau des Guides – fondé en 1969 – offre ses compétences professionnelles. Il conseille et accompagne les expéditions en haute montagne (tour du Mont-Blanc par GR5, Vallée blanche...) et en « rando glaciaire », cascade de glace, alpinisme, héliski, etc. Également en moyenne montagne et dans le Val d'Arly, avec des randonnées à pied, à raquettes, à ski, en VTT ou en via ferrata.

L'ALP HÔTEL** €€

434, route de Rochebrune
✆ 04 50 21 07 58
www.alp-hotel.fr
18 chambres. Chambre double de 91 € à 105 €. Pension complète : 149 €. Petit déjeuner : 10,50 €. Parking inclus.

Une pension de famille intéressante, qui rend la station de Megève accessible à tous les budgets. A proximité du village et à 150 mètres du téléphérique de Rochebrune, le site est calme avec une superbe vue sur la vallée. Si le style est certes un peu désuet, l'hôtel est un choix judicieux car très bien tenu et tout à fait confortable. En plus d'un rapport qualité/prix imbattable, d'une restauration simple et de qualité, l'accueil charmant des propriétaires est l'autre atout majeur de l'hébergement. En été, le jardin est très agréable. Bonne adresse classique.

L'ARBOISIE**** €€

483, route du Gollet
✆ 04 50 55 35 90
https://arboisie-megeve.com
68 chambres et appartements. Chambre double de 309 € à 762 €. Demi-pension. Wifi gratuit. Restauration. Piscine et spa.

Le majestueux chalet hôtel de l'Arboisie s'est transformé en une magnifique résidence hôtelière composée de chambres et appartements. Rénovés, les espaces intérieurs n'ont rien perdu de leur charme d'antan : bois vieilli, tissus nobles, mobilier confortable en font un ensemble accueillant et chaleureux. Dominant le village de Megève, l'un de ses atouts est une vue dégagée sur les montagnes, l'autre son confort grâce aux équipements de bien-être dont deux piscines, un spa complet, une salle de fitness... dont on profite vraiment pendant son séjour.

LES CHALETS DU MONT D'ARBOIS***** €€€

447, chemin de la Rocaille ✆ 04 50 21 25 03
www.domainedumontdarbois.com
Relais & Châteaux. Ouvert en hiver uniquement. Chambre à partir de 1 260 €. Petit déjeuner 55 €. Restauration. Spa.

Une plongée dans l'univers de la famille Rothschild ! À 500 mètres des pistes et du club de golf du Mont d'Arbois, cet ensemble superbe de chalets-hôtels de charme, rénové à merveille, offre un très grand confort. Le chalet principal de 24 chambres accueille un luxueux spa, une salle de fitness, une piscine intérieure et une extérieure chauffée, ainsi que le restaurant La Table de Noémie. Des services sont réservés dans chacun des établissements du domaine, desservis par navettes.

LA BERGERIE €€

19, route de Megève
✆ 04 50 21 80 97
Ouvert tous les jours. Menus de 22 € à 26 €. Terrasse.

Dans un décor à la hauteur du cadre extérieur, la Bergerie est un véritable refuge gourmand. Jean-Pierre, passionné de terroir, nous fait découvrir une cuisine de saveurs. Des spécialités régionales incontournables, mais aussi traditionnelles que l'on ne trouve plus sur toutes les cartes des restaurants, comme le farcement savoyard, les rognons ou la tête de veau, dans une cuisine goûteuse, et les desserts maison aussi réservent de bonnes surprises. Ambiance conviviale, larges horaires, très belle vue en terrasse, que du plaisir… On adore !

© LABERGERIE

© LABERGERIE

FLOCONS VILLAGE €€

75, rue Saint François
✆ 04 50 78 35 01
www.floconsdesel.com
Ouvert du mercredi au dimanche le midi et le soir. Réservation recommandée. Carte : 40 € environ. Menu enfant : 18 €.

Au cœur du vieux Megève, à l'emplacement de son premier Flocons de Sel, le chef Emmanuel Renaut a installé sa version bistrot. Flocons Village propose une cuisine régionale revisitée dans un cadre intime et une ambiance chaleureuse et élégante, tout en maintenant un service attentif et soigné. Carte créative suivant le rythme des saisons pour mettre les produits à l'honneur. Un avant-goût de l'excellence de la cuisine de ce grand chef qui réussit à confier à une équipe efficace les rênes de ce bistrot de charme. A découvrir absolument !

LE PRIEURÉ €€

116, place de l'Eglise
✆ 04 50 21 01 79
www.leprieure-megeve.com
Basse saison : tous les jours le midi ; vendredi et samedi midi et soir. Haute saison : tous les jours midi et soir.

Depuis 1989, la famille Frémondière veille à la bonne tenue gastronomique de ce lieu chargé d'histoire. Transformé en salon de thé et restaurant dans les années 1930, le décor intérieur avec boiseries et plafond à caissons est superbe. L'établissement bénéficie d'un emplacement privilégié au cœur de Megève et jouit d'une belle terrasse ensoleillée. Le chef Richard Frémondière met à l'honneur son terroir : risotto des Aravis, viandes grillées, fromages affinés de Savoie... On vient au Prieuré pour savourer, religieusement, une cuisine gourmande et soignée.

LA TABLE DU TRAPPEUR €€

159, rue Monseigneur Conseil
✆ 04 50 21 15 73
https://www.chaletsaintgeorges.com
Fermé au printemps et en automne. Ouvert tous les jours le midi et le soir. Carte : 50 €. Menu enfant : 15 €. Terrasse.

On s'imagine dans un chalet de Bavière avec une salle à manger avec un coin salon et des livres à portée de main pour le temps de la digestion. Le restaurant bénéficie de l'esprit 4 étoiles du Chalet Saint-Georges, au service attentif et à la cuisine de qualité. Les plats traditionnels, avec des produits frais de saison, offrent une perspective plus gastronomique à la rustique cuisine de montagne. A l'étage, une salle feutrée, propice aux dîners aux chandelles et aux soirées privées entre amis. Adresse chaleureuse et gourmande.

HAUTE-SAVOIE

LA DAME DE PIC - LE 1920 €€€

373, chemin des Follières
✆ 04 50 78 62 65
www.fourseasons.com

2 Michelin. Ouvert saison été et hiver, du mardi au samedi soir, le week-end midi. Menus de 190 € à 255 €. Terrasse.*

Dans le cadre élégantissime du Four Seasons de Megève, sous une voûte en bois que vous allez admirer tout autant que les assiettes, vivez l'incroyable expérience culinaire proposée par cette offre proposée par le groupe international qui s'est associé avec la cheffe triplement étoilée Anne-Sophie Pic pour remplacer le jeune (et très brillant) chef Julien Gatillon qui avait obtenu les 2 étoiles au 1920. En cuisine, produits locaux et saveurs d'ailleurs s'associent avec perfection, dans un cadre avec vue magnifique sur les montagnes environnantes. Pari réussi.

FLOCONS DE SEL €€€

1775, route de Leutaz ✆ 04 50 21 49 99
www.floconsdesel.com

3 Michelin. Haute saison : ouvert du vendredi au dimanche midi et soir, le jeudi et lundi soir. Menu 260 à 330 €.*

Emmanuel Renaut est un guide qui nous emmène vers d'autres sommets. Même s'il a suivi les traces de grands chefs comme Marc Veyrat, le chef propose une table magique qui prend les couleurs et les saveurs des saisons. On part en promenade gourmande dans les prés et les jardins autour du Leutaz. Les saveurs sont subtiles et la nature sublimée dans les mains d'un chef qui, par une parfaite maîtrise technique, laisse parler l'émotion. Menus déclinables en version végétarienne. On vous encourage à réserver un chalet pour séjourner dans ce merveilleux Relais & Châteaux

LA TABLE DE L'ALPAGA €€€

66, allée des Marmousets
✆ 04 50 91 48 70
www.beaumier.com

2 étoiles Michelin. Ouvert de décembre à mi-avril et en juillet et août. Haute saison : du mercredi au samedi le soir.

Alexandre Baule dirige le restaurant gastronomique doublement étoilé. Puisant dans la nature environnante les sources de son inspiration, le chef travaille des produits de saison : poissons sauvages de mer et de lac, écrevisses du lac Léman, cochon des Monts du Cantal, volaille de Bresse et sélection de beauforts. Il propose aussi un menu Tout Végétal... Le restaurant s'ouvre à la fin du printemps sur une vaste terrasse d'où l'on peut admirer le Mont-Blanc. Au Bistrot, les clients se retrouvent de manière plus informelle pour déjeuner, dîner, lire, jouer aux échecs.

DOMAINE ÉVASION MONT-BLANC

220, route du Téléphérique de Rochebrune
✆ 04 50 21 38 39
https://forfait.megeve.com/

Remontées mécaniques ouvertes en hiver et en été. Forfait en ligne.

Composé des secteurs de Megève et de 6 autres stations – Saint-Gervais, Saint-Nicolas de Véroce, Les Contamines-Montjoie Hauteluce, Combloux et La Giettaz – le domaine Évasion Mont-Blanc permet au skieur d'accéder à plus de 400 km de pistes. Des reliefs où alternent alpages, forêts et grands espaces, reliés par des équipements performants. En été, les remontées vous propulsent sur les pentes le temps d'une randonnée de VTT, d'un vol en parapente ou d'une randonnée.

GOLF DU MONT-D'ARBOIS

3001, route Edmond de Rothschild
✆ 04 50 21 29 79
www.domainedumontdarbois.com

Fermé de début novembre à mi-mai. Ouvert tous les jours. Entrée : 63 € à 95 € les 18 trous. Restauration. Boutique.

Un panorama unique ! Créé en 1964, le plus ancien golf de montagne a été dessiné par l'ancien champion britannique Henry Cotton. Dominant le charmant village mégevan, le golf du Mont-d'Arbois est un parcours en pente douce, au milieu des épicéas, sorbiers, bouleaux et autres mélèzes. Sa clientèle prestigieuse lui confère une aura particulière et il est le théâtre régulier de nombreuses compétitions dont l'insolite Winter Golf Cup qui se déroule... sur la neige ! Après son parcours, on peut se restaurer au club-house qui offre une carte courte mais variée.

LE PALAIS

247, route du Palais des Sports
✆ 04 50 21 15 71
https://lepalaismegeve.com

Informations sur le site Internet. Patinoire, piscine, balnéo, fitness, raquette, escalade, restauration, médiathèque.

Hiver comme été, le plus grand complexe de loisir des Alpes permet de varier les plaisirs. Au programme, du patin à glace dans la grande patinoire intérieure (avec soirées DJ), de la natation dans les bassins olympiques intérieurs et extérieurs, de la détente dans l'immense espace balnéo ou au spa... On peut également faire de l'escalade, du fitness, des jeux de raquettes ou aller bouquiner dans la médiathèque. En hiver, le Palais installe également une grande patinoire extérieure dans le centre-village. Un équipement complet pour une sortie en toute saison !

PRAZ-SUR-ARLY

Praz-sur-Arly présente une belle diversité de paysages. À la frontière savoyarde du pays du Mont-Blanc, cet authentique village de montagne du val d'Arly se trouve en effet au croisement des massifs du Mont-Blanc, des Aravis et du Beaufortain. Les sportifs profitent pleinement du fameux domaine skiable Espace Diamant auquel il est relié mais encore des randonnées tous azimuts, sans oublier les fameuses montgolfières qui nous transportent bien au-delà des sommets et se donnent rendez-vous, chaque année, un week-end de janvier, pour un challenge des meilleurs pilotes du monde. Une vingtaine de ballons se retrouvent dans le ciel de Praz alors que sur le domaine de nombreuses animations avec chiens de traîneau, cerfs-volants géants et mini-montgolfières radiocommandées sont au programme des festivités. En toute saison, Praz-sur-Arly, est une destination privilégiée des familles (notons que les premières classes de neige furent inventées ici en mars 1950 !) en quête de détente et d'activités. Une station qui s'est affirmée comme une station familiale dès les années 1970 où les tout-petits sont reçus avec un soin tout particulier dans les endroits signalés « Bonne pioche ». Une « petite » station qui a les atouts d'une grande avec ses prestigieux ambassadeurs sportifs comme Thomas Fanara, 3 fois champion de France et champion du monde par équipe en 2011, en slalom géant ; ou la musher Sandrine Muffat, championne du monde de la discipline en 2014.

LES PORTES DE MEGEVE €€

1265, route de Megève ✆ 04 79 75 75 20
www.lesportesdemegeve.com
De 754 € à 7 289 € la semaine selon saison. Appartements et chalets de 4 à 23 personnes. Séminaires. Hammam, sauna.

Ce hameau de chalets et d'appartements neufs et ultra-confortables porte bien son nom : à quelques minutes du beau village de Megève, à l'entrée du village de Praz-sur-Arly, on vient ici pour profiter de logements spacieux, bien équipés, lumineux, avec vue sur les montagnes depuis les immenses baies vitrées. Dans le chalet historique, un espace hammam et sauna. On peut y venir sans voiture : l'arrêt de bus est juste en bas du hameau, des navettes desservent la station, et le supermarché est à 5 minutes à pied. Le + : un service conciergerie efficace et agréable !

3D NORDIC

Prasset ✆ 06 11 66 35 04
www.3d-nordic.com
D'avril à octobre. Entrée : 60 € (/pers. Canirando de 4h). Demi-journée avec 2h de canirando : 35 €/pers.

Créé par deux mushers passionnés des chiens de traîneaux ! Jonathan est éducateur sportif mention attelage canin, Sandrine Muffat est une athlète confirmée, championne du monde de la conduite d'attelage, 4 fois championne de France et vainqueure de la Grande odyssée mi-distance. En Laponie, ils proposent des séjours de conduite d'attelage au sein des grands espaces vierges et sous les aurores boréales. À Praz-sur-Arly, leur camp de base, ils organisent l'été de la cani-rando dans les sentiers de montagne et en forêt, et une visite de leur chenil de chiens Husky.

ESPACE DIAMANT

54, route du Val d'Arly
✆ 04 50 21 90 57
www.espacediamant.com
Entrée : 45 € (forfait journée adulte). Enfant : 36 €.

Le domaine Espace Diamant regroupe 6 stations-villages, dont Praz-sur-Arly, la station de charme, à l'espace skiable s'étalant entre 1 000 et 2 069 mètres d'altitude, entre le massif du Beaufortain, le val d'Arly et le pays du Mont-Blanc : 192 km de ski alpin, 163 pistes, 80 remontées mécaniques, 120 km de ski nordique et également 5 snowparks et 3 boardercross constituent ce vaste espace de sports d'hiver qui égale largement les plus grands domaines des Alpes. Situé à 4 km de Megève, le domaine de Praz-sur-Arly met l'accent sur les activités familiales accessibles à tous : ski alpin et ski nordique, nouvelles glisses. Les nostalgiques apprécieront une initiation au yooner, la version modernisée du paret, une glisse sur une luge à un patin, ou le ski joëring, tracté par un cheval. L'école de ski anime un espace « jardin des neiges » pour les 3 ans et plus. Dès 8 ans, on part en raquettes à la découverte des traces d'animaux. Plus singulier et pour tout public, le survol en montgolfière du massif alpin lors d'une journée inoubliable. Pour ceux qui préfèrent garder les pieds sur terre et observer le ballet majestueux des ballons, les « montgolfiades » animent la station chaque année en janvier. En été, l'espace Diamant ouvre ses parcours aux VTT, aux trailers et aux randonneurs qui bénéficient alors d'un panorama unique sur la chaîne du Mont-Blanc. Un espace brillant comme un Diamant aux multiples facettes, un terrain de jeu et de loisirs outdoor tout à fait exceptionnel pour des vacances en toute saison.

BONNEVILLE

Sous-préfecture de la Haute-Savoie, capitale du territoire de Faucigny-Glières, Bonneville (12 500 habitants) s'étend sur les deux rives de l'Arve. Dominée par son imposant château du XIIIe s., elle fut jadis la capitale du Faucigny, une des six provinces du Duché de Savoie. Malgré quelques catastrophes et une vie politique parfois agitée, elle demeura au fil des siècles une ville commerçante, centre de pouvoir. Profitant du développement de l'industrie du décolletage au XIXe s., elle connut alors un nouvel essor. La croissance démographique de la ville a été particulièrement forte à la fin du XXe s. A voir : son château, magnifiquement restauré.

Place de l'Hôtel de Ville.

CHÂTEAU DES SIRES DE FAUCIGNY ★

32, porte du Château ✆ 04 50 97 38 37
www.tourisme-faucigny-glieres.fr

Ouvert du mercredi au dimanche de mi-juin à mi-septembre. Visite libre gratuite. Visites théâtralisées payantes.

Un joyau restauré au cœur de Bonneville. Édifié à partir du XIIIe s., il s'agit du plus ancien château en Savoie et Haute-Savoie. Il est aussi le dernier témoin du réseau de fortifications établi par Pierre de Savoie. Au fil du temps château fort, château seigneurial, puis prison d'Etat, le château des Sires de Faucigny reprend vie après d'importants travaux qui devraient se terminer complètement en 2024 avec l'ouverture d'un musée de la Résistance et de la Déportation et du Faucigny.

ÉCOMUSÉE PAYSALP ★

628, avenue de Savoie - **VIUZ-EN-SALLAZ**
✆ 04 50 36 89 18
www.paysalp.fr

Ouvert toute l'année. Gratuit jusqu'à 5 ans. Adulte 7 €. Enfant (de 5 à 15 ans) : 5 €. Visites de 8 sites culturels.

Une véritable machine à remonter le temps ! Cet écomusée du Faucigny est installé dans une ancienne ferme pour évoquer la vie rurale des paysans entre 1850 et 1950. Un nombre incroyable d'outils ont été préservés, ainsi qu'un chalet d'alpage aux conditions de vie pas toujours idylliques. Mais aussi des échoppes d'artisans, des métiers oubliés, du patois savoyard à découvrir et une salle de classe de 1926 qui rappellera des souvenirs aux anciens et étonnera les plus jeunes. Paysalp rassemble 8 sites naturels et culturels à visiter toute l'année, avec des ateliers.

HELIXA - LA FERME AUX ESCARGOTS

120, chemin de chez Pallud - **VIUZ-EN-SALLAZ**
✆ 04 50 36 63 81
www.helixa.fr

Ouvert du lundi au vendredi de 17h30 à 19h30 ; le samedi de 9h à 12h. Gratuit jusqu'à 4 ans. Adulte : 5 €.

Petits et grands seront séduits par cette ferme pédagogique qui ouvre ses portes aussi bien aux scolaires qu'aux familles le temps d'une visite et d'une dégustation. Durant 1h15, la ferme aux escargots dévoile les secrets de l'héliciculture ou élevage de ces gastéropodes baveux. Un parcours ponctué d'animations sur le thème « qui mange l'escargot et que mange-t-il ? ». Les enfants s'amuseront à faire des courses d'escargots, munis d'un vaporisateur d'eau pour les faire avancer.

FAUCIGNY GLIÈRES TOURISME

23, rue Pertuiset
✆ 04 50 97 38 37
www.tourisme-faucigny-glieres.fr

Ouvert du mardi au vendredi de 9h à 12h30 et de 13h30 à 18h ; le samedi de 9h30 à 12h30 et de 13h30 à 16h30.

Un local pour mieux informer les visiteurs sur les activités et évènements se déroulant entre Mont-Blanc et lac Léman et concernant les 7 communes de Faucigny Glières : Ayse, Bonneville, Brison, Contamine-sur-Arve, Glières-Val-de-Borne, Marignier et Vougy. Pour tout connaître du patrimoine naturel et culturel du territoire, se faire conseiller dans l'organisation de son séjour et de ses visites sur le plateau des Glières ou de Solaison et en province de Faucigny.

LES TERRASSES DU CHÂTEAU €€

125, rue des Grandes Chambrettes
✆ 06 73 63 19 08
Ouvert toute l'année. Chambre double à partir de 52 € pour deux personnes. Petit déjeuner inclus. « Amis des Cyclistes ».

Une petite rue médiévale au pied du château des sires de Faucigny. Un château que vous aurez le loisir d'admirer depuis votre chambre, dans l'appartement de Nadia situé au troisième étage d'une maison bourgeoise. Au centre historique de Bonneville, dans un quartier calme, vous pourrez découvrir la ville et ses environs, profiter de tous les services, commerces et restaurants voisins. Chambre de 17 m^2 avec TV, commodités et salon à partager. Les cyclistes sont bienvenus (abris vélo). Petit déjeuner traditionnel ou terroir (charcuterie et fromages du pays).

L'AIMANT €€

263, avenue de la Gare
✆ 04 50 97 10 45
Ouvert le lundi et mardi midi, du mercredi au vendredi midi et soir, dimanche : brunch. Terrasse, jardin, concerts.

Le tiers lieu l'Aimant est un restaurant type bistrot, avec une carte courte et de qualité, qui offre une cuisine traditionnelle, le plus possible à partir de produits frais et locaux. Le menu change chaque jour et chaque semaine. On s'y régale, dans une ambiance agréable et artistique. En effet, en plus des délicieux plats proposés, l'Aimant offre une belle ambiance avec de nombreuses animations qui prennent place dans le jardin. Concerts, ateliers, exposition d'artisans locaux... Bref, un lieu de vie comme on aime et assez rare dans les environs !

CLUSES

Au centre de la vallée de l'Arve – le cours d'eau le plus long du département de la Haute-Savoie avec ses 107 kilomètres –, Cluses est le symbole de l'industrie de haute précision. Proche à la fois de la Suisse et de l'Italie, la ville bénéficie historiquement d'une position privilégiée dans le développement de l'industrie de l'horlogerie, du décolletage et de la mécatronique. Depuis sa large plaine, Cluses constitue une bonne base de départ pour les stations de ski alentour. Comme le domaine du Grand Massif avec ses cinq stations ; Flaine, les Carroz, Samoëns, Morillon et Sixt Fer à Cheval. Mais aussi les stations de la vallée de l'Arve.

CHARTREUSE DU REPOSOIR

732, route de la chartreuse
LE REPOSOIR
✆ 04 50 98 15 01
www.lereposoir.fr
Ouvert tous les jours 7h-12h et 14h30-18h30 (ou 17h30). Gratuit. Visite guidée sur rendez-vous.

Posé au pied du lac de la vallée du Béol avec la pointe d'Almet (2 232 m) en arrière-plan, l'ancien monastère chartreux du XIIe siècle abrite depuis 1932 un carmel de religieuses. Classé aux Monuments historiques dès 1910, il comprend aujourd'hui encore de nombreux éléments remarquables. Difficile d'accès en hiver, la visite d'été permet d'apprécier pleinement le site grandiose dans lequel se niche le carmel et de bénéficier du montage audiovisuel présentant l'histoire du Reposoir. Une visite qui vaut la balade quelle que soit la saison.

LE MOLE ★★★

AYZE
Départ du sentier depuis le parking Chez Béroud à Saint-Jean-de-Tholome.

Une montagne iconique qui domine de sa forme particulière une partie de la vallée de l'Arve, au-dessus de Bonneville jusqu'à Marignier en Faucigny Glières. Une « petite » montagne par sa taille, son sommet culmine seulement à 1 863 mètres, mais qui offre un point de vue fantastique à 360° sur une bonne partie de la Haute-Savoie, du Léman et du Jura. D'ailleurs, Mary Shelley cite le Môle dans son roman *Frankenstein*, « sommet montagneux à l'est du lac » éclairé par un orage inquiétant... Une montagne « originale » dans la région puisqu'elle a la forme d'un cône presque parfait, lui donnant l'allure d'un volcan éteint. Après une ascension, assez raide par l'arête de Marignier, les randonneurs profiteront d'un panorama exceptionnel, notamment en direction du massif du Mont-Blanc. Un autre chemin moins raide part du côté de Saint-Jean-de-Tholome, et vous emmène en moins de 2 heures de marche (pour les habitués) jusqu'au sommet. C'est un grand classique familial dans la région. Pour la petite histoire, c'est depuis le sommet du Môle que l'Anglais Schuckburgh évalua l'altitude du plus haut sommet des Alpes à 4 804 mètres. En redescendant, il faut découvrir le vignoble d'Ayze qui s'épanouit sur les premières pentes du Môle.

A découvrir également, une petite chapelle au lieu-dit Sous Etraz est dédiée à Notre-Dame de la Salette. Dominée par le Môle, bâtie sur l'ancienne voie romaine, l'origine de cette chapelle très ancienne est mal connue. C'est ici qu'en 1606 saint François de Sales rendit visite aux vignerons d'Ayze.

© XAVIER FERIGO

© XAVIER FERIGO

© LRP

LA TABLENVIE €

145, rue des Grandes Chambrettes
✆ 04 50 07 15 78
www.latablenvie.fr

Ouvert le lundi midi ; du mardi au samedi le midi et le soir. Formule du midi : 19 €.

Les saisons s'invitent à la Tablenvie de Xavier Farigo, chef passionné de cuisine et de terroir. Dans l'assiette, des plats goûteux, dont il maîtrise la composition et la réalisation ! Ses inspirations : les petits producteurs locaux ! Et sa passion des bons plats ressort dans tous les mets, jusqu'aux desserts maison. La complicité de Béatrice au service contribue à passer un bon moment, tout comme le choix des vins qui satisfera tous les amateurs. Une Tablenvidéo à suivre aussi sur YouTube, mais les gourmets apprécieront davantage de se rendre au restaurant !

© XAVIER FERIGO

© XAVIER FERIGO

MUSÉE DE L'HORLOGERIE ET DU DÉCOLLETAGE

100, place du 11 Novembre ✆ 04 50 96 43 00
www.musee.2ccam.fr
Label Tourisme & Handicap. Septembre à juin, mardi-samedi 14h-18h. Été 7j/7 10h-12h et 14h-18h. Adulte 5 €. Enfant 3 €.

Au premier étage de l'espace Carpano et Pons situé le long des berges de l'Arve, dans l'ancienne fabrique d'horlogerie du XIXe siècle le musée nous propose de remonter le temps en un voyage historique à travers les techniques et les objets qui ont permis de mesurer le temps avec de plus en plus de précision. Un voyage de l'astronomie à l'horlogerie, à travers des pièces remarquables ! On admirera les instruments de mesure du temps conservés ici au fil des années et des avancées technologiques : anneaux solaires, cadrans solaires, nocturlabes, un réveil bougie, une horloge à huile. On y découvre l'histoire de la montre depuis les premières apparues vers 1500, suspendues au cou, jusqu'à celles que nos grands-pères portaient dans leur gousset ainsi qu'une horloge de clocher et des cartels. Cluses abritait jusqu'en 1989 l'École royale puis nationale d'horlogerie fondée en 1848 et devenue lycée technique en 1960. Une salle retrace les premiers pas de l'industrie du décolletage, qui consiste à fabriquer par tournage ou usinage de petites pièces en série. La vis fut la première pièce réalisée. Aujourd'hui, le décolletage fournit en pièces de nombreux domaines industriels (automobile, industrie du luxe, etc.). Cluses est devenu un pôle d'importance mondiale dans ce domaine et celui de la mécatronique. Des visites à thèmes, dont une visite théâtralisée dans un atelier de 1853 reconstitué, et une exposition temporaire viennent compléter la découverte de ce lieu surprenant !

CLUSES ARVE & MONTAGNES TOURISME

21, Grande Rue ✆ 04 50 96 69 69
www.cluses-montagnes-tourisme.com/
Ouvert le lundi de 9h à 12h ; du mardi au vendredi de 9h à 12h et de 14h à 18h ; le samedi de 9h à 12h et de 14h à 17h.

Depuis septembre 2022, l'office de tourisme a rejoint les locaux de la Maison du tourisme et de la mobilité, situés en face de la mairie. Un nouvel espace spacieux et lumineux pour trouver toutes les bonnes informations de la région. Une super équipe saura vous conseiller sur les nombreuses activités autour de Cluses, quelle que soit la période de l'année. Ski, randonnée, visite, évènement... Profitez aussi du marché hebdomadaire tous les lundis matin et jeudis après-midi.

400 COUPS €€

90, avenue du Pont Neuf - **MARIGNIER**
✆ 04 50 34 04 34
Tous les jours, sauf le mercredi et le dimanche. Fermé le samedi soir. Repas à l'ardoise le midi et bar à tapas le soir.

Une toute nouvelle adresse au centre de Marignier ! Quatre jeunes de la Vallée se lancent dans l'aventure avec ce restaurant nommé « 400 coups » qui promet de bons repas ainsi que de belles soirées. Dans un cadre chaleureux, l'équipe est motivée et souriante. Le midi, on y déguste des plats raffinés à l'ardoise et le soir, on se régale des diverses tapas. Les plats proposés changent régulièrement, avec des recettes plutôt « à la française » : coq au vin, sauté de canard, filet de loup... Une adresse qui va sans aucun doute devenir un incontournable de la vallée !

LE PONTVYS €€

80, rue du Pontvys - **MARIGNIER**
✆ 04 50 34 63 58
www.lepontvys.fr
Ouvert le midi en semaine et le soir le vendredi et samedi. Réservation recommandée. Maître Restaurateur.

Dans une ambiance chic et cosy, le Pontvys propose une carte constamment renouvelée, des plats faits maison préparés avec des produits frais issus de la production régionale ou nationale. Un authentique Maître Restaurateur vous présente à l'ardoise de quoi vous régaler tous les midis, comme l'agneau fermier de Savoie et son jus au beurre et polenta crémeuse, ou le tartare de saumon label Rouge au curry, accompagné de frites maison. Le soir, on retrouve les plats à la carte. Desserts également maison dans le même esprit de saveurs et de qualité.

BIVOUAC MALTÉ

512, rue des Peupliers - **MARNAZ**
✆ 04 50 53 46 95
https://bivouac-malte.fr/
Ouvert toute l'année. Du mardi au vendredi de 9h30 à 20h30. Entrée : 6,50 €. Terrasse. Brunch (23,50 €). Cave à bières.

Une adresse chaleureuse à la décoration boisée, cuivrée et vintage, pour boire un verre et grignoter. Le Bivouac Malté propose de nombreuses bières pressions et une cave qui offre une variété de bières savoyardes, françaises et européennes. Idéal pour les afterworks avec un large choix de boissons et des planches apéritives gourmandes. Une carte changeante et une cuisine faite maison. Le midi, on y déguste aussi des plats savoureux, avec des produits frais, de saison et locaux ! Une belle adresse déjà bien connue des habitants de la vallée.

LES SAPINS €

131, La Vieille Route - **SAINT-JEOIRE**
✆ 04 50 35 80 38
www.lessapins74.fr

Toute l'année. Du mardi au samedi midi et soir ; dimanche midi. Menu à 38 €. Chambres : 51 € à 79 €. Petit déjeuner 8 €.

Des sapins à perte de vue sur le massif des Brasses ont donné leur nom à cette belle maison. Air pur, beauté naturelle du décor, charme et table gourmande d'un hôtel-restaurant familial repris par Stéphane, enfant du pays, et sa famille. Tradition et passion dans la cuisine raffinée du chef, passé maître dans l'art gourmand, associant les saveurs, déclinant à l'envi les produits du terroir local. Service souriant en salle d'Augusta et son équipe. 9 chambres confortables permettent de séjourner entre les massifs du Môle et des Brasses.

DOMAINE BELLUARD

283, route Les Chenevaz - **AYZE**
✆ 04 50 97 05 63
www.domainebelluard.fr

Vente à la propriété. Visite et dégustation uniquement sur rendez-vous.

Le domaine Belluard exploite l'emblématique cépage qu'est le Gringet. Le domaine propose plusieurs cuvées : Vin de Savoie Ayse (Méthode Traditionnelle et Cuvée Mont-Blanc brut zéro), un mousseux avec un nez floral et fruité, des saveurs d'écorces d'agrumes ; Vin de Savoie blanc gringet (Cuvée les Alpes, Grandes Jorasses et Le Feu) aux parfums de fleurs blanches, amandes douces et fruits exotiques. Aussi un Vin de Savoie rouge, une Mondeuse. Le domaine est passé en agriculture biodynamique en 2000. Des vins savoureux pour célébrer tous les bons moments de la vie.

CENTRE NAUTIQUE INTERCOMMUNAL GUY CHATEL

137, route des Iles - **AYZE** ✆ 04 50 97 59 99

Ouvert toute l'année, 7j/7. Horaires variables, se renseigner. Entrée : 5,50 €. Enfant : 3,10 €. Étudiant : 4 €.

Avec 900 m² de bassins couverts, le centre nautique Guy Châtel offre le plus grand espace aquatique du département. Il est doté d'un bassin sportif, d'un bassin ludique, d'une pataugeoire, d'une plage minérale avec solarium, d'un parc de 8 000 m² avec des jeux pour enfants, et d'un terrain de beach volley. Aquagym, aquabike, aquafitness, et autres activités sont proposées en plus des cours de natation. En été, une aire de jeux aquatiques de 250 m², réservée aux enfants, est ouverte.

LA ROCHE-SUR-FORON ★

Cette ville a commencé par contrôler toute la vallée moyenne de l'Arve. A partir de son titre ancien de capitale du comté de Genève (de 1033 à 1219), elle peut afficher l'appellation de « deuxième cité historique de la Haute-Savoie ». Quoi qu'il en soit, elle a au moins su innover en 1885, au niveau européen, en se dotant du premier éclairage électrique et public. Sa grande foire-exposition, lancée dès 1925, devenue foire internationale depuis 1995, a poussé aux oubliettes la foire d'Annecy. Nous sommes dans un centre au bon dynamisme industriel et commercial. Vous apprécierez de vous balader dans cette cité médiévale qui fourmille de petits commerces.

© BORISB17 - SHUTTERSTOCK.COM

La Roche-sur-Foron.

TOUR DES COMTES DE GENÈVE ★

Place Saint-François
✆ 04 50 03 36 68
www.larochesurforon.com

Visites libres le samedi de 14h à 18h et le dimanche de 10h à 12h et de 14h à 18h.

Une tour qui se mérite car il faut y grimper, à moins que l'on ne préfère gravir la cité médiévale en voiture jusqu'au parking. Bien à l'abri dans un jardin de verdure, on se laisse impressionner par le blason qui semble défendre l'entrée de la tour. En haut, on profite du panorama sur la cité médiévale, le lac Léman, les montagnes. Et s'il ne reste plus rien du château du XIe siècle, on peut encore apercevoir les fortifications et de vieilles maisons admirables.

OFFICE DE TOURISME

Place Andrevetan
✆ 04 50 03 36 68
www.larochesurforon.com

Ouvert toute l'année, du lundi au samedi de 9h à 12h et de 14h à 18h. Visites guidées.

Cet office de tourisme est particulièrement dynamique pour valoriser le patrimoine local auprès des touristes venus découvrir la deuxième cité historique de Haute-Savoie, fief du Faucigny. Il est toujours bon de visiter la cité médiévale en compagnie d'un guide du patrimoine qui indique tous les détails historiques et architecturaux. Des visites jeu de piste spécial famille sont proposées l'été, une manière d'apprendre l'histoire en passant un bon moment. Des visites nocturnes animées de contes nous transportent en plein combat médiéval !

HÔTEL LES AFFORÊTS*** €€

✆ 04 50 03 35 01

www.les-afforets.com

Chambres simple ou double de 91 à 103 €, triple de 120 à 140 €. Petit déjeuner 13 €. Animaux 12 €. Salon. Bar. Terrasse.

Idéalement situé en centre-ville, cet hôtel familial tenu par Carole, Michel et leur fils Cyril est un véritable atout pour séjourner à la Roche-sur-Foron en toute sérénité. Tout en perpétuant la tradition du bien recevoir, ils ne cessent d'améliorer le confort et les prestations de leur maison (cette année toutes les salles de bains ont été refaites à neuf). Pour les familles, appartement hôtel de 95 m² pouvant accueillir jusqu'à 6 pers. Petit déjeuner de produits régionaux. Restauration possible. Confort, réconfort, bienveillance, on se sent comme chez des amis.

BRASSERIE LA ROCHOISE

596, rue du Quarré - **AMANCY**
✆ 06 50 07 57 78
https://larochoise.com
Atelier ouvert du mardi au samedi. Bar et restaurant ouverts midi et soir du lundi au vendredi. Visites : se renseigner.

La Rochoise est une brasserie de bière qui utilise la technique du multipalier, la technique traditionnelle utilisée pour fabriquer les fameuses bières belges. Ingrédients 100% biologiques et de productions françaises, leurs bières se déclinent selon plusieurs robes : blanches, blondes, rousses et brunes, et au niveau du goût c'est celui de la famille des « ales ». On peut désormais boire un verre ou manger un bon burger au Brew Pub, un espace convivial. Visitez aussi la fabrique et apprenez à brasser la bière (dates disponibles sur le site Internet) !

LE GRENIER SAVOYARD

330, rue des Combattants AFN
✆ 04 50 25 55 39
www.greniersavoyard.fr
70 casiers en accès 24h/24 et 7j/7.

Garant de la tradition gourmande des bons produits régionaux, le Grenier Savoyard innove en installant sur son site de La Roche-sur-Foron 70 casiers réfrigérés de distribution de produits régionaux en libre-service. Faciles d'accès, sur l'axe Annecy/Cluses, ils permettent de faire le plein à toute heure des meilleurs produits : terrines, charcuteries, de fameux beignets de pommes de terre, kit raclette ou kit fondue, potée savoyarde, reblochon fermier, sélectionnés par un passionné de la gastronomie savoyarde, Alexandre Brasier.

PASSY

Cette vaste commune de la haute vallée de l'Arve est constituée de nombreux hameaux sur les contreforts du massif du Chablais. Entre les 500 mètres des rives de l'Arve et les 2 700 mètres de la chaîne des Fiz, le paysage aux atouts naturels indéniables compose un décor propice au développement touristique. Le plateau d'Assy est connu depuis le XIXe siècle pour son air pur qui lui valut la présence de sanatoriums dans les années 1920 et il reste aujourd'hui un centre de convalescence apprécié. Le domaine skiable de Passy Plaine-Joux offre un site parfait pour les débutants qui se transforme en site d'envol des parapentes l'été. Les sentiers de randonnée dans la réserve naturelle nationale de Passy, dominée par les falaises des Fiz, mènent naturellement jusqu'à celle des Aiguilles Rouges. Si vous êtes amateur de randonnées, vous pouvez partir à l'aventure en faisant le tour des Fiz, en fonction de votre niveau et de vos envies, cela vous demandera entre 2 à 7 jours de marche. Vous pouvez facilement organiser votre séjour sur le site de Passy Mont-Blanc, avec les refuges disponibles, les conseils et les itinéraires. Ce patrimoine naturel a inspiré de nombreux artistes. L'art moderne d'abord, représenté par l'église Notre-Dame-de-Toute-Grâce, édifiée au XXe siècle, en complément de l'église baroque Saint-Pierre-Saint-Paul ; l'art contemporain ensuite, avec la « route de la sculpture », 15 km entre Passy et le domaine de Plaine-Joux, des sculptures contemporaines des plus grands maîtres tels qu'Albert Féraud, Alexander Calder, Charles Semser... Un musée d'art moderne en pleine nature !

Le lac d'Anterne dans la réserve naturelle de Passy - Sixt.

JARDIN DES CÎMES

447, route du docteur Davy
✆ 04 50 21 50 87
www.jardindescimes.com

Ouvert du 27 mai au 24 septembre 2023. Adulte : 7 €. Enfant (de 5 à 15 ans) : 4 €. Restauration. Résidence d'artiste.

Face au Mont-Blanc, mixant nature et culture, un jardin pour rêver, pour apprendre et s'émerveiller. Du potager idéal aux terrasses fleuries en passant par la zone pédagogique adaptée aux enfants, on se promène à travers ces jardins alpins. La quiétude du lieu est propice à l'initiation aux activités de détente et à la pratique artistique. Sur la terrasse, une exposition photographique en libre accès. Pour la pause-repas et tout au long de la journée, le Café des Cimes propose ses plats de produits frais et locaux et des délices aux couleurs du jardin.

MAISON DE LA RÉSERVE NATURELLE DE PASSY

321, chemin des Parchets ✆ 04 50 90 23 07
www.asters.asso.fr

Ouvert en février et en mars, du dimanche au jeudi, de 10h à 13h et de 14h à 17h. Groupe : réservation obligatoire.

Une découverte ludique et pédagogique des magnifiques paysages de montagne. La faune et la flore de la Réserve sont visibles dans une exposition permanente retraçant l'histoire des transformations géologiques de la région du Mont-Blanc, dévoilant aussi les richesses de cet environnement. Activités interactives pour les enfants. A l'extérieur, on emprunte le sentier de Papy-Bois qui nous explique la vie des animaux de la falaise et nous aide à reconnaître les différents végétaux.

NOTRE-DAME DE TOUTE GRÂCE ★★

101, rue de l'Eglise
✆ 04 50 58 80 52
www.passy-mont-blanc.com

Ouvert tous les jours de 9h à 18h30. Pas de visite pendant les offices et célébrations. Visite libre.

Dessinée par l'architecte Maurice Novarina et édifiée entre 1937 et 1946, l'église de Notre-Dame de Toute Grâce évoque la robustesse des chalets de montagnes par son aspect de pierres et colonnes apparentes. Les œuvres contemporaines qu'elle contient témoignent d'un art sacré bien vivant. Depuis la grande mosaïque extérieure de Fernand Léger aux œuvres intérieures signées Bonnard, Braque, Chagall, Matisse, sa décoration réunit les plus grands maîtres de l'époque moderne.

OFFICE DE TOURISME

8, Grande rue Salvador Allende
✆ 04 50 58 80 52
www.passy-mont-blanc.com

Ouvert du lundi au vendredi de 9h à 12h et de 14h à 18h. Conseils, réservations, documentations, boutique.

Un point d'accueil ouvert non-stop en accès libre, une conseillère est néanmoins présente. Grâce aux écrans et aux bornes tactiles, on accède à l'offre touristique de Passy. En hiver, la station familiale de Passy Plaine-Joux permet de débuter en ski avec des forfaits à la carte et des pistes tous niveaux. Ski nordique en accès libre, luge et snow-tubbing, raquettes, chiens de traîneau, etc. En été, les paysages se révèlent sous un nouveau jour, parmi les incontournables : la via ferrata Curalla, le lac et la base de loisirs des Iles, le Jardin des Cimes.

BASE DE LOISIRS DU LAC DE PASSY

Lac de Passy
✆ 04 50 58 80 52

Baignade surveillée en juillet et août de 12h à 18h. Restauration. Pêche, beach-volley, VTT, activités nautiques.

Face au mont Blanc, la base de loisirs de Passy offre une multitude d'activités. Une plage de sable fin pour accéder à la zone de baignade surveillée et de grands espaces verts, au soleil ou ombragés pour flâner ou s'amuser. La vue est magnifique. Sur place, l'on profite d'emplacements de beach-volley et de pétanque, d'un circuit à pied ou à vélo autour du lac, d'un parcours de santé et d'animations diverses (accrobranche, bateau, mini-golf...). Restaurants et camping à proximité.

LE LAC VERT

321, Chemin des Parchets
✆ 04 50 58 80 52
www.passy-mont-blanc.com/

Selon météo. Parking gratuit, aire de pique-nique, restauration. Sentier balisé. Baignade interdite.

Sportifs ou non, le lac Vert de Passy est un incontournable de la région. C'est un site naturel classé qui offre une vue imprenable sur les chaînes du Mont-Blanc et une eau à la fois transparente et verte émeraude. En été, on peut simplement faire le tour du lac en une quinzaine de minutes, depuis le parking du restaurant. Pour les amateurs de randonnées, on optera pour un sentier de 10 km et 300 m de dénivelé (départ depuis la Place Tobé), passant par la passerelle himalayenne du Nant Bordon, qui donne un goût d'aventure à ce très beau sentier.

SAMOËNS ★★

Samoëns, c'est l'image parfaite du village de montagne authentique qui a su préserver son caractère montagnard, avec son architecture traditionnelle, ses chalets et ses antiques constructions en pierre, et aussi ses fontaines et ses cadrans solaires, tout en misant sur les sports d'hiver. Malgré son altitude à 720 mètres dans la plaine du Giffre, affluent de l'Arve, 8 minutes suffisent avec le Grand Massif Express pour accéder aux pistes du domaine du Grand Massif. Samoëns, c'est le pays des artisans, des maçons-tailleurs de pierre, les Frahans, qui participèrent à la construction en France et en Europe d'églises, de monastères et de grands bâtiments publics. Samoëns est aujourd'hui une station familiale aux prix raisonnables. De plus, la création du domaine du Grand Massif et l'essor des loisirs de montagne a donné à Samoëns un nouvel essor sans lui faire perdre l'essentiel de sa plus agréable ligne touristique. La station est la seule des stations de montagne à être classée « Pays d'art et d'histoire » par les Monuments historiques. Un village qui présente de nombreux avantages pour un séjour mêlant visites d'un riche patrimoine dans un cadre splendide et activités de pleine nature. Et si vous vous demandez lors de votre séjour d'où provient ce nom « septimontain » que l'on retrouve sur des appellations de commerces, de restaurants voire sur des menus, « septimontain » est tout simplement le nom des habitants de Samoëns. Il a pour origine les sept monts qui entourent le village. Autre particularité de ce village : ne cherchez pas les noms des rues en centre-ville, il n'y en a pas !

Massif du Mont Blanc et lac de Joux Plane.

BASE DE LOISIRS DU LAC AUX DAMES

Route du Lac aux Dames
✆ 04 50 34 40 28
www.samoens.com

Activités en fonction des saisons. Restauration, animations, baignade, loisirs été et hiver (ski de fond).

Lieu de vie incontournable des Septimontains ! Un peu à l'écart du village de Samoëns : deux petits lacs, bordés de forêts et de verdure, offrent un lieu calme pour diverses activités toute l'année. En été, profitez d'une baignade rafraîchissante et de loisirs tels que le golf (practice sur eau), l'accrobranche, le tennis ou encore la balade à vélo ou à pied. En hiver, pratiquez le ski de fond autour du lac et sur les bords du Giffre, jusqu'à Morillon d'un côté et Sixt de l'autre.

ÉCOMUSÉE LE CLOS PARCHET

Route de Joux Plane
✆ 04 50 34 46 69
www.le-clos-parchet.com

Ouverture de mi-avril à fin septembre. Adulte : 7,50 €. Visite à 14h, 2e visite à 16h de juillet à septembre.

Cette belle ferme typique du Haut-Giffre est datée de 1815. Restaurée au début des années 1990 par un collectionneur passionné, Pierre Déchevassine, elle abrite depuis un écomusée particulièrement intéressant. La visite guidée permet de remonter le temps et de partager la vie quotidienne d'une famille savoyarde. Des outils, des machines agraires, des maquettes constituent l'essentiel de la collection, le tout présenté dans un cadre traditionnel reconstitué à merveille. A l'issue, une dégustation de produits maison est offerte.

JARDIN BOTANIQUE ALPIN LA JAŸSINIA

40, rue du Parc ✆ 04 50 34 49 86
www.mnhn.fr

01/09-30/04 : 8h-12h et 13h30-16h30. 01/05-30/09 : 8h-12h et 13h30-19h. Fermé en période de chute de neige. Gratuit.

Ce jardin botanique a été créé en 1906 par Marie-Louise Cognacq-Jaÿ, fondatrice de La Samaritaine. Il occupe 3 700 ha et abrite plus de 2 400 variétés de plantes. Dans un cadre exceptionnel, les pissenlits côtoient les tulipes, et l'ail des ours avoisine plus de 35 types de pivoines. Un ruisseau parcourt les rochers et forme quelques cascades. Au sommet de la propriété, près des vestiges du château de la Tornalta (XIIe siècle), un beau point de vue sur les environs attend le visiteur.

OFFICE DE TOURISME

66, place de l'Office de Tourisme
© 04 50 34 40 28
www.samoens.com
Ouvert tous les jours, 9h-12h et 14h-18h.

Situé entre le centre-ville et la patinoire, l'office de tourisme est facile d'accès. En voiture, on profite du parking pour se garer et parcourir la station village à pied ! Parmi les activités, le circuit des 9 chapelles offre de jolies vues sur le village. Visites guidées du bourg, des hameaux alentour et du patrimoine religieux. Ne pas manquer : la visite de l'église Notre-Dame de l'Assomption, celle de La Jaÿsinia, le beau jardin botanique, créé par l'enfant du pays Marie-Louise Jaÿ, et le marché alimentaire et de cadeaux souvenirs tous les mercredis matin.

NEIGE ET ROC**** €€

255, route de Taninges
© 04 50 34 40 72
www.neigeetroc.com
48 chambres. Chambre standard à partir de 125 €. Demi-pension : 55 €. Petit déjeuner : 18 €. Restauration. Piscine, SPA.

Un établissement qui a su garder son charme et son authenticité au fil des ans ! Ce beau chalet aux allures de ferme est situé au pied des montagnes, dans un magnifique parc d'un hectare où les enfants peuvent se dépenser en toute liberté. Les chambres sont chaleureuses et spacieuses. En hiver, on profite d'une piscine couverte, dans une rotonde aux baies vitrées. En été, à l'extérieur, on se prélasse au soleil au bord de la piscine ouverte, on joue au tennis sur le court privé. Pour garder la forme, été comme hiver, espace détente et bien-être

L'ACCORDÉON €

132, avenue Cognack Jay
© 04 50 89 94 20
Toute l'année. Du mardi au samedi de 10h à 22h ; le dimanche de 10h à 15h. Carte : 16 € environ. Tapas. Concerts.

Un petit coin cosy et chic qui offre des plats variés, délicieux et abordables. Tout comme ses plats, l'univers de L'Accordéon est coloré et convivial. En effet, la décoration des lieux est tout aussi chaleureuse que l'accueil. Le midi, on y déguste des pâtes fraîches et artisanales, des croques, des bagels et salades... À partir de 18h, on y partage des assiettes copieuses, entre amis ou en famille. Une cuisine riche de produits locaux et un lieu qui s'anime régulièrement en musique. Ne manquez pas de goûter les rillettes de truite maison !

LA BOURGEOISE

Col de Joux Plane
© 04 50 34 40 28
www.samoens.com/
Selon météo. Au départ du parking du col de Joux Plane. Navettes l'hiver. Restauration. Sentier balisé.

Envie de se dégourdir les jambes et d'en prendre plein la vue sans trop d'efforts ? La Bourgeoise, sommet au-dessus de Samoëns, est une promenade familiale qui offre un panorama exceptionnel. Depuis le col de Joux Plane, où les pics environnants se reflètent dans son lac et où la vue est déjà magique, il faudra suivre un sentier balisé, vers les chalets de Mapellet, pour atteindre le sommet de La Bourgeoise. Là-haut, toute la vallée du Giffre se dévoile, ainsi que ses montagnes. Le Criou, la Pointe Rousse, la Tête de Bostant... une vue à 360°.

LE GRAND MASSIF

8, rue du Château
© 04 50 90 40 00
www.grand-massif.com
Domaine skiable regroupant Flaine, Samoëns, Sixt, Morillon et les Carroz. Pistes VTT en été.

Reliant Flaine, Les Carroz, Samoëns, Morillon et Sixt, le domaine skiable du Grand Massif s'étend jusqu'à 2 500 mètres d'altitude avec 139 pistes et 62 remontées mécaniques. Les skieurs se régaleront des espaces vierges de la Combe du Gers et les amateurs de paysages emprunteront la mythique piste bleue des Cascades. Le Grand Massif offre un grand choix de glisse, ski alpin et nordique, et bien d'autres activités : balades en chiens de traîneau, promenades en raquettes ou à pied, moto-neige, cinéma, patinoire, bowling, centre culturel, spectacles et animations...

SITE NORDIQUE DE JOUX PLANE

COL DE JOUX PLANE
© 04 50 96 64 19
De mi-décembre à fin mars. Forfait en ligne ou aux offices de tourisme. Adulte semaine : 38 €. Ski nordique, raquette.

Le Col de Joux Plane, bien connu des cyclistes, se transforme en domaine nordique une fois la neige tombée. Profitez d'une vue à couper le souffle sur la vallée du Giffre et sur le fameux Mont-Blanc. Pour les débutants ou les plus expérimentés, le domaine offre 7 pistes damées, de la verte à la rouge. Un itinéraire piéton et balisé permet aussi de belles balades, pieds ou raquettes dans la poudreuse. Les plus jeunes s'amuseront de leurs exploits sur la piste de luge.

LE GRENIER SAVOYARD

7, Grande Rue ✆ 04 50 34 48 22
www.greniersavoyard.fr

Ouvert tous les jours 8h30-12h30 et 15h-19h30. Fermé du 15 novembre au 15 décembre. Livraison possible.

Au Grenier Savoyard, la passion se transmet de génération en génération avec comme mots d'ordre : tradition et innovation. Créé à Châtel en 1971 par Joseph Brasier, le Grenier Savoyard a ouvert de nouvelles adresses gourmandes au cœur du village de Samoëns et aux Carroz sous l'impulsion d'Alexandre Brasier, le fils. Il nous présente le fruit de ses meilleures rencontres avec les producteurs locaux. Du véritable circuit-court en provenance des fermes et de petits producteurs : jambons et saucissons, terrines, fromages de Savoie, fondues, raclettes, douceurs…

ULTRA-TRAIL DU HAUT-GIFFRE

✆ 06 25 91 60 45
https://uthg-trail.com
Du 16 au 18 juin 2023. De 20 à 140 € (7 courses de 10 à 128 km). Inscriptions en ligne. Village d'exposants.

Au cœur de la Vallée du Giffre, au départ du typique village de Samoëns, venez dépasser vos limites et affronter les sublimes sommets du Haut-Giffre. L'UTHG, c'est l'événement sportif de l'année à ne pas manquer dans la vallée. Si l'ultra-trail s'adresse d'abord aux grands sportifs avec une bonne expérience de la montagne (ici, 127 km et 9 150 m de dénivelé), l'UTHG s'ouvre aussi aux débutants avec un parcours de 9 km, permettant de découvrir l'activité et son ambiance exceptionnelle.

LES CARROZ-D'ARÂCHES

Une station familiale qui a su intégrer les évolutions du modernisme sans mettre en péril son patrimoine et ses traditions. Cette station été-hiver des Carroz, reliée au Grand Massif par une télécabine express, semble posée sur un plateau dominant la vallée de l'Arve. Dans le paysage des stations du Grand Massif, la station joue avec bonheur le rôle de village authentique avec sa charmante petite place, son église et ses chalets traditionnels. Les Carroz, c'est l'exemple de ce que l'on souhaite trouver dans les Alpes au pied des plus grands domaines skiables : des villages préservant leur caractère montagnard en adaptant leurs structures d'accueil.

BUREAU DES GUIDES

2, place de l'Ambiance
✆ 06 99 20 24 01
www.guidesdescarroz.com
Hiver : de 17h à 19h. Été : 10h-12h30 et 16h-19h. Ski hors piste, sortie fatbike, via ferrata, escalade...

Découvrez toutes les activités de la montagne, été comme hiver, en toute sécurité. Tous diplômés de l'École nationale de ski et d'alpinisme de Chamonix, les guides de haute montagne du bureau des Carroz accompagnent la pratique de l'alpinisme (massifs transalpins), du ski hors-piste, du ski de randonnée, de l'héliski, etc. En leur compagnie, vous pourrez également expérimenter la via ferrata, la cascade de glace, les randonnées, le canyoning, la spéléologie, ou encore le fat bike (VTT sur neige). Deux mots les caractérisent : prudence et enthousiasme.

LES SERVAGES D'ARMELLE**** €€€

841, route des Servages ✆ 04 50 90 01 62
www.servages.com
Chambre double de 150 € à 585 €. Demi-pension : 85 €. Petit déjeuner buffet : 25 €. Restauration. Au pied des pistes.

Séjournez dans deux anciennes fermes d'alpage de 1788, entièrement rénovées, bénéficiant du confort moderne et luxueux, tout en conservant le cachet des chalets de montagne. Ce charmant chalet-hôtel, au pied des pistes, propose, en plus de ses chambres et suites, un chalet indépendant. Vous pouvez vous prélasser dans la baignoire balnéo ou dans le spa privatif et vous réchauffer au coin du feu. En plus du buffet matinal, profitez d'une restauration raffinée et labellisée.

LE GRENIER SAVOYARD

330, rue des Combattants ✆ 04 50 90 04 32
www.greniersavoyard.fr
Ouvert tous les jours de 8h30 à 12h30 et de 15h à 19h30. Fermé du 15 avril au 1er juillet et du 15 sept au 15 déc.

C'est au Grenier Savoyard que l'on découvre la meilleure des sélections de produits locaux, de grande qualité, de savoureux produits des fermes et les meilleurs produits artisanaux du terroir savoyard. Dans une boutique ravissante, un accueil adorable et des conseils à suivre pour remplir son panier gourmand avec des fromages d'exception : reblochon, tomme, tome des Bauges, abondance, beaufort, comté, gruyère, fromages à raclette ou un kit à fondue. Le site Internet propose la vente à distance, pour avoir les produits des fermes locales sans se déplacer !

AQUACÎMES SPA

455, route du Mont Favy
✆ 04 50 90 24 80
Haute saison : tous les jours de 13h à 16h et de 16h30 à 19h30. Adulte : 20 € (enfant accepté : 16 €, sauf le jeudi).

Laissez les skis ou les chaussures de randonnée un instant, et plongez dans un bain en pleine montagne. Un bassin extérieur chauffé, une vue sur les pistes enneigées et un bassin intérieur avec des jets massants, des cascades d'eau et des bulles. Un véritable moment de bien-être pour le corps et l'esprit. On profite aussi du sauna, du hammam et du solarium, avec vue sur la piscine. Pour une remise en forme, on optera plutôt pour la salle de cardio-fitness et de musculation. Vous trouverez aussi des créneaux réservés à la nage, à l'aquabike et à l'aquagym.

EVASION NORDIQUE 74

Les Molliets
✆ 06 82 09 50 03
www.evasion-nordique.com
Ouvert toute l'année, sur réservation. Conduite d'attelage à partir de 80 € pour 1h. Cani-rando l'été : 25 €.

Pour découvrir la montagne autrement ! C'est en compagnie des chiens de traîneau et de leur musher diplômé Philippe Van Compernolle que l'on s'initie sur les sites des Carroz et de Flaine - mais également Chamonix -, à la conduite d'attelage. Chacun conduit un traîneau attelé d'une meute formée de trois ou quatre chiens Husky de Sibérie. Aux Carroz, c'est sur le site des Molliets, à côté du télésiège. En été, place à la cani-rando. Pédagogique, la visite du chenil pour mieux comprendre la vie de la meute et son organisation. Passionnant et inoubliable !

LUGE SUR RAIL DES CARROZ

680, route de la Télécabine
✆ 04 50 90 00 42
www.lescarroz.com/lugesurrail/
Saison été et hiver. Ouvert tous les jours. Hiver : 14h-18h. Été : 9h-17h. Entrée : 7 € (une descente).

Découvrez le Speed Dragoz, la piste de luge sur rail des Carroz, et faites le plein de belles sensations. Au départ de la télécabine de la Kédeuze, embarquez à bord de votre petit bolide, seul ou à deux, à travers la forêt, jusqu'au « top départ ». Profitez du paysage lors de la montée, en descente, tout va beaucoup plus vite ! Glisse, virages, cheveux au vent, et peut-être les cris amusés de votre passager, qui rythmeront le parcours. Fous rires garantis à l'arrivée ! Faites votre plus beau sourire, une photo « volée » immortalise cet instant drôle et convivial.

PARAPENTE PLANÈTE

1, route du Serveray
✆ 04 50 18 57 18
www.parapente-planete.com/
École professionnelle labellisée FFVL. Vol biplace à partir de 80 €. Renseignements et réservations toute l'année.

Le vol biplace en parapente est accessible dès 6 ans à condition de ne pas avoir peur de prendre le télésiège pour se rendre sur les sommets. Accompagné d'un moniteur professionnel, pendant 10 à 45 minutes, l'enfant expérimente un véritable moment d'évasion. Pour ceux qui sont sujets au vertige, sachez que la sensation n'existe pas en l'air car il n'y a pas de prise au sol. Pour les plus téméraires, des wings-over, des chandelles, leur feront explorer le paysage de la vallée de l'Arve sous tous les angles. Apprenez aussi à voler avec les stages de pilotage.

FLAINE ★★

Flaine, qui a fêté ses cinquante ans d'existence, a été construite par l'architecte et designer Marcel Breuer. La station a reçu le label Patrimoine du XXe siècle. Conçue comme un grand ensemble au style urbain – mais sans circulation de voitures pour une station skis aux pieds –, sur le versant sud du Vallon de Flaine (1 600 m) face au désert de Platé (2 480 m), elle s'ouvre sur le panorama grandiose du massif du Mont-Blanc. Le centre culturel de Flaine (à l'origine un centre d'art) accueille des expositions d'œuvres d'artistes contemporains et des expositions ethnographiques consacrées à la vie et aux sports en montagne en Haute-Savoie.

OFFICE DE TOURISME DE FLAINE

Galerie marchande Flaine Forum
✆ 04 50 90 80 01
www.flaine.com
Ouverture en saison hiver, de mi-décembre à mi-avril, tous les jours. Ouvert en juillet-août.

Au centre d'une station skis aux pieds qui a reçu le label Patrimoine du XXe siècle, l'office de tourisme se situe à 1 600 m d'altitude, à Flaine Forum. Toutes les informations concernant le Centre culturel, l'Auditorium et les infrastructures de la station y sont disponibles. Une aide au bon déroulement des séjours en proposant des informations sur les hébergements et les services de la station, sur la programmation des événements se déroulant pendant la saison et des bons plans.

TERMINAL NEIGE - TOTEM*** €€

Flaine Forum
✆ 04 30 05 03 40
www.terminalneigetotem.com
Ouvert en saison hiver. 96 chambres. Chambre double de 142 € à 410 €. Demi-pension. Petit déjeuner buffet. Spa. Bar.

Design & Friendly ! L'hôtel Terminal Neige - Totem est un hommage à l'architecture moderne du Bauhaus. Constitué de deux anciens hôtels rénovés, le Terminal Neige fait face à la sculpture de Jean Dubuffet, Le Boqueteau. Les chambres sont chaleureuses et modernes, avec un mobilier en châtaignier et des grandes baies vitrées ouvrant sur le domaine. Terrasse extérieure et vue sur la vallée. Le restaurant est convivial et le Spa Pure Altitude offre un moment de détente.

L'ANCOLIE €€

Le Hameau, Général Store ✆ 04 50 90 87 94
https://lancolie.eatbu.com

En hiver, ouvert tous les soirs et samedi midi. En été, ouvert tous les jours midi et soir. Carte : 45 € environ.

Un chalet typiquement savoyard et une sublime cheminée centrale ! Frédéric a conçu un restaurant convivial également bar pub gastronomique au cadre charmant et chaleureux. On y déguste des cocktails sur mesure, une cuisine aux influences du sud-ouest, mais aussi les spécialités savoyardes, comme la fondue aux 3 fromages accompagnée d'un bon vin de région. Aux beaux jours, superbe terrasse avec vue sur la vallée. De plus, le service et l'accueil sont parfaits ! L'Ancolie propose aussi des pizzas fraîches accessibles 24h/24 et une épicerie fine.

MORILLON

Morillon est située sur les rives du Giffre, donc de l'affluent majeur de l'Arve, quelques kilomètres seulement en aval de la station de Samoëns. Depuis quelques années, nous assistons à l'éclosion de cette station jusqu'alors assez discrète. Avec un nombre croissant de lits, Morillon est en passe de devenir une station réputée, reliée au domaine du Grand Massif, bien ancrée dans le créneau « familial » et orientée vers un certain standing. Avec un centre-ville resserré autour de la belle église Saint-Christophe et de nombreux hameaux éparpillés dans la montagne, Morillon a su conserver le charme discret et parfois cossu d'un village de montagne devenu prospère.

BASE DE LOISIRS DU LAC BLEU

Lac Bleu
www.ot-morillon.fr

Baignade surveillée du 1er juillet au 30 août. Restauration, air de pique-nique, activités.

Le lac Bleu est devenu le lieu incontournable d'activités de Morillon. En été, l'on profite de ses eaux fraîches et de sa plage aménagée et surveillée. Un grand espace vert et arboré à disposition. Accrobranche, mini-golf, balade en poney, et parcours aquatique, il y a de quoi occuper petits et grands ! Les amateurs de sensations profiteront aussi du parcours vélo et trottinette. En hiver, le tour du lac fait partie du domaine nordique proposé par Morillon.

OFFICE DE TOURISME HAUT-GIFFRE

23, route des Follys
✆ 04 50 34 49 36
www.morillon.fr

Ouverture selon saison. Haute saison, tous les jours. Conseils, réservations, boutique. Morillon, Verchaix, Sixt.

Dynamique, l'office de tourisme du Haut-Giffre met en place des animations pour tous les âges : sorties nocturnes en raquettes, ateliers, conférences, quiz sur les pistes... et toute l'année. Village-station familial relié au Grand Massif par les télécabines, où tous les skis et les randonnées sont possibles. En été, on profite de la vallée et de sa nature ; les forêts, la rivière sauvage, le lac Bleu avec baignade, et de ses activités telles que la pêche, le vélo, la randonnée...

LE YETI €

Face aux télécabines
✆ 04 50 90 11 39

Haute saison : ouvert tous les jours midi et soir. Réservation recommandée. Menus de 11 € à 26 €. Menu enfant : 12 €.

Un nouveau propriétaire pour cette adresse connue des habitués de Morillon. La carte garde ses plats gourmands et copieux, la montagne ça creuse ! On y trouve des recettes pour tous les goûts ; de la cuisine française traditionnelle avec des escargots en entrée et un tartare de bœuf en plat principal, des plats savoyards, comme la fameuse « Matouille du Yéti », mais aussi du poisson, des burgers, des pizzas et une poutine revisitée. Un cadre agréable et un service sympathique et rapide. La carte sucrée est tout aussi savoureuse.

LA COVAGNE DE MORILLON €€

486, route du Lac Bleu
✆ 04 50 98 58 49

Ouvert lundi et du jeudi au samedi midi et soir. Dimanche brunch (28 €). Plat du jour : 20 €. Réservation recommandée.

Un joli chalet rénové au bord du lac et une équipe dynamique et conviviale font de La Covagne un lieu très agréable pour se restaurer. L'été, profitez de la terrasse sur l'herbe pour boire un verre entre deux baignades, l'hiver, rechargez les batteries après une belle journée de ski sur le domaine du Grand Massif. On y déguste des produits frais et locaux, joliment présentés, dans un cadre cosy et moderne. Le plat du jour est servi le midi en semaine, le soir on se régale à la carte. Le dimanche, au bord de l'eau, on brunche ! Pensez à réserver à l'avance !

ARTISAN DU CHOCOLAT VERCHAIX

30, Rue du Giffre
✆ 04 50 91 23 32
Ouvert du mardi au samedi de 9h30 à 12h30 et de 14h30 à 19h. Fermés les jours fériés. Chocolatier, maître artisan.

Bienvenue chez Cécile et François, une chocolaterie qui fait voyager par ses saveurs et arômes, mais aussi par ses créations originales. Les chocolats et autres douceurs sont confectionnés sur place, à partir de grands crus de cacao suisse, essentiellement récoltés en Amérique du Sud et en Asie. Truffes, moelleux, pâtes de fruits, orangettes, pâtes à tartiner..., toute la boutique est à croquer ! Chaque fête et chaque saison donnent lieu à de nouvelles créations, jolies et gourmandes.

DU LAC BLEU AU LAC AUX DAMES

Lac bleu de Morillon
✆ 04 50 34 49 36
Ouvert toute l'année. Été : marche et vélo, hiver : ski de fond et raquette. Selon météo. Restauration.

Et si l'on prenait l'air au bord du Giffre ? Au départ du beau lac bleu de Morillon, l'on peut suivre un chemin entretenu et balisé qui nous mène jusqu'au lac de Samoëns : le lac aux Dames. Cet itinéraire sans difficultés vous mènera au bord de l'eau et en forêt, avec des vues magnifiques sur les sommets environnants, tels les fameux Criou et Pic Marcelly. Une passerelle à la fin du parcours annoncera votre arrivée à Samoëns. Il vous faudra environ 1h30 pour effectuer l'aller-retour.

SIXT-FER-À-CHEVAL ★

A 4 km de Samoëns, sur la route menant au cirque de Sixt-Fer-à-Cheval, cette station-village reçoit dans la même tonalité simple et respectueuse de l'environnement. Sixt-Fer-à-Cheval adhère à l'association des Plus Beaux Villages de France avec son patrimoine architectural riche de neuf siècles d'histoire. De plus, le village compte 80 % de sa superficie classée en réserve naturelle avec le cirque du Fer à Cheval et la cascade du Rouget. Une nature qui impose le respect ! Que les amoureux du ski se réjouissent, Sixt est relié au Grand Massif avec la piste des cascades, une bleue de 14 km qui descend de Flaine avec près de 1 700 m de dénivelé.

CASCADE DU ROUGET ★★

Salvagny
✆ 04 50 34 49 36
https://www.haut-giffre.fr/
Accessible toute l'année, en voiture ou à pied. Route fermée en hiver, lieu accessible à pied et en balade raquette.

C'est sans doute la plus belle cascade des Alpes françaises ! Avec un saut de près de 70 mètres, elle mérite bien son surnom de « Reine des Alpes ». D'autant que l'on peut y accéder l'été en voiture sans aucune difficulté. Un conseil pour accéder au meilleur du site : au lieu de se garer face à la cascade, de suite après le pont, passer l'auberge de la Cascade et le virage en épingle sur les hauteurs. De là, on accède à l'étage supérieur de la cascade d'où l'on peut admirer la marmite creusée dans la roche, invisible depuis la route. Un site grandiose.

CIRQUE DU FER À CHEVAL ★★

Route du Frenaley
https://www.haut-giffre.fr/
Parking payant au pied du site de mai à septembre, parking gratuit 2 km en aval. Visite guidée. Restauration.

On part au « bout du monde » ? A environ six kilomètres de la sortie du joli village de Sixt-Fer-à-Cheval, le cirque du Fer à Cheval est l'un des plus beaux sites naturels classés des Alpes. C'est le deuxième cirque montagneux de France, après celui de Gavarnie dans les Pyrénées. Ce cirque calcaire noir de Sixt, dominé par la Corne du Chamois, s'appuie sur les flancs du Tenneverge (2985 m) et ferme la vallée du Giffre par une spectaculaire courbe en forme de fer à cheval. Longue de 4 à 5 km, sur une hauteur de 2 000 mètres, elle laisse le visiteur émerveillé par tant de puissance et de majesté. Ainsi, d'orages en pluies diluviennes, d'éboulements en glissements, la nature change sa toile tous les ans et impose son spectacle grandiose à plus de 300 000 visiteurs. 30 cascades jaillissent à la belle saison des falaises escarpées, tandis que l'immense amphithéâtre de verdure résonne d'un profond murmure. Le meilleur moment pour parcourir l'agréable sentier d'interprétation qui mène « au bout du monde » est le mois de juin, quand la fonte des neiges alimente les dizaines de cascades de l'hémicycle. Dans le cirque, ce ne sont pas moins de 800 espèces végétales, des chamois, des bouquetins et de nombreux rapaces qui vivent ici à l'année. Sur place, il est possible de louer des ânes de mi-avril à mi-octobre. L'hiver, on s'élance sur la piste des cascades longue de 14 km et on y randonne en raquettes ou ski nordique. Autre site remarquable à Sixt-Fer-à-Cheval : la cascade du Rouget (une chute de 90 m), surnommée la Reine des Alpes.

HAUTE-SAVOIE

GORGES DES TINES

✆ 04 50 34 49 36
https://www.haut-giffre.fr/
Accessible toute l'année, selon conditions climatiques. Gratuit. Restauration (snack). Site d'escalade.

Aux portes du charmant village de Sixt-Fer-à-Cheval, le site classé des Gorges de Tines est impressionnant ! Sur la route entre Samoëns et Sixt, un parking donne accès aux chemins, ponts et belvédères, pour admirer les gorges, taillées par le travail du temps et des eaux sauvages. Un chemin balisé vous mènera également aux anciennes gorges, avec quelques passages en échelles pour faire la boucle. Le lieu charme par son ambiance et son mystère. Le rocher d'escalade des Tines et la via ferrata du Mont offrent aux grimpeurs d'autres angles de vue.

PRAZ-DE-LYS--SOMMAND ★

Praz-de-Lys-Sommand, c'est la station tonique aux deux villages que l'on pourrait rassembler sous deux autres appellations : Taninges-Praz-de-Lys et Mieussy-Sommand. Deux villages perchés entre 1 500 et 2 000 m qui nous offrent toutes les activités de pleine nature à pratiquer été comme hiver, avec un beau domaine relié de ski alpin et de ski de fond adapté à tous les niveaux. Une station familiale où l'on ne vient pas seulement « consommer » de la montagne, mais où l'on prend le temps d'aller à la découverte d'un pays, l'Arve-Giffre, riche de son patrimoine et de ses traditions préservées ; où l'on prend le temps de pratiquer des activités outdoor : la randonnée (100 km de sentiers balisés) ou le rafting en été, les raquettes ou le parapente à ski l'hiver. C'est une invitation à découvrir une Haute-Savoie typique, une authentique ambiance de montagne familiale et futée.

Tourisme

Le site de la station de Praz de Lys-Sommand réunit les informations des offices de tourisme de la station, ainsi que de ceux des communes de Taninges et Mieussy. La station de sports d'hiver et d'été est en réalité composée de deux sites naturels rattachés chacun à une commune différente. Domaine skiable (plan des pistes, forfaits et matériel), toutes les activités ouvertes, accessibilité (enfants, handicap), agenda des animations et événements, logement, etc. Deux villages authentiques pour une montagne de plaisirs, d'activités et de bons plans à partager sans trop dépenser. C'est futé.

FESTIVITÉS À PRAZ-DE-LYS-SOMMAND

Toute l'année, ça bouge à Praz-de-Lys-Sommand et dans ses villages ! Cette station familiale proche de la nature, qui vient de fêter ses 50 ans, propose des activités au fil des quatre saisons. Des événements sportifs, des foires, des concerts et des activités pour les plus jeunes, été comme hiver. Même si la station veut rester proche de la nature et authentique, cela n'empêche pas d'avoir un agenda rempli et varié pour le bonheur de chacun. En effet, Praz-de-Lys s'active toute l'année pour offrir des expériences diverses et variées, pour les familles, mais aussi pour les sportifs !

Cette année, le Tour de France fera sa 14e étape entre Annemasse et Morzine. Vous aurez l'opportunité d'encourager les cyclistes les 9, 15 et 16 juillet, sur l'ascension du fameux col de la Ramaz, par exemple.

En été, le Festigrat's vous emmène découvrir des artistes dans des lieux insolites, 6 dates, 6 lieux différents. Le dimanche 30 juillet 2023, l'événement « Adopte un col » ferme la route du col de la Ramaz pour la réserver à la mobilité douce ! Cyclistes, randonneurs, skieurs à roulettes... : partagez au départ de Mieussy une montée du col conviviale ! Au mois d'août, découvrez les métiers de l'alpage, le folklore et l'artisanat local avec la Fête de l'Alpage. À Taninges, la Jacquemarde rassemble, en août, les amateurs de vieilles voitures, une journée en plein air à partager autour des bolides qui font rêver petits et grands.

En octobre, ne manquez pas la Foire d'Automne de Mieussy, le plus grand vide-grenier de la région ! Animations, spectacles de rue, cidre et châtaignes grillées.

Et toute l'année, de nombreuses activités de découverte dans les montagnes du Giffre.

Retrouvez aussi le marché de Mieussy, tous les vendredis après-midi, et celui de Taninges, tous les jeudis matin. Également le marché de Praz-de-Lys, tous les jeudis après-midi, où se donnent rendez-vous les producteurs et artisans locaux : fromages, saucissons, souvenirs...

En hiver, découvrez le championnat du monde de Fondue (concours amical et décalé), et profitez de la musique sur le front de neige avec le Winter Festigrat's. Pour les plus sportifs, faites la Traversée de la Ramaz (mars), une course qui relie les sites de Praz-de-Lys et de Sommand, en passant par le fameux col, ou encore Les Pointes Blanches, une course de ski alpinisme (février).

Les montagnes du Giffre regorgent d'activités et de curiosités !

LE TOUR DE FRANCE À PRAZ DE LYS SOMMAND

1160, Route de Chevaly ✆ 04 50 34 25 05
www.prazdelys-sommand.com
Les 9, 15 et 16 juillet 2023. Étape du Tour de France à Praz-de-Lys-Sommand et à Taninges. Étape amateur le 9 juillet.

Cet été, le Tour de France passe à Praz de Lys Sommand et à Taninges ! C'est le 15 juillet que les courageux cyclistes affronteront le fameux Col de la Ramaz, dans un cadre idyllique pour les spectateurs et sportif pour les compétiteurs. Le 16 juillet, le Tour passera dans le village de Taninges. Pour cette occasion, deux soirées animées auront lieu. Pour les cyclistes amateurs, vous avez l'opportunité de faire l'étape Annemasse-Morzine le 9 juillet et de précéder ainsi les champions.

FERME AUBERGE DU LYS BLANC €

✆ 06 72 36 00 25
https://fermeaubergeduprazdelys.fr/
Pour 14 personnes (5 chambres). Nuitée : 27 €. Restauration. Accueil équestre, camping-car, bikers. Sur réservation.

Au cœur des alpages de Praz-de-Lys, Sandrine et Noël vous accueillent dans leur ferme d'alpage, à 1 500 mètres d'altitude. Un confort simple mais chaleureux pour dormir face à la chaîne du Mont-Blanc. Prévoyez vos draps ou votre sac de couchage. Un dépaysement garanti au milieu de cette belle nature. À table, on sert des plats typiquement savoyards comme la matouille, la fondue ou les beignets de pomme de terre. Vous pourrez repartir avec le sac plein de bons fromages vendus sur place.

L'AUBERGE DE SOMMAND €

401, Chemin de Farquet
✆ 04 50 34 35 79
Ouvert été et hiver. Été : du mercredi au dimanche le midi et le soir. Hiver : tous les jours. Plat du jour : 13 €.

Entre deux descentes sur les pistes enneigées de Praz-de-Lys-Sommand ou après une belle balade dans les alpages en été, profitez de la terrasse de L'Auberge pour vous requinquer. Les plats, faits maison, sont copieux et très bons, l'accueil est sympathique et le service assez rapide. Que vous soyez amateurs de fromage ou de grillades, vous aurez de quoi vous régaler. Une carte plus légère et sur le pouce est également disponible avec salades et tartines. Pour la touche sucrée, ne manquez pas la mousse au chocolat ou la tarte aux myrtilles.

CLUB RACLETTE €

Place des Moliettes
Saison hiver. Ouvert tous les jours de 11h à 18h. Terrasse.

Une équipe souriante et dynamique a investi la terrasse de Jean de la Pipe cet hiver 2023 ! Si le restaurant bien connu des locaux a fermé ses portes (pour le moment), on y mange pourtant bien, installé en terrasse, vu sur les pistes de Praz-de-Lys. Une cuisine de montagne et des burgers sont au rendez-vous pour vous requinquer après ou avant votre session de glisse. Bonne humeur et bon vin chaud également ! Si l'avenir de cette terrasse reste incertain, le Club Raclette a déjà trouvé son fan-club et est attendu pour la saison prochaine...

Le Mont-Blanc depuis Praz de Lys.

© PRAZ DE LYS SOMMAND

© PRAZ DE LYS

© PIERRE GUILBAUD

PRAZ DE LYS SOMMAND TOURISME

4 bureaux : Taninges - Mieussy - Praz de Lys-Sommand
✆ 04 50 34 25 05
www.prazdelys-sommand.com
Ouverture selon saison, se renseigner.

La station de sports d'hiver et d'été est composée de deux sites naturels rattachés chacun à une commune. Praz de Lys se situe sur le territoire de la ville de Taninges, tandis que Sommand appartient à celui de la commune de Mieussy. L'office de tourisme en ligne est très complet, clair et agréable à utiliser pour organiser son séjour : domaine skiable, toutes les activités, accessibilité, agenda, animations, hébergement... Praz de Lys Sommand, la montagne vraie !

© PRAZ DE LYS SOMMANDTOURISME

© PIERRE GUILBAUD

DOMAINE NORDIQUE

Praz de Lys
✆ 04 50 34 25 05
https://www.prazdelys-sommand.com
De décembre à avril, dates variables selon la météo. Forfait à partir de 9,50 €. Forfait saison adulte : 125 €.

Ce vaste domaine - l'un des plus importants de Haute-Savoie et le mieux enneigé – comprend soixante kilomètres de pistes nordiques et deux foyers de ski de fond. Une superbe traversée de paysages alpins où s'égrènent les chalets traditionnels et des points de vue exceptionnels sur les massifs des Aravis, du Mont-Blanc, du Chablais et du Jura. Ce domaine accueille également les sportifs adeptes de fitness grâce à son parcours bien-être ski aux pieds et des passionnés de trail grâce à deux boucles spectaculaires sur les deux versants. Adapté à tous niveaux.

DOMAINE SKI ALPIN

✆ 04 50 34 25 05
Ouvert de mi-décembre à début avril (selon enneigement). Entrée : 35,50 €. Enfant : 25 €. 7 jours : 184,50 € (adulte).

Le ski alpin à Praz-de-Lys-Sommand, c'est des vacances en famille dans un cadre naturel exceptionnel. Le domaine, muni de 23 remontées mécaniques, offre 55 km de pistes répartis sur 27 pistes bleues, 7 pistes vertes, 12 pistes rouges et 6 pistes noires pour les plus sportifs. Pour les plus acrobates qui n'ont pas froid aux yeux, 1 snowpark et 3 boarder-cross vous donneront des sensations fortes, voire même des fous rires et des gamelles... Un domaine qui vous emmène au sommet du Haut Fleury, avec une vue imprenable sur les montagnes du Giffre et le Mont-Blanc.

LES HIRONDAILES

71, Chemin du Feu - **SAMOËNS**
✆ 06 58 06 13 51
https://ecole-parapente-samoens.com/
Sur réservation. Selon météo du jour. 90 € (vol découverte de 20 minutes). Baptême de l'air et stages de progression.

Anciennement sous le nom d'Airone parapente, l'équipe qualifiée d'Erwan Didriche continue de vous faire voler comme un oiseau au-dessus de la sublime Vallée du Giffre. Laissez-vous porter par le vent et admirer le paysage ! Des vols de 20 à 60 minutes, pour les plus passionnés, entre les mains d'une équipe expérimentée. Profitez aussi des stages d'apprentissage et de perfectionnement sur plusieurs jours, pour acquérir votre autonomie en vol. Stages d'initiation, vols thermiques, cross... : il y en a pour tous les goûts et tous les niveaux. Lancez-vous !

LAC DE ROY

Parking du Col de la Ramaz ✆ 04 50 34 25 05
https://www.prazdelys-sommand.com/
Accès libre. Selon conditions météo. Télésiège du Haut-Fleury (mi-juillet à mi-août, aller adulte : 5,50 €).

On s'évade un instant pour profiter de l'air pure de la montagne, de la nature environnante et de points de vue exceptionnels ? Le lac de Roy est une promenade incontournable de la région ! En effet, facile d'accès et pour tous niveaux, cette balade permet un moment d'évasion en pleine nature. Depuis le col de la Ramaz, il faut suivre un chemin large et caillouteux pour atteindre le lac en environ 30 minutes de marche. Prêtez l'oreille, vous entendrez sûrement les marmottes ! Pour les plus courageux, persévérez jusqu'au mont Fleury où vous aurez une vue à 360°.

RANDONNÉE RAQUETTES ET REPAS À L'ALPAGE

MIEUSSY ✆ 06 85 75 43 30
https://www.prazdelys-sommand.com
Ouvert toute l'année. Sur réservation. Entrée : 35 €. Enfant : 30 €. Matériel fourni : lampes frontales. Groupe de 12.

Carole vous propose une balade en raquettes jusqu'à son chalet d'alpage, où vous dégusterez tous ensemble un bon repas savoyard. Situé sur les hauteurs de Mieussy, le chalet offre une vue imprenable sur le pic Marcelly, le mont Blanc et le Môle. Au coucher du soleil, il n'est pas rare que le ciel s'embrase. Après vous être réchauffé, vous chausserez à nouveau les raquettes et repartirez par un autre chemin, sous le ciel étoilé. N'oubliez pas vos bâtons et vos chaussures de montagne.

LE SPA DE LYS

113, route de la savolière ✆ 09 87 70 38 07
https://www.lespadelys.com/
Haute saison : ouvert tous les jours de 10h à 20h. Hors saison : ouvert sur réservation uniquement. Spa privatif.

Une nouvelle bulle de bien-être, en pleine montagne à 1 500 mètres d'altitude. C'est à l'entrée de la station de Praz-de-Lys que vous attend cet espace relaxant, inspiré de l'univers nordique. Détendez-vous avec 90 m^2 dédiés au bien-être, avec un espace privatif pour un moment en amoureux ou entre amis. Découvrez les rituels de beauté, le sauna finlandais, le bain à remous et le seau scandinave. Profitez aussi des prestations esthétiques comme l'épilation, le soin visage, le soin corps, les massages et les soins mains et pieds. Une parenthèse « zen » bien méritée.

LES TRAÎNEAUX DE L'UBAC

401, route des Places - **MIEUSSY**
✆ 06 77 82 09 45
www.traineauxdelubac.com
Haute saison : ouvert tous les jours de 8h à 21h30. Entrée : 140 € (demi-journée d'initiation). Enfant : 60 €.

Pour se prendre pour un musher, adultes et enfants sont les bienvenus chez Ludovic Gloanec, musher diplômé, fondateur des Traîneaux de l'Ubac. Des passionnés de la montagne, de la nature et des animaux gèrent une meute de magnifiques huskys de Sibérie. Sur la station de Praz de Lys - Sommand ou sur le plateau d'Agy, on vient apprendre à piloter un traîneau à chien, à préparer d'un attelage ; et en deux jours, on randonne, on dîne autour de feux de camp, on bivouaque. En été, on s'essaye au cani-VTT et au cani-kart (ou husky buggy) qui remplacent le traîneau.

TANINGES

Avec l'édification de la Chartreuse de Mélan au XIIIe siècle, de nombreux artisans s'installent et développent ce bourg au confluent du Giffre et du Foron. Aujourd'hui, concerts et expositions animent régulièrement l'église monastique et son cloître, tandis que le marché de produits locaux envahit les quais du Foron. Une balade dans le village permet de mieux découvrir son patrimoine : le vieux bourg aux allures Renaissance, la rue des Arcades, le vieux pont, la chapelle Sainte-Anne du XVIe, la fontaine du XVIIIe, l 'église Saint-Jean-Baptiste du XIXe siècle au carillon monumental. Avec pas moins de 44 cloches, c'est le premier carillon de Haute-Savoie.

CARILLON DE TANINGES ★

Rue de la Poste ✆ 04 50 34 25 05
www.prazdelys-sommand.com
Visite et audition tous les mardis à 17h45 et jeudis à 10h30 de juillet à mi-sept. Entrée libre dans le clocher.

Premier du département, le carillon de Taninges, construit à l'instigation de l'abbé Bastard-Boghain, est inauguré le 15 août 1939 et joué essentiellement lors de fêtes religieuses et cérémonies. Le plus grand carillon de Haute-Savoie accueille les carillonneurs les plus prestigieux de renommée internationale. La salle de concert est constituée de gradins permettant au public d'entendre cet art campanaire dans les conditions les plus confortables et de voir jouer le carillonneur en direct, unique en Europe. On peut même l'entendre tinter certains jours de marché.

CHARTREUSE DE MELAN ★

Avenue du Mélan
✆ 04 50 43 02 72
www.prazdelys-sommand.com
Haute saison : tous les jours 10h-12h30/13h30-18h. Gratuit (visite guidée 3 €). Concerts ponctuels en extérieur en été.

Fondée en 1285 par Béatrix de Faucigny, pour la sépulture de son fils le Dauphin Jean, la chartreuse est un exemple d'architecture religieuse adaptée aux rudesses de la montagne : c'était un monastère de moniales de l'ordre des chartreux avant de devenir un séminaire. Les bâtiments d'allure austère (il ne subsiste que l'église, le cloître et la ferme) s'inscrivent dans le cadre somptueux du massif du Giffre avec harmonie, et ce n'est pas un hasard si des notes plus contemporaines résonnent avec tant de brio en ce lieu. A la chartreuse, on découvre l'église médiévale à l'architecture sobre et aux vitraux contemporains. Un espace de méditation a été aménagé dans le chœur de l'église. Celle-ci accueille des expositions temporaires liées à son histoire, que l'on visite en accès libre ou guidé. Le cloître, de forme rectangulaire, est réaménagé dans un style gothique dit tardif, à la suite de l'incendie de 1528. Propriété du Département depuis 1906, elle abritait un orphelinat jusqu'à l'incendie de 1967. L'ancienne nécropole princière, classée aux Monuments historiques, accueille aussi des spectacles comme les rencontres musicales de Mélan (en août) et un parc de dix sculptures monumentales sur trois hectares, en accès libre toute l'année. Il ne faut pas rater l'œuvre de Lilian Bourgeat, *Banc public*, installée en 2009. Ce banc surdimensionné offre une très jolie vue sur la vallée du Giffre et nous fait nous sentir minuscules. À côté se trouvent aussi une forêt et un sentier artistique le long du Giffre.

MAISON DU PATRIMOINE DE TANINGES

6, rue des Arcades
✆ 04 50 89 46 21
www.patrimoine-taninges.fr
Été : de lundi à vendredi 15h-19h (septembre et juin 18h), mercredi, jeudi, vendredi aussi 10h-12h. Entrée libre.

Au cœur du charmant village de Taninges, il faut pousser la porte de la Maison du Patrimoine pour remonter le temps. Dans une rue reconstituée, passez d'échoppe en échoppe pour découvrir des activités du temps passé dans nos montagnes, à commencer par les métiers du bois, mais aussi les salaisons avec le fameux « jambon de Savoie », la taillanderie rythmée par les artisans forgerons, le textile, la vie sociale et l'agropastoralisme. Vidéos, film, animations.

ECOLE DES ACTIVITES DE LA MONTAGNE

✆ 06 86 91 25 09
prazdelys-vacances.com
Activités été et hiver, sur réservation. Ski alpin, ski nordique, randonnées, VTT électrique (49 € la journée).

Découvrez les Montagnes du Giffre avec un guide local, Yannick, qui connaît le coin comme sa poche ! Au programme, de la randonnée pédestre, du ski sur roulettes, des sorties VTT, et même des stages multi-activités ! Une remise en forme au cœur des montagnes, avec de la marche, du fitness, du yoga... En hiver, pratiquez le ski alpin ou nordique avec Noémie. Vous pouvez même essayer le biathlon accompagné de ces deux anciens membres de l'équipe de France.

BIKE EXPERIENCE

99, Rue de la Poste
✆ 04 50 90 60 31
www.bikeexperience.fr
École de VTT. Randonnés VTT, stages, location de vélos. Descente VTT : 90 €. Location Ebike : 59 € (journée).

Laissez-vous guider par Ben et son équipe pour des sorties VTT sur mesure ! Que ce soit sur les pistes des Bike Parcs environnants (comme les Portes du Soleil ou du Grand Massif) ou sur les sentiers naturels des Montagnes du Giffre (au départ des stations), embarquez pour une expérience qui allie nature et adrénaline. Choisissez votre expédition, pour la demi-journée ou la journée entière, et profitez pleinement ! L'équipe organise également des stages sur 4 jours, pour vous perfectionner. En hiver, essayer le VTT sur neige pour de nouvelles sensations !

YAMA €

29, rue des Arcades
✆ 04 50 34 41 25
www.yama-japonais.com
Tous les jours sauf mercredi : 9h30 à 14h30 et de 16h45 à 19h15 ; le dimanche : 9h30 à 14h30. Bento à partir de 8,50 €.

Vous ne trouverez pas beaucoup de restaurants asiatiques dans un guide Savoie Mont-Blanc. Mais impossible de passer à côté de celui-ci et pas seulement parce qu'il se trouve dans une petite rue charmante du vieux bourg de Taninges ! Excellente cuisine traditionnelle japonaise qui propose non seulement des sushis, des makis - et même des makis revisités à la sauce savoyarde ! -, mais aussi des plats moins connus du grand public... Un conseil, prenez votre bento à emporter avec de délicieuses surprises pour varier les plaisirs.

MIEUSSY

Mieussy se trouve à l'intersection de la D308, une route divine pour les motards en provenance du col de la Ramaz (alt. 1 619 m) et de Praz de Lys, et de la D07 qui suit plus sagement la vallée. C'est à Mieussy qu'eurent lieu en 1978 les premiers grands vols européens en « parachute de pente », devenu parapente. Dans les contreforts de la montagne voisine, la grotte du Jourdy fut utilisée comme refuge pendant la Terreur (1792-1796). En 1881, le sanctuaire de la Sainte-Famille y fut érigé pour protéger les villageois des éboulements alors fréquents. Chaque année, en octobre, se tient à Mieussy la Foire aux bestiaux, à la châtaigne et aux pommes.

LE BISTROT DU PIC €€

5, quai du Bras de Fer
✆ 09 50 14 89 24
Du lundi au vendredi : 8h30 - 16h. Soirées à thèmes 2 vendredis/mois. Plat du jour : 13,50 €. Petit-déjeuner : 9,50 €.

Sur les rives du Foron, le Bistrot du Pic est intégré à l'appart'hôtel du Pic. Un bâtiment complètement rénové, proposant 5 appartements tout confort, avec de belles prestations et une décoration contemporaine. Le Bistrot offre lui aussi un cadre savoyard contemporain. Petite terrasse estivale pour savourer une cuisine actuelle. Ambiance conviviale dès le petit-déjeuner, servi au restaurant en semaine, qui se prolonge au déjeuner. Dans les assiettes, des plats réalisés à partir de produits frais et locaux. Des soirées avec des menus thématiques. Plats à emporter.

OFFICE DE TOURISME BUREAU DE MIEUSSY

941, route de la Montagne ✆ 04 50 43 02 72
www.prazdelys-sommand.com
Ouvert du lundi au samedi de 9h à 12h et de 13h à 17h. Ouvert le dimanche en février, à Praz-de-Lys Sommand.

En hiver, l'office de tourisme prend ses quartiers dans sa station d'altitude de Sommand et Praz-de-Lys. En été, la richesse touristique du village de Mieussy tient avant tout à la beauté de ses 80 hameaux. Surplombant le village, l'église avec son élégant clocher est un témoignage parfait du style gothique en Savoie. Le presbytère et la maison des sœurs sont aussi de beaux vestiges architecturaux. Le patrimoine se visite en randonnant une carte à la main ou accompagné d'un guide.

L'AROMATE €€

1, rue du Parapente
✆ 04 50 85 54 66
https://restaurant-laromate.fr/

Haute saison : ouvert du mercredi au samedi midi et soir ; le dimanche midi. Menu du jour à 18 € (midi en semaine).

Une cuisine bistronomique avec une carte courte qui évolue au fil des saisons et des suggestions du chef. Un service aimable et agréable pour une cuisine authentique et de caractère. Installé dans un joli cadre convivial, sur la terrasse ou en salle, dégustez le menu « L'Aromate » avec entrée, plat et dessert, ou choisissez votre plat à la carte. Des plats subtils qui ont du goût, qui vous feront passer un excellent moment. Une belle carte de vins également, servis au verre ou à la bouteille. Une belle adresse qui vous fera revenir !

CROQ'ALP - LA MAISON DU GOÛT

2, route de l'Etroit Denté
✆ 04 50 36 89 18

Du lundi au samedi de 8h30 à 12h15 et de 14h30 à 19h. Visite de l'atelier 5 €. Atelier de fabrication de fromage : 5 €.

Paysalp et les agriculteurs de Mieussy se sont associés pour concevoir cette fromagerie ouverte au public. On trouve dans cette fruitière le délicieux Reblochon AOP et la Tomme de Savoie IGP. Elle fait partie du réseau « Itinéraires des fromages de Savoie ». Pour les plus curieux et les plus gourmands, visitez l'atelier et apprenez à fabriquer votre propre tomme blanche (se renseigner sur les périodes d'ouverture) ! La dégustation clôture la visite.

L'ESCARGOTIERE D'ARNO

Voie Communale n°205 ✆ 06 03 07 80 11
www.escargotieredarno.fr

Vente à la ferme sur réservation. Visites en juillet (calendrier sur le site Internet). Adulte : 5 €. Enfant : 3 €.

Entre Mieussy et Taninges, prendre la petite route qui longe le Giffre pour découvrir une ferme originale, l'Escargotière d'Arno. Arnaud Deransy possède un drôle de cheptel de bêtes à cornes, des escargots ! Possibilité de visiter la ferme en été (réservation auprès de l'office de tourisme), et surtout de déguster et d'acheter de bons produits réalisés avec les fameux escargots dans l'atelier sur place. Escargots « à la bourguignonne » en coquille ou en cRoquille, des Apéri'croq parfumés et des Escapéro, sans oublier l'Escargotine à tartiner sur des toasts.

POTERIE ARTISANALE DU BOIS GERVAZ

352, chemin du Bois Gervaz ✆ 04 50 43 06 99
www.prazdelys-sommand.com

Ouvert toute l'année. Vente et visites sur rendez-vous uniquement. Stages enfants et adultes en été.

L'atelier de Lise Cassani se découvre en cheminant Sur le Coux. Ses créations ont été exposées à travers la France et le monde, sa présence est fréquente sur les marchés régionaux. Sa spécialité est une poterie artisanale à l'ancienne de terre vernissée qu'elle décore à la main. Elle donne un aspect singulier et coloré aux objets décoratifs ou utilitaires. La visite se fait en petits groupes sur rendez-vous, par téléphone. Des stages sont organisés en été, pour petits et grands.

BALADE AVEC LES ÂNES DE JEAN LUC

124, Chemin de la Ferme du Château
✆ 06 82 50 41 28

De juin à septembre. Tous les jours, sur réservation. CB non acceptée. Durée moyenne : 3h. 8 personnes max.

Une sortie originale, qui plaira aux petits comme aux grands, découvrez la montagne accompagnés des ânes de Jean Luc ! Au départ du gîte, vous pouvez partir en toute autonomie ou accompagné de votre guide, pour une balade en pleine nature avec votre nouveau meilleur ami. À vous les grands espaces et le plaisir de partager votre marche avec un compagnon atypique et sympathique. En autonomie, un carnet de route vous sera remis au départ. Une belle expérience, des souvenirs mémorables.

LES PADDOCKS DU MONT BLANC

186, Chemin de Colloté ✆ 04 50 94 35 91
www.paddocks-mont-blanc.com

Ouvert toute l'année. Cours et balades sur réservation. Balade à cheval à la journée : 85 €. Ski-Joering : 35 €.

Dans les Montagnes du Giffre, Les Paddocks du Mont Blanc, c'est une équipe de passionnés qui vous accompagnent en montagne, sur les sentiers estivaux, mais aussi dans la poudreuse hivernale. Des balades sont prévues pour tous les niveaux. Vous pouvez partir une journée complète, à travers les forêts, les rivières, avec en toile de fond le Mont-Blanc. Pour les plus passionnés, vous pouvez aussi partir sur plusieurs jours. À vous l'évasion, en chevauchant votre fidèle destrier !

THONON-LES-BAINS ★★

Voici Thonon-les-Bains, capitale du Chablais savoyard. Ville immédiatement séduisante, d'environ 30 000 habitants permanents, avec un joli port et un centre très vivant, en partie piétonnier. Construit sur trois terrasses successives, Thonon s'ouvre sur le lac Léman et respire ! L'activité administrative et commerciale, l'éventail remarquable des loisirs nautiques et culturels et une rénovation urbaine bien intégrée font de Thonon une ville dynamique. Sa situation géographique, entre lac Léman et montagnes, et sa proximité avec la Suisse font d'elle un point de passage sur le trajet quotidien de nombre de résidents mais aussi en saison touristique.

Les rives du Belvédère, Thonon-les-Bains.

FESTIVITÉS À THONON-LES-BAINS

Il fait bon vivre à Thonon-les-Bains, sur les bords du Léman, face aux reliefs qui se perdent parfois dans la brume. Même si l'hiver peut être rigoureux, la jolie ville thermale reste agréable en toutes saisons, et les activités ne manquent pas ! Au-delà de profiter de la baignade et des activités aquatiques l'été, ou de skier dans les stations environnantes l'hiver, des événements festifs et culturels sont régulièrement organisés, surtout au retour des beaux jours, pour satisfaire le plus grand nombre.

Le Thonon Gaming Fest, première édition en 2022, semble s'installer et devenir un rendez-vous récurrent. Un incontournable des fans de jeux vidéo, de la culture geek et de l'e-sport, fin avril ou début mai, en fonction des années. Animations, compétitions, mais aussi recruteurs et « guest stars » seront présents.

À ne pas manquer, la semaine du Géoparc du Chablais (label Unesco) qui vient de fêter ses 10 ans. L'occasion de célébrer les richesses naturelles du Chablais avec de nombreuses activités gratuites. Sorties nature, randonnées thématiques, visites insolites, activités ludiques et conférences (fin mai et début juin).

À découvrir ou redécouvrir également, « la Faites du Nautisme », qui marque le lancement de la saison estivale, avec ses animations, spectacles et rencontres des acteurs du nautisme et de ses pratiquants.

Si vous aimez le VTT, essayez la Nuit des hiboux, une descente libre et nocturne de 1 à 2 heures le long de la Menoge de Habère-Poche (inscription sur le site Internet).

HAUTE-SAVOIE

CHÂTEAU DE RIPAILLE ★

83, avenue de Ripaille
✆ 04 50 26 64 44
www.ripaille.fr

Ouvert tous les jours sauf le lundi de début avril à fin octobre, 10h à 18h (samedi 10h-17h). Adulte 10 €. Enfant 5 €.

A Ripaille, on rencontre l'histoire, l'architecture, la nature et l'âme de notre pays. L'expression « faire ripaille » est attribuée à Voltaire qui ironisait sur la vie austère que menait le duc Amédée VIII de Savoie. C'est en 1892 que le domaine est racheté par l'industriel et amateur d'art Frédéric Engel-Gros qui le fera restaurer dans ce style si caractéristique, mêlant architecture médiévale et Art nouveau. Ripaille, site remarquable du goût, reste synonyme du bien vivre, notamment grâce à ses vignes. Boutique, expositions et animations.

CHÂTEAU DE SONNAZ - MUSÉE DU CHABLAIS ★

2, rue Michaud ✆ 04 50 70 69 49
www.ville-thonon.fr

Ouvert d'avril à novembre. Mer-dim 14h30-18h. En été, 10h-12h30/14h30-18h30. Gratuit -11 ans et dimanche. Adulte 2,60 €.

Surplombant le lac dans un cadre agréable et fleuri, le modeste château des Comtes de Sonnaz (XVIIe siècle) se trouve au centre-ville de Thonon. Bâti en 1666 sur les ruines du château médiéval de Thonon, il fut la propriété de l'une des plus anciennes familles de Savoie. Il abrite aujourd'hui l'office de tourisme et le musée du Chablais. Plusieurs expositions permanentes sont consacrées à l'histoire du Chablais. Elles sont complétées par des expositions temporaires.

© GORGESPONTDUDIABLE

LES GORGES DU PONT DU DIABLE ★★

Le Jotty - **LA VERNAZ** ✆ 04 50 72 10 39
www.lepontdudiable.com

Ouvert d'avril à octobre, tous les jours en haute saison. Adulte : 18 €. Restauration. Chaussures randonnée conseillées.

Aussi belles qu'impressionnantes ! Après avoir traversé une forêt de hêtres, descendu des escaliers, découvrez un site exceptionnel ! Mesurez les forces de la nature, admirez le travail réalisé par la Dranse de Morzine qui coule au fond de cette fissure dominée par une arche majestueuse. Osez franchir le Pas du Diable, qui vous donnera l'impression d'être suspendu à 50 m au-dessus du torrent. Spectacle grandiose ! Boutique, assiettes de produits de terroir de qualité… Coup de cœur !

© GORGESPONTDUDIABLE

ÉCOMUSÉE DE LA PÊCHE ET DU LAC ★

Port des Pêcheurs de Rives ✆ 04 50 70 69 49
www.ville-thonon.fr
Ouvert du 1er juin au 30 sep. En été, tous les jours 10h-12h30/14h30-18h. Adulte 2,60 €. Visite guidée 15h et 16h30.

Une petite maison de pêcheur sur les rives du Léman où l'on découvre un petit musée autour de la vie du lac, passée et présente, et notamment l'histoire de la pêche professionnelle artisanale qui fournit de nombreux restaurants en filets de perches. L'occasion de découvrir ce quartier typique de Rives, quartier de pêcheurs né au XIIe siècle, reconnaissable à sa Tour des Langues et à ses guérites traditionnelles, où l'on peut voir travailler les pêcheurs locaux à leur retour au port.

FORET DE RIPAILLE ET ARBORETUM ★

83, avenue de Ripaille ✆ 04 50 26 64 44
www.ripaille.fr
Fermé en décembre. Haute saison : du mardi au dimanche de 10h à 19h (dernière visite à 18h). Gratuit.

Dans cette forêt de 53 hectares, terrain de chasse des comtes de Savoie durant le Moyen Age, la futaie des vieux chênes rouvres est emblématique du domaine. Elle abrite un arboretum sylvetum, avec une collection de 58 espèces différentes plantée début 1930. Le site a reçu le label Zone Importante de Conservation des Animaux et depuis 2012, il est reconnu par l'UNESCO comme géosite du géoparc du Chablais. Ce label a permis la création du sentier géoroute, reliant le château aux bois.

RÉSERVE NATURELLE DU DELTA DE LA DRANSE

Entre Thonon et Amphion-Publier
✆ 04 50 81 49 79
www.cen-haute-savoie.org
Ouvert toute l'année. Tous les jours. Gratuit. Visite guidée. Parking.

La Dranse se jette dans le Léman en dessinant un véritable delta, avec les importants dépôts d'alluvions que cela entraîne. La réserve, créée en 1980, est particulièrement riche en faune – notamment le castor – et en flore : on y recense, sur 53 hectares, plus de 800 espèces végétales différentes. Des arbres rares comme les argousiers et surtout un magnifique bouquet floral d'impatiences, myosotis, orchidées… La réserve accueille de nombreux oiseaux comme le héron ou le petit gravelot.

LES GORGES DU PONT DU DIABLE ★

Le Jotty - **LA VERNAZ**
✆ 04 50 72 10 39
www.lepontdudiable.com
Ouvert d'avril à septembre tous les jours. 9h-18h en juillet-août. Adulte : 18 €. Chaussures rando. Restauration.

Classées Patrimoine national du Géoparc du Chablais, la visite des Gorges du Pont du Diable est l'un des sites incontournables de Haute-Savoie. Une curiosité naturelle au spectacle époustouflant qui débute en traversant une forêt de hêtres pour arriver 70 m et quelques escaliers plus bas à l'entrée des gorges. Un impressionnant défilé, en partie souterrain, creusé par la Dranse de Morzine que l'on parcourt par le biais de rampes ou d'escaliers ancrés dans la roche. La Dranse coule 50 m sous nos pieds au fond d'un véritable gouffre… Un spectacle à couper le souffle ! La force des tourbillons du torrent a créé une œuvre d'art aux couleurs magnifiques, aux formes sculptées, aux marmites de géants. Le clou du spectacle est le Pont du Diable : à la suite d'un énorme éboulement venu obstruer le site, un bloc imposant s'est stabilisé à plus de 30 m au-dessus du torrent, dessinant une sorte d'arche. Conseil du *Futé*, la visite vers 10h du matin est la plus spectaculaire avec les rayons du soleil qui magnifient et font scintiller toutes les couleurs des gorges. Parfaitement entretenus et sécurisés, le site et ses abords permettent de bénéficier d'un spectacle à ciel ouvert dans les meilleures conditions. Véritable coup de cœur pour le « Pas du Diable », un véritable chef-d'œuvre en verre pour des sensations fortes ! Boutique souvenirs et produits du terroir local de qualité ! Futé : le QR code permet d'avoir un texte traduit dans plusieurs langues, téléchargeable sur le site des gorges.

OFFICE DE TOURISME DES ALPES DU LEMAN

99, route de Saint-Jeoire - **BELLEVAUX**
✆ 04 50 73 71 53 - www.alpesduleman.com
Vacances scolaires : du lundi au samedi de 9h à 12h et de 14h à 18h, le dimanche de 9h à 12h.

Bellevaux, c'est l'authenticité à l'état pur. Au pied du massif du Roc d'Enfer, au milieu des pâturages où l'on retrouve les vaches qui donnent le fromage d'Abondance. L'hiver, 100 km de pistes à partir de Bellevaux, un village qui possède 2 domaines skiables. L'été, visitez le jardin alpin avec plus de 200 plantes de montagne et le musée de la faune. Pour les plus sportifs, vous aurez l'embarras du choix entre la pêche, le canyoning, les sentiers balisés de VTT ou de randonnée.

#LàOh
Vallée du Brevon
Vallée du Risse
Vallée Verte
74
RESTAURANTS
HEBERGEMENTS
PANORAMA
POUR DESCENDRE
À 30 minutes du lac Léman, venez vivre un séjour inoubliable
en hiver la vie est plus belle LàOh > réservez-vite votre séjour
Alpesduléman.com
une Montagne de Libertés !
suivez-vous
Office de tourisme des Alpes du Léman
infos > +33(0)4 50 73 71 53
info@alpesduleman.com www.alpesduleman.com
SAVOIE MONT BLANC

VOTRE DESTINATION VACANCES
#LÀ OH
VALLÉE DU BREVON
VALLÉE DU RISSE
VALLÉE VERTE
À 30 MINUTES DU LAC LÉMAN, VENEZ VIVRE UN SÉJOUR INOUBLIABLE
EN ÉTÉ LA VIE EST PLUS BELLE LÀOH > RÉSERVEZ-VITE VOTRE SÉJOUR
Alpesduléman.com
UNE MONTAGNE DE LIBERTÉS !
suivez-vous
OFFICE DE TOURISME DES ALPES DU LÉMAN
infos > +33(0)4 50 73 71 53
info@alpesduleman.com
www.alpesduleman.com
SAVOIE MONT BLANC

LE CHÂTELET*** €€

658, chemin des Hutins-Vieux
SCIEZ
✆ 04 50 72 52 60
www.camping-chatelet.com
Ouvert de début avril à fin octobre. Emplacement de 17 à 24,50 €. Chalet de 2 à 6 personnes de 210 à 1 148 €/semaine.

C'est un accueil familial et détendu que vous réservent Alain et Marie-Christine, dans ce camping au bord du Léman. Profitez de ce cadre merveilleux entre lacs et montagnes pour du farniente sur la plage ou une randonnée sur les sommets alentour. Tout proche de Thonon-les-Bains, de nombreuses activités nautiques et sportives vous attendent pour rythmer vos journées. Genève et Annecy, non loin du Châtelet, donneront l'occasion d'une petite escapade pour la journée. L'obtention du label « Clé verte » et « Camping qualité » vous garantit un séjour futé !

© LECHATELET

© LE CHATELET

BRASSERIE DU BELVEDERE €

1 B, Av. du Léman
✆ 04 50 71 10 04
www.thononlesbains.com
Ouvert toute l'année. Du mardi au samedi de 12h à 14h et de 18h à 22h. Menus de 15 € à 36 €. Menu du jour : 22 €.

Une brasserie qui propose des plats généreux et gourmands. L'accueil est charmant, le service est souriant et de qualité. Une cuisine généreuse, sincère, naturelle, faisant la part belle aux producteurs locaux. Une cuisine de tradition agrémentée de la touche personnelle du chef, au regard plus contemporain. La jolie salle offre une belle vue sur le lac, on s'installe également en terrasse pendant les beaux jours. À la carte, on découvre le thon rouge wasabi, les perches du lac, ou encore, côté douceurs, le tartare de fraises.

Ô VENT D'ANGES €€

1, rue des Ursules
✆ 09 82 43 35 21
www.oventdanges.com
Ouvert du mardi au vendredi le midi et le soir ; le samedi soir. Plat du jour : 19 €. Menu enfant : 12 €. Terrasse.

A proximité du belvédère et de sa vue imprenable sur le lac Léman, le restaurant O Vent d'Anges compte parmi les meilleures tables de Thonon. L'endroit est tenu par deux passionnés qui n'ont qu'une envie : partager leur goût pour les bonnes choses. Le chef Nicolas se plaît à travailler les meilleurs produits de saison, avec des assiettes savoureuses réalisées à partir de produits frais, comme ces poissons du lac livrés le jour même. Déborah, à l'accueil et au service, saura pour sa part vous conseiller judicieusement. Une adresse de terroir et de qualité.

AUBERGE DU MOULIN DE LÉRÉ €€€

270, route de Léré **VAILLY** ✆ 04 50 73 61 83
www.moulindelere.com
1 Michelin. Ouvert le soir en semaine et le midi en week-end (selon saison, se renseigner). Menu découverte : 108 €.*

Un moulin de charme du XVIIe siècle dans les Alpes du Léman. Dans une nature à préserver, entre tradition et modernité, Irène Gordejuela et le chef Frédéric Molina mettent à l'honneur les meilleurs produits du terroir, le plus souvent bio et issus de petits producteurs, en nous racontant de belles histoires gourmandes. Cuisine raffinée sans être prétentieuse, une vraie réussite et des saveurs inoubliables. 5 chambres complètent l'offre de l'Auberge. Un vrai coup de cœur !

HAUTE-SAVOIE

L'ÔTREMENT €

770, avenue de Bonnatrait
SCIEZ
✆ 04 50 17 37 14
www.lotrement.com

Ouvert du mardi au samedi midi et soir. Formule midi 28 €. Plats à emporter, possibilité de commander en ligne.

Tout près du lac Léman, le chef Cédric Plassat n'a pas attendu la mode du locavorisme pour proposer les meilleurs produits locaux. A commencer par les poissons du lac selon la pêche du jour de Sébastien Ansart et Jean-Pierre Jordan. Des poissons préparés par un passionné qui n'a pas attendu la mode de la bistronomie pour appliquer des techniques gastronomiques à des produits de qualité : filets de perche du lac Léman au beurre blanc, une truite entière soufflée ou un carré de porcelet confit 48h. Belle carte des vins. L'excellence accessible.

© GILLES BERTRAND

© GILLES BERTRAND

AUBERGE DU BOIS NOIR €€

113, route du Bois Noir
HABÈRE-POCHE
✆ 04 50 94 23 26

Haute saison : ouvert du jeudi au mardi le midi et le soir. Menus à 35 €. Formule du midi : 19 €. Terrasse.

Authenticité, terroir, et tradition : bienvenue à l'Auberge du Bois noir ! Des plats de qualité et de saison, avec les meilleurs produits frais et locaux, dans un cadre aussi bien soigné que les assiettes servies. Cette ancienne ferme de caractère a vue sur les montagnes verdoyantes l'été et ses pistes de ski enneigées l'hiver. Spécialités savoyardes, mais aussi autres plats, tels qu'une souris d'agneau confite ou une truite fumée maison. Adresse gourmande de confiance, pour découvrir une cuisine merveilleusement confectionnée par le chef Sébastien. Coup de cœur !

© DENIS VANSON

© DENIS VANSON

HAUTE-SAVOIE

LES CYGNES - CHEZ JULES €€

4, route des Mouettes - **MARGENCEL**
✆ 04 50 72 63 10
www.les-cygnes-chez-jules.fr
Fermé mercredi de février à juin et de mi-septembre à décembre. Menus 36 à 46 €. Terrasse. Jardin d'enfants.

Quand une famille de restaurateurs et de pêcheurs vous invite à sa table. Créé en 1938 par Jules et Louisa sur les rives du lac Léman – terrasse de rêve –, le restaurant Les Cygnes perpétue le meilleur de la tradition en préparant et cuisinant des produits locaux. A commencer par les poissons du lac pêchés par Ludo (le fils), nettoyés sur place avant d'être cuisinés avec art et passion par Yannick (le second fils). Filets de perche préparés de 6 façons, poissons du lac servis entiers et découpés à votre table... Pour goûter au bonheur !

FROMAGERIE BOUJON

7, rue Saint-Sébastien
✆ 04 50 71 07 68
www.fromagerie-boujon.com
Ouvert le lundi de 9h à 12h30 ; du mardi au samedi de 8h30 à 12h30 et de 15h à 19h.

Valérie et Frédéric Royer, maîtres artisans fromagers, vous accueillent avec le sourire dans cette maison d'exception, qui propose plus de 250 variétés de fromages. Chez Boujon, on trouve du fromage de chèvre, de brebis ou de vache ainsi que des fromages à pâte crue et à pâte cuite. Une belle adresse pour les gourmands qui sont comblés par le choix, les conseils et la qualité ! Un savoir-faire qui réunit les grands classiques comme le beaufort ou l'abondance, mais aussi des fromages plus « secrets » comme le persillé de Tignes, fabriqué en petite quantité. On adore !

© F.ROYER

© F.ROYER

DOMAINE DE RIPAILLE

Prendre la route pour la ville de Thonon-les-Bains et suivre la route qui longe le lac pour arriver à la plage de Thonon. Le château de Ripaille est juste à côté.
✆ 04 50 71 75 12 - www.ripaille.fr
D'avril à octobre, du mardi au vendredi et le dimanche de 10h à 18h ; le samedi de 10h à 17h. Visite du château : 10 €.

Un véritable joyau dans un écrin de verdure et une pluie de récompenses pour un cru d'exception élaboré avec passion et savoir-faire, reconnu en 1994, comme l'un des 100 sites remarquables du « Goût en France ».Terroir et climat adouci par le voisinage du lac Léman s'allient pour que le chasselas confère au vin toute sa finesse et son originalité. La vinification est conduite selon des méthodes rigoureuses et naturelles. Le vin blanc château Ripaille est parfumé, élégant, sec, friand, fruité au nez, frais au palais. Petit plus : un parcours spécial enfants.

AN RAFTING

1518, Route des Grandes Alpes - **FÉTERNES**
✆ 04 50 71 89 15
an-rafting.com
De juin à septembre. Sur réservation. À partir de 45 €. Parking. Aire de pique-nique. Vestiaires. Restauration.

On sort les pagaies, la bonne humeur et c'est parti pour la descente de la Dranse ! En pleine nature, à travers les gorges et les rapides, la Dranse, qui se jette dans le lac Léman, offre un cadre idéal pour la pratique des sports en eaux vives. Accompagné d'un moniteur diplômé d'État, ce sont de belles sensations qui vous attendent à bord de votre embarcation. Le club propose également d'autres pratiques, comme l'hydro-speed, le canoraft, ou encore du canyoning et de la via ferrata. Il n'y a plus qu'à se jeter à l'eau et à choisir votre activité du jour !

PLAGE MUNICIPALE DE THONON

Quai de Ripaille ✆ 04 50 71 08 04
www.ville-thonon.fr
Ouvert de fin avril à mi-septembre. Haute saison : tous les jours de 9h à 19h. Entrée : 5 € (adulte). Restauration.

En bord de lac, un terrain arboré de 3 hectares est aménagé de piscines chauffées (4 bassins dont un bassin olympique de 50 mètres), d'une pataugeoire avec un espace ludique, un toboggan nautique de 100 mètres, des plongeoirs de 1 mètre à 10 mètres, un restaurant, un point de location et des cours de voile, un espace multi-jeux (beach volley...). On pourra aussi se baigner directement dans le lac grâce à un accès aménagé. Cette base de loisirs est située proche du port de Rives.

PORT DE PLAISANCE ET BASES NAUTIQUES

Quai de Rives
© 04 50 71 24 00
www.ville-thonon.fr
Accueil des visiteurs « courte durée » : gratuit de 9h à 16h. Payant dès 16h. Pas de réservation possible.

Thonon-les-Bains a reçu le label France Station Nautique. Classé 4 étoiles, pour la qualité de ses activités sur le lac Léman et les rivières : sports, croisières, découverte du patrimoine et animations nautiques diverses. Le port de plaisance de Rives accueille 740 bateaux en location annuelle et garde 58 places pour les visiteurs. À proximité, la plage municipale. Les plages naturelles de la Pinède et de la Châtaigneraie de Rovorée, en aval ; le port de pêche en amont.

THERMES DE THONON-LES-BAINS

1, avenue du Parc © 04 50 26 17 22
www.valvital.fr
Ouvert de mars à nov du lun au ven 8h30-20h45, samedi 8h30-15h30. Espace spa ouvert toute l'année.

Réputées depuis plus de 100 ans, les eaux minérales de Thonon-les-Bains sont distribuées en ville par de nombreuses fontaines. L'eau de Thonon, source de la Versoie, est froide, non gazeuse, faiblement minéralisée et de type bicarbonaté et magnésien. Ses propriétés sont diurétiques et détoxifiantes reconnues pour le traitement des affections nutritionnelles. Le secteur de la Remise en forme offre soins hydrothérapiques, aquagym, différents types de massages, soins de beauté, etc.

VIA FERRATA

route de la Cascade - **HABÈRE-POCHE**
© 04 50 73 71 53
https://www.alpesduleman.com/
D'avril à fin octobre. Initiation : 40 €. Infos et réservation auprès de l'Office de Tourisme des Alpes du Léman.

Découvrez la randonnée à flanc de falaise. La via ferrata est une activité qui permet de goûter au plaisir du vide en étant bien accroché. Les parcours vous emmènent souvent dans des lieux inaccessibles avec des vues plongeantes sur les vallées et les pics environnants. Trois voies permettent de découvrir cette activité, dès 10 ans. Celle de la Cascade des Nants, à quelques minutes du village de Bellevaux, vous emmène sur un parcours de ponts de singes et de tyroliennes, réalisable en deux heures de bon matin. Réservez votre initiation avec Cédric, votre moniteur.

AMPHION-PUBLIER

Entre Thonon-les-Bains à l'ouest et Évian-les-Bains à l'est, Amphion-les-Bains est une station balnéaire sur les bords du lac Léman, face à la Suisse. Autrefois tournée vers la pêche, son activité principale est aujourd'hui centrée sur le tourisme entre lac et montagne. Grâce à son petit port, qui permet de pratiquer le loisir de la pêche à tous les niveaux grâce à des parcours adaptés, sa plage municipale, la réserve naturelle et ses sentiers, Amphion est une étape agréable en toute saison. Amphion-Publier bénéficie du label « station verte », qui garantit une destination touristique de loisirs et de vacances respectueuse de l'environnement.

LE JARDIN VOTIF ANNA DE NOAILLES

Avenue Anna de Noailles
© 04 50 83 10 00
http://ville-evian.fr
Ouvert au public toute l'année. Gratuit.

C'est ici que la poétesse romancière composa le fameux poème *Paradis à Amphion*. Au bord du Léman, le petit temple de pierre rose abrite dans sa rotonde une colonne centrale portant une urne dorée. Celle-ci contient le cœur d'Anna de Noailles. Il est gravé d'un quatrain composé par la poétesse et destiné à son temple sépulcral. Le monument votif, signé par l'architecte Jose Emilio Terry, fut élevé dans le jardin de la villa Bassara où elle séjourna pour la dernière fois en 1916.

MAISON DES DRANSE

1034, route de la Dranse
© 04 50 81 49 79
www.cen-haute-savoie.org
Fermé de septembre à juin. Ouvert du mercredi au samedi de 14h à 18h. Visite guidée. Exposition l'été.

Formé de petits îlots boisés, de mares et de zones humides, et de caillouteuses terrasses alluviales, le lit de la Dranse abrite 800 espèces, soit le tiers de la flore haut-savoyarde. Le rôle de la Maison des Dranse, qui propose une exposition permanente, est de sensibiliser les visiteurs à la réserve naturelle du Delta de la Dranse. Un site naturel « sensible » d'une superficie de 53 ha. Il est en effet une des étapes migratoires de nombreux oiseaux d'Europe du Nord : rapaces, hérons, gavots. Des animations spécifiques et gratuites sont régulièrement proposées.

PUBLIER AVENTURES

225, rue des Tilleuls
www.publier-aventures.fr

Application à télécharger gratuitement sur smartphone ou tablette. Jeux d'énigmes à travers la ville. Durée : 1h à 3h.

Quand visiter un territoire devient une aventure passionnante à vivre en famille ou entre amis ! Une belle initiative de la mairie de Publier-Amphion qui a mis en place une application, disponible gratuitement sur App Store et Google Play, pour découvrir Publier autrement, en s'amusant, et percer ses mystères. Il vous suffit de télécharger l'appli sur votre smartphone et c'est parti sur 5 parcours : Aqua Chasse, Le Mystère des sources de Publier, Rand'eau Publier, les Fabuleuses histoires du Littoral et un Parcours Forme. A vos jeux, prêt, partez à Publier !

LA CITÉ DE L'EAU

225, rue des Tilleuls ✆ 04 50 70 05 06
www.lacitedeleau.com

Haute saison : ouvert du lundi au vendredi de 10h à 19h30 ; samedi : 10h-17h. Dimanche : 9h-17h. Entrée : 7,50 €.

Pour se baigner et se détendre : bassin sportif de 25 mètres mais aussi le bassin ludique à vagues, le toboggan de 100 mètres, une fosse à plongeon (plongeoirs de 1 à 3 m), deux bains bouillonnants, une pataugeoire : petits et grands y trouvent leur bonheur dans une eau agréable. Après les émotions, l'espace de détente et, l'été, la plage de verdure extérieure invitent au repos... Pour les plus toniques, un espace forme est proposé durant la saison estivale avec la possibilité de prendre des cours de cardio-training, de stretching ou encore de body-sculpt.

BERNEX

Au cœur du pays de Gavot, à une dizaine de kilomètres du lac Léman et au pied de la célèbre Dent d'Oche, le village de Bernex a plus d'un atout pour séduire amoureux de la nature, randonneurs, skieurs et gourmands. A Bernex, on peut pratiquer toutes les activités en famille dans une ambiance de village authentique. Ici, ça ressemble vraiment à la Haute-Savoie que l'on aime, avec des gens du cru, des balcons fleuris et des fontaines d'eau pure qui coulent de source. Domaine skiable avec des pistes de toutes les couleurs pour l'alpin et le nordique qui bénéficie d'un petit domaine avec 2 boucles accessibles à tous. Sports d'eau vive sur la Dranse.

STATION DE BERNEX

✆ 04 50 73 60 72

19 pistes et 12 remontées mécaniques entre 1 000 et 1 900 m d'altitude. Forfait journée adulte 24,50 €. Semaine : 132 €.

La station familiale de Bernex possède un panorama unique sur le Léman et le massif du Mont-Blanc. Il est accessible aux skieurs de tous niveaux qui profitent de 19 pistes totalisant environ 30 km de descente. Pour y accéder, un fil à neige est prévu pour les moins de 5 ans et des remontées mécaniques, dont 3 télésièges, pour les débutants et les plus experts. Par ailleurs, deux circuits de ski nordique permettent de découvrir les paysages autrement. Labellisée Station Verte, Bernex propose de nombreux sentiers de randonnée, mais aussi des pistes de VTT.

EVIAN-LES-BAINS ★★★

A l'aube de la Révolution française, en 1789, la notoriété d'Evian ne dépasse guère les frontières régionales. Mais un marquis auvergnat qui passait par là goûta à l'eau d'une fontaine qu'il trouva « légère et bien passante ». Souffrant des reins et du foie, le marquis de Lessert continua sa cure d'eau et vit sa santé s'améliorer. Cette fontaine se trouvait sur la propriété d'un certain monsieur Cachat dont le nom deviendra célèbre dans le monde entier ! Evian est encore une station balnéaire où il fait bon se prélasser sur les nombreuses plages et se baigner dans le lac. Les thermes accueillent de nombreux curistes qui profitent de l'air alpin.

Tourisme

Pour vous ressourcer de bonne eau de source, La source Cachat, dont la buvette fut édifiée en 1903, continue de couler toute l'année pour le bonheur de tous ceux qui viennent remplir quelques bouteilles. C'est bien sûr l'attraction principale de la ville. Mais la source a créé bien d'autres pôles d'intérêt et notamment des bâtiments d'architecture remarquables typiques des stations thermales fréquentées par les grands de ce monde (n'oublions pas que le sommet du G8 s'est tenu en ces lieux protégés).
Une autre idée très sympathique de découvrir les bordures de lac est de visiter le Pré Curieux. Vous pouvez y accéder seulement en bateau électrique. Sur place, un très beau jardin vous attend et le guide vous décrira avec passion les fragilités des zones humides.

ESPACE EVIAN ★

19, rue Nationale
✆ 04 50 84 80 29
www.evian-tourisme.com
Ouvert de juin à septembre. Tous les jours de 10h à 12h et de 14h à 19h. Septembre et juin : fermé le lundi. Gratuit.

Construite en 1903, chef d'œuvre de l'architecture thermale et représentatif de l'Art Nouveau à Evian, la Buvette Cachat possède un espace interactif et ludique dédié à son eau minérale expédiée dans le monde entier. Alors, que l'on soit curieux de savoir si l'eau traverse bien les montagnes pendant des années comme nous le dit la réclame, ou bien que l'on soit fan des bouteilles collector de la marque, il faut se rendre à cette exposition permanente. On pourra bien sûr se ressourcer directement à la source avant de faire un petit tour à la boutique.

FUNICULAIRE ÉVIAN-NEUVECELLE

Rue du Port
✆ 04 50 74 98 93
http://ville-evian.fr
Ouvert d'avril à septembre, tous les jours de 10h à 12h20 et de 13h15 à 19h20. Dès 9h15 mardis et vendredis. Gratuit.

Si le visiteur comprend vite l'intérêt de gravir les 300 m de dénivelé séparant les rives du lac des hauteurs de la ville, il faut savoir que le funiculaire d'Evian fut mis en service en 1907 à l'attention des curistes. Après d'importants travaux, le funiculaire fonctionne depuis 2002 le long du Nant d'Enfer, permettant d'atteindre sans trop d'effort le petit paradis de Neuvecelle, avec vue panoramique sur le lac Léman. Un moyen de transport idéal pour visiter les hauts d'Evian !

LA FERME AGRICOOL

60, route des Grands-Prés
SAINT-PAUL-EN-CHABLAIS ✆ 04 50 75 22 26
www.lafermeagricool.com
Ouvert aux individuels pendant les vacances scolaires uniquement. Adulte : 6,50 €. Enfant : 5,50 €. Boutique, snack.

Cette mini-ferme de découvertes comprend un espace de loisirs pour les enfants, jeux gonflables, pêche aux canards et tracteurs à pédales. Une partie abritée avec une salle chauffée, et un parcours de découvertes proposant des ateliers de traite des vaches, de fabrication de farine, de composition d'un potager... Idéal pour passer une journée en famille autour du cheval miniature, cochons d'Inde, chèvres naines, colombes, faisans, paons, cochons, perdrix, dindons et pintades. Les enfants jusqu'à 10 ans peuvent fêter leur anniversaire en privatisant la ferme.

LES JARDINS DE L'EAU DU PRÉ CURIEUX

1045, avenue Anna-de-Noailles
✆ 04 50 75 04 26
www.ville-evian.fr
Ouvert du 1er mai au 2 octobre, tous les jours (départs à 10h, 13h45 et 15h30). Adulte : 12,60 €. Enfant +6 ans 8,10 €.

Pour accéder aux Jardins de l'eau du Pré Curieux, embarquez à bord d'un catamaran solaire. Après quinze petites minutes de navigation sur le lac Léman, les visiteurs débarquent aux Jardins de l'eau, labellisés « Jardin remarquable ». On se promène sur les chemins à la découverte des eaux dormantes des étangs et des mares où règnent les carpes et les nénuphars, des eaux courantes des rivières et des torrents de montagne, des prairies humides et des jardins d'agrément.

HAUTE-SAVOIE

Le lac Léman.

MAISON GRIBALDI

ruelle du Nant d'Enfer ✆ 04 50 83 15 94
www.ville-evian.fr

Ouvert du 10 juin au 5 novembre 2023. Horaire : se renseigner. Adulte : 3,50 € ; enfant : 2,50 €. Visite guidée à 16h.

La Maison Gribaldi rend hommage à l'archevêque de Vienne, Vespasien Gribaldi, faisant partie du Duché de Savoie. Elle renferme de précieuses archives issues de plaques stéréoscopiques. Il s'agit d'un procédé qui donne l'illusion d'un relief grâce à la superposition de deux images visionnées à travers un appareil à double optique. Cet ancêtre de la 3D permet d'offrir un regard vivant et émouvant sur Evian. La visite rend compte de l'évolution du paysage urbain. Un autre volet de l'exposition présente des films des frères Lumière tournés à Evian entre 1896 et 1898.

PALAIS LUMIÈRE ★★

Quai Albert Besson
✆ 04 50 83 15 90
www.ville-evian.fr

Expositions temporaires toute l'année. Ouvert tous les jours de 10h à 19h. 8 €, gratuit pour les moins de 16 ans.

Dans les anciens thermes réhabilités en bâtiment à Haute Qualité Environnementale, le Palais Lumière d'Evian a développé un espace culturel de 4 200 m^2. Il abrite les 4 statues allégoriques des sources du sculpteur Louis-Charles Beylard. La façade principale alterne pierre blanche et faïence jaune paille, c'est un choix unique dans l'architecture thermale lémanique, et l'édifice a retrouvé le dôme qui le coiffait à l'origine. Le Palais Lumière organise de belles expositions d'art. Le programme est disponible sur le site de la ville.

OFFICE DE TOURISME

Place de la Porte d'Allinges
✆ 04 50 75 04 26
www.evian-tourisme.com

Haute saison, ouvert du lundi au vendredi 9h30-18h30, week-end et jours fériés 10h-18h. Se renseigner hors saison.

Sur les bords du Léman, facile d'accès, l'office de tourisme d'Evian est non seulement un lieu d'information incontournable pour organiser votre séjour et visiter la ville, mais aussi un espace agréable à vivre. Les visiteurs peuvent trouver de nombreuses informations sur la borne interactive à l'extérieur du bâtiment, mais il ne faut surtout pas se passer des conseils des « experts » qui vous renseignent toute l'année. Cartes touristiques, plans, guides et transports pour ne rien manquer. Tout Evian se découvre à l'office de tourisme.

L'AGRION

Quai Baron de Blonay
✆ 04 50 83 30 62
www.gavotnaute-leman.com

Départs tous les jours de mai à septembre de 10h à 18h. Adulte : 7,50 €. Enfant : 6,50 €. Famille : 23,50 €.

Un catamaran solaire aux moteurs électriques pour goûter à la quiétude d'une croisière silencieuse sur les flots du lac. C'est sans aucun bruit, respectant la faune des rives du Léman, que l'on embarque sur cette machine purement novatrice d'une capacité de soixante-dix places. Trois points d'embarquement – Pré Curieux, Ponton du Casino et Place Bonnaz – et deux circuits de trente à quarante-cinq minutes pour découvrir Évian sous un autre angle. Jusqu'à 6 départs par jour. Un voyage sur la vague électrosolaire ! Une balade surprenante et paisible.

HÔTEL ROYAL ***** €€€

980, avenue du Léman ✆ 04 50 26 50 50
www.hotel-royal-evian.com

150 chambres (dont 32 suites). Chambre double à partir de 300 €, suite à partir de 625 €. Restauration. Spa. Golf.

Dominant le lac Léman sur les hauteurs d'Evian, au cœur d'un magnifique parc arboré, l'Hôtel Royal 5 étoiles élevé au rang de Palace est un hymne au bon goût, à l'élégance et au savoir-faire français. De riches détails, un ensemble harmonieux font le charme et la grâce du Royal. Un souci du détail et de l'exigence que l'on retrouve dans chacune des chambres et suites avec, entre autres, plus de 1 500 œuvres d'art graphiques et photographiques. Restaurant gastronomique et d'autres restaurants de qualité, Spa Evian Source et à proximité l'Evian Resort Golf Club.

LA FABRIK €€

Quai Charles Albert Besson
✆ 04 50 74 44 28
www.restaurant-lafabrik.fr

Fermé mercredi et jeudi. Ouvert de midi à minuit, jusque 1h vendredi et samedi. Brunch le dimanche.

Juste à côté du Casino et face au lac Léman, cette « Fabrik » de bonheur, petits et grands plaisirs à partager a tout compris à nos désirs de locavorisme, de circuits courts et de nourriture « healthy ». Jus de fruits détox maison pour commencer et des plats frais composés de produits locaux de saison. Les filets de perche sont des pêcheurs du coin, le pain aux céréales du burger est bio, le poke bowl est aussi généreux que savoureux et le risotto délicieux. Fromages affinés de chez Boujon et glaces artisanales. Coup de cœur à Evian.

© HILTON EVIAN

© HILTON EVIAN

© HILTON EVIAN

HILTON EVIAN-LES-BAINS**** €€

Quai Paul Léger ✆ 04 50 84 60 00
www.hiltonhotels.com/fr

170 chambres. Chambres doubles à partir de 145 €. 2 restaurants. Bar. Piscines. Spa, fitness, massage. Vue lac.

Face au lac Léman, la vue est splendide et les prestations fantastiques. Un séjour qui allie détente, gourmandises et activités. Chambres et suites spacieuses, décorées avec goût, balcon, vue sur le lac... Le Cannelle propose une cuisine française traditionnelle gourmande. Ambiance cosy au Yacht Café sur la terrasse en été. L'espace détente Spa Ayurveda TAAJ offre un voyage apaisant, soins et massages, bassin de relaxation, sauna, hammam : un bouquet de services, bienvenue au paradis !

© HILTON EVIAN

© HILTON EVIAN

© HILTON EVIAN

© HILTON EVIAN

LE CANNELLE €€

53, Quai Paul Léger
✆ 04 50 84 60 00

Le Cannelle : se renseigner pour les horaires. Yacht Café : tous les jours, en été, de 11h à 22h. Terrasse.

Dans une atmosphère apaisante, avec sa décoration de jardin d'hiver, Le Cannelle offre un moment gustatif de qualité. On y déguste une cuisine française traditionnelle. Une carte raffinée, élaborée avec des produits frais, et des plats délicieusement mis en scène. L'été, on s'installe au Yacht Café, un restaurant grill lounge disposant d'une magnifique terrasse avec vue sur le lac. Ce restaurant estival offre un show-cooking avec des grillades, concocté par le chef directement sur le brasero.

© HILTON EVIAN

© HILTON EVIAN

© HILTON EVIAN

RIVA RESTAURANT €€

27, quai Paul Léger
✆ 04 50 84 60 00
Horaire : contacter l'établissement. Restaurant éphémère à thème (Cuisine Thaï en été).

Vue majestueuse sur le lac Léman, terrasse fleurie, élégant décor... : bienvenue au Riva ! A chaque saison estivale, son thème. Cet été, direction la Thaïlande. Ambiance gourmande faite de subtiles saveurs aux parfums exotiques dont la cheffe thaïe Pao connaît tous les secrets. Plats aux couleurs du pays, ingrédients aux essences exotiques, et la culture d'une gastronomie aux épices maîtrisées (menthe, citronnelle, noix de coco, curry, saté...) à découvrir pour le plaisir des papilles, mais aussi des yeux. La Thaïlande n'a jamais été aussi proche... du lac Léman !

LES FRESQUES €€€

900, avenue du Léman ✆ 04 50 26 85 00
www.hotel-royal-evian.com
1 Michelin. Du mardi au samedi de 19h30 à 21h30. Menu Découverte : 85 €. Menu Dégustation : 155 €. Vue sur le lac.*

Au cœur de l'Hôtel Royal, un palace 5 étoiles, le restaurant Les Fresques affiche une étoile supplémentaire dans l'assiette tout en offrant une vue imprenable sur le lac Léman. La terrasse panoramique et les magnifiques fresques de Gustave Jaulmes sont une invitation à la découverte. Le chef Patrice Vander et sa brigade proposent une cuisine inventive et raffinée. Des créations inspirantes comme les écrevisses du Léman sur une royale de foie gras, écume parfumée à la verveine du potager ; le turbot sauvage, ou la fameuse poularde de Bresse. Une grande adresse.

AU JARDIN D'EDEN €€€

1, avenue du Général-Dupas
✆ 04 50 38 62 26
www.jardin-eden-evian.com
Du mercredi au dimanche le midi ; du mercredi au samedi le soir. Menus de 27 € à 37 €. Menu Gourmand : 51 €. Terrasse.

C'est bien au paradis des gourmands que le Jardin d'Eden nous transporte. A l'entrée d'Evian, au pied d'un bel immeuble qui offre une agréable petite terrasse, ce restaurant s'ouvre sur une salle au décor soigné où l'on peut découvrir et savourer la cuisine du chef Luc Béchet. Passé par de grandes tables, le chef s'est installé à Evian pour rendre son talent et son savoir-faire accessible à tous les gourmands d'une région qu'il apprécie particulièrement. Une table d'exception qui procure autant d'émotions dans une cuisine bistronomique.

CENTRE NAUTIQUE

Avenue du Général-Dupas
✆ 04 56 30 11 22
http://ville-evian.fr
Ouvert de fin avril à mi-septembre, tous les jours de 9h30 à 19h/20h. Nocturne les jeudis juillet août. Entrée : 4,80 €.

Cette installation de plein air offre 3,5 ha de pelouses et espaces verts qui entourent les deux piscines extérieures chauffées à 27 °C – un bassin olympique et un bassin d'apprentissage – et une aire de baignade lacustre – labellisée Pavillon Bleu en 2021 – avec plongeoir, pontons flottants et jeux aquatiques. Jardin d'enfants et toboggan de 160 m pour les plus grands. Services multiples en annexe : école de ski nautique, leçons de natation et, bien sûr, bar et restaurant. Un cadre splendide pour une baignade au plus près du lac Léman !

EVIAN RESORT GOLF CLUB

Route du Golf
✆ 04 50 75 46 66
www.evianresort-golf-club.com
Fermé du 15 novembre au 15 février. Entrée : 50 € (à 120 €). 50% de remise pour les -18 ans. Restauration. Proshop.

Créé en 1904, le parcours, légèrement vallonné, est situé entre lac et montagne. Les arbres majestueux aux essences très variées, alliés aux obstacles d'eau et aux bunkers de sable blanc, en font un parcours très agréable à l'œil mais très technique. A noter en particulier le trou n° 10, long par 5 de 525 mètres en léger dog-leg droite, difficile en raison de son dévers et d'un green à plusieurs plateaux dont l'attaque est aveugle. Le trou n° 15 est un magnifique par 3 de 149 mètres très spectaculaire avec la vue plongeante sur le lac Léman.

LES THERMES D'ÉVIAN

✆ 04 50 75 02 30
www.lesthermesevian.com
Ouvert lundi-vendredi de 8h30 à 19h ; samedi 8h30 à 18h. Cure libre 6 jours : 480 €. Forfaits journée de 70 € à 175 €.

À Evian, le bien-être coule de source depuis le XIXe siècle. C'est en 1878 que les bienfaits de l'eau minérale d'Evian sur la santé ont été reconnus. Depuis, les Thermes d'Evian n'ont cessé d'évoluer et leur entrée dans le XXIe siècle a été marquée par une belle rénovation. Les cures médicalisées sont indiquées en cas de pathologies en rhumatologie, de maladies digestives ou encore d'affections urinaires. Mais les bienfaits de l'eau d'Evian sont accessibles à toutes et à tous, et l'on peut se chouchouter avec un soin, une journée ou une semaine de cure.

CASINO D'ÉVIAN

Quai Baron de Blonay
✆ 04 50 26 87 87
www.casino-evian.com
Ouvert du dimanche au jeudi de 9h à 2h ; le vendredi et le samedi de 9h à 3h. Restauration.

Avant de tenter sa chance, il faut apprécier la chance que l'on a d'entrer au Casino d'Evian. Une situation exceptionnelle face au lac sur un quai qui porte le nom du Baron de Blonay, qui ouvrit en 1864, dans son château, le premier casino d'Evian. Le bâtiment actuel date de 1911, réalisé par l'architecte J.A. Hebrard dans un style Art Nouveau magistral. Aujourd'hui, le Casino impose ses formes généreuses, brillantes de mille feux à la nuit tombée. 225 machines à sous. Cadre feutré et design pour le Salon des Jeux de table. Toujours gagnant au Casino d'Evian.

LAC DE VALLON

BELLEVAUX

Lieu de promenade idéal pour les familles à la recherche de fraîcheur et un site de pêche à la truite incontournable, le Lac de Vallon, dominé par le Roc d'Enfer, date de 1943. Sa « création naturelle » reste un souvenir douloureux pour les habitants de la vallée. En effet, jusqu'à la Seconde Guerre mondiale, on pouvait trouver à la place du lac le village de l'Econduit. C'est un glissement de terrain qui créa un barrage naturel, formant ainsi le lac de Vallon. Par temps clair, on y aperçoit quelques fondations au fond de l'eau… L'endroit est unique.

HABÈRE-POCHE

Protégé par 4 cols et de nombreux sommets, une « cuvette » dans laquelle Poche se révèle comme le plus haut village de la vallée Verte : ses 25 hameaux s'étendent entre 950 et 1 600 mètres d'altitude. Ancien territoire médiéval de l'abbaye d'Aulps, Habère-Poche formait alors avec Habère-Lullin une seule et même commune : Les Habères. A distance égale du Léman avec Thonon-les-Bains et d'Annemasse, on s'y rend facilement pour les randonnées d'été que pour la pratique du ski d'hiver dans un site naturel préservé et la convivialité d'un village aux valeurs traditionnelles, mais qui sait aussi faire la fête avec un festival estival et musical magique.

MAISON DE LA BELLE VALLÉE

107, Route de Saint-Jeoire
BELLEVAUX ✆ 06 14 14 00 36
www.museesdebellevaux.fr/
Ouvert tous les mercredis et vendredis de 16h30 à 18h, en période de vacances scolaires (le jeudi en juillet-août).

Plongez dans le passé avec des documents, des costumes, des objets d'autrefois, qui racontent l'histoire de Bellevaux. En visite libre ou guidée, traversez le temps avec tous ces objets anciens et authentiques. Combinez votre visite avec le musée de la Faune et le jardin alpin. Vous pourrez alors tout savoir sur la faune sauvage qui peuple les environs. Profitez ensuite d'une balade en plein air au jardin alpin. Vous serez entouré de jolies fleurs variées... Détente assurée.

LAC DE LA CROSSETAZ

HABÈRE-LULLIN

Au cœur de la Vallée Verte, Habère-Lullin est un mélange d'histoire et de nature. Pour l'histoire, à côté de l'église du village, il faut découvrir les ruines d'un château du XVe siècle. Incendié, il fut la scène tragique du massacre d'un groupe de jeunes en décembre 1943 par les nazis. Près du monument leur rendant hommage, un chemin mène au lac de la Crossetaz. Avant le lac, accès au ruisseau de la Menoge pour se rafraîchir les pieds. Après une passerelle, accès au lac paisible, qui permet de pratiquer la pêche à la mouche avec de belles truites.

OFFICE DE TOURISME

18, route du Col
✆ 04 50 39 54 46
www.alpesduleman.com
Haute saison : du lundi au samedi de 9h à 12h et de 14h à 18h.

Habère-Poche, village station de la Vallée Verte, est aussi réputée pour son école de pilotage de planeurs, avec un vol d'initiation de 15 minutes au départ du col de Cou. Vous pouvez vous-même tenter l'aventure pour un survol inoubliable. Habère-Poche est aussi agréable l'hiver que l'été avec ses forêts de résineux et ses maisons au charme authentique. Vous profiterez de 50 km de piste du domaine des Habères. Les skieurs nordiques s'évaderont sur les sites de la « Moises » et de la « Plaine-Joux ». Habère-Poche est aussi au départ de nombreuses randonnées.

OFFICE DE TOURISME DES ALPES DU LEMAN

99, route de Saint-Jeoire - **BELLEVAUX**
✆ 04 50 73 71 53
www.alpesduleman.com
Vacances scolaires : du lundi au samedi de 9h à 12h et de 14h à 18h, le dimanche de 9h à 12h.

Bellevaux, c'est l'authenticité à l'état pur. Au pied du massif du Roc d'Enfer, au milieu des pâturages où l'on retrouve les vaches qui donnent le fromage d'Abondance. L'hiver, 100 km de pistes à partir de Bellevaux, un village qui possède 2 domaines skiables. L'été, visitez le jardin alpin avec plus de 200 plantes de montagne et le musée de la faune. Pour les plus sportifs, vous aurez l'embarras du choix entre la pêche, le canyoning, les sentiers balisés de VTT ou de randonnée.

AUBERGE DU BOIS NOIR €€

113, route du Bois Noir
✆ 04 50 94 23 26
Haute saison : ouvert du jeudi au mardi le midi et le soir. Menus à 35 €. Formule du midi : 19 €. Terrasse.

Authenticité, terroir, et tradition : bienvenue à l'Auberge du Bois noir ! Des plats de qualité et de saison, avec les meilleurs produits frais et locaux, dans un cadre aussi bien soigné que les assiettes servies. Cette ancienne ferme de caractère a vue sur les montagnes verdoyantes l'été et ses pistes de ski enneigées l'hiver. Spécialités savoyardes, mais aussi autres plats, tels qu'une souris d'agneau confite ou une truite fumée maison. Adresse gourmande de confiance, pour découvrir une cuisine merveilleusement confectionnée par le chef Sébastien. Coup de cœur !

AU PETIT SAVOYARD €€

Chemin de Très le Mont au Col - **LULLIN**
✆ 04 50 73 83 08
www.au-petit-savoyard.fr
Restaurant d'alpage ouvert de mai à octobre, du mercredi au lundi de 9h à 22h. Menus de 14 € à 24 €.

Bonheur garanti dans un magnifique décor d'alpage. C'est un restaurant familial qui existe depuis plus de 40 ans. Après une bonne marche en direction du mont Forchat avec vue panoramique à 360° du Léman au Mont-Blanc, un incontournable. Installez-vous à la terrasse (ou dans une salle chaleureuse et typique) du Petit Savoyard, une institution où l'on défend les belles valeurs et les saveurs de la cuisine de nos montagnes. Produits frais de qualité, fournisseurs locaux, pour savourer une fondue savoyarde, un burger maison ou encore une entrecôte sauce champignon.

AUBERGE DU MOULIN DE LÉRÉ €€€

270, route de Léré - **VAILLY** ✆ 04 50 73 61 83
www.moulindelere.com
1 Michelin. Ouvert le soir en semaine et le midi en week-end (selon saison, se renseigner). Menu découverte : 108 €.*

Un moulin de charme du XVIIe siècle dans les Alpes du Léman. Dans une nature à préserver, entre tradition et modernité, Irène Gordejuela et le chef Frédéric Molina mettent à l'honneur les meilleurs produits du terroir, le plus souvent bio et issus de petits producteurs, en nous racontant de belles histoires gourmandes. Cuisine raffinée sans être prétentieuse, une vraie réussite et des saveurs inoubliables. 5 chambres complètent l'offre de l'Auberge. Un vrai coup de cœur !

UN JARDIN AU PARADIS

142, chemin de la Pierre
HABÈRE-LULLIN
✆ 06 29 49 94 98
unjardinauparadis.fr
Ferme bio. Visites, stages, ateliers : se renseigner.

Et si on allait au paradis ? Un paradis bien réel, créé par Laure et Hervé. Impossible de classer cette adresse qui est autant un lieu de vie qu'un lieu d'apprentissage de la nature, et un lieu dont il faut savourer les fruits, enfin les confitures, les sirops, les fruits séchés, les pâtes de fruits, les tisanes... Tout est maison bien entendu à partir des plantes et des arbres d'un jardin en permaculture respectueux de la nature. Et pour créer votre paradis de biodiversité dans votre jardin, Laure propose des stages, ateliers et conférences.

BIKE PARK DES HABERES

113, route du Bois Noir
✆ 04 50 39 54 40
https://habere-poche.fr/vtt/
Ouvert tous les jours sauf lundi et mardi, de 10h à 17h. Fermé en cas de pluie. Montée télésiège : 6 €.

Un nouveau terrain de jeu pour roues crantées avec 3 parcours à découvrir ! Situé sur le téléski du Bois noir, au cœur du village, le parcours comporte trois pistes : une verte (L'Etang), une bleue (Le Pely) et une rouge (Le Bois noir). La rouge saura combler les experts en VTT avec 500 mètres de virages relevés, de sauts, des step-up, des step-down et une table à l'arrivée sous le télésiège du Darandet. La remontée s'effectue sur le téléski du Bois noir avec un système d'accroche innovant testé en 2020 en exclusivité sur la station.

LES ALPES DU LÉMAN

✆ 04 50 73 71 53
www.alpesduleman.com
Ouvert du lundi au samedi de 9h à 12h et de 14h à 18h ; le dimanche de 9h à 12h. Ouverture office de tourisme.

Alpes du Léman regroupe les offres d'activités des offices de tourisme de Bellevaux et Habère-Poche et présente les ressources naturelles, patrimoniales et artisanales des autres villages traditionnels de la vallée du Brevon, de la vallée Verte et de celle du Risse : Habère-Lullin, Lullin, Mégevette, Reyvroz, Saxel et Villard, situés en moyenne montagne et disposant d'un panorama unique sur le lac Léman et le Mont-Blanc. Nichés dans une nature préservée et des sites exceptionnels, on y pratique les activités nordiques et alpines, raquettes, promenades à ski-joëring ou encore balade en chiens de traîneau. Le domaine skiable relié Hirmentaz - Les Habères offre un beau choix de pistes avec le lac Léman et le Mont-Blanc à l'horizon. Pour le ski nordique, les Alpes du Léman présentent également un cadre idyllique sur de nombreux domaines. En été, à parcourir aussi, en promenade ou randonnée, le Géopark du Chablais qui s'étend des rives sud du Léman aux Portes du Soleil. Espace VTT au Bike Park des Habères ou plusieurs parcours balisés, dont la descente de la Ménoge. Passage incontournable par le site Internet où sont présentées toutes les activités - via ferrata, accroparcs, eaux vives, escalade, parapente, vol à voile... -, tous les sports et loisirs d'été et d'hiver, mais également les hébergements, les bons producteurs des spécialités gourmandes (fromages AOP, miels de pays...) et un agenda pour ne rien manquer. Pour s'échapper des sentiers rebattus et vivre les Alpes autrement. Coup de cœur du *Futé*.

LE MONT FORCHAT

Mont Forchat - **LULLIN**
✆ 04 50 73 71 53
www.alpesduleman.com
Toute l'année, en fonction des conditions climatiques. Parking, aire de pique-nique. Animaux acceptés.

À plus de 1 500 m d'altitude, le Mont Forchat offre une vue panoramique, du lac Léman au Mont-Blanc. Au départ de Très-le-Mont, la montée de ce mont est un grand classique des balades des Alpes du Léman. Pour 4 km et un dénivelé de 160 m, il vous faudra environ 2 heures de marche pour atteindre la statue de saint François de Sales, érigée en 1898, et revenir sur vos pas. C'est une promenade familiale, sans difficultés particulières, qui plaira aux petits comme aux grands. En hiver, sortez les raquettes et profitez du panorama enneigé.

MOUNTAIN KART

5621, Route de la Chèvrerie - **BELLEVAUX**
✆ 04 50 73 74 69
www.rocdenfer.com/fr
Juillet et août, tous les jours de 10h à 17h. Mountain Kart : 25 € (montée en télésiège + descente), Léman Pass : 23 €.

Et si vous dévaliez les pistes verdoyantes à bord d'un petit bolide, fun et facile à piloter ? Sur le magnifique domaine du Roc d'Enfer, on découvre la montagne autrement. En famille ou entre amis, ce sont deux pistes de descente qui vous attendent (2 et 4 km), au sommet des télésièges des Têtes et des Torchon. Une façon originale et amusante pour profiter du plein air et du panorama exceptionnel. Il est également possible de louer une trottinette plutôt qu'un kart. Des sourires, des rires, des sensations, le tout dans un environnement naturel sublime !

STATION D'HIRMENTAZ-LES HABÈRES

Route d'Hirmentaz - **BELLEVAUX**
✆ 04 50 73 71 72
https://jeskieauxhaberes.com/
Saison hiver : ski alpin, nordique, ski de randonnée, sentiers piétons, animations enfants. Saison été : randonnée, VTT.

Cette station familiale de la vallée du Brevon offre de belles vues sur le Léman et le Mont-Blanc. La station relie Bellevaux-Hirmentaz et le versant des Habères, formant ainsi le massif offrant 43 pistes et 50 km de glisse. Petits et grands peuvent profiter d'un domaine préservé pour découvrir la neige. Plusieurs espaces débutants, ainsi qu'un snowpark pour les plus acrobates. En été, le domaine reste actif avec la randonnée, mais aussi des parcours VTT et trottinette tout-terrain.

TRAINEAUX PASSION

550, route Des Plagnes - **VAILLY**
✆ 04 50 73 76 05
https://traineaux-passion.com/
Ouvert toute l'année. Réservation indispensable. Traîneaux à chiens, pulka scandinave... Adulte : 60 €. Enfant : 30 €.

Découvrez l'univers merveilleux des chiens d'attelage et les décors magnifiques du Roc d'Enfer, en toute saison. Embarquez avec nos amis à quatre pattes, huskys de Sibérie, Groënlandais et Alaskans, pour découvrir de nouvelles sensations. Avec la promenade en traîneau, la pulka scandinave, la conduite d'attelage, ou encore la canirandonnée, partagez la passion de nos « mushers » des Alpes du Léman. Des instants mémorables à vivre en famille ou entre amis. De juillet à août, le Parc nordique, lieu de vie des chiens, s'ouvre aux visites.

VIA FERRATA

route de la Cascade ✆ 04 50 73 71 53
https://www.alpesduleman.com/
D'avril à fin octobre. Initiation : 40 €. Infos et réservation auprès de l'Office de Tourisme des Alpes du Léman.

Découvrez la randonnée à flanc de falaise. La via ferrata est une activité qui permet de goûter au plaisir du vide en étant bien accroché. Les parcours vous emmènent souvent dans des lieux inaccessibles avec des vues plongeantes sur les vallées et les pics environnants. Trois voies permettent de découvrir cette activité, dès 10 ans. Celle de la Cascade des Nants, à quelques minutes du village de Bellevaux, vous emmène sur un parcours de ponts de singes et de tyroliennes, réalisable en deux heures de bon matin. Réservez votre initiation avec Cédric, votre moniteur.

VOL EN PLANEUR

Vélisurface des Moises
✆ 04 50 39 56 56
www.planeur74.com
D'avril à fin octobre. Vol découverte le samedi (170 €). Sur réservation. Formation : se renseigner.

Envolez-vous, tel un oiseau au-dessus des montagnes. Surfez dans les airs, sous les nuages, au-dessus des Alpes françaises et suisses, voilà un baptême de l'air qui devrait laisser des souvenirs inoubliables. Sous vos ailes et à travers la verrière, c'est toute la Vallée Verte qui s'offre à vous et bien plus encore. Les lacs et rivières, les crêtes et sommets, un terrain de jeu sublime pour une découverte toute en douceur. Le club « Planeur Léman Mont-Blanc » est l'unique plateforme de vol à voile de la Haute-Savoie, profitez-en !

SAXEL

A près de 1 000 mètres d'altitude, le village de Saxel se trouve protégé par un environnement forestier exceptionnel permettant de découvrir la richesse de la flore et de la faune du massif des Voirons. La station de Super-Saxel est un véritable belvédère du Léman offrant des vues panoramiques époustouflantes sur le Jura et la Suisse. Outre l'église de style Renaissance bâtie sur un gros rocher, on peut encore visiter un atelier de peinture paysanne, et la chapelle du monastère des Voirons où vivent une centaine de Sœurs qui fabriquent aussi quelques produits d'artisanat. De superbes balades en perspective sur de nombreux sentiers de randonnée.

LES CABANES BELKI €€

Route des Grands Communs
✆ 06 10 50 52 05
www.cabanebelki.com
Ouvert toute l'année. 3 cabanes Belki. Nuitée pour 2 personnes : 80 €. Réservation indispensable.

En totale immersion dans la nature, sur les hauteurs de Supersaxel. Ni raccordement à l'électricité, ni à l'eau, mais un confort douillet, avec un poêle à bois et des lampes rechargées par un panneau solaire. Des cabanes réalisées par des artisans locaux. Une vraie proximité avec l'environnement qui ravira les adeptes de la « slow life », et ceux qui veulent tenter une expérience à deux. À 1 200 m d'altitude, c'est le Léman et la chaîne du Jura qui se dévoilent depuis votre terrasse. Un cocon paisible de 12 m² niché au cœur des Alpes du Léman.

MARGENCEL

Une commune entre lac, plage du Redon et port de Séchex, et montagne, la colline des Allinges, qui regarde en direction des Alpes. Margencel possède une plage publique et un ravissant hameau (la commune est composée d'une dizaine de hameaux) au bord du lac Léman. C'est là qu'il faut venir savourer les fameux poissons du lac, dont les incontournables filets de perche. Le chef-lieu s'organise autour de son église Saint-Laurent qui aurait été construite sur une chapelle fort ancienne, puisqu'un certain Margentius aurait pu la fonder au VIe ou au VIIe siècle. L'église a fait l'objet de nombreux remaniements. Balades dans la forêt de Planbois.

LES CYGNES - CHEZ JULES €€

4, route des Mouettes
✆ 04 50 72 63 10
www.les-cygnes-chez-jules.fr
Fermé mercredi de février à juin et de mi-septembre à décembre. Menus 36 à 46 €. Terrasse. Jardin d'enfants.

Quand une famille de restaurateurs et de pêcheurs vous invite à sa table. Créé en 1938 par Jules et Louisa sur les rives du lac Léman – terrasse de rêve –, le restaurant Les Cygnes perpétue le meilleur de la tradition en préparant et cuisinant des produits locaux. A commencer par les poissons du lac pêchés par Ludo (le fils), nettoyés sur place avant d'être cuisinés avec art et passion par Yannick (le second fils). Filets de perche préparés de 6 façons, poissons du lac servis entiers et découpés à votre table... Pour goûter au bonheur !

HAUTE-SAVOIE

SCIEZ

Sciez-sur-Léman est idéale pour les vacances. Cette commune rurale des bords du lac Léman d'au moins de 5 000 habitants apporte le calme et la sérénité recherchés des vacances estivales tout en ayant une véritable proximité avec les villes de Thonon-les-Bains et de Genève. Sciez-sur-Léman a su mettre en valeur ses attraits touristiques et culturels avec un port de plaisance, une plage ombragée, une base nautique, un parc d'activités, une chapelle du XVe siècle, un bois de buis – le plus grand d'Europe –, un pont surplombant les vestiges d'un ancien moulin et une réserve naturelle d'oiseaux…

LE CHÂTELET*** €€

658, chemin des Hutins-Vieux ✆ 04 50 72 52 60
www.camping-chatelet.com

Ouvert de début avril à fin octobre. Emplacement de 17 à 24,50 €. Chalet de 2 à 6 personnes de 210 à 1 148 €/semaine.

C'est un accueil familial et détendu que vous réservent Alain et Marie-Christine, dans ce camping au bord du Léman. Profitez de ce cadre merveilleux entre lacs et montagnes pour du farniente sur la plage ou une randonnée sur les sommets alentour. Tout proche de Thonon-les-Bains, de nombreuses activités nautiques et sportives vous attendent pour rythmer vos journées. Genève et Annecy, non loin du Châtelet, donneront l'occasion d'une petite escapade pour la journée. L'obtention du label « Clé verte » et « Camping qualité » vous garantit un séjour futé !

LES AIGLES DU LEMAN ★★

Route du Moulin-de-la-Glacière
✆ 04 50 72 72 26
www.lesaiglesduleman.com

Ouvert de juin à août. Ouvert tous les jours de 10h à 18h. Adulte : 15 €. Enfant : 12 €.

Un parc unique en Europe (plus de 600 animaux, dont 50 aigles répartis en 17 espèces), pour découvrir les grands prédateurs des Alpes ! Mais ce qui impressionne le plus, ce sont les spectacles – 6 par jour – commentés où l'on apprend, sans s'en rendre compte, les secrets de ces animaux. Ainsi aigles et chevaux étaient dressés à travailler ensemble : un apprentissage époustouflant. Les plus jeunes restent quant à eux les yeux ébahis devant ces tournois chevaleresques surgis du passé ! Restauration sur place, aire de pique-nique et de jeux.

L'ÔTREMENT €

770, avenue de Bonnatrait
✆ 04 50 17 37 14
www.lotrement.com

Ouvert du mardi au samedi midi et soir. Formule midi 28 €. Plats à emporter, possibilité de commander en ligne.

Tout près du lac Léman, le chef Cédric Plassat n'a pas attendu la mode du locavorisme pour proposer les meilleurs produits locaux. A commencer par les poissons du lac selon la pêche du jour de Sébastien Ansart et Jean-Pierre Jordan. Des poissons préparés par un passionné qui n'a pas attendu la mode de la bistronomie pour appliquer des techniques gastronomiques à des produits de qualité : filets de perche du lac Léman au beurre blanc, une truite entière soufflée ou un carré de porcelet confit 48h. Belle carte des vins. L'excellence accessible.

OFFICE DE TOURISME DE SCIEZ-SUR-LÉMAN

513, avenue de Sciez
✆ 04 50 72 64 57
www.destination-leman.fr

Haute saison : du lundi au samedi de 9h30 à 12h30 et de 13h30 à 17h.

Sciez-sur-Léman, situé sur la rive sud du lac Léman, entre Évian et Genève, est une station verte labellisée Famille Plus offrant un accueil formidable en toute saison, mais encore plus présent en été avec l'ouverture d'un point d'information au port de Sciez. Si les cyclistes profitent d'un accueil vélo performant, ce sont tous les visiteurs qui sont gâtés avec de très nombreuses activités (côté vert, côté bleu) pour bouger et vibrer sur les rives du Léman.

Ô FLAVEURS €€€

Château de Chilly - **DOUVAINE**
✆ 04 50 35 46 55
www.oflaveurs.com

1 Michelin. Ouvert du jeudi au lundi midi et soir ; le dimanche midi. Menus de 125 € à 165 €. Formule du midi : 88 €.*

Le cadre compte parmi les plus beaux de la région dans une bâtisse du XVe siècle avec ses portes et ses fenêtres à meneaux. Dans une salle à la décoration soignée, c'est une cuisine raffinée mêlant habilement actualité et tradition qui nous est proposée par le chef Jérôme Mame. Les gourmands curieux vont vite se prendre au jeu des menus Escapade, Découverte ou Saveur. Vous renseignez le chef sur vos goûts et votre envie du jour, il vous concocte un menu personnalisé en accord avec la saison et le marché. Un concept qui enchante les fines bouches !

CHATEAU LA TOUR DE MARIGNAN

264, route de la Tour de Marignan
✆ 04 50 72 70 30
https://tourdemarignan.business.site
Ouvert de 9h à 19h, samedi et dimanche 10h-18h. Visite gratuite pour les individuels. Groupes sur rendez-vous.

Bâtie au XIe siècle, la cave médiévale voûtée, la plus ancienne de Haute-Savoie, fait du domaine viticole un site d'exception. En 1873, Jean-Marie Suchet, viticulteur local, acquiert des terres ainsi que la maison. Ses descendants, la famille Canelli-Suchet, occupent toujours les lieux. Le vignoble de la Tour de Marignan s'étend sur 5 ha et détient le label viticulture bio depuis 1993. A la dégustation, du blanc marignan cépage chasselas, perlant naturel, et une spécialité, la Chêvre.

BASE NAUTIQUE DE SCIEZ

709, chemin de la Renouillère
✆ 04 50 72 62 77
www.voileasciez.fr
Du lundi au vendredi, de 9h à 12h et de 13h30 à 17h.

Avec comme terrain de jeu le Léman, la base nautique de Sciez offre de beaux moments de loisirs pour toute la famille. Optimist, catamaran, handivoile, aviron, canoë-kayak, stand-up paddle, toutes les disciplines sont ouvertes, notamment aux plus jeunes dès 4 ans, avec un seul mot d'ordre : plaisir ! Découvrez toutes les offres de stages et réservez le vôtre sur le site Internet. Une âme de compétiteur ? Participez aux régates, rencontres amicales entre les trois clubs du Léman : Sciez, Thonon et Évian. Retrouvez le calendrier sur le site Internet.

EXCENEVEX

Excenevex est l'unique plage de sable naturelle au bord du lac Léman. En juillet et août, la plage est surveillée, la baignade est sécurisée pour les enfants et un animateur organise gratuitement des jeux pour les 6 à 16 ans tous les jours, sauf le dimanche. La plage d'Excenevex est un vrai paradis pour toute la famille avec son aire de jeux, ses terrains de beach volley, son jeu d'échec géant, son minigolf et ses bateaux à pédales. Les jours de vent, cette plage devient le « spot » des planchistes et kitesurfers. Un véritable spectacle pour les non-pratiquants.

CAMPING LA PINÈDE**** €€

10, avenue de la Plage
✆ 04 50 72 85 05
www.camping-lapinede-excenevex.com
Ouvert du début avril à début novembre. Emplacement : 24 € la nuit. Tente canadienne 5 pers : 285 € (6 nuits). Piscine.

Idéalement situé, au bord du lac Léman, dans un environnement boisé, à l'ombre des pins et des chênes, La Pinède offre un cadre propice à la détente et au sport. Vous pouvez choisir de lézarder au bord de la piscine ou au bord du lac, sur l'unique plage de sable fin du Léman. Et au milieu coule une rivière... avec son port de petits bateaux à moteur. Niveau hébergement, il y en a pour tous les goûts ; 80 m^2 d'emplacements pour tentes, caravanes et camping-cars, mais aussi des tentes toilées canadiennes, des chalets et mobiles-homes, offrant plus de confort.

YVOIRE ★★★

Riche d'un passé remis en valeur, Yvoire est aussi appelée « la perle du Léman ». Construite sur un éperon rocheux dominant le lac, à la jonction des « petits » et des « grands » lacs, Yvoire est un élégant village fortifié qui a su se préserver des constructions modernes dans son enceinte aujourd'hui tant convoitée. Une convoitise qui commença en 1306, quand Amédée V le Grand entreprit de protéger de murs cette véritable sentinelle du Léman. Cette position stratégique lui assurera une certaine prospérité, notamment grâce aux franchises. S'il traversera le Moyen Age sans que ses bâtiments subissent de gros dégâts, le château ne résistera pas aux assauts des Genevois et des Français et sera privé de toit pendant 350 ans ! Au fil des siècles suivants, Yvoire redevient un petit village de pêcheurs et d'agriculteurs et ce jusque dans les années d'après-guerre. C'est à ce moment que l'on comprit que le patrimoine contenu dans ces murs pouvait intéresser et attirer bien des touristes. Et pour redonner à Yvoire son meilleur visage, les habitants fleurirent le village. C'est ainsi qu'Yvoire reçut le premier prix national de fleurissement en 1959. En 2002, Yvoire, membre de la prestigieuse association des « plus beaux villages de France », reçoit le Trophée international des paysagistes et horticulteurs et représente la France au Concours européen du fleurissement. Si Yvoire est une véritable carte postale au bord du lac, où nos amis Suisses aiment débarquer aux beaux jours, le village subit à la belle saison une forte « invasion » touristique qu'il faut canaliser dans les rues étroites.

Parkings payants, restaurants bondés, foule peu silencieuse, *Futé* n'aime rien tant que de visiter Yvoire hors saison, quand on flâne seul au milieu des vieilles pierres, que les bateaux sont rangés au port et que les (trop rares) restaurants ouverts vous accueillent en vous racontant l'histoire de ce si charmant village… On pénètre dans le village par la Porte de Rovorée pour s'engouffrer dans les rues bordées de maisons aux façades étroites et abondamment fleuries. On est d'abord attiré par le clocher à bulbe, brillant, de l'église. Pour la petite histoire, ce clocher est recouvert d'acier inoxydable censé rappeler par son éclat au soleil le ventre d'argent de la féra, poisson emblématique du Léman. Ensuite, on découvre le château du XIVe siècle qui domine le lac où l'on descend pour ressentir cette paix infinie qui règne ici (hors saison bien sûr !). Une halte, riche d'histoires, à ne pas manquer.

DOMAINE DE ROVORÉE - LA CHÂTAIGNIÈRE

La Châtaignière

✆ 04 50 72 80 21

www.savoie-mont-blanc.com

Domaine ouvert toute l'année. Gratuit. Visite guidée ou libre. Animations d'avril à septembre. Handitourisme.

Ce parc de 24 ha avec une très belle châtaigneraie possède 1,2 km de façade lacustre sur le Léman ! Propriété du conseil général de Haute-Savoie, du Conservatoire de l'Espace Littoral et des Rivages Lacustres, il est librement ouvert au public. A partir d'Yvoire, on y accède à pied par la voie verte ou par la navette solaire en période estivale. On peut profiter des visites naturalistes guidées (durée 1h30, inscriptions à l'office de tourisme d'Yvoire).

LABYRINTHE - JARDIN DES CINQ SENS®

Rue du Lac

✆ 04 50 72 88 80

www.jardin5sens.net

Ouvert tous les jours de mi-avril à début octobre à partir de 10h. Adulte : 14,50 €. Enfant 6/18 ans : 8 €.

C'est à l'emplacement de l'un des anciens potagers du château, dont le plan est conservé avec ses allées et ses bassins, qu'a été créé en 1986 ce jardin classé « Remarquable » en 2004 par le ministère de la Culture. Ce jardin, aux murs végétaux composés de charmille et de pommiers palissés, offre aux visiteurs quatre lieux de réflexion, de méditation, d'émerveillement sur le thème des cinq sens : dans le salon du goût, les pommiers prennent des formes incongrues, tandis que les légumes sont sagement alignés, le salon des senteurs nous laisse deviner ses parfums et le salon du toucher nous invite à le caresser, le salon des couleurs attire irrésistiblement l'œil... Un pigeon paon tout blanc se pose dans le cloître, le bruit de l'eau et le chant des oiseaux éveillent notre dernier sens, l'ouïe. Au total, ce ne sont pas moins de 1 500 variétés de plantes qui se trouvent exposées ici. Dans ce paradis retrouvé, chacun trouve son bonheur : admiration devant le travail accompli par des jardiniers d'exception, éblouissement devant ce tableau vivant, sentiments profonds d'apaisement et de vitalité. Et surtout, chacun retrouve des gestes simples tels que sentir le parfum d'une fleur, observer la nature dans ses moindres détails, croquer la vie en quelque sorte. Pour les enfants, un questionnaire-découverte – différent en fonction de l'âge – permet d'aller à la rencontre du jardin et à la découverte de leurs sens. Une visite hautement recommandée pour toute la famille.

Yvoire.

HAUTE-SAVOIE

OFFICE DE TOURISME D'YVOIRE

3, Place de la Mairie ✆ 04 50 72 80 21
www.destination-leman.com
Haute saison : ouvert du lundi au samedi de 9h30 à 12h30 et de 13h30 à 17h ; le dimanche de 12h à 15h30.

Yvoire, surnommée « la perle du Léman », est un élégant village médiéval au bord du lac. On pénètre dans le village fortifié par la porte de Rovorée (et par bateau depuis Nyon et Genève) pour s'engouffrer dans les rues aux maisons étroites et fleuries. On est d'abord attiré par le clocher à bulbe de l'église. Ensuite, on découvre les vestiges du château du XIVe siècle et le romantique Jardin des cinq sens. On portera sa curiosité jusqu'au domaine de Rovorée - La Châtaignière.

LA VIEILLE PORTE €€

2, place de la Mairie
✆ 04 50 72 80 14
https://lavieilleporte.com/
Ouvert de mi-février à fin octobre, du jeudi au mardi de 11h45 à 14h et de 18h45 à 21h. Carte : 32 € environ.

A l'entrée d'Yvoire, à la porte de Rovorée, cette maison de 700 ans semble faire partie des murs d'enceinte de la vieille ville. Un charme médiéval que l'on retrouve dans un intérieur joliment décoré, autour du feu de cheminée qui crépite. En été, on choisira de s'installer sur la terrasse s'ouvrant sur le Léman et la Vieille Porte pour savourer la traditionnelle poêlée de filets de perche façon meunière. La carte de saison du chef propose un voyage en Lémanie avec un filet de féra du Léman à l'unilatérale, sauce marinière, cannelloni ricotta et épinards.

ANNEMASSE ★

Associée à douze communes, accolée à la frontière suisse, Annemasse est le centre de la deuxième agglomération de Haute-Savoie et le deuxième pôle économique du département. Outre cette position privilégiée, Annemasse reste une ville à découvrir. Pour les amoureux des sports d'eau, vous pourrez goûter aux joies du canoë-kayak sur le bassin d'Etrembières ou nager en eau calme au centre aquatique, le Château Bleu, avec son espace bien-être (bain bouillonnant, hammam...), ses jeux d'eau extérieurs, son bassin couvert de 50 m permettant la natation toute l'année. Pour les activités culturelles, de nombreuses structures rythment la ville.

CHÂTEAU ROUGE

1, route de Bonneville
✆ 04 50 43 24 24
www.chateau-rouge.net
Billetterie du mardi au vendredi de 14h à 19h, le samedi de 14h à 17h.

Château Rouge est sans doute l'un des meilleurs lieux de spectacle de toute la région. Un lieu où se croisent danse, musique, théâtre, opéra, cirque... dans deux salles de concert de 700 places et de spectacle jusqu'à 1 500 places. Château Rouge est bien plus qu'un lieu accueillant des spectacles : des studios de répétition permettent aux jeunes groupes de répéter dans un espace spécialement conçu et adapté à leurs activités musicales. Un grand bravo pour des spectacles capables d'attirer tous les publics ! Une scène qui joue dans la cour des grands.

OFFICE DE TOURISME DES MONTS DE GENEVE

57, avenue de la Gare
✆ 04 50 95 07 10
www.montsdegeneve.com
Ouvert du lundi au samedi de 9h à 13h et de 14h30 à 18h (samedi jusqu'à 17h). Fermé le dimanche.

C'est là, et sur le site de l'office de tourisme, que l'on retrouve tous les bons plans pour partir à la découverte de la région d'Annemasse et des Monts de Genève (fusion OT d'Annemasse et de Saint-Julien-en-Genevois) : visiter un site, trouver une idée de sortie avec les enfants ou faire du tourisme d'affaires, bien dormir, bien manger, sans oublier les spectacles, concerts, tous les événements culturels. Toute une équipe de professionnels du tourisme à votre service.

L'AMARYLLIS €€€

5, rue Marc-Courriard
✆ 04 50 87 17 27
www.restaurant-lamaryllis.com
Ouvert du mardi au samedi, midi et soir (samedi : le soir uniquement). Menu affaires 27 €. Menus de 40 à 69 €. Terrasse.

Après avoir exercé plusieurs années dans la restauration gastronomique, Larbi Lachbed a décidé de voler de ses propres ailes et propose dans son établissement une cuisine moderne et inventive, montrant un savoir-faire indéniable. Baigner dans une atmosphère détendue ne peut qu'ouvrir l'appétit, aussi lorsque le plat arrive, non seulement on est surpris par une présentation aérée, soignée, élégante, mais, de plus, nos sens gustatifs sont émoussés par les idées surprenantes de la composition des mets. Belle carte des vins. Une adresse à retenir.

HAUTE-SAVOIE

LA TAVERNE €€

Place de l'Hôtel-de-Ville
✆ 04 50 84 46 80
www.la-taverne-annemasse.fr

Ouvert 7j/7 de 8h à minuit non-stop. Plat du jour 9,80 €. Formule du jour 16 €. Superbe terrasse.

Une Taverne qui fête ses vingt ans et continue de nous régaler à chaque visite. La terrasse s'impose naturellement comme l'une de nos préférées. Dans sa Taverne, Paul Deletraz perpétue de belles valeurs qu'il partage avec le chef Stéphane Coffy. Cuisine de goût et de terroir dans cette brasserie de référence où terre et mer se répondent : saumon coupé au couteau, steak haché sur place pour les burgers, rognons de veau à la crème de cassis, sans oublier les crustacés en direct du vivier, les plateaux de fruits de mer et les choucroutes. La Taverne du bonheur.

© RÉGIS BRUGERE

© RÉGIS BRUGERE

LE REFUGE DES GOURMETS €€€

90, route des Framboises
MACHILLY
✆ 04 50 43 53 87
www.refugedesgourmets.com

Ouvert du mercredi soir au dimanche midi. Menu : 85 €. 1 au guide Michelin. Terrasse.*

Voilà plus de 25 ans que cette belle maison a pris racine dans un terroir d'exception autour de Florence et Jean-Marie Chanove. Aujourd'hui, c'est au tour de leur fils, le chef Hubert Chanove, de prendre la relève. Fort de son brillant parcours, Hubert Chanove offre sa vision d'une gastronomie actuelle. Interprétant en duo avec son père des recettes inspirées par le terroir et les saisons, Hubert Chanove nous propose une symbiose entre cuisine et nature. Un Refuge où l'avenir s'écrit chaque jour pour le plus grand plaisir des Gourmets.

BASE DÉPARTEMENTALE DE CANOË-KAYAK

Accès par l'A40 sortie à l'échangeur d'Etrembières (suivre le panneau Mac Do). ✆ 06 51 07 84 04
www.canoekayak-annemasse.org

Activité du club en toute saison, réservée aux adhérents. Horaires adaptables. Adhésion annuelle à partir de 70 €.

Le club de canoë-kayak Annemasse Mont-Blanc permet tout au long de l'année de pratiquer les sports d'eau vive sur les rivières de la Haute-Savoie, mais également en piscine (le jeudi soir à Annemasse, sur réservation). Cette discipline s'adresse à un public large (âge minimum 13 ans) avec pour seule condition : savoir nager sur une distance d'au moins 25 m et savoir nager sous l'eau. Le club est affilié à la Fédération Française de canoë-kayak et assure donc un encadrement sérieux.

SAINT-JULIEN-EN-GENEVOIS

La ville de Saint-Julien a appartenu au comté de Genève, puis à la province du Genevois du duché de Savoie. Elle appartient aujourd'hui au Genevois français. On vient s'y distraire la nuit au Casino, alors que les ruines toutes proches du château de Ternier témoignent des combats entre le duché de Savoie et le comté de Genève. La communauté de communes du Genevois abrite un centre de loisirs à Neydens. Nombreuses visites vers les sites naturels. Zone frontalière, la ville essaie de garder une dimension humaine malgré la pression urbanistique et les constructions qui se multiplient. Le Léman Express permet de circuler très rapidement.

VITAM'

500, route des Envignes - **NEYDENS**
✆ 04 50 84 66 66
https://ucpavitam.fr
Ouvert tous les jours. Horaires selon période. Journée de 26 à 28,50 €. Centre de loisirs et galerie commerciale.

Un centre de loisirs et de shopping signé Migros. Le lieu de détente idéal et familial pour oublier le stress du quotidien, s'amuser et se détendre avec de très nombreuses possibilités. Le parc aquatique avec ses toboggans intérieurs et extérieurs, un immense bassin de balnéo, des bassin de nage sous une grande bulle de lumière ou un bassin lagon... Mais encore de l'escalade avec 160 voies tous niveaux, un complexe de fitness, un plateau de jeux pour les enfants de tous les âges, un centre de bien-être avec des soins adaptés... Des bonheurs à partager.

CASINO DE SAINT-JULIEN

Route d'Annecy
✆ 04 50 49 17 17
www.casino-saint-julien.com
Ouvert du jeudi au dimanche, de 10h à 2h, vendredi et samedi de 10 à 3h. Interdit aux -18 ans. Restauration.

Sortant du lot des casinos traditionnels avec ses lignes futuristes, le Casino de Saint-Julien se démarque en offrant au public un véritable bouquet de services et de loisirs pour passer des moments inoubliables. On commence dans un décor de rêve par la salle aux 112 machines à sous. Superbe salle des jeux traditionnels, ambiance feutrée, où l'on s'initie à la roulette anglaise, au blackjack et au Texas Hold'em Poker. Plusieurs restaurants en salle et Les Cocottes - Porte de Genève par Christian Constant pour mettre du soleil dans votre assiette.

ANDILLY

À la limite du Bassin Genevois et du Pays de Cruseilles, Andilly s'enorgueillit d'un pays imaginaire et de grandes fêtes médiévales. Un village dynamique grâce à ses habitants bénévoles. Depuis 1982, l'association Andilly Loisirs propose une aventure humaine hors du commun à travers des expositions permanentes – dont la plus connue est Le Hameau du père Noël – et des événements récurrents au Grand Parc d'Andilly, le plus grand parc d'attractions de Haute-Savoie. Le plus fameux est la fête Les Grandes Médiévales (fin mai) qui implique un millier de figurants bénévoles. Un village qui valorise son patrimoine naturel en jouant la carte de l'originalité !

GRAND PARC D'ANDILLY

Voie Communale N°9 dit des Rottets
✆ 04 50 32 73 64
www.grandparc-andilly.com
Grand Parc d'Andilly été dès le 1er juillet. Parc de Noël dès le 21 octobre 2023. Adulte : 15 €. Enfant : 12 €.

Plongez dans l'univers féerique de Noël et du hameau du père Noël en hiver, partez à la rencontre de charmantes créatures en été, et voyagez dans le temps pendant les Grandes Médiévales en juin. Le Petit Pays étend désormais son royaume sur 3 sites distincts : La Cure, la Forêt des Moulins et le domaine de Mont Sion où l'on trouve le Hameau du père Noël. Au fil des saisons, le plus grand parc d'attractions de Haute-Savoie propose 4 univers magiques pour émerveiller toute la famille. Des jeux, des spectacles, des scènes féeriques et plein de beaux souvenirs.

CRUSEILLES

Une grande ville sur l'axe Annecy-Genève, où l'on passe souvent bien trop vite sans prendre le temps de découvrir ce bourg au patrimoine intimement lié au comté de Genève. A découvrir à Cruseilles et aux alentours, les églises des XIIe et XVe siècles et les ponts suspendus ou le Pont de la Caille domine la rivière les Usses. Son patrimoine naturel est tout aussi intéressant, notamment le parc des Dronières. Près du lac, on peut pratiquer de nombreuses activités entre le centre nautique, le parc animalier (où les biches ne sont pas farouches), le parc aventure, un parcours de santé, les jeux pour enfants et de belles promenades.

AUBERGE À LA FERME DE BAJOLE €€

490, route de la Ferrande - **COPPONEX**
✆ 04 50 44 13 97
www.aubergedebajole.com
Ouvert du vendredi soir au dimanche midi. Réservation impérative. Carte 25 € environ. CB non acceptée. Jardin.

Environnement champêtre, une terrasse verdoyante, bienvenue dans cette ferme familiale où Caroline en salle et Lesly en cuisine cultivent l'amour des bonnes choses. Bonheurs simples à partager et plaisirs gourmands raffinés au rythme des saisons. Foie gras maison, gibiers de la chasse à l'automne, bœuf de Haut-Savoie, burger savoyard, desserts maison. Du bien-être à déguster sans compter : terroir, campagne, authenticité, beaux produits, cuisine de saveurs, on adore !

LA CLEF DES CHAMPS €€

Lieu Dit le Mont-Sion - **SAINT-BLAISE**
✆ 04 50 44 13 11
www.laclefdeschamps-restaurant.com

Ouvert du mercredi au dimanche midi, du mercredi au samedi le soir. Plat du jour midi 18 €. Menus de 42 € à 70 €.

Coup de cœur gourmand confirmé, au col du mont Sion, entre Annecy et Genève. Tenue par la même famille depuis 1955, une belle maison où les gourmets se délectent de la cuisine gastronomique du chef Laurent Rey, 3e génération de cuisinier. Un chef passionné qui travaille des produits frais de grande qualité pour réaliser des plats mêlant technicité gastronomique, créativité personnelle et saveurs de saison. Parmi les temps forts, les gibiers en automne ou la féra de lac en été. Comme nous, évadez-vous, régalez-vous en prenant la Clef des Champs !

CHÂTEL ★

Châtel se situe à 1 200 m d'altitude à la frontière entre la France et la Suisse. Malgré son fort développement touristique, le village de Châtel a su préserver l'essentiel de son authenticité, avec notamment la présence d'une trentaine de fermes en activité. Les vaches paissent l'été dans les alpages pour donner le lait qui sert à fabriquer le fromage d'Abondance, A.O.C. chablaisien. La station permet d'accéder au domaine skiable des Portes du Soleil par Super Châtel qui en constitue, depuis l'origine, une des stations les plus actives.

Sports / Loisirs

Avis aux amateurs de vélo : rendez-vous au Bike Park, un espace montagnard spécial descente en VTT.

LA VIEILLE DOUANE

1277, route de Vonnes
✆ 04 50 71 75 11
www.chatel.com/la-vieille-douane.html

Ouvert de mi-juin à fin août. Fermé le lundi et samedi, horaires variables, se renseigner. Adulte : 4,50 €.

À la vieille douane, Centre d'Interprétation de la Contrebande en Montagne qui a fêté ses 10 ans en 2022, on remonte le temps dans l'histoire de Châtel. Quand le village frontalier n'était pas encore une station avec des remontées reliant les deux pays et que les contrebandiers rusaient pour franchir les sommets sans se faire attraper par les « gabelous » (gendarmes et douaniers). Un regard original et surprenant sur le village et sa place stratégique, ainsi que sur les habitants. Animations pendant l'été : jeux d'enquête, opérations secrètes...

CHÂTEL TOURISME

14, route de Thonon
✆ 04 50 73 22 44
www.chatel.com

Ouverture selon saison. Haute saison : tous les jours de 9h (8h30 en hiver) à 19h.

Châtel Tourisme nous renseigne sur les multiples activités et services proposés par Châtel et Super Châtel en toutes saisons. Et si l'on peut skier sur la piste mauve ou faire du VTT, hiver comme été, en son royaume, on peut encore plonger sous la glace ou pratiquer le bob-luge. Activité transfrontalière tendance, le trail, avec le plus grand territoire relié d'Europe. Un office de tourisme dynamique qui nous présente des semaines d'animations complètes et un grand nombre de bonnes adresses pour ne pas rester, en toutes saisons, les deux pieds dans le même sabot !

HÔTEL MACCHI**** €€

94, chemin de L'Etringa
✆ 04 50 73 24 12
www.hotelmacchi.com

Ouvert en saison : été et hiver. À partir de 194 €. Demi-pension. Petit déjeuner inclus (buffet). Spa. Restauration.

Mélange de style autrichien et savoyard, cet hôtel haut de gamme de caractère est tenu par la famille Macchi depuis 1970. À 400 m du téléphérique de Super Châtel (bus privé), l'hôtel offre une atmosphère conviviale. Salon cosy avec cheminée et bar. Chambres coquettes et confortables avec balcon ouvrant sur les cimes. Idéal pour un séjour de loisirs sportifs mais aussi de bien-être et de détente, grâce au spa. Le chef Éric Macchi réalise une cuisine de produits frais de saison, sans oublier les spécialités savoyardes à la carte. Adresse incontournable.

RESTAURANT LE VIEUX FOUR €€

55, route du Boude ✆ 04 50 73 30 56

Maître Restaurateur. Ouvert en saison été et hiver, le mardi soir ; du mercredi au dimanche midi et soir. Terrasse.

Cette ferme de 1852 tient son nom de sa seconde activité à partir de 1900 : la première boulangerie à Châtel. L'extérieur offre une jolie terrasse fleurie l'été et un espace cosy l'hiver avec canapés et tapis en peaux de vache. À l'intérieur, le cadre est authentique. Repas dans l'ancienne étable, à l'étage les crèches où mangeaient les vaches ont été conservées, les plaques avec leurs prénoms aussi. Au menu, place aux spécialités savoyardes – de la fondue à la brasérade – et à une belle carte de viandes et poissons, pour ceux voulant faire une pause « fromage ».

BIKE PARK

Pré-la-Joux
✆ 04 50 73 34 24

De juin à septembre. Tarifs : 8 € (1 montée). Accessible par les télésièges de Pierre-Longue ou Rochassons.

Aux Portes du Soleil, sur le secteur de Pré-la-Joux, un espace montagnard consacré aux mordus de la descente en VTT. Ouvert tout l'été, on accède à 6 zones d'exception dont 5 accessibles par la piste verte de la Blues & Rock, soit 20 tracés dont 3 verts et 4 bleus, et de nombreuses variantes pour descendre sur des pistes adaptés à tous les niveaux de pratique. A Châtel, ce sont les pistes de DH ultra techniques avec racines et marches, des lignes carrément freeride, mais aussi des pistes larges avec des sauts accessibles pour les débutants.

© MARYLÈNE TRINCAZ

© MARYLÈNE TRINCAZ

HÔTEL AU BOIS DE LUNE••• €

1725, route de la Dranse
✆ 04 50 81 36 94
www.auboisdelune.com

Ouvert en saison hiver et été. 12 chambres (cuisine équipée avec supplément). Chambre double de 95 € à 180 €. Navettes.

Au cœur des montagnes, ce chalet-hôtel offre des paysages somptueux en toute saison. Une nature merveilleuse qui se prolonge à l'intérieur d'une belle maison tenue par une femme adorable, Marylène. Elle nous fait partager sa joie de vivre, ses rires et rend notre séjour toujours plus beau grâce à ses précieux conseils. Chambres ouvertes sur la nature, avec chacune son balcon privé, et parfaitement équipées. Grandes chambres familiales. Maison remplie d'une bonne humeur contagieuse, un Bois de Lune qui va illuminer votre séjour à la montagne.

© MARYLÈNE TRINCAZ

© MARYLÈNE T

© MARYLÈNE TRINCAZ

VTT dans la station de Châtel, en Haute-Savoie.

CENTRE AQUATIQUE « FORME D'O »

188, chemin de l'Etringa
✆ 04 50 72 04 31
http://chatel-formedo.com
Été : tous les jours 11h-19h. Hiver : 12h-19h30. Entrée hiver : 14 €. Enfant : 10 €. Spa et massages. Salle de sport.

Le centre aquatique Forme d'O est un espace de 4 000 m² comprenant des bassins intérieurs et extérieurs avec plages minérales et végétales, un espace bien-être avec bassin balnéo, sauna et hammam ainsi qu'un espace fitness. En été, une bonne alternative aux lacs et rivières de la région et aux activités de glisse en hiver, ainsi qu'une source supplémentaire de détente. Un espace forme qui offre un point de vue superbe sur la nature et les montagnes environnante.

FANTASTICABLE

Pré-la-Joux
✆ 04 50 81 34 83
Ouvert été et hiver, selon météo. Tarif unique de 27 €. Vol en duo, 54 €. Sur réservation.

Des sensations fortes, et une incroyable impression de voler ! Fantasticable, c'est tout ça à la fois pour une activité unique dans les Alpes. A 1 900 m, on se lance au-dessus du vide accroché à un câble et on file à près de 100 km/heure au-dessus du sol (à 240 m) sur 2 523 mètres de câble au total (2 câbles) ! Pour celles et ceux qui veulent partager leurs émotions, possibilité de départ en duo. L'hiver, possibilité de « voler » sur le parcours n° 1 suivi de son matériel de glisse pour une expérience inoubliable au-dessus du « grand blanc ». A vivre intensément.

PISTE DE BOB LUGE DE CHÂTEL

Pré-la-Joux
✆ 04 50 81 32 48
Ouvert de mi-juin à mi-septembre. Haute saison : ouvert tous les jours de 13h30 à 17h30. Entrée : 5 €.

La luge, ce n'est pas qu'un sport d'hiver. Elle se pratique aussi l'été au milieu des épicéas ! Voici le décor : 650 m de descente sur les prés, 7 virages, dans un tube très glissant en inox. Adulte seul ou accompagné d'un enfant de moins de 1,25 m, vous apprendrez vite à freiner dans les virages que vous dévalerez à une vitesse moyenne de 7 m par seconde. Des sensations fortes et une franche partie de rigolade qui ne seront pas sans vous rappeler le film *Rasta Rockett* !

ABONDANCE ★★

Aux Portes du Soleil, le nom d'Abondance évoque non seulement la générosité d'une nature omniprésente mais aussi le nom d'un célèbre fromage ayant obtenu l'Appellation d'Origine Contrôlée depuis 1990. Un fromage à découvrir dans une Maison du Fromage adossée à la cavé coopérative d'affinage du village, avant de le déguster en famille. Une station-village idéale pour un séjour gourmand et apaisant. Le site à ne pas manquer de visiter, c'est l'abbaye d'Abondance, fondée au XIIe siècle. Pour faire une belle balade en famille (poussettes bienvenues), le Chemin des bords de Dranse propose de découvrir patrimoine et paysages d'Abondance à Châtel.

HAUTE-SAVOIE

© ISABELLE DUCLOS

LA BELLE RENCONTRE €

19, Chem. de sous le Crêt
✆ 06 42 10 84 91
Terrasse.

Il suffit juste d'un dîner pour y revenir régulièrement ! Isabelle Duclos est à l'image de sa cuisine, à moins que cela ne soit l'inverse ! Attachante, passionnée et passionnante, la Belle Rencontre est un peu chez elle, et c'est chez elle qu'elle aime nous recevoir pour nous faire découvrir une cuisine de terroir pleine de saveurs : foie gras maison au loupiac, avec son chutney de mangues au curcuma, terrine de cerf maison, une fondue suisse aux 12 épices, ou des *agnolotti* à la truffe, inoubliables ! Le dessert signature confirme la prochaine visite gourmande !

© ISABELLE DUCLOS

La vallée d'Abondance.

ABBAYE D'ABONDANCE ✝ ★

Place de l'Abbatiale
✆ 04 50 81 60 54
Fermé du 1er nov à mi-déc. Juillet et août, ouvert tous les jours 9h30-12h30 et 14h-18h. Entrée 5 €. Gratuit -6 ans.

Halte obligatoire sur ce site emblématique qui domine le cœur du village d'Abondance. Pays d'Art et d'Histoire, le patrimoine de la vallée d'Abondance est remarquable et ce site abbatial compte parmi les plus beaux des pays de Savoie. Intacte, cette abbaye augustinienne (1108-1607) reprise par des cisterciens (1607-1761) avec ses trésors d'art religieux médiéval est la première à avoir été classée aux Monuments historiques en 1875. Lors de la visite de l'abbaye d'Abondance, libre ou guidée, on distinguera trois temps forts. Tout d'abord, le cloître gothique construit au XIVe siècle, l'un des joyaux de l'art religieux et médiéval, avec ses chapiteaux, ses rosaces de pierre et ses peintures murales datant du début du XVe siècle et relatant la vie de la Vierge Marie. Ces nombreuses peintures, véritables trésors et témoignages de l'époque médiévale, offrent une vision de l'art pictural du haut Moyen Age et l'on sent de nouvelles influences dans ce style pourtant très codifié. A la suite, l'église abbatiale Notre-dame-d'Assomption, récemment restaurée, avec ses peintures et statues en trompe-l'œil. Enfin, le petit musée d'art religieux où admirer une collection rare d'objets et de vêtements liturgiques dont les plus anciens datent du XVe siècle. Expositions, animations - les familles bénéficient d'espaces ludiques -, conférences... ce lieu spirituel mérite une visite approfondie. Possibilité d'un billet combiné avec la Maison du Fromage d'Abondance, un des autres aspects de la culture savoyarde.

MAISON DU FROMAGE ABONDANCE 🏛

Rue d'Offaz
✆ 04 50 73 06 34
Ouverture selon saison. Haute saison du lundi au samedi 9h30-12h et 14h-18h, dimanche de 14h à 18h. Adulte : 5 €.

L'abondance est un fromage spécifique de cette vallée. La Maison du Fromage Abondance dans un parcours en 9 étapes au fil des paysages, des gestes, des savoir-faire et des sens, avec une nouvelle scénographie et de nouveaux outils permettant une approche ludique et sensorielle de l'abondance mais aussi des fromages de Savoie. Une visite qui se conclut par une dégustation de fromage accompagnée d'un verre de vin de Savoie ou de jus de pomme, également en vente dans la boutique !

LA CHAPELLE-D'ABONDANCE

C'est la seconde station-village en remontant la vallée d'Abondance. A 1 000 m d'altitude, elle est reliée avec l'ensemble du domaine des Portes du Soleil (via la station suisse de Torgon) par une piste à travers les sapins. Un forfait unique permet d'ailleurs de skier sur les deux stations. Ce village a comme particularité d'abriter une concentration intéressante de bonnes adresses gourmandes (et d'hôtelleries) qu'il ne faut manquer en toute saison. En été, 175 km de sentiers pédestres (reliés aux 575 km de sentiers des Portes du Soleil) permettent de sillonner une nature sublime et préservée, notamment la réserve du Mont de Grange.

LES GETS ★

La station des Gets, qui fait partie du vaste domaine des Portes du Soleil, est située sur un col, à une altitude de 1 172 mètres. On peut ainsi s'y rendre par deux itinéraires principaux : depuis Thonon ou depuis Cluses. Son nom, « Gitte » ou « giette » en patois savoyard, fait allusion au couloir de descente rapide du bois utilisé autrefois. Sapins et épicéas étaient utilisés pour construire les habitations et tailler les outils quotidiens. Malgré le développement de la pratique du ski, la station a bénéficié d'un développement immobilier raisonnable et respectueux de l'environnement. Familles ainsi que fondeurs ont aussi leurs structures adaptées.

HAUTE-SAVOIE

L'HISTOIRE DU MUSÉE DE LA MUSIQUE MÉCANIQUE

C'est dans le plus ancien bâtiment des Gets que le Musée de la Musique Mécanique trouve naturellement sa place depuis 1988. Depuis, une autre maison de caractère et « la galerie impériale » sont venues agrandir le musée et sa collection. Cela a permis d'accueillir des pièces prestigieuses provenant de nombreux pays, comme les orgues de Barbarie. La collection proposée par le Musée a une valeur inestimable et est reconnue par les spécialistes du monde entier. Pour la 5e édition du Musée en fête, on focalisera sur le thème de « la Manivelle », clin d'œil au Tour de France qui passera aux Gets cette année, avec des animations à pédales et musique.

ALTA LUMINA

736, route du Lac

✆ 04 50 75 87 58

Horaires en fonction de la tombée de la nuit. Adulte : 19,50 €. Enfant : 10,50 €. Réservation en ligne uniquement.

Embarquez dans une aventure son et lumière qui émerveillera petits et grands. Laissez-vous guider par un colporteur de musique et sa montgolfière à travers une forêt féerique, au fil des différentes scènes installées. Vous progressez à votre rythme dans cet univers qui réveille votre âme d'enfant. Posez-vous un instant sous les arbres, écouter, observer le monde qui s'illumine autour de vous. La forêt se transcende. Une promenade d'un kilomètre sur un sentier balisé, comptez une petite heure de parcours pour en profiter pleinement. Instant magique.

ALPINA*** €€

55, impasse de la Grange Neuve

✆ 04 50 75 80 22

http://hotel.hotelalpina.fr

39 chambres. Demi-pension : 99 € à 182 € par jour et par personne. Tarifs enfants. Restauration. Spa. Piscine.

Au pied des pistes l'hiver, ce chalet hôtel lodge - fleuris en été - allie charme et confort. Les chambres sont chaleureuses, habillées de boiseries. Sa situation centrale est idéale pour les amateurs de nature et de sports. L'Alpina est un lieu de confort et de bien-être, avec une piscine couverte chauffée à 28 °C, un espace détente - sauna, bain bouillonnant, hammam - et une palette de soins de qualité. Des chalets sont aussi à louer avec un service hôtelier (accès piscine inclus), ainsi que des suites avec spa privatif. Restauration traditionnelle et savoyarde.

LES COPEAUX €€

610, rue du Centre

✆ 04 50 79 78 50

www.lescopeauxrestaurant.com

Haute saison : tous les jours de 11h à 23h. Réservation recommandée. Carte : 28 € environ. Menu enfant : 12 €.

Chaleureux et cosy, au centre des Gets, Les Copeaux privilégie les spécialités savoyardes mais aussi des plats plus raffinés. Au menu, tartiflette aux cèpes, raclette à l'ancienne ou la typique péla. Pour se régaler d'un plat local de plus en plus rare, on choisit des Lou Rapins (beignets de pomme de terre). Pour le dessert, on opte sans hésiter pour une tarte rhubarbe framboise ou une meringue et sa double crème de gruyère. Pour ceux qui préfèrent se dépayser les papilles, on peut choisir des filets de perche meunière ou des escargots. Du choix et de la qualité.

LA FRUITIÈRE DES PERRIÈRES €€

137, Les Perrières ✆ 04 50 79 70 04

www.fruitiere-lesgets.com

Le dimanche, lundi, mercredi et jeudi : 9h-12h ; vendredi et samedi : 9h-12h et 16h-19h. Restaurant été hiver.

La Fruitière des Perrières regroupe une boutique, une fromagerie et un restaurant. L'assurance de déguster les produits authentiques de la région. Chaque plat est un repas savoyard typique et complet. On choisit entre raclettes, fondues et reblochonnades, productions de la maison, accompagnés de charcuterie et pommes de terre, ou une potée savoyarde... Pour finir par une meringue à la crème avec myrtilles, par exemple. Traditions respectées et saveurs authentiques.

LA PELA BY CAMILLE €€

38, rue de l'Ancienne Fruitière

✆ 04 50 04 78 56

Ouvert du jeudi au mardi le midi et le soir. Plats : 25 €. Menu enfant : 16 €. Tapas : 12 €.

Un souffle nouveau à La Péla avec une toute nouvelle formule ! Camille vous propose un tour du monde culinaire avec une cuisine subtile et recherchée, des saveurs venues d'ailleurs pour faire voyager vos papilles. Adresse idéale et originale pour changer des plats traditionnels de la région et découvrir des spécialités du monde. Dans une atmosphère décontractée, avec un service souriant, installez-vous confortablement pour déguster les tapas, jusqu'à tard dans la soirée. À la carte, savourez le poulet Fafa au lait de coco ou le rougail aux diots de Savoie...

© MUSÉE DE LA MUSIQUE MÉCANIQUE

© MUSÉE DE LA MUSIQUE MÉCANIQUE

© MUSÉE DE LA MUSIQUE MÉCANIQUE

MUSÉE DE LA MUSIQUE MÉCANIQUE ★

294, rue du Vieux Village ✆ 04 50 79 85 75
www.musicmecalesgets.org
Haute saison : tous les jours de 10h30 à 19h (10/07-27/08). Entrée adulte : 10 €. Visite guidée. Boutique. Animations.

Depuis plus de 40 ans, l'association de la musique mécanique a rassemblé une collection unique d'instruments aussi rares qu'impressionnants. On y découvre des instruments qui mêlent science et art et leur évolution à travers le temps. Près de 900 pièces y sont exposées ; carillon, pendule, boîte à musique, orgue de rue, piano mécanique, phonographe... Son manège de chevaux de bois, classé Monument historique, s'expose et s'anime sur la place de la Mairie. Un trésor du patrimoine !

© MUSÉE DE LA MUSIQUE MÉCANIQUE

© MUSÉE DE LA MUSIQUE MÉCANIQUE

© CRYCHAR

© MOJOCOM

CHALET-HÔTEL CRYCHAR**** €€

136, impasse de la Grange-Neuve
✆ 04 50 75 80 50
www.crychar.com

Ouvert en saison. Chambre double de 90 € à 525 €. Demi-pension. Restauration. Spa. Jeux enfants.

Décor cosy, bienveillance, confort, qualité, le tout au pied des pistes : bienvenue au chalet-Hôtel Crychar ! Profitez pleinement des montagnes hiver comme été, des activités outdoor, en vous reposant sur l'accueil de Grégory et Céline, et le confort d'un 4-étoiles fonctionnel et chaleureux. Chambres douillettes, prestations haut de gamme – dont un spa avec piscine à jets massants, sauna, hammam, douche sensorielle, fontaine à glace, salle de sport, massages... –, un véritable cocon ! Déjeuner au Bacchus : plats raffinés, vins d'exception. Régal de tous les sens.

© CRYCHAR

© MOJOCOM

© MOJOCOM

BACCHUS BY CRYCHAR €€

136, impasse de la Grange Neuve
✆ 04 50 75 80 50
www.crychar.com

Ouvert tous les jours le midi ; du mardi au dimanche le soir. Réservation recommandée. Carte brasserie le midi.

Le soleil brille toujours sur la terrasse, au pied des pistes l'hiver, sur les alpages l'été, et dans les assiettes préparées par le chef Grégory. Une brasserie raffinée, la meilleure de la station, pour savourer une cuisine maison d'exception. Au Bacchus, le bon goût et les saveurs s'affirment. Planches, tapas, apéros gourmets à partager en été. D'autres propositions sur la carte en hiver avec des escargots de Magland ou un poulpe grillé au chorizo et à l'ail. Mention spéciale pour le service et à la merveilleuse carte des vins aux 250 références. Coup de cœur !

LA R'MIZE €€

160, rue du Vieux Village
✆ 04 50 79 75 57
www.larmize.fr

Ouvert toute l'année. Haute saison, tous les jours sauf mercredi. Menus 27 € à 45 €. Plat du jour 13 €, dessert 7 €.

R'mettre ça au plus vite, c'est tout ce que veulent les gourmands en sortant de la R'mize ! Au cœur des Gets, un restaurant où le chef, l'excellent Emmanuel Michaud, sublime les produits locaux dans de délicieuses assiettes servies par la solaire Jessica. Décor chaleureux, alliance entre tradition et contemporain, à l'image d'une cuisine généreuse qui veille au respect des produits du terroir tout en les magnifiant. Parmi les incontournables de la carte, une cocotte de ris de veau, la féra à la cuisson parfaite, du gibier en saison. Cœur sur la R'mize.

LES SOUPERS DU CRYCHAR €€

136, impasse de la Grange Neuve
✆ 04 50 75 80 50
www.crychar.com
Hiver uniquement. Ouvert du jeudi au dimanche le soir. Réservation impérative. Menu unique à 48 €.

A l'heure du souper, la table du Crychar et du chef Gregory Delechat propose tout l'hiver de composer un menu unique qui change chaque jour avec des produits frais. L'été, la formule se revisite avec planche et apéros à thèmes sur la terrasse avec vue, qui offre un merveilleux décor de nature. L'hiver, la salle offre un cadre chaleureux. Inspiré par le marché de saison et les produits locaux, le chef décline les plats en version gastronomique avec un savoir-faire remarquable. La carte des vins présente plus de 250 références sélectionnées par Céline.

BACCHUS BY CRYCHAR

136, impasse de la Grange Neuve
✆ 04 50 75 80 50
www.crychar.com
Saison hiver : brasserie tous les jours de 12h à 16h. En été : planches et tapas du mercredi au dimanche soir.

Une brasserie chic au pied des pistes en hiver (accessible à skis et à pied), avec des plats traditionnels et des produits de saison. L'été, on déguste les planches et tapas toute la journée, sur la terrasse ensoleillée ou au bar cosy de l'hôtel. À la carte, une multitude de références de vins, soigneusement sélectionnés par la sommelière Céline. L'ambiance est souvent festive et musicale, cela promet de bonnes soirées en perspective ! Profitez aussi de l'hôtel et de ses chambres spacieuses et confortables, avec un espace bien-être et spa.

LA FERME DE CAROLINE

2111, route des Chavannes
✆ 06 36 50 11 05
www.lafermedecaroline.net
Hiver : du lundi au samedi de 16h à 19h. Été : lundi et vendredi de 17h à 19h. Restauration l'été, sur réservation.

Sous mention Nature & Progrès, la ferme de Caroline et Noël a opté pour une agriculture biologique et écologique, qui respecte l'équilibre de la nature. Ils produisent de nombreux fromages de vache d'Hérens (unique ferme du territoire), mais aussi du fromage de chèvre et de la viande de vache d'Hérens et de porc gascon. L'été vous pouvez partager un repas en alpage, à base de leurs produits fermiers, et observer les troupeaux qui profitent aussi des paysages verdoyants. L'hiver vous pouvez déguster une fondue au chalet d'alpage (sur réservation).

LA FRUITIÈRE DES PERRIÈRES

137, Les Perrières
✆ 04 50 79 70 04
www.fruitiere-lesgets.com
Restaurant ouvert en hiver et été. Visite gratuite de la fromagerie : les mercredis à 10h sur réservation.

Depuis le XXe siècle à Morzine, la Fruitière des Perrières transforme le lait en fromages. Depuis 1992, une nouvelle fromagerie a été construite sur le site et les anciennes caves d'affinage sont devenues un restaurant convivial. On en profite pour faire le plein de reblochon, tomme des Gets, abondance, raclette... mais aussi le crémeux Bleu des Gets et le fruité Saveur des Gets (sorte de gruyère de Savoie) qui ont fait sa renommée et encore bien d'autres spécialités savoyardes.

BIKEPARK LES GETS

Route du Front de neige
✆ 04 50 75 80 80
www.lesgets.bike
Ouvert de juin à septembre. Haute saison : ouvert tous les jours de 9h à 17h30.

Précurseur en Europe du VTT comme sport de glisse nouvelle génération et leader du Mountain Bike, la station des Gets dispose d'un Bikepark composé de 128 km de pistes balisées. Y ont été développés des zones de pratiques et des itinéraires accessibles à toute la famille comme aux plus téméraires. L'accès au domaine des Portes du Soleil permet de pratiquer la descente en VTT sur 650 km d'itinéraires balisés. Tout est fait pour attirer un public de passionnés et familial. Le VTT pour tous. La station accueillera les Championnats du Monde en août 2022.

BUREAU DES GUIDES

431, route de Morzine ✆ 06 80 33 60 26
www.evolution2-lesgets.com/
Sur réservation. Ski de randonnées : 300 € (1/2 journée). Parapente : 90 €. Randonnées, sports de glisse, canyoning...

Des professionnels qui connaissent parfaitement le domaine des Portes du Soleil et font découvrir son panorama grandiose, à pied, à ski ou en VTT. Ulrika et Jean-Luc Tamanini, deux guides spécialisés en moyenne et haute montagne, proposent des descente de torrents en escalade, randonnée à peau de phoque... Ces guides chevronnés organisent aussi des randonnées accompagnées, de l'alpinisme, du freeride (ski, VTT), du canyoning, de l'hydro-speed, de la via ferrata et bien d'autres activités sportives de montagne. À tenter au moins une fois, selon son niveau !

HAUTE-SAVOIE

LES GETS - PORTES DU SOLEIL

✆ 04 50 75 80 99
https://www.lesgets.com/
Tous les jours de mi-décembre à mi-avril (selon enneigement). Entrée : 46 € (adulte). Forfait saison à partir de 494 €.

Les Gets fait partie du domaine skiable des Portes du Soleil, l'un des plus grands domaines au monde. Il comprend 12 stations reliées entre la France et la Suisse, ce qui vous offre 600 km de glisse ! Depuis la station-village des Gets, on part skis aux pieds pour parcourir le domaine des Gets-Morzine, et des Portes du Soleil. Le domaine offre de nombreuses pistes, des plus techniques aux plus adaptées pour les débutants. Le domaine est boisé et les paysages sont à couper le souffle.

GOLF DES GETS

Route des Chavannes
✆ 04 50 75 87 63
www.lesgets.golf
De début juin à début octobre. Haute saison : ouvert tous les jours. 1 Green Fee Golfy (Indigo) haute saison : 51 €.

Situé sur la crête du plateau des Chavannes, au cœur du Geopark du Chablais, le parcours 18 trous s'étale régulier et plane, entre sapins, érables et bouleaux. Cette situation sommitale offrant de magnifiques paysages a de quoi entamer la concentration. Au trou n° 4, on apercevra la Suisse lémanique toute proche. Au trou n° 5 deux obstacles d'eau où les chevreuils viennent se désaltérer. Au trou n° 14, on aperçoit le Mont-Blanc. Détente au restaurant du golf. Cet éco-golf a été le premier en France à recevoir une certification environnementale.

LAC DE BAIGNADE DES ÉCOLES

Lac des Ecoles ✆ 04 50 74 74 74
www.lesgets.com
Ouvert du 24 juin au 3 septembre, de 12h à 18h30. Entrée : 4 € (2 € après 17h). Abonnement : 42 € (saison).

Un cadre privilégié avec une vue imprenable, sur la vallée et le massif du Chablais ! Dans ce Geopark du Chablais, montagne rime souvent avec lac et eau pure. Alors, on en profite pour se délasser dans ce lac de montagne où, l'été, la température moyenne de l'eau peut atteindre les 22 °C ! A louer sur place : chaise, méridienne et parasol. A disposition : toboggan aquatique, beach-volley et terrain multi-sports. Parc aquatique et kidspark gonflables sur une partie du lac.

PLONGÉE SOUS GLACE

Lac de Montriond - **MONTRIOND**
✆ 06 07 14 95 39
www.plongeesousglace.com
Ouvert dès la gelée du lac en hiver. Sur réservation. Plongée individuelle : 99 €. Plongée de nuit : 130 €.

Une aventure hors du commun ! Le lac de Montriond est le 3e plus grand lac de Haute-Savoie, après le Léman et le Lac d'Annecy. A 1 064 mètres d'altitude, long de 1 320 mètres sur 235 mètres au plus large et profond de 19 mètres ! Une fois la glace formée, on peut s'initier à cette activité, entouré des meilleurs professionnels. On observe alors le spectacle des bulles et de l'eau à 2 °C. Les prix comprennent la sécurité sur le site, assurée par un moniteur avec Brevet d'État, l'encadrement, le matériel (combinaison étanche, détendeur antigivre...), et l'assurance.

LES SOURCES DU CHERY

2249, Route des Grandes Alpes
✆ 04 50 49 01 50
https://www.sourcesduchery.com/
Ouvert tous les jours de 13h30 à 19h. Fermé en avril, mai, octobre. Entrée 1h : 29 €. Entrée 3h : 49 €. Spa, massages.

Évadez-vous un instant du monde et profitez d'une douce parenthèse dans un cadre soigné et réconfortant. Après une journée de randonnée, de ski, de VTT, ou toutes autres activités, la piscine chauffée à 31 °C et ses jets massants seront sources d'énergie. Sauna, hammam, bains bouillonnants, pluie sensorielle, salon de détente, salon de sel, tout est prévu ici pour vous ressourcer et vous cocooner. Calme et bien-être assurés, dans un très joli environnement boisé et minéral. Profitez également de la galerie d'art pour faire le plein d'inspiration.

IGLOO CHALET CLUB

426, rue du Centre
✆ 04 50 75 85 00
www.igloo-chaletclub.com
Haute saison : ouvert du mardi au dimanche de 23h55 à 6h. Certains week-ends en intersaisons. Navette client.

Au cœur du village, c'est la discothèque historique des Gets, et le plus ancien dancing de France lorsqu'elle a été ouverte en 1938 ! Ce petit chalet de bois offre de bonnes soirées aux rythmes actuels avec quelques DJ d'aujourd'hui – techno, house, etc. – et des soirées années 1980-1990 les vendredis. Bon plan Futé : on peut réserver une navette gratuite de 8 places (minimum 2 personnes) entre Les Gets, Morzine et les alentours : entre 23h et 1h45 (pour s'y rendre) puis entre 3h et 6h (le retour), sous réserve de disponibilité. C'est Sam qui conduit !

MORZINE ★★

Considérée comme la capitale du Haut-Chablais blanc, Morzine (1 060 m) est pelotonnée au fond de la vallée d'Aulps, au pied de la fameuse falaise qui vit naître, sur le plateau d'Avoréaz, la station de sports d'hiver d'Avoriaz. C'est pourtant à Morzine qu'est né le premier Grand Hôtel de tourisme, dans les années 1920. En 1934, le téléphérique du Pléney était mis en service pour les promenades et son point de vue dominant sur les Alpes. Le développement des sports d'hiver poussa la commune de Morzine à équiper les montagnes du Pléney, de Nyon et de Chamossière et à créer un domaine d'altitude. La création d'Avoriaz, en 1960, lui donna une nouvelle dimension. La clientèle s'est développée, en complémentarité, sur les deux stations de la commune : Avoriaz intéresse surtout les skieurs épris d'altitude et attirés par la modernité de son architecture mimétique, alors que Morzine a la préférence des amateurs de villages authentiques. Les Portes du Soleil avec son super-domaine franco-suisse contribua encore au développement de Morzine-Avoriaz en reliant entre elles 12 stations du massif du Chablais. La création d'Avoriaz a sans doute permis de limiter le nombre de résidences touristiques de Morzine et de préserver son charme authentique.

Sports / Loisirs

Pour glisser, direction l'une des deux patinoires : une, couverte, dans le complexe sportif du parc des Dérêches où se situe la piscine ; l'autre - éphémère - en plein air, en plein centre du village, sur la place de l'office de tourisme. Celle-ci permet aux familles de s'en donner à cœur joie au retour du ski et en attendant l'heure du repas.

Pistes près de Morzine.

L'ALPAGE

337, route de la Plagne
✆ 04 50 79 12 39
www.alpage-morzine.com

Ouvert du lundi au samedi de 8h à 19h15. En haute saison, visite guidée gratuite les mercredis et jeudis de 9h à 11h.

Comment se fabrique le fameux fromage d'Abondance, ce délice dont dépend si fortement la flore naturelle du lait cru ? C'est ici qu'on nous l'explique. Comme on le fait d'ailleurs pour bien d'autres spécialités savoyardes. Reprise en 1996 par Nicolas Baud, cette fruitière produit 5 des fromages locaux : la tomme, l'abondance, le reblochon, la raclette et, rare, le vieux fromage de Nyon au goût si atypique. Outre cette visite, qui permet de connaître tout le processus de la traite des vaches au moulage, la fruitière propose ses produits à la vente.

ARDOISIÈRE DES 7 PIEDS

565, route des Ardoisières
✆ 04 50 79 12 21
www.ardoise-morzine.com

Ouvert du lundi au vendredi de 8h à 12h et de 14h à 18h. Visite guidée du 12/07 au 19/08, mardi 17h et vendredi 10h30.

L'ardoise, traditionnellement utilisée pour réaliser les toitures dans certaines régions, dont la Savoie, aurait été découverte au Xe siècle. L'Ardoisière des 7 Pieds est l'un des 4 derniers sites d'exploitation de cette roche en France. Cette fabrique doit sa survie à Franck Buet, ardoisier lui-même, qui guide les visiteurs dans son atelier. Il y présente l'histoire et la technique de fabrication - l'extraction, le travail réalisé à la mine de schiste et la découpe - de l'ardoise de schiste (ou lauze). Une visite riche en anecdotes et en explications.

BUREAU DES ACTIVITÉS DE MORZINE

19, place de l'Office de Tourisme
✆ 04 50 49 48 60
www.indianaventures.com

Ouvert selon saison. Haute saison, ouvert du dimanche au vendredi 10h-12h et 16h-19h. Sorties raquettes, rafting...

Présente à Saint-Paul-en-Chablais et à Samoëns, l'équipe d'Indiana'ventures a mis en place une large batterie d'activités ludiques et sportives depuis son bureau historique de Morzine. Créateur de l'Indiana Parc à Morzine, le Bureau des Activités de Morzine est actif sur les domaines à la fois de Morzine et d'Avoriaz : luge nocturne, yooner, raquette, VTT, parapente, via ferrata, spéléologie, canyoning, paint ball... Parcours aventure. De belles aventures en perspective !

OFFICE DE TOURISME

26, Place Baraly
✆ 04 50 74 72 72
www.morzine-avoriaz.com
Basse saison : ouvert du lundi au samedi de 9h à 12h et de 14h à 18h. Haute saison : tous les jours de 9h à 19h.

Si la station de Morzine est une pépinière historique de champions de sports d'hiver, comme Jean Vuarnet, la station ne se limite pas au ski et ses activités estivales sont nombreuses. En partie axées sur la découverte de la nature et du patrimoine mais aussi du VTT, une des pratiques les plus courues sur le domaine des Portes du Soleil - même sur neige. Des visites guidées sont proposées par l'office de tourisme sur l'architecture, les traditions, la faune et la flore afin de vous faire découvrir ce patrimoine toujours présent de « village savoyard ».

LES BRUYÈRES*** €€

205, taille de Mas des Champs-de-la-Plagne
✆ 04 50 79 15 76
www.lesbruyeres-hotel.com
Ouvert été et hiver. 22 chambres. Chambre double à partir de 101 €. Petit déjeuner inclus. Restauration. Sauna.

A moins de 5 min à pied des remontées de Super-Morzine et du centre de ce village-station, doté d'un excellent rapport qualité-prix - imbattable dans la station et les environs -, l'hôtel Les Bruyères maintient depuis 3 générations une tradition d'hôtellerie à l'ambiance familiale, conviviale et chaleureuse. L'accueil et les services personnalisés restent au cœur de la philosophie de Vincent. Une belle maison dans un style montagnard, avec des chambres douillettes et confortables. Côté détente : terrasse, piscine couverte chauffée en hiver, sauna, salle de sport.

LA CHAMADE €€

90, route de la Plagne
✆ 04 50 79 13 91
www.lachamade.com
Haute saison : tous les jours midi et soir. Pizza à partir de 14 €. Fondue : 24 €. Carré d'agneau : 35 €.

Un chalet-brasserie chic, de caractère, au décor insolite et vitaminé. Sous l'impulsion du chef Thierry Thorens, La Chamade bat plus fort dans ses espaces intérieurs élégants ou sur sa terrasse pour apprécier une cuisine de terroir revisitée. Des produits locaux, frais, de saison, et des assiettes dans un bel esprit bistronomique : terrine de foie gras maison, hachis de noisette ou filet de bar rôti… Le restaurant est aussi réputé pour ses pizzas cuites au feu de bois et ses crêpes. Le bar à fromages mérite le voyage gourmand. Formule barbecue en été.

LA ROTONDE €€

890, avenue de Joux-Plane
✆ 04 50 79 16 30
www.rotonde-morzine.com
Tous les jours de 11h à 15h et de 18h à 23h. Bar : 9h-23h. Carte : 26 € environ. Fondue à partir de 22 €. Terrasse.

En plein cœur de ville et à 3 minutes des pistes de ski, La Rotonde est tenue par l'excellent Vincent Baud. Trois salles et une double terrasse pour un restaurant dont la décoration et la carte privilégient le décor contemporain sobre, mais soigné ! On retrouve des spécialités savoyardes avec une délicieuse fondue aux cèpes ou une tartiflette, mais aussi des plats aux accents fusion du monde. Des prix raisonnables à midi et une carte pour toutes les envies. Très belle terrasse pour se restaurer, vue sur la nature. Une adresse attentive à la qualité et au service.

POTERIE DE MORZINE

Rue du Bourg
✆ 04 50 74 77 60
Haute saison : ouvert du lundi au samedi de 10h30 à 12h et de 15h30 à 19h.

Dans son atelier de Morzine, Gérard Menu perpétue un savoir-faire ancestral dont il revendique le cheminement de la matière première à l'objet final vernissé et décoré. Fidèle aux formes traditionnelles de la région et à la terre d'argile, il tourne à la main : plats, pots, huiliers, bols, assiettes… Les motifs sont respectés dans la plus pure tradition savoyarde : lignes vertes et brunes sur un fond ocre jaune, alternance de pois brun et ocre foncé. Le motif dessiné peut être une edelweiss ou des vaches, réalisé à main levée. Chaque pièce est unique !

ESPACE AQUATIQUE

502, route du Palais des Sports
✆ 04 50 79 08 43
www.parc-dereches.com
Du lundi au vendredi de 12h à 19h ; dimanche de 14h à 19h. Horaires variables selon saison. Piscine : 6,20 €.

L'espace aquatique du parc des Derêches comprend deux bassins, une pataugeoire, un espace bien-être et détente au calme. On y pratique des activités sportives avec des cours accompagnés par les éducateurs sportifs : aquagym, aquabiking… et des cours de natation avec des maîtres-nageurs qualifiés. L'été, l'espace extérieur possède deux piscines olympiques, une pataugeoire aménagée de jeux aquatiques, et des équipements ludiques comme le toboggan géant de 80 mètres. Un environnement de nature avec vue sur les montagnes ! En hiver, profitez aussi de la patinoire !

LE MAS DE LA COUTETTAZ €€€

429, chemin de la Coutettaz
✆ 06 83 86 55 49
www.thefarmhouse.fr

11 chambres. Demi-pension : 205 € à 315 €. Petit déjeuner inclus. Chambre seule en été seulement. Table d'hôtes : 60 €.

Une demeure de charme au caractère savoyard et à la patine très british ! Rénové avec goût par le propriétaire d'origine anglaise, le corps d'habitation flanqué d'une grange et de dépendances a conservé son toit recouvert de lauzes de pays. On tombe sous le charme de la luxueuse farmhouse et ses onze chambres raffinées. Sur la table d'hôtes du dîner se dresse un petit banquet savouré à la lueur des chandelles. Le petit-déjeuner est servi dans la salle aux grandes baies vitrées s'ouvrant sur le jardin. Parfait pour découvrir la région ou fêter un événement.

© ADTM

AUBERGE DES TERRES MAUDITES CHEZ LAYÄN-NE €

4896, route de la Manche
✆ 04 50 79 03 93

Ouvert du 15 décembre au 30 avril. En juillet et août 7j/7 toute la journée. Fondue, salade et charcuterie : 25 €.

Le paradis à 1 200 m d'altitude : beauté de la vallée de la Manche, paysages paradisiaques, authenticité d'une auberge familiale et gourmande : bienvenue Chez Layän-ne ! Si les spécialités régionales de Valérie sont cuisinées comme nulle part ailleurs, goûtez ses omelettes aux girolles, filets de perche, et croûtes… ! Desserts maison : tarte aux myrtilles, tiramisu… et ambiance savoyarde d'autrefois, en musique, avec Alain en costume folklorique et Karen à l'accordéon. On adore !

© ADTM

© ADTM

© LAFLAMME

© LAFLAMME

© LAFLAMME

LA FLAMME €€

24, taille Mas de la Passerelle
✆ 04 50 75 78 09
www.laflamme-morzine.com
Ouvert du 1/12 au 30/04 et du 15/06 au 15/09. Haute saison, ouvert tous les jours 8h30-22h. Spécialités régionales ind.

Depuis 10 ans, le *Futé* et les gourmands s'enflamment pour ce restaurant située au pied de la télécabine de Super Morzine. Une Flamme allumée et entretenue par un passionné, le chef Sylvain. Cuisine pour toutes les envies, végétariens bienvenus, mariant avec goût spécialités régionales, servies en portions individuelles, plats savoureux à base de produits du terroir, comme cette truite des Ardoisières de Morzine, des burgers gourmands... Accueil et service merveilleux de Jess et son équipe. Belle sélection de bières et de vins. Soirées thématiques. On adore !

© LAFLAMME

© LAFLAMME

PATINOIRES DE MORZINE

502, route du Palais des Sports
✆ 04 50 79 08 43
www.parc-dereches.com/patinoires
Ouvert de mi-décembre à fin avril. Horaires variables, fermé le week-end. Entrée : 4 €. Enfant 2,30 €. Patins : 3,90 €.

Les Morzinois bénéficient de deux patinoires en hiver : l'une, couverte, dans le complexe sportif du parc des Dérêches où se situe la piscine ; l'autre en plein air, au centre du village. Celle-ci permet aux familles de s'en donner à cœur joie au retour du ski. Son gabarit de 30 mètres par 15 suffit pour accueillir l'affluence des vacanciers. Pour les amateurs d'espace qui aiment patiner à vive allure sur des rythmes endiablés, la patinoire couverte leur conviendra. Sa surface de 56 m par 26 m reçoit les entraînements des Pingouins, l'équipe de hockey de Morzine.

SAINT-JEAN-D'AULPS

En aval de Morzine, sur la route de Thonon-les-Bains, Saint-Jean-d'Aulps, village et station familiale, vous invite en hiver à plonger dans l'intimité de la nature et à découvrir sur le Domaine du Roc d'Enfer les plaisirs du ski et des sports d'hiver en toute tranquillité dans un cadre sauvage et préservé ! Cet autre partenaire des Portes du Soleil est relié par navettes payantes. En été, profitez des nombreux itinéraires de randonnées et de VTT à Saint-Jean-d'Aulps et dans toute la vallée d'Aulps (plus de 200 km de sentiers balisés) ainsi que des diverses activités de loisirs : escalade, parapente, pêche, baignade, rafting et autres à proximité.

OFFICE DE TOURISME DE LA VALLÉE D'AULPS

1959, route des Grandes Alpes
✆ 04 50 79 65 09
www.valleedaulps.com
Basse saison : du lundi au vendredi 9h-12h et 13h30-17h30. Haute saison : tous les jours 9h-12h et 14h-18h.

Un panorama complet des activités et des événements sur la haute vallée de l'Aulps ! Nous sommes ici dans l'un des sites appartenant au Geopark du Chablais labellisé par l'UNESCO. Très conviviale, l'équipe du bureau d'accueil connaît parfaitement son territoire et les stations alentour. Elle informe de l'ensemble des activités et des manifestations de la vallée d'Aulps, les sites à découvrir et comment s'y rendre, sans voiture avec la navette intercommunale Balad'Aulps Bus.

ABBAYE D'AULPS-DOMAINE DE DÉCOUVERTE DE LA VALLÉE

961, route de l'Abbaye
✆ 04 50 04 52 63
www.abbayedaulps.fr
Dim-ven 14h-18h30. Du 15/06 au 15/09 : tous les jours 10h-19h. Adulte 7 €. Casque réalité augmentée 5 €.

En plein cœur du Haut-Chablais, sur un domaine de 2 ha, les vestiges de l'une des plus importantes abbayes cisterciennes de la Savoie médiévale. L'abbaye d'Aulps a été un lieu de pèlerinage dès le XIe siècle. Fondée en 1095 par des moines partis de l'abbaye de Molesme en Bourgogne, l'abbaye Notre-Dame-d'Aulps prend son indépendance en 1120 et Guérin de Pont-à-Mousson, second abbé d'Aulps et évêque de Sion, y meurt en 1150. Très vite, il est vénéré en tant que saint protecteur du bétail. Les derniers moines cisterciens furent chassés en 1792 par les révolutionnaires. Suite à l'incendie de 1823, les habitants du village récupèrent ses pierres pour reconstruire leurs habitations. Ne subsistent alors que des vestiges de l'abbatiale, la porterie, les celliers et l'ancienne ferme monastique. Pourtant ces ruines ont de l'allure et le site est remarquable à plus d'un titre ! L'église a conservé sa magnifique façade du XIIIe siècle et la glorieuse abbaye sera classée aux Monuments historiques en 1902. Aujourd'hui, elle abrite un centre d'interprétation, une boutique, une tisanerie, un jardin et un potager médiévaux. On y découvre une exposition sur la vie quotidienne des moines, leur communauté, l'histoire du duché de Savoie au Moyen Age et les secrets des plantes médicinales. On peut découvrir l'abbaye telle qu'elle était avant sa destruction avec l'application de réalité augmentée Abbayedaulps 3D et les casques en location à l'accueil. Une expérience unique !

MON PETIT RESTO €

2002, Route des Grandes Alpes
✆ 06 24 46 61 39
https://mon-petit-resto.business.site/
Haute saison : ouvert tous les jours de 10h à 21h. Carte : 18 € environ. Menu enfant : 10 €. Terrasse.

Une halte sur la route des Grandes Alpes, où l'on s'arrête souvent par hasard, au retour d'une randonnée ou en road-trip à travers les Alpes. Ceux qui s'y arrêtent une fois y reviennent souvent ! Dans un cadre simple, l'accueil est sympathique et chaleureux, la cuisine, de type bistro, est faite maison et régale les petits et grands. En fonction des saisons : fondues, bowls végétariens, entrecôtes et frites maison, salades ou encore gratin de courgettes. Un apéritif maison pour se rafraîchir sur la terrasse, à l'ombre des parasols.

ORGANISER SON SÉJOUR

Il n'est pas toujours évident de savoir par où commencer lorsque l'on décide de partir quelque part, et en même temps, c'est un moment enthousiasmant qui permet une première prise de contact avec quelques éléments du territoire, une première approche en terre inconnue qui peut-être deviendra plus tard un terrain connu. Voici donc de bonnes adresses pour vous permettre de préparer plus facilement votre voyage et répondre à certaines petites questions que vous pourriez vous poser. Prenez le temps de construire un voyage qui vous ressemble et vous correspond, en écoutant votre budget, vos centres d'intérêt et vos envies. Et si vous souhaitez ne pas planifier une partie de votre séjour pour laisser la part belle aux surprises, c'est tout à fait possible en Savoie Mont-Blanc, car vous trouverez toujours une fois sur place un hébergement et des solutions de dernière minute selon l'endroit et la météo !

S'Y RENDRE

Vous pouvez aller en Savoie Mont-Blanc de bien des façons : en bus, en train, en voiture, à moto, en avion et pourquoi pas à vélo ? Si vous envisagez de visiter plutôt la Haute-Savoie, préférez arriver à Genève ou Annecy, tandis que si vous prévoyez d'aller en Savoie, une arrivée vers Chambéry sera plus pratique. Il existe des trains directs Paris-Modane en 4h et Paris-Genève 3h30. Une option à la fois économique et écologique serait sinon d'y aller à 4 ou 5 en voiture. Trains spéciaux l'hiver Paris/Londres – Bourg-Saint-Maurice. L'accès aux stations est possible toute l'année, attention à la fermeture de certains cols. En hiver, chaînes ou pneus neige indispensables. Votre propre moyen de déplacement vous permettra de visiter du pays facilement. Des bus desservent aussi les stations en saison. Savoie Mont-Blanc est une destination accessible qui permet de se dépayser grandement sans aller au bout du monde !

GARE D'ANNECY

Place de la Gare
ANNECY
✆ 04 50 33 81 00
www.oui.sncf
Ouvert du lundi au samedi de 5h à 23h30 ; le dimanche et les jours fériés de 6h15 à 23h30.

Une gare moderne et lumineuse pour une arrivée en beauté en plein centre d'Annecy. Desservie en moyenne par 5 trajets directs à bord d'un TGV (et bien d'autres avec correspondance), Annecy est à seulement 3h42 de la capitale au départ de la gare de Lyon. Le train est donc une solution rapide, confortable et écoresponsable pour relier Annecy à Paris. Gare routière à la sortie de la gare pour monter dans un car qui monte en station. Si vous voulez visiter ou séjourner à Annecy, on vous conseille plutôt de louer un vélo ou d'emprunter les transports en commun.

SNCF CONNECT

www.sncf-connect.com

SNCF Connect, le site et l'application qui vous permettent d'organiser vos voyages. Pensez à bien réserver vos billets de train le plus tôt possible afin de les obtenir au meilleur prix. Ainsi, en plus de l'achat de billets, vous pouvez acheter des cartes de réduction qui valent le détour : par exemple, la carte Avantage à 49 € (Carte Jeune, Adulte et Senior) permet de bénéficier de 30 % de réduction sur vos voyages, ainsi que d'une réduction supplémentaire pour les enfants accompagnants. Elle est rentabilisée dès le trajet suivant le premier aller-retour.

GARE SNCF DE CHAMBÉRY - CHALLES-LES-EAUX

Place de la gare
CHAMBÉRY
✆ 04 79 60 90 00
Ouvert tous les jours et les jours fériés de 5h à 23h30. Le vendredi, ouverture jusqu'à 23h50.

Une gare au coeur des Alpes qui permet de faire facilement le lien entre les grandes métropoles régionales – Lyon, Valence, Annecy, Grenoble... –, Paris en TGV en 2h52 et les nombreuses stations savoyardes. A noter que les cars de la région prennent leur départ face à la Poste de Chambéry. Services en gare avec vélostation, loueurs de voitures pour partir vers les sommets, autopartage avec Citiz, taxis, ligne de bus et gare routière (Parc du Verney) à proximité.

ANNECY MONT-BLANC AEROPORT

8, route de Côte-Merle
EPAGNY METZ-TESSY
✆ 04 50 32 23 22
www.annecy.aeroport.fr

L'aéroport d'Annecy Mont-Blanc se trouve à Metz-Tessy, à deux pas de la ville -un petit quart d'heure-avec un parking de 250 places gratuites. Idéalement situé pour l'aviation de loisirs et d'affaires, l'aéroport Annecy Mont-Blanc est une porte d'accès aux Alpes, avec notamment des transferts possibles en hélicoptère vers les stations. Vous aurez également accès à un restaurant de qualité, l'Envol qui propose aussi de la restauration rapide si vous êtes pressé.

SÉJOURS ET CIRCUITS

Dénicher un hébergement au gré de votre voyage ne vous tente pas trop ? Vous aimez au contraire avoir un itinéraire bien précis avant de partir pour avoir le sentiment de tout voir ou bien faire un voyage thématique ? Et surtout, vous aimez mieux que quelqu'un d'autre s'en charge pour gagner du temps ? Voici pour vous une liste non exhaustive de tour-opérateurs et agences de voyage fiables, réactifs et spécialisés. N'hésitez pas à leur expliquer vos souhaits, votre budget et vos envies. Les prestations vous coûteront souvent un peu plus cher, mais vous aurez de bonnes surprises et des séjours sur mesure ! Des voyages bien pensés vous seront proposés afin de partir en Savoie Mont-Blanc l'esprit libre, sans avoir à s'occuper de quoi que ce soit. Alors, séjour pour découvrir les routes et cols à vélo ? Trek de quelques jours pour arpenter les sommets ? Une semaine de ski de randonnée nordique ? À vous de choisir !

1786.TRAVEL

294, rue Louis Pasteur
LA RAVOIRE
✆ 07 88 37 08 71
https://1786.travel
Séjours clé en main ou sur-mesure.

Savoie Mont-Blanc, ce n'est pas seulement une destination de ski ! Le but de 1786.Travel ? Vous prouver que la montagne ne se pratique pas seulement l'hiver et par la seule activité du ski. Cette équipe constituée d'amoureux de la montagne vous propose des séjours et activités sur mesure qui sortent des sentiers battus mais uniquement sur le secteur de Savoie-Mont-Blanc. Et il y a déjà tant à faire sur ce territoire ! Séjour insolite à Chamonix, découverte des vignobles savoyards, itinéraire écoresponsable autour du lac d'Annecy… Laissez-vous guider !

ANNECY A LA CARTE

✆ 06 34 47 78 81
https://annecyalacarte.fr
Infos et réservation sur le site web. Carnet sur mesure : 50 € par jour organisé. Carnet « tout prêt » 7 jours : 38 €.

Vous souhaitez visiter Annecy, son lac et ses montagnes en suivant un programme adapté à vos envies et contraintes, sans passer du temps et de l'énergie à faire toutes les recherches ? Noémie, passionnée par sa région, vous prépare un carnet de voyage sur mesure et très détaillé. Balade, aventure, culture ou événement, tout est expliqué jour après jour pour vous permettre de découvrir Annecy en toute simplicité. Vous n'avez plus qu'à réserver les activités conseillées ! Pour les plus pressés, un programme « tout prêt » est aussi disponible en version 3 ou 7 jours.

CHOUETTE JOURNEY

https://chouettejourney.com
Expériences du monde à Annecy. Réservation sur le site web.

Un chouette concept a été trouvé par Julie, la fondatrice : voyager tout autour du monde en restant dans sa ville ! Le résultat : un voyage autour de différentes cultures au travers d'expériences de tout type - artisanat, cuisine, danse du monde… -, auprès de professionnels locaux de culture étrangère, avec lesquels on tisse des liens spéciaux. On adore l'idée et la possibilité d'abonnement, qui permet de découvrir une culture différente par mois dans les alentours d'Annecy. Cap sur un chouette moment de partage et sur un voyage 100% local !

TAKAMAKA

23, Faubourg Sainte-Claire
ANNECY
✆ 04 50 45 60 61
www.takamaka.fr
Toute l'année.

Bougez, vivez vos rêves avec les guides Takamaka ! Depuis 28 ans, ils nous accompagnent sur terre et sous la terre, sur l'eau et dans l'eau, dans les airs et partout ailleurs ! Toutes les activités outdoor et aventure que l'on peut pratiquer en Haute-Savoie, et ailleurs, se retrouvent ici. On vient avec ses envies, on repart avec des solutions et le sourire ! Tous les sports nature autour d'Annecy sur l'eau, la neige et les airs. Sécurité, guides compétents et souriants, rien ne manque pour vivre notre aventure sur tous les terrains et en toute saison.

SE LOGER

Une bonne partie de votre budget voyage en Savoie Mont-Blanc sera dédiée à l'hébergement et aux activités sportives. Il y en a pour tous les porte-monnaie, du camping aux hôtels haut de gamme en passant par les chambres d'hôtes et les gîtes familiaux. Design alpin, pierre et bois sont souvent mis à l'honneur ! Les campings sont nombreux tout comme les refuges disséminés sur les alpages et en montagne. En ville, certains campings un tout petit peu excentrés permettent d'être presque en pleine nature tout en étant à quelques kilomètres seulement du centre-ville. Si vous songez à un séjour hivernal en pleine saison, pensez bien évidemment à réserver votre logement le plus en amont possible pour avoir plus de choix. Privilégiez la basse saison pour des tarifs attractifs. Alors, suite supérieure avec vue sur le lac ou nuit à la belle étoile dans un bon sac de couchage pour se réveiller avec le chant des oiseaux ?

GÎTES DE FRANCE HAUTE-SAVOIE €€

16, rue Guillaume Fichet - **ANNECY**
✆ 04 50 10 10 10
www.gites-de-france-haute-savoie.com
Service réservation ouvert du lundi au vendredi de 9h à 17h30, le samedi 9h-12h et 13h30-18h.

Gîtes de France garantie une sélection d'hébergement de qualité dans toute la Haute-Savoie, et une garantie de service pour réserver et séjourner en toute sérénité. Avec plus de 1 400 gîtes, 175 chambres d'hôtes et 19 gîtes de groupe, la Haute-Savoie est le 1er département du réseau Gîtes de France sur l'hiver et le 4e sur l'été. Lac, montagne ou campagne, faites de belles rencontres avec des hôtes qui sont là pour vous accueillir et vous guider dans vos découvertes et vos activités !

GÎTES DE FRANCE SAVOIE €€

17, rue Arthure Haulotte
CHAMBÉRY
✆ 04 58 14 12 12
www.gites-de-france-savoie.com
Service client disponible 7j/7 de 9h à 20h.

L'association propose plus de 1 800 hébergements sur le territoire. À vous de faire le choix entre gîtes, chambres d'hôtes, campings à la ferme, chalets d'alpages, hébergements insolites.... Le choix est vaste entre la montagne, la campagne, les lacs, les parcs naturels régionaux ou la ville. Dépaysement, accueil, patrimoine à portée de main, activités diverses et variées, des circuits, des bonnes adresses et un service client qui garantit votre satisfaction avec une qualité labellisée. Demandez le guide des gîtes de France Savoie.

BIENVENUE À LA FERME €€

www.bienvenue-a-la-ferme.com
Réseau d'agriculteur. Produits régionaux.

Créé dans les années 1980, Bienvenue à la ferme est un réseau d'agriculteurs (environ 8 000 sur toute la France). Les membres du réseau s'engagent à proposer des produits de qualité issus d'une agriculture durable et responsable. En vous rendant dans les fermes participantes, vous serez garanti d'un accueil chaleureux, auprès d'agriculteurs ravis de faire découvrir leur métier. Sur le site internet, retrouvez toutes les fermes du réseaux. Vous pourrez y acheter des produits locaux, y manger et même y dormir. Des activités peuvent aussi être organisées.

SAVOIE MONT BLANC €€

✆ 08 20 00 73 74
www.savoie-mont-blanc.com
Ouvert toute l'année.

Savoie Mont Blanc, la première destination mondiale ski et outdoor ! Unissant leurs forces, Savoie et Haute-Savoie ont composé l'une des plus belles offres touristiques au monde. 112 stations de sports d'hiver, 4 grands lacs, des paysages époustouflants, des kilomètres de sentiers, des descentes à VTT, des cols mythiques à gravir à vélo, sans oublier un patrimoine d'une richesse insoupçonnée, une gastronomie pour toutes les envies, du bien-être à partager et des hébergements adaptés à votre séjour. Vivez plus grand avec Savoie Mont Blanc.

SE DÉPLACER

Selon votre mode de locomotion, la question du déplacement ne se pose évidemment pas de la même façon. En voiture, vous pouvez venir avec la vôtre ou prendre le train et en louer une sur place, une option plus chère mais moins fatigante selon d'où vous venez. Pas de souci du côté des routes car elles sont très bien entretenues. Si vous êtes à pied, vous pourrez choisir entre le train pour relier les grandes villes, ou le bus. Pour aller au départ des sentiers de randonnée, la voiture reste le moyen de transport le plus commode. En saison estivale et hivernale, les stations de ski sont bien desservies en bus et l'on peut souvent acheter les billets de bus en ligne pour quelques euros de moins. Le pouce fonctionne bien en Savoie Mont-Blanc, même si c'est une pratique qui tend malheureusement à se perdre. Amis cyclo-randonneurs, vous pouvez parcourir les cols en dormant de gîte en gîte, attention à la météo. Bonne route !

ALTIBUS

926, avenue de la Houille Blanche - **CHAMBÉRY**
✆ 04 79 68 32 96
www.altibus.com

80 stations de ski des Alpes et des Pyrénées reliées aux vallées, gares, aéroports tels que Chambéry, Lyon, Genève.

Une fois que l'on est arrivé à Chambéry par le train, direction les stations avec Altibus qui dessert plus de 80 stations françaises. Altibus, est un service d'autocars reliant les stations. En quelques clics sur le site, il est simple de réserver son trajet vers Méribel, La Plagne, Val Thorens, Courchevel, Saint-François-Longchamp, La Rosière, Valmorel ou Les Karellys. Fatigue et galères de conduite sur neige en moins, une solution économique qui permet de se réserver pour les randonnées en été et les descentes sur les pistes de ski l'hiver.

CITIZ

38, cours Berriat
GRENOBLE
✆ 04 76 24 57 25
www.alpes-loire.citiz.coop

Ouvert du lundi au vendredi de 9h30 à 12h30 et de 13h30 à 18h30.

La voiture la plus pratique, c'est celle dont on ne s'occupe pas. La moins chère, celle que l'on n'achète pas ! Pour moins polluer, moins dépenser et mieux rouler, la solution c'est l'autopartage avec Citiz. Des voitures en libre-service avec ou sans réservation accessibles depuis une appli web ou smartphone. De la citadine à l'utilitaire, chacun trouve le véhicule dont il a besoin. Vous ne payez que les heures réservées et kilomètres parcourus. Tout est compris : carburant, entretien, assurance, assistance... Alors, autant en profiter !

PEDAL' DOUCE ALPES

2, rue Jean Jaurès
ANNECY
✆ 04 50 05 00 50

Service de location ouvert du mardi au dimanche de 9h à 18h.

À deux pas du lac et de la piste cyclable qui en fait le tour, une adresse toute douce pour nous rendre le vélo plus agréable. Pédal'Douce est le spécialiste des vélos électriques. Accueil sympathique pour nous conseiller le vélo le plus adapté à nos besoins ; il y a même des tandems. Coup de cœur pour les vélos signés Arcade, sans oublier les nombreux accessoires, notamment les remorques pour emmener ses enfants en promenade. Une Pédal'Douce qui rend nos visites plus sensationnelles avec des packs exclusifs comprenant location de vélo et une activité.

VÉLONECY

Place de la Gare
ANNECY
✆ 04 50 51 38 90
www.velonecy.com

Ouvert toute l'année du lundi au samedi de 9h à 13h et de 14h à 18h30.

Pourquoi est-il plus facile de se déplacer à vélo avec Vélonecy ? Parce que Vélonecy offre une large gamme de vélos adaptés aux besoins de chaque utilisateur à des tarifs légers, services compris ! En ville, où les déplacements sont pour la plupart inférieur à 3 km, le vélo est le moyen de transport le plus rapide, zéro pollution et bon pour la santé. L'agglo dispose de plus de 120 km de voies cyclables et plus de 3 500 emplacements de parking gratuit. Vélonecy permet de louer facilement le vélo qui vous correspond grâce aux conseils de spécialistes.

S'INFORMER

Si vous lisez ce guide en entier, vous serez déjà a priori bien informé ! Mais il est évidemment impossible de recenser tous les lieux et les activités à faire, et encore moins les événements éphémères et les lieux qui viennent tout juste d'ouvrir leurs portes. Pour cela, n'hésitez pas à contacter en amont les offices de tourisme des villes que vous prévoyez de traverser. Les sites Internet sont des mines d'informations mises à jour régulièrement et les personnes qui travaillent dans les offices de tourisme sont réactives si vous envoyez un mail ou téléphonez. Sur place, vous pourrez bien sûr prendre connaissance de tous les bons plans de la semaine pour tout ce qui relève du spectacle vivant, des expos temporaires ou des soirées dégustation de fromages locaux ! N'hésitez pas non plus à demander aux gens du coin dans les commerces ou la rue s'ils ont eu vent d'un chouette événement à venir !

SAVOIE MONT-BLANC TOURISME

20, avenue du Parmelan
ANNECY
✆ 0 820 00 73 74
www.savoie-mont-blanc.com
Ouvert du lundi au jeudi de 9h à 12h30 et de 13h30 à 17h30 ; le vendredi de 9h à 12h30 et de 13h30 à 17h.

Le site Internet de cette structure rassemble les informations de Savoie et Haute-Savoie. Ainsi, le visiteur peut construire, selon sa destination géographique ou ses centres d'intérêt, son itinéraire et son programme de visites pour ne rien manquer des « incontournables » du pays de Savoie. Un lien direct permet de faire ses réservations auprès des agences locales habilitées. On peut également se renseigner sur la météo et le trafic routier avant de se rendre sur un lieu de séjour.

TOUTE L'HISTOIRE

www.toutelhistoire.com

Toute l'Histoire est assurément la plus connue des chaînes historiques hexagonales. Initialement lancée sur l'un des premiers bouquets satellite, elle est aujourd'hui reçue également sur les nombreuses box. Elle propose des documentaires historiques mais aussi des films et des témoignages pour explorer tous les évènements de notre histoire et, pour compléter sa grille, elle diffuse également des reportages sur des sujets n'ayant pas de relations directes avec l'Histoire, mais plus sociétales, à l'image des affaires criminelles, etc.

8 MONT-BLANC

✆ 04 50 51 69 69
www.ledauphine.com
Chaîne de télé locale.

La chaîne qui fut parmi les pionnières des télévisions locales, créée il y a un peu plus de 30 ans par le journaliste André Campana, 8 Mont-Blanc continue de diffuser ses ondes régionales en France et dans le monde entier grâce aux canaux de réception satellitaires et numériques. Tous les jours le JT régional (Savoie Mont-Blanc et Suisse Romande), la météo, des débats avec le Grand 8 et des émissions pour découvrir la région et des belles initiatives, voir et faire du sport en montagne. Reportages à revoir en rediffusion à la demande sur le site Internet.

L'ALMANACH SAVOYARD

1, place du 18 Juin 1940
ANNECY
✆ 04 50 09 95 03
www.editionsarthema.fr

Une institution depuis 1946 ! *L'Almanach savoyard*, véritable conservatoire de la mémoire savoyarde, aux éditions Arthema, est diffusé sur Internet et en librairies régionales. Il doit son succès aux rubriques historiques illustrées - calendrier lunaire, météo des jardiniers, dictons et anecdotes, glossaire du patois -, et aux actualités régionales. On aime les illustrations historiques, les photos en noir et blanc ainsi que les recettes, chansons et contes traditionnels de Savoie. Également disponible, le *Petit Dictionnaire des expressions savoyardes illustrées*.

LE DAUPHINÉ LIBÉRÉ

✆ 04 50 51 69 69

www.ledauphine.com

Papier et en ligne.

Le *Dauphiné libéré* est un quotidien régional des Alpes qui a su se moderniser et s'adapter aux nouvelles technologies pour rester connecté à l'actualité locale et nationale, aussi bien dans sa version papier que numérique avec sa newsletter et ses applis tablettes et mobiles, faciles d'utilisation et très réactive. Né à la libération grâce à d'anciens résistants, en 1945 à Grenoble, depuis plus de 70 ans le *Dauphiné libéré* est sur tous les fronts avec des rubriques diversifiées destinées au grand public et couvre cinq éditions quotidiennes locales.

FRANCE 3 ALPES-HAUTE-SAVOIE

1, rue Jean-Jaurès

ANNECY

✆ 04 76 01 40 00

Radio, web, TV.

Certes, elle est vaste notre région Auvergne-Rhône-Alpes, mais Annecy et la région des Alpes (Isère, Savoie et Haute-Savoie) bénéficient d'un traitement spécifique de l'information lors des décrochages régionaux, que ce soit à l'heure du 12/13 (12h10 à 12h25) ou à l'heure du 19/20 (19h à 19h30), sans oublier le Soir 3 un peu plus tard dans la nuit. Un salut à l'une de nos émissions préférées. Pour tout voir près de chez vous, c'est sur France TV, son site web et aussi sur Facebook.

DETOURS EN FRANCE

✆ 01 43 23 45 72

Magazine dédié au tourisme en France qui propose de faire découvrir à chaque numéro, une région de France.

Depuis 1991, *Détours en France* est au nombre des rares magazines (bi-média) tourisme et évasion consacrés aux régions de France. Titre de référence en son secteur, *Détours en France* invite ses lecteurs, à chacun de ses numéros, de partir à la découverte ou redécouverte d'un petit bout de France à travers son patrimoine culturel avec des idées de balades, des itinéraires ainsi qu'une sélection de bonnes adresses (hôtels, restaurants, artisanat, produits locaux, etc.) sans oublier des pages shopping, livres, etc. à consommer sans modération.

FRANCE BLEU PAYS DE SAVOIE

✆ 04 50 52 97 50

www.francebleu.fr

Intégrée au groupe Radio France, France Bleu s'appuie sur ses antennes régionales réparties sur le territoire. Grille de programmes mêlant informations nationales, régionales et locales,. En semaine, les émissions déclinent l'essentiel de l'actualité complétés de chroniques. On aime France Bleu Pays de Savoie pour ses émissions telles que *Passion Montagne, ILAssiette Savoyarde* ou *Circuits courts en Pays de Savoie*. Toute l'information de proximité des Alpes.

ÉCO SAVOIE MONT BLANC

7, route de Nanfray

ANNECY

✆ 04 50 33 35 35

https://groupe-ecomedia.com

Digital et/ou papier à partie de 3,50 €/semaine.

Un magazine hebdomadaire pour les décideurs et les acteurs des secteurs économiques des deux départements de Savoie, du Genevois français et suisse, et, plus largement, de la région Auvergne-Rhône-Alpes. Le magazine traite l'essentiel de l'actualité locale et régionale du monde économique, avec un tirage d'environ 10 000 exemplaires diffusés principalement par abonnement auprès des professionnels. Chaque semaine : des dossiers thématiques, des portraits d'entrepreneurs, des interviews de personnalités et d'experts, des chroniques, l'agenda des manifestations.

HEBDO DES SAVOIE

3, rue André de Montfort

RUMILLY

✆ 04 50 01 10 06

www.hebdo-des-savoie.com

Version papier et numérique 100 €/an.

Politique, économie, loisirs, sports, associations… touristes et résidents découvrent l'actualité locale et les annonces légales des trois zones couvertes par l'hebdomadaire l'*Hebdo des Savoie* tout en profitant des agendas qui pointent les événements de la semaine à venir. Un journal né en 1999 de la fusion *de L'Agriculteur savoyard* – né à La Libération et anciennement titré *Journal du commerce* – créé en 1871 à Rumilly par l'imprimeur Alexis Ducret, et *Le Vert* d'Aix-les-Bains. La famille Ducret a modernisé depuis cinq générations ce journal.

L'ESSOR SAVOYARD

37, rue Sommeiller
ANNECY
✆ 04 50 45 01 02
www.lessorsavoyard.fr

Créé en 1945 en Haute-Savoie, *L'Essor savoyard* fait partie du groupe Le Messager dont le siège est à Thonon-les-Bains. *L'Essor Savoyard* décline 2 éditions le jeudi – une édition Haute-Savoie et une autre Savoie –, à retrouver en kiosque mais aussi en format numérique. Diffusé à plus de 5 000 exemplaires, le journal résume l'actualité de la semaine en approfondissant les sujets de l'actualité locale, de la politique à la justice en passant par les pages culturelles. On aime l'agenda exhaustif des manifestations et sorties de la semaine. Un incontournable.

LIBRINFO74

18, rue du Vernay
ANNECY
✆ 06 07 71 71 25
https://librinfo74.fr
Site d'information locale alternative.

Envie d'un canal d'information différent, d'un média alternatif indépendant offrant de l'info locale, mais pas que, en accès libre et sans publicité ? Non, vous ne rêvez pas, ce média existe à Annecy et dans la région grâce au site librinfo74.fr. Avec votre soutien, des dons principalement, ce site pas comme les autres traite de tous les sujets - culture, politique, médias, mouvements sociaux, éducation, économie... - en portant d'autres voix. Pour que le pluralisme puisse s'exprimer librement et offrir un autre regard sur l'information, soutenez librinfo74.fr.

ODS RADIO

51, route de Thônes
ANNECY
✆ 04 50 52 15 15
www.odsradio.com
Les 2 savoies. Radio n° 1 à Annecy. Annecy et Bassin Annécien 101.5

Créée en 1996, ODS (Ondes Dauphiné Savoie) radio émet dans toute la région en faisant la part belle à l'actualité locale, les bons plans et les jeux. Tout au long de la journée, la musique pop-rock domine et se diffuse dans les 2 Savoie et dans l'Ain. ODS Radio est une radio généraliste créée en 1996 par Constance Kiral et Jean Philippe. Egalement webradio ainsi que nombreux podcasts. Sur le site, des infos locales, de la météo à l'horoscope en passant par des podcasts intéressants et une rubrique bons plans, avec l'annonce d'événements locaux.

RADIO FG

✆ 01 44 75 90 90
www.radiofg.com

Radio FG est la radio référence en matière de musique électro. Elle propose un programme axé sur la *deep* et la *house-music* – et plus généralement de l'électro. Acteur unique du paysage radiophonique français, *Radio FG* est la radio « Feel Good », et est à l'origine du mouvement *French Touch*. C'est le découvreur et l'incubateur des nouveaux talents, pionnier dans la diffusion et le rayonnement de l'électro en France et dans le monde. FG diffuse son programme dans 28 villes françaises. Ecoutez FG en FM, DAB+, sur radioFG.com, Applis, Boxes, Satellite et 4G.

RADIO FG

51, rue de Rivoli - **PARIS** (1er)
✆ 01 40 13 88 00
www.radiofg.com
Bordeaux et Arcachon : DAB+

Radio FG est la radio musicale de référence électro. Elle propose un programme axé sur la deep et la house-music. Acteur unique du paysage radiophonique français, Radio FG est la radio « Feel Good ». FG diffuse son programme dans 28 villes françaises. Radio FG est à l'origine du mouvement French Touch. C'est le découvreur et l'incubateur des nouveaux talents, pionnier dans la diffusion et le rayonnement de l'électro en France et dans le monde depuis 1992. Ecoutez FG en FM, DAB+, sur radioFG.com, Applis, Boxes, Satellite et 4G.

RADIO FMR

5, rue Frédéric Girod
RUMILLY
✆ 04 50 68 60 18
www.radiofmr.com/
89.2 FM.

Sur les ondes de Haute-Savoie et Savoie, d'Annecy à Aix-les-Bains, la petite station locale *Radio FMR* relaye informations, actualités, annonces d'emplois, sorties ciné, événements, concerts... de l'Albanais. Depuis ses studios de Rumilly, entre ses flashs d'infos sport et d'actualités nationales, la musique pop, dance électronique et le top 40 se propagent jusqu'à nos pavillons attentifs. A noter la qualité du site Internet où l'on retrouve toutes les émissions et la possibilité d'écouter la radio en direct.

le son FeelGood
house - electro.
FG.
DJ radio
écoutez 20 radios electro
sur le player FG.
fm/dab+
l'appli FG.
radioFG.com

RADIO MONT BLANC

26, avenue des îles
THYEZ
✆ 04 50 58 24 24
www.radiomontblanc.fr

Depuis son siège à la sortie de Thiez, Radio Mont-Blanc diffuse ses programmes d'information locale dans la haute vallée de l'Arve, avec une antenne à Chamonix d'où elle diffuse le bulletin neige du jour. Cette station radio locale suit en direct l'actualité du site le plus visité de Haute-Savoie et diffuse de la musique, mais aussi des quotidiennes et l'éternelle matinale de 6h-9h. Très écoutée dans la vallée sur 96.5/97.4FM à Chamonix et 94.6FM sur Sallanches, Radio Mont-Blanc se capte bien au-delà. Elle diffuse aussi sur son site Internet.

RMC INFO [103.1]

PARIS (15e)
www.rmcinfo.fr

Talk-shows et interactivité permanente, *RMC Info* fait reposer une bonne partie de sa grille sur ces deux piliers. Outre l'actualité, la station propose une grille de programme variée allant de la vie pratique (maison, auto, internet…) au monde du poker en passant par les rendez-vous bien connus comme la matinale de Jean-Jacques Bourdin, qui passe chaque jour une personnalité politique sous le feu de questions. *RMC Info*, c'est aussi la radio n° 1 sur le sport avec des dizaines d'heures d'antenne chaque semaine, avec créneaux animés par d'anciens sportifs.

RADIO SEMNOZ

✆ 04 50 45 45 69
www.radiosemnoz.com
Annecy : 91.5 - Rumilly : 97.9.

Une radio associative aux valeurs fortes qui émet depuis plus de 40 ans, 24h/24 et 7j/7, toujours ouverte à toutes les idées. Radio Semnoz produit la grande majorité de ses programmes : du spirituel, du culturel, de l'associatif, du naturel, du biologique… La radio diffuse chaque jour le Journal International de Radio-France. Avec de nombreuses émissions thématiques pour tous les goûts (chroniques sur la vie quotidienne à l'actualité protestante en passant par la cuisine), elle consacre 60 % de sa diffusion musicale à des œuvres classiques. On peut avoir accès au direct par Internet, partout en France, grâce à un site agréable qui met en avant l'actualité locale.

TREK MAGAZINE

www.trekmag.com

Né en 1999, le mensuel *Trek magazine* est accessible en kiosques et sur abonnement. À ce jour, il reste la référence incontestée en matière de magazine sur la randonnée et principalement sur le trek. Avec une image de défricheur de nouveaux terrains, le magazine vous invite à la découverte de destinations à l'étranger et en France. Au fil des numéros et à travers des dossiers spéciaux, découvrez les tests d'équipements et de matériels, des dossiers pratiques, des idées de séjours, des carnets de route illustrés par de très belles photographies.

RANDO BALADES, LE MAGAZINE DE TOUTES LES RANDOS

PARIS (6e)
www.randosbalades.fr
Magazine papier et fiches rando en ligne.

Disponible en kiosque et sur abonnement, ce périodique qui parait tous les deux mois, est dédié à la randonnée en France, avec une petite ouverture sur l'étranger. La randonnée, ici, est mise à la portée de tous. Au sommaire : actualités, destinations en France et à l'étranger, cahier pratique avec les conseils, les infos santé, tests sur le matériel, présentations de produits de terroir, et fiches topos à conserver. Les grands lieux de randonnée gardent une place prépondérante.

© LRP

© LRP

© LRP

LA RADIO PLUS

51, route de Thônes
ANNECY
✆ 04 50 66 12 12
www.laradioplus.com
De Thonon à Annecy.

Créée à Thollon-les-Mémises en 1982, cette radio franco-suisse appartient à Espace Group depuis les années 2000 et rayonne sur les Alpes du Nord. La Radio Plus diffuse une programmation musicale, faisant la part belle à la musique électro avec notamment les meilleurs DJ de la région en live, tout en transmettant une information locale suisse et française avec plus de 20 flashs infos par jour ainsi que 3 grands rendez-vous quotidiens. Des rendez-vous 100 % bonne humeur qui passent en revue l'actu locale, et nationale, people et musicale.

© LRP

© LRP

INDEX

M

N / O

P

R

EDITION

Directeurs de collection et auteurs : Dominique AUZIAS et Jean-Paul LABOURDETTE

Responsable d'édition : Régis BRUGERE

Auteurs : Nicolas GASPARDEL, Guillaume GRELIN, Mélanie LAUMET, Noémie VARLEZ, Camille VOURC'H, Anthony SEREX, Jean-Paul LABOURDETTE, Dominique AUZIAS et alter

Directeur Editorial : Stéphan SZEREMETA

Rédaction France : Briséis TEMPLE-BOYER, Audrey VEDOVOTTO, Marie VIGNERON, Nicolas WODARCZAK, Mélanie PEILLET

Rédaction Monde : Laure CHATAIGNON, Morgane VESLIN, Pierre-Yves SOUCHET, Natalia COLLIER, Julie BEZ

FABRICATION

Maquette et Montage : Romain AUDREN, Julie BORDES, Delphine PAGANO

Iconographie et Cartographie : Anne DIOT, Julien DOUCET

WEB ET NUMERIQUE

Directeur Web : Louis GENEAU DE LAMARLIERE

Technical Project Manager : Hervé MARION

Développeurs : Guillaume BARBET, Adeline CAUX

Intégrateur Web : Mickael LATTES, Antoine DION

Webdesigner : Caroline LAFFAITEUR

Community Traffic Manager : Alice BARBIER, Noémie LE SAUX

Content Manager : Aliénor de PERIER

DIRECTION COMMERCIALE

Directeur commercial : Guillaume VORBURGER

Coordinatrice des Régies commerciales : Manon GUERIN

Account Manager Marketplace : Leila ROUGEOT

Responsable Régies locales : Michel GRANSEIGNE

Responsables Développement régie inter : Jean-Marc FARAGUET et Guillaume LABOUREUR et Camille ESMIEU

Assistante commerciale Régie internationale : Leila ANTRI-BOUZAR

Chefs de Publicité Régie nationale : Caroline AUBRY, François BRIANCON-MARJOLLET, Perrine DE CARNE MARCEIN et Jonathan TOUTOUX

DIFFUSION ET PROMOTION

Directrice des Ventes : Bénédicte MOULET assistée d'Aissatou DIOP

Responsable des ventes : Jean-Pierre GHEZ assisté de Nelly BRION

Relations Presse-Partenariats : Jean-Mary MARCHAL

ADMINISTRATION

Président : Jean-Paul LABOURDETTE

Directrice des Ressources Humaines : Dina BOURDEAU assistée de Sandra DOS REIS et Eva BAELEN

Directrice Administrative et Financière : Valérie DECOTTIGNIES

Comptabilité : Guillaume PETIT, Aminata BAGAYOKO, Jeannine DEMIRDJIAN, Adama DIABY

Recouvrement : Fabien BONNAN assisté de Sandra BRIJLALL

Responsable informatique : Elie NZUZI-LEBA

PETIT FUTÉ SAVOIE MONT-BLANC

LES NOUVELLES EDITIONS DE L'UNIVERSITE
18, rue des Volontaires - 75015 Paris.
✆ 01 53 69 70 00 - Fax 01 42 73 15 24
Internet : www.petitfute.com
SAS au capital de 1 000 000 € -
RC PARIS B 309 769 966
Couverture : Savoie Mont Blanc
© cdbrphotography - iStockPhoto.com
Impression : IMPRIMERIE CHIRAT -
42540 Saint-Just-la-Pendue
Achevé d'imprimer : juin 2023
Dépôt légal : 15/08/2023
ISBN : 9782305094731

Pour nous contacter par email, indiquez le nom de famille en minuscule suivi de @petitfute.com
Pour le courrier des lecteurs : info@petitfute.com

IMPRIMÉ EN FRANCE